한국연구재단 학술명저번역총서
● 서양편 ●

한국연구재단 학술명저번역총서
서양편 ● 71 ●

농업위기와 농업경기

유럽의 농업과 식량공급의 역사

빌헬름 아벨 지음 | 김유경 옮김

한길사

AGRARKRISEN UND AGRARKONJUNKTUR
Eine Geschichte der Land—und Ernährungswirtschaft Mitteleuropas seit dem hohen Mittelalter

by Wilhelm Abel

Published by Hangilsa Publishing Co., Ltd., Korea, 2011

◆ 이 책은 (재)한국연구재단의 지원으로 (주)도서출판 한길사에서 출간·유통을 한다.

이 도서의 국립중앙도서관 출판시도서목록(CIP)은
e-CIP 홈페이지(http://www.nl.go.kr/cip.php)에서 이용하실 수 있습니다.
(CIP제어번호: 2011003061)

농업위기와 농업경기

유럽의 농업과 식량공급의 역사

빌헬름 아벨과 그의 농업사 연구*

김유경 경북대학교 교수·사학과

머리말: 빌헬름 아벨의 생애와 업적

경제사 연구는 역사학과 경제학 양 분야에 걸쳐 있는 까다로운 연구 분야다. 경제사 서술은 역사학의 시각에서는 자주 인간의 모습이 사상(捨象)된 수치와 이론적 모델로 이루어진 도식이라는 비판을, 경제학의 시각에서는 이론적 설명모델이 결여된 너절한 자료의 나열이라는 비판을 받아왔다. 양자의 요구를 충족시키는 경제사 서술은 따라서 매우 지난한 바였고, 양쪽 학문에 두루 숙달한 연구자가 아니면 감히 시도하기도 어려운 것이다. 놀랍게도 서구학계에서 경제사 서술은 랑케의 역사 서술 못지않은 오랜 전통이 있다. 그러나 아마도 오늘날의 눈으로 보기에, 경제학과 역사학의 요구 양자를 모두 만족시키는 경제사 서술은 아무래도 20세기 고개를 넘어서야 비로소 가능해졌다고 볼 수 있다. 이 시기, 좀더 정확하게는 아마도 1930년대부터 경제사 서술은 역사적 현실의 경제적 측면을 재구성하고 해석함에 있어서 영국의 고전경제학에서부터 개발된 여러 가지 경제이론상의 준칙을 응용하는 진지한 시도를 하게 되었다고 보기 때문이다.

경제사 연구와 서술의 과학성을 드높인 시도는 수량 자료의 대량적 처리가 아닐 수 없다. 경제이론의 적용과 계량적 자료처리를 통해 경제

---

* 이 글은 『복현사림』 1, 2010에 발표한 글을 개고한 것이다.

사 연구는 비로소 정교한 설명능력을 갖추게 되었고, 경우에 따라서는 사료의 공백부분까지 침투해 들어가는 역량을 발휘하게 되었다. 이와 같은 현대적 경제사 연구의 효시로서 독일어권에서는 주저 없이 빌헬름 아벨(Wilhelm Abel)을 예로 들고 있다. 그는 비슷한 시기에 등장한 프랑스의 라브루스(Ernest Labrousse), 영국의 포스탠(Michael Postan), 그리고 소련의 마르크스주의 경제사가였던 코스민스키(Evgenii Alekseevich Kosminskii)와 더불어 현대적 경제사 연구의 개척자로 일컬을 수 있는 인물이다.

빌헬름 아벨은 1904년 8월 25일 독일제국 영토의 북동부에 위치한 포머른 주의 뷔토에서 오래전부터 이곳에 정착한 수공업자 집안에서 태어났다. 그는 킬 대학교에서 경제학을 수학하여 1929년 박사학위를 받았다. 아벨은 슈몰러의 제자인 경제학 교수 스칼바이트(August Skalweit)의 조수로서 킬에서 연구활동을 지속하다, 스칼바이트가 정치적인 이유로 프랑크푸르트 암 마인 대학교로 전출할 때에도 동행하여 1935년에 그의 지도 아래 교수자격을 취득했다. 그의 교수자격 청구논문 『13세기부터 19세기에 이르는 중부 유럽의 농업위기와 농업경기』 (*Agrarkrisen und Agrarkonjunktur in Mitteleuropa vom 13. bis zum 19. Jahrhundert*, 1935. 이하 『농업위기』로 줄여쓴다)는 그가 평생 동안 수행해온 농업사 연구의 기본구상을 담고 있다. 나치스 당에 소속되지 않았다는 연유로 그의 교수 취임은 오랫동안 지체되다가, 마침내 1941년 쾨니히스베르크 대학교에 최초의 초빙을 받게 되었다. 이 무렵에 그는 이미 국방군에 소집되어 종전 무렵까지 복무하고 있었다. 1945년 소련군이 쳐들어오기 직전에 그와 그의 가족은 쾨니히스베르크를 탈출할 수 있었으나, 이때 그가 오랫동안 애써 수집한 장서와 연구자료는 모두 상실되었다.

많은 실향민과 마찬가지로 1945년에 그는 처음부터 다시 시작해야 했다. 1946년에 그는 괴팅겐 대학교에서 농업정책에 관한 강의 위촉을 받았으며, 이어 1948년에는 같은 대학에서 농업정책 담당 정교수직에 취임했다. 이 직책은 농업제도및경제정책 연구소의 소장직도 겸임하는 것이었다. 1958년에는 동 대학교의 수공업제도 연구조직(Seminar für Handwerkswesen)이 동 연구소에 부가되었다. 이와 같은 임무가 있었지만 경제사에 관한 그의 관심은 계속 남아 있었다. 1965년 그는 1964년에 새로이 창설된 괴팅겐 대학교의 사회경제사 강좌와 역시 새로이 창설된 이 전공의 연구소장직에 취임하여 이 직책을 1973년 은퇴할 때까지 맡고 있었다. 그다지 큰 병고를 겪은 적이 없던 그는 1985년 4월 27일 급서했다.

아벨은 개별학문의 전문화와 세분화가 더욱더 고도로 강화되는 시대에 경제학과 사회과학·역사학 등 여러 학문분야에 두루 정통하여, 이를 그의 저작에 광범하게 포섭한 위대한 학자였다. 즉 그는 19세기 말 20세기 초 독일 학계를 주름잡던 기라성 같은 대학자, 예컨대 막스 베버(Max Weber)나 베르너 좀바르트(Werner Sombart)와 같이, 여러 분과학문을 포섭하는 대학자 세대 최후의 일인이라는 평을 받고 있다. 그는 아마도 18세기에 형성되어 19세기 말 20세기 초에 절정에 이르렀던 독일 특유의 종합사회과학이었던 국가학(Staatswissenschaft)의 전통에 서 있는 최후의 학자일 것이다.

그는 경제사, 특히 농업과 급양(給養), 즉 식량공급의 역사에서 수공업사를 포함하는 분야를 평생의 주된 관심사로 연구했으나, 농업정책, 농촌 사회정책, 수공업정책에 이르는 현실적인 사회문제를 대상으로도 많은 연구성과를 낸 바 있다. 즉 그의 학문적 관심사는 역사와 현실정책 두 영역에 모두 걸쳐 있었는데, 이와 같은 역사적 작업영역과 실제적 작업영역의 결합은 상호적으로 보충하면서 그의 작업에서 지속적으로 매우 생산적인 성과를 산출했던 것이다. 그는 위에 언급한 방면의 경제정책 현실문제에도 매우 왕성하게 참여했던 것으로 알려졌다. 그는 독일 연방공화국 내 여러 연방정부의 학문적 자문위원회에 속해 있었으며, 이러한 직책에서 특히 영농인들의 노후보장을 위한 정책 마련에 깊이 관여하여 그 중요한 부분을 달성하기도 했다.

이와 같이 광범한 연구와 참여활동의 영역에서 경제사 연구는 가장 중심적인 위치를 차지하는 것이었다. 현실정책상의 문제를 취급함에 있어서도 그는 문제의 역사적 측면을 늘 주의했다. 그는 역사적 측면에 대한 고찰 없이는 하나의 주제가 온전히 파악될 수 없다는 신념이 있었으며, 제기되는 현안문제의 역사적 기원을 끊임없이 질문하고, 그것에서 해답을 도출했다.

그 자신과 자신의 업적에 지나치리만큼 과묵했던 그는 자신을 역사가, 특히 경제사가로 규정함에는 이론의 여지가 없었다. 즉 아벨은 자신의 정체성을 경제사가로 여기고 있었다. 그러나 그의 경제사 연구는 필자와 같이 협소한 분과학문 체제하에서 양성된 역사학 전공자로서는 이해하기 어려운 광범한 학문적 배경과 방법을 전제하고 있다. 아벨의 처녀작이자 주저인 『농업위기』는 바로 그의 광대한 학문세계를 집약하고 있다. 따라서 이 저작을 통해 우리는 현대적인 서구 경제사 연구와 서술의 탄생과 발달 경로 일단을 살펴볼 수 있을 것이라고 기대한다. 그리하여 이 글에서는 이 저작을 통해 전근대 유럽경제의 발달과 변동에 대한 그의 구상과 이를 파악하기 위해 그가 구사한 방법을 중점적으로 살펴보고, 이어서 그의 학문적 배경, 그가 동시대의 경제사 연구와 맺고 있던 관계와 영향을 간략히 언급하고자 한다.

농업위기와 농업경기

아벨의 경제사, 특히 농업사 저작은 단행본만 6편이다. 그리고 이루 헤아릴 수 없는 다수의 논고가 있다. 이 자리에서는 그의 저작을 개별적으로 언급하기보다는 그의 저작에 일관하는 방법론과 논증방식에 유의할 것이다. 그의 많은 논저에서는 『농업위기』 초판에서 개발한 방법과 성과가 거의 평생 지속되기 때문이다. 나중에 제목을 다소 변경하여 『농업위기와 농업경기: 중세 성기(盛氣) 이래 중부 유럽의 농업과 식량공급의 역사』(*Agrarkrisen und Agrarkonjunktur. Eine Geschichte der*

Land- und Ernährungswirtschaft Mitteleuropas seit dem hohen Mittelalter)로 1966년에 제2판, 1978년에 제3판으로 계속 증보, 발간했다. 이런 증보 과정을 거쳐 그는 애초의 작업성과를 다양하게 확장하고 변용했으나, 13세기부터 19세기에 이르는 유럽경제사, 특히 농업경제사를 해명하는 그의 모델에서 방법적 핵심은 늘 동일하게 견지되어왔다. 또한 그간에 이루어진 타인의 연구성과도 광범히 수용했으나, 이 역시 그의 설명체제 안에 포섭되었을 뿐 그 자신이 늘 견지해온 방법론과 발상의 전환을 시도할 필요성을 느끼지는 않았던 것으로 보인다.

 방법적으로 아벨은 계량경제사의 창건자로 여겨진다. 경제사 연구에서 계량적 고찰은 이미 18세기에도 그 선구형태가 등장했으나, 이를 수미일관하는 인식수단으로 적용하고, 서술과 해석에서 이 계량적 방법에 깊이 의존하고 있던 바로는 사실상 아벨이 최초였다. 계량적 방법을 적용할 때 그는 매우 단순한 통계적 방법에 한정했으며, 더욱 정교한 방법은 오히려 꺼리는 편이었다. 그가 올바로 보았듯이, 수학적 통계방법의 적용에는 질적으로 일정한 수준이 담보된 자료가 전제되어야 했다. 더욱이 전근대, 특히 중세와 근대 초에 대해서는 이와 같은 자료가 손쉽게 제공되는 경우가 거의 없기에, 이러한 자료를 확보하기 위해 그는 매우 난삽하고 결락이 많으며, 무질서한 형태로 전해지는 원사료를 거의 전적으로 스스로 가공했다. 즉 불규칙적인 수치보고와 예외적인 급등락 수치로 인한 오류를 최소화하고 장기추세에 부합시키기 위해 이동평균 산출법을 적용하고, 통계적 처리에 앞서 시대와 지역별로 상이한 도량형, 화폐가치를 의미 있는 통일적 척도로 환산하는 노고로운 작업이 그러한 예다.

 그가 대상으로 한 시기, 특히 중세 말과 근대 초기의 시기에 대해서는 현대 경제학이 구사하는 매우 정교한 통계처리를 감당할 수 있는 데이터가 양적으로 충분하지 않았기에, 과도하게 정교한 방법은 오히려 실태를 왜곡하리라고 염려했던 것이다. 그는 또한 과도하게 집중된 계량적 작업의 위험성도 간파했다. 즉 지나치게 세부적인 통계작업은 전체적인 조망을 해칠 염려가 있다는 것이었다. 그리하여 큰 추세를 적절한 도표자료로 환산하는 방식을 즐겨 택했다. 즉 그는 자료적 한계를 고려하여 중용의 길을 선택한 것이다.

더욱 중요한 문제는 아벨의 저작에 관통하고 있는 경제이론의 역할이다. 오늘날 경제이론의 적용은 대개의 경제사가들에게 당연한 것이 되었다. 미국에서 개발된 이른바 계량경제사학(cliometrics)에서는 경제이론에 대한 완벽한 지향성이 그 두드러진 특징으로 지적되고 있다. 그러나 경제이론의 적용에 있어서, 아벨은 또한 경제이론이 안고 있는 한계, 특히 전근대 시기에 대해 지니고 있는 한계를 늘 자각하고 있었다. 이론 그 자체가 목적으로 설정되는 바를 그는 단호히 거부했다. 그에게 결정적인 것은 이론과 경험적 증거의 부합이었다. 그가 즐겨 인용한 구스타프 슈몰러(Gustav von Schmoller)에 따르면, 학문은 연역과 귀납 두 다리로 움직이는 것이었다. 슈몰러의 격언은 아벨의 작업을 인도하는 지침이었다. 그의 저작에서는 이 두 요소를 생산적으로 결합하여 새로운 인식에 도달하려는 노력이 경주되고 있었다.

그의 성과에 결정적으로 기여한 것은 그가 적용한 이론의 종류였다. 1920, 30년대에 통용되던 경제이론의 수준에서 그가 선택할 여지는 오늘날에 비해서 많은 것이 아니었다. 아벨이 이용한 경제이론의 기간은 적게는 독일의, 많게는 영국의 고전경제학에서 유래하는 것이었다. 특히 수요와 공급에 의한 가격결정 이론이 그 핵심을 이루고 있다. 이 이론의 적용을 통해서 그는 과거의 경제현실에 근접할 수 있었으며, 또한 경험적 증거의 존중이라는 요구를 충족할 수 있었다. 이들 경제이론은 그에게 문제제기의 출발점을 제공했으며, 또한 논증의 공백을 채우고, 역사적 발전경로를 연결짓는 보조수단을 제공했다. 잘 알려진 예가 바로 중세 말의 경제적 위기현상을 농업위기로 파악하는 그의 설명방식이다. 매우 빈곤한 문헌사료와 약간의 유물과 유적, 즉 황폐취락의 조사보고에 의거하여 그는 경제이론의 정교한 조합과 단순한 이론적 준칙의 적용을 통해 중세 말의 위기현상에 대하여 매우 설득력 있는 설명틀을 제공했다.

　물론 이러한 해명이 순전히 사료와 사실을 지향하는 역사가 측의 비판을 받지 않은 것은 아니었다. 즉 현존하는 사료는 아벨의 광범한 설명 틀을 지탱하지 못한다는 비판이었다. 그러나 이들로서도 당시의 위기현상에 대해 달리 만족할 만한 대안적 해명을 제공할 수는 없었다. 충분한 사료가 결여되어 있을 때, 경제사가로서는 통합적인 해명을 포기하거나, 차선으로 이론적 가정의 도움으로, 더구나 부분적인 사료적 근거와 결합하여 정합적인 해명을 추구하는 수밖에 없을 것이다. 아벨의 성과는 이 부분에 있다.

　이 사례에서 보듯이 아벨은 경제이론을 자체의 목적으로서가 아니라 침묵하고 있는 영세한 자료에 의미 있는 질문을 가능하게 하고, 복잡한 경제현상을 재구성하면서 사료적 전승의 공백을 다소나마 극복할 수 있는 도구로서 파악했던 것이다. 이로써 아벨은 13세기부터 19세기에 이르는 유럽의 경제발전에 대한 총괄적인 서술과 해석, 일종의 거시경제모델을 최초로 제공했다. 이는 전적으로 경제적인 요소에서 출발하고, 그 중심에 당대에서 가장 핵심을 이루는 농업경제를 설정한 것이었다. 1935년의 『농업위기』 초판에서 이루어진 이러한 시도는 당시로서는 너무나 새로운 것이었다. 그러한 연유에서 그의 저작은 몰이해에 봉착할 수밖에 없었다. 그리고 오늘날에도 통상적인 역사학의 테두리에서 양성된 연구자들로서는 여전히 이해하기 쉽지 않다.

　아벨의 저작에서 기초소재로서 이용된 경제요소는 단연 가격이었다. 그는 임금도 노동요소의 가격으로 파악하고 있다. 그의 견해에 따르면 이들은 '순전한 경제적 차원'의 문제였다. 『농업위기』의 「서문」에서도 밝히듯이 아벨은 인간 역사의 다른 중요한 요소, 즉 법제, 정치, 사회, 문화적 요소를 고찰에서 의식적으로 배제했다. 그의 말마따나 이 모든 요소를 더불어 고려한다는 점이 감당하기 어렵기도 하지만, 기존의 독일 역사학에서 별로 고려된 바가 없던 경제 요소를 집중적으로 조명하려는 것이 그의 의도였기 때문이다. 가격의 시계열 자료와 그 해석은 그의 『농업위기』 전체를 관통하고 있다. 중세와 근대 초의 빈약한 전승 가운데 그나마 가격자료가 비교적 빈번하고 밀도 있게 전해지고 있으며, 또 오래전부터 널리 수집되었던 까닭도 있다. 아벨의 연구는 따라서 실제적인 이유에서라도 가격문제에 집중하게 되었다.

그렇다면 아벨이 제시한 농업사 해석의 특징과 기본적인 전제는 무엇일까? 아벨은 중세 성기(11/12세기)부터 20세기에 이르는 시기를 기본적으로 동질적인 구조를 지닌 '분업적 유통경제'(arbeitsteilige Verkehrswitschaft)로 보고 있다. 이 점은 아벨의 농업사 연구에서 가장 중요한 전제이면서도, 동시에 많은 비판이 제기되며, 우리에게 지속적으로 의문을 야기하는 부분이다.

생산자, 특히 농업생산자들은 시장을 바라보고 노동하는 존재였다. 그리고 이 시장에서는 소비자들도 그들의 수요를 충족시켰고, 따라서 수요와 충족의 상쇄작용이 이루어졌다. 아벨은 독일의 고전경제학자 고틀-오틀릴리엔펠트를 즐겨 인용하면서, 경제를 지속적인 수요와 충족의 조화가 이루어지는 인간의 공동생활로 보았다. 따라서 경제사가의 임무는 "수요와 충족의 실제적인 요소가 어떻게 연관되어 있었는지"를 밝히는 것이었다. 이러한 해명은 늘 용이한 일은 아니었다. 왜냐하면 수요와 공급의 조화는 자주 심각하게 교란되었기 때문이다. 때로는 생산자에게 불리하게(농업위기), 때로는 소비자에게 불리하게(기근) 전개되었다.

분업적 유통경제의 틀에서 이루어지는 경제변동에 대한 아벨의 해석은 따라서 적어도 자유 시장의 존재를 전제하고 있다. 이 부분에 비판과 의문이 집중된다. 즉 그러한 시장 또는 경제체제가 중세와 근대 초기에 존재했던가? 전통적인 연구——부분적으로는 오늘날에도——는 이러한 전제를 거부한다. 독일에서는 특히 카를 뷔허(Karl Bücher)가 개진한 봉쇄적 가내경제, 즉 자급자족적 경제의 모델을 따라왔다. 그러나 지난 세기 전환기부터 경제사 연구는 납득할 만한 근거로 뷔허의 모델을 의심해왔다. 그리하여 오늘날에는 이와 같은 자급자족적 가내경제의 모델이 기껏해야 일부 예외적인 현상으로 간주되고 있다. 이에 반해 아벨은 중세 성기부터 매우 진전된 시장관계가 존재했다는 전제로부터 출발하고 있다. 그러나 이 점을 아벨은 개별적인 세부연구로 입증하기보다는 포괄적인 논증으로 제시하고 있다. 즉 중세 성기부터 14세기까지 진행되었던 도시의 유례없는 발흥, 그리고 급증하는 도시의 농산물 수요가 시장경제의 존립을 강요했다는 것이다.

그러나 이와 같은 주장으로 전제의 의문이 해결된 것은 아니다. 시장의 존재는 인정한다 해도, 그 내부에서 이루어지는 거래형태가 많은 점에서 여전히 불분명하기 때문이다. 중세와 근대 초기의 상업과 유통에 대해 다소의 이해를 가지고 있는 독자들은 관헌당국이 시장에 개입하는 수단으로 구사했던 매우 많은 가격규제와 통제조치를 잘 알고 있을 것이다. 이런 방식으로 규제되던 시장이 수요와 공급의 자유로운 교환을 적절하게 반영하고 있을까? 이 문제에 대해서 기왕의 연구는 지속적으로 그리고 충분한 근거로 의심을 제기해왔다. 그리고 이 의문의 해명은 아직도 시원하게 종결되었다고 보기도 어렵다.

그러나 이러한 종류의 시장에서 이루어졌던 가격형성의 진술능력을 통틀어 부정하는 것도 전승된 보고의 사려 깊지 못한 믿음만큼이나 적절해 보이지 않는다. 또 하나의 특수한 문제는 관헌당국이 가한 가격 및 임금통제였다. 이는 가격현상에 대한 직접적인 개입이었다. 이러한 가격통제는 실제적인 가격현상과 무관하게 독립적으로 부과되었다. 그러나 이러한 조치 역시 시장에 광범히 적응하는 방식으로 이루어졌던 것으로 알려지고 있다.

아벨의 연구에 대한 또 다른 문제가 첨가되고 있다. 장기적인 가격의 시계열 자료는 적지 않게 특수한 공공시설이나 기관에서 유래되고 있다. 특히 종단이나 도시당국이 설립, 운영하는 구호원의 경우가 그러하다. 이러한 기관은 필요한 물품, 즉 농산물을 자유시장에서 구입하는가? 아니면 그 가격형성이 일반적인 경우와 구별되는 특수한 조건으로 구입하는가? 이 문제 역시 충분한 경험적 연구의 결여로 아직 완전히 해명된 바 없다. 물론 다수의 증거는 이러한 가격들이 결국 장기적으로는 '순수한' 시장가격과 별로 다르지 않다는 점을 시사한다. 이러한 의문을 고려하면, 결국 아벨의 가격사 방법은 아직도 충분히 해명되지 않은 문제를 내포하고 있거나, 불완전한 전제에 입각하고 있음을 지적하지 않을 수 없다. 물론 이러한 의문은 향후의 세부연구로 해명되어야 할 도전으로 여겨야 할 것이다. 다만 아벨은 장기추세의 검출에 중점을 두고 있는 까닭에서, 고전경제학이 즐겨 전제하는 '궁극적으로'(in the long run)라는 가설에 만족한 것으로 보인다. 즉 중세와 근대 초기 유럽에 실재했던 불완전 경쟁시장에서도 가격운동은 궁극적으로 진정한 수요와 공급, 즉 경제적 힘에 의해서 결정될 것이라는 가설 말이다.

　아벨은 중세 성기부터 근대 산업사회의 문지방에 이르는 시기 유럽의 경제를 가격으로 표현되는 수요와 공급의 변동으로 고찰했다. 그리고 의미 있는 시기 마디를 구분하여 그 내적 변동구조를 밝혀냈다. 매끄럽게 구조화되어 있는 그의 경제동향 구분과 분석은 아벨의 본의와 달리 유럽의 경제가 이 장구한 시기에 그 형태와 흐름에 있어서 본질적인 변화가 없었을 것이라는 오해를 불러일으키기도 한다. 실로 20세기 초까지도 전근대의 경제생활, 특히 농업과 농민, 부분적으로는 수공업의 영역에 대해서도 그 역사성을 부정하는 관념이 자주 표명된 바 있었다. 유명한 예로 슈펭글러(Oswald Spengler) 같은 이는 농민이 도시에 자리 잡고 있는 문명의 외곽에 영원히 고립되어 수천 년간 변함없이 반복된 삶을 영위하는 존재로 묘사한 바 있다. 당대의 대(大)경제사가 좀바르트조차 농민과 수공업 장인에 대해 동일한 평가를 내놓은 바 있다. 이들은 본질적으로 역사가 없는 존재라는 것이었다. 아벨은 이와 같은 견해를 "우리 농업사의 매우 기묘한 탈역사화"라고 비판하면서 단호히 배격했다. 이는 농업사 연구에서 도출된 모든 종류의 인식과 배치되기 때문이었다.

　동질적인 역사의 흐름 대신에 아벨은 각기 특유한 모습을 지닌 여러 시기(장기적인 추세변동)의 교체를 제시했다. 이들 각 시기는 본질적인 경제요소들이 고유한 형태로 조합되어 있는 특징을 보이고 있었다. 즉 인구변동(물리적으로는 성비와 연령에 따른 인구의 규모와 구성, 경제적으로는 이들이 구비한 구매력)을 주로 농업부문이나 비농업부문에서도 고찰한다. 그리고 시장에서 이루어지는 수요와 공급의 상호작용 및 그 경제적 표현인 가격을 고찰하는 것이었다. 장기적인 추세변동은 경제변동의 단순한 시대적 구분이 아니라, 수요와 공급 관계의 구체적인 형태에 대한 진술을 제공하는 것이다. 즉 이 관계에 작용하는 경제적 힘과 이로부터 유래하는 경제현상의 형태와 흐름이 바로 그것이었다. 이와 같은 장기추세적 변동을 검출하는 것은 농업의 범위를 훨씬 벗어나는 광범한 분야의 고찰도 동시에 요구하는 과업이었다. 물론 19세기 전반기까지 농업은 경제의 가장 중요한 기초였지만.

아벨이 검출한 장기추세적 변동상태는 따라서 각 시기를 특징짓는 형상을 갖추고 있었는데, 그는 다섯 가지로 장기추세기를 구분한다.

① 중세 성기: 인구와 경제가 조화롭게 발달하는 호황기. 농업의 대팽창기. ② 중세 말기(14세기 중엽~15세기 말): 인구격감과 함께 전개된 농업불황, 폐촌과 경작지의 황폐현상이 두드러졌던 시기. ③ 16세기: 인구의 급증과 농업 및 기타 분야, 즉 광업, 야금, 수공업의 생산 확대, 경제적 팽창기. ④ 17세기: 위기와 정체의 폐색기. 특히 30년전쟁이 독일어권을 강타한 시기. 독일의 특수한 지체현상이 초래된 시기. ⑤ 18세기 중엽 이후: 경제 회복기.

농업은 명백한 호황을 누렸으나, 수공업 분야에서는 소득의 감소가 수반되는 경향이 나타났다.

이와 같은 개관에서 제시된 바와 같이 경제발전의 지표는 누차 강조한 대로 가격과 임금이었다. 그것도 개별 재화나 용역의 가격이 아니라 곡물, 축산물, 공산품의 가격 및 농업과 수공업 종사자의 임금과 같이 일정하게 분류된 군집의 가격지표였다. 이러한 범주를 검출한 다음에 아벨은 이들 가격군의 상호관계와 그 시기적 변동을 검토했다. 각 가격군의 추세변동이 상이하게 전개되면——즉 명목임금이 고정된 것에 비해 곡가가 상승하는 경우와 같이——협상가격차(鋏狀價格差)가 나타났다. 이 경우에는 실질임금의 감소가 진행되는 것이었다. 이와 같은 협상가격차의 해석에 아벨은 각별한 주의를 기울였다. 바로 이 현상이 개별 인구집단——농민, 장인, 임금수령자 등——이 경제적 과정에서 차지하고 있던 위치를 해명하는 단서를 제공하기 때문이다. 이로써 이러한 인구집단들의 이익과 손실이 추세기마다 또는 한 추세기 내에서도 변동하고 있는 모습이 드러나게 되었다.

장기적인 추세변동은 전근대 유럽을 통괄하여 거대한 시기적 구분을 제공하지만, 구체적으로 시장에서 전개되는 실제적 움직임을 파악하기에는 부족하다. 이를 보충하기 위해서 아벨은 '수확주기'(Erntezyklus)라는 개념을 도입했다. 말하자면 대개 해마다 이루어지는 상이한 농업수확, 특히 곡물의 작황을 파악하는 것이었다. 물론 전근대의 사료적 조건에서 유루(遺漏) 없는 수확주기의 파악은 불가능했을 것이다. 그리고 '주기'의 개념 역시 엄밀한 규칙성을 담보할 수 없었을 것이다. 농업사회에서 자주 관찰되는 평년작, 풍작, 흉작의 흐름은 엄밀한 규칙에 따라 반복되는 것이 아님은 너무도 분명하기 때문이다. 그런데도 이러한 작황에 따라 인간은 일상생활에서 곡물을 비롯한 식량의 가격변동이 야기하는 호시기와 난국기를 겪게 마련이었다. 물론 작황에 따라서 식량자원의 가격에 대해 국가나 도시를 비롯한 관헌당국의 매우 많은 규제와 개입이 수반되어 그 순전한 경제적 메커니즘을 파악하는 것이 용이하지만은 않다.

아벨은 수확주기를 통해 그의 경제사 서술에 각별한 구체성과 생기를 부여했다. 작황은 농업생산자의 소득에 직접적인 영향을 미쳤다. 그리고 간접적으로 비농업부문에도 심대한 영향을 미쳤다. 식비는 가계의 지출에서 최우선의 비중을 차지하기 때문에, 그 지출 후에 남는 것이 기타의 재화와 용역의 구입에 충당되게 마련이다. 높은 곡가와 기타 식량자원의 가격등귀는 주어진 소득수준에서 수공업제품의 구입을 제약하고, 이에 대한 수요를 감퇴시킨다. 이어서 수공업제품의 판로가 감소하고, 따라서 수공업 장인들의 소득도 감소한다. 사료의 제약 때문에 시간과 공간적으로 한정된 부분적 사례를 제시하는 바에 그쳤지만, 아벨은 각각의 장기 추세기 내에서 나타나는 '수확주기'에서 인간이 반응하는 양상을 인상적으로 묘사하고 있다. 이와 같은 발상은 이미 1933년 프랑스의 경제사가 라브루스가 제기한 바 있는데, 아벨은 이를 보충하여 자신이 검출한 표본적인 데이터로 수확의 변동(평년작으로부터의 편차)과 이에 따라 변화하는 생산품의 구입량을 시각적으로 이해하기 쉽게 종종 다이어그램으로 제시했다.

아벨이 다룬 전 시기를 통하여 가격변동의 원인에 대한 질문은 결국 경제변동의 원인을 묻는 것이다. 이른바 16세기의 가격혁명 이후에 전개된 물가의 상승과 하강은 경제에 관심을 가진 수많은 식자들의 관심사였다. 이미 16세기의 물가폭등기에 당대인 장 보댕이 최초로 이 사태의 요인에 대한 해명을 제시한 바 있었다. 그는 화폐수량, 즉 귀금속의 유통량이 변동한 것에서 그 요인을 찾았다. 이 견해에 별다른 논란을 제기하지 않으면서, 영국의 고전경제학파는 다른 요소를 추가로 고려했다. 대표적인 예가 토머스 로버트 맬서스였다. 즉 인구는 식량여지보다 더 빨리 증가하는 경향이 있다는 유명한 견해다. 데이비드 리카도는 농산물가격은 증가하는 경향이 있는데, 실질임금은 정체하거나 하락하기 쉽다는 설명을 내놓았다.

아벨은 이와 같은 설명에 종합을 시도했다. 가장 중요한 것은 인구동태에 영향을 받는 경제의 실질적인 측면, 즉 재화에 대한 수요와 공급의 변동이었다. 화폐수량의 변화에 의한 설명을 거부하지는 않지만, 그는 이를 부차적인 요소로 간주했다. 그의 중심 논점에 따르면, 화폐측면의 변동은 가격수준, 즉 기본적으로 모든 가격에 영향을 미치지만, 실제로 다양한 재화군의 가격은, 물가와 임금의 경우와 같이 서로 상이하게 변동한다는 것이다. 위에 설명한 협상가격차가 그 본보기다.

이와 같은 경제 요소들의 조합에서 그가 핵심적으로 본 것은 두 가지였다. 변동하는 가격에 반영되는 농산물, 특히 식량(곡물)의 공급과 수요의 담당자로서의 인구변동이 그것이다. 농산물의 공급은 결국 많은 요인에 지배되는 작황에 달려 있다. 여러 증거에 따르면 기후의 영향이 가장 강력했다. 그밖에 이루 헤아릴 수 없는 다양한 요인이 작용했다. 농업생산의 기술과 조직에서의 진보, 그리고 농업생산의 시장화가 일정한 제어기능을 발휘했지만, 어떤 경우든 자연의 압도적인 영향은 의심할 여지가 없었다. 자연적 제약을 돌파하는 일은 19세기에 와서야 비로소 가능해졌다.

아벨은 소비의 동력으로서 인구에 심대한 의미를 부여했다. 장기적인 인구동태는 장기추세 변동에 결정적인 영향을 미쳤다. 특히 아벨이 다루고 있는 시기에서 수요에 대한 공급의 신속한 대응은 비교적 협소한 한계에서만 가능했기 때문이다. 이러한 이유에서 아벨은 때때로 신맬서스 학파의 일원으로 간주되어왔다. 즉 인구와 현존하는 식량여지의 협소한 관계를 강조했기 때문이다. 그러나 아벨의 구상을 이렇게 협소한 신맬서스 학파의 테두리로 규정하는 것은 지나친 단순화라고 볼 수밖에 없다. 인구와 경제의 관계에 대한 그의 파악은 훨씬 더 복잡하다. 그는 특히 식량여지를 고정적으로 주어진 바가 아니라, 당해 시기, 지역의 경제 및 생산능력에 따른 매우 동태적인 것으로 보았는데, 그 변동은 많은 경제적·비경제적 요소의 영향을 받는다는 것이다. 인구동태는 물론 농산물에 대한 수요의 기본틀을 설정하지만, 이에는 궁극적으로 다른 요소도 작용했다.

그리고 공급 역시 수요의 단순한 반영으로만 볼 수 없다고 한다. 아벨은 물론 가급적 단순화시킨 설명틀을 제공하여 오해를 불러일으키기도 한다. 그는 영국식의 고전경제학 모델에 자주 의존하여 최근의 경제학 사조를 다소 등한히 했다는 비판도 받는다. 그러나 그의 단순한 모델은 그가 다룬 시기에 전개된 인구와 경제의 관계에서 드러나는 기조를 밝히는 데는 충분해 보인다. 그가 강조하는 바는 양자의 상호관계였다. 그리고 이는 어느 일방적인 관계를 배제한다. 맬서스의 모델은 인구와 경제의 관계를 단선적으로 해석함에 반하여, 아벨은 인구가 경제에 미치는 역작용에서 출발한다. 즉 인구동태는 경제를 변형시키는 작용도 할 수 있다는 것이다. 이러한 이유에서 아벨을 단순한 맬서스 학파로 분류하기 어려운 것이다. 이 점은 『농업위기』에서 14세기 초의 기근과 이어지는 흑사병을 다루는 부분에서 잘 제시되고 있다.

아벨은 『농업위기』를 증보하는 한편, 중요한 부분 주제를 별도의 단행본으로 보강하고자 했다. 이 책의 제2판(1966) 서문에 그 의도가 암시되었다.

> 이 책은 처음부터 확장을 예상하고 있었다. 원래는 한 권의 분량마저 여러 권으로 나누려고 했는데, 이때는 "중세 후기의 폐촌"에 대한 한 권을 그 시작으로 생각했었다. 그러나 다른 과제들이 절박해져 애초의 계획을 끝까지 추구할 수 없게 되었다. 그사이에 집적된 자료를 이용하기에는 신판의 출간이 더 마땅하다고 생각했다.

아벨은 전부는 아니라 해도, 그의 뇌리를 지배하고 있던 3개의 주제에 대해서 『농업위기』에서 개진된 문제의식을 심화하는 단행본을 내놓았다. 우선 첫 번째 주제는 중세 말기의 농업위기와 결부된 촌락과 경지의 황폐현상, 이른바 폐촌(Wüstungen)이었고, 두 번째 주제는 산업화 이전 시기의 대중빈곤(Pauperismus)으로서 이는 전근대 유럽에서 주기적으로 반복되던 대기근의 문제였다. 마지막으로 이와 연결된 급양, 즉 식량공급의 역사였다. 이 자리에서는 지면의 제약을 고려해서 중세 말의 경제와 황폐현상에 주목한다. 이 주제가 아벨의 문제의식, 방법을 가장 잘 드러낸다고 보기 때문이다.

중세 말기로 설정된 시기, 14세기 중엽부터 15세기 말까지는 아벨의 경제사 서술에서 특별한 비중을 차지하고 있다. 『농업위기』 이후에 발간된 최초의 단행본, 『중세 말기의 황폐』(*Die Wüstungen des ausgehenden Mittelalters*, 1943, 1955, 1966)에서 이 문제를 다루고 있는데, 그의 최후의 저작인 『중세 말기 경제의 구조와 위기』(*Strukturen und Krisen der spätmittelalterlichen Wirtschaft*, 1980)도 이 문제에 바쳐져 있다. 허다한 강연과 소논문은 말할 나위도 없다.

이 문제에 관해서 아벨은 비교적 영성한 문헌사료에 기반하여 작업할 수밖에 없었다. 보충적으로 그는 20세기 중반까지 지방사 연구자 및 지리학자 들이 수행한 황폐현상, 즉 경작지와 취락의 폐기 현상에 대한 많은 개별적 연구성과에 의거했다. 이러한 자료적 기반에서 그는 중세 말기 전 유럽에 나타난 황폐현상의 주요인으로서 강력하고, 부분적으로는 신속하고 지속적으로 진행된 인구감소를 지적해냈다.

한편 인구감소는 14세기 중엽부터 유럽을 휩쓴 페스트를 비롯한 전염병에서 촉발되었다. 인구감소는 농산물에 대한 수요를 격감시켰고, 그 결과 농산물가격의 폭락, 농업생산자들의 소득 감소 및 장원영주들의 공납수입 감소를 초래했다. 이 일련의 사태는 결국 생산의 감소를 야기했는데, 이는 다시 황폐현상을 격화시켰다. 수공업제품의 가격은 동일한 수준에 머물거나, 심지어 인상되었기에 농업에 불리한 협상가격차가 전개되었다. 이 과정에서 주로 곡물경작이 타격을 받았다. 시장상황에 허용되는 곳에서는 농업생산의 구조변동이 진행되었다. 즉 청람(青藍), 호프, 아마, 포도 또는 축산 같은 상업적 농업으로의 전환이 그것이었다. 그러나 이런 농산물의 가격 역시 하락했기에, 이러한 방책으로도 손실이 보충될 수는 없었다. 아벨은 이 전체 과정을 중세 말기의 농업위기 또는 농업불황으로 종합하고 있다. 이 장기적인 불황사태에서 회복되기 시작한 시기는 15세기 말부터였다.

이어서 농업불황이 경제 전체에 미친 영향은 어떠했던가? 아벨은 이 문제에 대해서 뤼트게(Friedrich Lütge)를 비롯한 다른 연구자들의 성과를 포섭했다. 이로써 그는 가격변동에서 도출한 자신의 논지를 강화했다. 그 골자는 이렇다. 도시경제, 주로 수공업을 비롯한 각종 영업부문은 농업에 불리한 협상가격차에서 이익을 보았다. 즉 도시 생산품가격이 동일수준을 유지하거나 상승하는 처지에서 농산물가격의 하락은 도시 수공업자나 임금소득자 들의 실질소득을 증대시켰던 것이다. 도시와 농촌의 교역관계는 도시에 유리하게 전개되었다. 그리하여 아벨은 때때로 중세 말기를 수공업 장인 및 임금노동자 들의 '황금시대'라고까지 말하곤 했다. 그러나 이 현상은 개연성이 없지 않으나 오늘날에도 아직 충분히 입증되지는 않고 있다.

경제 전체로 보아 아벨이 주장하는 바와 같이 생산재화의 총량——오늘날의 개념으로 말해 이른바 GDP——은 절대적으로 감소했을 것이나, 개인당 생산(또는 소득)은 인구격감으로 인해 심각하게 감소한 것으로 생각되지는 않고 있다. 동시에 생산요소——토지·노동·자본——의 기여도도 변동했다. 토지의 생산기여도는 감퇴했으나, 자본의 그것은 아마도 상승했을 것으로, 특히 노동의 기여는 현저히 증대했던 것으로 보인다. 이 모든 논증은 경제학의 일반적 이론준칙에서 도출되는 가정으로서, 사료적으로는 기껏해야 아주 근소한 개별적 경우에서 입증될 뿐이었다. 논리적으로 모순이 없고, 전승되는 몇 가지 사실과 부합하는 이론적 가정을 아벨은 역사서술의 재료로 과감히 채용한 것이다. 아무 것도 없는 것보다 낫다는 것이 바로 이러한 경우일 것이다.

아벨의 경제사 서술을 관통하고 있는 구상과 방법에 따르면, 불가피하게 많은 세부적 현상이 사상(捨象)되는 유감이 있다. 실로 아벨은 다양하고 복잡한 현상을 핵심적인 몇 가지 요소로 귀착시켜 명쾌하게 단순화시키는 역량을 발휘하고 있다. 물론 그러한 작업에서도 그는 단순화한 형상에 내포된 다양성을 암시하고 지적하는 점을 잊지 않고 있다. 그는 많은 기술사료(記述史料)의 인용으로 당대인의 목소리를 직접 들려줌으로써 이를 달성하고 있다. 그러나 대체로 그의 저작은 견고한 뼈대를 제시하는 것에 더 중점을 두고 있다. 이 점이 전후에 두드러진 아날 계열의 경제사·사회사 서술과 구별이 되는, 어딘지 좀더 낡은 방식의 경제사 서술경향으로 보이게 하는 점일 것이다.

그리하여 아벨의 저작은 전체를 일관하는 일정한 통일성을 쉽게 드러내기도 한다. 그의 서술은 오늘날의 역사학이 도달한 성취에 비추어 보면 유행에 떨어지지만, 경제현상의 기본적인 요인에 대한 지속적인 숙고를 요구하고 있다. 아벨은 경제현상에 존재하는 기초적인 관계에서 출발하고 있다. 즉 인간과 토지(달리 말하자면 자연)가 바로 그것이다. 인간은 자연의 선물을 때와 장소에 따라 다양한 방식으로 이용해왔다. 이러한 과정에서 농업과 농업종사자가 가장 중심적인 지위를 차지함은 두말할 나위가 없다. 농업은 우선 식량을 생산하고 이를 시장에 공급한다. 이로써 모든 인간의 삶에서 기초를 형성하고, 다른 활동에 종사하는 사람들을 부양해왔다. 농업은 경제적 분업의 필수적인 구성요소였다. 따라서 아벨의 경제사 서술에서 농업이 일차적인 관심대상이 된 것은 너무도 당연한 일이었으며, 이와 함께 아벨은 전체 경제적 연관성을 해명하는 열쇠를 쥐게 되었다.

농업이 자신의 영역을 넘어서 전체 경제에 작용하기 위해서는 시장이 존재해야 했다. 시장에서 농업종사자들은 생산품을 제공하고 자신이 직접 생산하지 못하는 재화에 대한 수요를 충족시킬 수 있었다. 아벨의 진정한 기여는 분업적 유통경제의 존재 및 그 종류와 정도, 그리고 농업이 이러한 연관관계에 묶여 있는 방식이 농업의 발달뿐만 아니라, 전체 경제의 구축과 확장을 위한 전제로써 어떻게 작동하고 있는지를 밝혀낸데 있다. 산업사회 이전 유럽의 경제적 조건에서 한 나라의 경제적 흥성은 강력한 농업적 역량을 전제로 했다. 이는 분업적 유통경제의 효과적인 구성요소이며, 시장에 결부되어 있는 것이었다.

농업의 발달은 또한 경제의 비농업부문에 대한 영향과 긴밀히 결부되어 있었다. 이와 같은 연관관계를 주의 깊게 탐구함으로써 아벨은 "시대를 초월하여 변함없는 농민"이라는 비역사적인 교설을 극복했으며, 또한 연대기나 구식의 농업경제사 서술에서 보이는 풍작과 흉작의 단순한 나열이라는 피상적 파악을 지양했다. 그 대신에 그는 두 개의 잘 규정되고 상세히 설명된 운동모델을 제시한 것이다. 즉 장기적인 추세변동과 단기적인 수확주기가 그것이다. 이 개념쌍은 복잡한 농업현상에 일정한 질서를 부여하면서도 예외적인 현상을 수습하기에도 충분한 유연성을 보여주고 있다. 그밖에 이 개념쌍을 이용하여 비농업부문에 대한 연결

고리도 형성된다. 장기적 추세변동은 중세 성기부터 19세기 중엽에 이르는 전체 경제의 변동상을 시기적으로 구분하는 데 성공하고 있다. 단기적인 수확주기는 농업경제 외부의 부문, 특히 수공업 부문에까지 깊이 작용해 들어갔다. 아벨의 운동모델은 따라서 전체 경제체제의 변동을 설명하기에 적합하며, 경제사 연구에서 특정 부문에만 지향된 협애한 파악을 극복할 수 있었다.

아벨의 경제사 연구에서 가장 특징적인 부문은 통계적 방법의 광범한 채용과 경제이론에 대한 지향성이 될 것이다. 이 두 분야에서 아벨은 각별하게 독창적이라고 할 수는 없을 것이다. 이미 가격사 분야에서는 눈에 띄는 선구자가 있었으며, 덜 두드러지지만 이론적 작업에서도 다수의 선구자가 존재했다. 새로운 것은 그가 이 두 가지 방법요소를 수미일관하게 적용한 것이다. 통계적 방법으로 검출한 가격사 연구 성과의 광범한 채용과 이론적 모델의 결합이야말로 그의 저작을 흐르고 있는 혁신적인 중용이었다. 계량화와 이론적 지향성의 결합은 아벨의 본보기에서 비롯된 것으로 그 이후에 보편적으로 응용되고 있는 바다.

아벨이 사망한 1985년 4월 27일 이후 거의 한 세대가 흐른 오늘날에도 방대한 그의 저작과 이를 관통하는 통합성은 여전히 후대를 감동시키고 있다. 그는 생애 내내 작업분야를 심화 · 확대했으며 독일의 경제사 · 농업사 연구에 새로운 강조점을 놓았다. 특히 분업적 유통경제와 시장경제의 가설에서 출발하여 가격을 기준으로 장기적인 농업경기의 추세를 추구한 것은 토지소유 관계를 중심으로 하는 제도사에 치중된 독일의 농업사 · 경제사 서술에 전혀 새로운 시각을 제시한 것이었다.

맺음말

빌헬름 아벨은 20세기 독일의 경제사 연구를 대표하는 거인이다. 그의 저작은 독일의 경계를 넘어서 타국에까지 널리 영향을 미쳤다. 동시에 그의 사고와 연구 구상은 19세기 말 20세기 초 독일 학계의 흐름 속에서 영향을 받기도 하고, 이에 맞서기도 하면서 형성된 것이었다. 아벨이 당대의 경제사 연구경향과 맺고 있던 관계는 여러 가지로 짐작이 되지만, 그 자신의 생애와 자전적 기록을 별로 남겨놓지 않은 탓에 그 명확한 사정은 충분히 파악하기가 어렵다. 이 자리에서는 그의 제자들이 파악한 결과를 그의 학문적 기원, 당대인과의 관련, 후대에 미친 영향 면에서 간략히 정리하는 정도에 그치고자 한다.

아벨은 마르부르크, 뮌헨, 킬 대학교에서 법학과 국가학을 수학했다. 특히 킬 대학교에서 스승인 농업경제학자 스칼바이트(1879~1960)의 영향을 강하게 받았다. 스칼바이트 자신은 슈몰러(1836~1917)와 오토 힌체(Otto Hintze, 1861~1940)의 영향 아래 베를린 대학교에서 수학했다. 1906년 힌체의 지도로 17세기 동프로이센의 왕령지 관리에 관한 논문으로 박사학위를 취득하고, 이어 슈몰러의 추천으로 프로이센 국가 및 행정사 사료집인 『악타 보루시카』(Acta Borussica)의 편찬작업에 참여했다. 이 작업에서 그는 특히 일찍 사망한 빌헬름 노데(Wilhelm Naudé, 1866~1904)의 후임으로 1910년에 프로이센의 곡물교역 정책에 관한 방대한 자료를 편찬해냈다. 그리고 같은 해에 베를린 대학교에서 경제학(Nationalökonomie) 교수자격을 취득했다. 그 후 스칼바이트는 순차적으로 기센, 본, 킬의 교수직에 취임했고, 『악타 보루시카』의 곡물교역 정책에 관한 작업을 지속하여 마침내 1931년에 그 완결을 지었다.

스칼바이트는 이 자료집의 마지막 3, 4권에서 서술 및 사료와 함께, 당대의 자료에서 검출한 곡가의 통계를 제시했는데, 이는 그 자신이 시도한 내용적 혁신의 결과였다. 가격과 현물의 양은 모두 베를린의 도량형과 주화가치로 환산하여 단일화되었다. 마지막 4권의 부록으로는 정오표와 함께, 방대한 통계표가 제시되었는데, 이것이 바로 스칼바이트의 조교인 아벨이 작업한 것이다. 즉 아벨은 스승의 작업을 보조하면서 나중에 지속되는 그의 가격사·농업사 연구의 동인을 제공받은 것이다. 이는 주제의 선정이라는 면에서뿐 아니라, 통계적 방법, 특히 다양한 도량형과 주화 단위로 표현된 양과 가격의 단일척도 환산이라는 구체적 방법에까지 이르는 것이었다.

아벨은 수학 시절과 조교 시절에 당대 독일경제학, 흔히들 역사학파 국민 경제학으로 불리는 유파의 다양한 흐름을 섭취했던 것으로 보인다. 그러나 아벨의 수학 시절, 1900년 고개를 넘었을 때, 독일의 역사학파 경제학은 학파를 형성하지 않고 거장들이 개별적으로 활동했다. 아벨은 내외의 여러 경향을 선택적으로 흡수했는데, 특히 독일 농업사 연구의 고전, 농업사 및 농업통계학의 창시자인 게오르크 한센(Georg Hanssen, 1809~94)에게 깊은 관심을 가졌다. 그는 즐겨 영국의 고전경제학을 섭렵하고, 당대에 등장한 신고전학파 경제학에도 낯설지 않았으나, 근대 이전의 농업사회에 대한 관심에서 고전학파의 이론을 더 선호했다. 좀바르트, 베버를 존중했으나 방법적으로 이에 경도되지는 않았고, 슘페터(Joseph Alois Schumpeter) 같은 이의 저작에서 경제의 운동에 관한 사고를 심화시켰다. 그 외에 그는 독일어 및 영어권의 경제학설사에 대한 광범한 지식을 습득하고 있었다.

아벨과 동시대의 경제사가, 특히 독일어권 이외의 학자들과의 관계는 거의 밝혀진 바가 없다. 단지 아벨의 저작에 대한 내외의 서평을 통해 몇 가지를 추측할 뿐이다. 아벨의 처녀작 『농업위기』에 대한 독일학계의 반응은 그다지 긍정적이지 않았다. 심지어 노골적인 비판마저 제기되었다. 특히 1930년대 독일의 학계 일반이 국제적으로 더욱더 고립되어가면서 그의 저작에 대한 외부의 반응도 거의 기대난망이었다. 아벨과 동시대에 매우 유사한 발상을 제시한 프랑스의 라브루스나 영국의 포스탠의 논저도 아벨은 1945년 이후에야 비로소 접할 수 있었다. 이들 역시 아벨의 존재를 전후에야 알 수 있었다. 독일학계에서 아벨의 농업 및 경제사 파악은 너무도 낯설었다. 거부는 아니라 할지라도 저어감에 봉착했다. 그러나 아벨의 해석은 적어도 전통적인 역사상(歷史像)과 부합될 수는 있었다. 그렇지만 결국 제2차 세계대전이 지속적인 교섭과 논의를 차단해버렸다.

전후 아벨은 괴팅겐 대학교의 강좌장에 부과된 의무에 따라 자신의 연구분야를 일시 전환했다. 그러나 1943년에 출간한 농촌황폐에 대한 연구를 필두로 경제사에 대한 그의 관심은 식을 줄 몰랐다. 경제사 연구에서 아벨은 1950년대에 들어 외국에서 비로소 다시 발견되었다. 1950년 파리에서 개최된 국제역사학대회에서 영국의 포스탠은 중세사회의 경제적 기반에 대한 논고를 발표하면서 특히 아벨의 농촌황폐에 대한 연구를 대서특필했다. 프랑스에서는 아날학파가 아벨의 문제제기 방식에 주목하여 그의 연구를 대거 수용하기 시작했다. 특히 1973년에 출간된 『농업위기』의 프랑스어 번역을 브로델(Fernand Braudel)이 직접 편집하고, 아벨과 학문적 교류를 개시했다. 당시 독일의 경제사 연구수준이 다소 낙후했기 때문에 아벨은 영국과 프랑스에 더 일찍이 알려지고 수용되었다.

독일학계에서는 귄터 프란츠(Günter Franz)가 발기한 독일의 농업사에 대한 5권짜리 총서의 테두리에서 『독일 농업사』(*Geschichte der deutschen Landwirtschaft vom frühen Mittelalter bis zum 19. Jahrhundert*, 1962)를 출간함으로써 아벨의 존재가 각인되었다. 1960년대에 독일의 대학에 사회경제사 강좌가 설치되면서 아벨은 마침내 1964년 괴팅겐 대학의 사회경제사 강좌장에 취임하여 비로소 경제사 연구에 본격적으로 몰두하게 되었다. 1962년에 아벨은 작은 강연을 통해 향후 한동안 독일경제사 연구의 방향을 지배한 새로운 문제제기와 방향을 제시했다. 이제 저작과 출판뿐 아니라 여러 동료 및 제자와의 활발한 접촉을 통해, 무엇보다 1980년대까지 이어지는 지칠 줄 모르는 연구를 통해 그의 영향력과 명성이 증대되었다. 전후에 비로소 아벨은 새로운 전문분야로서 독일 사회경제사학의 확립에 활발히 참여할 수 있었다. 1960년 그는 스톡홀름에서 개최된 제11회 국제역사학대회와 이에 결부된 제1회 국제경제사학회에 독일학계를 대표하여 참여하고, 이어서 1961년 독일사회경제사학회의 창립을 주도했다.

아벨은 1960년대부터 사망할 때까지 프리드리히 뤼트게, 프란츠, 헤르만 켈렌벤츠(Hermann Kellenbenz) 등과 더불어 독일 사회경제사를 대표했다. 이들 인사들과 아벨은 서로 학문적 영향을 주고받으며 평생 친교를 유지했다. 1960, 1970년대에 그는 당시로서는 이례적으로 동독의 역사가, 특히 위르켄 쿠친스키(Jürgen Kuczynski)와 교류를 맺게 되었다. 쿠친스키는 중세 말 농업위기의 본질에 대해서 아벨과 달리 '봉건제의 위기'라는 테제를 제기해 아벨의 수요-공급 모델을 격렬하게 비판한 바 있었다. 그러나 이들은 서로 존중했으며, 아벨은 쿠친스키와 그 동독인 동료들의 연구성과를 매우 높이 평가했다.

 1960년대에 들어서도 아벨의 명성은 서방에 지속되었다. 그는 특히 프랑스에 잘 알려졌다. 브로델을 필두로, 피에르 구베르(Pierre Goubert), 르 루아 라뒤리(Emmanuel le Roy Ladurie) 등이 그와 문제의식을 공유하는 저작을 내놓았다. 미국에서도 버클리의 한스 로젠베르크(Hans Rosenberg)가 그의 저작을 호평했다. 북부 및 동부 유럽에도 동료가 생겼고, 심지어 일본에까지 그의 추종자가 널리 생겼다. 그의 주저 『농업위기』는 1970년대와 1980년대에 프랑스어, 영어, 이탈리아어, 일본어로 번역되기에 이르렀다. 로젠베르크는 "아벨은 [……] 우리 시대에서 국제적인 농업사 연구의 개척자 가운데 한 사람으로서, 독일어권에 생존해 있는 경제사가 중에서 가장 독창적인 인물"이라고 평가했다.

 그러면 아벨의 영향과 그 흔적은 어떻게 되었는가? 아벨은 괴팅겐 대학교의 사회경제사 강좌를 맡으면서 수많은 제자를 배출했다. 그의 문하에서 7편의 교수자격 청구논문이 나왔고, 70여 편의 박사학위 논문이 배출되었다. 이들 주제는 거의 전적으로 사회경제사, 특히 농업사가 반을 차지하고 있다. 그러나 오늘날 그의 사후 한 세대가 지난 시점에서는 그의 제자들 특히 그에게서 교수자격을 취득한 세대마저 은퇴하는 시점에서 그의 영향력은 분명 퇴조하는 경향을 보이고 있다.

 무엇보다 그사이에 연구자들의 관심이 변했다. 아벨의 주된 관심 대상은 산업화 이전 시대의 농업 및 농촌사회였다. 그의 사망을 전후로 교체된 새로운 세대는 연구의 대상으로 산업시대 및 20세기를 점점 더 선호하면서, 당연히 중세와 근대 초기의 관심은 후퇴했다. 동시에 아벨의 연구에 대한 관심 역시 줄어들었다. 그의 작업성과는 개설서와 교과서에 여전히 흔적을 남기고 있지만, 그 지속과 확장에 대해서는 두드러진 움직임을 보기 어려운 것도 사실이다.

끝으로 다음과 같은 의문이 남는다. 그렇다면 경제사에 대한 아벨의 방대한 구상과 이에 결부된 방법, 이론 적용은 지속적으로 응용할 가치가 있는가? 오늘날 독일의 연구자, 특히 그의 제자 카우프홀트(Karl Heinrich Kaufhold)는 이 질문에 조심스러운 답변을 내놓는다. 아벨의 시대와는 달리 더욱 최근의 시대에 지향된 연구관심, 더구나 분야와 공간에서 더욱 전문화되고 세분화된 오늘날의 연구에서 아벨의 거대한 시야는 개입될 여지가 더욱 제약될 것이라고.

그러나 한편 아벨의 구상은, 특히 산업시대 이전의 시기에 대해서는 여전히 유효할 것이라고 본다. 또 사료가 늘 제약을 가하지만, 그가 구사한 계량화 방법, 문제제기에서 경제학 이론의 준칙을 이용하는 것 역시 여전히 유효할 것이다. 또한 아벨의 경제사 연구는 역사학을 넘어서 경제학 일반에도 중요할 것으로 카우프홀트는 보고 있다. 아벨의 저작은 역사적 지향성을 지닌 경제학의 가능성과 한계를 보여준다. 즉 그의 저작은 신역사학파 경제학자들 대부분이 고민했던 것처럼, 경제 속에서 경제에 의해 행동하고 고통을 겪는 인간에 관한 학문의 본질적인 부분을 구현하고 있다는 것이다.

농업위기와 농업경기
유럽의 농업과 식량공급의 역사

빌헬름 아벨과 그의 농업사 연구 | 김유경 · 7

제3판 서문 · 37
제2판 서문 · 39

도입

1. 13세기 이래 유럽의 곡가변동에 나타나는 장기적 파동 · 41
   현상 · 41 | 문제 · 43
2. 경제체제와 소득분배 · 50
   중세 성기 분업적 유통경제의 전개 · 50 | 봉건지대와 지대 · 55
3. 산업화 이전의 경제에서 수확변동이 화폐와 물자유통에 미친 영향 · 60
   라브루스 학파의 위기이론 · 61 | 문제제기의 범위를 확대하는 시도 · 62

제1부 유럽의 농업 및 식량공급 변동상태
13세기부터 15세기 말까지

I. 중세 성기의 호황 · 73

1. 가격변동 · 73
   가격동요와 장기적 추세 · 73 | 화폐유통 · 79
2. 인구증가와 토지개발 · 81
   중세 성기의 인구증가 · 81 | 농업제도의 변동과 농업의 진보 · 85
   개간과 정착 · 90
3. 지대, 농민의 소득과 임금 · 97
   지대의 상승 · 97 | 농민의 처지 · 104 | 임금에 대한 증거 · 107

II. 장기변동의 전환 · 111

1. 진행과정과 시동요인 · 111
   농업시장의 급변 · 111 | 봉건제의 위기 · 113

2. 1315/17년의 기근 · 116
   곤경의 확산과 그 강도 · 116 | 유럽은 인구과잉이었던가 · 121

3. 세기 중엽의 흑사병 · 125
   흑사병 유행기 유럽의 인구감소 · 125 | 흑사병의 경제적 귀결 · 129

III. 중세 후기의 농업불황 · 137

1. 가격과 임금변동 · 137
   중세 후기의 가격변동 · 137 | 수공업장인의 황금시대 · 145
   중세 후기의 기근과 판로위기 · 158

2. 토지이용, 지대 및 농민의 임금 · 175
   유럽 곡물재배의 후퇴 · 175
   가축사육, 특용작물재배와 소득 탄력적 농산물의 소비 · 178
   북부 이탈리아의 농업 · 184 | 중부 및 북부 유럽의 농업소득 감퇴 · 187

3. 중세 후기의 황폐 · 200
   개념, 범위, 황폐지의 분포 · 200 | 황폐화 과정 · 214

4. 중세 후기 농업불황의 원인 · 224
   화폐 및 실물경제 이론 · 224 | 중세 후기의 인구감소 · 227

제2부 유럽의 농업 및 식량공급 변동상태
16세기부터 18세기 말까지

I. 16세기의 농업과 생활수준 · 235

1. 농업의 호황 · 235
   유럽의 인구증가 · 235 | 토지의 개발 · 241
   농업생산의 집약화와 지역적 분화 · 249

2. 16세기의 '가격혁명' · 270
   곡가의 변동 · 270 | 공산품의 가격과 임금 · 275
   일부 소득탄력적 농산물의 가격 · 280

3. 지대의 상승 · 283
   계약지대 · 283 | 토지가격, 농민소득, 토지투기 · 292

4. 실질임금의 하락 · 303
   실질임금과 '곡물임금' · 303 | 임금하락의 파급범위 · 310

5. 경제 전반의 연관관계 · 315

　해석사 · 315 | 16세기의 인구, 소비와 투자 · 319

II. 위기, 전쟁, 장기추세의 급변 · 331

1. 17세기 전반기의 농업시장 · 331

　17세기 초의 판로위기 · 331 | 30년전쟁과 북서부 유럽의 농업호황 · 336

2. 독일의 30년전쟁 · 343

　기근, 역병, 판로경색 · 343 | 전쟁의 지속적 영향 · 346

III. 경기하강과 불황 · 351

1. 유럽의 가격과 임금: 17세기 중엽부터 18세기 중엽까지 · 351

　가격동태 · 351 | 임금 · 354

2. 프랑스 농업의 쇠퇴 · 356

　장기적 추세 · 356 | 수확주기 · 363

3. 잉글랜드의 위기 · 368

　문헌증거 · 368 | 1660년대의 판로위기 · 371
　1680년대의 농업위기 · 373 | 1690년대 초의 신용위기 · 375
　18세기 초 수십 년간의 위기 · 377 | 1720년부터 1750년까지의 위기 · 377
　가격 및 판로위기의 원인 · 380

4. 북서부, 북부, 동부 유럽의 정체 · 384

　네덜란드와 벨기에 · 384 | 덴마크와 스칸디나비아 제국 · 386
　동부 독일과 폴란드 · 388

5. 30년전쟁부터 18세기 중엽까지의 독일 농업 · 390

　전쟁 이후의 장기불황(1650~90) · 390 | 회복의 시작 · 395 | 역전과 난관 · 398

6. 농업불황의 성격과 원인 · 402

　화폐 및 실물경제 이론 · 402 | 협상가격차(鋏狀價格差)와 농업생산 · 404
　인구동태 · 406

제3부　유럽의 농업 및 식량공급 변동상태
18세기 중엽부터 19세기 중엽까지

I. 18세기 후반의 농업호황 · 419

1. 가격과 임금 · 419

　농산물 판매가와 생산비의 협상차(鋏狀差) · 419
　가격상승의 원인 · 426 | 소득영역에서의 반작용 · 430

2. 농업의 성장 · 432
　　새로운 호황의 조건 · 432 | 경작면적의 증대 · 435
　　농업 집약도의 증가 · 439 | 판로 · 444

3. 지대와 농민의 임금 · 447
　　지대, 차지료 및 토지가격 · 447 | 농민의 소득 · 453
　　토지거래와 토지저당 · 457

II. 세기 전환기 이후의 농업위기 · 463

1. 위기의 세 국면 · 463
　　제1차 국면(1801~1805) · 463 | 제2차 국면(1806~17) · 467
　　제3차 국면(1818~30) · 473

2. 위기의 영향 · 483
　　위기에 대처하는 북서 독일 농민경제의 사례: 희생과 극복 · 483
　　유럽의 사태 개관 · 486 | 동부 독일의 대농장 경영 · 494

3. 위기의 종말 · 496
　　가격하락의 원인 · 496 | 새로운 상승동력 · 499
　　잉글랜드에서의 회복장애 · 500

III. 대중빈곤 · 503

1. 유럽의 임금과 생활수준: 1790년부터 1850년까지 · 503
　　독일의 곤경 · 503 | 프랑스의 임금과 생계비 · 512
　　영국의 임금과 임금의 국제비교 시도 · 516

2. 대중빈곤의 역사적 위치 · 522
　　중세 이래에 등장한 실질임금 하락의 여러 단계 · 522
　　식품 소비와 생산의 변동 · 525 | 한 시대의 종말 · 534

제4부　산업시대와 유럽의 농업 및 식량공급

종결부의 서론 · 541

I. 식량공급의 난관 극복 · 543

1. 19세기 중엽 이래의 가격, 임금 및 생활수준 · 543
　　실질임금의 상승 · 543 | 식료품 소비의 변동 · 548

2. 농업생산 · 552
　　경영의 기초 · 552 | 생산방향의 집약화와 변동 · 560
　　소출의 증대 · 562 | 세계경제 차원에서의 분업 · 564

II. 공업시대의 농업위기 · 567

1. 유럽 내부의 상쇄국면(1830~70) · 567
잉글랜드의 곡물수입관세 폐지 · 567 | 대륙농업의 '황금기' · 569
토지투기, 과도채무 및 신용위기 · 573

2. 범세계적인 교란국면 · 576
19세기 마지막 4분기의 농업위기 · 576 | 전간기(戰間期)의 농업위기 · 583
위기의 원인 · 585

요약과 결론 · 591
1. 중세 성기 이래 유럽의 농업 및 식량공급의 장기변동추세 · 591
2. 19세기 중엽의 발전중단 · 594
3. 농업위기 · 597

부록

I. 화폐 및 도량형 환산 · 601
1. 서론 · 601
2. 가격환산표에 대한 주해(註解) · 611

II. 표 · 635
〈표 1〉 유럽의 밀과 호밀가격, 13~20세기 · 635
〈표 2〉 독일의 호밀가격, 14~20세기 · 637
〈표 3〉 유럽과 아메리카의 밀과 호밀가격, 1791~1830 · 639

III. 유럽의 가격 및 임금사 자료집 목록 · 641

찾아보기 · 657
옮긴이 후기 · 669

일러두기

1. 이 책은 Wilhelm Abel, *Agrarkrisen und Agrarkonjunktur. Eine Geschichte der Land—und Ernährungswirtschaft Mitteleuropas seit dem hohen Mittelalter*(Verlag Paul Parey, Hamburg und Berlin, 1978)을 번역한 것이다.
2. 독자의 이해를 돕기 위해 각주에 옮긴이주를 넣고 *로 표시했다.
3. 원문의 이탤릭체는 고딕으로 표기했다.
4. 이 책에서는 외래어 표기법에 따르지 않고 현지 발음에 준하여 표기했다.

제3판 서문

　이 책에서 다룬 문제에 대한 관심은 지난 수십 년 동안에도 줄어들지 않았다. (가격, 임금, 지대 등에 관한) 지역 및 부문별 연구 결과가 다수 출간되었는데도, 그 비중은 줄어들지 않고 증가했다. 이러한 연구들은 개관할 수 있는 한에서는 이 책에 반영했다. 부록으로 덧붙인 가격 및 임금사에 대한 자료집의 목록도 1970년대에 맞게 수정했다.
　그러나 일부 비판자들이 요구한 바 있는 주제의 확대에 대해서는 결정할 수가 없었다. 물론 이 책에서 다룬 여러 가지 경제적 사실과 여기에 단지 테두리로만 지칭된 그 '상부구조' 사이에는 일정한 관련이 있었다. 이러한 연관성이 더욱 분명히 드러나는 한에서는, 언급되었다(예를 들면 16세기 농장영주제Gutsherrschaft*의 성립과 확산 같은 경우에서). 그러나 '존재'와 '의식' 사이에 공허한 다리를 놓는 것은 나에게 매우 낯선 일이었다. 이 책에서 역점을 둔 것은 등한시되었던 사실을 조명

---

*여기서 농장영주제(農場領主制)로 번역한 Gutsherrschaft는 16세기 이후 엘베 강을 경계로 시작하는 독일의 동부지방에서부터 유럽 러시아의 상당 지역에 걸쳐 형성된 대농장 경영체제를 말한다. 이 지역에서는 대략 16세기경부터 귀족 영주가 중세 성기(中世盛期) 이래 유리한 토지보유권과 저렴한 지대납부, 광범한 자치권을 누리던 농민의 권리를 박탈하고, 이들을 오히려 토지에 긴박(緊縛)된 세습적 예속민의 처지로 전락시켰다. 그리고 영주들은 또한 이들에게서 수탈한 토지를 집적하여 대농장을 조성하고, 신분적 처지가 악화된 농민에게 부역을 강제하여 서구 시장에 수출할 목적으로 곡물을 대량생산하는 농업체제를 구축했다.

하고, 직시하고, 정리하여 가능한 한 읽기 쉬운 형태로 제시하는 것이다. 그밖에 예컨대 루지에로 로마노(Ruggiero Romano)가 이 책의 「이탈리아 번역판 서문」에 부연했듯이, 나의 서술이 하나의 모델이 되었다면, 즉 하나의 일반적인 설계를 위한 것으로서 여러 사실의 특정한 조직 그리고 이 사실들에 고유한 역량, 사건, 사고를 구조화하는 모델이 되었다면, 이는 기대 이상의 소득이라 하겠다. 이 책이 계속해서 유사한 연구의 수행 또는 그 확장을 자극한다면, 이는 그에 부과될 수 있는 사명을 다한 것이라 할 수 있다.

1978년 5월 괴팅겐
빌헬름 아벨

제2판 서문

이 책의 초판이 출간된 것은 30여 년 전이었다. 그것은 역사연구가 지금까지 거의 주의하지 않았던 분야를 개척하는 하나의 시도로 일컬어졌다. 중부 유럽의 농업 및 식량생산은 중세 성기 이래의 수세기 동안 수요를 어느 정도로(그리고 얼마나 부족하게, 또 어떤 형태로) 충족했는가라는 질문에 대한 대답에 근접하기 위해서는 가격, 임금, 지대, 농업생산, 그리고 광범한 사회계층의 인구동태와 생활수준을 연구해야 할 것이다. 경제의 정신, 양식, 기술, 법과 질서에 대해서는 이미 탁월한 연구가 많이 제시되었다. 그러나 그 골격 안에서 무슨 일이 일어났는지는 아직도 알려진 바가 전혀 없다. 이 연구는 바로 여기서 시작한다.

아마도 이 시도가 아주 성과 없는 것은 아니었다고 말해도 될 것이다. '중세 말기의 농업위기'라는 테제는 독일과 국제학계의 연구문헌에 널리 수용되었다. 16세기의 '가격혁명'은 이 책이 출판되면서부터 더욱 자주 농업의 특수경기로 간주되었다. 그리고 새로이 유럽 경제의 특정 부분이 17세기 말과 18세기 초에 겪은 하강국면과 불황에 대한 연구는 더욱 증가했다. 그러나 내가 훨씬 더 중요하게 여기는 것은, 그러한 주제에서 아주 동떨어져서도 이 책의 연구경향이 여러 동조자를 발견하게 된 것이다. 아직 1930년대 초만 해도 경제사가와 경제이론가를 적대적 진영으로 갈라놓은 방법론 논쟁은 이제 잠잠해졌다. 프랑스에서는 '계량경제사'(quantitative Wirtschaftsgeschichte)의 구축이 시도되고 있다. 미합중국에서는 심지어 '역사적 계량경제학'(historische Ökonometrie, cliometrics)을 말하고 있다. 이러한 용어는 다소 과장하는 바가 없지 않지만, 역사와 이론이 새롭고 생산적인 연계를 맺게 된 점은 의심의 여지가 없다.

이 정도로 이 책은 그에 부과될 수 있었던 과업을 이행했을지도 모른다. 그러나 이 책이 하나의 진정한 시도가 아니었더라면, 계속 고서점의 영업망에 넘겨진 채로 있었을 것이다. 이 책은 처음부터 확장을 예상하고 있었다. 원래는 한 권의 분량마저 여러 권으로 나누려고 했는데, 이때는 "중세 후기의 폐촌"에 대한 한 권을 그 시작으로 생각했었다. 그러나 다른 과제들이 절박해져 애초의 계획을 끝까지 추구할 수 없게 되었다. 그사이에 집적된 자료를 이용하기에는 신판의 출간이 더 마땅하다고 생각했다.

서술의 기본구조는 유지했으나 그밖에는 많은 것, 심지어 제목도 변경했다(원제: 『13세기부터 19세기까지 중부 유럽의 농업위기와 농업경기변동』, 파울 파라이 출판사, 베를린, 1935). 이제 신판은 초판처럼 19세기로 마감되지는 않는다. 서술 대상은 현재까지 지속되고, 또한 비교적 단기적인 사태도 더 이상 가벼이 보아 넘기지 않고 있다. 14/15세기 및 16/17세기의 불황은 폐색긴장(閉塞緊張)으로 파악되고 있으며, 가능한 한 세분해서 서술한다. 수확의 주기도 서술에 반영되고, 경기의 동요, 또한 장기(長期)의 주기적 파동을 거쳐서 산업시대에 들어서야 비로소 끝장이 나는 발전도 제시하고 있다.

1996년
빌헬름 아벨

도입

1. 13세기 이래 유럽의 곡가변동에 나타나는 장기적 파동

현상

가격사 연구는 잉글랜드*, 프랑스, 북부 이탈리아, 독일 및 오스트리아의 장기적 곡가(穀價)변동을 13세기 또는 14세기부터 현재까지 추적하고, 그 상호간의 비교를 가능하게 하는 토대를 마련했다. 일련의 가격자료를 단일한 도량형과 주화단위로 환산하고, 3개항 이동평균법**으로

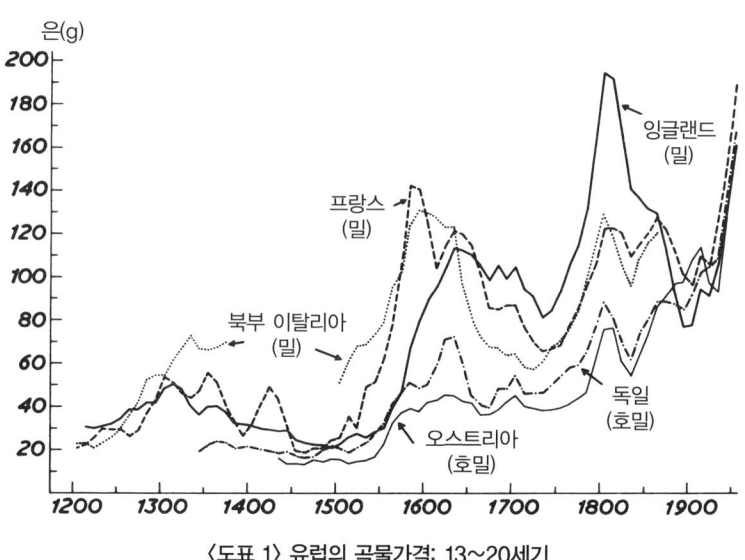

〈도표 1〉 유럽의 곡물가격: 13~20세기

(3개항 이동평균법에 의한 10년 단위 평균치, 곡물 100kg당 은의 중량)

산출한 10년간 평균치로 모아서 배열하면, 다음과 같은 세 개의 주기적 파동이 나타난다.
1. 13세기와 부분적으로 14세기 초에도 나타나는 호황국면에 이어지는 중세 후기의 불황.
2. 16세기에 등장하여 17세기에 종료된 또 하나의 호황국면.
3. 18세기에 등장하는 세 번째의 호황국면으로서, 19세기에 단기적이며 부분적으로는 반대방향의 운동으로 소멸되다가, 19세기 말과 20세기에 비로소 재개.[1]

이 파동은 무엇을 의미하는가?

---

* 이 번역에서는 원서에 England, englisch 등으로 표현된 개념을 영국이라고 하지 않고, 의도적으로 '잉글랜드'로 표기한다. 우선 이 연구가 다루는 대상으로서 등장하는 유럽 각지의 개별 국가는 국가로서보다도, 각각의 독특한 (농업)경제단위를 구성하는 '지역'으로서 의미가 있고, 연구에 동원된 통계자료를 비롯한 각종의 사료도 그러한 사정을 반영하고 있기 때문이다. 또 우리가 통상 '영국'이라고 하는 나라의 지리적 단위는 농업경제 및 교환경제가 영위되는 단위를 고려하면, 오늘날에도 대단히 강력한 자치권을 가지고 분립해 있는 잉글랜드, 웨일스, 스코틀랜드 등의 지역을 구분할 필요가 심각하기 때문이다. 단 19세기 이래의 저명한 경제학자, 역사가 등 연구자들을 수식하는 의미에서는 단순히 '영국'이라고 표기한다.

** 이 통계방식에 대한 설명은 주 1) 참조.

1) 〈도표 1〉의 숫자는 부록의 〈통계표 1〉에서 취했다. 부록에는 또한 주화 및 도량형 환산에 대한 보고와 이 도표에 나타난 가격을 채록하는 데 이용한 사료가 제시되어 있다. 3개항 이동평균법에 의한 10년간 평균치는 부록의 표에 수록된 수치에서 다음과 같이 산정해냈다. 즉 a, b, c, d……의 수치가 순차적으로 배열된 10년 단위의 평균치를 의미한다면, b의 위치에 (a+b+c)÷3이, c의 위치에 (b+c+d)÷3 ……이 배열되는 것이다. 〈도표 1〉에 나타나는 숫자를 제시한 뒤에 계속해서 가격자료집성이 이루어졌다. 이러한 자료는 부록의 「유럽의 가격 및 임금사 자료집 목록」에 수록되었으나, 위의 도표나 부록의 표를 보충하는 데는 이용하지 않았다. 그러했다면 작업량이 지나치게 많았을 것이다. 반면 순전히 이 자리에만 제시한 중부 유럽의 장기적인 가격변동의 기본추세는 이미 이용한 자료집만으로 충분히 드러나고 있다(이 책에서 아벨이 자주 구사한 이 통계처리방식을 이동평균법이라고 하는데, 이는 장기적인 추세변동을 구하기 위해서 단기적인 불규칙 변동요소를 제거하는 방법으로 흔히 이용되고 있다 - 옮긴이).

문제

장 보댕[2] 이래 장기적인 가격동요를 해석하는 시도는 가격이 재화의 교환을 매개하는 화폐량에 의해 제약된다는 인식과 결부되곤 했다. 보댕은 그의 시대, 즉 16세기 '가격혁명'이 아메리카에서 대량의 은(銀)이 유입된 탓으로 본 최초의 인물이었다. 2세기 후에 애덤 스미스[3]는 17세기 말과 18세기 전반기에 영국의 곡가(穀價)가 최하로 떨어진 것은 화폐량의 부족과 이에 따라 "은의 실질가치가 상승"한 결과라고 설명했다. 다시 수십 년 뒤, 18, 19세기의 전환기에 다시금 장기적으로 지속된 곡가상승의 진정한, 그리고 아마도 거의 유일한 원인을 다수의 당대인들은 증대된 귀금속량에서 찾아볼 수 있을 것이라고 믿었다.

그러나 당시, 즉 18세기 말에 이러한 이론의 대표자들은 다른 견해를 제시하는 일군의 저술가들을 처음으로 만나게 되었다. 이들 새로운 견해의 대표자들은 화폐영역이 아니라 경제의 내적 변동에서 장기적인 가격변동의 원인을 인식할 수 있다고 믿었던 것이다. 화폐량의 증가는 가격의 변동에 대하여 충분한 설명을 결코 제공하지 못하며, 특히 곡물과 기타 식료품의 가격상승에 대해서는 더욱 그러하다는 것이다. 에드워드 웨스트 경(Sir Edward West), 아서 영(Arthur Young) 그리고 비교적 덜 저명하지만 당대의 다른 많은 사람은 식량가격이 상승한 더 근본적인 원인은 급격히 증가한 인구의 수요에 있다고 판단했다. 이러한 판단에는 비록 분명히 언표된 바가 아주 드물지만, 그밖에 다른 조건이 동일할 경우에 화폐량이 증대하면 일반적으로 물가상승을 야기한다는 화폐수량설의 테제가 전제되어 있었다. 수십 년 뒤에 존 스튜어트 밀이 설파했듯이, 장기적으로 화폐량이 증가한 결과로서 일정한 시간이 경과한 뒤에는 모든 종류의 물품에 대한 수요가 증가하고, 이에 따라 약간의 시

---

2) J. Bodin, *La Response······ aux Paradoxes de Monsieur de Maletroit, touchant l'Enchérissement de Toutes Choses*, 1568, ed. by H. Hauser, Paris 1932.

3) A. Smith, *Der Reichtum der Nationen*, ed. by Schmidt, 1, 1924, pp.208f.

차가 있지만, 모든 물품의 가격은 상승한다는 것이다. "그렇게 상승한 물가는 누구에게도 유리하지 않으며, 결국 더 높은 액수의 탈러와 그로셴*으로 지불해야 하는 것과 하등의 차이가 없는 것이다. 〔……〕 누구도 이로써 예전보다 더 많이 구매할 수 있는 상태에 처하지는 않을 것이다. 물가는 어떤 일정한 상황에서 상승하는데, 이러한 상황에서 화폐가치는 하락할 것이다."[4)]

실제로 18세기 후반에는 모든 물가와 물가에서 파생되는 모든 소득이 동일한 비율로 상승한 것이 결코 아니었다. 곡가와 더불어 지가(地價)와 지대(地代)도 18세기 중엽보다 몇 배나 오른 반면, 공산품의 가격과 임금은 50년 전에 비해 거의 오르지 않았다. 물가와 소득영역에서 나타나는 이러한 전위(轉位)현상으로 당대인의 시각은 '수확체감'과 '식량여지(Nahrungsspielraum)**의 하강' '농산물의 구매력 증대' 및 '임금과 지대의 역전운동'에 대한 이론을 다룬 웨스트, 맬서스 및 리카도의 저작에 농축된 문제로 향하게 되었다.

"인구는 현존하는 식량 이상으로 증가하는 지속적인 경향을 갖고 있다"라고 맬서스[5)]는 당대의 세계에 설파했다. 왜냐하면 농업의 형성과정

---

* 탈러(Taler)와 그로셴(Groschen)은 대개 중세 후기부터 유래하여 18, 19세기 독일어권의 여러 영방국가에서 널리 사용되었던 은화의 단위다. 시기적·지역적으로 편차가 많은데, 1821년부터 프로이센에서 통용되면서 여러 영방국가에 널리 수용되었던 것은 1T.＝30G.＝360페니히(Pfennigen)의 관계를 유지했다. 통일된 독일제국이 1873년부터 기본통화로서 마르크를 사용하면서 탈러는 사라지고, 그로셴은 10페니히짜리 주화를 의미하게 되었다. 원저자 아벨은 영어권의 정치경제학 저작 다수를 독일어판으로 인용하는데, 19세기 후반에서 20세기 초반까지 독일어권에서 통용하던 번역 관행에 따라 영어 원전에 파운드, 실링 등으로 표시되는 영국식 화폐단위도 독일식으로 표기한 것이다.

4) J. St. Mill, *Grundsätze der politischen Ökonomie*, ed. by Soetbeer, 1864, p.356.

** 맬서스의 인구론에 입각하여, 한 사회에서 생산되는 식량이 그 사회에 존재하는 인구를 부양할 수 있는 역량과 가능성을 일컫는 개념. 즉 이 개념으로서 인구와 식량의 상대적인 관계를 지시하는 것이다. 이 책에서는 원문 표기의 의미를 완벽하게 전한다고 장담할 수는 없으나, 일단 '식량여지'라는 번역을 시도한다.

에서는 일정한, 그리고 그다지 멀리 진전되지 않은 단계를 지나서도, 오래된 경작지의 수확은 비용과 노력 투입의 증가분만큼 증대하지 않는다는 것이다. 최초의 정착 기간에는 그다지 이용가치가 없어 보였던 토지에까지 경작이 확대되어도, 이러한 토지는 더 높은 비용과 노력이 투입되는 조건에서만 일정한 소출(所出)을 제공할 수 있었다. 그리하여 증가하는 인구의 수요는 생산비용이 상승하고, 가장 중요한 식량의 가격이 상승한 조건에서만 충족될 수 있다는 것이다. 교통이 유리한 지역에 입지하고, 더 비옥한 토지의 소유자는 가격의 상승으로 인하여 지대(地代)를 취득하는 반면, 수요충족을 위해서 최후로 경작되는 토지의 자연적 수확에 의해 제약되는 노동자의 임금은 가장 중요한 생활필수품 가격의 인상에 못 미치는 상태에 머물러 있게 마련이라는 것이다. "인구가 증가함에 따라, 생활필수품의 가격도 상승한다. 왜냐하면 그 생산에는 더 많은 노동이 필요하기 때문이다. 〔……〕 화폐임금도 상승할 것이나, 노동자가 그의 필요충족에 소용되는 물품을 그 가격이 인상되기 전만큼 충분히 구매할 수 있을 정도로까지는 아니다. 〔……〕 노동자의 처지는 일반적으로 악화되고, 지주의 그것은 항상 좋아진다"(리카도).[6]

반세기 뒤에 이 예언은 잘못된 것으로 판명되었다. 물론 인구는 더욱 증가했으나, 대중의 생활수준은 개선되고 실질임금은 증가하기 시작했다. 과연 식량에 대한 수요는 계속 상승했으나, 위기(농업위기)가 발생하여, 그 진행 속에서 다수의 농민과 지주가 집과 농지를 상실했다. 수요보다 더 빨리 식량의 공급이 증가하는 현상도 나타났다. 곡가는 떨어지고, 지대도 동결되었다. 기술적 진보는 그때부터 농산물의 수확체감

---

5) Th. R. Malthus, *Eine Abhandlung über das Bevölkerungsgesetz*, ed. Waentig, I, 1905, p.15.
6) 위에 언급한 연관관계를 리카도는 부분적으로 암시만 했을 뿐이다. 더 선명하게 설명한 것은, J. St. Mill, *Grundsätze der politischen Ökonomie*, 1852, p.205 및 H. Dietzel, *Kornzoll und Sozialreform*, 1901. 특히 후자는 임금과 지대의 역전이론을 더욱 분명히 정리하고 있다.

이 시작하는 한계를 몇 번이나 거듭해서 더욱 강력하게 밀어내어버렸다. 그리고 이러한 발전은 이미 합법칙적인 성격을 띠고 있는 것으로 주장되었다. 즉 "과거에서와 같이 장래에도 인간의 식량여지는 계속 늘어나는 경향이 있을 것이다"[7]라는 것이다.

여러 민족이 봉착할 식량여지에 대한 예언은 맬서스의 시도가 실패한 뒤부터는 당연히 회의에 빠지게 되었으나, 과거의 발전을 더 확실하게 소묘해보는 것은 불가능해 보이지 않는다. 이러한 종류의 역사연구에 길을 제시했던 것은 맬서스와 리카도 같은 이들의 사고가 기여한 항구적인 공로라고 말할 수 있다. 왜냐하면 '수확체감' '곡물의 구매력 상승' '임금과 지대의 역전운동'이론 역시 변동 가능성이 있는 것으로 입증된 여러 전제와 긴밀하게 결부되어 있고, 이들은 경제사 연구의 새롭고 풍부한 사료를 비로소 본격적으로 개척했기 때문이다. 그것은 가격과 임금의 역사이다. 보댕과 애덤 스미스, 그리고 나중에 등장한 수많은 가격사(價格史) 연구자들에 있어서 역사적 가격변동의 진술능력은 다음과 같은 질문으로 소진되었다. 즉 어떤 임의의 사회에서 화폐량은 화폐수요, 그리고 따라서 화폐가치에 비례하여 어느 정도까지 변동하는가라는 질문이다. 엄청난 주의력과 노고가 최근까지 서구 역사상 여러 시기의 화폐가치를 조사하는 데 투입되었으나 그 성과는 미미했다. 이러한 계산의 가능성에 대한 진지한 우려가 이미 제기되었던 것은 전혀 논외로 치더라도,[8] 수많은 개별가격의 보고에서 획득한 가격지표는 기껏해

---

7) F. Oppenheimer, *System der Soziologie*, III, 2, 5th ed., 1924, pp.1073, 905.
8) '화폐가치' 또는 '화폐 구매력'의 변동을 장기간에 걸쳐 추적하는 과제가 방법적으로나, 내용적인 이유에서나 실패할 것이 틀림없다는 것은 이러한 과제가 "경제학에서 불가능한 일"이라고 지적한 세(J. B. Say) 이래 늘 반복해서 강조되었다. 좀바르트는 "우리는 어떤 특정한 시대에 대하여 화폐의 구매력을 확인하거나, 심지어 수세기에 걸친 화폐 구매력의 변동을 수치로 나타낼 수 있을 것이라는 잘못된 환상에서 마침내 해방되어야 한다"(*Der moderne Kapitalismus*, I, 2, 1928, p.555)고 말했다. 하름스(Harms)는 "사람들은 이 시기 또는 저 시기

야 화폐수량설을 검증하는 수단으로나 겨우 쓰일 따름이다. 경제의 역사를 위해서 이러한 자료는 거의 의미가 없는 지경이었다. 식량여지에 관한 이론의 시각에서 보면 화폐의 부족이 아니라 재화와 용역의 부족이 더 의미심장하다. 또한 가격수준의 추이(推移)가 아니라, 개별가격, 가격군(群)과 임금의 변동이 가격사의 핵심문제가 된다. 왜냐하면 아마도 탄력적이거나 비탄력적 수요를 갖는 재화의 가격, 제한적 및 무제한적 증대 가능성을 서로 대조하거나 병렬하는 것, 또한 식량가격과 임금 그리고 임금과 지대 사이의 분포는 자연의 궁색함이 인간의 노력에 반하여 제기한 어려움을 극복하는 데 과거의 인류가 어느 정도로 성공했던가라는 질문에 답변할 수 있을 것이기 때문이다.

잊혀진 논설에서 헬퍼리히(Helferich)는 이 가격사의 과제를 이미 백여 년 전에 다음과 같이 암시했다.[9] '화폐가치'를 추구하러 나섰던 낡은 의상(衣裳)의 가격사는 그에 있어서 이미 "단지 부차적이고 거의 골동품적 흥미 이상을 끌지 않는 것이다. 〔……〕 스미스도 암시했

에서 2배, 3배, 4배 또는 5배의 구매력이 어쩌고저쩌고 하는 소리를 마침내 끝장내야 한다. 왜냐하면 그러한 종류의 일반화는 견고한 증거가 완전히 결여되어 있어, 아주 우스꽝스럽게 보이기 때문이다"("Die Münz- und Geldpolitik der Stadt Basel im Mittelalter," in: *Zeitschr. f. d. ges. Staatsw.*, Ergänzungsheft 23, 1907, p.245)라고 말했다.

9) J. Helferich, *Von den periodischen Schwankungen im Werth der edelen Metalle von der Entdeckung Amerikas bis zum Jahre 1830*, Nürnberg 1843, p.4. 1935년, 즉 이 책의 초판이 출간된 때부터, 가격사의 과제에 대하여 위의 본문(그리고 헬퍼리히의 주장)에 개진된 견해는 일군(一群)의 지지자를 얻었다. 이 자리에서는 우선 비버리지(W. Beveridge)만을 지적하겠다. 그는 1939년에 출간한 그의 저작(*Prices and wages in England from the twelfth to the nineteenth century*, London 1939, p.xxvf.)에서 이렇게 설명한 바 있다. "가격의 연구에서 (지금까지는) 가격수준과 그 변동의 결정이 주요목표였다. 가격은 주로 통화상의 문제를 조명하는 수단으로서 파악되었다. 〔……〕 이 책에서는 다른 문제가 전면에 나선다. 가격 관계는 흥미로우나, 수치지표는 거의 나타나지 않는다."

듯이, 가격사는 정치경제학의 조직에서 불가결한 구성요소라기보다는 늘 화폐이론에 대한 하나의 심심풀이적 이탈에 불과했다. 가격사는 인구, 그리고 인구의 증가에 따라 필요한 식량 공급의 난관이 증대하는 관계에 대한 맬서스의 유명한 저작에 의해 비로소 정치경제학의 중요한 구성요소가 되었다. 〔……〕 그러나 다수의 물품생산에서 증대하는 난관이 화폐가격으로 표시되는 한에서, 화폐가격의 연구는 귀금속의 자체적인 가격변동을 연구하는 수단이 되는 것이 아니었으며, 또한 인구증가와 식량가격 증가의 관계를 한 시기에서 다른 시기로 추적하기 위한 근거가 되기도 했다. 그때부터 각 시기는 여러 국민의 경제적 부(富)가 발전하는 거대한 과정에서 나타나는 각각의 국면으로 고찰될 수 있었고, 이로부터 여러 국민의 부(富)가 진보하고 후퇴하는 경제적 처지가 인식될 수 있었다. 메마른 상품가격의 통계표는 가장 중요한 경제 문제의 연구와 평가를 위한 사료가 되었다."

따라서 우리는 새로이 다음과 같은 질문을 제기한다. 서두에 제시한 곡가의 장기적 변동은 무엇을 의미하는가? 이는 순전히 유럽 경제에서 변동하는 화폐량의 결과에 불과한 것인가, 아니면 인구와 식량여지의 긴장관계가 변동함을 나타내는 징표인가? 유럽의 인구는 아마도 불안정하게 증가했던가, 아니면 농업과 상업의 진보는 인구증가를 일시적으로 능가했던가? 공산품에 대한 곡물의 구매력, 즉 곡물의 실질가격은 아마도 끊임없이 상승했던 것이 아닌가? 임금의 구매력, 즉 실질임금은 아마도 끊임없이 하락했던 것이 아닌가? 임금은 지대에 비해서 어떻게 변동했던가?

그리하여 한편으로 맬서스나 리카도 같은 이들의 유명한 '발전법칙'이 역사상의 사실에 입각하여 검증되어야 하며, 다른 한편으로는, 이것이 더 본질적인데, 역사적 발전계열이 그에 적합한 개념 및 관계도식의 도움을 받아 그 의미의 핵심에 이르기까지 해석되어야 한다.

왜냐하면 분명한 개념과 가능한 결합에 대한 지시가 없으면, 역사연구는 복잡하게 얽힌 사건의 미로 속에서 길을 잃기 때문이다. 개념과 관계도식은 불가결한 작업수단이다. 이를 맬서스와 리카도의 이론에서 추출하는 것은 일부 위험이 없지 않으나, 중세 성기에는 리카도식의 가격과 분배이론의 기초가 되는 그러한 종류의 경제질서가 전개되기 시작했기 때문에 가능하다. 즉 이 무렵부터 분업적 유통경제가 성립하기 시작한 것이다.

경제사상 여러 시기의 본질적 내용을 규정하고 서로 경계를 짓기 위해, 경제사 및 경제이론 연구에서 '경제발전단계', '경제체제' 또는 '경제양식'의 귀결이 적출되었다. 대개의 이러한 '발전단계이론'은 13세기에서 20세기에 이르는 시기를 여러 개의 분절로 나누었다. 즉 도시경제-영방경제-국민경제, 또는 화폐경제-신용경제. 또는 필요충족경제-영리획득경제 같은 단계론적 도식이 그것이다. 그러나 이러한 발전단계이론은 사유의 구성물에 불과한 것으로, 각각의 이론 구성자들에게 본질적인 것으로 보이는 발전의 특징을 서술할 수 있고 서술해야 하는 것이다. 이러한 발전단계들이 또한 슘페터[10]의 말마따나 마법사의 제자*가 사용하는 빗자루같이 자체의 생명을 얻으려고 애쓴다면, 그리고 서술하려는 사물의 특수한 본질에 부합하지 않는다면, 그러한 구분은 포기되어야 한다. 이 책의 문제제기에 의미 있는 경제발전의 특성은 중세 성기까지 소급할 수 있다. 그렇기에 13세기에서 20세기에 이르는 전 시기는 이 책의 목적을 위하여 하나의 단위

---

10) J. Schumpeter, "Gustav Schmoller und die Probleme von heute," in: *Schmollers Jahrb. 50. Jhg.*, 1926, p.386.

* '마법사의 제자'(*Zauberlehrling*)는 원래 괴테의 발라드(Ballade)인데, 프랑스의 작곡가 폴 뒤카(Paul Dukas)가 1879년에 이를 주제로 하여 작곡한 교향곡을 통해 또한 널리 알려지게 되었다. 마법사의 제자가 스승이 자리를 비운 사이 곁눈질로 어설프게 배운 마술을 빗자루에 걸어 대신 물을 긷는 일을 시키다가 곤욕을 치른다는 줄거리다. 미키 마우스 주연의 월트 디즈니 만화영화로 더욱 널리 알려져 있다.

로서 파악될 수 있다.

2. 경제체제와 소득분배

중세 성기 분업적 유통경제의 전개

기원후 1000년의 전환기에도 비교적 왕성한 재화의 교환은 중부 유럽권에서 협소하게 제한된 구역과 대개 생활에 필수적으로 요구되지 않는 일부 품목에 거의 전적으로 한정되어 있었다.[11]

해안에서 멀리 떨어져 있었고, 오랜 교통로와 내륙의 유통로에서 벗어난 지역에서 농민경영과 영주의 장원(Grundherrschaften)은 실로 봉쇄적인 가내경제에 매우 근접해 있었다. 자급적 경영의 생산품은 농민가족의 생활수요를 훨씬 더 많이 충족하고 있었고, 예속 농민과 수공업장인(匠人)의 현물공납과 부역은 여전히 대영지의 재화와 노동수요를 충족하고 있었다. 물론 영주의 직할농장, 특히 규모가 크고 공간적으

---

11) 기원 무렵부터 1000년경에 이르는 시기의 유통경제 발달에 관한 논쟁은 지난 세기에 "자연경제 또는 화폐경제"라는 표제어 아래 전개되었는데, 이는 대체로 다음과 같은 결론에 도달했다. 즉 이미 로마 제정기에 개시된 상업과 유통의 쇠퇴는 8~10세기에 최하점에 이르렀다는 것이다. 말하자면 다음과 같은 저작이 대표적인 예다. K. Th. Inama-Sternegg, *Deutsche Wirtschaftsgeschichte*, I, 1879, pp.465f.; II, 1891, pp.365f.; W. Sombart, *Der mod. Kapitalismus*, I, 3rd ed., pp.94f.; H. See, *Französische Wirtschaftsgeschichte*, 1930, p.21. 이와 달리 서기 1000년경 무렵의 상업과 유통이 어느 정도로 쇠퇴해 있었는지는 논란이 분분하다. 이전의 해석에 대하여 돕쉬(Dopsch)와 쾨치케(Kötzschke)는 특히 다음과 같은 점을 강조했다. 즉 자급자족적 경제상태로의 완벽한 회귀는 어느 시기에도 결코 일어난 적이 없었다는 것이다. A. Dopsch, *Verfassungs- und Wirtschaftsgeschichte des Mittelalters*, 1928, pp.307, 345, 560; R. Kötzschke, *Allgemeine Wirtschaftsgeschichte des Mittelalters*, 1924, pp.296f.—다음에 전개되는 서술을 위하여 상당히 많은 연구문헌을 소개하는 것은 쓸데없는 일이 될 것이다. 왜냐하면 이 연구들은 학계가 공유하고 있는 재산을 대개 포함하고 있기 때문이다. 물론 여러 가지 사실들이 종합되는 관점이 다소 특수한 것이 있을 수 있겠지만.

로 합체되어 있던 대농장에서는 이미 현저히 진보한 노동분업이 존재했을지도 모른다. 그러나 여기에서 재화의 생산과 그 분배를 규율하는 것은 지배관계이지 계약관계는 아니었다. 가격과 임금은 아직 미미한 역할을 하고 있었다. 가격과 임금에 관한 자료가 전해지는 경우에도, 이러한 것들이 어느 정도로 관습과 법에 뿌리를 내리고 있는 확고한 가치관계의 상징을 이루고 있었는지, 아니면 재화의 희소성을 겨냥하는 교역관계의 규모를 어느 정도까지 대변하고 있었는지를 결정하기가 대단히 어려운 지경이다.

11, 12세기부터 북부 이탈리아의 내륙이나, 프랑스, 독일 및 영국에서는 많은 도시가 발달하게 되었고, 이들 도시의 식량과 원료 기반은 자체의 경작지 범위 이상으로 팽창했다. 도시주민이 거주한 공간의 협소성에서 분업적 교역활동을 전개할 수밖에 없는 압력이 뒤따랐다. 즉 중세 농업의 근소한 수확을 고려할 때, 단지 3,000명 정도의 주민을 포섭하고 있는 도시 하나가 요망되는 주곡(主穀)의 수요를 충족시키려 해도 각기 8.5km² 정도의 경작지를 구비한 촌락 10개의 경지를 합친 정도의 면적이 필요한 처지였다는 점을 염두에 두어야 할 것이다.[12] 어쨌든 이와 같이 해서 노동과 토지, 그리고 재화생산과 재화소비의 결합은 이완되기에 이르렀다. 무수한 개별 경영체들은 이제부터 농민과 영주의 가내경제 속에서 아직 일체로 결합되어 있던 기능을 나누어 맡게 되었다. 수많은 그러면서 더욱더 다양하게 분기해 나가는 도시적 직업이 성립했다. 또한 재산이 없는 무산의 인민도 대량으로 발생했는데, 이들은 때로는 이곳에서, 또 때로는 저곳에서 날품팔이를 하면서 살아갔다. 식량의 구입과 노동력의 이용을 위해 도시는 농촌을 필요로 했다.

농촌에서는 영주경영과 농민경영의 형태와 내용이 변동했다. 영주-

---

12) 이러한 추정에는 G. Schmoller, "Die Epochen der deutschen Getreidehandelsverfassung und -politik," in: *Schmollers Jahrb.*, 20, 1896, pp.699f.의 보고가 전제되어 있으며, 이하 훨씬 뒤에 언급되는 윈체스터 주교구령의 1헥타르당 수확량에 대한 수치가 전제된다.

농민 관계의 낡은 질서가 이완되고 화석화되거나 새로운 질서로 변모했는데, 이 모든 것은 농촌경제와 도시경제의 긴밀한 연관을 가능하게 했다. 중부 유럽의 일부 지방에서는 기본 틀이 자급적 가내경제를 지향하던 낡은 영지체제로부터 농산물의 처분과 판매를 지향하는 영주의 자가경영이 중심을 이루는 영지경영체제가 성립했다. 영지체제가 지대취득체제로 경화되어버린 다른 곳에서는 영지조직에 결속된 대소의 농민경영이 도시의 시장과 더욱 긴밀한 관계를 맺게 되었다. 이로써 농촌경제는 또한 새로운 내용을 획득했다. 중부 유럽의 광범한 지역에서는 이미 13, 14세기에 농민경영과 영지경영체제가 시장판매와 잉여생산에 지향되어 있었다.

중세의 영지경영체제는 "아직 전적으로 자연경제적"이었으며, 영주는 "말하자면 시장과 하등의 관계를 갖지 않고 [……] 오로지 그에게 예속된 사람들에게 영주의 토지 일부를 떼어주고 그곳에서 영주와 그의 속민(屬民) 스스로가 소비하는 작물을 재배하도록 하고 있었다"는 크나프의 서술[13]은 중세 성기의 사정에 더 이상 부합하지 않는다. 이미 오뱅은 동부 독일 지역에 대해서 이 견해의 타당성을 반박하고 있었다.[14] 돕쉬는 이른바 작은 루키다리우스*의 풍자에 대한 주의를 환

---

13) G. Fr. Knapp, "Die Erbuntertänigkeit und die kapitalistische Wirtschaft," in: *Die Landarbeiter in Knechtschaft und Freiheit*, 1891, pp.47f.
14) G. Aubin, *Zur Geschichte der gutsherrlich-bäuerlichen Verhältnisse in Ostpreußen*, 1911, p.63.
* der kleine Lucidarius: 루키다리우스는 원래 중세 성기의 산문선집으로서 대화의 형태로 잡다한 종교적·세속적인 지식을 모아놓은 것이다. 대략 1190년과 1195년 사이에 하인리히 사자 공의 위탁을 받아 여러 종류의 라틴어 자료에 따라 찬집되었다. 여기에서 말하는 '작은 루키다리우스'는 12세기 말에 성립된 루키다리우스의 모방작으로서 약 100여 년 이후에 성립된 것을 말한다. 그런 연유에서 '작은'이라는 수식어가 붙었다. 중세 유럽의 문학작품이 자주 그러하듯이 이런 작품은 확고한 필자가 있거나 전해지는 것이 아니고, 허구의 인물명이 작자인 것처럼 내세워져 이런 이름이 붙어 있다.

기시킨 바 있다. 바로 이 루키다리우스는 13세기 말 궁정에서 밀, 치즈, 계란과 새끼 돼지의 가격이나 외양간에 넘쳐나는 우유, 그리고 곡물수확의 결손에 대해서 떠들어대는 기사들을 조롱하고 있었다.[15] 영국의 역사가들은 많이 전해 내려오는 '장부'(accounts)를 언급하고 있는데, 이는 13세기부터 봉토의 관리자들이 작성한 것이다. 남부 잉글랜드 소재 윈체스터 주교구의 장부에서 출처하는 이러한 기록류의 한 예를 다음의 〈표 1〉로 제시한다. 이 표가 알려주는 연도에, 이 영지에 속한 농지에서 밀이 수확의 70%까지, 보리가 수확의 40%까지 또 귀리가 수확의 1/3가량까지 판매되었음을 보여준다.[16]

〈표 1〉 13세기 잉글랜드 영지의 곡물수확과 판매

곡물종류	에이커*당 수확(단위: 쿼터**)		수확에서 매각된 비중	
	1208/1209	1299/1300	1208/1209	1299/1300
밀	0.54	1.35	48.5%	70.0%
보리	0.92	1.56	27.9%	39.6%
귀리	1.02	1.14	17.0%	34.3%

규칙적으로 판매에 부쳐지는 잉여량과 함께 영주와 농민의 화폐수요

---

15) A. Dopsch, *Verfassungs- und Wirtschaftsgeschichte des Mittelalters*, 1928, p.329.
16) 이 표는 N. S. Gras, *The Evolution of the English Corn Market*, 1915, Appendix A, pp.261f.에서 취했다.
*acre: 앵글로색슨 계통의 나라에서 아직도 흔히 통용되는 전통적인 토지측정 단위. 농민 한 사람이 한 쌍의 소가 끄는 쟁기로 하루 나절에 경작할 수 있는 면적의 토지를 말한다. 미터법으로 환산하면 4046.856m².
** quarter: 곡물, 포도주, 기름 등의 부피를 계량하는 영미권의 단위. 1쿼터=8부셸(bushel)=64갤런(gallon)=290.949리터. 특히 잉글랜드에서는 1824년에 290.7813리터로 확정되었다.

가 증가했다. 영주의 경영에서 임금지출은 특히 잉글랜드에서 이미 14세기 중엽에 엄청난 액수를 차지했다. 농민경영에서 영주에 대한 현물 및 부역납부가 화폐공납으로 변화된 사태는 지속적이며 때로는 매우 높은 화폐수요를 초래했다. 게다가 또한 농민경영에는 경영과 생계비용이 추가되었으며, 이를 위해서는 역시 화폐가 필요했는데, 물론 이러한 화폐는 항상 농민의 수중에 있었던 것이 아니다. 16세기 초에 작성된 어느 항의문에서 잉글랜드의 한 농민은 "쟁기, 써레 그리고 수레에 쓰이는 쇠붙이와 양(¥), 신발, 모자, 마직과 모직의 제조에 필요한 타르"를 구입해야 했기 때문에, 곡물과 다른 농산물가격의 폭락사태에 대해 한탄하고 있었다. 이 농민은 이렇게 말한다. "왜냐하면 필요한 것들은 예전과 다름없이 지금도 비싸게 사들여야 하는데도 내가 거둔 것은 헐값으로 팔아 넘겨야 한다면, 나는 견뎌낼 도리가 없기 때문이다."[17)]

　시장상황에 포섭되는 것이 '진정한' 농민경영에는 낯설고 그 이익에 반하는 것인지 여부는 미결상태로 남아 있을 것이다. '진정한' 농민에 대해서는 논란의 여지가 많고, 농민의 노동에 대하여 한때 다음과 같이 말한 좀바르트의 견해에 누구나 동의하지는 않을 것이다.[18)] "진정한 농민의 노동은 진정한 수공장인의 노동과 마찬가지로 고독한 창조작업이다. 고요히 침잠하여 그는 자신의 일에 몰두한다. 농민은 마치 예술가가 그러하듯이 자신의 작업 속에서 살아간다. 농민은 자신의 작업결과, 즉 수확물은 결코 시장에 내놓고 싶어하지 않는다." 좀바르트는 어찌 됐든 간에 농민의 모습을 아마도 매우 지나치게 이상화했다. 중부 유럽의 농촌지대에서 여러 도시가 성장하고 이들은 자신들의 식량과 원료수요를 자체의 토지에서 충족할 수 없는 지경에 처하면서, 농민경영도 또한 널리 시장에 종속되었다. 독일어권에서만 해도 중세 말까지 대략 4,000개소에 도시의 특권이나 시장의 특권이 부여되었다. 4시간이나 8시간 거

---

17) W. Stafford, *Drei Gespräche über die in der Bevölkerung verbreiteten Klagen*, hg. von Leser 1895, p.41.
18) W. Sombart, *Der moderne Kapitalismus*, I, 1, 1928, p.36.

리의 간격으로 이러한 도시와 미세 도시가 전 지역을 덮고 있었다. 이들과 함께 상업과 교역이 전개되었다. 도시의 상품은 농촌의 가계(家計)에까지 침투해 들어왔다. 도시와 농촌 수공장인의 작업은 농가의 노고를 일부 대체했다. 본래의 농업활동은 더욱 집약적이 되고, 부분적으로는 더 광범위한 면적으로 이루어지면서, 자가수요의 테두리 이상으로 성장했다. 한때 경제잉여가 그다지 어렵지 않게 포기할 수 있는 사치품에 대한 욕구를 충족시키는 데만 쓰여졌다면, 이제 시장에서의 판매는 아주 중요한 생계와 경영의 필요로 고착되었다. 이로써 판매를 위한 생산은 강제가 되었다.

봉건지대와 지대

서구의 유통경제가 전개되면서부터는 가격과 임금의 역사에 대한 사료도 더욱 풍부해졌다. 이미 9세기부터 12세기에 걸친 시기에서 유래하는 가격 및 임금기록이 게라르(Guérard), 죄트베어(Soetbeer), 람프레히트(Lamprecht), 이나마-슈테르네크(Inama-Sternegg)를 비롯한 다른 여러 역사가들에 의해 출간된 바 있다. 그러나 그 수가 아직도 너무 근소하여, 상대적인 가격의 수준과 그 시간적인 변동을 막연한 추측 이상으로 확인하기에는 불가능하다.[19] 13, 14세기부터야 비로소 사료가 더 풍부해지고, 이 시기부터 이 도입부의 처음에 제시한 바와 같은 저장기적인 움직임이 드러난다.

언뜻 보기에 중세 말의 지대(Grundrente)는 가격과 임금의 변동에 거의 영향을 받지 않은 것처럼 나타날지도 모른다. 실로 영국의 가격사

---

19) 람프레히트는 그가 모젤지방에서 발견한 가격자료에 의거하여, 서기 1000년을 전후한 시기에 곡가(穀價)가 상승한 뒤에 12세기에는 가격하락이 닥쳐왔음을 상정할 수 있을 것이라고 믿었다. 이 점에 대해서는 특히 그의 서술을 참조하라. K. Lamprecht, "Die Wirtschaftsgeschichtliche Literatur……," in: *Jahrb. f. Nat. u. Stat.*, N. F., XI, 1885, p.333. 그의 다른 저작, *Deutsches Wirtschaftsleben im Mittelalter*, 1886, II, passim.

연구자 로저스(Rogers)는 잉글랜드의 농민이 부담하던 '지대'(rent)는 중세 성기부터 16세기까지 거의 변동이 없었음을 확인했다.[20] 그는 이 사실의 원인을 중세의 '지대'(Rente)가 근대의 지대(Grundrente)와 본질적으로 다르다는 점에서 구하고 있다. "과거의 경제사를 다소나마 알고 있다면, 누구나 지대(Rente)가 실제로 그러했든 아니면 그저 주장만 되었든 간에, 원래 그리고 수세기 동안 농민의 보호를 명목으로 강자가 약자에게 부과한 하나의 조세(Steuer)였다는 사실을 의심할 수는 없다."

이러한 사실을 증명함으로써 로저스는 리카도의 지대이론(Grundrententheorie)을 공격했는데, 그는 리카도의 이론이 순전히 '사변'(思辨)임을 폭로했다고 믿었다. 로저스는 리카도가 정식화해놓은 다음과 같은 지대개념에서 출발했다. 리카도에 따르면 지대(Grundrente)는 "원초적이며 파괴할 수 없는 지력(地力)을 이용하는 대가로 토지의 생산물에서 지주에게 지불되는 부분"이라는 것이다. 이러한 개념규정은 중세 말과 그 이후의 시기에도 예속농민이 다른 영주들에 대해서는 말할 나위가 없고, 그들의 토지영주에게 납부하는 공납, 부역 및 기타의 잡역과 실제로는 부합하지 않는다. 잉글랜드에서만이 아니라 대륙에서도 그러한 공납은 수세기 동안 자주——물론 항상 그렇지는 않지만——권력, 그리고 권력과 더불어 존재하는 관습, 도덕 및 '법률'에 현저한 영향을 미쳤던 사회질서의 여러 규정에 따라 조정되고 있었다.

이러한 성격은 또한 조세로 선포되었던 종류의 공납, 예컨대 포크트세(Vogtsteuer)*와 같은 것에서 특히 분명하게 드러난다. 이 세(稅)는 원래 주관적인 권리로 여겨졌다. 따라서 사료는 이 세목을 자

---

20) Th. Rogers, *The Economic Interpretation of History*, I, 3rd ed., 1894, p. 167.

* 중세의 영주들이 경제외적 강제, 특히 재판권과 같이 공권력과 같은 성격의 지배권에 의거하여 자신의 영민들에게서 수취하는 세금.

주 '포크트권리'(Vogtrecht)로도 부른다. 이러한 법적 자격에 조세의 근본적인 불변성이 결부되어 있었다. 좋은 관습에 의해 근거가 설정된 것은 정당한 것으로 여겨졌다. 매년 같은 액수로 지불되었던 것만이 정당한 조세일 수 있었다. 정당한 법은 항상 변함이 없어야 한다는 사고방식은 시기마다 행해지는 매우 많은 방식의 의사표출에 반복해서 나타난다. 예를 들면 다음과 같은 법언도 그 하나이다. "법률은 [……] 오래전부터 제정되었고, 준수되었으며, 또 준수되어야 한다 (Jura [……] ab antiquo ordinata et statuta, servata et servanda: 쾰른의 봉공인법 Kölner Dienstmannenrecht, 1154년경). 옛 법을 지키려는 원망에서부터 법률의 성문화도 최초로 이루어지게 되었다.[21]

그러나 농민이 부담하는 많은 종류의 공납이 조세에 유사한 성격을 가지고 있었다는 점을 증명하는 것만으로는 로저스가 생각한 것처럼 중세 성기 및 말기의 지대형성 문제가 간단히 해결되지는 않는다. 왜냐하면 디일[22]이 정당하게 '봉건지대'(Feudalrente)라고 불렀던 이러한 종류의 공납과 함께 또한 당시에는 토지의 희소성, 그리고 토질과 토지의 위치에 따른 차이에 의해 조건지어지는 지대(Bodenrente)가 이미 존재했기 때문이다. 그것은 전체 농업수익에서 일정 부분을 차지하는 할당분인데, 이 할당분은 하나의 고유한 수익원인 토지에 귀속될 수 있는 것이다. 물론 그것은 어찌 됐든 노동 및 노동수단*의 투입과 선명하게 구분할 수 없을지도 모른다. 그러나 오래된 경작지대에서 토지가 희소

---

21) H. Krause, "Art. Aufzeichnung des Rechts," in: *Handwörterbuch zur deutschen Rechtsgeschichte*, I, 1964.
22) K. Diehl, "Über die Zusammengehörigkeit wirtschaftstheoretischer und wirtschaftsgeschichtlicher Untersuchungen," in: *Schmollers Jahrb., Sonderb. für Sombart*, 1932, p.28.
* 농업생산에 투입되는 자본재의 일종으로서 특히 토지를 제외한 농업용 도구와 역축(役畜) 같은 수단을 말한다.

해지고, 집적되는 토지생산물의 수요가 그 내부에서 매입과 교환을 통해 규칙적으로 충족되는 교역의 중심지가 성립하면서부터 지대는 의심할 나위 없이 형성되었다. 도시에 근접한 토지의 가치가 더욱 높이 평가되면서[23] 이러한 '차액지대'(Differentialrente)는 이미 중세 성기에 의미심장하게 표출되었다.

루돌프 쾨치케는 지대(Grundrente)라는 개념을 "어떤 토지에서 나오는 순수익의 한 부분으로서, 이 토지에 투하한 노임(勞賃)과 자본이자를 제하고 남는 것"으로 이해했다. 그는 또 이러한 개념은 자본주의 경제체제에서 도출되는데, 중세에는 모든 생산비용이 화폐로 환산될 수도 없고, 토지와 노동이 아직 법적으로 완전히 자유롭지 않았기 때문에, 이 시대에 대해서는 토지수익(Bodenertrag)과 토지수익가치(Bodenertragswert)라는 개념이 적용될 수 있었다는 견해를 피력한 바 있다. 그러나 이렇게 되면 토지수익의 저 특수한 부분, 즉 토지가 생산과정에 작용하는 대가로 마땅히 그에 귀속되어야 하는 수익부분은 고려되지 않은 채로 남는다. 물론 이러한 부분의 계산은 대단히 어려운 일일 것이다. 그러나 지대 개념은 이러한 상황에서 없어서는 곤란하다. 지대 개념은 경제이론에 관철되었고, 이를 넘어서 경제사 서술에도 도입되기에 이르렀다. 람프레히트도 폰 벨로브도, 심지어 쾨치케 자신도 이 개념을 자주 사용한다. 왜냐하면 지대 개념을 통해서 파악되어야 하는 사태가 이미 중세에도 존재했다는 사실은 의심할 나위가 없기 때문이다. 그러나 쾨치케 자신은 다음과 같이도 말했다. "지대는 물론 이미 형성되어 있었다. 그러나 이는 일반적으로 잠재되

---

[23] 그리하여 예를 들자면, 1332년에 어떤 농민보유지는 다른 농지보다 더 높은 가격에 거래되었다. "왜냐하면 그 토지는 조에스트 시(Stadt Soest: 북서 부독일로 오늘날 노르트라인-베스트팔렌 주에 속하는 도시—옮긴이)에 더 가까운 곳에 소재하고 있었기 때문이다"(K. G. Anton, *Geschichte der teutschen Landwirtschaft*, III, 1802, pp.47, 78).

어 있었다."²⁴⁾

이 지대의 형성은 중세 성기에도 이미 하나의 시장현상이었다. 그 본질에 접근하는 통로는 경제이론이 개척하고, 그 실제의 액수와 상태에 접근하는 통로는 가격과 비용의 역사가 개척한다. 반면에 권력과 법률, 그리고 관습에 뿌리를 내리고 있는 봉건지대는 농업수익의 분배에 전혀 다른 문제를 제기하고 있다. 농민에서 시작해서 국가와 교회의 정점에 이르기까지 농업생산에 참여하는 다수의 사람들에게 농업생산물을 분배하는 이 문제는 경제이론으로 출발해서는 해결될 수가 없다. 왜냐하면 경제이론은 시장에서 모든 경제주체가 동등한 지위를 차지하고 있는 것으로 전제하는데, 이런 것은 현실에서 결코 존재한 적이 없었기 때문이다. 그러나 다른 한편으로 이론은 없어서도 안 된다. 왜냐하면 영주와 농민의 부유함과 빈곤함은 (리카도식의) 지대에 대한 봉건지대의 비율관계에 종속되어 있었기 때문이다. 이 모든 것은 아직도 심하게 혼란스럽고 불투명하다. 왜냐하면 이 문제를 해명하는 데 유일하게 도움을 줄 수 있는 경험적 연구는 아직도 출발단계에 머물러 있기 때문이다. 역사가들, 적어도 독일의 역사가들은 지금까지 영주-농민관계의 물질적인 내용에 대해서보다도 농업체제의 질적·제도적 측면에 더욱 관심을 기울였다.

최근에까지 이르는 세대의 농업사 연구에서는 법제사적 질문이 지나치게 강조되어왔다. 푹스²⁵⁾는 농업사를 바로 '토지제도사'(Geschichte der ländlichen Verfassung)로 특징지었다. 그는 이렇게 말한다. 이 역사는 "경지제도, 즉 농경지의 기술적 구성이라는 측면과 토지소유

---

24) R. Kötzschke, "Deutsche Wirtschaftsgeschichte bis zum 17. Jahrhundert," in: *Grundriß der Geschichtswissenschaft*, II, 1, 1908, p.103.
25) C. J. Fuchs, *Die Epochen der deutschen Agrargeschichte und Agrarpolitik*, 1898, p.2.

와 노동제도, 즉 토지에 대한 인간의 권리형상, 그리고 이와 관련된 인간 상호간의 관계, 말하자면 이 경작지의 소유자와 경작인의 법률적·사회적 관계라는 두 가지 측면을 가진다"는 것이다. 그러면 이런 질문이 제기된다. 농업의 역사에서 제기되는 경제문제는 도대체 어디에 있는가? 독일에서는 농업사의 대상에 대해 이러한 파악은 항상 지배적이지 않았다. 다소 오래된 안톤[26]이나 랑에탈[27]의 저작은 경제적 문제를 매우 심층적으로 다루었다. 게오르크 한센, 마이첸 그리고 다른 여러 역사가의 다양한 논저에서도 경제적인 사항은 여전히 적절히 다루어졌다. 그러나 주로 게오르크 프리드리히 크나프(Georg Friedrich Knapp) 이래 농업사 연구는 더욱더 법률적·제도적 문제에 국한되었다. 크나프 자신은 토지 및 농장영주제로부터의 농민해방을 연구했다(1896). 베르너 비티히(Werner Wittich)는 북서부 독일에서 전개된 영지제도의 변동을 추적했다(1896). 막스 제링(Max Sering)은 농촌의 상속관행을 다루었다(1908년부터 수년간). 루돌프 쾨치케는 농촌취락 등을 연구했다. 이러한 측면의 상태와 변동을 밝히는 데 독일의 연구는 많은 기여를 한 바 있다. 그러나 토지경작의 경제사와 이에 긴밀히 연관된 식량공급의 역사, 즉 인간이 영위하던 공동생활의 형태와 질적 측면을 넘어서서 양적 측면의 영역에 파고드는 부문의 역사는 현저히 어둠 속에 가려져 있다.

3. 산업화 이전의 경제에서 수확변동이 화폐와 물자유통에 미친 영향

농산물 시장에서 나타나는 여러 가지 변동상황 중에서 지금까지는 장기적인 변동만이 그 가능한 의미내용에 입각하여 검토되었다. 이 책의

---

26) K. G. Anton, *Geschichte der teutschen Landwirtschaft*, 1799~1802.
27) Chr. E. Langethal, *Geschichte der teutschen Landwirtschaft*, 1854~56.

시작 부분에는 단기간에 전개되는 모든 운동을 일단 무시하는 다년간의 평균치가 제시되었다. 지금부터는 또한 이 단기적 파동도 예비적인 해명이 필요한 한에서 고려되고 간략하게 언급될 것이다.

라브루스 학파의 위기이론

에르네스트 라브루스는 이 책의 초판이 나왔을 때와 대략 비슷한 시기에 다음과 같은 테제에서 정점에 도달한 하나의 이론을 발전시켰다. 즉 산업화 이전 시대에 나타난 경기순환은 결정적으로 흉작에 의해 규정되었다는 것이다. 풍작은 호황을, 흉작은 일반적인 경기의 쇠퇴를 야기했는데, 소위 '구시대형'(type ancien)의 위기는 결핍의 위기로서, 흉작이 원인이었다.

세부적으로 라브루스는 그 연관관계를 다음과 같이 보았다.[28]

1. 흉작은 곡가를 등귀시킨다.
2. 대다수의 농민에게 흉작은 소득의 감소를 의미한다. 왜냐하면 가격인상에 따라 개별품목의 매상이 오르더라도, 이는 판매 가능한 수량의 감소를 상쇄할 수 없었기 때문이다. 이러한 판매품의 손실에 덧붙여 근소한 소출의 수확과 그 가공에서 노동과 소득의 감소가 초래되었다.
3. 도시주민들은 흉작에 의해 식료품을 위한 지출을 늘리도록 압박을 받았다. 최소로 불가결한 물품에 대한 요구를 충족시키기 위해, 이들은 다른 것을 포기해야 했다. 공산품과 각종 용역에 대한 수요도

---

28) E. Labrousse, *Esquisse du mouvement des prix et des revenus en France au XVIIIe siècle*, Paris 1933; Ibid., *La crise de l'économie française à la fin de l'Ancien Régime et au début de la Révolution*, Paris 1944. 라브루스의 테제를 요약하는 방식에서 나는 다음을 따랐다. S. Landes, "The statistical study of French crises," in: *The Journal of Econ. Hist.*, X, 1950, pp.195f.

감소했다.
4. 그렇기 때문에, 그리고 농민도 덜 구매할 수밖에 없어서, 공산품의 판매와 상업의 거래량도 정체했다. 노동력의 수요도 감소하여 임금은 최하수준에 머물러 있거나 심지어 그 이하로 하락했다. 사람들은 일자리를 구하나 발견할 수가 없었다.
5. 다시 작황이 나아지면서 곤경은 감퇴되었다. 농산물가격은 떨어지고, 농민의 소득도 증대했다. 도시주민도 더 많은 공산품을 사고팔 수 있었다. 호황이 전개되는데, 이는 다시금 흉작이 도시와 농촌을 위기로 몰아넣을 때까지 지속되었다.

이 결핍위기론은 널리 수용되었다. 이미 랜즈가 강조했듯이 이 이론은 "다소간에 논란의 여지도 없지 않지만 프랑스 역사학에서 확고한 재산"으로 편입되었다. 이 이론이 일부의 연관관계를 올바르게 묘사하고 해석한다는 것은 논란의 여지가 없다. 그러나 그것은 아마도 덜 중요하지 않을 것 같은 다른 현상을 제외하고 있다. 애초부터 경험적 연구가 너무나 좁은 궤도로 밀어부쳐질 것이 아니라면 라브루스식의 고찰은 아직도 보충이 필요하다.

문제제기의 범위를 확대하는 시도

작황의 변동이 미치는 영향은 (1) 수확변동의 정도(Ausmaß des Erntewechsel)에 종속되었다는 점을 우선 주의해야 할 것이다. 수확감소(또는 증대)의 정도에 따라 곡가는 미미하거나 격심하게 상승(또는 하락)하는데, 이는 이미 그레고리 킹*이 강조했듯이 수확량의 변동에 과잉비례적으로 전개되었다. 킹의 산정에 의하면, 곡가는 평년작에서 10% 정도가 감수(減收)되면 약 30%, 20% 정도가 감수되면 약 80%,

---

* Gregory King(1648~1712): 17세기에 주로 활동한 잉글랜드의 지식인. 계보학, 제도술, 통계, 건축, 토목 등 다방면에서 활동했다. 17세기 말 잉글랜드의 인구, 경제상태를 상세하게 파악한 탁월한 저술을 남겼다.

50%가 감수되면 약 450%나 뛰어올랐다. 킹이 17세기에 수집했던 통계치는 더 이상 검증될 수가 없다. 그러나 아주 뒤늦은 시기에 이루어진 단순한 계산(Rechnungen)은 흉년의 수확이 풍년의 수확보다 더 높은 시장가치를 갖고 있음을 보여주었다.[29] 이 "농산물시장의 아주 기이한 비정상"(1925년에 발표된 영국의 보고서가 지적한 바)은 물론 영농가의 주머니를 울리는 매상고로 바로 치환되는 것이 아니었다. 수확의 변동이 농업경영체의 매상고에 미치는 영향은 또한 (2) **판매물량**(Umfang des Verkaufsproduktes)에 달려 있었다. 산출의 시장점유분이 크면 클수록 매상고는 반대방향으로 움직이는 경향이 더욱 커지며, 시장점유분이 적으면 적을수록 현물수확과 매상고가 같은 방향으로 운동하는 경향도 더욱 커진다.

예전의 저작[30]에서 취한 통계수치의 한 예는 이러한 규칙을 분명히 드러내준다. 서로 다른 규모의 농장인 A, B, C가 평년의 곡물수확기에 100kg(dz)*당 20마르크**라는 통상적인 곡가로 다음과 같은 양을 판매한다고 가정하자.

---

29) 영국 농수산부 소속 농산물가격 안정위원회의 보고를 비교하라. *Report of the committee on stabilization of agricultural prices*, Min. of Agr. and Fisheries, London 1925, p.21.
30) 이 관계는 필자가 이미 여러 차례 반복해서 설명한 바 있다. 처음으로 밝힌 것은 다음의 논문이다. "Wirtschaftliche Wechsellagen," in: *Berichte über Landwirtschaft*, N. F. 21, 1936, pp.7ff. 그러나 이 견해는 지금까지 수확주기를 연구하는 역사가와 경제이론가들이 거의 주목하지 않았다. 그래서 이 자리에서 다시 한 번 언급한다.
* dz는 Doppelzentner(도펠첸트너)의 축약기호로서 1dz는 100kg에 상당한다. 기본적으로 미터법에 의한 단위이나, 독일에서도 오늘날에는 공식적으로 사용하지 않는 구식의 도량형.
** 원저자 아벨은 화폐단위를 표기하지 않고, 단순히 화폐액을 20—또는 36—으로 표기했다. 이 액수는 요컨대 순수한 이론적 논의를 위한 추상수치로서, 파운드나 마르크 같은 구체적인 실정통화를 무시하는 개념이다. 그러나 문맥의 순조로운 전개를 위해 옮긴이가 인위적으로 '마르크'라는 통화개념을 삽입한다.

도입 **63**

평년작(곡가 20마르크/100kg)

	A	B	C
수확량	250 dz	500 dz	1,000 dz
자가소비	200 dz	300 dz	400 dz
판매량	50 dz	200 dz	600 dz
현금 매상고	1,000	4,000	12,000

흉작이 닥쳐와 곡물의 수확은 약 20%가 감소하고, 곡가는 (그레고리 킹이 가정했듯이) 약 80%가 상승했다고 가정하자. 자가소비에 변동이 없으면, 다음과 같은 통계수치가 나오게 된다.

흉작(감수분 20%, 곡가 36마르크/100kg)

	A	B	C
수확량	200 dz	400 dz	800 dz
자가소비	200 dz	300 dz	400 dz
판매량	–	100 dz	400 dz
현금 매상고		3,600	14,400

가장 규모가 큰 농장 C에서는 판매량이 감소했어도, 과잉비례적인 가격상승으로 손실분의 상쇄 이상으로 이득을 보았다. 중규모의 농장 B는 평년작의 경우보다 다소 적은 판매고를 획득했고, 소농장 A는 곡물공급자의 위치에서 완전히 탈락해버렸다.

위에 제시한 계산서로 분석되는 바와 같은 이 세 가지 유형의 농장은 우리가 고찰하는 모든 시기에 존재했었다. 즉 13세기에 수확곡물의 70%를 판매했던 윈체스터 주교구의 영지 같은 것을 상기할 수 있다.[31] 다음에 이 책의 적합한 위치에서 제시될 당대의 직접적인 보고도 동일

---

31) 이 책, 53쪽 참조.

한 경향을 지시하고 있다. 이 자리에서는 그저 18세기 어느 독일인 작가의 보고를 소개하고자 한다. 그는 1771/72년에 있었던 파멸적인 흉작과 물가앙등의 영향을 다음과 같이 묘사했다.[32] "(18세기) 70년대의 초에 거의 전 유럽을 〔……〕 그렇게 심각하게 위협했던 저 무시무시한 물가앙등의 해가 도대체 누구에게 알려진 적이 있는가?" 우리의 저자는 동시에 실제 영농가이기도 했는데 그는 이렇게 질문했다. "그러나 누구나 자신이 원하는 바를 믿겠지만, 이 물가앙등은 농업을 다시 비등시킨 장본인이었다." 1셰펠*의 귀리는 1771년 초에는 12그로셴이었으나 연말에는 5탈러(=120그로셴)로 뛰어올랐다. "원래 24셰펠의 귀리를 판매할 수 있었던 자가 흉작 때문에 12셰펠만 판매할 수 있다 해도, 그는 이제 연초에 벌 수 있던 12탈러 대신에 60탈러를 벌게 되었다. 그 농부는 자기 빵을 자작하는 곡물로 충당했기 때문에, 판매할 수 있었던 곡물의 양은 평소보다 더도 아니고 덜도 아니었을 터인데 수입은 훨씬 더 많이 올렸다."

작센 출신의 이 저자가 이 규칙에 중간 규모의 농장도 해당되는 것으로 서술했는지는 미확인 상태로 남아 있지만, 그의 진술이 소규모 농지에는 합당하지 않았음이 확실하다. 이들 소농장은 판매할 것이 전혀 없었거나, 심지어 소비자의 역할로 떨어졌던 것이다. "왜냐하면 그들이 자신들의 경영을 전적으로 망치지 않으려고 하면, 무엇을 판매할 수 있기는커녕, 경영에 필요한 소비품 일부를 비싸게 매입할 수밖에 없었기 때

---

32) L. H. H. von Engel, *Versuch zur Beantwortung der Frage: Welche Vorteile hat die Landwirtschaft von der Aufklärung im 18. Jahrhundert*(농업은 18세기의 계몽사상으로부터 어떤 이득을 보았는가라는 질문에 대한 답변의 시도)……, Leipzig 1798, p.124.

* Scheffel: 독일에서 중세부터 사용되던 전통적인 도량형의 하나로서 특히 곡물, 밀가루 및 과실류를 계량하는 데 사용. 시기와 지역에 따라 그 실제용적은 23l에서 222l에 이르기까지 엄청난 편차가 있었다. 프로이센에서는 1816년부터 1Scheffel=54.962l, 작센에서는 1S.=105.143l, 뷔르템베르크에서는 1S.=177.226l로 환산되었다.

문이다." 1816년의 곤궁을 목격한 다른 영농가는 이렇게 보고했다.[33]

그러한 곤궁기에는 곡가가 수요 탄력적인 농산물이나 심지어 공산품의 가격보다 정규적으로 훨씬 더 심하게 등귀했다. 임금도 또한 곡가의 인상을 쫓아갈 수 없었다. 생계의 여지는 더욱 근소해졌다. 도시의 주민 대중은 식량을 구입하는 데 제한을 받아야 했다. 공산품의 판로는 막혔고, 이로부터 임금에 대하여 추가적인 압박이 따를 수 있었다. 바로 라브루스가 설파한 바와 같이 위기가 확산되었다.

그러나 이러한 서술로 산업화 이전 시대의 위기문제가 남김없이 설명될지는 의심해보아야 한다. 가격 하락과 결부된 농업위기의 문제는 적어도 전혀 건드려지지 않았다.

18세기의 30년대에 할레 구역(Bezirk von Halle)에서 교구목사와 그 후견인* 사이에 소송이 발생했다. 왜냐하면 그 목사가 곡가 하락을 방지해달라는 기원(祈願)을 자신의 기도에 넣기를 거부했기 때문이다. 이 소송은 상급심으로까지 제소되어 이렇게 판결이 났다. 즉 "교회의 기도에서 곡가가 싸구려로 폭락하는 시절을 방지해달라고 기원하는 것은 물론 용인될 수 있다"는 것이었다.[34] 이러한 사건은 18세기에 일어났다. 중세 말과 근대 초라면 이 소송은 달리 판결되었을 것이다. 그러나 다음과 같은 점을 염두에 두었을 것이다. 즉 전개되는 사태를 기록하면서, 또는 심지어 판결로써 입장을 표명했던 당대인들은 이로써 오늘날에도 우리가 갖고 있는 그 시대상을 결정하는데, 이들은 아주 현저하게 도시 출신이라는 것이다. 농촌으로 시각을 돌리면, "가격이 폭락한 해"

---

33) "Ökonomierat Stelzner in den Möglichen Annalen der Landwirtschaft," XVIII, 1826, p.61.

*Kirchenpatron: 중세에서 근대 초기에 이르기까지 유럽의 교회, 특히 군소의 교구교회에 대해서 강력한 영향력을 행사하고 있던 속인 영주 및 유력자. 이들 교회의 후견인들은 극단적인 경우 담당사제의 임명을 마음대로 했고, 적어도 사제의 후보자로서 특정인물을 제시할 수 있었다.

34) W. Abel, *Die Wüstungen des ausgehenden Mittelalters*, 3rd ed., 1976, p. 114.

의 이면을 관찰할 수 있을 것이다. 그래서 여기저기에서 출처하는 당시의 연대기와 등록부(登錄簿)에는 다음과 같은 주기(注記)가 발견된다. 즉 (슈팡겐베르크가 기록한 『만스펠트 연대기』의 1507년 조에서는) "농민들은 헐값이 된 곡물이나마 팔아야 겨우 돈을 벌어들일 수 있었기 때문에, 여러 농민들에게 이 해의 농작은 비용이 더 많이 든 것이었다."

다시금 주의해야 할 사항이 있는데, 풍작이 영농가의 매상고에 미치는 영향도 그들이 판매할 수 있는 양에 종속되었다는 것이다. 위에서 제시한 계산형식을 연장한 도식적인 한 예가 이러한 사정을 더 잘 설명할 것이다. 수확이 평년작의 약 20%를 상회하고, 킹이 강조했듯이 가격이 약 40%나 떨어졌다고 가정하자. 그러면 다음과 같은 계산이 나온다.

풍작(20%의 증수, 곡가 12마르크/100kg)

	A	B	C
수확량	300 dz	600 dz	1,200 dz
자가소비	200 dz	300 dz	400 dz
판매량	100 dz	300 dz	800 dz
현금 매상고	1,200	3,600	9,600

평년작(64쪽 참조)에 비한 매상고의 감소액은 최고의 판매량을 구비한 농장 C에서 가장 거대하다. 감소분은 2,400마르크 또는 20%에 달한다. 중규모의 농장에서 매상고의 감소분은 400마르크 또는 10%에 이르며, 소농지는 이와 같은 풍작을 거둔 경우에는 200마르크 또는 20% 이상의 매상고 증대를 기록한다.

셰익스피어의 작품 『맥베스』 제2막, 제3장에는 문학사가들을 난처하게 만드는 장면이 있다. 한 문지기가 들어오기를 간청하는 자에게 이렇게 묻는다. "베엘제붑*의 이름으로 묻노니, 게 누구요?" 그 대답은 이러

---

* Beelzebub: 또는 바알(Baal) 신으로 알려진 구약성서에 나오는 귀신의 이름.

했다. "여기는 풍작이 올 것을 예상하여 제 목을 매달려고 하는 농부요" (Here's a farmer, that hang himself on the expectation of plenty). 셰익스피어는 잉글랜드에서 일련의 풍작이 농산물가격을 짓눌러놓았던 1603년경에 『맥베스』를 썼다. 이와 비슷한 사정이 어느 무명인사의 눈에도 관찰되었는데, 그는 1767년에 다음과 같이 말했다. "농부들은 항상 흉년보다 풍년을 더 겁낸다. 이들은 가득한 수확보다 반쯤의 수확을 더 좋아한다."[35]

당대인들 중 일부는 한술 더 뜨기도 했다. 흉작과 물가앙등에서 일반적인 위기를 도출해낸 라브루스와 정반대로 이들은 너무 낮은 가격에서 유래하는 위기론을 전개했다. 17세기에서 18세기의 전환기에 프랑스의 부아기유베르*는 각종의 영업 종사자와 도시 주민들이 낮은 곡가에만 관심을 보였을 것이라는 생각은 오해라고 말했다. 낮은 농산물가격은 차경농민들로 하여금 경작을 포기하도록 강요했다. 농업노동자들은 일거리가 없고, 지주들은 빈털터리가 되고, 수공업을 비롯한 각종의 영업은 판매부진으로 고통을 겪는다. 이렇게 되면 도시에도 엄습하는 위기가 퍼져나간다. 이 위기는 곡가가 너무 낮기 때문에 생기는 것이다. "곡가가 낮을수록, 빈민들조차 더 많은 고통을 겪는다."

프랑스에서 탄압을 받아 이제는 부분적으로 매우 희귀해진 논설문에서 부아기유베르는 자신의 사고를 펼쳤다. 그는 오늘날의 역사들에게도 매우 가치 있는 사고를 실례를 들어 설명했다. 예를 들자면 이런 것이다. 즉 1706년 파리에서는 밀의 가격이 1699년의 반 정도밖에 되

필리스틴인의 도시 에크론의 수호신으로서 서양의 민속에서 흔히 악마의 우두머리로 알려지고 있다.

35) T. S. Ashton, *Economic fluctuations in England 1700~1800*, Oxford 1959, p.41.

* Boisguillbert(1646~1714): 프랑스의 경제사상가. 재정개혁과 상업의 자유를 주장하는 논설 활동을 전개했으나, 1707년에 그의 주요저작이 금서가 되는 박해를 받았다.

지 않았는데, 1699년에 발생했던 것보다 세 배나 더 많은 파산상태가 발생했다는 것이다(*La France ruinée sous le Reigne de Louis XVI.*, 여기에서는 괴팅겐대학 도서관의 소장본에 따라 인용되었다). 부아기유베르는 자신의 이론을 간략하게 요약해서 하나의 논설로 출간했는데, 그 제목은 다음에 인용된 바와 같다. "Mémoire que fait voir en abregé, que plus les Bleds sont à vil prix, plus les Pauvres sont misérables……", 저작연대는 1706년 또는 1707년, 수록문헌은, Le Détail de la France……, II, 1712, pp.137ff.

    부아기유베르의 테제는 여기서 더 이상 추구하지 않는다. 왜냐하면 이 책은 산업화 이전 시대의 수공업 부문도 포섭하는 '전체' 위기를 대상으로 한 것이 아니기 때문이다. 그의 테제는 여기에서 주목되었다. 왜냐하면 이는 수확주기에 따라 나타났던 가격과 양의 변동은 (3) 장기적인 가격변동(langfristigen Veränderungen der Preise)을 고려하지 않고서는 논의될 수 없다는 점을 알려주기 때문이다. 부아기유베르는 프랑스에서——그리고 다른 나라에서도——곡가가 장기적으로 하락하던 시기(도입부에 제시한 도표와 훨씬 뒤 이 책의 356쪽 이하에 제시되는 도표를 비교하라)에 살면서, 문필활동을 했다. 그러한 시기에서 풍작이란 가격폭락을 야기하고, 이는 영농가에게 주기적인 가격앙등으로 이어지는 가격폭락에서 기대할 수 있었던 바보다 훨씬 더 불리하게 작용했던 것이다.

    그러나 또한 (4) 빈민층의 소득수준(Einkommensniveau der ärmeren Volksschichten)도 고려해야 할 것이다. 임금이 평년작에서도 임금소득자의 생활을 거의 지탱할 수 없을 정도로 하락했다면, 흉작은 아직 식량구입을 위한 여유가 허용되는 정도의 수입을 거둘 때보다 훨씬 더 나쁜 영향을 미친다. 그러나 이제 산업화 이전 사회의 임금과 임금에 유사한 소득은 장기적인 귀결로 보면 변동을 하는데, 이 변동은 명목적으로만이 아니라 실질적으로, 특히 곡물에 대한 구매력이란 측면에서도 변동했다.

　이로써 이 도입부는 끝이 났다. 이는 단지 방법을 제시하고 그 연구의 한계를 설정할 뿐이다. '이론'을 추구하는 것이 필자의 의도는 아니다. 이론은 여기에서 그저 목적을 위한 수단일 따름이다. 이는 방금 전에 시야에 넣었던 소비자의 측면에서도 해당된다. 독일의 경제학자 폰 고틀-오틀릴리엔펠트가 말하듯이, "경제란 욕구와 충족을 지속적으로 조화시키려는 정신 속에서 이루어지는 인간의 모듬살이다." 모든 시대에서 경제의 내재적인 의미란 이러한 것이다. 역사가에게 부과된 의무는 욕구와 충족의 실제적인 크기가 그러한 연관 속에서 어떻게 맞아떨어졌는지를 검증하는 일이다.

제1부 유럽의 농업 및 식량공급 변동상태
13세기부터 15세기 말까지

"기사와 영주들은 농산물의 낮은 가격에 불평하고 있다.
반면에 그들이 구입해야 하는 모든 것의 가격은 높았다.
이들은 또한 임금에 대해서도 불평을 하고 있는데,
임금은 그들의 산물이 팔리는 가격에 부합하지 않으려고 한다.
그리고 또 하나를 추가한다면, 이미 말한 대로, 다수의 일꾼만이 아니라,
농민들도 농촌에서 도시로 이주하고 있었다. 즉 나중에 '농업위기'라는
소리가 나오게 하는 모든 본질적인 특징이 다 모인 것이다."

I. 중세 성기의 호황

1. 가격변동

가격동요와 장기적 추세

중세 성기의 가격사에 대한 가장 풍부한 자료는 잉글랜드에서 나온다. 로저스는 이를 이미 수십 년 전에 다루었다. 그라스(Gras)와 비버리지(Beveridge) 경(卿)은 이에 추가적인 사실과 사고를 덧붙였다. 이들에 뒤이어 파머는 13세기의 가격에 대한 연구를 통해 지금까지 알려진 바를 종합했다(물론 그 이상의 것도 추가했지만). 파머가 수행한 작업의 결과를 여기에서 〈도표 2〉로 제시한다.[1]

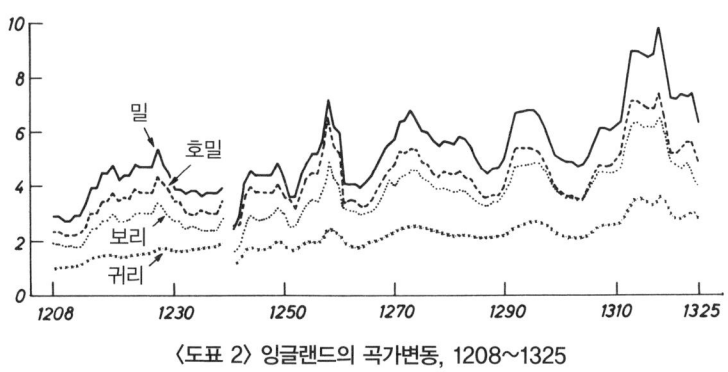

〈도표 2〉 잉글랜드의 곡가변동, 1208~1325
(7개항의 이동평균법에 의한 매년 평균치, 실링/쿼터)

---

1) D. L. Farmer, "Some grain price movements in thirteenth-century

〈도표 2〉는 가격이 꽤 격심하게 변동하고 있었음을 보여준다. 매년의 가격이 7개항의 이동평균법에 의한 평균치로 둔화해서 표시되었지만, 최고가격은 최하가격의 2배나 3배 정도까지 도달하고 있다. 비버리지 경은 아직도 이러한 가격변동이 현저하게 주화와 도량형의 변동에서 야기되었다는 견해를 가지고 있었다. 파머는 대다수의 가격변동 현상에 대한 비버리지 경의 해석에 반대했지만, 13세기 초의 높은 가격이 화폐가치의 악화로 야기되었을 가능성을 배제하지 않았다. 그러나 이러한 해석조차도 당대의 연대기를 한 번 훑어보면, 의심해 마땅하다. 13세기의 20년대 중반에는 잉글랜드에서도 대륙에서도 흉작이 있었다. 연대기들은 북부 독일, 네덜란드, 벨기에, 그리고 동부 프랑스, 로트링겐, 바이에른과 라인 중류지방에 발생했던 기근을 보고한다.[2]

대륙의 연대기를 근거로 하여 잉글랜드의 가격을 더 추적해보면, 가격변동이 작황의 변동에서 야기된 것이 틀림없다는 추측이 더욱 강해진다. 잉글랜드에서 전개된 바로 다음의 가격폭락에 즈음하여(〈도표 2〉 참조), 『엘자스 연대기』는 풍작으로 인하여 가격이 떨어졌다고 보고한

England," in: *Econ. Hist. Review*, 10, 1957/58, pp.207f. 파머의 작업은 다음의 연구로 보충되었다. J. Z. Titow, "Evidence of weather in the account rolls of the Bishopric of Winchester 1209~1350," in: *The Econ. Hist. Rev.*, 2nd ser., 12, 1960; Ibid., "Le climat à travers les rôles de comptabilité de l'évêché de Winchester(1350~1450)," in: *Annales*, 25, 1970, pp.312ff. 이 연구는 나중에 또 다루어질 기회가 있을 것이다.

2) 다음의 저작을 비교하라. F. Curschmann, "Hungersnöte im Mittelalter. Ein Beitrag zur deutschen Wirtschaftsgeschichte des 8. bis 13. Jahrhunderts," in: *Leipziger Studien aus dem Gebiete der Geschichte*, 6, 1, 1900; A. Hanauer, *Études économiques sur l'Alsace ancienne et moderne*, II, 1878, pp.31f.; H. J. Schmitz, "Faktoren der Preisbildung für Getreide und Wein in der Zeit von 800~1350," in: *Quellen und Forschungen zur Agrargeschichte*, hg. v. W. Abel, u. G. Franz, XX, 1968, p.87. Die Hungersnot der zwanziger Jahre reichte bis nach Rußland; B. Widera, "Getreideausfuhr in die vormongolische Rus," in: *Jahrb. f. Wirtschaftsgeschichte*, 1963, II, Berlin(Ost) 1963.

다. 예컨대 1마스*의 포도주 값이 1페니히**에 불과했다는 것이다 (1236). 50년대 말(1257) 잉글랜드에서 13세기 최고의 가격을 기록했을 때, 프랑스, 슈바벤 그리고 라인 강 유역지방에서도 가격폭등이 있었다. 잉글랜드에서 다시 가격이 추락하자, '곡물과 포도주'가격은 서부 독일의 라인 강 유역 골짜기에서도 눈에 띄게 하락했다. 슈트라스부르크***가 포위되었지만 그곳에서는 1피어텔****의 포도주에 단지 4페니히, 호밀에 대해서는 단지 4실링만 지불하면 되었다고 연대기 작가들은 보고한다(1260). 1261년과 1262년에는 또다시 풍작을 거두었다. 라인 지방의 도시들에서 포도주보다 통이 더 비싸다는 소리가 들릴 지경이었

---

* Maß: 액량의 단위로 맥주, 포도주, 기름 등의 양을 측정하는 데 사용한다. 지역과 시기에 따라 무수한 편차가 있다. 대략 1~2리터 사이에서 환산된다.

** Pfennig: 유럽의 소액 화폐단위. 그 유래는 범유럽적인 것으로 중세 초기 카롤링 왕조의 왕 피핑과 카알 대제의 화폐개혁에서 비롯했다. 이 당시 1파운드(약 450g)의 은에서 240개의 소전(小錢)이 주조되었는데, 이것이 페니히(영어로 penny, 라틴어로 Denarius argenteus)다. 12페니히가 모여서 1실링(Schilling)이라는 계산단위를 형성한다. 즉 실링은 해당하는 주화가 없이, 순전히 계산단위로만 존재했다. 이와 같은 화폐단위체계는 영국에서 1971년까지 존속되었는데, 8세기부터 13세기 중엽에 이르기까지 전 유럽에 전파되었다. 물론 이 주화의 은 함유량은 시기와 지역에 따라 엄청난 편차를 보였다.

*** 프랑스어로 스트라스부르(Strasbourg), 독일어로 슈트라스부르크(Straßburg)로 불리는 이 도시는 역사 속에서 복잡한 운명을 맞이했다. 중세부터 17세기 중엽 30년전쟁 때까지 이 도시는 독일어권인 신성로마제국에 속해 있었으나, 30년전쟁의 전리품으로 프랑스 땅이 되었고, 이어 1870년 보불전쟁과 함께 역시 전리품으로 독일에 귀속되었다. 그러다 제1차 세계대전 이후 다시 프랑스령이 되어 오늘에 이른다. 이 도시가 속해 있는 지방을 포함하여, 독일-프랑스 사이에 계속 귀속상의 문제가 되는 인접지역의 이름 역시, 프랑스어형으로 알자스(Alsace)와 로렌(Lorraine), 독일어형으로는 엘자스(Elsaß)와 로트링겐(Lothringen)으로 불리는데, 이 책에서는 각 시기의 특수성을 고려하여 이들 지역이 독일어권에 존재했던 시기에는 독일어형으로, 프랑스에 귀속되었던 시기에는 프랑스어형으로 표기한다.

**** Viertel: 액량의 단위. 말 그대로 일반적으로 더 큰 단위의 1/4이라는 뜻인데 대개 1아이머(Eimer)의 1/4을 의미한다. 역시 지역과 시기에 따라 대략 7~26리터의 편차를 보인다.

다. 1272년, 잉글랜드에서 다시 최고가격이 기록된 해에 대해서, 『멩코(Menko)의 연대기』는 프리슬란트와 전 베스트팔렌에 '최대의 기근'(maxima fames)이 닥쳐왔다고 보고한다. 다시 1288년, 곡물가격은 독일에서도 너무나 엄청나게 떨어져서 약 100년이 넘은 뒤에도 연대기 작가들은 이 가격폭락의 시기를 기억할 정도였다.[3] 그렇기 때문에 〈도표〉에 제시된 바와 같은 가격의 등락은 작황에 따라 규정되었는데, 이는 대개 20~30년의 기간을 포함하는 주기로 변동하고 있었음을 확인할 수 있다.

이 연구에서 다루고 있는 문제와 관련하여, 다음과 같은 사태는 흥미가 없을 수 없다. 즉 이미 쿠어슈만이 관찰했듯이, 13세기가 경과하면서 사료에서는 기근(fames)이라는 표현이 등귀(caristia)로, 즉 기근이 가격폭등으로 바뀌었다. 그러나 이러한 표현의 변동과 함께 곤경의 약화가 암시되고 있는 것은 아니었다. 표현의 변동은 오히려 경제제도의 변동을 암시하고 있는데, 이는 중세인들이 시장과 가격변동에 더욱더 종속되고 있었던 사태에 상응한다.

곡가의 변동에 의해서 더욱 장기지속적인 가격의 상승운동이 일어나고 있었다. 파머가 25년간의 평균치로 산출한 밀가격을 종합하면, 13세기 1/4분기에 100이었던 것이 110, 136, 147을 넘어서 14세기 1/4분기에는 181로까지 상승했다.[4] 로저스가 산출해낸 일련의 통계수치도 이와 유사하게 전개된다. 로저스의 통계치에서도 1201/25년=100으로 설정한다면, 25년간 평균으로 산출한 밀의 가격은 기준치 100을 돌파하여 111, 140, 149를 거쳐 1301/25년간에는 188로 상승했다. 이 두 계열의 통계치가 보여주는 상호간의 편차는 매우 근소하다. 그 차이는 25

---

3) Hanauer, *op. cit.*, 이 책, 137쪽 이하의 서술을 비교하라.
4) 이 계산에는 파머의 통계치와 로저스의 통계치를 비교할 수 있도록, 잉글랜드의 주화가 1300년경에는 장기적으로 근소한 악화 경향을 보이고 있음이 고려되었다(이하 이 책의 613쪽부터 제시된 부록의 주석을 비교하라).

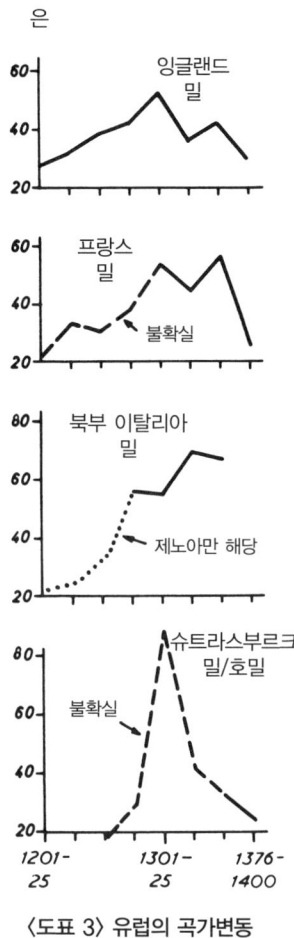

〈도표 3〉 유럽의 곡가변동
1201~1400
(25년 단위 평균치, 100kg당 은의 중량)

년간의 평균치를 배열한 마지막 수치에서 단지 2.6%(181:188)에 이르는 정도에 불과하다.

이렇게 잘 확증되고, 서로 의존할 수 있을 정도로 풍부한 가격자료 계열은 대륙에서 나오지 않고 있다. 물론 가격사 연구자들의 추정——왜냐하면 그 이상은 아니기 때문에 이렇게 표현할 수밖에 없다——이 어떠한지를 암시하기 위해, 일부의 가격자료가 〈도표 3〉에 제시되어 있기는 하다. 프랑스에 대해서는 다브넬(D'Avenel)의 보고가 동원되었는데, 이는 물론 서로 멀리 떨어져 있는 여러 곳에서 출처한 것이다. 어셔(Usher)는 이 자료를 더 정확하게 검토하여, 오로지 알비(Albi)지방(타른道, Department Tarn)에만 관련되는 일련의 계열자료를 분리해냈지만, 여기에도 적지 않은 공백 부분이 포함되어 있다. 이 계열자료는 1202년 1세티에* 의 밀가격이 34g의 은(銀)으로 시작하는데, 1301/25년에는 68g의 은으로 상승한다.[5] 노르망디 지방에 대한 그의

---

* Setier: 프랑스의 전통적인 곡물 계량단위로서 지역적으로 큰 편차가 있는데, 여기에서 언급된 알비 지방의 경우는 1세티에=102리터, 파리 지방의 경우는 157.35리터다.

5) A. P. Usher, "The general course of wheat prices in France, 1350~1788," in: *The Review of Economic Statistics*, 1930, pp.159f.

연구는 나중에 또 다루어지겠지만, 기 부아(Guy Bois)는 푸르캥(G. Fourquin)이 파리 지역에서 수집한 가격자료를 이용했다. 이에 따르면 파리 지방의 수*로 표시된 1세티에 밀의 가격은 1284년부터 1303년 사이에 2배로 오르고, 1320년과 1342년 사이에는 더욱 높이 치솟았다.[6]

독일어권에서는 슈트라스부르크의 가격만이 〈도표 2〉에 포함되었는데, 이에는 그밖에도 '불확실'이라는 주기(注記)가 붙어야만 했다. 그러나 아직도 개별적인 보고로만 제출된 모든 자료를 종합한다면,[7] 독일지방——또한 북부 이탈리아도——에 대해서는 곡가가 12, 13세기에 장기적으로 상승하고 있었다고 감히 말할 수 있다.

그런데 놀랍게도 이 초기의 시대에서도 곡가의 장기적 변동이 잉글랜드에서부터 대륙 깊숙이까지 동일했다는 사실을 인식하게 된다. 아마도 이와 같은 가격변동의 동일한 추세는 이미 가깝지만은 않은 거리까지 널리 곡물을 운송했던 곡물무역이 일정한 기여를 했던 것으로 보인다. 플랑드르의 도시와 프리슬란트는 이미 13세기 말에 발트 해 연안지방의 서부에서 곡물을 수입했고,[8] 영국의 백작령들도 이미 13세기에 플랑

---

*Sous: 독일어와 영어권에서 사용되는 실링(Schilling, Shilling)에 해당하는 프랑스의 주화 계산단위. 페니히에 해당하는 주화는 드니에(denier, 어원적으로 카롤링 왕조의 Denarius에서 유래). 이러한 주화단위 역시 중세에서 근대 초에 이르기까지 무수한 지역적·시기적 편차가 있었다.

6) G. Bois, *Crise du féodalisme*, 1976, p.243.
7) 특히 아직도 참조할 만한 것으로는 다음의 책이 있다. K. Lamprecht, *Deutsches Wirtschaftsleben*…… II, 1885, pp.613f.; F. Mone, *Beiträge zur Geschichte der Volkswirtschaft aus Urkunden 1859*, pp.43f., 189.
8) 발트 해 연안지방의 동부로부터는 중세 말에 이르기까지도 아직 수송비가 매우 높아서, 단지 어쩌다 가끔 행해지는 대 서구(對西歐) 곡물무역 이상으로 발전할 수가 없었다. M. P. Lesnikow, "Beiträge zur baltisch-niederländischen Handelsgeschichte am Ausgang des 14. und zu Beginn des 15. Jahrhunderts," in: *Wiss. Zeitschr. der Karl-Marx-Univ. zu Leipzig*, 7, 1957/58, pp.613f. 레스니코프의 이 견해는 특히 노데의 견해를 반박한 것인데, 이것이 엘베 강과 오더 강 사이의 도시에 해당되지는 않는다. 이들 도시에 대해서는 이미 13세기 말부터 대 서구 곡물무역이 어쩌다 가끔 행해지는 것 이

드르, 브라방, 네덜란드 및 프랑스에 잉여수확물을 처분하고 있었다. 더욱이 서부 독일의 라인 강 유역 골짜기 지방과 프랑스의 일부 지방에서는 곡물무역이 전개되어 있었다. 그러나 그러한 종류의 무역은 아마도 가격의 장기주기적 상승이 아니라, 광범한 지역 간에 가격이 균등해지는 경향에만 작용했을 것이다. 무역로의 연장과 경제권역의 확대가 가격상승을 견제했을 것이라는 추측이 더 사실에 가깝다. 따라서 가격상승의 원인을 연구하려면, 영향을 미치는 다른 힘에도 눈을 돌려야 한다.

화폐유통

가격을 움직이는 힘으로는 아직도 화폐의 양과 유통속도가 최우선으로 거론된다. 이제 12세기부터 중부 유럽의 개별 왕국과 제후령에서 귀금속의 보유량과 화폐유통이 급속히 증가했다는 점은 의심의 여지가 조금도 없다. 보헤미아, 메렌 그리고 남동부 유럽의 광범한 지역에서 금과 은이 발견되었다. 스위스와 하르츠, 포게젠에서는 광산이 개발되었다. 이자 강, 인 강, 도나우 강, 라인 강과 엘베 강은 금이 함유된 모래를 실어 나르고 있었다. 하이델베르크 근처에는 금광이 있었고, 포머른에서는 금광과 은광이 채굴되고 있었다. 여기에 동방으로부터의 수입도 더해졌다. 십자군은 전혀 무시할 수 없는 양의 금과 은을 고향으로 가져왔다.

이러한 귀금속의 일부는 물론 축장(蓄藏)되고, 장신구로 가공되었을 것이다. 그러나 확실히 적지 않은 양이 화폐주조에 전용되었을 것이고, 이는 그외에는 변동요소가 달리 없는 불변의 경제적 조건에서 결과적으로 물가수준을 인상했을 것이다. 그러나 경제적 조건은 같은 상태로 머물러 있지 않았다. 왜냐하면 화폐유통의 증대와 함께 농촌경제와 도시

상으로 존재했었다는 점은 논란의 여지가 없다. 15세기에는 동-서구 무역에 동쪽에 더 가까이 소재하는 도시들도 적지 않은 정도로 참여했다. 이 점을 증명한 것으로는, M.-J. Tits-Dieuaide, *La formation des prix céréaliers en Brabant et en Flandre au XVe siècle*, 1975.

I. 중세 성기의 호황 79

경제가 번영하던 이 수세기 동안에는 교역량도 함께 증가했기 때문이다. 또한 물가수준, 즉 가격의 총체가 동일한 사정에서 곡가와 같이 증가했었는지에 대해서 우리는 알지 못한다. 가축과 기타의 농산물은 물론 비싸졌으나, 공산품의 가격이 올랐는지, 올랐다면 어느 정도나 올랐는지는 말할 수가 없다. 왜냐하면 이 시기로부터는 포괄적인 가격지표를 탐색해낼 수 없었기 때문이다.

그밖의 보고에서 우리는 일반적인 물가상승의 인상을 받지 못한다. 1367년에 유래한 어떤 회상기는 물가상승 문제를 다루고 있는데, 단지 곡가의 앙등만을 언급하고 있다.[9] 구독일*에서 물가변동은 다른 무엇보다도, 일정하게 화폐액으로 고정되어 있으나, 농산물로 납부하던 공조(貢租)가 인하되는 결과를 초래했다.[10] 이는 물가수준의 전반적인 상승을 말하는 것은 아니다. 상인들이 곡물과 포도주 가격의 상승에 대해서 제기했던 불평——16세기와 18세기의 가격상승에 동반되었던 불평불만——도 이미 14세기 중엽에 관찰된다.[11]

어쨌든 농산물의 수요와 공급의 특수한 조건을 예의 주시하는 것은

---

9) D'Avenel, *op. cit.*, I, p.14.
* Altdeutschland: 특히 중세 독일어권의 지역구분에서 자주 사용되는 개념. 중세 초기부터 독일어를 사용하는 주민이 분포했던 지역으로서 오늘날 대개 라인 강 유역부터 엘베 강 서쪽 대안에 이르는 지역을 말한다. 이 지역은 카롤링 왕조시기에 프랑크 왕국에 포섭되면서부터, '독일적' 지역의 문화적·정치적 중심지대를 구성했다. 이 개념은 대략 12세기 이후 엘베 강과 잘레 강 이동지방으로 대대적인 인구이동이 이루어지면서 개척된 지역에 대조되는 의미로 자주 사용된다.
10) 예를 들면, 1232년 성 마리아-아헨 성당이 트라벤의 교회를 건축하는 데 제공해야 할 의무분담 몫은 20마스의 포도주에서 12마스로 삭감되었는데, 이는 포도주 값이 66%나 인상된 것에 상응하는 조치였다(K. Lamprecht, *Deutsches Wirtschaftsleben*…… II, p.616).
11) K. Lamprecht, *Deutsche Geschichte*, V, 1, p.102에 보이는 룰만 메르스빈(Rulman Merswin)의 경우.

적어도 불필요한 일이 아니다.

2. 인구증가와 토지개발

중세 성기의 인구증가

자연적인 인구동태에 대한 보고 역시 근대에 이르기까지 매우 희소하지만, 인구현상의 재구성에서는 간접적인 종류의 지표가 도움이 될 수 있다. 취락의 증가, 개간의 정도, 농업기술과 조직의 변동이 역사가들에게——물론 주의가 필요하지만——단서를 제공하는 지표들이다. 1000년부터 1237년 사이에 이루어진 취락의 증가에서 람프레히트는 모젤 지방에 대해 3배 이상의 인구증가가 이루어졌음을 산정해냈다. 이는 연간 약 0.47%의 인구증가율에 상당하는 것이다. 이 계산은 취락규모의 상수(각 취락마다 220명 정도의 주민)를 전제했는데, 이 숫자는 인구가 증가하는 상황에서는 개연성이 매우 높다고 볼 수 없다. 또한 다른 지역에서 나오는 이와 유사한 보고에서 독일 역사가들은 이미 오래전부터 다음과 같은 인상을 받고 있었다. 즉 구독일에서 인구증가는 서기 1000년경에도 아직 완만하였으나, 12세기에 급격해졌고, 13세기에는 그 정점에 도달하고 아마도 14세기 중엽에 비로소 1347/50년의 흑사병과 함께 그 종결점에 도달했다는 것이다.[12]

---

12) 그래서 진작에 나온 연구, G. Schmoller, *Grundriß der allgemeinen Volkswirtschaftslehre*, I, 1919, p.173; 유사한 것으로는 또한, K. Th. v. Inama-Sternegg, "Art. Bevölkerung," in: *Hdw. d. Staatswiss.*, 3rd ed., II, p.882; R. Häpke, "Art. Bevölkerungswesen," in: *Hdw. d. Staatswiss.*, 4th ed., II, p.671; R. Kötzschke, *Deutsche Wirtschaftsgeschichte bis zum 17. Jahrhundert*, 1908, p.87. 람프레히트의 수치는 다음에서 발견된다. *Deutsches Wirtschaftsleben im Mittelalter*, I, p.163. 람프레히트의 추산에 대한 비판과 평가에 대해서는, P. Mombert, *Bevölkerungslehre*, 1929, p.54 및 W. Abel, *Geschichte der deutschen Landwirtschaft vom frühen Mittelalter bis zum 19. Jahrhundert*, 2. ed., 1967, pp.26f.(제3판, 1978).

잉글랜드의 인구는 『둠스데이 북』*과 조세대장의 보고에 의거하여 꽤 근사(近似)하게 결정할 수 있다. 브로드니츠는 노르만 정복 시기의 인구를 약 150만, 흑사병 직전을 대략 400~500만으로 추산하는데, 러셀은 1086년에 대해서 약 130만(웨일스 지방 제외), 1346년에 대해서 약 3,700만으로 추산했다.[13]

아마도 이러한 수치는 너무 낮게 산정된 것으로 보인다. 윈체스터 주교구의 한 지구(地區) 톤턴(Taunton)에서, 인두세 징수에 대한 보고에 의하면 인두세 납부의무를 진 12세 이상의 남성인구가 1209년에 612명에서 1311년에는 1,448명으로 증가했다. 즉 축차적 연증가율로는 약 0.85%인데, 이는 18세기 잉글랜드의 인구증가율(0.44%) 거의 두 배에 달하는 수치다. 게다가 톤턴은 윈체스터 주교령에서 가장 오래된 영지 구역에 속하는데, 새로이 정착이 이루어지는 지역에서는 혼인이 더 일찍 이루어지는 계기로 인하여 그 증가율이 더욱 높았을 것이다.[14] 포스탠(Postan)은 이미 수년 전에 잉글랜드의 농촌인구는 13세기 말에 18세기 초와 같은 규모이거나 아니면 더 많았을 것으로 추정했으며, 핼럼은 잉글랜드 동부의 일부 지구에서 1300년경의 인구수준이 19세기 전반기, 대략 1830년경에 다시 도달했음을 산출해냈다.[15]

프랑스에 대해서 르바쇠르는 11세기 후반기부터 14세기 중엽까지 인구가 3배로 증가했음을 산출했다. 러셀은 프랑스의 인구를 1794년까지

---

* *Domseday Book*: 1066년 잉글랜드를 정복한 윌리엄 정복왕이 전국의 토지재산상태와 그 소유관계를 파악하기 위해 1085년에 작성하게 한 일종의 토지대장. 농경지·목초지·임야 등의 면적과 함께, 마소를 비롯한 가축의 수까지 파악한 유례 없이 상세한 조사보고서.

13) G. Brodnitz, *Englische Wirtschaftsgeschichte*, 1918, p.61 ; I. C. Russell, "Late ancient and medieval population," in *Transactions of the American Philosoph. Society* ……, N. S. 48, 3, 1958, pp.95f.

14) J. Z. Titow, "Some evidence of the thirteenth century population increase," in: *The Econ. Hist. Rev.*, XIV, 1961/62, pp.218f.

15) H. E. Hallam, "Population density in medieval fenland," *ibid.*, XIV, 1961/62, pp.71f.

한계를 지어, 1100년경에는 약 620만으로, 1346년경에는 약 1,760만으로 추산했다.[16] 또한 여기에서 이 시기의 인구증가를 근본적인 의미를 갖는 연구의 중심으로 설정한 마르크 블로크(Marc Bloch)를 상기할 수 있다. 최근의 연구는 기본적으로 장기적인 증가와 14세기의 급격한 중단을 확인했다.[17]

이탈리아에 대해서 치폴라는 10세기 중엽경 500만 명이던 인구가 13세기 말경에는 700~800만 명으로 증가한 것으로 추정했다.[18] 도시에 소재하는 다수의 건물과 새로이 개발된 광대한 면적의 토지는 이 추정이 최소한의 것으로 보이게 할 것이다. 베네치아에서는 (1326년 8월 17일에 개최된 도시참사회의 결의에서) "토지가 새로이 창출되고 신의 은총으로 지속적으로 늘어가다보니"(quia terra crevit et Deo gratias multiplicatur continue), 변호인과 송사(訟事)건수가 아주 많이 증가했다는 소리가 나오고 있다. 토스카나 지방*의 피스토이아(Pistoia) 지구에는 1244년에 900km²의 면적에 약 3만 4000명이 살고 있었다. 말하자면 1km²당 38명의 평균 인구밀도인 셈이다. 또한 여기에는 피스토이아 시(市)의 주민 1만 명이 포함되어, 이 도시의 인구밀도는 1km²당 49명에 달했다.[19] 이 수치는 아직 아주 많은 것은 아니었다. 피우미의

---

16) E. Levasseur, *La population française*, I, 1889 passim; I. C. Russel, *op. cit.*, pp.95f.
17) 다음을 비교하라. E. Baratier, "La démographie provençale du XIIIe au XIVe siècle……," in: *Ecole Pratique des Hautes Etudes, VIe Section, Centre de Recherches Historiques*, 1961. 이 연구는 하나의 광범한 지역에서 1320년경까지 인구증가가 급격했으며, 다시 1470년경부터는 감소와 재증가가 있었음을 입증한다. 더욱 광범위한 기초에 입각하여 비슷한 결론에 도달한 것으로는, A. Fierro, "Une cycle démographique……," in: *Annales*, 26, 1971, pp.941ff.
18) C. M. Cipolla, "Currency depreciation in Medieval Europe," in: *The Econ. Hist. Rev.*, XV, 1963, p.417.
* Toscana: 중서부 이탈리아의 지역으로서 약 2만 3,000km²의 면적. 본문에서 언급한 피스토이아를 비롯하여, 피렌체, 아레초, 루카, 피사 등 이탈리아 르네상스의 중심도시가 소재하는 선진지역.

면밀한 산정에 의하면 역시 같은 토스카나 지방에 속한 산 지미냐노(San Gimignano, Toscana) 지구의 인구밀도는 도시와 농촌을 합쳐서 1332년에 1km²당 85명이나 되었다.[20] 헐리히는 토스카나 지방의 총인구는 13세기 후반에 대략 180만으로 헤아려도 될 것이라고 주장했다. 이것은 19세기에야 비로소 다시 도달했던 인구밀도일 것이다.

스칸디나비아의 여러 나라에서도 인구가 12, 13세기에 힘차게 증가했다. 덴마크의 역사가들은 8세기 말의 덴마크 인구를 대략 55만 정도로, 10세기 말에 대해서는 85만으로 추산했다. 그러다 일시 역전되는 경향이 있었던 것으로 보이나, 다시 12세기부터는 더욱 강력한 증가 추세로 돌아서며, 흑사병의 도래(1347/50) 전야(前夜)까지 덴마크의 인구는 도시를 제외하고도 거의 150만 정도로 증가했으며, 오늘날의 덴마크 경계 안에서는 약 93만에 도달했다. 이와 같은 수준의 (농촌의) 인구밀도는 1800년 무렵에나 다시 도달했던 것으로 알려진다. 노르웨이(스웨덴도 포함해서)에서도 "텔레마르크* 지방에서는 나라의 동부지방 전역에서와 같이 개간과 작물의 재배가 매우 활발하게 이루어지고 있다. 특히 고원지대와 외따른 산골짜기에서."[21]

---

19) D. Herlihy, "Population, plague and social change in rural Pistoia, 1201~1430," in: *The Econ. Hist. Rev.*, VXII, 1965, p.32.

20) E. Fiumi, "La populazione del territori volterrano—sangimignanese ed il problema demografico del' età communale," in: *Studi in onore di Amentore Fanfani*, I, 1962. 또한 다음을 비교하라. Ibid., *Storia economica e sociale di San Gimignano*, Florence 1961과 이 책의 228쪽 이하에 제시된 결과.

*Telemark: 노르웨이의 남부지방에 소재하는 지역. 삼림이 우거진 중간급 고도의 산악지대로서 현재에도 약 1만 5,000km²의 면적 중 1,129km²가 습지로 뒤덮여 있는 특수한 지형적 특성을 갖고 있다.

21) S. Skappel, "Høstingsbruk og Dyrkingsbruk," in: *Historisk Tidsskrift*, 31, 1937/40, p.191. 또한 다음의 저작을 지적할 수 있다. K. Th. v. Inama-Sternegg, "Art. Bevölkerung des Mittelalters und der neueren Zeit bis Ende des 18. Jahrhunderts," in: *Hdw. d. Staatswiss.*, 3rd ed., II, pp. 882f. 이 논고는 오늘날까지도 가치가 있는 Inama-Sternegg의 추정치와 계산

예컨대 이탈리아 인구의 약 두 배에 이르는 프랑스의 경우와 같이 각 나라의 상이한 인구규모를 고려하고, 중세 성기가 경과하면서 새로이 또는 거의 새로이 정착이 이루어진 지방(동부 독일, 스칸디나비아 반도의 북부)을 고려한다 해도, 중부 유럽의 인구는 11세기 말부터 14세기 중엽까지 거의 3배로 증가했다고 말해도 될 것이다.

농업제도의 변동과 농업의 진보

증가하는 인간집단은 오로지 농업활동의 증대를 통해서만이 부양할 수 있음은 설명할 나위 없이 자명한 일이다. 각 시대에 이루어진 농업의 진보는 인구증가의 조건이었다. 그러나 또한 달리 말하자면 인구증가는 농경의 확대와 집약화를 위한 전제조건이기도 했다. 마르크스주의 경제사가들은 존재가 의식을 규정하고, 생산력이 인구를 규정한다는 테제를 대변한다.[22] 그러나 이 테제는 그 반대되는 테제, 즉 인구증가는 동시에 전개된 경제발전의 '일차적 원인'이라거나 '지렛대'라고 하는 주장만큼이나 증명이 안 된다.[23] 사회경제적 현상과 인구현상 사이의 관계는 이 몇 가지 이론에 종속시키기에는 훨씬 더 복잡하다. 농업의 진보는 농업조직, 농업기술, 농업경제체제의 변동과 결부되어 있는데, 이는 증대한 인구압이나 농산물가격의 상승에서 기계적으로 도출될 수 없는 것이다. 그 뿌리는 더욱 깊다. 이는 그 시대의 정치 차원과 사회적 긴장에까지 이르고 있다. 이는 인간에게서 시작되는데, 인간의 태도는 매우 조건적으로만 경제적 이익추구에 의해 규정되는 경향이 있다.

을 포함하여, 다소 오래된 연구결과를 아직도 가장 잘 종합하고 있다.
22) 이 테제는 류블린스카야(A. D. Ljublinskaya)가 협조한 마르크 블로크의 저작, *Les Caractères originaux de l'histoire rurale française*의 「러시아어 번역판 서문」에도 포섭되었다. 이 러시아어판 서문은 프랑스어로 번역되어 다음에 수록되었다. *Annales*, 14, 1959, pp.95f. 그러나 마르크 블로크는 오히려 그 반대의 테제 쪽으로 기울어져 있다.
23) 이에 대한 예는 다음에서 발견된다. P. Mombert, *Bevölkerungslehre*, 1929, pp.12f.

그래서 이제부터 간단히 정리할 농업제도의 변동이 인구증가와 어떤 인과관계를 맺고 있었는지도 분명하게 결정하기 어려운 처지다. 여러 변수가 작용하는 범위에서 하나의 관계를 설정해보는 정도로만 해도 아주 충분하다. 알프스의 이북과 이남에서 12세기경부터 해체하기 시작한 낡은 빌리카치온제*는 많은 종류의 농민부담과 농민의 토지긴박성을 내용으로 하고 있었는데, 이는 더욱 철저한 토지경작을 저해하고 있었다. 영주의 자가경영이 쇠퇴하고, 영지체제가 지대수취기관으로 변모하는 것은 더욱 자유롭고, 집약적인 농민경제로 발전하는 길을 터놓았다. 더 유동적인 토지거래도 등장하고, 세습적인 토지보유형태도 채용이 되었으며, 인신적인 부담이 가옥과 농지로 이전되었다. 물론 이로써 농민이 부담하는 공납과 부역의 총량이 현저히 감소된 것 같아 보이지는 않지만, 여러 가지 성가신 의무, 예를 들면 농민과 그 가족이 자신들의 경작지에서만도 한없이 바쁜 수확기에 영주의 토지에서 수행해야 할 부역 같은 것이 사라졌다. 18, 19세기에 이루어진 낡은 영지제도와 농장영주제의 궁극적인 청산이 농민의 생산능력을 현저히 제고시킨 결과를 초래했듯이, 중세 성기에 농민의 활동력이 증대된 것은 영주지배의 구속력을 완화시킨 이 최초의 변동 덕분으로 볼 수 있다. 이는 "마치 정착지대의 인위적인 확대와 같이"(좀바르트) 작용했다.

농업경영체제의 변동이 미친 영향도 동일한 방향으로 작용했다. 8세기부터 중부 유럽의 경작지대에서는 일포제(一圃制)나 이포제(二圃制), 곡초식 및 화전농법** 같은 낡은 경작체제 이외에 삼포제도 등장했다.

---

* Villikation: 중세 초기 농민의 부역을 동원하여 영주의 직할농장을 경작하는 데 중점을 둔 영지(경영)체제.

**Feld/Gras- und Brandwirtschaft: 원시 게르만 시대부터 흔적이 보이는 유치한 단계의 경작방식. 한 필지의 토지를 경작하여 일정 기간 곡물을 수확하다가, 지력(地力)이 쇠퇴하면 야생의 목초지로 되돌려서 가축방목에 이용하거나 새로운 곳에 이주하여 다시 경작지→목초지 순으로 반복하여 토지를 이용하는 경지이용방식. 이 농법은 초기에 곡물을 재배할 때, 자연상태에 가까운 삼림이나, 야생의 관목지대에 불을 질러 개간을 시작함으로써, 화전농법이 사실상 일체로

쾰른의 주변지대와 라인 강 하류 유역에는 이미 사료작물, 완두, 불콩류가 휴경지에 재배되었다. 이로써 16세기와 18세기에 현저히 침투한 '개량' 삼포제의 기원이 이미 모습을 드러냈던 것이다. 대도시 부근에는 채소와 과수재배, 그리고 이미 전문화된 낙농업의 맹아형태가 전개되기에 이르렀다. 라인란트와 모젤 지방, 그리고 프랑스의 여러 지역에서는 포도재배가 증가했다. 포도덩굴은 (독일에서) 오늘날에도 최량으로 꼽히는 포도산지에서 산을 타고 올라갔는데, 이는 저 멀리 북쪽으로(슐레스비히-홀슈타인*까지), 그리고 동방으로까지(동프로이센에 있던 독일기사단의 포도원에 이르기까지) 퍼져나갔다. 그밖에 개방경지의 경작강제**에 구속되어 있지 않던 당시의 많은 전작지(田作地)에는 식용채소, 호프, 섬유 및 염료작물이 재배되었다.

토양과 작물 이외에 물도 더 잘 이용되었다. 도처에서 용수가 공급되는 목초지, 더 빈번하게는 어로장(漁撈場)과 양어장이 언급되었다. 그러나 더욱 중요한 것은 물이 방아를 위한 동력으로 사용된 것이다. 유럽에서 물방아는 부족법***의 시대(6세기)부터, 심지어 이미 로마시대(3세기)에도 알려진 바 있었으나, 이때에는 그 수가 매우 희소했을 것이다. 서기 1000년을 전후한 시기에는, 추측건대 중부 유럽의 농민과 영주가

    포함되어 있었다.

* Schleswig-Holstein: 유틀란드 반도의 남단 북독일평야와 연결되는 부분에 소재하는 독일의 한 지방. 북위 50도 이상.

**Flurzwang: 삼포제 아래에서 곡물이 재배되는 촌락의 주요 경지는 세 부분으로 나뉘어, 휴한지→동곡전(冬穀田)→하곡전(夏穀田)의 순서로 이용된다. 따라서 각 전지에 일정한 지분을 가지고 있는 보유농민은 파종과 수확 경지변동의 시기와 방법에 대해서 촌락공동체(또는 영주)의 결정에 절대로 복속되어야 했다. 즉 개인적인 기호나 형편에 따라 경작의 주기와 시기를 마음대로 할 수 없는 일정한 강제에 묶여 있었다. 이를 경작강제라고 하는데, 주로 주거지 근처에 소재하는 작은 뜰이나 과수, 채소재배를 위한 토지는 이러한 경작강제에서 제외되었다.

***Leges, Volksrechte: 중세 초기 프랑크 왕국에서 이미 메로빙 왕조 시기부터 왕국을 구성하는 개별 각 부족의 관습법을 라틴어로 성문화한 것.

거두어들인 곡물의 훨씬 더 많은 부분이 아직도 손으로 돌리는 맷돌로 가공되었을 것이다. 8, 9세기가 되어서야 비로소 물방아는 프랑스, 독일 그리고 잉글랜드에, 10세기부터는 아일랜드에도, 12세기부터는 스칸디나비아에 전파되기 시작했는데, 이는 또 놀라울 정도로 신속하게 이루어졌다. 중세의 절정기인 1300년경에는 여러 지역에서, 예컨대 홀슈타인의 미텔슈토르마른과 같은 곳에서는 거의 모든 촌락마다 자체의 물방아를 보유하고 있었다.

물방아는 우리의 시각을 전체 생산과정의 쓰임새에서 방아보다 선행하는 농기구로 되돌려놓는다. 그것은 바로 쟁기, 써레와 수작업 도구, 수레와 밀차 그리고 마소에 거는 멍에 같은 것들이다. 그러면 쟁기부터 시작해보자. 바퀴, 쟁기 칼,* 흙덩이를 뒤집어엎는 보습을 갖춘 거대한 쟁기는 로마시대부터 알려지기는 했으나, 언제부터 더욱 널리 보급되었는지는 확실하지 않다. 그러나 내륙지방에서 대규모의 전지(田地)로 구성된 이포제나 삼포제가 확산되고, 해안지방이나 저습지에서 무거운 토양이 개간되었던 때와 동일한 시기에 이루어졌다는 추측은 그다지 빗나가지 않을 것이다. 이에 반하여 써레(Egge)는 아주 오래전부터 관목이나 손으로 하는 갈퀴질을 대체했는데, 그때까지 오랫동안 그 단순한 모양새(뾰족한 나무말뚝이 소박한 격자형의 버팀목에 붙어 있는 모양)를 유지하고 있었다. 그리고 손에 쥐고 쓰는 작은 낫**도 중세 말에서 아주 뒤늦게 근대에 이르기까지 크고 비싼 선 낫***보다 훨씬 더 자주 이용되

---

* Sech: 무거운 바퀴쟁기(Räderpflug)의 구성요소로서, 보습(Schar) 앞에 달려 있는 칼 모양의 부품. 쟁기가 마소의 힘으로 전진할 때, 최선두에서 흙을 자르는 기능을 한다. 이런 이유에서 쟁기 칼이라는 어색한 번역을 시도했다.

**Sichel: 영어로 sickle이라고 하는데, 우리의 낫과 용도와 크기가 비슷하고 날이 훨씬 더 둥근 곡선형을 이룬다. 구소련을 비롯하여, 공산국가의 국기에 자주 보이는 농민의 상징으로 그려진 낫을 상기하라.

***Sense: 영어로 scythe라고 한다. 우리의 낫을 크게 확대해놓은 듯한 모양을 하고 있다. 즉 날이 곡면도가 심하지 않아 거의 'ㄱ'자형으로 되어 있고, 약간 S자형으로 교묘하게 구부러진 긴 자루의 중간에 작은 손잡이를 붙인 모양을 하고

었다. 더욱 신속하게 보급·사용된 것은 도리깨*였다. 이는 단순한 몽둥이보다 더욱 강력한 타격을 가해 이삭을 떨어낼 수 있었고, 두 부분으로 구성된 목재부품에는 쇠붙이가 필요하지 않았다. 중세 초기와 성기에 전 유럽에 이것이 신속히 보급된 이유는 이렇게 설명될 수 있다.

말의 멍에는 더 조명할 필요가 있다. 구식의 멍에는 가죽끈으로 만들어 짐승의 목에 둘렀는데, 다소 강력한 힘을 발휘해서 끌자면 짐승의 목을 졸라매는 결과를 초래했다는 주장이 있었다. 이것이 로마시대의 우편마차나 짐마차에 해당하는 이야기인지는 확인하기 어렵다. 확실한 것은 아주 이른 시기의 그림 자료(800년경)에서 이미 개량된 멍에가 등장한다는 것이다. 여기에서 보이는 것은 어깨에 놓이는 목재의 멍에로서, 이는 짐승으로 하여금 신체의 무게를 실어 자신의 견인력을 완전히 발휘할 수 있게 했다.[24] 거의 동시에 편자도 더욱더 많이 사용되었던 것으로 보인다. 아마도 갈리아인에게는 편자를 박는 것이 이미 4세기경에 알려졌던 것 같은데(하이헬하임Heichelheim), 그 사용법은 잊혀진 것으로 보인다. 나중에 편자에 대한 보고가 9세기 이전에는 나타나지 않으나, 그 이후 급속히 증가한다. "편자를 박은 말이 달리는 소리"를 930년경에 성립된 서사시 『발타리우스의 노래』**의 저자는 듣고 있었다.

있다. 선 채로 신체의 탄력과 반동을 이용하여 작업을 하는데, 작업의 능률은 높지만 곡물의 이삭이 떨어지는 단점이 있다. 그리하여 곡물수확보다 목축용 건초를 마련하기 위해 풀을 벨 때 더 자주 이용되었다.

* Dreschflegel: 그 기능이 동일하여 일단 우리의 전통 농기구인 '도리깨'로 번역했다. 생김새 면에서 약간의 차이가 있지만, 장대 끝에 몽둥이 형태의 단단한 나무를 가죽끈으로 묶어놓았다. 기능은 당연히 탈곡용이었다.

[24] 이 그림자료는 이른바 트리에르의 묵시록(Trierer Apokalypse)에서 유래한 것인데, 다음의 저작에 복제, 수록되었다. W. Abel, "Geschichte der deutschen Landwirtschaft vom frühen Mittelalter bis zum 19. Jahrhundert," in: Deutsche Agrargeschichte, ed. by G. Franz, II, Tafel 1, Nr. 3.

** Waltharius, Waltharilied: 아퀴타니아 왕의 아들 발터가 그의 약혼녀인 부르군트 출신의 공주와 함께 훈족의 아틸라 대왕에게 인질로 잡혀 있다가 탈출한다는 이야기를 읊은 라틴어 서사시. 중세 전 시기를 통해 수많은 아류 및 모방작이 만들어졌다.

"편자를 박은 말"이 성 울리히*의 목전으로 달려와 그의 수중에 들어왔다는 이야기가 나오는, 그의 성인전은 10세기 말에 작성되었다. 12, 13세기가 지나면서 편자를 박는 것은 아주 일반화되었다.

아마도 조르주 뒤비가 주조해낸 "중세의 농업기술 혁명"이라는 말은 방금 묘사했던 현상에 대해서는 다소 과장일지도 모른다.[25] 그러나 중세 성기의 기술적-조직적 변동을 함축적인 단어로 포착하자면, 아마 '힘찬 진보'라고는 말해도 될 것이다. 그러면 다시 이 기술적인 변동이 경제적으로 의미했던 것은 무엇이었던가라는 의문만이 남는다. 훨씬 더 해명하기 어려운 이 질문을 가능한 범위에서 답변하기 위해서는 경작지의 확대, 그리고 소득의 차원에서 농경의 집약화와 확장 모두를 동반했던 현상을 더 검토할 필요가 있다.

개간과 정착

중세 성기는 위대한 개간의 시대였다. 마르크 블로크는 거듭해서, 그리고 매우 강조해서 이 개간활동의 거대한 의미를 우리들, 즉 이 활동주체들의 머나먼 후손들에게 묘사했는데, 그 시작과 종결을 11세기 중엽과 14세기 중엽에 설정했다.[26] 아마도 이러한 설정은 개간의 정점과 거

---

* St. Ulrich(c. 890~973): 아우크스부르크 주교. 귀족 출신으로 성 갈렌 수도원에서 교육을 받고 오토 대제와 긴밀한 관계를 맺고 그의 정치를 보좌한 중세 초기 제국주교의 전형. 사후 교황에 의해 주교 신분으로서는 최초로 성인위에 올랐다.

25) G. Duby, "La révolution agricole médiévale," in: *Revue de Géographie de Lyon*, 29, 1954, pp.361f. 동일한 대상을 뒤비는 다음의 저작에서 더 상세히 다루었다. *L'Économie rurale et la vie des campagnes dans l'Occident Médiéval*, I, 1962, pp.131f. 뒤비의 저작에서 가장 중요한 것을 발견할 수 있기에, 더 이상의 문헌을 언급할 필요는 없을 것이다. 그러나 아마도 뒤비가 아직 검토할 수 없었던 필자의 저작 하나 정도는 지적해도 될 것이다. W. Abel, *Geschichte der deutschen Landwirtschaft*……, 3rd ed. 1978.

26) M. Bloch, *Les caractères originaux de l'histoire rurale française*, II, 1956, p.7.

대한 규모의 운동에 대해서만이 타당할 것이다. 실제로 개간은 그 이전부터 시작했으며, 나중에도 완전히 중단되지는 않았다. 그러나 본질적으로 기원 1000년경을 지나서야 비로소 중부 유럽의 모습이 확 달라졌으며, 그것도 나중에 산업화의 시대에서나 한 번 더 볼 수 있는 속도로 전개되었다는 것도 맞는 말이다.

독일에서는 개간이 부분적으로(예를 들자면, 뮌헨을 중심으로 하는 권역에서와 같이) 이미 7세기에 개시되었다. 그러나 거대한 규모의 상호 연관된 개간은 여기에서도 1000년경이 지나서 비로소 시작되었다. 서부와 남부에서 동부와 북부로 전진하면서, 포게젠 산맥과 슈바르츠발트, 팔츠 삼림, 오덴발트, 슈페사르트, 슈바벤-프랑켄의 삼첩계 고원지대, 보헤미아 삼림, 에르츠게비르게, 주데텐, 프랑켄발트, 튀링겐 삼림, 하르츠 산맥 등지가 개간에 착수했다. 이 거대한 개간시대가 종결되자, 오래된 경작지대를 여러 곱이나 능가하는 거대한 면적이 관목림과 삼림에서 획득되었다.

여기 한 지역의 변모과정에 대한 일례를 들어보자. 하인리히 4세가 1073년 하르츠 산맥의 북단(北端)에 소재한 하르츠부르크에서 작센족에게 포위된 끝에, 3일 동안을 이루 말할 수 없는 고생을 하면서 한 사냥꾼이 발견한 소로(小路)를 따라 원시림을 뚫고 탈출했다. 마침내 그는 4일째에 '기진맥진하여' 에슈베게에 도달했다.[27] 하르츠부르크로부터 지도상의 직선거리로 약 90km 정도 떨어져 있는 에슈베게가 200년 뒤에는 밀집한 경작지와 취락으로 둘러싸이게 되었다.

프랑스에 대해서는 이미 다브넬이 이렇게 보고한 바 있다. "날마다 새로운 땅의 획득이 알려지고 있다." 마르크 블로크는 한때의 연구경향을 지도한 그의 저작에서 인상적인 한 장(章)을 이 개간운동을 서술하는

---

27) Lampert von Hersfeld, *Annalen*. A. Schmidt의 새 번역, Berlin, p.189.

데 바쳤다. 뒤비는 그의 『농촌경제사 서술』(*Economie rurale*, 1962)에서 이 운동의 종합적인 개관을 제시했다. 이 자리에서 프랑스의 여러 지역에서 제시되는 수많은 전거를 나열하는 것은 더 이상 필요가 없을 것이다.

잉글랜드에서는 『둠스데이 북』이 알려주듯이, 아직 11세기 말에는 삼림이 광대하고 울창했다. 그러나 바로 이 대장(臺帳)이 작성됨과 동시에 개간이 시작되었음이 틀림없다. 그리하여 둠즈데이 북에는 아직도 울창한 삼림지대로 기록되어 있던 지방인 케임브리지의 북부에 소재한 램지(Ramsey) 수도원은 이미 12세기 후반에 매우 많은 농지를 보유하게 되었다. 12세기 중엽에 잉글랜드에서는 삼림벌채가 시작되었는데, 그러나 이는 애초에는 그다지 큰 의미가 없어서, 국왕이 특권으로 보호된 삼림에서 개간지를 사여(賜與)하는 권리를 유보하고 있었다. 나중에 개간의 중점은 국왕의 삼림독점권에 복속되어 있지 않은 삼림지대로 더 많이 옮아갔다. 그리고 이러한 곳에서 개간은 12, 13세기에 더욱 힘차게 지속되었다.[28]

여기에 습지대의 경작이 추가되었다. 램지 수도원은 10세기에 워스터 주교가 삼림으로 뒤덮인 어느 섬에 설립했다. 이 지역은 당시만 해도 자주 물이 넘치던 곳이었다. 1301년, 이 지역을 관통해서 흐르는 닌 강에 하천 유역의 저습지를 개간해서 생긴 땅을 범람하지 못하게 보호하는 제방이 구축되었다. 링컨셔(Lincolnshire)와 (잉글리시) 홀랜드의 소택지도 이미 1300년경에는 꽤 높은 밀도의 인구를 감당할 수 있을 정도로 개간되었음이 입증되고 있다(핼럼Hallam).

플랑드르에서는 최초의 제방이 1000년을 전후한 시기에 구축되었던 것으로 추측된다. 이는 바로 범람으로부터 농지를 방어하는 수단이었을

---

[28] 중세 성기의 농업사에 대한 영국학계의 풍부한 성과는 이 자리에서 부분적으로조차도 인용하기가 어렵다. 그래서 본문에 제시된 특수한 보고를 취한 저작만 언급하고자 한다. I. A. Raftis, *The estates of Ramsey Abbey*, 1957, pp. 72f., 175.

뿐만 아니라, 바다에서 땅을 획득하는 "공격적인 제방"이기도 했다. 넘치는 물을 빼는 도랑이 보강되어, 이 제방은 농경과 축산에 이용되는 새롭고 넓은 땅을 개척했다.[29]

독일의 북부 해안습지대에 대해서는 어떤 성직영주가 1106년 네덜란드에서 이주해온 정착민과 체결한 계약서가 가장 중요한 당대적 증거로 예시될 수 있다. (그 계약서에 기재된 바에 따르면, "이 사람들은 내 주교구에서 지금까지 경작되지 않은 습지대로 남아 있어 내 영민에게 쓸모가 없었던 땅을 자신들이 개간하도록 넘겨달라고 열렬하게 간청했다.") 이 계약서는 바로 베저 강 하구의 습지대와 관련된 것이었다. 엘베 강 하구의 습지대에 대해서는 1158년의 한 증서를 언급할 만하다. 이 증서에서 황제 프리드리히 1세*는 "엘베 강변과 그 주변에 소재하는 경작 및 미경작지"에 대한 함부르크 대주교의 특권을 확증해주었다. 제방의 보호 없이, 폭풍과 홍수로 위협받는 이 저지대에서는 농경이란 생각도 못할 처지였을 것이다. 슐레스비히-홀슈타인의 서해안 지방(디트마르셴, 아이더슈테트, 북프리슬란트), 그리고 오늘날 육지와 할리겐 섬을 떼어놓는 바텐 해(Wattenmeer) 주변의 일부 지역에 대해서는 항공사진을 판독하고 발굴한 결과 이 지역이 중세 성기부터 정착이 이루어졌으며, 늦어도 12세기부터는 제방으로 보호되었음이 밝혀졌다.

---

29) B. H. Slicher van Bath, "Studien betreffende de agrarische geschiedenis van de Veluwe in de middeleeuwen," in: *A. A. G. Bijdragen*, 11, 1964, pp.13f.; A. Verhulst, "Die Binnenkolonisation und die Anfänge der Landgemeinde in Seeflandern," in: *Vorträge und Forschungen*, hrsg. vom Konstanzer Arbeitskreis für Mittelalterliche Geschichte, Th. Mayer, VII, 1964, pp.447f.; Ibid, *Het Landschap in Vlaanderen*, 1965.

* Friedrich I, Barbarossa(1123~90): 남서부 독일 슈바벤에 근거를 둔 호엔슈타우펜 왕조 출신의 신성로마제국 황제. 교황에 대한 황제권의 우위를 강력하게 주장하고, 제국의 집권화를 추진했으나 제3차 십자군 원정에 나섰다가 소아시아에서 익사했다.

토지의 개발과 확장은 농촌취락의 발달과 결부되었다. 소규모의 취락*과 고립농가**는 민족의 이동이 종결된 뒤에 아마도 중부 유럽 대부분의 지역——적어도 독일 땅에서는——취락의 기본형태를 결정했을 것으로 보이는데, 우선 내부의 개발과 확장으로 성장했다. 고립농가는 소규모의 부락으로 발달하고, 이 부락은 촌락(Dorf)으로 촌락은 특수한 상황에서 대촌락으로까지 발달했다. 이탈리아에서는 중세의 절정기에 수천 명의 주민을 포섭하는 농촌취락도 있었다. 이러한 대규모 취락은 주민들이 외적의 침입에 스스로를 방어할 필요에서 형성되었던 것으로 추측할 수 있다. 이러한 취락에 붙어 있는 '카스텔로'나 '보르고'***라는 명칭이 바로 이러한 사정을 암시한다. 아마도 이러한 취락은 저지대에 창궐하던 질병(말라리아)에 대해서도 더욱 효과적인 안전판을 제공하였을 것이다.

알프스의 이북에는 이렇게 큰 규모의 촌락이 없었다. 물론 여기에서도 안전에 대한 욕구가 없었던 것은 아니었을 것이다. 또한 관습, 이웃관계, 그리고 공동체적 협동의 이점이 많아져서 점점 더 자라나는 농민집단의 후속세대를 묶어주었을 것이다. 그러나 취락의 주민 수와 함께 경지면적이, 또 경지면적과 함께 인간과 가축이 일터나 먹이터(사육장)로 가는 데 이용해야 하는 도로망이 확장되었을 것이다. 그리하여 아주 일찍부터 우선은 가까이에, 다시 멀리까지 이주하고자 하는 경향도 늘어났다.

---

*Weiler: 독일어에서 취락, 촌락을 일컫는 개념 중의 하나로서, 아주 작은 소규모의 취락을 바일러라고 한다. 이 말은 라틴어에서 역시 촌락을 의미하기도 하는 '빌라'(villa)에 어원을 두고 있다. 다소 규모가 큰 촌락을 일컫는 독일어 '도르프'(Dorf)와 구별하기 위해 소촌(小村), '소규모 촌락' 같은 번역어를 사용한다.
**Einzelhof: 주로 산악지방의 목축지대에 발달한 취락형태. 사실상 하나의 농가가 일정한 공간을 단독으로 점거한 취락형태다.
***castello, borgo: 성(城), 성곽(城郭)을 의미하는 라틴어 castellum, burgus에서 유래한 명칭이 보여주듯이 군사적 방어시설에서 성장한 취락을 의미한다.

그러한 운동이 개시되면, 그 자체가 스스로를 포섭하며 심지어 이미 안착한 농민들마저도 이 물결에 흡수해버릴 수 있었다. 북서부 독일에 대해서는 12세기부터 여러 개의 촌락이 고립농가로 해체되어, 드물지 않게 교회나 일부의 영업시설(물방아 따위)만이 옛터에 남아 있었던 사례를 입증할 수 있었다. 농민들은 그들의 농장시설을 촌락에서 벗어나 주변의 삼림이나 목초지로 옮기기도 했다. 이는 특히 가축을 격리된 장소(이른바 캄프라고 하는 자연림으로 울타리가 둘러쳐진 목장)에서 더 잘 사육하기 위해서였다.

새로이 설정된 중세의 취락에서는 그 장소의 이름, 일정한 지역에 소재하는 그 위치 등이 드러나는데, 이는 1000년경부터 문헌사료에 더욱 자주 나타난다. 종종 최초로 등장하는 새 정착지들은 인접한 핵(옛 촌락, 고립농가, 성)에서 나왔고, 그러한 핵의 주변에 다양한 형태로, 즉 가로(街路)형, 환상(環狀)형 또는 그물형으로 설정되는 경향이 나타났다. 이것은 시작이었다. 이러한 방식으로 가까운 주변을 채우면, 사람들은 분지(分枝)해 나간 취락이나 원래의 핵심촌락에서 뛰쳐나와서——그리고 이제는 동시에 마치 폭발적인 팽창과 같은 양상으로——더 깊숙한 삼림지대로, 더 높은 산악지대로, 더 낮은 저지대로 뚫고 들어갔다. 놀라울 정도로 짧은 시간 안에 지금까지 사람의 발자국이 얼씬도 않았던 전 지역이 촌락과 소촌으로 뒤덮이게 되었다.

여기 독일에서 취한 사례를 하나만 들어보자. 라인하르츠발트 서쪽, 오늘날 대체로 헤센 주의 호프가이스마르 군(郡)에 소재한 디멜(Diemel) 근처의 지역은 서기 500년경에 17개나 될까 하는 취락이 분포하고 있었다. 이 취락은 삼림으로 뒤덮인 골짜기의 습지대의 테두리에 있었다. 그 경지는 매우 협소하고, 주민 수도 보잘것없었다. 한 취락에서 평균적으로 4개에서 10개나 될까 하는 정도의 농민보유지가 헤아려졌다. 기간수맥의 골짜기 주변을 따라, 고지대에 깔린 옛

도로를 따라 그리고 그 좁은 지역의 중앙부로 개발이 시작되었다. 그러자 이 토지개발은 광범하게 산포되어 지속되었다. 개간시기의 종말에, 대략 1300년경에는 100개가 훨씬 넘는 취락의 좁은 그물망이 이 지역을 뒤덮게 되었다. 라인하르츠발트의 핵심부만이 아직도 미개간 상태로 남아 있었다. 이는 이미 예거(H. Jäger)가 호프가이스마르 군에서 전개된 경관의 발달에 관한 계발적인 연구에서 보고한 바 있다 (*Göttinger Geographische Abh.*, 8, 1951).

주변지역이 개척되면, 근접한 취락은 원방의 취락으로 옮아갔다. 가깝고 먼 것의 경계는 유동적이지만, 독일인의 대 동방이주(그리고 스칸디나비아인의 북방이주)는 원거리 이주로서 명백히 두드러진다. 이는 압력과 이주의 길항작용으로 파악되어야 한다. 즉 먼 곳으로부터의 유혹과 이미 좁아지기 시작한 고향이 그것이다. 어떤 힘이 더 강력했는지는 물론 분명하지 않다. 이 문제에 대해서 생각해보는 것보다 더 중요해 보이는 것은 쿤(Kuhn)이 다음과 같이 지적하는 바다. 즉 이러한 이주의 경제적·사회적·정치적 의미를 아주 충분하게 높이 평가하기는 어렵겠지만, 그 수량적 규모를 과장해서는 곤란하다. 그의 견해에 따르면 12세기에는 대략 20만 정도가 그리고 13세기에도 이를 거의 초과하지 않는 정도의 인구가 구독일 지역에서 이주해갔다는 것이다(물론 이 이주자들은 새로운 고향에서 급속히 불어났겠지만).[30] 이 산정이 맞는다면, 동방이주로 겨우 4%를 넘지 않는 인구가 구독일 지역에서 빠져나갔다는 말이 된다.

---

30) W. Kuhn, "Die Siedlerzahlen der deutschen Ostsiedlung," in: *Studium sociale*, 1964, pp.131f.

3. 지대, 농민의 소득과 임금

지대의 상승

 인구증가와 농업발달의 관계를 대체적으로 그려보려고 시도했던 앞절의 결과를 다시 한 번 상기하면, 적어도 다음과 같은 정도는 확언할 수 있는 것으로 보인다. 11세기부터 14세기 중엽까지 인구증가가 급격히 진행되면서 토지가 상대적으로 부족해졌다. 이것이 바로 동일한 화폐량의 '상품측면'에서 각 시기의 곡가변동을 규정했던 힘의 내용이다. 동시에 전개된 화폐량의 증대는 그저 이 가격상승이 관철될 수 있었던 조건만을 부풀렸을 따름이었다. 농산물가격의 경제적 의미는 그 상대적 희소성이었다. 농산물은 "증가하는 인구에 적절한 식량을 공급해야 하는 난관이 증대한"(리카도) 결과로 더욱 비싸졌다. 사태가 그러했다면, 지대──이것을 고유한 수익원으로서의 토지에 귀속될 수 있는 그러한 수익률의 가치로 이해한다면──도 인상되었음이 틀림없다.

 그러나 지대(Grundrente)를 그것이 걸치고 있는 중세적 의상에서 분리해내는 것은 매우 어려운 작업이다. 농민의 예속, 귀족의 수봉제도,* 그리고 교회령의 신성불가침이라고 하는 세 가지의 커다란 법적 테두리는 토지의 이동에 영향을 미쳤고, 이와 함께 영주 측이 작성한 토지대장에 전해지고 있는 **토지의 가격**에도 영향을 미쳤다. 이것은 어떠한 경우에서든 농민들이 토지를 이용하는 대가로 지불했던 가격이 아니다. 오히려 토지를 사고팔았던 영주의 입장에서 볼 때, 농민보유지와 토지이용이 갖고 있던 가치를 반영하는 것이다. 이 토지가격은 자주 미발달한 형태로이기는 하지만, 권리의 보유자들(또는 유력자들)이 지대, 이자

---

* 봉건제도의 양대 측면은 흔히 국왕을 포함하는 전사귀족의 지배층 내의 관계에서, 또 영주와 농민의 지배·예속관계에서 설명된다. feudalism이라는 영/프랑스어에서는 두 측면이 모두 포괄되어 문맥에 따라 그 의미를 구분해야 하는 데 반하여, 독일어에서는 특히 전자를 Lehenswesen이라는 편리한 용어로 구분하고 있다. 여기에서는 이를 수봉제도(授封制度)라는 말로 번역한다.

및 부역의 형태로 농민들에게서 거두어들였던 자본화된 이익을 나타낸다(이것에는 추가적으로 사회적·정치적 성격의 동기가 부여될 수 있었겠지만).

그러나 이러한 염려가 있지만 람프레히트가 모젤 지방에서, 그리고 다브넬이 프랑스의 자료에서 적출한 약간의 토지가격을 소개할 수 있겠다. 동일한 면적 척도와 동일한 화폐단위로 환산했을 때, 이들 가격은 여기에 제시된 방식으로 변동했다.[31]

〈표 2〉 1100~50년간 프랑스와 모젤 지방의 헥타르당 경지의 가격

(가격은 은의 g 단위 중량으로 환산)

시기	프랑스	모젤 지방
1100~1200	–	520
1201~1250	806	734
1251~1300	1,050	737
1301~1350	745	928

위에 제시된 일련의 가격은 개별 필지의 토지가격에서 조합해낸 것이다. 여기에서 건물이나 다른 시설에서 유래할 수 있던 가격영향요소는 제거되었다. 그렇지만 프랑스나 모젤 지방과 같이 광범한 지역에 대해서 토지의 평균가격을 산출해내는 데에는 마땅히 여러 가지 염려가 따른다. 개별 필지의 토지가격은 토지의 질과 위치의 차이 때문에 엄청난 편차를 보이고 있었다. 그러나 13세기 후반까지 토지가격의 일치된 상승은 두 계열에서 아주 분명해서, 이 시기까지 전개된 토지가격변동의 일반적인 경향은 아마도 프랑스와 구독일 지역에 대해서 제대로 묘사된 것으로 추측된다. 마지막의 반세기 동안에 프랑스의 지가(地價)는 떨어

---

31) D'Avenel, *op. cit.*, II, p.508; K. Lamprecht, *Deutsches Wirtschaftsleben im Mittelalter*, II, p.614.

졌으나, 모젤 지방의 지가는 계속 상승했다. 이 점에서 다브넬의 평균치는 신뢰도가 떨어지는 것으로 보인다. 왜냐하면 토지수요의 감퇴가 적어도 14세기 1/4분기의 프랑스에서는 아직 감지되지 않고 있는데, 르바쇠르도 다브넬의 저작을 논평하면서 이 문제에 대한 주의를 환기시킨 바 있다.[32]

독일에서는 경작지 가격의 상승이 람프레히트의 조사에 의하면 14세기까지 지속되었다. 동일한 결론에 모네도 도달했지만, 그는 매우 근소한 가격자료를 가지고 남서부 독일에서 1모르겐의 경작지 가격이 13세기에서 14세기까지 약 100% 정도 인상되었음을 계산해냈다.[33] 니더작센의 북동부지방(오스트팔렌)에서는 일련의 후페*에 대한 가격자료가 제시되고 있는데, 12세기에서 110개의 후페, 13세기로부터 179개의 후페에 대한 가격이 알려지고 있다. 그 가격은 1150/1200년경 평균 9.4 퀼른마르크에서 1200/50년경에는 15마르크로, 1250/91년에는 28.3마르크로 상승했다. 즉 약 100년에 걸치는 이 시기에 평균치의 중간 연도로부터 계산해서 지가는 3배나 상승한 것이다.[34] 그러나 강조되어야 할 점이 있다. 이 후페 가격은 농민의 재산가치가 아니라 농민의 공조(貢租)와 부역에 관련되어 있는 것인데, 이는 결국 자본총액으로서 수취자

---

32) E. Levasseur, "Rapports sur deux concours pour le prix Rossi," in: *Compte Rendu de l'Académie des Sciences Morales et Politiques*, N. S. 38, 1892, p.363. 감퇴된 토지수요라는 것은 기 부아(G. Bois)가 노르망디 지방에서 발굴해서 "봉건제의 위기"와 연관지은 보고와도 전혀 어울리지 않는다 (113쪽 이하의 서술과 비교하라).

33) Mone, *op. cit.*, p.30.

*Hufe: 중세 독일에서 농민 한 가족의 생계를 지탱할 수 있는 가옥, 그에 딸린 채원, 경작지 및 공유지에 속한 삼림과 방목지의 이용권을 포함하는 농민보유지의 총체를 일컫는 개념. 프랑스어로는 망스(manse)라고 한다. 그 규모는 지역의 토질과 지형에 따라 편차가 심했다.

34) O. Teute, *Das alte Ostfalenland*, Diss. Erlangen, 1910. 이 저작은 나의 책, 『독일 농업경제사』(*Geschichte der deutschen Landwirtschaft*)에 수록된 〈표 6〉에서 이미 검토되었다. 가격은 물론 상이한 빈도의 매매건수를 균등하게 하기 위해서, 각 후페를 매매건수로 나눈 평균치로 이해한다.

의 차원에서 그 주인을 바꾸는 것이었다.

상승하는 지가에는 상승하는 농산물가격이 반영되어 있을 수 있는데, 농민의 현물공조 수취자가 그 결과를 향유하게 되었다. 그러나 또한 농민이 부담하는 공조에는 유동적인 요소도 있었다. 포스탠은 장기간 지속되는 토지이용의 대가로 지불하는 토지점유료*에 대한 주의를 환기시켰다. 그의 보고에 따르면 이 토지점유료는 연간 수확의 15배에서 25배에 이르고 있었다.[35] 잉글랜드의 동부에 있던 램지 수도원령에서도 아버지의 농지를 인수하려고 할 때, 아들이 지불해야 했던 과료(科料)의 액수가 인상되었다. 즉 1250년경에는 대략 20실링이었던 것이 1300년 이후에는 자주 3파운드 이상으로 올랐던 것이다.[36] 이러한 종류의 지불이 갖던 기능은 수취자가 통상적인 지대**를 통해서는 완전히 흡수할 수 없었던 지대***의 분배에 참여시키는 것이었음이 명백하다.

유사한 현상이 16세기 비버라하 안 데어 리스에 소재한 성령구호

---

* entry fines for customary holdings: 여기서 '토지점유료'로 번역한 개념을 구성하는 단어에서 핵심이 되는 것은 'entry'다. 이 말이 중세 잉글랜드의 토지보유관행에서 의미하는 바는 어떤 토지를 사실적으로 점유하는 행위로서, 매입이나 대여계약으로 점유하게 된 토지에 발을 들여놓는(또는 들어가는) 상징적인 행위로 완성된다. 대개의 경우 중세 잉글랜드의 농민이 차지하는 토지에 대한 권리는 영주의 상급소유권이 유보된 용익권에 불과한데, 대여에 의한 점유(또는 보유)를 계기로 농민은 상급소유권을 가진 영주에게 과료를 지불했다. 과료의 지불은 토지의 새로운 대차관계가 발생할 때만이 아니라, 일정한 토지를 세습적으로 보유하면서 경작을 하던 농민이 사망 또는 거주 이전할 때, 그 상속자나 후계자가 보유권을 인수할 때도 이루어졌다.

35) M. Postan, A Note to W. C. Robinson, "Money, population and economic change in late medieval Europe," in: *The Econ. Hist. Rev.*, 12, 1959/60, p.80. 포스탠의 이 진술이 의거하고 있는 자료는 아직 출판되지 않았다. 그런데 이는 아마도 예외적인 경우일 것이다. 왜냐하면 수확의 15~25배는 매매가격으로서도 아주 높은 가격이기 때문이다.

36) J. A. Raftis, *The estates of Ramsey Abbey*, 1957, p.238.

** 즉 관습적으로 고정된 봉건적 부과조.

*** Grundrente, 즉 리카도적인 의미에서의 토지생산 잉여.

원*이 농민에게 대여한 일대한(一代限) 보유지**에서도 관찰될 수 있었다(이하 290쪽의 서술을 비교하라). 중세 성기에 대해서는 이에 상응하는 보고가 아직 없다. 농민이 토지를 점유할 때 지불하는 과료를 독일어권에서는 대개 보유교체료(Handwechselgebühr)라고 하는데, 여러 가지 명칭으로이기는 해도 이런 종류의 지불형태가 당시에 이미 존재했음은 의심의 여지가 없다. 1024년 보름스에서 작성된 어떤 바이스툼***은 이를 '오블라치오'(oblatio)****라고 부르며(Grimm, I,

---

* Heiliggeistspital: 중세의 구호시설로서, 오늘날 병원(Hospital)과 유사한 기능을 담당했다. 그러나 병자의 구호만이 아니라 순례자에게 숙박을 제공하고 노인과 걸인을 수용하는 등의 자선활동도 담당했다. 원래 수도원과 결합되어 있었으나, 주교구 성당에서도 설립하고 중세 후기부터는 도시가 기왕의 시설을 넘겨받거나 새로이 설립하는 경우가 빈번해진다.

** Fallehen: 보유자가 사망하면, 토지의 대차관계 계약이 새로이 갱신되는 보유형태. 이러한 이유에서 일대한 보유지라는 번역을 시도한다.

***Weistum, Weistümer: 농민과 영주의 권리, 의무가 확정되어 있는 촌락의 관습법으로서, 대개 12세기경부터 양자가 모두 해득할 수 있도록 라틴어보다 주로 속어(俗語)로 기록되기 시작했다. 이러한 법은 영주가 촌락의 오랜 관행을 잘 아는 노인들에게 문의, 답신하는 과정에서 '발견'되는 것인데, 차후에도 법률적 구속력을 발휘하는 관습에 근거한 각종의 결의 또는 개별적 판결 등도 포함했다. 축적된 법적 규범이나 개별적 판결은 매번의 촌락집회에서 영주 또는 영주의 대리인에 의해 공동체원에게 구두 또는 낭독의 형태로 전달·지시되었는데(Weisung), 이런 연유에서 바이스툼(Weistum)이라는 명칭을 얻게 되었다. 최초로 근대적인 독일어 음운 및 문법체계를 세우고, 방대한 사전을 편찬하기 시작한 그림 형제—그 유명한 그림 동화집의 편찬자이기도 하다—중 형인 야코프가 일찍부터 어문, 법률, 역사연구에서 이 자료가 갖는 의미에 주목하여 19세기 중엽부터 독일어권 각지의 기록보관소(Archiv)에 필사본의 형태로 소장된 바이스툼을 집성, 발간한 이래(*Weistümer, gesammelt von Jacob Grimm*, Göttingen 1840~78, 6 vols.), 오스트리아, 스위스를 비롯하여 독일어권 각 지방 단위로 유사한 작업이 뒤따라 대량의 자료가 확보되었다. 이 자료는 농촌의 사회구조와 밀접하게 연관되어 생성되었기에, 촌락공동체의 발언권이 비교적 강력했던 대략 라인 강 중하류 유역 지방부터 남부 독일에 걸쳐 주로 발견되는데, 아벨은 이 부분의 서술에서 주로 야코프 그림이 주로 집성한 남부 독일 각 지방과 비스너(Wiessner)가 집성한 오스트리아의 전거에 의거한 다양한 사례를 소개하고 있다.

805), 슈바벤의 어떤 바이스툼은 변제방식에 따라 '바인카우프'(Weinkauf)*라고 하고(Grimm, I, 337, 479), 프랑켄의 어떤 바이스툼은 '아인파르트'(Einfahrt)**라고 했다(Grimm, VI, 94, 2). 튀링겐에서는 '인슈리베실링'(Inschriebeschilling)***이라는 명칭이(Grimm, VI, 103, 4), 라인팔츠에서는 '인축겔트'(Inzuggeld)****(Grimm, V, 553, 17), 엘자스에서는 '후오브레히트'(Huobrecht), '후오버실링'(Huoberschilling)*****(Grimm, I, 715; IV, 17)이라는 등 지방마다 다양한 명칭이 있다. 또한 헤르만 비스너가 이미 각종의 바이스툼 집성에서 발견한 것처럼 '벨레눙엔'(Belehnungen)******이라는 명칭과 함께 다른 여러 명칭도 등장했다.[37] 이러한 과료는 화폐나 현물로 납부되었는데 아마도 처음에는 단지 상징적인 의미만 갖고 있었을 것이다. 16세기에 비버라하에서 그러했듯이 독일어권에서는 이것이 언제부터 대체지대(Ersatzrente)의 위상으로까지 부상했는지는 미결상태로 남아 있을 수밖에 없다.

이미 시한부 차지관계가 관철되어 있었던 한에서는 더욱 짧은 기간 내에 **차지료**(Pachtzins)가 인상될 수 있었다. 실제로 잉글랜드에서 시

―――――――――
**** 라틴어로서 말 자체의 일반적인 의미는 '선물'이라는 뜻.
* 독일어로 말 자체는 '포도주 매입'이라는 뜻.
** 말 자체의 뜻은 '입장'이라는 뜻.
*** 말 자체로는 '등록금'이라는 뜻으로 해석할 수 있다.
**** 현대 독일어의 Einzug과 연관 있으며, 말 자체는 '입장료'라는 의미로 해석할 수 있다.
***** 엘자스의 방언으로 표기된 용어는 모두 농민의 평균적 보유지 후페(Hufe)와 관련 있다. 즉 '후페에 관한 요금'이라는 식으로 해석된다.
****** 벨레눙(Belehnung)이라는 독일어는 봉건영주들 사이의 차원에서 이루어지는 봉토의 하사, 영주가 농민에게 토지를 분급하는 행위를 모두 의미한다. 즉 '분봉, 봉토사여, 농지분여, 대여'의 뜻을 모두 포괄하는 의미를 갖고 있다.
37) H. Wiessner, *Sachinhalt und wirtschaftliche Bedeutung der Weistümer im Deutschen Kulturgebiet*, 1934, pp.179ff.

한부 차지는 램지 주교령에 대한 라프티스의 연구에서 드러나듯이 적어도 11세기 말에는 이미 알려졌다.[38] 프랑스에서 대규모의 성직령은, 특히 생 드니 수도원령에 대해서 확증되었듯이, 적어도 13세기 중엽부터 토지, 각종의 권리, 그리고 경영시설의 복합체 전부를 3년, 6년 또는 9년 단위로 대여하고 있었다.[39] 쾰른 주변에서는 13세기에 거의 모든 성직령(聖職領)에서 차지계약이 늘었음을 관찰할 수 있다. 차지계약 기간은 5년, 9년, 12년 또는 15년으로 체결되었다. 이는 에디트 엔넨이 올바르게 간파했듯이, 소유권자들이 그들의 수입을 각기 변동하는 사정에 부응시키고 그밖에 농지의 경영에 영향을 미칠 수 있게 했다.[40] 이런 일이 실제로 발생했다는 것은 잉글랜드,[41] 프랑스[42] 및 모젤 지방[43]에서도 알려지고 있는데, 이 여러 지역에서는 토지이용권의 기한부 양도를 대가로 요구되었던 지대, 즉 차지료가 상승하고 있었다.

그러나 할크로가 경쟁지대(competitiv leasehold rents)로 명명한 바 있는(왜냐하면 그 지대액은 영주와 차지인 사이의 경쟁적 흥정으로 결정되었기 때문에) 이렇게 유동적인 지대(Zins)와 달리, 통상적인 '지대'(rents)는 로저스의 방대한 연구에 따르면[44] 잉글랜드에서도 농산물 가

---

38) I. A. Raftis, *op. cit.*, pp.10, 17, 35, 36, 41, 43, 83, 99 등.
39) G. Fourquin, "Les débuts du fermage. L'exemple de Saint-Denis," in: *études rurales*, 1966, pp.7ff.: 또한 다음을 비교하라. G. Duby, *L'économie rurale……*, 1962, II, p.584.
40) E. Ennen, "Wechselwirkungen in mittelalterlicher Agrarwirtschaft und Stadtwirtschaft, aufgezeigt am Beispiel Köln," in: *Cultus et Cognitio*, Warszawa 1976.
41) E. M. Halcrow, "The decline of demesne farming on the estates of Durham Cathedral Priory," in: *The Econ. Hist. Rev.*, VII, 1954/55, pp. 345ff.; J. Hatcher, "A diversified economy: Later Medieval Cornwall," *ibid.*, XXII, 1969, p.214. 그밖에 바로 앞서 인용된 포스탠의 논고, p.80.
42) D'Avenel, *op. cit.*, II, p.508.
43) Lamprecht, *Deutsches Wirtschaftsleben*, II, p.616.
44) Th. Rogers, *Economic interpretation*, I, 3rd ed., 1894, p.167; 또한 다음을 비교하라. L. Brentano, *Eine Geschichte der wirtschaftlichen*

격이 상승했지만 1에이커의 경지당 6~8펜스에 머물러 있었다. 독일에서도 '영원히' 고정되어 있어야 했던 '불변지대'(feste Gülten)가, 프랑스에서도 이와 같은 "결코 오르거나 내려가서는 안 되는 지대"(rentes, qui ne croissent ni ne décroissent)⁴⁵⁾가 존재했다. 다브넬은 가변적인 지불과 불변하는 지불의 차이를 봉건적 권리(droits féodaux)와 세(貰) 및 차지료(locations 및 fermages)의 개념으로 파악하려고 시도했다. 그는 봉건적 권리는 시간이 경과하면서 그 실질적 가치가 현저히 감소했던 반면에 차지료는 토지의 수익가치에 결부되어 있었던 것으로 보았다. 이러한 개념 장치는 나름대로 유용할 것이다. 그러나 상승하는 토지의 수익가치에서 영주와 농민이 거두는 이익의 양적 측면에 대해서는 아무것도 말해주는 것이 없다.

농민의 처지

람프레히트와 벨로브⁴⁶⁾는 독일에서 나타나는 지대의 분배현상을 두 시기로 구분하려고 했다. 9세기에서 12세기에 이르는 첫 시기는 공납(Abgabe)이 불변상태로 남아 있는 데 반하여, 지대(Grundrente)는 상승하고 있던 것으로 특징지어진다. 그 결과 "영주들은 경제적으로 상속권이 박탈당한 지경에 처했던 반면, 농민들은 그들의 보유권을 완벽하게 누리고 있었다." 13세기부터 시작한 두 번째 시기는 예속농민보유지가 차경지로 변동하는 과정을 겪었다. "그리하여 영주들은 기한부차지(Zeitpacht)를 수단으로 하여, 그리고 어느 정도까지는 종신 및 영구차지(Lebens- und Erbpacht)를 수단으로 하여 자기 소유지의 지대를 완벽하게 수취하는 지경에 도달했다." 그러나 람프레히트는 또한 약간 다

Entwicklung Englands, I, p.330.
45) Kulischer, *Allgemeine Wirtschaftsgesch. d. Mittelalters u. d. Neuzeit*, I, 1965, pp.119f.
46) K. Lamprecht und G. v. Below, "Art. Grundbesitz, Geschichte," in: *Handw. d. Staatsw.*, 4th ed., Ergänzungsband, p.440.

른 서술을 제공하여 바로 다음과 같이 말했다. "12세기부터 적어도 지대의 4/5는 경작민 계급에, 단지 1/5 정도가 영주들에게 돌아갔다는 추측은 그다지 틀리지 않을 것이다."[47]

당대의 시가(詩歌), 연대기류 자료에서 다음에 제시되는 바와 같은 일반적인 인상을 받지만, 그러나 이러한 자료의 보고는 개별적으로 보면 그 반대 경향의 서술과 아주 관계가 없는 것도 아니다. 이는 일반적으로 농민의 유복한 처지에 대한 증거로 인용되는 자이프리트 헬빙(Seifried Helbing)의 경우에도 해당된다. 이 시인은 물론 (「마이어 헬름브레히트」Meier Helmbrecht에서) 그 의복과 장식이 실로 사치스럽다고 할 정도였던 한 농민을 형상화했다. 이 작품에서는 이렇게 묘사되고 있다. 오로지 수놓는 일만 맡아보는 건장한 하녀도 있었다. 또한 귀향한 아들을 위해 아버지는 호사스러운 만찬을 마련했다. 고기가 곁들여진 절인 배추, 기름지고 부드러운 치즈, 꼬챙이에 끼워 구운 거위, 구운 닭과 삶은 닭 등. 그러나 이 작품에는 또 다른 종류의 농민에 대한 묘사도 등장한다(I, 942ff.). 그는 아내에게 햄과 지방을 아주 절약해서 쓰라고 부탁한다. 그래서 그의 아내는 아침마다 고기 한 조각을 넣고 끓인 채소국을 내놓는다. 그 고기 조각은 실에 매달려 있는데, 농부의 아내는 이를 여러 번 이용하려고 국을 끓일 때마다 잠깐 넣었다 다시 꺼내곤 했다. 농장 하나를 갖고 있고, 일꾼(적어도 하녀 일인)을 데리고 일하는 이 농민은 저녁식사를 보리로 만든 빵과 밀가루 죽으로 만족하고 있다.

차경지, 예속보유지, 세습보유지, 소유지가 다채롭게 얽혀 있는 중세 성기 농민보유형태의 현실을 파악하고 있는 사람은 영주와 농민이 상승하는 지대로부터 획득했던 몫을 정밀하게 구분하고 진술하는 시도에 대

---

47) K. Lamprecht, *Deutsches Wirtschaftsleben im Mittelalter*, III, 1886, p.622.

해 주저할지도 모른다. 실로 농민의 지불의무와 공납은 지극히 다양한 형태의 부역, 현물 및 화폐를 포괄하고 있었는데, 이는 영방군주, 각종의 교회기관이나 수도원, 도시, 세속 유력자, 심지어는 농민(재임대라는 경로로) 사이에 분배되고 있었다. 또한 여기에서는 농지의 규모와 그 처지를 고려해야 한다. 중세의 절정기에는 영세보유지와 한계상황에 처한 농민도 있었는데, 이들의 보유지가 산출하는 바는 자주 생계유지에도 거의 미치지 못할 때가 많았다. 포스탠은 이러한 부분에 대해 다음과 같이 다소 장문의 서술을 바친 바 있다.

포스탠은 말했다.[48] "중세 예속농민의 대다수가 보유하고 있던 토지는 아주 영세하고, 그들의 토지가 산출하는 수확고는 매우 저조하며, 그들의 보유지에 부과되었던 각종의 강제적인 납부의무는 너무도 과중했다. 그리하여 평균적인 중세 소농민 보유지의 순소출은 한 가족의 생존한계를 겨우 지탱할 정도에 불과했다." 그는 또 다음과 같은 계산을 덧붙였다. 대다수 중세의 관습보유농*은 대략 15에이커 정도밖에 이르지 못하는 소규모의 보유지를 경작했는데, 토지에서 거두는 순소출에서 적어도 반 정도를 영주, 교회 및 징세수취인에게 양도했다. 삼포제 아래에서 평균 15에이커 규모의 농지에서 매년 기껏해야 10에이커 정도가 경작되고 있었다(평균적인 농지는 이보다 더 작은 규모일 때가 더 많았으며, 또한 종종 이포제로 경작되고 있었다). 적어도 소출의 반 정도를 지대, 조세 및 기타 납부의무로 제해야 했다면, 30부셀이나 약 1,800파운드 정도의 잡곡이 남게 된다. 이는 5인 가족에게 1인당 매일 겨우 1파운드의 곡물을 공급할 수 있는 정도였

---

48) M. M. Postan, "Investment in medieval agriculture," in: *The Jour. of Econ. Hist.*, 27, 1967, pp.576ff.

*customary holders: 잉글랜드에서 영주에게 토지를 분급받아 경작하면서 영주에게 공조와 부역의 의무를 지고 있던 농민. 그들의 부담이 관습적으로 규정되어 있었다는 점에서 이런 표현이 관용된다.

다. 이는 "국제식량농업기구(FAO)가 농업노동자 1인이 비교적 온화한 기후에서 생존하고 노동을 지속하기에 최소한으로 요구된다고 정한 기준에도 못 미치는 것이다."

그리하여 다음과 같이만 확인할 수 있다. 즉 상승하는 지대는 일부가 농민에게도 흘러들어가기는 했지만, 이는 그들의 농지가 아주 작지 않고 그들의 공납의무가 화폐형태로 전환되어 고정되었던 한에서만이었다. 그렇지 않은 경우에는 영주들이 그 몫을 차지했으며, 이는 아마도 람프레히트와 벨로브가 추측했던 것보다 더 큰 규모로 이루어졌을 것이다. 여기에서는 정밀하게 수치로 파악되는 진술이 제시되지 않았지만, 개별적으로 제시된 보고는 다음과 같은 사정을 거의 의심하지 않게 한다. 즉 리카도가 보았듯이 지대의 눈에 띄는 부분은 **봉건지대**(Feudalrente)로 흡수되었고, 이는 어떤 명목을 띠고 있든지 간에 결국 농민과 그들의 보유지에 부과되었다.

임금에 대한 증거

도시의 발달이 이루어지면서 임금소득에 의존하여 살아가는 사람의 수는 더 이상 아주 근소한 것이 아니었다. 로저스와 비버리지는 이 시기의 잉글랜드에 대하여 아주 방대한 임금통계표를, 다브넬은 프랑스에 대해서 다소 불완전하지만 그와 같은 임금통계를 제시했다. 두 나라에서 은(銀)으로 환산하거나 환산하지 않은 다양한 노동자 및 수공업장인 집단의 화폐로 표시된 명목임금은 두드러지게 올랐다. 그렇긴 해도 명목임금의 변동은 실질임금의 상태에 대해서는 아무것도 말해주는 것이 없다. "명목임금의 구매력"——실질임금이라는 말은 바로 이것을 뜻한다——은 장기간에 걸쳐서 매우 부실하게만 파악될 따름이다. 그래서 소롤드 로저스가 모아놓은 수치에서 이 고전적 노작의 방법에 따라 명목임금의 곡물등가가치, 즉 노동자 1인이 자신이 노동하는 시간과 장소에서 자신의 명목임금으로 구매할 수 있었던 곡물의 양을 산정해내는

〈표 3〉 1251~1350년간 잉글랜드의 일일임금 및 성과급

(밀의 kg단위 중량으로 산정)

시기	석수 매일 받는 밀의 양(kg)	목수	타작노동자 1쿼터 밀을 타작하는 작업량에 대해 받는 밀의 양(kg)
1251~1275	9.6	11.9	7.7
1276~1300	11.3	11.9	7.7
1301~1325	10.0	12.3	7.0
1326~1350	12.7	15.4	9.3

정도로 만족하자. 위의 〈표 3〉은 잉글랜드에서 가장 중요한 노동자 집단의 일부가 받는 이러한 '곡물임금'을 나타낸 것이다.[49]

말하자면 잉글랜드에서는 13세기 중엽부터 수공업 및 농업노동자의 임금이 곡물가격보다 더욱 빨리 인상되었다. 잉글랜드의 임금과 가격변동에 대한 계열자료의 확보는 비버리지의 연구 덕분인데, 이로써 추가적인 시간적 세분화가 가능하다. 10년 단위의 평균치에는 다소 격심한 편차가 나타나는데, 이는 그러나 다음과 같은 인상을 남긴다. 즉 잉글랜드 노동자의 임금은 이미 14세기 중엽 이전에 장기적으로 곡가보다 더욱 눈에 띄게 올랐던 것이다. 물론 흑사병 이후에는 곡가보다 더욱더 높이 올라갔다(〈도표 4〉).[50]

독일에서는 12세기와 13세기의 전환기에 임금이 아주 낮았던 것으로 보인다. 1205년경에 성립된 하르트만 폰 아우에*의 작품 「이바인」

---

49) 잉글랜드의 임금은 Th. Rogers, *A history of agriculture*, I, pp.303f.에 연평균으로 계산해서 제시되어 있는 임금집단에 의거하는데, 석수(mason)는 잉글랜드 전역에서 채취한 수치 전체의 평균, 대목(carpenter highest rate)도 잉글랜드 전역의 평균치, 매 쿼터의 밀에 대한 탈곡노동자는 미들랜드 지방의 수치 전체의 평균으로서 제시된다.

50) W. H. Beveridge, "Wages in the Winchester Manors," in: *The Econ. Hist. Rev.*, VII, 1936/37, pp.38f.

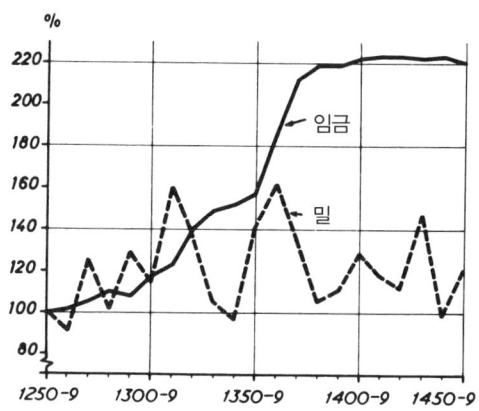

〈도표 4〉 잉글랜드 수확노동자의 임금과 곡가, 1250~1459년
(당대의 화폐, 1250~1259=100)

(Iwein)에서 금세공업자와 견직업자는 "우리가 굶어죽지 않을 만큼 벌기도 전에 〔……〕 엄청난 노고와 일을 해야 한다. 그리고 임금은 먹을 것과 입을 것을 대기에도 모자랄 지경이다"라고 한탄하고 있다. 람프레히트는 물론 근소하지만 그가 검토할 수 있었던 임금자료에서 13세기의 임금상승을 도출해냈다. 그는 이와 같은 임금상승의 원인을 동방 식민 운동 탓으로 돌렸는데, 이 운동으로 서부 여러 영방의 노동시장이 부담을 덜었다는 것이다.51) 그러나 막대하게 유출했는데도 구독일 지역의 인구는 람프레히트 자신이 확인하기에도 더욱 급격히 증가했다. 구독일 지역에 나타난 임금상승의 더 나은 설명은 잉글랜드에서 전개된 상응한 발전에도 적용되는데, 동시대에 이루어진 수공업의 발달에서 발견할 수 있을 것이다. 13세기와 14세기 초는 "독일과 중부 유럽 최초의 산업화 과정"을 포괄하는 시기였다.52)

---

* Hartmann von Aue: 중세독일의 음유시인. 남서부 독일 출신으로서 대략 12세기 말 13세기 초에 활동한 것으로 알려진다. 미니스테리알이라고 하는 하급기사층 출신으로서 기사들의 무용(武勇)과 궁정연애를 소재로 하는 작품을 남긴 전형적인 미네징거였다.

51) K. Lamprecht, *Deutsches Wirtschaftsleben im Mittelalter*, II, p.617.

그 당시에는 도시, 그리고 그 내부의 수공업 및 상업활동이 힘차게 발달하고 있었다. 아마도 당시의 순기술적 진보는 아직 (그 의미에 대해서 스미스가 주의를 환기시켰던) 분업의 증가만큼이나 효과적이지는 않았을 것이다. 분업과 함께 인간 노동력의 수익성도 증가했고, 이는 다시금 "증가한 인구에 필요한 식량을 공급해야 하는 어려움"을 극복했을 뿐만 아니라, 이들을 예전보다 더 낫게 부양할 수 있도록 작용했을 것이다. 오로지 19세기에서, 즉 '제2차 산업화'의 시대에서 비슷한 현상이, 물론 이제는 전혀 다른 차원에서이지만, 다시 한 번 고찰될 수 있었다(543쪽 이하 참조).

---

52) 이 개념은 슈몰러나 필리피에 의해 각인되었다. F. Philippi, *Die erste Industrialisierung Deutschlands*, 1909.

II. 장기변동의 전환

1. 진행과정과 시동요인

농업시장의 급변

중세 말의 불황에 대한 더욱 집중적인 연구는 이 책의 초판에 의해 인도된 바 있는데,[1] 여러 측면에서 확인 및 보충과 함께 반박도 불러일으켰다. 이러한 견해들은 장기지속적인 가격폭락(이 문제에 대해서는 나중에 언급될 것이지만)의 원인과 정도, 그리고 그 시작을 둘러싸고 있다. 그리하여 시간적으로 현저히 떨어져 있는 셋 또는 네 개의 시점이 지적되고 있는데, 13세기 말, 14세기의 20년대, 14세기의 중반과 마지막 4분기가 그것이다. 이러한 시점의 제시는 서로 간에 거의 타협의 여지가 없어 보이지만 구분되어야 할 것이다. 14세기의 마지막 4분기에는 가격의 장기 주기적 선회가 이루어졌다. 이 세기의 중엽에는 '흑사병'이 전 유럽을 휩쓸었는데, 이것은 가격의 일대 선회를 직접적으로 야기하지는 않았어도 예비한 것이었다. 14세기의 20년대는 장기간의 심각한 기근이 서구문화권의 여러 나라를 휩쓸면서 인구변동의 급선회를 초래했는데, 이것이 14/15세기에 토지개발이 위축되는 배경이었다.

---

1) 중세 말의 위기에 대한 연구문헌과 연구사에서 이 책이 차지하는 위치에 대한 개관은 다음의 논저를 참조. F. Graus, "Das Spätmittelalter als Krisenzeit. Ein Literaturbericht als Zwischenbilanz," in: *Mediaevalia Bohemica Suppl.* I, 1969, ed. Prag. Hist. Inst. der Böhm. Akademie d. Wissenschaften.

이에 반하여 중세 후기의 경제관련 데이터에 정리될 수 없는 일련의 사태는 13세기로까지 소급된다. 이 사태는 장기 주기적 하락의 말기에 주로, 물론 전적으로는 아니지만, 영주경영에서 두드러졌던 난관과 일정하게 관련된다.

뜻하는 바를 명확히 하기 위해서 이 자리에 몇 가지 선택된 사례를 열거할 수 있다. 독일에서는 오르테나우 지방(라인 강과 슈바르츠발트 사이에 소재)의 기사집단 16인의 재산상태에 대한 연구가 제출된 바 있다.[2] 이 연구는 기사령의 매각과 저당에 대한 자료를 집성한 작업에 토대를 두고 있다. 1280/89년의 10년 사이에 매각된 영지의 가치는 59푼트*에 달했다. 이것이 1310/19년의 10년 사이에는 4,500푼트로 증가하고, 이때부터 다소 감소했으나, 전체의 보고기간(1390/1400까지)에는 1280/89년의 수치를 훨씬 상회하는 수준에 머물러 있었다. 이 연구의 저자는 매각과 저당의 증가에서 기사령의 '위기'를 도출해냈는데, 이는 일찍이 시작해서 14세기에는 중세 말기의 일반적인 농업위기로 빠져들어갔던 것이다. 그의 견해로는 13세기 말과 14세기 초에는 화폐악주가 결정적인 역할을 수행했다는 것이다. 주화에 함유된 순은(純銀)의 양이 반복해서 줄어든 것이 기사들이 거두는 화폐수입의 구매력을 떨어뜨리는 작용을 했다. 왜냐하면 이 화폐수입의 눈에 띄는 부분은 명목적으로 고정되어 있었기 때문이다.

잉글랜드에서는 최근에 라프티스[3]가 13세기 말의 곤경을 알려주

---

2) H. B. Sattler, *Die Ritterschaft der Ortenau in der spätmittelalterlichen Wirtschaftskrise. Eine Untersuchung ritterschaftlicher Vermögensverhältnisse im 14. Jahrhundert*, Diss. Heidelberg 1962.

* 라틴어 pondus에서 유래하는 무게 단위 개념. 귀금속의 중량 측정에 이용되면서 자연스럽게 화폐단위로 전용. 카롤링 왕조에서 처음 이 개념이 등장했는데, 이는 고대 로마의 libra에 소급된다. 카를 대제의 규정에 따라 약 406.5g으로 고대 중세에서 근래에 이르기까지, 영국에서는 1971년까지 기본 화폐단위로 통용. 1푼트(파운드, td)=20실링=240페니히(d=denarily).

는 증거를 정리했다. 케임브리지의 북서부 일대에 매우 많은 토지와 권리를 장악하고 있던 램지 수도원은 수입으로 더 이상 메울 길이 없게 된 지출로 고민해야 했다. 수입과 지출의 불균형은 증대된 국왕의 조세수치에서 말미암았을 터인데, 이는 13세기 중엽에 시작해서 수도원이 장악하고 있던 경작지 면적의 정체, 심지어는 감소와 결부되기도 했다.

중세 말기의 불황상태와 그 가능한 내용에 대해서 계발적인 연구를 제출한 강(Gent)의 역사가 페어훌스트[4]도 곤경의 시작을 13세기 초, 심지어는 중엽으로 설정해야 할 것으로 보았다. 그가 든 여러 원인 중에는 토지의 부족을 최우선으로 꼽았다. 물론 토지의 부족에서 토지생산물 가격과 지대(리카도식의)를 등귀시키는 충동이 나왔을지 모른다. 그러나 이는 리카도식 이론의 테두리 안에서도 그저 노동 및 자본비용의 보수에만 의존하고 있던 한계농민에게는 아무 짝에도 쓸모 없는 것이었다. 그러한 사람이 나아가 자급자족적 생산만 하는 소농민이었다면, 토지부족 같은 경작의 한계가 발생하는 것은 그의 생계유지를 협소하게 하거나 오히려 생물학적 최저생존 수준으로까지 압박했었음이 틀림없다.

봉건제의 위기

이 문제에 대한 가장 최근의 그리고 가장 인상 깊은 연구는 『봉건제의 위기』라는 제목으로 나온 기 부아의 저작이다.[5] 그의 연구 대상지역은

---

3) J. A. Raftis, *The estates of Ramsay Abbey*, 1957, pp.218f., 232f.
4) A. Verhulst, "Bronnen en problemen betreffende de vlaamse landbouw in de late middeleeuwen(XIIIe~XVe eeuw)," in: *Agronomisch-Historische Bijdragen*, deel VI, 1964, pp.232f.; Ibid., "l'Economie rurale de la Flandre et la dépression économique du Bas Moyen Age," in: *Studia Historica Gandensia*, 7, 1964.
5) Guy Bois, *Crise du Féodalisme*, Paris 1976.

노르망디 동부 지역인데, 이 지역은 일찍이 발달하여, 정착밀도가 높고 이미 13세기 중엽에는 이용 가능한 토지의 한계까지 경작이 이루어졌다. 생산이 부진해지자 영주의 수입이 정체하거나 심지어 감소했다. 화폐악주, 재정적 부담 그리고 군사적 재앙이 추가로 닥쳐왔다. '체제'는 한계상황에 봉착했다.

여기에서부터 부아는 시간이 경과하면서 영주-농민-토지의 삼각관계에서 불거져 나오는 긴장을 추적한다. 이 모든 것은 주도면밀하게 고려되고 철저히 실증되고 있으며, 전체적으로 이 책에 제시되고 있는 경제 자료의 '장기적 파동'과도 일치하고 있다. 그러나 그의 연구에는 이 책에서 행해지고 있는 바와 달리 농업경제의 변동국면을 그 제도적 및 구조적 조건과 연관지어 파악하려는 노력도 수반되어 있다. 이러한 노력은 널리 동의할 수 있다. 그러나 이 작업의 가치를 털끝만치라도 폄하할 용의는 없지만, 봉건위기의 시작에 대해서는 약간의 소견과 의문을 덧붙이려 한다.

우선, 노르망디 지역의 일부에 관련된 저자의 관찰은 더 확장될 수 있다. 잉글랜드, 플랑드르 및 서부 독일의 여러 부분에서도 토지는 부족해졌다. 그러나 이러한 현상은 서유럽에서 정착의 밀도가 가장 높은 부분에 대해서만 타당하다. 이미 중부 독일에서는, 더욱이 동부의 엘베 강과 잘레 강 사이에서 개간은 14세기까지 지속되었다. 그리고 그밖에도 토지의 부족과 함께 지대는 상승하는 경향이 있었다. 이 일반적인 추세가 모든 지역에서 그리고 모든 지대수입자 집단, 심지어 개인에게서 동일한 결과를 초래하지는 않는다 해도, 중부 유럽 대부분의 지역에서 봉건지대(Feudalrente)는 지대(Grundrente)의 상승에 연결되어 있었다. 이를 지가(地價)와 농민공납 분야에서 수집되는 각종의 보고에 의거하여 제시하려는 시도가 이루어졌다.

다른 한편, 13세기 말에 (여기저기에서) 나타나는 토지부족 현상에는 14/15세기의 토지과잉 현상이 연결되었다. 봉건위기에 농업위기가 뒤따랐다. 그리고 이 양자를 일괄하려 통합하기란 매우 어려울 것으로 보인다. 생산 또는 더 정확하게 농경의 생산을 지주(支柱)로 간주한다면, 다음과 같은 점을 유의해야 한다. 즉 노동력의 (자연적인) 생산성은 13세기 말에 널리 확대된 경작활동으로 인하여 오히려 감소했고, 이에 반하여 14/15세기에는 경작이 비옥한 토지로 위축됨으로써 다시 증대한 것이다. 관찰의 시야를 이러한 면에서 농작의 제도적·구조적 조건으로 옮기면, 봉건적 압박이 14/15세기의 변동된 토지-인간 관계에서 야기된 위기를 더욱 격화시킨 점은 의심할 여지가 없으나, 봉건체제에서 이 위기가 어떻게 도출될 수 있을지는 알 수가 없다.

위르겐 쿠친스키는 다른 의견을 제시했다.[6] 그는 궁극적으로 인구 감소가 농업생산, 가격과 소득형성 과정에서의 변동을 초래했다는 테제를 거부했다. 그의 견해에 따르면 발달한 봉건제의 단계에서 농업위기는 오직 봉건적 생산양식의 위기로 나타날 수 있는 것이지, 역병으로 인한 사망률의 증가와 같이 자연적 과정의 결과로 나타날 수 없다는 것이다. 그는 봉건제의 위기를 15세기에 설정함으로써 시간차의 문제를 해결하려고 했다. 즉 14세기는 아직도 "봉건제의 전성기"를 포함하고 있다는 것이다. 그래서 농업위기도 14세기가 아니라, 15세기에나 비로소 설정할 수 있다는 것이다. 이러한 테제가 폐촌의 집중에 관련되는 한에서는, 이미 다른 측면으로부터 이 테제에 대한 반박이 제기된 바 있다.[7] 폐촌현상의 원인과 다른 위기현상이 고찰되는 한에서는, 인구요인을 어떻게 제거할 수 있을지 방도를 알 수 없다는 것이다. 이 의문에 대해서 쿠친스키는 답을 해야 할 의무가 있다.

---

6) J. Kuczynski, "Einige Überlegungen über die Rolle der Natur in der Gesellschaft anläßlich der Lektüre von Abels Buch über Wüstungen," in: *Jahrbuch für Wirtschaftsgeschichte*, 1963, III, pp.284f.
7) H. Rubner, "Die Landwirtschaft der Münchener Ebene und ihre Notlage im 14. Jahrhundert," in: *Vierteljahrschrift für Sozial- und Wirtschaftsgeschichte*, 51, 1964, pp.433f.

이 책에 대해서는 구상이 다소 협애하다는 점이 가끔 지적되었다. 즉 이 책은 경제적 발전의 한 '모델'은 잘 제시하지만, 사태의 사회적·제도적 측면의 관련성에 대한 고찰은 결여되어 있다는 것이다.[8] 이러한 지적은 물론 타당할 것이다. 그러나 어떠한 역사가도 자신의 문제제기에서 출발하여 가장 흥미롭게 생각하는 현상을 우선적으로 다루고자 하는 욕구를 저버릴 수는 없을 것이다. 다른 이들은 이에 덧붙여 더 나아갈 수 있을지도 모른다. 그러나 여기에서 서술하고 해석하려는 현상은 그저 "농업경기와 농업위기"일 따름이다.

이에는 또한 가격이 속하는데, 가격의 진술능력은 물론 시장을 경제와 사회의 다른 분야와 연결해주는 고리의 강도에 달려 있다. 이 문제에 대해서는 주의와 함께 광범한 조망이 요구된다. 왜냐하면 가까운 일련의 사건만이 아니라 시간적으로 멀리 떨어져 있는 사태도 가격변동에 영향을 미치기 때문이다. 이러한 사정은 (장기 주기적인) 가격폭등에 앞서 이미 오래전에 존재했으나, 필자가 보기에 이 가격폭등과 관련을 맺고 있던 일련의 과정이 다루어지면, 바로 드러나게 된다.

2. 1315/17년의 기근

곤경의 확산과 그 강도

길고 혹독한 겨울, 비가 많이 오는 여름, 우박과 홍수 등이 14세기 후반의 기근을 야기했다. 이 기근은 지속된 기간, 강도 그리고 그 확산 정도로 인하여 지난 수세기 동안에 나타났던 모든 곤경을 훨씬 능가하는 것이었다. 이 곤경은 1309/11년에 남부, 중부 및 서부 독일에서 시작되었고, 또한 잉글랜드에서도 이미 발생한 것으로 보이는데, 몇 차례의 호전된 작황으로 일시 중단되었다가 다시 확산되었다. 1315/17년에는 곤

---

8) 이 점에 대해서는 루지에로 로마노가 이 책의 이탈리아어 번역판 서문에 첨부한 상세하고 반가운 소개가 참조된다. Ruggiero Romano, *Congiuntura agraria e crisi agrarie*, Torino 1976, pp.xiii~xxv.

경에 처한 지대가 잉글랜드, 프랑스, 스칸디나비아 제국에서부터 벨기에, 네덜란드, 라인란트, 베스트팔렌, 남부 독일, 브란덴부르크 및 발트해 연안 지역을 거쳐 러시아까지 이르게 되었다.[9]

잉글랜드로부터는 이 곤경에 처한 시기의 수확감소를 계산할 수 있게 하는 기록류가 제시되고 있다. 이것은 바로 윈체스터 주교령의 기록으로서, 이미 13세기의 가격계열 자료를 추출하는 데 이용된 바 있는 것이다.[10] 티토(J. Titow)는 주교령의 회계장부(Rechnungsbücher)에 파종량의 배수(倍數)로 보고된 밀의 수확량과 밀의 가격을 일련의 계열로 추출해냈는데, 이로부터 〈도표 5〉가 만들어졌다.[11]

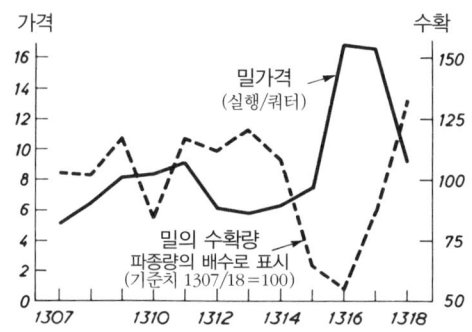

〈도표 5〉 윈체스터 주교령의 밀가격과 밀 수확, 1307~18

---

9) 이 문제에 대한 포괄적인 검토로는 다음을 참조. E. Carpentier, "Autour de la peste noire……," in: *Annales*, 17, 1962, pp.1062f. 다소 오래되었지만, 여전히 가치 있는 다음의 연구도 거론할 만하다. H. S. Lucas, "The great European famine of 1315," in: *Speculum*, 15, 1930, pp.343f.; 더욱이 H. v. Werveke, "La famine de l'an 1316 en Flandre et dans les régions voisines," in: *Revue du Nord*, 41, 1950, pp.5f.; W. Abel, *Wüstungen* ……, pp.74f. (다음에 제시되는 당대 저작의 인용 전거도 함께 수록); F. Graus, "Autour de la peste noire……," in: *Annales*, 1963, pp.720f. (Capentier의 논고에 대한 보충).
10) 이 책, 73쪽에 수록된 도표 참조.
11) J. Titow, "Evidence of weather in the account rolls of the Bishopric of Winchester, 1209~1350," in: *Econ. Hist. Rev.*, 12, 1959/60, pp.360f.

〈도표 5〉에서 알 수 있듯이 1310년의 수확은 1307~18년간의 평균에서 현저히(약 16% 정도) 뒤떨어져 있다. 다음에 몇 차례의 풍년이 뒤따르다가, 이어 1315/17년 기근의 해가 닥쳐왔다. 1315년에 윈체스터 주교령의 밀 수확은 1307~18년 사이의 평균보다 약 36%가 감소했고, 이듬해에는 약 45%, 그리고 1317년에는 약 13%가 감소했다.

윈체스터 주교령에서 밀의 가격은 한 해의 중간값(Jahresmittel)으로 계산하면 1313년부터 1317년까지 3배나 올랐고, 1313년의 최하가격(5실링)에서 1317년의 최고가격(24실링)까지를 보면 무려 5배가량이나 올랐다.[12] 슈트라스부르크에서는 하나우어(Hanauer)[13]가 이 기간에 호밀의 가격이 3배나 올랐고, 프랑스에서는 다브넬이, 물론 전거가 빈약한 계산이지만, 밀의 가격이 9배나 올랐음을 보고했다. 국왕 하콘이 1316년 7월 30일에 발포한 칙령이 입증하듯이 곤경은 노르웨이까지 미쳤다. 이 칙령에 의하면 말린 대구와 버터를 노르웨이에서 반출하는 것은 그 대가로 양조용 맥아, 밀가루 및 기타 식량이 되는 물품을 반입하는 자들에게만 허용되었다.[14]

곡물무역은 이 시기에 널리 확산되었다. 브뤼지는 1315/17년에 지중해 지방과 캄펜에서, 1316년에는 발트 해 연안 지역에서 곡물을 들여와서 영세민들에게 매입 원가로 판매했다고 한다.[15] 『데트마르 연대기』*에서는 상인들이 벤드 지방의 도시에 벌떼같이 몰려들어 곡물

---

12) J. Titow, *Annales*, 25, 1970, p.345.
13) A. Hanauer, *Études économiques sur l'Alsace ancienne et moderne*, II, 1878, p.91.
14) 이 칙령의 더 상세한 초록은 다음에서 발견된다. W. Naudé, "Die Getreidehandelspolitik der europäischen Staaten vom 13. bis zum 18. Jahrhundert," in: *Acta Borussica, Getreidehandelspolitik*, I, 1896, p.210.
15) J. A. van Houtte et A. Verhulst, "L'approvisionnement des villes dans les Pays-Bas," in: *Troisième Conf. Intern. d'Histoire Econ.*, I, 1965, p.74.
* 북부 독일의 한자도시였던 뤼베크 시에서 1368년부터 1395년까지 활동한 것으

을 사재는 바람에 가격이 치솟았다는 사실을 알 수 있다. 이에 따라 비스마르, 로스토크, 슈트랄준트 및 그라이프스발트는 곡물의 반출을 중벌로 금지했다.[16]

"이 끔찍한 기근의 연도(年度)는", 슈팡겐베르크(*Mansfeldische Chronik*, I, 1585, p.206)가 진술한 소견에 따르면 "이 시구의 마지막 단어에 쓰여 있다. 즉 다음과 같이

Ut lateat nullum tempus famis, ecce
CVCVLLUM.
(유례가 없는 기근의 때를 알려면 뻐꾸기[CVCVLLUM]를 보아라.)

CVCVLLUM*이라는 라틴어 단어에서 철자의 위치를 바꾸면 MCCLL VVV(1315년)이 된다. 1315년이라는 햇수는 아마도 시 구절 때문에 선택된 것으로 보인다. 다른 보고에 따르면 곤경은 그다음의 수년간에도 계속 악화되었다. 라인 강 하류에 있던 시토 교단 소속 캄프(Camp) 수도원의 연대기 작가는 1317년조(條)에 사람들이 죽어 나자빠진 동물을 먹었다고 보고했다. 이로 인하여 심각한 질병이 발생하여 여러 곳에서는 교회의 묘지를 확장하지 않으면 안 되었고, 촌락 전체가 사멸해버렸다. 아마도 흉작의 탓인지, 잉글랜드에서는 1318년이나 1319년에 엄청난 손실을 초래한 가축의 역병이 닥쳐왔다. 라프티스가 보고했듯이,[17] 램지 수도원령의 어떤 농장에서는 1319년 47마리의 소 가운데 45마리

로 입증되는 프란체스코 교단의 수도사 데트마르가 시당국의 위임을 받아 작성한 연대기. 그는 기왕의 연대기를 개정증보하여 1105년부터 1395년에 이르는 시기를 다루었다.
* 뻐꾸기.
16) *Deutsche Städtische Chroniken*, 28, p.410.
17) J. A. Raftis, *op. cit.*, p.319.

가 죽었다. 램지 수도원장은 국왕에게 보내는 편지(1319년 9월)에서 수도원의 빈곤을 호소하고, 페스트가 가축을 쓰러뜨리고, 가축의 썩은 시체로 공기마저 오염되어 페스트가 사람에게까지 전염되었다고 썼다.

윈체스터 주교령의 사망세(heriots)에서 포스탠과 티토는 1317년의 사망 건수가 1310년경의 연평균 수치보다 2배 이상 넘었음을 밝혀냈다.[18] 플랑드르에서는 일부 도시의 회계기록이 매장, 추측건대 빈민의 매장으로 인하여 도시행정에서 발생한 비용에 대한 단서를 제공한다. 이프르시에서 1316년 5월 1일부터 11월 1일 사이에 발생했던 그러한 매장은 2,794건에 달했는데, 이 도시의 총인구는 1310년경 그저 2만 명에서 2만 5,000명 정도에 불과했던 것으로 추정되고 있다. 이것은 사망자가 적어도 총인구의 10%, 아마도 그 이상이었음을 의미한다.[19]

독일에서는 슈팡겐베르크의 『만스펠트 연대기』가 튀링겐과 특히 에어푸르트 주변에는 수많은 경지가 7년 동안 경작도 파종도 이루어지지 않았음을 보고했다. "그래서 일부의 경지는 잡초가 무성하게 뒤덮이고, 도시에서는 또 모든 것을 다 먹어치워버려 많은 사람이 초췌한 끝에 굶어 죽어갔다. 거리마다 죽은 사람들의 시신이 즐비하여, 에어푸르트 시 당국은 수레를 장만해야 했다. 이 수레에 시신을 싣고 따로 구덩이를 파놓은 대장간 부지(敷地)로 끌고 가서 묻었다." 게르스텐베르크의 『튀링겐-헤센 연대기』에는 많은 사람과 주민 들이 그들의 재산마저 버리고 다른 곳으로 떠나갔다는 사실이 언급되고 있다. 이 사람들이 어디로 갔는지는 알 수 없다. 좀더 나은 상태는 어디로 가든 찾아볼 수 없었다. 페스트 같은 역병(疫病)으로 인한 사망, 아마도 발진티푸스나 이질인 것 같은 질병에 대해서는 카스파르 쉬츠(Kaspar Schütz) 같은 프로이센의 연대

---

18) M. M. Postan and J. Titow, "Heriots and prices on Winchester Manors," in: *The Econ. Hist. Rev.*, 11, 1958/59, pp.392f.
19) H. van Werveke, "De Zwarte Dood in de Zuiderlijke Nederlanden, 1349~51," in: *Mededelingen v. d. Kon. Vlaamse Acad. v. Wetensch* ……, 1950, p.11.

기 작가도 언급하고 있다. 수천 명의 사람들이 도시에서 죽어갔다. 그러나 농촌에서는 더 많은 농민이 죽어가, "농촌이 거의 황폐화되고 땅을 경작할 사람이 아무도 없을 지경이었다."[20]

다음 세대가 기근이 남겨놓은 공백을 다시 채웠다 해도, 세기 중엽에 더욱 격화된 인구감소는 이 시기의 기근에 의해 야기되었을 것이다.[21] 15세기 말까지 지속된 장기간의 운동은 단기적인 사망 빈도의 파동에 의해 규정되었다. 간략한 중간 평가 뒤에 더 상세히 다루겠지만, 이 파동의 다음번 물결은 더욱 높이 올라갔고 장기적인 인구동태에 더욱 강력한 영향을 미쳤다.

유럽은 인구과잉이었던가

1315년경에 발생한 대기근의 원인에 대해서는 많은 토의가 있었다. 포스탠 교수는 유럽이 14세기 초에는 인구과잉이었다는 견해를 내놓은 바 있다.[22] 잉글랜드의 인구는 12, 13세기에 매년 적어도 약 0.4% 정도가 증가했다는 것이다. 농지는 심각하게 분할되고, 소규모 경영이 증가했는데, 이는 풍년에도 한 가족의 생계조차 지탱할 수 없을 지경이었다는 것이다. 매입 원가와 자유로운 지대는 상승하고, 새로운 취락은 자주

---

20) 본문에 인용된 연대기와 가격 장부의 보고 및 기타 보고의 전거는 다음에서 발견할 수 있다. W. Abel, *Die Wüstungen des ausgehenden Mittelalters*, 3rd ed., 1976, pp.86ff.

21) 이 점에 대해서는 다음의 논고가 주의를 환기시키고 있다. D. G. Watts, "A model for the early fourteenth century," in: *The Econ. Hist. Rev.*, XX, 1967, pp.543f. 이 논고의 저자는 또 다음과 같은 점을 지적하고 있다. 즉 "대기근의 일시적인 제동"이 지나간 뒤에 토지는 다시 경작되고 더욱 집약적으로 경작되었다는 것이다. 그러나 다른 저작에서 제시될 수 있었듯이, 대륙에서는 이 사망사태 뒤에도 경작지와 취락은 여전히 '황폐한' 상태로 남아 있었다(W. Abel, *Wüstungen*……, 1976, p.88).

22) 그의 테제를 간단히 요약해놓은 것은 다음에서 볼 수 있다. A Note to W. C. Robinson, "Money population and economic change in Late Medieval Europe," in: *The Econ. Hist. Rev.* 12, 1959/60, pp.77f.

단위 면적의 토지나 단위 파종량, 또는 동일한 경작일수로 다른 우량한 토지만큼의 생산을 보장할 수 없는 불량한 토지에 설정되었다는 것이다. "근소한 소출 수준"에서는 포스탠의 말에 따르면, "서부 유럽에서도 벨로흐(Beloch)가 (지나치게 높은 수치로, 말하자면 약 1억으로) 추정한 인구의 반 정도도 기근선(饑饉線) 이상으로 부양하기 어려웠을 것이다."

13세기 말의 '봉건위기'를 설명하는 근거로 자주 동원되는 포스탠의 인구과잉설은 다른 지역에서 나오는 보고로도 지탱될 수 있었다(이 책의 114쪽에 개진된 서술 참조). 또한 제니코가 이미 1289년에 나뮈르 백령의 세 촌락에서 농민의 38%, 54% 및 73%가 4ha 미만의 토지를 보유하고 있는 현상을 지적했음이 추가될 수 있다. 도시 주변에서 토지의 세분화는 특히 각별했다. 그러나 이 현상이 제니코에 따르면 많은 촌락에서 심각한 지점에 도달했다.[23]

그런데 이러한 보고가 인구과잉이라는 테제를 충분히 담보할 수 있는가? 문제는 이것이다. 전적으로 아직 인구를 수용할 수 있었던 도시, 예를 들어 상승하거나 적어도 불변하는 실질임금 수준을 나타내는 도시를 보면 이 테제는 의심스러운 것으로 생각된다. 여기에서 중부 유럽에서 전개된 '제1차 산업화'라는 말을 상기할 수 있다. 수공업 및 상업 노동의 생산성이 성장했다. 이는 '제2차 산업화' 시대에서와 같이 증대하는 농업의 어려움을 보상하고 그 이상의 이익을 낼 수 있었을 것이다. 중부 유럽의 역사에서 인구과잉 현상을 연구하려고 하면, 대략 1600년경부터 1800년경에서 하락하는 실질임금도 포괄하는 더 완벽한 자료를 발견하게 된다(이 책의 275쪽 이하, 422쪽 이하 참조).

그러나 아마도 일정한 한계에 도달했던 것으로 보인다. 인구와 과잉인구는 각각의 기술적·경제적·사회적 조건의 테두리 안에서 고찰되

---

[23] L. Genicot, "L'étendue des exploitations agricoles dans le compté de Namur à la fin du XIIIe siècle," in: *Études rurales*, 5, 1962, pp.5f.

어야 한다. 그리고 여기서는 다음에 제시하는 바와 같은 계산이 다소의 도움이 될 수 있을 것이다. 1300년경의 독일이 후일(1930년)의 독일과 같은 경역(境域)에 1,300만의 인구와 제곱킬로미터당 24인의 인구를 보유하고 있었다고 가정하자. (이는 아마도 최소의 수치일 것이다. 프랑스의 인구밀도는 동일한 시기에 대하여 35인으로, 플랑드르의 그것은 적어도 60인으로 추산된다.) 또 주곡(主穀), 즉 빵을 만드는 곡물의 소비가 인구 1인당 매년 150에서 200킬로그램에 이르고 1헥타르당 소출이 750킬로그램에 이르렀다고 가정하자. 그러면 대략 430만 헥타르의 주곡재배 면적과 그 3배에서 4배에 이르는 경지면적, 약 1,500만 헥타르가 필요했을 것이다. 이는 독일 전체 면적의 약 1/3에 이르렀을 터인데, 1800년경 독일 전역에서 경작되던 재배면적(국토면적의 33%)과 거의 같은 것이다. 그리고 이런 일은 또한 없지 않았을 법하다. 왜냐하면 1800년경에는 1300년경보다 녹지대가 적었지만, 오늘날의 삼림과 관목지대에서 많이 발견되는 화석화된 경지의 흔적이 보여주듯이 1300년경에는 더욱 깊은 숲 속까지 경작되었기 때문이다.

경지면적은 전체 경역의 면적에 비해 광대했으나, 단위면적당 소출은 근소했다. 파종량과 수확량 사이의 간격이 경미할수록 흉작이 더 나쁜 영향을 미쳤음이 틀림없기 때문에, 근소한 소출 수준이 고려되지 않으면 안 된다. 소출이 파종량의 3배밖에 되지 않는 상황에서 수확의 1/3이 손실되면, 가용한 양곡은 이미 반으로 줄어든다. 이러한 관계에서 산업화 이전 시대에 나타나는 기근의 결정적인 이유를 찾아볼 수 있다. 이는 다른 무엇보다도 유럽의 인구가 1300년경에 비해 1/3 이상이나 감소했던 때인 1437/38년의 엄청난 재난에서 드러난다.

흉작, 기근 그리고 이에 이어지는 전염병이 14, 15세기의 인구변동을 설명한다[24]는 주장과 함께, 의식적으로나 무의식적으로 맬서스의 내인

---

24) 인구와 식량여지의 불균형은 "확실히 14, 15세기에 일어났던 가장 중요한 현상, 즉 인구동태가 급전환(急轉換)된 요인 중의 하나, 아마도 주된 요인"이었을 것이라는 포스탠의 테제에는 (바로 이 말과 함께) 제니코도 가담하고 있다.

성 인구사이클이 돌이켜 거론된다. (맬서스가 가르치기를, 인구는 부양수단 이상으로 성장하는 경향이 있는데, 빈곤과 빈곤에 대한 공포가 인구를 부양수단이 허용하는 수준으로 다시 돌아가도록 압박을 가한다는 것이다.) 그러나 식량여지에 의해 인구가 조절된다는 맬서스의 이론은 역사적 사실에 반드시 부합하지는 않는다. 한 세대 정도의 시차로 대기근을 뒤따라오고, 더욱 커다란 인구손실을 초래했던 페스트가 기근에 의해 촉발되었을 가능성은 단 한 번도 없다. 왜냐하면 풍성한 수확과 비교적 낮은 물가가 페스트에 선행했기 때문이다. 페스트는 중부 유럽의 인구변동 사태에서 '외부적인 요인'이었다.

물론 이러한 테제로서 우연의 여지가 개입하는데, 이는 역사에서 인과의 사슬을 찾는 이성에 거역하는 것이다. 또한 중세 성기의 여러 세기에 관찰될 수 있었던 인구증가가 지속될 수 없었다는 점도 쉽사리 인지할 수 있다. 왜냐하면 그렇게 되었다면, 오로지 독일만 해도 1930년경에는 약 2억 5,000만 이상의 인구가 있었을 것이기 때문이다. 그런데도 맬서스의 내인성 인구사이클은 받아들일 수 없다. 프랑스의 백년전쟁과 독일의 30년전쟁도 식량 부족 탓으로 돌릴 수 없다. 그저 확인할 수 있는 것은 서구의 인구사(人口史)는 매우 많은 수수께끼를 제기하는데, 이는 아직도 풀리지 않았으며, 아마도 전혀 풀릴 수 없을 터인데, 적어도 맬서스의 조악한 자연주의적 발상으로는 풀릴 수 없을 것이라는 점이다.

Genicot, *op. cit.*, pp.5f.

3. 세기 중엽의 흑사병

흑사병 유행기 유럽의 인구감소

흑사병——검은 종양과 궤양으로 알 수 있는——은 1347년 말 오리엔트에서 유럽으로 들어왔다. 지중해 연안 지방에서부터 이 역병은, 카르팡티에 여사가 그려낸 지도가 보여주듯이(〈도표 6〉), 파도와 같은 형태로 프랑스, 에스파냐, 잉글랜드, 서부 독일, 스칸디나비아 제국, 발트 해 연안 지역을 거쳐 러시아까지 퍼져나갔다. 아주 일부 지역만이 이 역병의 파도로부터 피해 있었다. 이러한 지역은 네덜란드의 일부 지역과 벨기에, 피레네 산맥 기슭에 소재하는 프랑스의 일부 지역, 그리고 폴란드의 대부분이었다. 최근까지 완전히 페스트에서 벗어나 있던 지역으로 간주될 수 있었던 보헤미아 지방에 대해서도, 1350년에 페스트가 나타났음을 입증할 수 있었다(그라우스). 사료가 침묵하고 있다 해도, 모든 경우에서 이것이 페스트가 당해 지역에 창궐하지 않았음을 의미하는 것

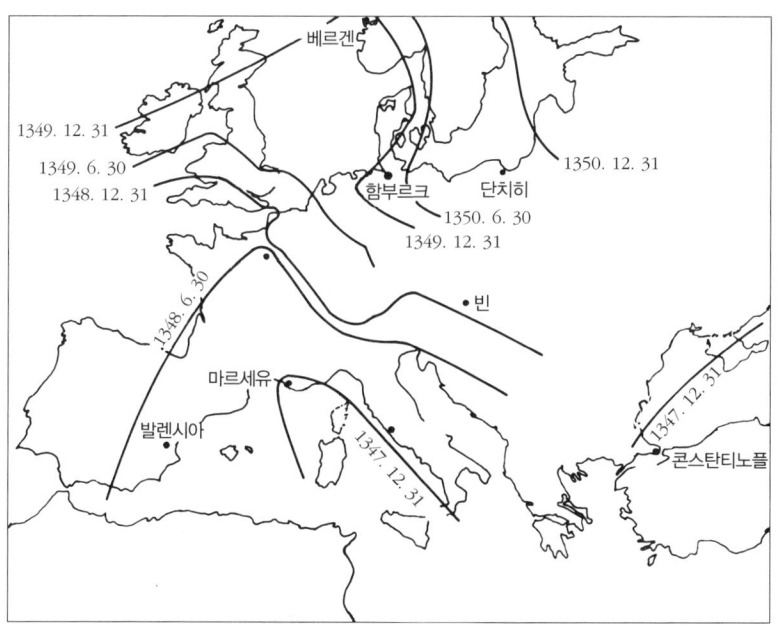

〈도표 6〉 유럽의 페스트, 1347~50

은 아니다. 바로 이 점을 카르팡티에 여사는 강조했다. 이러한 경고는 더욱 심각하게 고려되어야 하는데, 특히 독일의 역사가에게는 더욱 그러하다. 왜냐하면 이러저러한 곳에서 직접적인 보고가 나오지 않는다고 해서 이들은 너무나 자주 흑사병을 그들의 사고에서 제외하는 경향이 있기 때문이다.

특히 희박한 것은 농촌에 관한 문헌 사료다. 랑그도크에서 출처한 어떤 문서에서는 농민인구의 사망률이 훨씬 높았다고 말한다(potissime cultoram et agricolarum). 이 보고는 그다지 신빙성이 있어 보이지는 않는다. 그리고 당대인의 진술에 따라 주민이 모두 사멸한 촌락이나 지구의 수를 20만으로까지 보고한 어느 독일인 저자(헥커Hecker)의 진술도 그다지 신뢰할 만한 것이 못 된다. 그러나 베스트팔렌의 하인리히 폰 헤어포트(Heinrich von Hervord)가 가축 떼에서는 목자 한 사람도, 수확기에는 낫을 든 사람도 하나 볼 수 없었다고 말한 바와 같은 종류의 짧은 기록은 수많은 당대의 연대기와 증서류에서 발견된다. 그밖에 프랑스에서는 일부의 수치(數値)자료를 찾을 수 있었다. 제네바 호(湖) 남쪽에 소재하는 3개의 교구(Kirchspiel)에서는 세대(Haushalt, feux) 수가 1347년에 411개에서 1349년에는 197개로, 즉 반 이하로 줄어들었다.[25]

농촌에서는 주거 밀도가 높고 외부와의 교통에 개방된 도시보다 인구손실이 더 적었다는 추측이 제기되기도 한다. 그러나 이 추측은 입증할 수가 없다. 연대기의 보고와 근소하게나마 전해지는 수치자료에서는 도시인구의 감소라는 테두리에서 지속되는 인구감소를 추론할 수 있다. 적어도 이러한 자료는 켈터가 발전시켰던 이론에 하등의 여

---

25) P. Duparc. 여기에서는 다음의 연구에서 재인용. E. Carpentier, *op. cit.*, p.1065. 본문에 인용된 다른 예에 대한 전거와 보고는 주석을 달리하지 않는 경우에는 모두 이미 예거한 카르팡티에의 저작 여러 곳과 보충적으로 다음의 저작에서 발견할 수 있다. W. Abel, *Wüstungen*……, pp.86ff.

지를 주지 않는다.²⁶⁾ 켈터는 독일의 도시에 대하여 (전거를 제시함이 없이) 35%의 손실을, 그리고 농촌에 대해서는 25%의 손실을 산정(算定)했다. 그는 이로부터 농촌인구의 '우세한 잔존'을 유추했는데, 이로써 농촌인구의 지속적인 도시 유출이 된다는 것이다. 사실상 수많은 사람이 도시로 이주했다. 그러나 이러한 이주에는 다른 이유가 있었다(이 책의 217쪽 이하 참조).

잉글랜드에 대해서는 흑사병 시기의 인구손실을 옛 세대의 역사가들(로저스, 커닝햄, 덴턴 등)이 대략 1/3에서 반 정도로까지 추산했다. 최근의 조사(러셀)는 감소를 1340년대 말 페스트가 처음으로 닥쳐왔을 때는 20%로, 1360년부터 1375년까지의 역병 창궐기에는 40%로 추산한다. 최근의 추산(빈Bean)으로 확인된 바는, 사망률이 곳곳마다 달랐지만 현존하는 자료에서 잉글랜드 전체에 대해 1348/49년 동안 약 1/3의 사망률을 산정할 수 있다는 것이다.²⁷⁾

흑사병 이전 시기의 프랑스 인구를 르바쇠르는 2,000~2,200만으로 추산했는데, 이 수치는 18세기 초에 가서야 비로소 회복되었다. 파리에는 약 8만 명의 인구가 헤아려졌다.²⁸⁾ 농촌인구의 밀도는 매우 높았는데, 이는 오늘날 일부 지방의 인구밀도에 상당하거나, 곳에 따라서는 능가하는 것이기도 했다. 다소 오래된 설에 의하면 프랑스의 인구는 그 후

---

26) E. Kelter, "Das deutsche Wirtschaftsleben des 14. und 15. Jahrhunderts im Schatten der Pestepidemien," in: *Jahrb. f. Nationalökonomie und Statistik*, 165, 1953, p.175.
27) J. M. W. Bean, "Plague population and economic decline in the Later Middle Ages," in: *The Econ. Hist. Rev.*, XV, 1963, pp.423f.; I. C. Russell, *British medieval population*, 1948.
28) Ph. Dollinger, "Le chiffre de population de Paris au XIVᵉ siècle 210,000 ou 80,000 habitants?," in: *Revue historique*, 1956, pp.35f. 세기 중엽을 넘어서는 프랑스의 인구자료는 다음의 연구에 수집되어 있는데, 이 문제는 나중에 이 책의 239쪽에서 또 다루어진다. E. Le Roy Ladurie, *Les paysannes de Languedoc*, I, 1966, pp.140ff.

수년간에 급격히 반감되었다. 개별적인 장소와 지역, 그리고 특정 사회집단에 대한 더 정확한 검토는 아주 다양하게 분화된 모습을 드러냈다. 손실은 인구의 1/8에서 2/3까지 진폭이 있었다. 오늘날에도 프랑스에 대해서는 역병이 주로 창궐하던 해(1348년)에 전체적으로 인구의 1/3가량이 사망했을 법한 것으로 여겨진다.

북구의 역사가들도 비슷한 수치에 도달했다. 스웨덴과 덴마크에서는 1349/50년에 인구의 1/3에서 반까지의 손실이 추정된다. 노르웨이에는 "베드로의 페니히"*라고 하는 세대별 조세의 수취에 인구추정을 위한 근거가 있다. 조세수취는 흑사병 이후에 약 1/3가량 또는 그 이상이 감소했다. 확실히 인구감소는 '세대' 수의 손실보다 더 컸다. 그래서 노르웨이에 대해서 인구손실을 전체 인구의 1/3가량으로 추산하는 것은 마땅하게 보인다.

독일에서도 일부의 한자도시에 대해서는 수치자료가 나온다. 라인케(Reincke)의 조사[29])에 따르면 함부르크에서는 40인의 푸주업자 중에 15인(또는 45%)이, 참사회(Ratskollegium)의 위원 21인 중에서 16인(35%)이 사망했고, 그밖에 신원이 잘 밝혀지지 않은 145명의 남자들 중에 73인 또는 반 이상이 사망했다. 뤼네부르크에서는 1349/51년에 참사회의 구성원들 중에서 56%가, 비스마르에서는 동일한 집단에서 42%가, 레발에서는 27%가 사망했다. 브레멘에서는 페스트로 인한 사망자의 집계에서 대략 7,000인의 숫자가 보고되었다. 이는 신원이 확인되지 않은 사람까지 포함해서 브레멘 시 주민의 60~70%에 달하는 숫

---

* Peterspfennig, 라틴어로 Denarius Sancti Petri: 원래 영국 왕이 교황에게 매년 자발적으로 바치던 세공(歲貢)으로서 가호(家戶)당 1페니히씩 수취되었다. 머시아의 왕 오파(Offa)가 787년에 교황에게 바친 사례가 최초의 것으로 알려졌는데, 10세기경에는 잉글랜드에 대하여 교황청이 봉주(封主)로서 행사하는 권리에서 유래한 것으로 이해되었으며, 차츰 전 주민에게 확대되었다. 12세기경부터 덴마크, 노르웨이, 스웨덴, 폴란드, 헝가리 등지에서도 거두어지는데, 비정규적으로 거출되었다. 16세기의 종교분쟁기에 중단되었다.

29) *Hansische Geschichtsblätter*, 70, 1951, pp.9f. 및 72, 1954, pp.88f.

자이다. 이러한 수치는 많은 연대기의 보고로 보충되면, 독일에서의 사망률이 다른 나라에서보다 결코 적은 것이 아니라는 추측을 가능하게 한다.[30]

흑사병의 경제적 귀결

첫눈에 보아 이해할 수 없는 일은 세기 중엽의 흑사병이 우선 곡가동태에 하등의 영향을 미치지 않은 사실이다. 맬서스는 다음과 같이 말했다.[31] "1348/50년의 대흑사병 이후에 인구에 비해 양질의 토지가 넘쳐나 곡물가격이 매우 저렴해졌으리라는 점을 기대했을 것이다." 그 대신

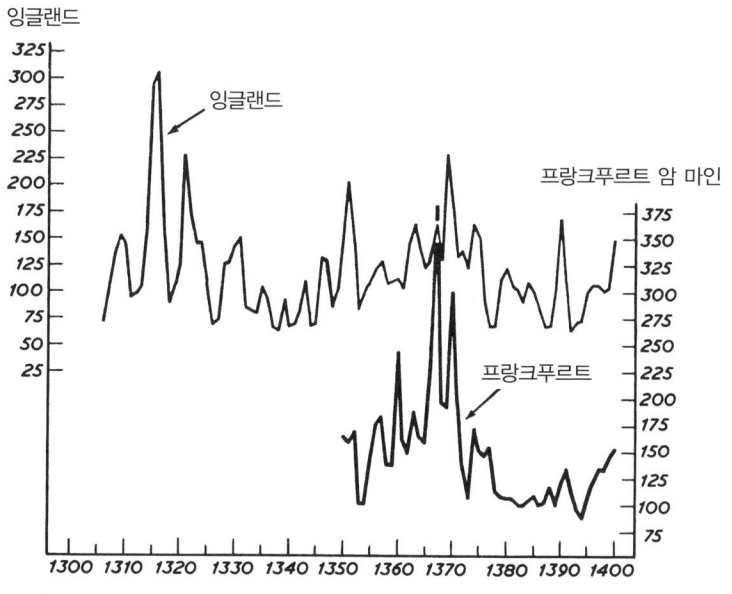

〈도표 7〉 14세기 잉글랜드의 밀가격과 프랑크푸르트의 호밀가격
(당대의 화폐로 표시)

---

30) 현존하는 보고를 비판적인 주석과 함께 모두 모아놓은 것은 이 자리에서 더 상세히 다루지는 않겠지만, 다음의 문헌에서 발견된다. K. F. Helleiner, "The population of Europe," in: *The Cambridge Econ. Hist. of Europe*, IV, 1967, pp.5ff.
31) Th. R. Malthus, *Grundsätze der politischen Ökonomie*, tr. by Marinoff, 1910, p.343.

에 곡가는 올라갔다. 잉글랜드에서는 (로저스에 의하면) 1351년에 밀의 가격은 1348년의 가격을 약 두 배가량이나 상회하고 있었다(〈도표 7〉 참조).

이 현상은 농촌지대에서의 인구격감과도 관련이 있었다. 농지를 경작할 수 있었던 사람이 없었다. 페스트에서 살아남은 사람들도 더 높은 임금을 요구했다. 프랑스에서 대사망 이후에 리 뮈지(Li Muisis)의 수도원장은 이렇게 보고했다. "살아남은 사람들 다수는 버릇이 없어졌고, 그들의 노동에 대해 비싼 임금을 받으려고 했다. 그래서 여러 곳에서 작인(作人)이 부족하여 포도원이나 밭이 경작되지 않은 채로 버려져 있었고, 모든 수공업장인과 가복(家僕) 들마저 뻔뻔스러워져서 통상적인 정도를 넘어서는 임금을 받으려고 했다." 프랑스의 클레르몽 교구의 수도원장도 같은 고충을 토로했다. 즉 농지가 황폐되었고, "노동자와 머슴들은 관습적으로 익숙한 정도를 훨씬 넘어서는 임금을 요구했다"[32)]는 것이다. 비슷한 소식을 독일에서도 들을 수 있다. 독일어로 작성된 빈 연대기의 작가가 "그리고 이 시기에 머슴과 하녀는 너무나 비싸져서, 아주 힘겹게나 구할 수 있다"[33)]고 하는 한탄이 여러 곳에서 울려 퍼지고 있다. 메츠에서는 교황청의 조사에 시민 몇 사람이 답하기를, 경작의 비용, 특히 임금이 매우 높아서 토지를 기증받고 싶지 않다고 했다.[34)]

한편에 위치하는 임금과 농업생산수단의 가격, 그리고 다른 한편에 위치하는 농산물가격 사이에 나타나는 협상차(鋏狀差)가 이미 시장에

---

32) P. Denifle, *La désolation des églises, monastères, hôpitaux en France pendant la guerre de Cent Ans*, 1889, II, 1, p.60; R. Vivier, "Une crise économique au milieu du XIVe siècle," in: *Revue d'Histoire des Doctrines Économiques*, XIII, 1920, pp.206f.; 다음의 문헌도 참조하라. E. Levasseur, *Histoire des classes ouvrières en France avant 1789*, 2e éd., 1900, I, p.500.

33) H. Pez, *Scriptores rerum Austriacarum*, I, 1721, p.971.

34) Hertzog, "Eine landwirtschaftliche Enquête aus dem XVI. Jahrhundert," in: *Landwirtschaftlich-Historische Blätter*, X, 1911, pp.34f.

〈표 4〉 1332/33년과 1350/51년 쿡스햄 영지의 손익계산서

(단위는 파운드와 실링)

	수입			지출	
	1332/33	1350/51		1332/33	1350/51
지대와 차지료	5.8	1.18	건물 및 용구	5.11	3.17
곡물 판매	33.10	20.2	임금	7.-	14.14
가축 판매	6.5	3.9	가축	4.15	1.10
축산물 판매	2.7	0.17	종곡(種穀)	1.18	4.15
기타	3.-	0.13	기타	8.3	4.9
미처분 산물	7.3	6.7			
계	57.13	33.6	계	27.7	29.5

편입된 농업경영체의 수입에 어떠한 영향을 미쳤는지는, 남부 잉글랜드의 어느 영지의 경우에 의거하여 작성된 페스트 이전과 이후 각기 한 해의 손익계산서가 본보기적으로 드러낸다.[35]

1350/51년의 지출이 1332/33년의 지출을 겨우 2파운드가량 상회하였던 반면, 페스트 다음해의 수입은 비교연도의 수입보다 약 24파운드 이하로 내려갔다. 1350/51년의 곡물가격이 1332/33년에서보다 더 높았고, 기후불순이나 흉작의 조짐이 전혀 없었는데도 특히 지대와 차지료의 감소 및 감소된 곡물 판매액이 눈에 띈다. 그 이유는 경작되고 있는 면적의 감소에서 찾아야 한다. 사람, 즉 농민도 노동자도 부족했다.

"왜 1348/50년의 대사망 이후에도 곡물가격이 떨어지지 않았는가?"라는 맬서스의 질문은 아마도 이렇게 설명될 수 있다. 재배활동이 줄어들었고, 이와 함께 곡물의 공급도 줄어들었다. 반면에 가격균등화의 다른 한편에서 수요자의 머릿수는 감소했으나, 그들의 구매력은 상승했

---

[35] 이 표는 아주 간략하게 압축된 것으로 다음의 저작에서 취한 것이다. Th. Rogers, *op. cit.*, I, pp.680f. 그러나 원래의 가격을 축소한 것은 아니다.

다. 다수의 상속 사례는 임금 및 물가인상과 연계되어 예전에는 존재한 적이 없던 활동의 여지를 허용했다. 로마의 어느 시인 프란체스코 베르니(1469~1536)는 심지어 페스트의 찬가(讚歌)를 짓기도 했다. 왜냐하면 그 "황금의 페스트 시기"는 무료하거나, 고단하지도 않았고, 무엇보다 돈이 궁하지 않았기 때문이라는 것이다. 당대의 수많은 연대기 작가들은 엄청난 수의 신흥부자에 대해 보고하고 있는데, 이들은 하루 저녁 사이에 귀속된 재산을 물 쓰듯이 탕진하고 있었다는 것이다. 이러한 사태도 페스트 직후에 식량가격이 치솟는 데 기여했다.

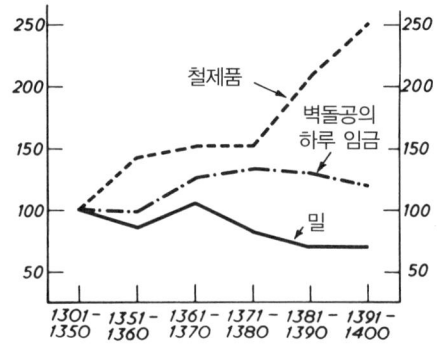

〈도표 8〉 잉글랜드의 밀과 철제품 가격 및 임금(14세기 후반)

(주화에 함유된 은의 중량, 1301/50=100)

그러나 이미 1353년에는 주곡(主穀)의 가격이 다시 내렸다. 1351년 가격과 비교해서 잉글랜드에서는 거의 반으로, 프랑크푸르트 암 마인에서는 약 2/3로 떨어졌다. 그러고 나서 다시 작황에 따른 단기적인 변동을 수반하면서 장기간의 상승이 시작되었는데, 이러한 추세는 14세기의 60년대 말이나 70년대 초까지 이르렀다. 1370년까지의 20여 년을 아마도 하나의 전환 국면으로 보아도 될 것이다. 물론 한편으로 곡가와 임금, 그리고 또한 다른 한편으로 수공업 제품 사이의 협상가격차는 이미 벌어졌지만, 긴장은 아직 근소한 상태에 있었다. 이러한 사태의 전개는 물론 암시적인 정도이지만, 위의 〈도표 8〉이 보여주고 있다.[36] 대략

1370년부터 비로소 각각의 계열은 더욱 심하게 벌어져 나갔다.

영국의 역사가들 대다수가 일치하고 있는 견해에 의하면, 1350/51년에 대해서 확인할 수 있었던 영주 수입의 급격한 감소는 더 이상 지속되지 않고, 다시 회복되는 경향이 나타났다는 것이다. 이 점은 레비트(Levett) 양이 윈체스터 주교령과 성 올반 수도원령에 대해서 확인할 수 있었다. 홈스는 좀더 늦은 시기에 나온 증거를 추가했는데 이로부터 추론하기를, 대략 1380년경까지를 끊어보면 잉글랜드 대영지의 수입은 본질적인 부분에서 별로 감소하지 않았으며, 아마도 40년대에 거둔 수입의 약 10%가 감소한 정도였을 것이다.[37] 경제활동의 일부, 예컨대 목양(牧羊) 같은 것은 페스트로 거의 영향받지 않았으며, 재판영주의 수입은 대규모의 사망사태에 이어진 매우 많은 법률행위 덕분에 오히려 상승할 수도 있었다.

독일에서도 페스트 직후 곧 도처에서 시작된 회복의 징조가 있었다. 마르크 브란덴부르크*의 여러 촌락에 대해서 우리는 카를 4세의 토지대

---

36) 중세의 공산품 가격 변동을 표나 도표 형태로 파악하기는 매우 어렵다. 왜냐하면 상품의 질적 차이와 막대한 가격 차이가 평균치의 산출을 어렵게 하기 때문이다. 철의 가격에만 한정하여 앞에 제시한 도표 역시 다양한 형태의 가공된 철제품 가격을 포함하고 있다. 물론 로저스가 수집한 비교적 많은 수의 개별가격을 집약하는 과정에서 질과 가격에서 지나치게 돌출하는 요소는 배제할 수밖에 없었다. 이 표에는 로저스가 수집한 "철 108파운드"의 평균가격(Th. Rogers, *A history*……, I, p.478)과 밀가격이 전제되었다. 도표를 지나치게 복잡하지 않게 하려고 미장이의 하루 임금(Rogers, *op. cit.*, I, pp.680f.)이 대표로 선정되었다. 다른 직종의 노동자, 예컨대 목수, 탈곡 노동자, 건초 일꾼의 노임도 기본적으로 비슷한 동태를 보였다.

37) G. A. Holmes, *The estates of the higher nobility in fourteenth-century England*, 1957, pp.114f.

* Mark Brandenburg: 오늘날 베를린을 둘러싸고 있는 프로이센 영토의 핵심지역. 중세 초기에 슬라브족의 정착지대였으나, 오토 대제 시대에 독일제국에 복속, 중세 전 시기를 통해 지배권자가 수없이 바뀌었는데, 동방식민운동이 본격화되었던 12세기 중엽에 아스카니어 가문의 영주, 알프레히트 웅공(熊公, Albrecht der Bär)의 지배 하에 이와 같은 이름을 획득했다.

장*에서 아주 신뢰할 만한 사료를 발견한다. 다수의 취락이 14세기의 70년대에도 여전히 전적으로 또는 부분적으로 버려진 것이 나타나고 있으나, 다시 점유된 후페의 수도 적지 아니 입증되고 있다. 예컨대 우커마르크에서는 195개의 후페가 다시 점유되고 있었다. 그러나 이러한 후페는 아직 면세 혜택을 받고, 이 면세 혜택은 대개 2~3년 정도의 단기간으로 한정되어 있었던 한에서만 등재되었기 때문에 세기 중엽의 대사망 이후에 점유된 후페 수의 증가는 매우 컸을 것으로 추정된다.

아마도 북구의 역사가들이 주조해낸 '역행적 경향'이라는 말은 이 시기의 발전상에 가장 잘 들어맞을 것이다. 덴마크에서는——노르웨이에서도, 그리고 다소 미약하지만 스웨덴에서도——이미 세기 중엽에는 버려진 농민 보유지가 적지 않은 수로 존재했다. 그러나 대략 1370년에 작성된 것으로 보이는 로스킬데 주교령의 토지대장에는 그 재배면적이 예전의 면적보고에 비해 동일하거나 더욱 확대된 촌락의 존재도 여럿 입증되었다.

심지어 새로이 건립된 촌락도 보고되었다. 1370년 이후에나 비로소 덴마크에서도 감소 추세가 격화되었다. 다소 큰 규모의 토지매각이나 상속에서는 이때부터 황폐된 경작지(Ødegarder)가 언급되지 않는 경우가 거의 없었다. 스코프 수도원의 결산서에서는 1467년부터 1481년까지의 시기에 대하여 약 400개의 농민 보유지에서 나오는 수입이 결락(缺落)되어 있다. 이러한 예는 "농지의 황폐화에 대항하는 싸움에서 (토지소유자들이) 겪는 어려움이 증대하고 있었음"을 보여준다. 다른 보고와 관련지어볼 때, 이러한 사례는 "하나의 경제적 위기가 닥쳐왔다"[38]는 결론을 내리게 한다.

---

*Landbuch von Karl IV: 신성로마제국 황제 카를 4세(1355~78)가 1373년 마르크 브란덴부르크를 획득한 후에 작성하게 한 토지대장.

[38] A. E. Christensen, "Danmarks befolkning og bebyggelse i middelalderen," in: *Nordisk Kultur*, II, 1938, pp.55f. 북구의 연구문헌에 대한 추가정보는 다음에서 발견된다. W. Abel, Wüstungen……, 3rd ed., 1976, pp.24f.

지금까지 논의한 바는 시각을 다시 세기 중엽의 흑사병으로 되돌려 놓는다. 노르웨이의 사료가 이 역병을 일컫는 바와 같은 이 '대사망'이 많은 역사가들, 특히 독일 역사가들의 역사상에서 그에 마땅한 자리를 차지하고 있지 않는데도 일회적인 사건을 장기 주기적인 작용의 탓으로 돌리는 것은 무언가 잘못된 일일 것이다. 그렇게 보기에는 중세 후기 인구의 재생력이 너무나 거대했다. 40‰* 수준의 출생률은 아직 더 나중의 시대에서나 입증되고 있다.

또한 페스트는 러셀이 증명했듯이, 우선적으로 노인, 허약자 및 유아를 희생시켰다. 청장년은 비교적 경미한 손실을 입었고, 젊은 층은 아마도 더 일찍 혼인했을 것이다. 러셀은 이러한 점을 추측했다. 이는 당대인의 인상과 일치한다. "페스트 이후에는 혼인을 많이 했다. 그리고 부인들은 번식력이 매우 높아, 생존하는 아이를 동시에 3명까지나 출산했다"(장 드 벨). 아마도 '여러 쌍둥이'의 출산은 의심스러우나, 이 시기의 왕성한 유아출생은 제대로 서술되었다고 보아도 좋을 것이다. 이러한 현상은 입증이 가능한 연령구조의 전이(轉移)와 대사망의 경제적·심리적 귀결과 일치한다.

예를 들면 다수의 상속, 각종 영업의 임금 및 이윤상승에서 오는 재산의 증대, 인생을 즐기려는 욕구와 같은 것이다. 그리하여 러셀이 도출한 결론, 즉 흑사병 이후에 출생률이 단기적으로(!) 세기 중엽 이전보다 더욱 높았다는 점은 부인할 수 없다. 최초의 역병이 지나간 뒤에 곧 여러 차례의 역병이 뒤따르지 않았더라면, 인구는 곧 다시 회복되었을 것이다.

이 점에 대해서는 다음 장에서 또다시 언급될 것이다. 왜냐하면 역병

---

*Permil: 인구증감을 파악하는 중요한 지표인 출생·사망·혼인 등의 비율은 일반적으로 1,000명당 해당 인수를 헤아린다. 이 기호를 '‰'로 표기하고 '퍼밀'로 읽는다. 아벨은 이 책에서 시종일관 %, ‰ 같은 기호를 사용하지 않고, 독일의 구식 문헌에서 즐겨 쓰는 30 v. H.(100 중의 30), 40 v. T.(1,000 중의 40)이라는 식의 표기를 사용하고 있다. 이 번역에서는 모두 %, ‰ 등으로 표기한다.

의 귀결——그리고 세기 중엽의 흑사병만이 아니라——이 중세 말기를 채우는 농업불황의 가장 본질적인 근거이기 때문이다. 그러나 사태의 원인이 언급되기 전에, 우선 현상 자체가 서술되어야 한다.

III. 중세 후기의 농업불황

1. 가격과 임금변동

중세 후기의 가격변동

여러 차례 서로 연결되어 나타난 풍작이 15세기에 오랫동안 지속된 가격폭락을 야기한 것으로 보인다. 1375년은 건조하고 더운 여름을 맞이하여, "이 해에는 곡물과 결실이 풍성했는데, 지난 14년 동안 이와 같은 경우는 본 적이 없었다"(『림부르크 연대기』). 엘자스에서는 1375년의 수확 이후에 풍요가 넘쳐흘렀다. 그러나 그 뒤에는 그다지도 오랫동안 끔찍한 해가 이어져, 많은 사람이 "기진맥진했다"(하나우어). 뉘른베르크에서는 호밀가격이 1375년 4월 100kg당 74g의 은에 상당했는데, 1376년에는 33g으로 떨어졌다.[1] 몇 년 뒤(1382/83년 겨울) 아우크스부르크의 한 연대기는 곡물이 "독일 땅에서는 완전히 헐값"이었다고 보고한다. 1395년 엘자스에서는 헬러* 주화 가치의 빵을 굽기 시작했는

---

[1] K. Hegel, *Chroniken der deutschen Städte*, Nürnberg, I, 1862, p.256의 기록에 의거하여 산출. 헤겔은 금과 은의 가격비율 1:15.5에 따라, 이미 원래의 가격을 '금의 가치'로 환산해놓았다. 그러나 그 당시에 금과 은의 가격비율은 단지 1:11에 불과했다. 뉘른베르크 곡가의 실제 은가치를 알아내기 위해, 이 가격의 축소는 원상으로 복구시켰다. 덧붙일 것은 헤겔의 축소방법은 이하의 문헌에서 상세히 논박되었다는 점이다. G. Schmoller, "Die historische Entwicklung des Fleischkonsums," in: *Zeitschrift f. die ges. Staatswiss. 1871*, XXVII, p. 319.

데, "페니히 가치의 빵은 한 사람이 먹기에는 너무 커서였다." 『엘자스 연대기』는 "이와 같은 일은 예전에 결코 없었다"고 보고한다.[2]

대략 같은 시기에 잉글랜드에서도 가격이 떨어지기 시작했다. 1375년에 곡가는 풍작이 기대되어 이미 지난해의 가격 이하로 떨어졌고, 그 이듬해에는 실로 형편없이 낮아졌다. 그리고 1377년에 곡가는 30년 이래 최하의 수준에 도달했다.[3]

이로부터 몇 년이 지나서도 이 수준은 더 떨어졌다. 왜냐하면 잉글랜드 의회의 성명에서도 다음과 같은 소리가 나오기 때문이다. "이 왕국의 상품(commodities growing in the realm)은 이제 예전에 받아왔던 가격보다 더 낮은 가격으로 구입할 수 있다. 그리고 외국에서 들여오는 상품의 가격은 평소에 그러했던 것보다 더 높아졌다."[4]

세기의 전환 이후에 곡가의 감소는 단기간의 요동으로 중단되기도 했으나 기본적으로 지속되었다. 25년 단위의 평균치는 단기간의 사태를 미약하게만 알려주고 있는데, 이것으로 산출해볼 때, 중부 유럽의 곡가는 15세기 후반에 최하의 수준에 도달했다. 이것을 〈도표 9〉가 보여주고 있는데, 이는 또한 635쪽의 〈부록〉에 수록한 표의 기초가 되는 가격 자료에서 산출되었다. 가격변동에서 상호간에 나타나는 일부의 편차는 프랑스의 백년전쟁 같은 정치적 사건, 자료의 부족 및 다른 여러 가지 사정의 탓으로 설명할 수 있겠는데, 그러한 문제는 이 자리에서 더 이상 상세히 다루지 않겠다. 전반적인 경향은 이러한 사태에 별로 지장을 받

---

* Heller: 원래 남서부 독일 슈베비쉬 할(Schwäbisch Hall)에 소재한 국왕의 주조소에서 제작된 페니히 주화를 일컫는데, 프리드리히 1세 바바로사 황제 치하에서 1,200년 전에 최초로 주조되었다. 중세 후기에 남부 및 남서부 독일에서 널리 통용되었다.

2) 『엘자스 연대기』에서 발췌한 부분은 다음에서 발견된다. Hanauer, *op. cit.*, II, p.81.

3) Rogers, *op. cit.*, I, p.214.

4) G. A. Holmes, *The estates of the higher nobility in the fourteenth-century England*, 1957, p.116.

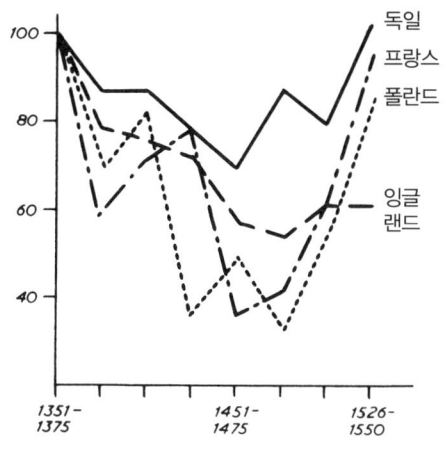

〈도표 9〉 중부 유럽의 곡가, 1351~1550

(25년 단위의 평균치, 100kg당 은의 g 수, 1351~75=100)

지 않았다. 전반적인 변동추세는 비견될 수 있는 가격자료가 나오는 모든 나라에서 하향하는 경향이었다.

〈도표 9〉에 확정되고, 부록에서 10년 단위의 평균치로 제시된 가격에 대해서는 아직 몇 가지 자료가 더 첨부될 수 있겠는데, 이는 통계도표식의 처리가 곤란하다. 동프로이센의 쾨니히스베르크에서는 곡가의 계열자료가 하나 나오는데, 이는 무명의 필자가 독일 기사단*의 회계장부와 결산보고서에서 수집하여 쾨니히스베르크의 셰펠과 은의 중량으로 환산해놓은 것이다.[5] 겉보기에 매우 면밀하게 산출된 가격

---

* Deutscher Orden, Ordo Theutonicorum: 제3차 십자군 원정의 시기, 1190년에 뤼베크의 상인들이 설립한 구호원에서 유래하여 1198년 기사들의 수도공동체로 발전. 이 기사단의 성원은 수도사와 비슷하게 청빈과 독신을 맹세하고, 성지(聖地)의 탈환과 성지를 순례하는 독일인의 보호 및 구호를 목적으로 했다. 십자군 원정이 실패한 뒤, 13세기 중엽부터 동부 유럽 군주들의 초빙에 응해 엘베 강 이동 지방 슬라브족의 정복과 개종사업에 종사하면서, 자체의 영방국가를 설립하게 되었다. 동시에 신성로마제국의 요소요소에 그 분원을 설치하고 농지경영, 금융업에 종사하기도 했다.

5) Deutsche Vierteljahresschrift 1850, pp.159f. 쾨니히스베르크의 셰펠은 51.4*l*

자료는 유감스럽게도 하나의 오류를 포함하고 있다. 즉 이 자료의 작성자는 "매우 완벽한 가격계열"을 40년간의 평균치로 모았고 "단순하게 하기 위해서 가치변동의 과정을 가장 잘 나타내는 연도들"만 통보한 것이다. 곡물 100kg당 은의 g 단위 중량으로 환산하면 가격계열은 다음과 같이 표시된다.

〈표 5〉 쾨니히스베르크의 호밀가격
(100kg당 g 단위 은의 중량)

1399 : 18.2	1494 : 9.0
1405 : 16.2	1508 : 8.5
1432 : 15.5	1536 : 14.7
1448 : 14.5	1556 : 22.1

쾨니히스베르크의 호밀가격은 1399년에는 100kg당 은 18.2g에서 1508년에는 8.5g으로 떨어졌다가 다시 올라갔다. 이것이 의미하는 바는, 곡가변동이 시간적으로 잉글랜드, 프랑스 및 서부 독일의 가격변동과 일치한다는 것이다. 저지(低地)오스트리아(Niederösterreich)에서는 유루(遺漏) 없는 가격계열자료가 15세기 중엽부터 비로소 시작되는데, 이곳에서도 또한 가격의 하향 변동은 생각하기 어렵다. 특수한 가격상승과 폭락의 해가 제거된 일부의 개별자료에 의거하여 그룬트는 14세기에서 15세기까지 저지오스트리아의 곡가는 약 35%가 떨어졌다고 추산했다[6] —— 이 시기의 북부 이탈리아에 대해서는 아직 곡가의 계열자료가 나온 바 없다. 베네치아에서 출처한 몇 개의 밀가루 가격자료[7]는 1436년과 1477년 사이의 낮은 곡가를 시사하는 것으

의 용량을 갖고 있었다. 또한 다음을 참조하라. W. Naudé, "Die Getreidehandelspolitik und Kriegsmagazinverwaltung Brandenburg-Preußens bis 1740," in: *Acta Borussica, Getreidehandelspolitik*, II, 1901, p.619.

6) A. Grund, "Die Veränderungen der Topographie im Wiener Wald und Wiener Becken," in: *Geograph. Abhdlg.*, ed. Penck XIII, 1, 1901, p.213.

로 보인다. 그러나 이 근소하고 그 자체가 매우 불균한 가격자료에서 곡가의 양상에 대하여 좀더 확실한 결론을 도출하기는 불가능하다.

곡가의 하향운동이 언급되었다면 가격의 귀금속 함유량, 즉 주화액의 '내재적 순도'(bonitas intrinseca)에 대해서도 언급하는 것이 자명한 일이다. 명목가치에 따르면, 14세기 말과 15세기에 빈번하게 행해졌던 화폐악주(惡鑄)로 인하여 곡가는 여러 곳에서 오르거나 불변상태에 머물러 있었다. 그래서 이러한 화폐악주에서 귀금속 함유량으로 계산된 가격의 하락 원인을 볼 수 있는데, 특히 명목가격은 주화에 함유된 은의 감소에 실로 항상 비례적인 상승으로 대응하지 못했기 때문이라는 생각을 떨쳐버리기가 어렵다.

가격하락의 원인을 가격형성의 화폐적 측면에서 구하는 이러한 설명은 다음과 같은 사정에 의하여 더욱 설득력을 가진다. 즉 주화의 귀금속 함유량이 감소함에 따라 유통되는 귀금속량의 감소가 초래되었을 가능성도 아주 높다는 것이다. 다브넬[8]은 장신구, 가구 및 기타의 가정적 목적으로 이용된 귀금속의 증가, 1360년부터 1450년까지의 전란기에 자주 행해졌던 금속과 주화의 매장, 그리고 귀금속 생산의 감소를 언급했다. 귀금속 생산과 귀금속 유통의 증감 경향을 더욱 정확하게 추적했던 좀바르트[9]도 일련의 지표에서 "14세기 및 15세기의 일부 시기에 전개된 귀금속, 특히 은 생산의 현저한 감소"를 유추했다. 분명히 그러한 화폐량의 감소는, 이에 상응하는 교역량의 감소를 동반하지는 않았지만, 물가수준을 압박했음이 틀림없다. 그러나 이것으로 14세기 말과 15세기에 발생한 가격구조의 전이(轉移)를 설명할 수는 없다.

독일에서는 15세기에 수공업 제품의 가격이 아주 높았다는 점이 이미 예전의 연구에서 거듭해서 지적된 바 있다. 팔케[10]에 따르면 15세기 작

---

7) Magaldi and Fabris, *Notizie storiche e statistiche*……, 1878, pp.47f.
8) D'Avenel, *op. cit.*, I, pp.23f.
9) W. Sombart, *Der moderne Kapitalismus*……, I, 2, p.522.

센에서는 썩 질이 좋지 않은 청색 우단 2엘레*가 살찐 황소 한 마리보다 더 값이 나갔다. 쿠노[11]의 보고에 의하면, "외국 상품의 가격은 올라갔고, 반면에 동시적으로 농산물가격은 떨어졌다. 〔……〕 예를 들면 16세기 초 뷔르템베르크의 대도시에서 보통으로 괜찮은 여성복 한 벌이 9~10굴덴**이었는데, 양질의 토지 1모르겐은 2~3굴덴에 팔렸다." 이러저러한 개별적 보고가 아무리 이렇게 계발적이라 해도, 이들이 연속적인 가격계열자료를 대치할 수는 없다. 그밖에 이러한 개별적 보고는 단지 지역적으로 한정된 특수사례에 불과할 가능성도 없지 않다. 그리하여 로저스, 다브넬, 엘자스 및 펠크[12]의 방대한 가격계열자료에서 가능한 한 몇 개의 완결된 가격계열자료를 확보하고 상호 비교하는 시도가 이루어졌다. 이러한 목적에서 각국의 각기 가격계열과 이에 상응하여 각각의 임금계열이 주화액에 함유된 은의 가치로 환산되어 50년 단위의 평균치로 종합되었다. 그리고 나서 각각의 계열은 출발가치(1351/75=100)에 연관되고, 각각의 물품집단과 임금에 대한 상대가치에서 산술적 중앙값이 구성되었다. 이러한 계산 결과는 〈도표 10〉에서 볼 수 있다.[13]

---

10) J. Falke, "Gesch. Statistik der Preise im Königreich Sachsen," in: *Jahrb. f. Nat. u. Stat.* 1869, XIII, pp.380, 386.

* Elle: 독일의 전통적인 길이 단위로 주로 직물을 측정하는 데 사용한다. 손끝에서 팔꿈치에 이르는 길이에서 유래했고, 대략 1Elle=66cm이다.

11) H. Cuno, *Allg. Wirtschaftsgeschichte*, III, 1929, pp.50f.; 다음의 문헌도 참조할 것. J. Janssen, *Geschichte d. deutschen Volkes*, I, p.304.

**Gulden: 원래 1300년경부터 유통되던 피렌체의 금화를 모범으로 해서 독일과 그 인근 지역에서 주조된 금화. 잘 알려진 바로는 라인 지역의 군주들이 공통의 주화로서 주조한 금화(라인 굴덴 Rheinische Gulden)로서 중세 말기에 독일어권에서 가장 널리 통용되었다.

12) 가격과 임금의 출처가 되는 저작 모두와 그 이외의 몇 가지 문헌은 부록의 "중부 유럽의 가격 및 임금사 자료집 목록"에 수록되어 있다. 이 목록에서 위에 언급된 필자의 저작의 정확한 제목을 발견할 수 있다.

13) 〈도표 10〉에 제시된 계열은 다음과 같이 조합되었다.
   1. 잉글랜드(Rogers, vol. I, IV)

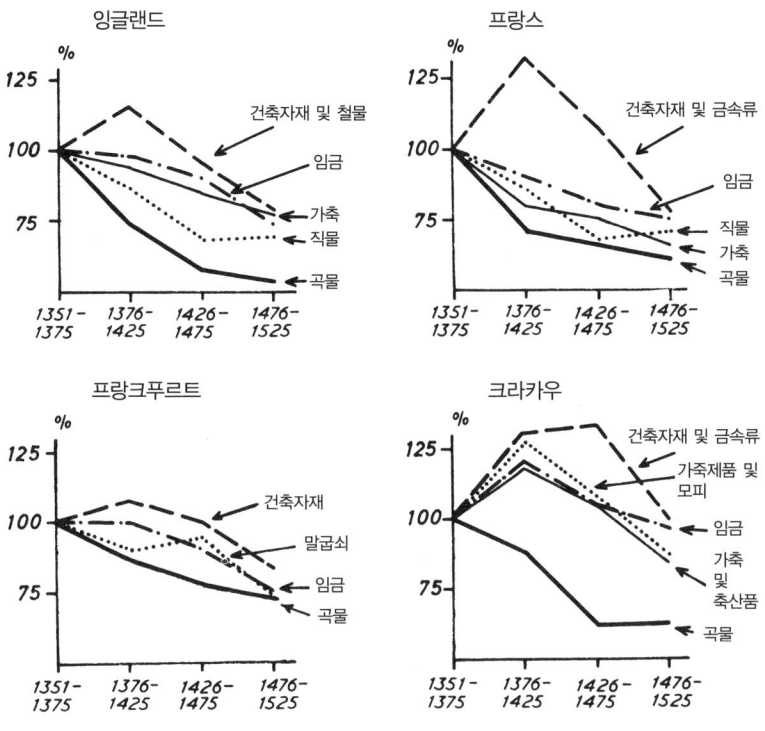

〈도표 10〉 중부 유럽의 가격 및 임금동태, 1351~1525
(50년 단위의 평균치, 주화의 은 함유량, 1351~75=100)

　　곡물: 밀, 호밀, 보리, 귀리
　　가축과 축산품: 수소, 거세된 숫양, 버터
　　건축자재 및 철물: 기와, 벽돌, 철제품
　　직물: 범포(帆布), 마포(麻布)
　　임금: 벽돌공의 일급(日給); 탈곡노동자, 건초채취 일꾼의 성과급
　2. 프랑스(d'Avenel, *op. cit.*, vol. II, III, IV, VI)
　　곡물: 밀, 호밀, 보리, 귀리
　　가축과 축산품: 수소와 암소, 송아지, 거세된 숫양과 양, 돼지, 육류(소, 송아지, 양)
　　건축자재 및 철물: 기와, 벽돌, 석회, 철제품, 못, 자물쇠
　　직물: 의복, 양말, 장화 및 신발
　　임금: 미장이, 목수, 미장이 및 농업노동자의 일급(日給)
　3. 프랑크푸르트 암 마인(Elsas, *op. cit.*, vol. II A)
　　곡물: 밀, 호밀, 귀리

〈도표 10〉이 보여주듯이, 1351/75년부터 네 나라와 도시 모두에서 곡가는 급격히 떨어졌다. 단지 주저하듯이, 부분적으로는 역행변동이 일어난 후에 비로소 가축, 축산품, 직물류, 건축자재 및 철물의 가격이 그 뒤를 따랐다. 리카도가 가격의 장기 주기적 변동에 대하여 제시한 도식과 반대로, 14세기 중엽부터 곡물의 구매력은 소득탄력적 수요품인 축산물 및 공산품에 비하여 떨어졌다.

이러한 규칙의 예외는 북서부 유럽의 일부 지역에서 발견되었다. 제니코(L. Genicot)와 그의 연구원들은 나뮈르 백령에서 가격과 임금이 대략 평행선으로 (당시의 화폐는 상향으로, 주화의 함유 귀금속은 하향으로) 변동하고 있었음을 확인했다. 이 연구팀의 견해로는, 인구 및 정치적 요인이 나뮈르에서는 직접, 즉 협상가격차라고 하는 중간고리 없이, 바로 농업의 위기를 초래했는데, 이는 그들의 연구지역에서 지대인하, 지대체납 및 일시적인 폐촌현상에 드러나고 있다는 것이다.[14]

    건축자재: 석회와 벽돌
    철물: 말굽쇠(유일한 품목)
    임금: 여름철 오퍼크네히트들의 일급(日給); 임금은 흙일을 하는 노동자와 채굴노동자의 임금과 같이 전 시기 동안에 명목적으로 동일하게 유지되었다.
4. 크라카우(Pelc, *op. cit.*)
    곡물: 밀, 호밀, 보리, 귀리
    가축과 축산품: 말, 육우, 송아지, 돼지, 양 및 버터와 돼지기름
    건축자재 및 금속제품: 서까래, 널빤지, 기와 및 납
    가죽제품 및 모피: 장화, 신발 및 기타 모피제품
    임금: 목수, 석공, 비숙련노동자 그리고 기타의 임금 및 봉급수입자 집단, 예컨대 도시의 관리와 같은 사람들의 임금. 이미 펠크가 몇 개의 군(群)으로 종합하고, 상대가치로 산출한 임금계열자료에서 중앙값을 채택했다.

14) L. Genicot, *La crise agricole du bas moyen âge dans le Namurois*, 1970, passim. 이 책, 188쪽 이하의 서술을 참조하라.

수공업장인의 황금시대

여러 곳에서 곡물의 구매력은 임금에 비해서도 떨어졌다. 이는 개별적으로 보면 아주 복잡한 과정이었다. 부분적으로 임금은 명목상 불변상태에 머물러 있었으나, 은의 가치로 보면 떨어져 있었던 반면, 곡가는 더욱 형편없이 떨어졌다. 또 부분적으로는 임금이 명목상 상승했으나, 그 은 가치는 불변상태에 있었거나 약간 떨어졌다. 또 다른 부분에서는 임금액의 은 가치도 상승했다(크라카우, 1351/75년에서 1376/1425년까지).

추측건대 (실질적인) 임금상승은 이미 세기 중엽의 흑사병 이전에 시작했으나, 이를 계기로 더욱 강력하게 지속되었다. 노동력의 부족과 임금상승에 대처하기 위하여 여러 제후령이나 나라에서 최고임금을 규정하고, 이에 사용자와 피고용인 모두가 준수하도록 하는 임금조령(Lohnordnung)이 발포되었다. 티롤(1352), 작센(1466과 1482), 독일 기사단령(1406년부터)에서는 영방군주에 의해 그러한 규제가 취해졌다. 이러한 규정은 한편 역병으로 인한 농촌인구의 감소에 대응하는 것이었고(예를 들면 1352년 티롤의 영방조례와 같이), 또 다른 한편으로는 임금인상의 책임을 사용자에게 미루는 것이었는데, 이들은 '유인임금'을 지불함으로써 남에게 고용되어 있던 도제, 심부름꾼 및 노동자들을 서로 번갈아가면서 빼내왔던 것이다. 실제로 임금세(賃金稅)도 인상되어야 했는데, 적지 않은 경우 거듭해서 인상되었다. 그러나 이러한 규정은 일반적으로 전혀 지켜지지 않았다. 예를 들면 1452년 프로이센에서 내려진 임금조령에 의하면 머슴(Knecht) 1인은 1년에 3.5마르크를 받도록 되어 있었다. 그러나 쉰제의 콤투어*는 현존하는 임금 회계장부가 입증하듯이, 머슴 1인에게 5마르크를 지불했다. 비슷한 일이 잉글랜드에

---

*Komtur: 독일 기사단을 비롯한 각 기사단 및 수도회는 유럽 각지에 일정한 영지(領地) 또는 수익원이 되는 부동산, 권리를 중심으로 분단(分團) 또는 관구(管區)—Komturei, Kommende, Ballei—라고 번역할 수 있는 하부의 관리·행정단위를 설치하고 그 관리책임을 맡는 장(長)을 임명했다.

서도 일어났다. 그곳에서 헨리 6세의 한 법령(Statut)은 베일리프*가 23 실링 4펜스를 받아야 할 것으로 규정했으나, "혼처치(Hornchurch)에서 베일리프는 그 배의 임금을 받았다. 그리고 이에 상응하여 다른 직원들의 임금도 세금을 능가했다."[15]

중부 유럽에서 가장 잘 입증된 몇 개의 임금계열자료는 앞의 〈도표 10〉에 제시되었다. 그러나 여기에는 아마도 몇 가지 보충과 주석이 필요할 터인데, 이를 위해서는 임금을 관습적으로 곡물단위로 표현하는 (곡물임금Kornlohn) 경제학 고전의 방법을 적용할 수 있다. 곡물은 당시의 가장 중요한 식료품이었고, 이에는 수공업장인이나 노동자의 가계가 행하는 지출에서 가장 큰 몫을 차지하고 있었다. 독일에서 근대적인 농학을 창건한 알프레히트 테어와 요한 폰 튀넨은 영국의 경제학자들이 사용한 방법을 차용했다. 즉 임금수령자 측에서 보는 임금의 소득적 의미와 더불어 생산자 측에서 보는 임금의 비용적 의미는 곡물의 중량(kg으로 표시)으로 가장 잘 표현되었기 때문이다. 곡물은 아직 1800년경만 해도 농업경영체의 가장 중요한 시장품목이었다. 그래서 여기서 설명하고자 하는 당대의 가계가 벌어들이는 임금소득과 경영체가 지출하는 임금의 실질적인 의미를 드러내기 위해서는, 곡물이 여전히 가장 좋은 기준이 되기 때문에, 과거의 계산법이 거듭해서 이용될 것이다.

잉글랜드에서는 로저스의 가격 및 임금집성에 의하면 벽돌공 1인이 받은 임금은 그 가치가 1301/50년간에는 11.3kg의 밀에 해당했고, 1451/75년에는 20.4kg에 해당했는데, 말하자면 거의 두 배가 되었던 것이다. 로저스의 자료는 비버리지의 연구팀에 의해 보충되었다. 이 보충된 자료에 따르면 남부 잉글랜드에서는 다시 곡물 등가량으로 계산해

---

*bailiff: 중세 프랑스와 영국에서 영지의 관리를 맡았던 관리. 담당하는 영지 구역의 행정과 재정, 경우에 따라서는 일부의 사법 기능까지 관할했다.
15) Th. Rogers, *A history*……, IV, p.118. 독일에서의 보고에 대한 전거는 다음에서 발견된다. W. Abel, *Wüstungen des ausgehenden Mittelalters*, 3rd ed., 1976, p.108.

서 임금이 거의 두 배 반으로 인상되었는데, 이는 약간 다른 시기에서 였다.[16]

〈표 6〉 밀의 등가량으로 환산한 남부 잉글랜드의 임금

시기	수공업장인	농업노동자
1300/1309	100	100
1440/1459	241	236

프랑스에 대해서는 다브넬의 보고에 따르면 미숙련노동자의 임금은 1301/50년의 시기에서 약 7.6kg의 밀이 1451/75년에는 14.3kg으로 인상된 것으로 계산된다. 다브넬의 보고는 의심을 받고 있었다. 그러나 다브넬의 계산에 가장 강력한 의심을 제기한 바 있던 페로이(Perroy)[17] 자신이 생 토메르에 거주하던 직물노동자의 사례를 제시했다. 이 노동자들은 14세기 중엽의 대사망 이후에 세 차례에 걸쳐 임금인상을 관철할 수 있었는데, 그 구실은 생활비가 매우 올랐다는 것이었다. 페로아는 또한 1410년과 1430년 사이에 보르도 주교령에서 임금이 현저하게 인상되었고, 영주직할지의 부역노동자들에게 매우 양호한 식사가 제공되었음을 보고했다. 여러 곳에서 부지런히 수집해놓은 다브넬의 수치는 그 자료에 대해 다소 의심스러운 부분이 있었지만 장기간에 걸쳐 전개된 가격과 임금의 변동을 올바르게 입증했다. 이는 최근의 연구로 확인되었다. 생드니에서 곡가는 1320/36년에서 1467/74년 사이에 약 24%가 떨어진 데 반하여, 루앙의 석공과 단순노동자들이 받는 명목임금은 같은 시기에 두 배 반이나 증가했다. 말하자면 한 세기 동안에 임금은

---

16) 이 표의 수치는 이미 다음의 논고에 인용된 바 있다. Postan, "Some economic evidence of declining population in the later Middle Ages," in: *The Econ. Hist. Rev.*, II, 1950, pp.221f.

17) I. Perroy, "Wage labour in France in the later Middle Ages," in: *The Econ. Hist. Rev.*, 8, 1955/56, pp.232f.

그 곡물의 구매력을 기준으로 하면 약 세 배나 인상되었던 것이다.[18]

임금의 수준에는 커다란 편차가 있었다. 주화와 도량형이 다양하여, 매우 큰 제약을 감수하고서야 공통의 단위로 통합시킬 수 있기 때문에 이러한 편차를 파악하기가 어렵다. 그러나 우선 하나의 개별 연도, 즉 1379년에 대해서 한 번쯤 시도할 것이다. 이 연도에 대해서는 남부 잉글랜드, 안트베르펜 그리고 로스토크에서 빵값, 곡가 및 벽돌공의 임금이 제출되어 있다. 주화를 그 귀금속 함유량(은의 g 수)으로 환산하고, 곡물 도량형을 중량단위(kg)로 환산하며, 석공의 임금을 곡물에 대한 구매력과 관련지으면, 다음과 같은 수치가 나온다.

〈표 7〉 1379년의 주곡 가격과 벽돌공 임금[19]

장소	호밀(R) 또는 밀(W) 100kg당 은의 중량(g)	벽돌공의 일급 은의 중량(g)	임금의 주곡 등가량(kg) 호밀(R) 또는 밀(W)
잉글랜드	41.3 (W)	7.8	19 (W)
안트베르펜	21.0 (R)	10.1	42 (R)
로스토크	15.2 (R)	5.6	37 (R)

〈표 7〉은 예상과 다르지 않게, 가격이나 임금에서 나타나는 큰 차이를

---

18) G. Bois, *Crise du féodalisme*, 1976, pp.76, 98. 푸르캥(G. Fourquin)에 의하면 다른 곳과 다른 저자의 보고에 의존했다.

19) 잉글랜드: 잉글랜드의 가격과 임금은 다시 로저스의 저작에서 취했다. J. E. Th. Rogers, *A History of Agriculture and Prices in England*, I, 1866, table I, p.234 및 table IV, p.322(10년 단위의 평균치 1371/80, 석공). 주화와 도량형의 환산을 위해서는 로저스의 보고가 다른 저자의 보충적인 보고와 함께 이용되었다. 1quarter=218kg, 1penny=20troy grains, 1troy grain=은 0.064179g(이 책의 613쪽과 비교하라).

안트베르펜: 다음에 의거. H. van der Wee, *The Growth of the Antwerp Market and the European Economy*(fourteenth-sixteenth centuries), I, 1963, pp.174, 457 및 p.336(석공, 9플레밍 그로트flämische Groten); 1안트베르펜 피어텔(Antwerpener Viertel)=77*l* 또는 56kg. 1379년경의 1fläm.

보여주고 있다. 이는 부분적으로 자료의 다양한 출처와 환산의 결함에 의거하겠지만, 그러나 또한 이 가격과 임금이 유래한 지역(남부 잉글랜드)과 도시들의 상이한 경제적 조건을 반영하는 것이기도 하다. 서부에서 동부에 이르는 곡가의 차이에는 이미 정착인구의 밀도가 높은 서부 유럽이 일정한 흡인력을 발휘했음이 드러나고 있다. 물론 14세기 말에 곡물무역은 가격차에서 오는 기회를 매우 드물게 이용했지만. 은으로 환산한 각지의 임금은 서로 근접해 있었지만, 안트베르펜에서 가장 두드러져 보인다. 주곡에 비한 임금의 구매력을 보면 로스토크의 건축노동자는 안트베르펜의 동일 직종 집단에 속한 노동자보다 처지가 아주 나쁘지는 않았다.

독일에 대해서는 아직 약간의 보충이 가해질 수 있다. 뉘른베르크에서는 14세기의 마지막 4분기에서 유래한 임금자료가 제시되고 있는데, 이는 K. 헤겔이 뉘른베르크 시의 결산보고서에서 추려낸 것이다 (*Deutsche Städtechronik*, I, p.258). 3일 동안 성(城)에서 일했던 2명의 머슴이 1377년에 13실링 헬러를, 2일 동안 삼림에서 일했던 2명의 농민은 11실링 헬러를 받았다. 주화에 함유된 은으로 환산하면, 이는 1일에 대략 은 5g에 상당한다. 헤겔은 여기에 다음과 같은 소견을 진술했다. 즉 이 자료에 따르면 임금은 오늘날(1860년경!)과 큰 차이가 없었다는 말이 되는데, "그러나 실제로 이는 더 많은 가치를 갖고 있었다. 왜냐하면 주곡의 값이 단지 절반 정도밖에 안 되었기 때문이

Gr.=은 1g.
로스토크: 다음에 의거. U. Hauschild, *Studien zu Löhnen und Preisen in Rostock im Spätmittelalter*, ed. by Hans. Geschichtsverein, N. F., XIX, 1973, p.57. 1370년 로스토크에서는 1셰펠의 호밀이 2실링 6페니히, 1셰펠=40kg이었다(이는 F. Engel, "Tabellen alter Münzen, Maße und Gewichte," in: *Schaumburger Studien*, Heft 9, 1965, p.9에서 필자의 동의를 얻어 인용함). 1데나르(Denar)=은 0.203g. 벽돌공 1인은 술값까지 포함해서 하루에 27.75데나르(p.20) 또는 은 5.6g을 받았다.

다." 그러나 유감스럽게도 이 주장은 곡가자료가 부족하여 이 해의 뉘른베르크에 대해서 확증할 수 없다. 만약 이 해에 결여된 뉘른베르크의 곡가 대신에 1371/80년 크산텐 시, 프랑크푸르트 암 마인 시 및 브라운슈바이크 시에서 100kg의 호밀에 대하여 21.6g의 은으로 산출된 곡가의 평균치를 대입해보면(이 책, 613쪽에 수록된 〈표 2〉에 따라서), 뉘른베르크에서 통상적인 미숙련노동자의 하루 임금은 약 23kg의 호밀에 상당한다──이에 비하여 1860년경의 뉘른베르크에서 이 임금은 거의 10kg을 넘지 못했다.

룬팅겐 가(家)의 장부(여기에서 이 장부의 자료는 다음의 집성에 의거하여 인용했다. Wiltrud Eikenberg, *Das Handelshaus der Runtinger zu Regensburg*, 1976, pp.296f.)에 따르면, 레겐스부르크에서는 1397년과 1403년 사이에 흙을 나르거나, 수레에 싣는 일을 하는 노동자는 일당으로 3레겐스부르크 페니히를 받았고, 도로포장공사조합장(Pflastermeister)과 석공조합장(Maurermeister)은 일당으로 10레겐스부르크 페니히, 그들의 도제들은 추측건대 5~7페니히를 받았다. 1첸트너*의 호밀에 대해서는 1399년에 9레겐스부르크 페니히가 지출되었다. 레겐스부르크의 첸트너가 당시에 이미 약 51kg을 포함하고 있었다면, 이 임금을 호밀의 중량으로 환산하면 다음과 같이 나타낼 수 있다.

미숙련노동자	17kg
벽돌공 및 목수 도제	28~40kg
도로포장 장인 및 벽돌공 장인	57kg

쾰른에 대해서는 프란츠 이르지글러가 몇 가지의 보고를 제시했다 (F. Irsigler, *Kölner Wirtschaft im Spätmittelalter*, 1975, pp.

---

*Zentner: 100파운드의 중량, 따라서 대략 50kg 내외의 무게를 말한다.

303f.). 그는 1374년에 대하여 전해지는 건축노동자의 임금을 헤르만 폰 고흐(Hermann von Goch)의 가계장부(1392/94)에서 취한 것으로 쾰른 시장 내 소상업의 가격으로 확인될 수 있었던 가격을 관련지었다. 이에 따르면 목수, 석수 또는 기와 장인의 하루벌이는 쇠고기 8푼트, 양 반 마리, 거세된 양의 고기 9푼트, 닭 3마리, 자고새 2마리, 토끼 1마리, 청어 37마리, 숭어 36마리, 중간 크기의 잉어 1마리, 꿀 3푼트, 쌀 4푼트 또는 계란 87개를 살 수 있었다. 지역 간 또는 통시적인 비교에 더 적합한 호밀로 환산하면 이러한 수공업장인들의 하루벌이는 1390년경 대략 호밀 24kg에 상당했다.

지금까지 알려진 임금 가운데 가장 낮은 것은 이 기간에 프랑크푸르트 암 마인에서 흙일을 하는 노동자들, 이른바 오퍼크네히트(Opperknecht)들에게 지불되었다. 이들은 14세기의 80년대 겨울 몇 달 동안 약 14페니히 또는 2.3g의 은을 받았을 뿐이다. 1379년에 대해 프랑크푸르트 암 마인에서 호밀은 아하텔*당 110페니히로 계산되었다. 프랑크푸르트 도량형으로 1아하텔이 115*l*에 해당하거나 아니면 이 책에서 적용한 환산치로 84kg이 되고, 1페니히가 1368년의 푼트 계산에 따른 1헬러와 동일하다면, 1페니히는 0.167g의 은을 함유했으며, 84kg의 호밀은 대략 22g의 은 가치에 상당했다. 이에 따르면 이 노동자의 임금은 일당 식사제공 없이 약 10.6kg의 호밀에 해당했다——물론 여기서는 불안정한 프랑크푸르트의 도량형과 화폐 관계가 올바로 해석되었음이 전제되어야 한다. 그러나 14세기 말의 상황에 비추어 보아 매우 저렴한 이 임금조차 몇 년 뒤에 찾아온 '대중빈곤'의 시대에 임금과 가격목록에 수록된 것을 월등히 넘어서는 것이었다.[20]

15세기가 경과하면서 임금에 대한 기록이 늘어나고 있다. 우선

---

*Achtel: 말 자체로는 1/8이라는 뜻.
20) 프랑크푸르트의 임금과 가격은 다음에 의했다. Elsas, *op. cit.*, II A, passim.

1401년부터 1640년까지 괴팅겐의 임금과 호밀가격을 포함하고 있는 도표가 제시될 것이다. 임금은 1클라프터*의 장작을 패는 일에, 말하자면 아주 통상적인 단순 (미숙련)노동자에게 지불되었다. 임금은 호밀의 등가량으로 계산해서 1461/70년간에 최대치에 달했는데, 다시 16세기 후반까지 그 최고수준의 1/3까지 떨어졌다[21](〈도표 11〉).

도표는 실질(곡물)임금의 변동을 도시한 것이다. 이는 현격한 고저 변동을 포함하고 있다. 더욱 장기간에 걸쳐 산출한 평균치는 이러한 변동을 다소간에 은폐하게 마련이지만, 그렇다고 해서 쓸모없는 것은 아니다. 왜냐하면 이 도표는 동시에 15세기의 임금에 대한 조감을 가능하게 한다. 그래서 15세기에 중간급의 임금고를 나타낼 몇 가지 요약이 첨

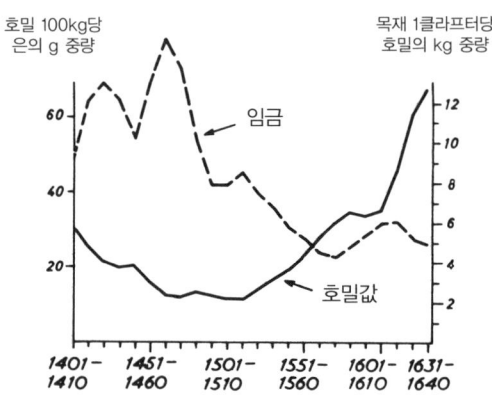

〈도표 11〉 괴팅겐의 임금과 호밀가격, 1401~1640
(3개항의 이동평균법에 의한 10년 단위 평균치)

18세기 및 19세기 초의 보고에 대해서는 이 책의 422쪽 이하 및 다음을 참조. W. Abel, *Massenarmut und Hungerkrisen im vorindustriellen Europa. Versuch einer Synopsis*, 1974.

* Klafter: 장작을 쌓는 용적 단위의 명칭으로 대략 1Klafter=3~4m³이다.
21) 이 자료는 괴팅겐 시립 기록보관소에서 출처했는데, 내 연구팀의 일원에 의해 수집·정리되었다(H. Kullak-Ublick, *Wechsellagen und Entwicklung der Landwirtschaft im südlichen Niedersachsen vom 15. bis 18. Jahrhundert*, Diss., Göttingen 1953, Manuskript).

부될 것이다. 안트베르펜에 대해서는 판 데어 베(van der Wee)의 노고에 힘입어 방대한 자료 집성이 제시되고 있다. 비교의 목적에 필요한 환산에 의하면 석공과 그의 조수들은 1437~1500년에 평균적으로 매일 26kg의 호밀에 상당하는 임금을 받았다.[22] 로스토크에 대해서도 더 장기적인 임금계열이 제시되고 있다. 15세기 54년간(1412년부터 1498년까지)의 평균치로 보면 벽돌공 1인이 연구자가 전제한 매년 300일의 노동일에 받은 임금은 229셰펠의 호밀, 또는 로스토크의 1셰펠이 당시에 이미 약 40kg에 달했다면, 9,160kg, 따라서 300일의 노동일 수에서는 매일 30.5kg에 상당하는 것이었다.[23]

또한 이러한 수치를 보충하기 위해서 잘 입증되지는 못했지만 독일의 여러 영방에서 출처한 임금자료를 다시 제시할 것이다. 이들도 역시 가능한 한, 15세기 전체의 평균으로 계산되었다.[24]

〈표 8〉에 대해서는 그저 다음과 같은 정도만을 언급할 수 있다. 즉 이

---

22) 이 계산의 기초가 되는 수치는 다음에 의거했다. van der Wee, *The Growth of the Antwerp market*······, I, 1963, Appendix 48, pp.540f.에서 다음과 같은 제목이 붙은 부분. "Real daily income of masons and masons's labours ······ 판 데어 베 씨가 나의 조회에 답하여 통보했듯이, 이 표의 표기에는 약간의 오류가 나타났다. 그것은 다음과 같이 정정되어야 한다. "real weekly income······" 나아가 필자는 평균해서 대략 210일에 달하는 매년의 노동 일수가 52로 나뉘어 '주'(週)로 표기되었음을 알게 되었다. 이에 따르면 여기서 주로 다루고 있는 나날의 임금은 그러한 주급(週給)의 1/4로 산출되었다. 부피(*l*)로 산정된 호밀의 중량(kg) 환산은 필자의 통상적인 도식에 따라 이루어졌다(이 책, 609쪽 참조).
23) U. Hauschild, *Studien zu Löhnen und Preisen in Rostock im Spätmittelalter*, 1973, p.201. 이 연구의 저자는 필자의 농업위기론과 수공업 장인들의 '황금시대'라고 하는 테제를 반박했다. 그러나 저자가 부지런히 수집한 임금과 가격은 위에 제시된 바와 같이 오히려 저자의 반박을 지지하지 않고 있다.
24) 엘자스: 다음에 의거. Hanauer, *op. cit.*: 미숙련 하절기 노동(II, p.555) 및 목수의 조수(*op. cit.*, II, p.421) 15세기의 평균치.
코플렌츠 계곡지대(Koblenzer Talkessel): K. Lamprecht, *Deutsches Wirtschaftsleben im Mittelalter*, II, p.613에 의하면, 호밀의 가격은 말터당

표가 담고 있는 최하 수준의 임금도 13세기, 심지어 16세기의 임금과 비교해보면 매우 높은 것으로 나타난다는 것이다. 그리하여 예를 들면 코플렌츠 계곡지대에서 미숙련노동자에게 식사제공과 함께 지불되었던 임금(매일 호밀 약 10kg)은 이에 상응하는 노동자 집단이 16세기

모젤 지방에서 15세기의 평균치로 은 27.1g인데, 같은 시기에 1말터의 용량은 약 200*l*(*op. cit.*, II, p.510). 석공과 목수의 임금자료는 1431/32년, 1444~46년, 1464/65년의 것이다(*op. cit.*, II, p.538). 미숙련 노동에 대해서는 나아가 15세기 전반기의 여러 해가 관련되어 있는데, 이에는 은 1.89g의 총평균이 가정되어 있다(*op. cit.*, II, p.612). 식사제공은 매일 은 1.92g으로 산정되는데(Lamprecht, *op. cit.*, II, p.612), 이는 화폐임금에 포함되어 있다. 이러한 방식으로 람프레히트의 보고에서 조사된 은의 중량으로 표시되는 화폐임금은 다음에서 람프레히트의 임금기록에 따라 같은 방식으로 산출한 은 함유량 표시 임금과 일치한다. G. Schönfeldt, *Viertelj. f. Sozial- und Wirtschaftsgesch*, I, 1903, p.60.

작센: J. Falke, "Geschichtliche Statistik der Preise im Königreich Sachsen," in: *Jahrb. f. Nat. u. Stat.* XIII, 1869, pp.393f.에 따르면 15세기 후반기 작센에서의 명목임금은 석공의 경우 $3\frac{1}{2}$그로셴, 목수의 경우는 2그로셴 2페니히, 일용노동자의 경우는 1그로셴 2페니히였다. 호밀은 드레스덴 셰펠(Falke, *op. cit.*, p.367에 의하면 103.8*l*)로 1455~80년의 평균이 6그로셴 4페니히였다(Falke, *op. cit.*, p.371).

동프로이센: 다음에 의거. G. Aubin, *Zur Geschichte des gutsherrlich-bäuerlichen Verhältnisse in Ostpreußen*, 1911, p.97: 수확노동자 임금의 평균.

홀슈타인: G. v. Buchwald, "Holsteinische Lohnverhältnisse im 15. Jahrhundert," in: *Zeitschr. d. Gesellsch. f. Schlesw.-Holst. Geschichte*, XI, 1881, pp.173, 190, 191에 의하면 홀슈타인에 소재하는 프레츠(Preetz) 수도원의 명목임금은 15세기 평균이 다음과 같다: 석공의 임금 3실링, 목수의 임금 2실링 4페니히, 일용노동자의 보수 $1\frac{3}{4}$실링. I. Waschinski, "Währung, Preisentwicklung und Kaufkraft des Geldes in Schleswig-Holstein von 1226~1864," in: *Quellen und Forschungen zur Geschichte Schleswig-Holsteins*, 26, 1952 및 1959에 의하면 대개 앞에 언급한 액수의 임금이 지불되었던 15세기 후반기에 대해서 슐레스비히-홀슈타인의 호밀가격은 톤(= 100kg)당 12실링의 액수에 달했다. 이렇게 산출된 홀슈타인의 임금이 갖는 '호밀 환산가치'는 아직 상세히 입증되지 않은 부흐발트의 견해(v. Buchwald, *op. cit.*, p.174)와 일치하는데, 이에 따르면 슐레스비히-홀슈타인에서 15세기의 자유노동자는 하루에 약 반 셰펠의 호밀을 받았다는 것이다.

〈표 8〉 호밀의 중량(kg)으로 표시된 15세기 독일 일부 지역의 하루 임금

지역	미숙련노동자		벽돌공	목수
	식사제공 제외	식사제공 포함		
엘자스	29.7	18.1	37.6	25.3
코플렌츠 계곡지대	20.5	10.1	27.5	27.5
작센	-	14.3	28.7	26.0
동프로이센	30.0	-	-	-
홀슈타인	-	14.5	25.0	20.0

후반기 고지(高地)엘자스(Oberelsaß)에서 받던 임금의 두 배만큼이나 높다.[25]

이 자리는 이러한 임금이 수공업의 역사에서 갖는 의미를 검토하는 장소가 아니다. 그러나 특수한 계기에서 결집된 수공업장인 집단으로 잠깐 시야를 돌려보는 것도 나쁘지 않을 것이다. 이 수공업장인들은 라인 강 하류 지방에 소재하는 크산텐에서 성 빅토르 교회(St. Victorskirche)를 건립할 때 모집되었다. 이 건축공사와 관련지어 회계장부와 공사관리에 관련된 기타의 기록류가 전해지는데, 이들은 1356년부터 17세기에까지 걸쳐 있고, 거의 매년마다 공사관리상의 지출과 수입, 임금, 가격 및 기타 여러 가지 사항에 대하여 알려주고 있다.[26]

우선 이 공사에서 만나게 되는 사람들에 대해서. 이들은 건축장(建

---

25) 하나우어(Hanauer)의 가격 및 임금자료에 의하면 16세기 후반기 고지엘자스에서 미숙련노동자들이 식사제공과 함께 받는 임금은 매일 호밀 5kg이었다.
26) 이 자료는 다음의 연구를 통해서 수집되면서, 경제사가의 요구를 완벽히 충족시키는 방식으로 정리되었다. St. Beissel, "Geldwert und Arbeitslohn im Mittelalter," in: *Stimmen aus Maria Laach*, VII, 27, 1885; Ibid., *Die Baugeschichte der Kirche des Heiligen Victor zu Xanten*, 1883.

築匠, Baumeister)과 그의 도제, 석수(石手), 대목장, 소목장, 기와장, 대장장이, 바닥공사 장인, 유리공, 칠장이, 종(鐘) 주조장, 원거리 뱃사람, 짐꾼, 서기, 심부름꾼 등 매우 다채로운 직종의 사람들이 부분적으로는 베스트팔렌, 쾰른, 네덜란드 및 남서부 독일과 같이 아주 먼 곳에서 모여들었다. 직종에 따라 이들은 집단으로 묶여 있었다. 즉 어떤 장인은 하나 아니면 두 명의 도제를 두었는데, 경우에 따라서는 또 하나의 초보도제나 몇 명의 조수들이 하나의 과업을 중심으로 모여 있었다. 그러나 드물지 않게 장인 한 사람이 혼자서 작업을 하는 경우도 있었다. 사회 계층적 차이에 대해서는 거의 감지하기가 어렵다. 물론 장인(Meister)은 명백히 자신의 칭호——그는 사료에서 마기스터*로 언급되었다——에 각별한 가치를 부여했으나, 다른 장인의 수하에서 일하는 것도 꺼려하지 않았다. 다른 한편으로 이는 도제에게도 때때로 자립적인 과업이 맡겨지는 바와 같았다. 또한 이러한 사정에 상응하여 나아가 통일적인 형태의 보수체계도 존재하였다. 장인, 도제, 초보도제**는 일급(日給)을 받았다. 전체 건축공사를 감독하는 건축장만이 그가 스스로 손수 처리하는 일에 대한 일급 이외에, 그가 수행하는 설계 및 건축공사 감독일에 대한 보수로서 별도의 고정급을 받았다.

이러한 사정에 따라 임금에 약간의 차이도 있었다. 단적으로 하나의 예만 들어보자. 기스베르트 폰 크라넨부르크라고 하는 석수 장인은 "교회건축을 위한 돌을 쪼았다." 그러나 그는 또한 제빵소와 통로를 만들도록 하는 일도 맡아 1415~24년간의 여름 동안 매일 53데나르*에 달하는 임금을 받았다. 2, 3인에 이르는 그의 도제들은 40데나

---

* Magister: 영어의 master, 독일어의 Meister에 해당하는 라틴어로서 장인, 또는 선생, 스승이라는 뜻도 있다.
** 길드에 조직된 수공업장인의 위계를 일컫는 말을 장인(匠人, Meister, master), 직인(職人, Geselle, journey man), 도제(徒弟, Lehrling, apprentice)로 번역한다.

르를, 그리고 초보도제는 15데나르를 받았는데, 물론 여기에서 초보도제가 장인에게 일부를 바쳤는지는 확실하지 않다.

그리고 끝으로 임금 자체에 대해서. 크산텐의 석수 장인은 1340~1450년 사이에 매일 34kg의 호밀에 상당하는 임금을 받았고, 소목장은 29kg, 기와장은 30kg의 호밀에 상당하는 임금을 받았다. 여기에 약간의 부가수당과 선물이 추가되었다. 예를 들면 기와장에게는 교회탑 위에서 일하는 데 따르는 위험수당, 석수에게는 특별히 마음에 드는 일에 대해서 때때로 선물이 주어졌다——어떤 미장이 도제는 같은 기간에 화폐임금을 받았는데, 이로써 그는 크산텐에서 약 28kg의 호밀을 구입할 수 있었던 것으로 보인다. 물론 그는 이 임금을 모두 그렇게 쓰지는 않았을 것이다. 왜냐하면 매일 소비하는 빵으로 2, 3kg이면 족했을 것이기 때문이다. 나머지를 그는 다른 것을 구하고 또 흔히 있었던 축일을 보내는 데 썼을 것이다.

그리고 이 역시 언급되어야 할 것이다. 수공업장인들은 초과노동을 하지 않았다. 크산텐만이 아니라 아마 다른 곳에서도 이미 중세 성기에는 5일을 한 주로 계산하는 일종의 관행이 있었던 것 같다. 그러한 것은 무작위로 선정된 1356년도와 1495년도의 노동일 수 계산에서 나타나고 있다. 회계장부가 출처하는 한 연도에서는 49주 동안에 250일이 노동한 날로 계산되고 있으며, 다른 연도에는 53주 동안 270일의 노동일 수가 계산되고 있다. 즉 주 단위로 나누어볼 때, 5일의 노동일 수가 나온다. 나머지 다른 날은 일요일과 많은 축일에 배당되어 있다. 예를 들면——물론 여기에서는 모든 축일이 다 열거될 수는 없지만——페터(베드로)와 파울(바울), 마리아 막달레나, 야콥과 판탈레온, 성 페터의 석방 축일,** 라우렌티우스, 마리아 승천일, 바르톨로메우스, 마테우스(마태), 미카엘, 빅토르, 1만 1,000명의 성처녀 등,

---

* Denar: 프랑크 왕조 시기의 최소 화폐단위 데나리우스(denarius)의 독일어형으로 페니히와 상호교환이 가능한 개념이다.
** Petri Kettenfeier:『신약성서』「사도행전」12장에 보고된 성 베드로의 석방과

통틀어 매주에 일요일 이외에 축일이 하나씩 들어 있었다.

중세 후기 수공업장인의 번성을 말하는 설(設)은 다른 보고에 의거하는 것으로 추측된다. 사람들은 도시주민 중에서 수공업장인이 차지하고 있는 높은 비율——프랑크푸르트 암 마인에서는 14세기 말 도시인구의 50~60%가 수공업장인층에 속했다[27]——과 노동에 대한 관계, 그들의 사교, 동업조합 및 정치적 권력을 상기한다. 그러나 또한 수공업장인들의 소득, 그들의 낭비, 그리고 낭비로 탕진되지 않는다면, 그들이 축적한 재산이 이러한 설에 상응한다. 그리고 이로부터 볼 때, 번성이라는 말은 물질적인 측면에서도 보충될 수 있다. 중세 후기는 "수공업장인들의 황금시대"였다.

중세 후기의 기근과 판로위기

한 역사가가 전반적인 현상을 추구하다 보면, 어쩔 수 없이 상황을 아주 높은 곳에서 조망해야 할 필요가 생긴다. 그렇게 되면 상업의 후퇴, 흉작, 가축의 몰사는 시야에서 사라져버린다. 심지어 전쟁조차도 시야에서 벗어난다. 그리고 '굵은 선'이 두드러져 나타난다. 그러나 이 전체적인 상에 특정한 장소와 시기에서 발견할 수 있는 개별적인 사태가 전적으로 항상 부합하는 것은 아니다.

이는 특히 15세기에도 드물지 않았던 물가앙등(Teuerungen)의 시기에 잘 들어맞는다. 이러한 사태를 낱낱이 거론하거나 서술하지 않지만,[28] 이미 새로운 세기의 최초 수년간에는 여름에 강우량이 많았고 수확은 우박으로 큰 피해를 보았다는 점을 지적할 수 있다. "그로 인하여

관련된 축일. 매년 8월 1일에 거행되었는데, 1960년부터 폐지되었다.
27) K. Bücher, *Die Bevölkerung von Frankfurt am Main im 14. und 15. Jahrhundert*, I, 1886, p.148.
28) 내게 시간이 더 남아 있다면, 이 작업은 별도로 분리해서 더 큰 틀에서, 아마도 "중세 후기 경제의 구조와 위기"라는 제목으로 이루어질 것이다.

어려운 시기가 닥쳐왔는데, 특히 가난한 사람들은 막대한 곤경과 기근의 고통을 겪어야 했다"(슈팡겐베르크의 『만스펠트 연대기』는 1401년과 1402년에 이렇게 보고하고 있다). 1408년, 1416년, 1426년에는 다소 약화되었지만, 흉작이 반복되었다. 그리고 1438년경에는 이제 새로이 더욱 무시무시한 곤경이 닥쳐왔다. 아담 우르신의 『튀링겐 연대기』는 이렇게 보고하고 있다. "이 1438년에는 튀링겐과 다른 지방에서 물가가 엄청나게 뛰었다. 그래서 사람들은 굶어죽었고, 마을과 구역, 거리에는 시체가 오랫동안 매장되지도 못한 채 널려 있었다. 그리고 호두알만 한 한 조각의 빵이 1페니히나 되었다. 그래서 아직도 해마다 에어푸르트에서는 이 일을 영원히 기억하기 위해서, 사람들이 '절약의 빵'(Sparsbroit)이라고 부르는 그런 크기의 빵을 구웠다. 그리고 죽은 사람들이 오랫동안 매장되지도 않은 채 여기저기 널려 있던 탓으로 공기마저 오염되어 물가가 이렇게 오른 것을 계기로 삽시간에 역병(Pestilenz)과 무시무시한 인명 피해가 닥쳐와, 예전에 기근으로 죽었던 것보다 더 많은 사람이 죽었다. 〔……〕 그래서 여러 마을이, 심지어 작은 도시조차 완전히 사멸하고 그 안에서는 한 사람도 찾아볼 수 없었다."

이와 같은 기근과 결핍을 둘러싸고 있는 것이 서론에서 보고한 바 있는 라브루스의 위기설[29]이며, 15세기까지 거슬러 올라가는 판 데어 베의 한 연구[30]다. 판 데어 베는 네덜란드의 사료에서 일련의 가격과 임금계열을 산출했는데, 이는 물가앙등의 해를 기준으로 각기 그 5년 전과 5년 후, 즉 통틀어 11년을 포괄했다. 그리하여 그는 전체적으로 8개의 순환주기(1408/1409, 1416/17, 1426/27, 1437/38, 1446/47, 1456/57, 1468/69, 1481/82년의 수확기 무렵)를 획득하고, 다시 이로부터 산술적 중앙값을 구해 하나의 유일한 순환주기로 통합했다. 이렇게 구해진

---

29) 이 책, 61쪽.
30) H. van der Wee, "Typologie des crises et changements de structures aux Pays-Bas(XVe~XVIe siècles)," in: *Annales*, 18, 1963, pp.209f. 이 자리에서는 원저자가 필자에게 보내준 친절한 통보로 그 내용이 다소 보충되었다.

실로 인상적인 결과는 이 자리에도 옮겨 〈도표 12〉로 제시한다.

흉작을 거둔 해에는(〈도표 12〉의 좌측에서 우측으로) 다음과 같은 현상이 나타났다.

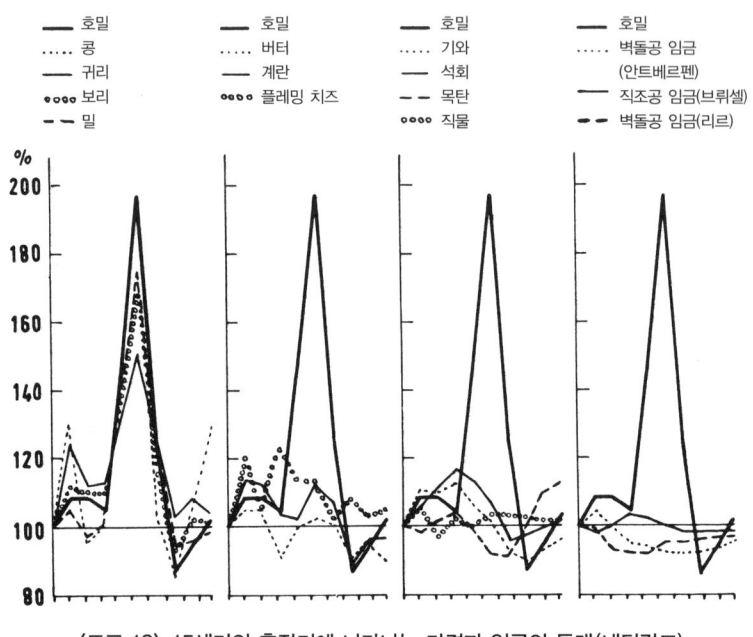

〈도표 12〉 15세기의 흉작기에 나타나는 가격과 임금의 동태(네덜란드)

1. 주곡(네덜란드에서는 호밀)의 가격은 사료곡물과 밀의 가격보다 훨씬 더 눈에 띄게 상승했다.
2. 곡물의 가격은 탄력적인 수요를 갖고 있는 축산품보다 더욱 현저히 등귀했다.
3. 공산품의 가격은 더욱 심하게 정체하고 있었다.
4. 임금은 부분적으로 출발 시점의 수준 이하로 내려갔다.

그 연관관계는 매우 명백해서 더 이상 설명이 거의 필요 없을 지경이다. 곡가의 상승은 생계의 위축을 강요했다. 빈민은 곡물이나 심지어 곡물의 대용품에 의존하게 되었다. 공산품의 판로도 위축되었다. 기근, 아마도 아사(餓死) 지경에 이른 사태가 그러한 고통의 단계를 종결지었을 것이며, 여기에서 임금하락을 야기하는 추가적인 압력이 발생했을 것이다. 굶주림에 직면한 사람은 임금이 겨우 생존만을 연장하는 정도라고 해도, 기꺼이 일거리를 받아들이게 마련이다.

그러나 다음과 같은 몇 가지 의심을 제기할 수 있다. (1) 라브루스와 판 데어 베가 물가앙등의 해에 대해서 강조한 농업의 판로위축은 주장된 것만큼의 폭과 정도로 나타났던가? (2) 오로지 이 이론에서만 가시적으로 드러나는 결핍의 위기는 중세 후기에 나타났던 유일한 위기였던가 아니면 전반적인 위기 자체였던가? 우연히도 15세기에서 가장 험악한 해에 속한 1437년경의 흉작연도에 남서부 독일의 어느 영지에서 곡가와 판매고에 대한 자료가 전해지고 있다(〈도표 13〉).[31] 이는 곡가가 현저히 올랐으나, 판매고는 조금도 오르지 않았음을 보여주고 있다. 판매량의 축소(30년대 초의 900말터 이상에서 1437년경의 약 770말터

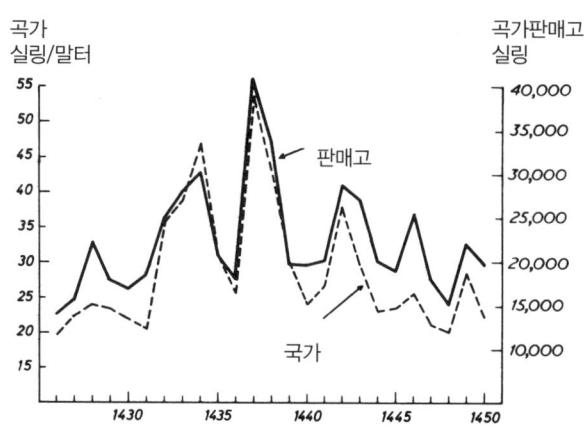

〈도표 13〉 호엔베르크령(뷔르템베르크)의 곡가와 곡가판매고, 1426~50

---

31) K. O. Müller, "Quellen zur Verwaltungs- und Wirtschaftsgeschichte der Grafschaft Hohenberg(1381 bis 1454)," in: *Veröff. d. Komm. f. Geschichtl. Landeskunde in Baden-Württemberg*, A, 4, II, 1959, pp.11ff.

로)는 가격인상으로 보충이 되고도 남음이 있었다. 그래서 이 영주의 회계장부에서 기근의 해 1437년은 최고의 화폐수입을 올린 해로 나타났다.

그러나 이러한 개별 사례는 과대평가되어서는 안 되고 이러한 사례에 의거한 반박도 지나치게 강조되어서도 아니 된다. 호두알만 한 빵 조각 하나가 1페니히였다면, 경제에서 화폐의 흐름은 그렇게 좁은 운하로 몰려들어, 재분배는 단기적으로 전혀 불가능했다. 일부의 소수는 부유해졌고, 다수의 대중은 빈곤해졌다. 그러면 이른바 작황이 좋았던 해에는 어떠했던가?

풍작을 흉작에서, 그리고 낮은 가격을 높은 가격에서 구별해내기 위해서는 중세 말기의 전 기간, 즉 1375년부터 1500년까지가 검토되어야 한다. 이것은 한 해의 평균곡가를 제시함으로써 가능해질 것인데, 이러한 수치 조작에는 이 자리에서 거의 중요하지 않은 많은 요소가 끼어들 소지가 있다. 그리하여 여기서는 연간 가격의 이동평균치가 권장된다. 물론 이러한 통계처리방식을 취하면, 가격계열의 전환점이 경우에 따라서 다소 이전된다는 점도 각오해야 한다. 따라서 그러한 이전의 여지를 가능한 한 최소로 하기 위해서는 평균치를 지나치게 긴 기간으로 취해서는 안 된다. 그러나 기간이 짧으면 짧을수록 선그래프의 첨두와 골짜기가 더욱 빈번해진다. 말하자면 우리는 일정한 중용을 취해야 하는 것이다. 그리하여 여기에서는 7년 단위의 이동평균치를 취했는데, 이는 가장 중요한 관심사인 수확주기의 큰 굴곡을 매우 분명히 드러내기 때문이다.

〈도표 14〉에서는 잉글랜드(로저스), 프랑크푸르트 암 마인(엘자스), 슈트라스부르크(하나우어)에서 출처한 가격이 포섭되었다.[32] 아마도 잉글랜드와 독일의 동태가 거의 일치하고 있음에 놀랄 것이다. 유럽은

---

32) J. E. Th. Rogers, *A history of agriculture and prices in England, 1866~1902*; M. Elsas, *Umriß einer Geschichte der Preise und Löhne in Deutschland*, 1936, 1940; A. C. Hanauer, *Études économiques sur*

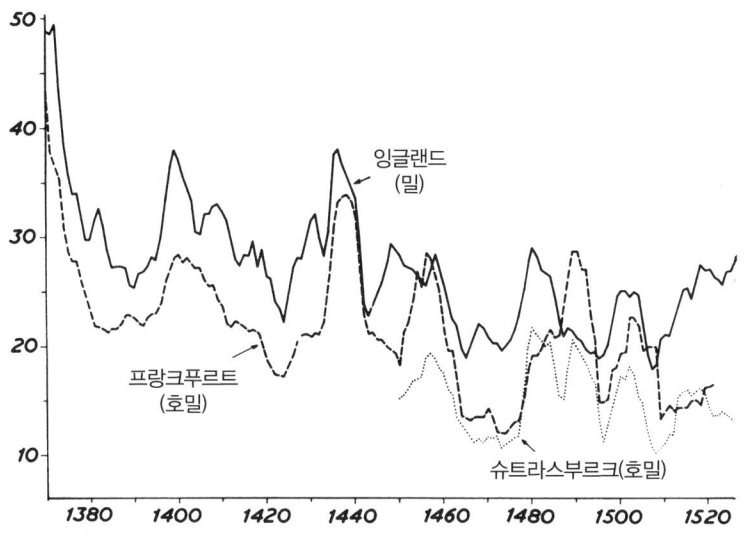

〈도표 14〉 잉글랜드와 독일의 곡가, 1370~1526
(7개항의 이동평균법에 의한 연평균치, 100kg당 은의 g 단위 중량)

이미 중세 말에 오늘날에도 때때로 가정되고 있는 것보다 더욱 긴밀한 관계를 맺고 있었다. 그러나 가격계열이 동일한 보조로 움직이고 있는 것은 또한 다음과 같은 사정에 의해 규정되고 있다. 즉 잉글랜드의 가격자료가 출처한 남부 잉글랜드와 대륙의 중부는 기본적으로 동일한 기후조건을 누리고 있었기에, 또한 아주 비슷한 작황변동이 나타났다는 것이다. 우리는 또한 판 데어 베가 네덜란드의 자료에서 확인했던 물가앙등의 해를 알아볼 수 있다. 예컨대 1408년, 1416년, 특히 1438년이 그것이다.

그러나 또한 그러한 앙등의 해에 이어지는 가격의 깊은 골짜기도 더욱 눈에 띈다. 이렇게 가격이 폭락하는 기간은 모두 5개로서 이는 아직 더 서술해야 할 문제인데, 또한 시간적인 확정이 필요할 것이다.

---

l'Alsace ancienne et moderne, 1876, 1878. 환산은 부록에 제시하고 설명한 규칙에 의해 처리되었다.

1. 1370년 이후의 최하가격이 잉글랜드에서는 1387년, 프랑크푸르트 암 마인에서는 1383년과 1393년,
2. 1400년 이후의 최하가격이 프랑크푸르트 암 마인에서는 1423년, 잉글랜드에서는 1426년,
3. 1438년 이후의 최하가격은 40년대,
4. 50년대 이후의 최하가격이 독일에서는 1464/65년, 잉글랜드에서는 1473년,
5. 1480년 이후의 최하가격이 (슈트라스부르크에서) 1484년, 1495년 및 1509년에 도달했다.

이러한 가격폭락의 해는 농업부문에서 어떻게 작용하고 있었던가라는 문제가 제기된다. 대답은 추측에 머물 수밖에 없을 것이나, 이제 보고가 이루어져야 할 것이다. 그것도 라브루스가 논거로 했던 농촌의 소득에 대한 보고가 우선되어야 할 것이다.

제1기: 잉글랜드에서는 이미 로저스가 다음과 같이 언급한 바 있다. 즉 두 농장을 빌린 차지인(借地人)에게는 1387년에 한 농장의 차지료가 "밭에서 거두는 곡물의 가치가 폭락했기 때문에"(propter vilitatem predii bladorum) 면제되어야 했다는 것이다. 메이틀랜드, 대번포트, 포스탠과 다른 잉글랜드의 역사가들은 추가적인 지대인하의 사례로 이러한 보고를 보충했다.

예를 들면 이러한 사례들이다. 1348년 윌버튼 령의 어떤 농민은 그에게 양도된 농지이용계약을 너무 비싸다고 해서 해지했다. 이 토지는 그 후에 다른 농민에게 양도되었는데, 그는 지금까지 요구되었던 5실링 대신에 단지 3실링만 지불했다.[33]

---

33) Rogers, *op. cit.*, I, 677; II, 608. F. W. Maitland, "History of a Cambridge-shire Manor," in: *The English History Review*, 9, 1894, pp.423f.

안트베르펜 부근에서 폴더*의 차지료는 공급자의 자유경쟁을 통해 거래되었는데, 1379년에서 1385년까지 약 25%가량이 떨어졌다.[34]

덴마크에서는 헤딩게의 주민이 지불할 의무를 지고 있었던 란트길데라고 하는 공납이 그들의 아버지 때에 재임 주교에게 지불하던 액수의 1/3로 인하되었다.[35]

알트마르크에 소재하는 디스도르프(Diesdorf) 수도원의 회계장부에는 수도원이 "빈곤으로 인하여"(propter paupertatem) 이 농민, 저 농민의 공납의무를 면제해주었다는 주기(注記)가 여러 차례 나타나고 있다. 수도원 장부의 작성자는 1386년 "거의 모든 촌락에서 다수의 농지에 대하여 원장이 해당 보유자에게 여러 실링의 화폐지불을 면제해주었다는 추기(追記)가 발견된다"는 것을 보고했다.[36] 『멜만 연대기』(Mehlmannsche Chronik)의 보고에 의하면 프로이센과 폴란드에서는 독일 기사단의 단장이 "곡물을 지대로 수납하여, 이를 수로에 인접한 성(城)에 쌓아두었는데", 1라스트의 가격은 매우 낮은 5마르크에 불과했다.[37]

---

* Polder: 네덜란드에서 해안의 간석지에 제방을 쌓아서 획득한 간척지를 일컫는 말.
34) V. d. Wee, *The growth of the Antwerp market*……, I, 1963, App. 40/1, p.478.
35) C. A. Christensen, "Nedgangen in landgilden i det 14. aarhundrede," in: *Historisk Tidsskrift*, 10, 1, 1930/31, p.461; 또한 다음을 참조할 것. Ibid., "Aendringerne i landsbyens økonomiske og sociale struktur i det 14. og 15. århundrede," op. cit., 12, 1, 1964, pp.257ff; E. L. Petersen, "Jordprisforhold i Dansk Senmiddelalder," in: *Middelalderstudier*, tilegnede A. E. Christensen, 1966, pp.219ff.
36) G. Wentz, *Das Wirtschaftsleben des altmärkischen Klosters Diesdorf im ausgehenden Mittelalter*, o. J. pp.53, 55.
37) 여기서는 다음의 문헌에 따라 재인용했다. W. Naudé, "Wie Getreidehandelspolitik der europäischen Staaten……," in: *Acta Borussica, Getreidehandelspolitik*, I, 1896, p.258. 노데는 그가 단치히 시립도서관에서 발견한 필사본을 이용했다.

제2기: 세기의 전환점에서 15세기의 20년대까지 지속된 두 번째 가격폭락기에 잉글랜드 농민의 지대납부는 다시금 떨어졌다. 그리고 알려졌던 한에서 이 액수는 1/3에서 절반가량에 이르렀다. 많은 농민보유지가 점유되지 않은 상태로 있었는데, 예를 들면 윌버튼령에서는 15.5개의 농민보유지에서 5개의 보유지가, 10~12개의 가옥 중에서 일시적으로 10개가 비어 있었다. 가격이 최하수준에 도달했을 때(1425/26), 잉글랜드로부터의 곡물반출이 자유롭게 되었다. 로저스가 확언하듯이 이러한 일은 중세 후기의 잉글랜드에서 극히 드물게 일어났다. 토지에 이해관계를 갖고 있던 사람들의 곤궁은 곡물 반출의 자유를 강요할 정도로 매우 컸음에 틀림없다.

그리고 얼마나 무지막지하게 가격폭락이 진행되었던지는 콘스탄츠에서 나온 몇 가지 보고로 입증할 수 있다. 그곳에서는 이 시기에 공의회(Konzil, council)*가 열리고 있었다(1414~18). 교황 사절 그리고 콘스탄츠에 운집한 성속(聖俗)영주들의 원망에 따라 도시 참사회는 예방조처로서 가장 중요한 식량과 사료, 잠자리("그래서 2인이 점잖게 누울 수 있도록"), 임금에 대해서 최고가격을 결의하고 공포했다. 또한 일어날 수 있는 분쟁을 처결하도록 중재재판소도 설치되었다. 그러나 울리히 폰 리헨탈이 보고했듯이, "공의회가 오래 끌어도, 이 법정에는 송사가 하나도 없었다."[38] 수천 명의 방문객들이 두둑히 채워진 돈주머니를 지니고 콘스탄츠로 몰려왔건만, 과세는 준수되었고, 자주 떨어지는 경

---

* 14~15세기에 프랑스 국왕에 의한 교황청의 아비뇽유수와 교황의 난립으로 인해 초래된 교회의 분열과 혼란을 쇄신하기 위해 유럽 전역의 고위 성직자, 신학자, 세속의 유력자들이 모인 종교회의다.
38) Ulrich von Richental, *Chronik des Constanzer Concils 1414~18*, ed. by M. R. Buck, 1882, pp.38f. 콘스탄츠의 생활형편과 임금에 대한 추가적인 보고는 같은 문헌의 pp.86, 153을 참조: 가을에는 풍작이었다. "그리고 사람들도 그들의 임금에 만족했다." 임금은 콘스탄츠에서 다른 곳에서와 마찬가지로 폭락하는 물가를 따라가지 않았다. 이는 중세 말기 노동력의 부족과 관련되어 있다.

향도 있었다. 흰 빵은 1페니히에 불과하여, "사람들은 실컷 먹으려고 했다." 사람들이 좋아하는 고기도 충분히 있었다. 멧돼지, 새, 돼지고기, 쇠고기 및 양고기 등. 쇠고기는 1푼트에 3페니히, 돼지고기는 4페니히였다. 몇몇 사람들은 토끼고기 1조각에 9플라파르트(Plaphart)[39]까지 나 값이 나가 너무 비싸다고 아마도 불평을 했을지도 모른다. 그러나 그러한 불평을 다른 사람의 입을 빌려 보고했던 연대기 작가는 이 진술을 의심했다. 즉 "나는 그것을 4플라파르트로 샀다"라고. 단지 임금에 대해서 가끔 불만이 터져나왔다. 임금은 올랐고, 많은 방문객――대략적인 방문객의 수는 5만 명으로 추산된다――이 다시 콘스탄츠를 떠났을 때에도 여전히 높은 상태에 머물러 있었다.

울리히 폰 리헨탈은 당대의 낮은 가격을 콘스탄츠 시의 유리한 교통입지 탓으로 돌렸는데, 이는 이미 공의회의 장소로서 적합한 위치를 선정할 때도 일정한 역할을 수행했다. 에버하르트 고타인은 또한 콘스탄츠에 몰려온 수많은 상인, 제빵업자 등의 활동을 지적했다.[40] 그러나 더욱 중요한 것은 풍작으로서, 이는 콘스탄츠의 외부에서도 이 시기의 가격을 낮게 유지하는 데 기여했다.

낮은 가격에 농민들이 어떻게 반응했는지는 연대기 작가를 통해서는 알 수가 없다. 농민들은 침묵하고 있으며, 또한 일반적으로 그들이 무기를 잡을 때만 비로소 역사가들의 무대에 등장한다. 보름스 근처에서는 봉기가 일어났다(1431). 여러 영주들에 속한 농민들이 보름스 성문 앞으로 원정와서 그들이 진 부채의 탕감이나 최소한의 인하를 요구했다. 가격에 대해서는 이야기가 없었던 것으로 보이나, 여기에서는 다음과 같은 점을 고려해야 한다. 즉 생산물의 판매성과로 부채를 청산할 수 있는데, 이것이 가져오는 수익이 적을수록 부채는 채무

---

[39] 플라파르트 또는 두꺼운 페니히(Dickpfennig)는 통상적으로 7페니히와 동일하다.
[40] E. Gothein, *Wirtschaftsgeschichte des Schwarzwaldes*, I, 1892, pp.486f.

자를 더욱 힘겹게 압박한다는 것이다. 〈도표 14〉로 잠깐 눈을 돌려보면, 이 봉기가 있기 수년 전에 곡가는 은으로 환산해서 세기의 전환기 이래 최하의 수준에 도달했던 것이 드러난다.

제3기: 1437/38년의 대기근 이후 주곡의 가격은 급격히 떨어졌다. 그리고 (프랑크푸르트 암 마인에서는) 이 경향이 완만한 폭으로 40년대 말까지 계속되었다. 한때 독일 기사단의 소령(所領) 가운데 가장 부유한 축에 들었던 코플렌츠 구역의 콤투어는 기사단장에게 그의 직위를 해제해줄 것을 부탁했다(1441). 왜냐하면 "부채와 종신연금이 너무나 거대한데, 내게는 이를 지불할 수 있는 수단이 아무것도 없기 때문이다. 곡물과 포도주가 다른 해만큼의 값어치가 나가지 않는데, 나는 필수품을 사들이고 부채를 갚기 위해 다른 때보다 훨씬 헐값으로 팔아 넘겨야 한다."[41] 프로이센에서는 신분제 의회(Stände)가 폴란드로부터의 물자 유입과 단치히의 낮은 가격에 대해 탄원을 했다. "기사와 농민들은 그들의 곡물을 단치히로 운반하는데, 이를 단치히 사람들이 원하는 헐가로 팔아야 한다."[42]

더욱 풍부한 단서로는 디르샤우의 영지관리인이 독일 기사단장에게 보내는 1444년 11월 11일의 편지가 있다.[43] 이 편지에는 다음과 같은 진술이 보인다. "기사와 농민들은 도시 때문에 버림받은 것이나 다름없

---

41) 이 보고와 이 자리에서 더 이상 전거를 밝히지 않는 기타의 보고는 다음에 수집되어 있다. W. Abel, *Die Wüstungen des ausgehenden Mittelalters*, 3rd ed., 1976, pp.150f.

42) M. Toeppen, *Acten der Ständetage Preußens unter der Herrschaft des Deutschen Ordens*, III, Nr. 44.

43) Ordensbriefarchiv, Regesten Nr. 8599, Staatsarchivlager Göttingen. Toeppen, *op. cit.*, II, 1888, Nr. 388(이 저작은 단지 간략한 내용보고만 전하고 있다); G. Aubin, *Zur Geschichte des gutsherrlich-bäuerlichen Verhältnisses in Ostpreußen*, 1910, p.58, 각주 1)에는 이 편지가 단지 부수적으로 퇴펜(Toeppen)의 저작에 따라 인용되어 있음이 보인다. 그리하여 여기에서는 좀더 긴 인용문을 제시하는 것이 적절할 것으로 본다.

습니다. 이들은 큰 손해를 보면서 사고팝니다. 말하자면 기사들과 그들의 영민(領民)은 곡물과 모든 산물을 형편없는 헐가로 팔아야 합니다. 그리고 그들이 구해야 하는 모든 것은 다시 아주 비싼 값으로 사들여야 합니다. 즉 맥주, 소금, 신발, 철제품 등. 그리고 일꾼들, 즉 머슴이나 하녀들도 너무 많은 임금을 받으려 하는데, 오래 일할수록 더 높고 많은 임금을 원합니다. 기사와 농민들이 잘 알고 있듯이, 이러한 사태는 너무나 많은 사람이 농촌에서 도시로 옮겨가는 데서 초래되고 있습니다. 〔……〕 그리고 또 이주와 관련하여, 이들 기사들과 영민들은 이 나라 밖, 즉 폴란드와 포머른에서 이곳으로 흘러들어온 사람들에 대해서도 불만이 가득합니다. 이 사람들은 기사들과 그대의 영민들이 이곳에서도 갖고 있는 물건을 들여와서 모든 도시와 시장을 가득 채우고 있습니다. 그래서 기사들과 그대의 영민들은 그들의 물건을 항상 더 싼값으로 내놓아야 합니다. 〔……〕 또한 이들은 수확에도 불만이 많습니다. 말하자면 수확과 함께 그들의 부담이, 즉 1모르겐당의 지대나 십일조 등이 너무 과대평가된다고 탄원합니다. 〔……〕 또한 이들은 바라건대 어떤 농민도 자신의 영주를 마음대로 떠나서는 안 되도록 법이 바뀌어야 한다고 합니다. 즉 농민들은 그들의 영주에게서 문서를 받아 우호적이며 기꺼운 허가와 함께 떠날 수 있어야 한다는 것입니다. 그래서 모든 영주는 예전의 영주에게서 이주 허가장을 받지 않은 그러한 농민을 받아들여서는 안 된다는 것입니다."

이 편지에는 퇴거 허가장에 대한 언급이 있다. 여기에서 요구되고 있는 형태에 따르면——아마도 여기에서 최초일 것으로 보이는데——이 허가장은 프로이센에서 독일 농민이 지는 토지긴박의무의 근거가 되는 것이었다. 1427년, 1441년, 1444년 및 1445년의 영방조령은 한층 더 분명하게 다음과 같이 규정했다. 즉 한 농민이 자신의 유산을 남아 있는 자에게 적절한 시점에 적절한 보상과 함께 넘기고, 자신의 영주에게 갚아야 할 것을 다 지불하면, "그는 원하는 곳 어디든지 갈 수 있다"는 것이다. 물론 이미 당시에 퇴거 허가증이 요구되었지만, 농민에게는 퇴거장 발부의 자의적인 저지에 대해서 소송을 제기할 길이 열려 있었다. 이제는 그러한 제한에 대해서 더 이상 언급되지 않기에 이르렀다. 퇴거장이 이러한 형태로——그러나 1526년의 영방조령에 비로소——합법적으로 되었을 때, 이미 오뱅(G. Aubin)이 강조했듯이, 독일 농민의 남성인구는 아직 공식적으로는 아닐지라도, 사실상 토지에 묶여 있는 꼴이 되었다.

그러나 이 문제도 여기에서는 단지 주변적인 문제일 따름이다. 흥미로운 것은 가격과 임금이 언급되어 있는 편지의 앞 부분이다. 기사와 영주들은 농산물의 낮은 가격에 불평하고 있다. 반면에 그들이 구입해야 하는 모든 것은 가격이 높았다. 이들은 또한 임금에 대해서도 불평을 하고 있는데, 임금은 그들의 산물이 팔리는 가격에 부합하지 않으려고 한다. 그리고 또 하나를 추가한다면, 이미 말한 대로, 다수의 일꾼만이 아니라, 농민들도 농촌에서 도시로 이주하고 있었다. 즉 나중에 '농업위기'라는 소리가 나오게 하는 모든 본질적인 특징이 다 모인 것이다.

이 표현은 19세기에서 유래한다. 이미 1821년에 영국 농민의 곤경을 조사하기 위해 의회가 가동한 어떤 위원회는 정당하게 다음과 같이 언급한 바 있었다. "일반적인 복리, 그리고 국민 중에서 일정한 대우를 받아 마땅한 계급의 이익과 처지에 미친 영향이라는 면에서 이 격변이 얼마나 엄청나게 비탄스러운 것이든 간에, 이 점을 잊어서는 안 된다. 즉 그것은 강도는 아마도 다를지 모르겠으나, 우리의 역사상 상이한 여러 시대에 등장한 적이 있었던 바와 동일한 종류의 격변이라는 것이다"("Report from the Select Committe [……] on the Depressed State of the Agriculture of the United Kingdom," 18. June 1821, p.4).

제4기: 50년대부터 70년대까지 지속된 가격폭락은 40년대의 가격하락을 훨씬 압도했다. 가격은 이제 엄청나게 떨어져서 독일과 외국을 모두 통틀어서 더욱 시끄럽게, 아니면 적어도——역사가들에게는——더욱 분명하게 감지될 정도로 원성이 자자해졌다. **작센**에서는 기사와 영지 관리인들이 선제후의 문의에 따라 그들의 수입과 지출, 재산과 부채에 대해서 상세한 보고를 올렸다(1474).[44] 영주들은 부분적으로 방대한 영주적인 권리를 장악하고 있었다. 즉 10개 단위의 납조촌락(納租村落, Zinsdörfer)과 그 이상의 것도 드물지 않았다. 그밖에 이들은 소수의 예외적인 경우이지만 직영농장을 경영하기도 했는데, 이 양자 모두 별다른 수익을 가져오지는 못했다. 벨티처(Beltitzer) 구역의 관리인은 다음과 같이 보고했다. "모든 귀한 어르신네들 중에서 지대수입 없이 자기 땅의 직영에서 가계지출 이상으로 다소나마 이익을 남길 수 있는 분은 아무도 없습니다. 이분들 모두는 자가경영에 그들의 지대수입마저도 퍼부어야 한다고 말합니다." 차이트(Czeyt) 구역의 발타자 폰 리프츠크(Balthasar von Lipczk)는 "300굴덴의 고리대를 주는 것보다 될 수 있는 대로 많이 쌓아두는 것이 더 나을 것이다"라고 말했다. 그로스크멜렌(Großkmehlen)의 자이파르트 폰 뤼티하우(Seiffard von Lüttichau)는, "나도 일요일의 의복*을 구하기 위해 몇백 굴덴이 필요하다. 그런데 내 농지가 나를 속이면, 그것을 구하지 못한다"**라고 말했다.

알트마르크에 소재하는 디스바하 수도원에서는 이 시기에(이미 1440년경의 최하가격기에서와 같이) 농민의 공납의무가 '빈곤 때문에'(propter paupertatem) 면제되어야 했다.[45] 고지엘자스의 촌락 프랑켄

---

44) 더 긴 발췌문은 다음에서 발견된다. E. O. Schulze, *Die Kolonisierung und Germanisierung der Gebiete zwischen Saale und Elbe*, 1896, Anl. V, pp. 378ff.

*Sonntagskleider: 즉 교회에 갈 때 입는 옷을 말하는데, 유럽인들의 생활습관상 중세에서 근대의 상당한 시기에 이르기까지 한 사람이 갖고 있는 옷 중에 가장 좋은 정장(正裝)을 말한다.

**원문의 후반부, "후페가……"는 약간의 말재주를 부렸는데, 저자 아벨은 이 사료를 인용하면서 언어유희의 효과도 고려한 것으로 보인다. 원문: wenn es die Hufen trügen; sie tragen es aber nicht……

에서는 1462년에 대해 다음과 같은 보고가 나오고 있다. "십일조는 더 이상 옛날과 같지 않고, 알트키르히에서 경매에 부쳐져야 했다. 왜냐하면 프랑켄의 농민들은 거기에 응하려 하지 않았기 때문이다. 이 시기의 낮은 곡가에서는 확실히 조금도 이익을 보장받을 수 없었다."[46]

이러한 사태에 상응하여 대여된 토지에 대한 차지료와 지대의 감퇴도 나타났다. 안트베르펜 부근의 폴더는 1468/76년에 단위 면적당 세기 중에 가장 낮은 차지료를 기록했는데, 1465년경보다 15%나 더 적었다.[47] 잉글랜드(노포크의 폰세트령)에서는 1376/78년 중간에는 11펜스에 조금 못 미치던 에이커당 연차지료가 15세기의 최초 10여 년간에는 9펜스를 조금 상회하였다가, 다시 1451/60년의 평균치로는 $6\frac{1}{4}$펜스로 떨어졌다. 프랑스(생 제르맹 데 프레 수도원)에서는 아르팡*당 차지료가 1360/1400년간의 평균치로 84드니에서 1422/61년에는 56드니에 이상, 1461/83년에는 31드니에로 떨어졌다. 물론 동시에 드니에 주화의 은 함유량도 떨어지고 있었다.

주화의 은 함유량이 더욱 현저히 떨어졌던 곳에서는 가격과 차지료가 명목적으로는 유지되거나 심지어 오르기도 했다. 가격 비율이 전이(轉移)되지 않았다 해도, 이러한 가격과 차지료는 의미가 거의 없었다. 그러나 이러한 경우에 사람들은 낮은 가격에 아마도 또한 저질의 주화로 부채를 지웠을 것이다. 예컨대 프로이센에서는 폴란드와 전쟁을 치른 13년 동안에 마르크의 은 함유량이 1/4로 떨어지자, 신분제 의회는 거듭해서 "나라를 망치는 저질의 주화"에 대해서 탄원했다.[48] 영주들은

---

45) G. Wentz, *op. cit.*, p.55.
46) F. J. Mone, *Beiträge zur Geschichte der Volkswirtschaft aus Urkunden*, 1859, p.113.
47) Van der Wee, *The growth*……, I, 1943, App. 40/1, pp.478f.
 * Arpent: 영어의 acre, 독일어의 Morgen에 해당하는 프랑스의 토지면적 단위로서 역시 농민 1인이 1조(組)의 쟁기로 경작할 수 있는 면적을 가리킨다.
48) 예컨대 1480년에도 "주화가 불량한 상태로 머물러 있으면, 이 나라에 큰 피해가 생길 것이다"(Wirt die moncz also gering bleiben, es wirt verderben

가치가 떨어진 주화로 납부되는 화폐공납과 그들이 단치히에서 받는 가격을 고려해야 했다. 주화의 은 함유량이 고려되면, 가격은 저렴했다. 그러나 이는 주화의 품질악화 탓으로 돌릴 수는 없다. 은의 중량으로 환산하면, 곡물은 이 시기에 달리 가치가 없었다. 프랑크푸르트 암 마인과 슈트라스부르크에서는 1465년과 1473년 사이에 세기 중 가장 낮은 곡가가 기록되었다.

제5기: 최후의 더 장기간 지속된 15세기의 가격폭락은 슈트라스부르크의 가격에서 가장 분명히 드러나는 3개의 파동과 함께(〈도표 14〉) 16세기의 최초 10년대까지 이르렀다. 그러나 이미 1484/85년의 수확기에 호밀가격은 (슈트라스부르크에서) 1481년 가격의 75%를 거의 넘지 못했다. 이러한 가격폭락은 엘자스 지방에만 국한된 것이 아니었으며, 또한 1485년 브레슬라우의 법정에서 판결된 어느 소송의 배경을 이루기도 했다.[49] 이 소송은 자신의 농지를 떠나고 싶어했던 농민과 그를 떠나게 하고 싶지 않았던 영주 사이의 분쟁이었다. 농민은 자신의 후폐를 경작하기에는 너무 가난하고, 자식도 없다고 탄원했다. 그는 해방되기를 원했다. 영주의 답은 이러했다. "내가 모든 농민에게서 그들의 유산을 몰수한다면, 내 촌락은 폐허가 될 것이다. 좋은 시절에는 아직 곡물의 가치가 있었기 때문에, 그는 그 땅의 덕을 보았다. 지금 곡물이 가치가 없어져, 그는 그러한 핑계로 그 땅을 버려두려고 한다. 나는 그가 나를 위해 나라의 법과 미풍양속에 따라 그 땅을 쓸모 있는 다른 사람이 가지도록 하고 제대로 복구하기를 바란다." 법정은 농민이 패소하는 판결을 내렸다. 그 농민은 자신을 대신할 수 있는 사람을 세우거나 그 농지에 계속 머물러 있어야 했다.

1489년, 1492년의 단기적인 상승 이후에 곡가는 다시 떨어졌다. 마그

---

dieszer lande grosz daraus entsteen)라고 항의했다(Toeppen, *op. cit.*, V, Nr. 121).

49) G. Franz, *Quellen zur Geschichte des Deutsches Bauernstandes im Mittelalter*, 1967, pp.584f.

데부르크 대주교는 "직영으로 추수한 곡물" 300비스펠*을 함부르크로 보냈다. 이 곡물은 15마르크에 일부는 팔렸으나, 일부는 쌓아놓기만 하다 '통상적인 매입'이 아닌 방식으로 함부르크 사람들에게 인수되었다. 대주교는 이에 대해 항의하고[50] 반환을 요구했으나, 함부르크 사람들은 이를 거절했다. 이 일은 1495년에 일어났는데, 라인 지방이나 엘자스 지방에서도, 앞서 제시한 〈도표 14〉에서 볼 수 있듯이, 곡물은 최하가격으로도 거의 판매할 수가 없었다.

이로써 특정한 해에 연결된 일련의 보고는 종결되었다. 이러한 검토에서 두 가지가 도출된다. 우선 추세를 다루는 역사가들은 중세 후기의 가격전이와 이것이 농업부문에 가하는 작용을 올바로 평가했다는 것이다. 단기 및 장기적으로 한정하여 파악한 현상의 (상대적) 일치는 역사가들이 중세 말 경제의 급변상에 접근할 때 종종 사용하던 아주 초보적인 저속도 촬영법이 지탱하고 있다. 이 방법은 물론 아주 순전히 실제적으로는 사료의 빈곤에서 유래하는 것이다. 그러나 이 방법이 객관적 타당성의 관점에서 정당화될 수 없으면, 사료의 빈곤이라는 것이 이 방법의 채용에 대해서는 나쁜 근거가 된다. 장기 지속적인 현상에서는 다소 단기적으로 압축한 것이 현상을 다소 둔화시켜 나타내기도 하지만, 그러나 충분히 선명하게 반영한다.

다른 한편으로 농업불황으로 파악되는 중세 후기의 경제현상은 몇몇 연도에 누적되어 나타났는데, 반면 다른 연도에서는 전적으로 또는 부분적으로 사라졌다는 점을 확인할 수 있다. 농업불황은 주기적 운동의 귀결로 이루어졌는데, 이 운동은 충만과 과잉의 수년과 함께 또한 결핍과 기근의 수년을 포괄했던 것이다. 이러한 시기를 라브루스와 판 데어

---

* Wispel: 옛 독일의 부피 단위. 여러 지역마다 심지어 같은 지역에서도 많은 차이가 있었다. 310.42리터에서 2491.7에 이르는 편차가 보고된다.
50) 다음에 의거하여 인용했다. *Quellen zur älteren Wirtschaftsgeschichte Mitteldeutschlands*, ed. by v. Helbig, Weimar 1953, pp.81f.

베는 올바르게 지적했다. 또한 이 시기는 기근이 엄청난 고통을 가져왔기 때문에, 경제생활의 위기, 그리고 그보다 더 심각한 것도 포함하고 있었다. 가격폭락으로 농촌과 도시에 거주하는 기사, 농민, 영주, 또한 그 하수인들의 지갑이 텅 비게 되었던 것보다 기근은 분명코 더욱 고통스러웠다.

그러나 감각은 척도로 선정될 수 없다. 그리고 그밖에 달리 중세 후기 위기의 중압과 영향범위를 측정하기 위해서는 자료가 터무니없이 부족하다. 단지 말할 수 있는 것은 여기에서 주의해온 현상의 외연에는 두 종류의 위기가 있었다는 점이다. 즉 생계위기와 판로위기였다. 그리고 중세 후기 위기 연도의 숫자적 정산은 판로위기가 분명히 많았던 것으로 종결된다는 점을 말할 수 있다.

2. 토지이용, 지대 및 농민의 임금

유럽 곡물재배의 후퇴

1383년에 작성된 콘스탄츠의 어떤 토지대장에는 다음과 같은 구절이 보인다. "농장과 경지가 텅 비고, 목초지로 화했다"(Curia et agri in toto vacabant et fuit pascua pecorum). 이 구절은 독일과 중부 유럽 농업사에서 가장 우울한 시대에 속하는 시대를 이해하는 열쇠로 간주할 수 있다.

잉글랜드에 대해서는 포스탠과 베레스포드의 평가가 이미 내려진 바 있다. 14세기 말과 15세기의 토지대장에서 지금까지 거의 500개의 사례를 검토한 결과, 다음과 같은 사실이 분명히 드러나고 있다. 즉 1489년에 헨리 7세가 반포한 법령에 나타난 불평에는 나름대로의 충분한 이유가 있었다는 점이다. "예전에는 200인이 일하고 그들의 정직한 작업으로 먹고살던 곳에서 이제는 2, 3인의 목동만이 고용되고 있다. [……] 농경은 폐기되고, 교회는 파괴되어 예배가 거행되지 않으며, 사망자는 매장되지 않고, 종부성사(終傅聖事)도 받지 못하고 있다."

포스탠의 논고와 광범위한 연구에 토대를 둔 베레스포드의 저서(*The lost villages of England, seit 1954*) 외에도 중세 폐촌 연구회(Deserted Medieval Village Research Group)의 연구보고(1953년부터 원고상태로 복제되었음)와 몇 개의 종합적인 보고서가 출간되었다(*Department of Englisch Local History, Occasional Papers*, ed. by H. P. R. Finberg). 인구감멸과 농민추방이 목축으로 전환하는 데 어떻게 작용했는지는 소프(H. Thorpe)가 워윅 주에 소재하는 촌락 웜리턴(Wormleighton in Warwickshire)의 사례에 의거하여 보여주었다(*The Lord and the landscape*, Transactions of the Birmingham Archaeological Soc., 80, 1965).

프랑스에서는 잉글랜드인과 치른 전쟁으로 황폐화되었던 로아르 강 이북 지방에서 14세기 중엽부터 예전에 곡물을 재배했던 땅의 거의 반 이상이 황무지로 변모되었던 것으로 추정된다. 또 잉글랜드인의 철수 후 30년이 지난 1484년에, 삼부회(États-Généraux)의 대의원이 디프(Dieppe)에서 루앙(Rouen)까지 사람도 농장도 마주칠 수 없다고 보고했다. 전쟁의 피해가 덜했던 남프랑스에서도 다소 경미한 정도이긴 해도, 농촌의 인구가 급격히 감소했다.[51] 그러나 동일한 현상이 가축보유량과 축산업에 이르기까지 철두철미하게 타당한 것은 아니다(이 문제는 다음 장에서 언급될 것이다). 삼림(森林)의 역사를 연구하고 있는 역사가들은 쥐라 도(道, Jura-Department)에 소재하는 쇼(Chaux) 삼림에서 1370년부터 1450년 사이에 돼지와 다른 큰 가축의 수가 엄청나게 증가하여, 삼림 자체가 "과부하를 받는 처지에 놓였다"(surpeuplée de porcs)는 사실을 발견했다.[52]

---

51) 이미 이 문제를 지적한 것으로는 다음의 연구를 참조하라. d'Avenel, *op. cit.*, II, pp.275, 505; E. Levasseur, *La Population Française*, I, p.189; 최근의 연구(Le Roy Ladurie, Bois 등의)에 대해서는 이 책, 288쪽 참조.

52) M. Rey, *Actes du Colloque sur la Forêt*, Besançon, 21~22 Octobre 1966,

덴마크에서는 1500년경 2세기 이전에는 왕성하게 경작되었던 광대한 땅이 황폐해지고 버려졌다.[53] 노르웨이에서는 재산 및 공납목록이 전해지고 있는데, 이에서 드러나는 것은 일부 지방(오슬로 구역)에서 14세기 전반기에 경작되던 경지가 15세기 초에는 2/3까지 포기되었다는 사실이다.[54] 농민의 공납 중에는 곡물을 대신해서 축산물이 더욱 빈번하게 등장했다. 노르웨이 서부의 여러 보유 및 납조 단위에서는 마나타볼(manatabol)이라는 오랜 표기가 라우프스볼(laupsbol)이라는 표기로 점점 이전되고 있었는데, 이는 토지의 공납이 더 이상 곡물 또는 버터가 아니라, 오로지 버터로만 지불될 수 있었다는 표현이다.[55] 아이슬랜드에서는 곡물 경작지가 완전히 소멸되었다.

오랫동안 스칸디나비아의 연구자들은 북유럽에서 나타난 곡물재배의 쇠퇴는 급변한 기후가 이유라고 믿었다. 그러나 독일의 연구자들도 동조한 이 기후요인설은 그다지 설득력이 없다. 지금까지 기후변동은 어렴풋한 추측 이상으로 밝혀질 수 없었으며, 황폐현상 시기와의 시간적 일치도 입증될 수 없었고, 기후가 악화되면서——버려진 촌락 및 생산감퇴와 함께——어떻게 농산물가격이 떨어지고 임금이 상승할 수 있었는지를 설명하는 것도 불가능했다. 그래서 여기에서도 이 기후요인설은 더 이상 깊이 들어가지 않는다. 단지 부기(附記)해 둘 것은, 유럽 권역에서 진행된 기후변동을 세밀하게 연구한 르 루아 라뒤리는 대개간의 시대(1200~1350)에 비해서 1350~1550년의 기간에 기후가 약간 더 좋아졌음을 확인했다고 생각했다는 점이다. 그

Cahiers d'Études Comtoises, 12, 1967, p.78.
53) 이미 제시된 연구결과. A. Nielsen, *Dänische Wirtschaftsgeschichte*, 1933, p.125. 이 문제에 대해 또한 특히 다음의 것 참조. A. E. Christensen, *op. cit.*
54) A. Holmsen, 종합적으로, *Eidsvoll Bygds Historie*, I, 1, 1941. 더욱이 J. Schreiner, *Pest og Prisfall i Senmiddelalderen*, 1948 참조.
55) S. Hasund, "Korndyrkinga i Noreg i eldre tid," in: *Bidrag til Bondesamfundets Historie*, I, Oslo 1933, p.193.

는 또한 중세 후기의 농업변동을 기후변동의 탓으로 돌리는 것을 거부했다.[56]

독일에서는 나중에 다시 언급하게 될 수많은 황폐현상과 증서(Urkunde) 및 장부(Register)류에서 나온 정보 이외에 식물학자들의 연구도 중세 후기 곡물재배의 감퇴를 입증하고 있다. 이탄층(泥炭層)에서 화석으로 얻어지는 꽃가루의 분석으로 다음과 같은 사실을 확인할 수 있었다. 즉 중세 후기에 형성된 퇴적층에서 발견되는 전체의 꽃가루에서 곡식류의 꽃가루가 차지하는 비율은 눈에 띄게 감소한다는 것이다(예컨대 뢴, 졸링 및 고지하르츠 지방의 습지에서 그러하다).[57]

가축사육, 특용작물재배와 소득 탄력적 농산물의 소비

"그리고 가축을 위한 목초지로 화했다"(et fuit pascua pecorum). 밭을 경작하는 사람이 아무도 없는 곳에서는 가축들도 먹을 것이 없었다. 잉글랜드에서는 목양농장이 확대되었고, 노르웨이에서는 소의 사육이 늘어났다. 잉글랜드는 양모를 수출했고, 노르웨이는 버터를, 그리고 헝가리는 막대한 수의 살아 있는 가축을 수출했다. 헝가리의 경제사가들은 다음과 같은 사실을 보여줄 수 있다고 생각했다.[58] 즉 1480년경

---

56) 르 루아 라뒤리는 거듭해서 『아날』(Annales)지에 기후변동에 대한 논고를 발표한 바 있다. 아마도 최초의 논고는 다음의 것이라 할 수 있다. Le Roy Ladurie, "Histoire et climat," in: Annales, 14, 1959, pp.3ff. 다음의 저작에 종합했다. Times of feast, times of famine……, 1971. 이 책에 대해서는 다음에 수록된 상세한 서평이 참조된다. J. D. Post, Journal of Interdisciplinary History, 1973, pp.721ff.
57) 뢴 지방의 적색 습지에서 발견된 꽃가루의 다이어그램은 내가 단순화시킨 발췌로 다음에 수록되었다. W. Abel, Geschichte der deutschen Landwirtschaft vom frühen Mittelalter bis zum 19. Jahrhundert, 2nd ed., 1967, p.118. 그리고 좀더 풍부하게는 Ibid., Die Wüstungen des ausgehenden Mittelalters, 3rd ed., 1976, p.56에 수록되었다.
58) Z. P. Pach, "Das Entwicklungsniveau der feudalen Agrarverhältnisse in

헝가리의 살아 있는 가축 수출고는 헝가리의 서구 수출고 전체에서 55~66%에 달했다는 것이다. 가치 면에서 가장 앞서 있던 황소는 압도적으로 도나우 강과 타이스 강 사이의 거대한 방목지에서 유래했는데, 이 지역에서 시장구역의 시민들은 광범한 방목권을 보유하고 있었다. 데브레첸의 방목구역은 부분적으로 도시로부터 40~45km가량이나 확대되었다. 그곳에서 "이 거대한 시장구역의 부유한 소 사육자와 상인들은 [……] 엄청난 규모의 가축떼를 유지하고 있었으며, 데브레첸, 케츠케네트, 체게드 또는 다른 곳의 시장으로 몰고 갔는데, 심지어는 스스로 또는 도시 내 상인의 중개로 더욱 멀리 외국의 시장으로까지 몰고 갔다"(Pach). 빈에서 이들은 더욱 자주 독일 상인들을 만났는데, 독일 상인들은 자기들의 몰이꾼과 목동으로 운송을 넘겨받았다. 쾰른까지 그리고 남서부 독일 내륙 깊숙이까지 헝가리의 소떼가 행진했다. 그래서 쾰른 시 참사회가 혼란스러운 화폐제도를 정리하려고 소집한 1492년 10월 24일의 정기회의(Morgensprache)에서 다음과 같은 소리가 나오고 있다. "또한 우리들의 참사회 위원들에게도 보고되고 있다. 얼마나 많은 가지각색의 소가 이곳의 시장까지 몰려오고 있는지, 말하자면 헝가리, 폴란드, 덴마크, 러시아, 아이더슈테트 등지에서……"

그밖에 독일에서도 작물재배(그리고 인구)에 비해 많거나 심지어 엄청나다고 해야 할 정도의 가축사육이 존재했다. 이 사실은 황폐된 촌락의 경역(境域)이 방목지로 이용되고 있다는 매우 많은 보고가 입증하고 있다. 몇 가지 사례만 들어보자. 슈바벤에서는 "후세대가 기억하도록" 치머른 가(家)의 연대기 작가*는 1550년경 이렇게 보고했다. 즉 "여러

Ungarn in der zweiten Hälfte des XV. Jahrhunderts," in: *Studia Historica*, Acad. Scient. Hungaricae 46, 1960.

* 남서부 독일의 귀족 프로벤 크리스토프 치머른(Froben Christoph Zimmern, 1519~66?)을 말하는데, 그는 『치머른 연대기』(*Zimmerische Chronik*)라고 하는 자기 가문의 연대기를 작성했다. 특히 1490~1558년까지를 상세하게 서술해, 이 무렵 이 가문을 비롯한 남서부 독일 지역에 거주하던 귀족의 일상생활과 사생관을 파악하는 데 귀중한 사료다.

해 전에" 엥겔비제, 그루프슈테텐, 라인슈테텐, 오버슈테텐 및 할덴슈테텐(모두 바덴 지방의 메스키르히 근처에 소재) 촌락은 모두 황폐되고 주민이 사라져버려, 교회의 벽밖에 남아 있는 것이 없었다. 제국기사* 치머른 가(家)는 이 폐허가 된 장소를 획득했던 것으로 보인다. 연대기 작가의 보고에 따르면, "당시에 이곳은 사람도 가축도 이용하지 않고 있었으나, 늙은 주인(베르너 폰 치머른Werner von Zimmern)은 이 황무지를 쓸모없이 버려두지 않고, 그 모든 것을 나중에 되찾을 수 있는 조건으로 1,000굴덴의 자금을 차용하고 저당으로 주었다. 이 촌락들과 거기에 있는 모든 지역에 메스키르히의 시민들은 그들의 가축을 방목하고 그들이 마음에 드는 대로 이용했다"는 것이다. 알트마르크에서는 1444년경 폐촌이 된 밀덴회프트(Mildenhöft)의 경작지를 인근의 촌락 치나우(Zienau)에서 방목지로 이용했는데, 이 사정은 1487년에 작성된 어느 증서로 알려졌다. 이 증서에 따르면 마그데부르크 대주교는 노이엔도르프(Neuendorf) 수도원에 "촌락 지노우(Dorp Synou)**의 공동체가 폐촌 밀덴회프트의 터를 방목지로 사용하는 대가로 지불해왔던 5뤼베크 푼트"를 양도했다. 이러한 사례는 독일의 폐촌연구에 의해 수백 건이나 수집되었다. 베스터발트 지방을 다룬 한 연구에서는 심지어 다음과 같은 주장까지 제시되었다. 즉 폐촌화의 주요인(!)은 "작물재배에서 가축사육으로의 전환"에서 찾을 수 있다는 것이다.[59]

물론 이렇게 되면 인과관계가 뒤집혀지는 꼴이 된다. 독일에서 가축사육이 확대된 것은 (또한 크게 보면 잉글랜드에서도) 농경이 감퇴한 결과였다. 그러나 이것도 고기(그리고 양모)의 획득이 도시주민의 구매

---

* Freiherr: 제국기사, 자유기사로 번역할 수 있는 개념으로서, 신성로마제국 황제의 봉신으로서 봉사하고, 황제에게서 봉(封, Lehen)을 비롯한 각종의 반대급부를 받는 군소귀족을 일컫는다. Freiherren과 같이 복수형(複數形)으로 표기하면 가문(家門)을 의미한다.
** 중세 독일어식의 표기.
59) A. Becker, *Beiträge zur Siedlungsgeschichte des Hohen Westerwaldes*, Diss. Marburg 1912, p.64.

력으로 강력하게 지지되었던 한에서만 옳은 것이다. 곡물의 수요는 비교적 비탄력적이어서 인구의 수와 함께 변동한다. 그리고 더 상세하게 제시되겠지만, 중세 후기에는 인구가 감소하자 곡물의 수요도 떨어졌다. 반면에 고기의 수요는 탄력적이어서 소득과 함께 변동한다. 그리고 14세기 말과 15세기 초에는 소득의 구매력이 광범한 소비자층 사이에 더욱 증대했기 때문에, 이러한 소득의 증대는 축산물의 경우 소비자 수의 감소에서 오는 영향을 적지 않게 상쇄할 수 있었다.

유감스럽게도 고기소비의 동향을 12세기나 13세기까지 거슬러 올라가 추적하기는 불가능하다. 단지 말할 수 있는 것은 중세 후기에 고기의 소비는 매우 높았는데, 독일의 여러 지역에서는 1년에 1인당 100kg보다 분명히 더 많았다. 이러한 진술을 뒷받침하기 위해서 유복한 층의 소비행태가 예거(例擧)될 필요는 전혀 없을 것으로 보는데, 실로 그 정도는 우리들의 상상력과 또한 20세기 인간의 신체적 역량을 훨씬 초과하는 것이었다. 또한 비교적 덜 유복한 인구층도 엄청난 양을 먹어치웠다. 인구가 약 8,000명 정도로 헤아려지는 베를린 시의 고기소비는 이미 1397년에 1인당 매일 약 3푼트로 추정된 바 있다. 1515년에 발포된 베를린의 조례에는 방앗간으로 보내진 제빵 길드의 도제에게 매일 4푼트의 고기와 8크바트*의 맥주 그리고 빵을 풍부하게 주어야 한다고 규정되어 있다. 그리고 영주를 위해 부역하는 사람들도 에어바하의 에라스무스(Erasmus zu Erbach)가 오덴발트에서 작성한 식단표에 의하면 "매일 두 번 고기와 부식, 그리고 포도주 한 단지를 얻는다. 축일(祝日)은 제외되는데, 이때는 생선 또는 영양가가 많은 다른 먹을 것을 받는다"[60]고 했다.

가축사육과 비슷하게 양어도 중세 후기에는 "상대적으로 수익성이 있

---

* Quart: 독일의 옛 액량 단위로 영어권의 쿼터(quarter)와 동일한 이원과 의미를 갖고 있다. 약 1.4*l*.
60) 전거와 추가 정보는 다음을 참조하라. W. Abel, *Geschichte der deutschen Landwirtschaft*……, 2nd ed., 1967, pp.122ff.

었다." 어떤 젊은 연구자는 바이에른의 암베르크 재판구역에서 예전에 곡물을 재배했던 다수의 경작지에서 15세기에는 양어장이 설정된 이유를 추적했는데, 암베르크 시의 경찰세를 근거로 제시하여, 1438년에는 1푼트의 잉어가 12데나르, 1첸트너의 호밀이 18.5데나르인 점, 즉 1푼트의 잉어가 66푼트의 호밀과 값이 같았다는 사실을 밝혀냈다. 말하자면, 그의 견해로는 곡물은 생선에 자리를 내주었던 것이다. 더 올바르게는 이렇게 말할 수 있다. 즉 생선이 곡물을 뒤따르고 있었다.[61]

과실도 중세 후기에는 좋은 판매기회를 맞이했다. 라인지방의 정세에 정통한 어떤 사람(1496년경 요하네스 부츠바흐)은 단 한 해 동안에 자기가 거둔 버찌를 마인츠 시장에 팔아 30굴덴의 매상을 올린 어떤 농부의 사례를 보고했다(30굴덴은 그 가치가 약 7,000kg의 호밀에 상당했다). 라인 지방의 큰 도시에서는 자체적으로 채용된 사람들이 있었는데, 이들은 대량판매에서 분량측정을 맡아보았다. '과실상'(商)들은 소규모 영업도 행했다. 과실에 대한 시장조례도 있었다. 예를 들면 과실선매의 금지, 즉 시장이 개장하기 전 판매를 금지하는 것, 과실시장, 시장 사용료 등. 심지어 과실소비를 증가시키려는 노력도 했다. 물론 이는 그 자체를 위해서가 아니라, 다른 식료품의 과잉을 방지하기 위해서였다(예컨대, 뷔르츠부르크에서 1476년 고위 참사회가 발한 조례는 유아세례에 참여한 손님접대 음식을 날 과실, 과자, 치즈, 빵 및 프랑켄산 포도주로만 한정하려고 했다).

과실과 한 짝을 이루는 것은 **포도주**였다. 포도재배는 곡물재배가 후퇴

---

61) G. Leingärtner, "Die Wüstungsbewegungen im Landgericht Amberg," in: *Münchener Hist. Stud.*, Abt. Bayerische Geschichte, III, 1956, p.87. 암베르크의 조세대장은 충분히 검토되지 않았지만, 정확하게 제시되었던 한에서는 예외적으로 높은 생선가격을 포함하고 있다. 다른 생선가격에 의하면 단위 중량당, 청어는 호밀가격의 10배, 식용생선은 호밀가격의 5배임이 밝혀졌다(W. Abel, "Einige Bemerkungen zum Stadt-Landproblem im Spätmittelalter," in: *Nachrichten d. Akad. d. Wiss. in Göttingen*, I, Philol.-Hist. Klasse, 1976, I, pp.24, 35).

한 시기에, 일찍이 독일에서 유례를 볼 수 없는 최대의 확장을 보았다. 라인 강을 따라 내려가면서 포도원은 크산텐까지 확산되었다. 뮌스터, 괴팅겐, 브라운슈바이크 주변, 심지어 슐레스비히-홀슈타인의 이체회(Itzehoe)와 프레츠(Preetz) 부근에서도 포도가 재배되었다. 오더 강, 비스툴라 강 유역, 토른, 타피아우, 라스텐부르크와 쾨니히스베르크 부근에서도 포도재배가 이루어졌다. 독일 기사단 단장 빈리히 폰 크니프로데(Winrich von Kniprode, 1382년 사망)는 동프로이센의 포도원을 남부의 모범에 따라 설정하기 위해, 남부 독일과 이탈리아에서 포도재배농을 불러왔다.[62]

상업작물과 공업원료작물도 더욱 큰 관심을 끌었다. 모젤 지방의 아마재배는 유명해졌다. 튀링겐과 특히 에어푸르트 주변에는 청람,* 잇꽃,** 아니스*** 및 각종의 채소재배가 확산되었다. 매우 호평받는 터키 홍색 염료를 제공하는 꼭두서니****의 재배가 14세기 후반 슈파이어 부근에서 증대되었음이 입증되고 있다. 그리고 전 독일에 걸쳐 호프*****의 재배가 번성했다. 뤼베크 시는 이미 13세기 말에 토지를 대여할 경우, 매년 그 토지의 일정 부분에 호프를 재배할 의무를 부과했다. 킬 주변에는 1430년경 적어도 40개소의 호프재배단지가 있었다. 브라운슈바이크 시는 14세기에 도시에 속한 농지의 1/3 이상으로 호프를 재배하는 것을 금하는 명령을 내렸다. 즉 곡물재배면적이 지나치게 감소하는 것을 염려했기 때문이다.[63]

---

62) 독일에서 포도재배의 공간적 확대가 절정에 도달했음을 보여주는 지도는 다음의 문헌에 수록되었다. W. Abel, *Geschichte der deutschen Landwirtschaft* ……, 2nd ed., 1967, p.127.
* Waid: 청색 물감의 원료.
** Saflor: 붉은 물감의 원료.
*** Anis: 지중해 원산의 식물, 약용 및 향미용으로 쓰인다.
**** Krapp: 홍색 염료의 원료 작물.
***** Hopf: 맥주의 쓴맛을 내는 식물. 이 성분은 향신료로서만이 아니라 맥주의 저장성을 높이는 효과가 있다.

북부 이탈리아의 농업

북부 이탈리아에서도 이러한 활동은 더욱 빈번하게 그리고 더욱 강력하게 전개되었다. 제후들이 이러한 경향에 동조해갔고, 사적인 사업가들이 그 뒤를 따랐다. 투자한 자본에 대한 이익을 15%에서 20%까지 거두는 것은 드물지 않았다. 바로 하나의 '농업혁명'이 이야기되고 있었던 것이다.[64]

개선의 기초가 된 것은 하천과 운하에 연결된 관개시스템이 확장된 것이었다. 운하의 축조는 물론 우선적으로 상업과 유통의 이익(그리고 하나의 영역국가를 창출하려는 밀라노 공의 노력)을 위한 것이었으나, 또한 농업에도 유익했다. 장기판과 같이 용수공급로와 배수로가 롬바르드 평원을 가로질렀다. 이는 1년에 6회에서 8회에 걸쳐 풀을 베어낼 수 있는 목초재배를 가능하게 했다. 이러한 토대 위에 가축사육이 전개되었는데, 그 특산물, 예컨대 파르마산 치즈 같은 것은 이미 중세에 그 산지에서 멀리 떨어진 곳에서도 나타났다.

북부 이탈리아의 여러 도시에서 번성하던 견직공업의 원료를 획득하는 목적에서 뽕나무재배도 가세되었다. 밀라노에서는 15세기의 60년대에 1만 5,000명의 노동자들이 직조업에 종사하고 있었다. 직조업에는 또한 염료가 필요했는데, 이는 농업이 공급했다. 그리고 유복한 시민들의 가계를 위한 과실, 채소류 및 더욱 사치스러운 축산물이 풍부하게 또 좋은 값으로 팔렸다.

치폴라는 알프스 이북의 동료들을 비난했다. 즉 그들이 롬바르드 지방에서 이루어진 이러한 발전을 충분히 주의 깊게 관찰하지 않았다는

---

63) D. Saalfeld, "Bauernwirtschaft und Gutsbetrieb in der vorindustriellen Zeit," in: *Quellen und Forschungen zur Agrargeschichte*, 1960, p.13.
64) C. M. Cipolla, *Storia dell' economia italiana*, 1959, pp.15f.; Ibid., "The trends in Italian economic history in the late middle ages," in: *The Econ. Hist. Rev.*, II, 1950, p.182; D. F. Dowd, "The economic expansion of Lombardy, 1300~1500," in: *The Journal of Economic History*, XXI, 1961, p.143.

것이다. 이는 "중세 후기의 농업불황"이라는 소리에 더 이상 들어맞지 않는다는 것이다. 말하자면 치폴라, 도우드 및 다른 역사가들은 일종의 대조국면을 구성했던 것이다. 즉 알프스 이북에는 정체와 위축, 알프스 이남에는 "역동적인 농업"(도우드) 또는 치폴라가 말했듯이, "15세기 초부터 끊임없이 증대한 농업 투자율"이 그것이다. 치폴라는 이 과정을 19세기 미국에서 전개된 토지개발과 비교했다. 그는 말했다. "광대한 지역이 농업을 영위하려는 목적으로 획득되었다. 즉 가옥, 운하, 축산농장 및 가축방목을 위해서. 농업투자의 이 비상한 증가는 이 세기에 특징적인 경제 전체의 상향추세를 유지했던 것으로 보인다."

북부 이탈리아에서 전개된 사태를 이렇게 서술하고 해석하는 것에 대해서 이미 다른 측면에서 다소의 이의가 제기되었다.[65] 여기서는 다음과 같은 점이 추가될 수 있을 것이다. 즉 아마도 같은 정도의 강도는 아닐지라도, 비슷한 발전이 유럽의 다른 부분에서도 인식된다는 것이다. 바로 남부 독일의 여러 도시 주변, 라인란트 그리고 대륙의 북서단(端), 플랑드르 및 브라방 지방이 그러한 지역이었다. 그래서 대조국면의 언급보다 연속성의 사고가 오히려 더 적합해 보인다. 황폐된 촌락경역 내에서 행해지는 중부 독일의 가축방목으로부터 남부 영국의 목양농장, 네덜란드와 라인란트의 집약농업을 거쳐 롬바르드 평원의 관개농지와 초지에 이르기까지 하나의 거대한 띠가 가로지르고 있다. 이 띠 모양의

---

65) G. Miani, "L'économie lombarde aux XIVe et XVe siècles: Une exception à la règle?," in: *Annales*, 19, 1964, pp.569f. 미아니는 북부 이탈리아의 농업발달을 "전 유럽적인 불황"(all-European depression)에 대한 (가장 중요한 상업로의 중심에 소재한) 특권지역의 "방어적 반응"으로 일컬었다. 더 넓은 테두리에서 전통적인 서술에 대한 입장을 표명한 것으로는 다음을 참조하라. R. Romano, "L'Italia nella crisi del XIV secolo," in: *Nuova Rivista Storica*, 50, V/VI, 1966, pp.588ff.; 또한 다음을 참조하시오. W. Werner, "Spätmittelalterlicher Strukturwandel im Spiegel neuerer Forschungen: Das italienische Beispiel," in: *Jahrb. f. Wirtschaftsgesch.*, 1969, I, pp. 223ff.

지대는 이러한 선진적 농업발달의 현상을 상호간에 그리고 도시와 연결 짓고 있다.

이로써 다음과 같은 점이 언급되어야 할 것이다.

1. 호황에 참여한 것은 모든 농업부문이 아니었다. 농업활동의 증가는 특수작물재배에 관련되어 있었다. 이에 속하는 것으로 보아야 할 것은 롬바르드에서는 당시에 등장하는 쌀의 재배와 그 지역에 ──유럽 도처에서와 같이──보급된 축산품의 생산이었다. 치폴라 자신도 때때로 북부 이탈리아에서 이루어진 가축사육의 확대는 곡물재배를 위축시켰다는 점을 인정했다. 밀라노 공은 "자신의 땅이 밀로 가득 차 있기"를 보고 싶어해서, 모든 토지에서 목초지가 경작지의 일정한 비중을 넘어서는 안 될 것을 명했다.66)

2. 이러한 발전의 동력은 도시에서, 더 정확하게는 도시주민들의 구매력에서 나왔다. 수익성 있는 판로를 발견한 것은 소득에 탄력적으로 요구되는 농산물이었다. 롬바르드에서는 도시의 기업가들이 농촌에서의 '혁신'(innovation)을 추진했을 것이다. 이는 결코 의미 없는 바가 아니다. 그러나 더 큰 맥락에서 이것이 의미하는 바는 아마도 다음과 같은 점일 것이다. 즉 롬바르드에서는 자본과 기업가 정신이 다른 어느 곳에서보다 더 빨리 그리고 더 강력하게 시장에서 발출되는 자극을 따라갔다는 것이다.

3. 농업의 진보는 이탈리아에서도 북부의 도시밀집지역에 한정되었다. 인구감소와 결부된 식부면적(植付面積)의 감소와 그곳에서 떨어지고 있던 지대가 보여주고 있듯이, 이미 토스카나에서는 농업의 진보는 사라지고 있다.67)

그러나 이는 하나의 주제에 대한 약간의 주석에 불과하다. 이 주제의

---

66) *The Cambridge Economic History*, III, 1963, p.402.
67) 이 책, 188~190쪽의 서술 참조.

집중적인 작업은 이탈리아의 경제사가에게 맡겨야 할 것이다. 이제 우리의 시각은 다시 알프스 이북의 나라들로 향해야 할 것이다. 그리고 그곳에서도 가능한 한, 농업소득의 추이를 추적할 것이다.

중부 및 북부 유럽의 농업소득 감퇴

농업소득이라는 개념은 여기에서 농업에서 직간접으로 획득되는 모든 소득의 합으로 이해된다. 간접적인(또는 파생적인) 농업소득은 부분적으로 토지영주, 재판영주 및 영방군주에게, 부분적으로는 또한 시민과 대농민에게도 흘러 들어갔다. 이 농업소득을 좀더 광범한 권역에 대해서는 말할 나위도 없지만, 비교적 좁은 지역에 대해서나마 전체로서 파악하기란 쉬운 일이 아니다. 그러나 이 또한 여기에서는 추구되지 않는다. 그 동태를 연구하는 정도로 충분할 터이며, 또 이를 위해서는 기존의 보고만으로도 족하다.

북구 제국에서 농민의 주된 공납은 란트슐트* 또는 비슷하게 불리는 지대와 같은 것이었다. 노르웨이, 스웨덴 및 덴마크에서는 이러한 공납에서 나오는 수입이 14세기의 마지막 4반세기, 중엽 또한 이미 전반기(연대보고는 편차가 있음)부터 떨어지고 있었다. 예컨대 노르웨이에서는 14세기 중엽부터 15세기 말까지 서부 지역에서는 25~30%로, 로메리케(Romerike)에서는 30%로, 소뉴 구역(Sogn-Bezirk)에서는 14%를 약간 상회하는 수준으로 떨어졌다. 스웨덴에서는 그 하락폭이 다소 경미했던 것으로 보인다. 그러나 여기에서도 대영지의 지대수입이 현저히 떨어졌음은 의심할 나위가 없다. 웁살라에서는 (슈라이너에 의하면) 주교구 성당이 장기간에 걸쳐 작성한 토지대장의 계열이 그 동태를 알려주고 있다. 1376년경에는 토지의 경작자를 구하는 일이 이미 어려워졌다. 공납은 25%가량이나 떨어졌고, 세기의 전반기에 비하면 더욱 떨어졌다. 1447년, 1450년 및 1470년의 기재사항을 보면 그 속도가 다소

---

*Landschuld: 말 자체로는 토지에 부과된 채무, 책임이라는 뜻.

둔화되었지만 지대의 감소는 지속되었음을 알 수 있다. 스웨덴에서 최대 토지소유주 중의 하나였던(1,000개 이상의 보유지를 포함) 바트스테나(Vadstena) 수도원은 차지료의 감소로 15세기 후반에도 심각한 손실을 입었는데, 이는 새로이 다수의 소유지를 획득함으로써 힘겹게 상쇄되었다.[68] 덴마크에서는 지대의 하락이 14세기 중엽이나 이미 그 이전에 시작되었다. 1292년에 16단위의 곡물을 납부하던 농지는 1450년에 단지 2단위를 납부했다.[69]

북구의 연구는 또한 토지가격의 사례 몇 개를 파악해냈다. 이것은 지대의 가치로서 현대의 토지소출가치에 비교할 수 있는데, 아마도 독일의 '단위가치'에 비견될 만하다. 이미 슈라이너가 실시한 자료집성에 의하면 이 토지가격은 덴마크에서 1334~39년의 기간에 100이라 하면 1391~1400년간에는 77.1로, 스웨덴에서는 1318~49년의 기간을 100으로 설정할 때 1410~19년간에는 47로, 노르웨이에서는 흑사병 이전을 100으로 할 때, 15세기 말에 절반이나 그에 못 미치는 수준으로 떨어졌다. 이러한 가격은 아주 다양한 목적물에 관련되기 때문에, 그 수치는 다소의 문제점을 야기할 수 있다. 그러나 일반적인 동태는 매우 분명하기 때문에, 이에 대하여 반박을 제기하는 것은 그다지 설득력이 없다. 말하자면 토지의 가격이 떨어지고 있었고(이는 지대가 감소하는 상황에서 또한 충분히 예상될 수 있는 것이었다), 이로써 영주재산도 실질적으로 감소하고 있었다.

---

68) L. A. Norborg, *Storföretaget Vadstena Kloster*, 1958 passim.
69) 이에 대한 전거와 더 나아가 다음에 제시하는 정보는 다음의 문헌에서 발견된다. W. Abel, *Die Wüstungen des ausgehenden Mittelalters*, 3rd ed., 1976, pp.138ff. 여기에서는 단지 간략한 요약만 제시되어야 하므로, 필자가 신세를 진 관련된 저자 모두를 인용할 수 없다. 단지 대개의 일부 최근 저작만이 여기에서 언급된다.

잉글랜드에서는 이미 14세기 말과 15세기 초의 위기연도에서 나온 보고가 전하는 바대로,[70] 나라의 대부분에서 곡가의 장기적 감소가 진행되던 전 기간에 지대의 감소가 지속되었다. 노포크에 소재하는 폰세트령의 주변에서 에이커당 데나르로 표현되는 연공(年貢)은 1376/78년에서 1451/60년 사이에 거의 절반으로 떨어졌다. 이 영지의 장부기록에는 몇 가지 추가 진술이 발견되는데, 이는 이러한 지대감소의 (가까운) 원인에 대한 단서를 제공한다. 그때 이 영지의 농민 중의 한 사람이 자신의 차지를 포기하고 싶다고 선언했다. "왜냐하면 그는 수확기에 더 높은 수입을 거두려고 하기 때문"이라고 한다. 슈라이너는 이미 이에 대해 마땅한 진술을 행한 바 있다. 즉 이 말은 당시의 기본적인 문제를 충분히 설명하고 있다는 것이다. 말하자면 영농가의 판매가격에 비하여 임금이 지나치게 높았던 것이다. 이는 영농가들에게 관습적인 차지조건에 대해서 갖는 불만을 전하고 있었으며, 영주들에게 다른 조치가 실패한다면, 지대요구를 축소하도록 강요하고 있다.

나뮈르 백령(벨기에)에서 제니코는 총 11개 영지에 대한 토지가격의 정보를 획득했다. 1350년부터 지가(地價)는 1/4이 떨어진 하나의 예를 제외하면, 모두 비교출발연도 수준의 절반으로 떨어졌다. 영주의 토지에 부과되어 있던 지대(Zinsen)도 전체적으로 1/3 정도에서 절반까지 감소했다(물론 그 편차는 엄청나게 심했다. 밝혀진 22개의 사례에서 1368년부터 1468년까지 2사례에서 약 10~15% 정도, 다른 2사례에서 25% 정도, 3사례에서 33% 정도 나머지 15사례에서 50% 정도 또는 그 이상으로 지대가 떨어졌다). 여기에 지대체납이 부가되었는데, 이는 특히 1368/70~1374년간 그리고 1392/95~1412/13년간 빈번했다. "지대체납의 장기지속"(Une baisse de longue durée)은 유럽 대륙의 북서단에서 출처한 이 자료에서도 나타나고 있다.[71]

---

70) 이 책, 163쪽 이하와 아래에 제시하는 문헌의 총괄적인 서술 및 문헌보고 참조. E. M. Halcrow, "The decline of demesne farming……," in: *The Econ. Hist. Rev.*, VII, 1954/55, pp.354f.

그러나 또한 이탈리아에서도 토지소유는 롬바르드의 일부 지방에서와 같이 전반적으로 유리한 수익을 가져오지는 않았다. 토스카나 지방의 보고에 의하면 피스토이아 지역에서 농민보유지의 지대는 1251/75년과 1401/25년 사이에 1/3 이상이나 떨어졌다. 지대수취에 대한 보고는 아주 멀리까지 거슬러 올라간다. 그리하여 13세기, 즉 토지개발의 시대에 나타났던 지대의 상승과 함께 급격한 하락도 인식되는데, 지대의 하락현상이 피스토이아 지역에서는 이미 13세기의 마지막 4분기로 소급될 수 있다. 그러나 지대는 14세기 중엽까지 동일한 상태에, 즉 그 출발수준보다 현저히 높은 상태에 머물러 있었다. 그러다 더욱 급격한 하락이 개시되었는데, 이는 이 지역의 '평균지대'를 13세기 초의 수준 이하

〈표 9〉 피스토이아 지방의 평균지대, 1201/25~1401/25

시기	스토리오당 스타이아	헥타르당 kg	1201/25=100
1201~1225	1.50	238	100
1226~1250	2.30	364	153
1251~1275	2.67	423	178
1276~1300	2.50	396	167
1301~1325	2.50	396	167
1326~1350	2.50	396	167
1351~1375	1.60	253	107
1376~1400	1.50	238	100
1401~1425	1.40	222	93

---

71) L. Genicot, "L'Économie rurale Namuroise au Bas Moyen Age(1199~1429)," in: Univ. de Louvain, Recueil de Travaux d'Histoire et de Philologie, 3, 17, vol. I, 1943, p.289; Ibid., La crise agricole du Bas Moyen Age dans le Namurois, ebendort, 4, 44, 1970.

로 내리눌렀다.[72]

프랑스 일부 지방에서 토지소유자들은 더욱 강력한 지대인하의 압력에 직면했다. 그리하여 노르망디에서는 영주의 수입이 1350년과 1460년 사이에 70~75%가량 떨어졌다.[73] 여기에 또한 프랑스에서는 물질적으로 영주들에게 영향을 미칠 수 있는 법률적인 성격의 양보가 더해졌는데, 예컨대 버려진 농지의 지대납부를 위해 영주가 농민에게 씌우는 배상책임의 완화 같은 것이었다.[74] 이 모든 것은 잉글랜드와 치른 오랜 전쟁에서 오는 부담과 불만에 의해 더욱 가중되어, 프랑스의 귀족들이 소수의 예외를 제외하고는 빈곤해지는 결과를 초래했다. 베르트랑 드 프레냥(Bertrand de Preignan)은 자기 가문의 마지막 사람으로서 평민의 이름을 달라고 요청했는데, 이로써 그는 자기 촌락의 주민들과 함께 공유삼림의 목재에 대한 할당분을 얻으려고 했던 것이다. 부채를 많이 진 어떤 영주의 과부는 맥주양조로 생계를 꾸려 나갔다. '걸인영주'(Herren-Bettler)라는 말이 돌고 있었다. 그들의 성곽은 빈곤의 성(château de la misère)으로 일컬어졌다. 이미 사태가 개선되는 징조가 드러났던 1530년에도 북프랑스의 어떤 지방에서는 121명의 영주들이 거둔 수입의 총액이 2만 1,400리브르였다. 그들 중에서 가장 많은 토지를 소유한 영주의 수입은 5,000리브르, 두 번째는 2,000리브르, 나머지는 평균이 138리브르에 지나지 않았다. 도시에는 6만 5,000리브르에

---

72) 〈표 9〉는 다음에 의거했다. D. Herlihy, "Population, plague and social change in rural Pistoia, 1201/1430," in: *The Econ. Hist. Rev.*, XVIII, 1965, pp.240f. 환산기준으로서 다음과 같이 상정되었다. 1스타이아(staia)=25.92*l*; 토지 1스토리오(storio)=0.1265ha; 밀 1*l*=0.7733kg.
73) G. Bois, *Crise du Féodalisme*, 1976, p.201.
74) 알자스의 어떤 연대기는 이렇게 보고하고 있다. "토지의 대부분은 경작되지 않은 채로 버려져 있었다. 왜냐하면 아무도 상속세의 납부의무가 결부된 토지를 인수하고 싶지 않았기 때문이다. 게다가 보유지의 차지농민들은 서로 연대책임을 지고 있어서 우량한 경작자들이 불량한 이들 때문에 처벌받는 사태를 염려했다."

이르는 수입을 거두는 상인도 있었다.[75]

'도적기사'(Raubritter)의 형상이 서글픈 명성을 올렸던 15세기의 독일에서는 아주 생생한 묘사가 하나 전해지고 있다. 이는 1425년에 어떤 부유한 농민의 아들로 태어난 롤레빙크(Rolewink)가 자신의 고향 베스트팔렌의 기사들에 대하여 보고한 것이었다. "비참한 빈곤이 이 기사들을 극도의 곤궁으로 내몰았다. 그들의 땅은 너무도 척박해서 경작되지 않은 채 그냥 황무지로 버려져 있다. 이 기사들은 그곳에 거주하는 것마저도 포기했다. 〔……〕 내가 생각하기에도 자네는 그 꼴을 눈물 없이 볼 수 없을 걸세. 그 멀끔하던 기사들이 매일매일 빵과 옷을 얻으려고 얼마나 힘겨운 싸움을 하고 있으며, 곤궁과 기근에서 벗어나기 위해 얼마나 쉽사리 스스로를 교수형과 차륜형(車輪刑)*에 내주고 있는가. 〔……〕 땅과 돈, 마상경기 그리고 궁정의 호사를 쟁취한다는 것은 그들과 아무런 상관이 없다네. 그들은 도대체 더 높이 올라가려고 하지를 않는다네. 단지 하루하루 연명할 수 있는 빵을 얻는 것 이외에 더 나은 것을 알려고 하지도 않는다네." 슈바벤의 귀족 139인이 처한 소득상태가 간단한 수치로 다음과 같이 나타났다. 전체 사례의 약 2/3에서 그들의 수입은 1490년경 매년 200굴덴 이하에 불과했고, 약 1/3이 200에서 800굴덴 사이에 그리고 전체의 단지 2.1%만이 800굴덴 이상의 수입을 올리고 있었다.[76] 비교 목적에서 하나의 예를 들어보자. 1518년에 가장 부유하다고 할 수는 없지만 매우 유복한 편이었던 아우크스부르크 시의

---

75) 다음에 의거하여 인용했다. H. Nabholz, "Medieval agrarian society in transition," in: *The Cambridge Econ. Hist. of Europa*, I, Aug. 1st. of 1941, pp.557f.

* Rad, Rädern: 중세에서 19세기 초까지 독일어권에서 행해지던 극형의 일종. 살인이나 강도를 범한 중죄인을 바닥에 묶어놓고 그 신체 위에 거대한 마차바퀴를 굴려 사지와 신체를 으스러뜨리고 마침내 죽음에 이르게 하는 처형 방식이다.

76) H. P. Sattler, *Die Ritterschaft der Ortenau in der sätmittelalterlichen Wirtschaftskrise*……, Diss., Heidelberg 1962.

어느 상인이 치른 결혼식의 비용은 991굴덴에 달했다는 사실을 언급할 만하다. 이 액수는 또한 슈바벤의 기사 베르너 폰 치머른이 1453년에 한 촌락을 그 종속물과 함께 전부 구입하는 데 지불했던 650굴덴을 훨씬 초과했다. "이렇게 모든 것이 가치를 상실했는데, 특히 부동산의 가치는 더욱 그러했다"는 보고를 이 치머른 가의 연대기 작가는 몇 세대 후(1550년경)에 덧붙였다.

지가 또는 지대의 빠짐 없는 계열자료는 이 시기의 독일에서는 유감스럽게도 단지 아주 근소하고 매우 알아보기 어려운 정도로만 전해지고 있다. 슐레지엔에서는 마이첸의 보고에 따르면,[77] 14세기에 거의 동일한 토질이었던 38개의 왕령지 및 농민 후폐가 평균 14.5폴란드 마르크로 팔렸다. 폴란드 마르크가 급속하게 악화되었는데도 이는 15세기에도 단지 15폴란드 마르크에 불과했다. 15세기 초부터 비로소, 그리고 더 본격적으로 16세기에 들어서 이 슐레지엔 농민보유지의 가격은 다시 오르기 시작했다. 유감스럽게도 마이첸은 주화악주의 정도에 대한 보고를 빠뜨렸다. 괴팅겐 시 시유지(市有地)의 차지료는 주화의 귀금속 함유량으로 환산해서, 1431/50년과 1501/50년 사이에 출발시점 액수의 10% 남짓으로 떨어졌다. 그러나 이러한 하락은 특수한 사정에 의해 더불어 규정되었던 것으로 보인다.

일부의 성직령에서는 소득과 재산의 감소 추세를 더욱 정확하게 파악할 수 있다. 독일 기사단의 몇 개 분단(分團, Ballei)이 이 경우에 해당한다. 이들 몇 개의 분단은 기사단의 거점으로서 프로이센에 소재한 총본부에 인원과 물자를 공급하도록 요청을 받았던 것이다. 프로이센에서 곤경이 증가하고 이러한 지원이 어떤 때보다 더 다급해졌을 때, 본거지

---

[77] A. Meitzen, *Der Boden und die landwirtschaftlichen Verhältnisse des preußischen Staates*, III, 1871, pp.411f.

의 사료는 오히려 알려주는 것이 없다. 구독일 지역에서 기사단장을 대표하는 독일분단장(Deutschmeister)이 작성한 회계보고서의 1450년조 기사(記事)에서 다음과 같은 사실을 알아낼 수 있다. 독일 분단의 부채 총액이 1361년에는 약 7만 9,000굴덴이었는데, 1450년에는 약 10만 6,000굴덴으로 늘어났던 것이다. 비록 1394년에 분단에 제공된 6만 굴덴의 부채는 거의 전부 변제되었지만. 독일분단장은 이 회계보고서에 대해 수입과 부채의 불균형은 줄어들지 않을 뿐만 아니라, 나날이 늘어나고 있다고 진술했다. 그는 자신의 하급자들과 이 문제에 대해 논의하고 이 곤경에서 빠져나올 수 있는 수단과 방도를 찾고 있노라고 했다. 그 스스로가 "당해 지역에 소재하는 기사단의 토지 모두를 매각하거나 저당할 것을 여러 차례 시도했다"고 하나, 주변의 제후와 영주들은 그들에게 제공된 토지를 전부 거부했다는 것이다. 이제 독일의 시대상은 성곽이나 농장을 저당잡히거나 매각해도 눈에 띌 만큼의 금액을 모으기가 불가능한 지경에까지 이르렀다.[78]

두 번째 사례는 바이에른에서 제시되고 있다. 테게른제(Tegernsee) 수도원의 기록보관소는 이미 예전에 이루어진 사료간행에서 추측할 수 있듯이, 경제사와 관련된 귀중한 기록류를 풍부하게 포함하고 있는데, 이는 황폐지, 황폐지 보유권(Ödrecht)으로 대여되었거나, 정상적으로 점유된 토지, 그리고 농민의 공납에서 유래하는 수도원의 수입에 대해서도 풍부한 정보를 제공하고 있다. 최근의 어떤 연구에서 밝혀졌듯이,[79] 뮌헨 평원의 게필트(Gevild) 관구(管區)*에서는 수도원의 보유지

---

78) W. Abel, *Wüstungen*……, 3rd ed., 1976, pp.142f.에서는 위에 제시한 보고에 대한 다른 근거도 발견할 수 있다. 또한 다음의 문헌도 참조하라. E. Maschke, "Die innere Wandlungen des Deutschen Ritterordens," in: *Geschichte und Gegenwartsbewußtsein, Festschrift für H. Rothfels*…… 1963. 마시케는 15세기 동안 기사단이 보여준 정신적 경화와 사회적 고립이 그들의 경제적 곤궁과 대응하는 것으로 확인할 수 있다고 생각하는데, 이는 매우 온당한 견해로 보인다.

79) H. Rubner, "Die Landwirtschaft der Münchener Ebene und ihre Notlage

155개 중에서 4개를 황폐지로서, 9개를 황폐지 보유권으로 대여했다. 이는 말하자면 재건할 의욕이 있는 농민에게 황폐지가 인하된 공납의무로 분급된 것을 의미했다. 그다음의 여러 해에는 황폐된 보유지의 수가 기존의 보유지에서 18%나 28%까지의 편차를 보이면서 증가했다. 반면에 동시에——분명히 이와 관련지어——농민공납의 총액은 세기 중엽의 수준에서 절반 이하로 떨어졌다. 위기는 1385년에 최고조에 달했다. 유감스럽게도 이 계열자료는 1420년에서 끝이 난다(〈도표 15〉).

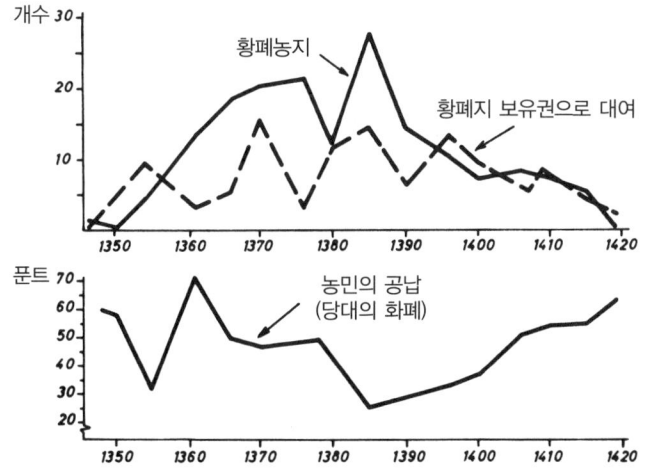

〈도표 15〉 테게른제 수도원 소속 게필트 관구에서의 토지황폐와 공납감소, 1346~1420

---

　　im 14. Jahrhundert," in: *Viertelj. f. Sozial- und Wirtschaftsgeschichte*, 51, 1964, p.433f.
＊Amt: 광범한 지역에 산재한 소령을 보유하고 있던 성속의 대영주들은 관리의 편의를 위하여 지역에 편재한 산재소유지를 암트(Amt)라는 일정한 구역단위로 편성했다. 대개 한 무리의 소유지에서 가장 중심이 되는 큰 촌락이나 도시에 관리 분소(分所)를 설치하고, 영주의 하수인을 상설적으로 파견하여, 당해 지역의 공납수취, 영주가 소재하는 총본부로 수취물을 운송, 당해 지역 시장에서의 처분 등의 업무를 맡게 했다. 이 관리 단위를 여기에서는 일단 편의상 '관구'(管區)로 번역한다.

세 번째 사례는 북부 독일에서 나온 것이다. 1437년경 슐레스비히 주교구 성당참사회*의 재정담당자는 자기 시대에 거둔 참사회의 수입을 이 참사회가 1352년에 거둔 수입과 비교한 적이 있다. 비교한 결과 총수입은, 화폐 및 현물 모두 합산하여, 1352년에는 알곡 약 7,600톤의 가치에 이르고 있었으나, 1437년에는 약 2,400톤으로 줄어들었음이 판명되었다. 재정담당자는 그 원인을 전쟁과 홍수 때문으로 파악했다. 이 회계장부를 검토하고 전체 손실을 심지어 더욱 높게, 즉 6,000톤으로 산출한 덴마크의 역사가 크리스텐젠은 1362년 프리슬란트를 휩쓸었던 대폭풍우는 730톤 정도의 손실만을 야기했을 것으로 생각했다. 그의 견해로 전쟁은 슐레스비히 성당참사회가 있던 지역에서는 아주 경미한 의미 밖에 없었다. 수입감소의 대부분은 인구감소와 당대의 수많은 황폐현상 탓으로 볼 수 있을 것인데, 이는 또한 슐레스비히와 유틀란트에서도 입증될 수 있었다. 이 지역도 범유럽적인 농업위기에서 벗어날 수 없었던 것이다.[80]

더욱 어려운 일은 중세 후기 **농민의 경제적 처지**에 대하여 어떤 일반적인 평가를 내리는 것이다. 이는 다음과 같은 사정과 관련이 있다. 즉 농민의 소득은 어느 한두 가지가 빠질 수 있다 해도, 아주 다양한 종류의 수입이 있었다는 점이다. 즉 농민 자신과 그를 보조하는 가족의 임금, 생산과정에 참여하는 토지의 지대, 자본이자 그리고 아마도 기업가로서의 이윤 등이 그것이다. 중세 후기에 그러했듯이 이제 임금은 오르는데 지대는 떨어진다면, 이는——농민보유지의 크기, 위치 및 설비에 따라

---

* Domkapitel: 중세 초기부터 주교구 성당(Dom)이나 도시의 큰 교회에 배치되어 있는 성직자들의 생활공동체. 이들은 수도사와 유사한 계율 아래 공동생활을 했는데, 주임무는 주교를 보좌하고 선출하는 일이었다. 시간이 지나가면서 자치권과 재산 능력을 갖춘 법인체로서 발전하여, 주교의 영지에서 분리된 자체의 영지와 재산을 관리했다.

80) C. A. Christensen, "Krisen på Slesvig domkapitels jordegods, 1352~1437," in: *Hist. Tidsskrift*, 11, 6, 2, 1960.

──농민의 소득에 대해 아주 다양한 결과를 초래할 것이 틀림없다.

북서부 독일의 슐테(Schulte) 같은 유형의 대농민은 소영주의 위치에 근접해 있었는데, 이 소영주와 같이 일부의 토지를 차지 형태로 대여했다. 그러나 이것이 가져오는 이익은 많지 않았다. 다수의 가내 머슴 (Gesinde)과 농산물의 판매에 의존하는 이들 대농민도 비용가격, 특히 임금에 비하여 농산물 판매가격의 불리함을 알아차렸다. 아마도 여기 저기서 더 나은 가격조건을 구비한 양모, 고기, 버터생산에서 이익보전의 기회가 있었을 것이다. 그러나 아주 소수만이 이러한 기회를 이용할 수 있었던 것으로 보인다.

그러한 농민경영의 회계 계산은 제출된 바가 없다. 대체용으로 1474년에 나온 작센 지방의 일부 기사들에 대한 보고를 참조할 수 있다.[81] 영주들은 단지 일부의 예외를 제외하고 "그들의 직할농장을 자신의 쟁기로" 경영하고 있었다. 첨부된 수치자료에서 자가경영의 수익이 경영 및 가계비용을 거의 충족시키지 못했다는 사실이 다소 확실하게 도출된다. 자이파르트 폰 뤼티하우(Seifard von Lüttichau)가 원하는 바와 같은 일요일의 예복을 마련하기에도 수입은 미치지 못했다.

이 보고가 행해졌을 때는 귀족여성이 양모를 스스로 직조해서 만든 직물로, 남성들이 소박한 무장용 의복으로 만족하던 시기가 이미 오래 전에 지나갔다. 작센의 클뢰덴(Clöden)에 살던 기사 한스 폰 혼스페르크(Hans von Honsperg)의 회계에서는 1474년 한 해에 호밀 4만 1,700kg의 가치(오늘날──1976년──서독의 화폐가치와 가격으로 약 2만 마르크에 상당)에 상당하는 금액이 의복을 위한 지출로 계상되어 있었다. 이 액수 중 거의 절반을 가장(家長)의 의복이 차지하고 있었고, 1/3을 조금 넘는 액수는 부인의 의복이 차지하고 있다. 나머지는 딸들의 의복 값으로 나뉘었다. 이 지출은 오늘날의 가치로 비교하

---

81) 이 책, 169~172쪽.

면 매우 높은 것으로 나타난다. 그러나 그 당시에는 그다지 높은 것이 아니었다. 예를 들어 레겐스부르크 시의 복식조례(Kleiderordnung)는 다른 도시의 관련 조례와 그렇게 특별히 구별되는 것도 아닌데, 부인이나 처녀들의 복식 비용으로 허용되는 한도를 호밀 약 10만kg에 상당하는 가치의 금액으로 규정했다. 레겐스부르크 시의 부인네들이나 처녀들이 이 한도를 준수했는지는 알려진 바가 없다. 그러나 남편들도 의복 비용을 지출해야 했다. 이로써 실로 도시에서의 엄청난 의복 비용 지출을 알 수 있는데, 저 작센의 기사는 이에 비하면 한참 처져 있었던 것이다.

대농민——그리고 기사——과 전혀 처지가 다른 것이 소농민으로서, 이들은 식민운동의 시기가 종료되면서 중부 유럽의 매우 많은 촌락과 소촌에서 발견할 수 있다. 부담이 과중하고, 토양이 매우 척박하고 또 보유면적이 너무 작으면 그들은 탈주하려고 했다. 그들의 노동력은 도처에서 요구되었다. 그들은 도시에서는 높은 임금을 받았으며, 농촌에서는 수없이 널려 있는 텅 빈 보유지를 위해서, 또한 중세 성기부터 촌락과 소촌, 특히 직조업 분야에서 전개된 수공업 활동을 위해서 환영받았다.[82] 북서부 유럽의 모든 지역에서 알려지고 있듯이, 이들에게는 각종의 의무에서 면제되는 해, 지대인하 그리고 여러 가지 다른 혜택이 제공되었다. 사람들은 친절한 언사와 태도도 아끼지 않았다. 서부 독일의 한 촌락 곤덴브레트(Gondenbret)의 관습법(바이스툼)에 의하면 촌장은 외지인이 토지를 원하면, 그를 말의 자기 뒷자리에 태워서 땅을 둘러

---

82) 플랑드르 지방에 대해서는 다음의 논저가 이를 강조했다. H. van der Wee, *The growth*……, I, 1963, p.65. 그러나 이는 중부 유럽의 다른 지역에 대해서도 타당하다. 농촌수공업의 기본원리는 다음의 저작이 추구했다. P. Kriedte, H. Medick and J. Schlumbohm, "Industrialisierung vor der Industrialisierung," in: *Veröff. d. Max-Planck-Institut f. Geschichte*, 53, 1977.

보게 해야 했다. 그 외지인이 마음에 드는 땅을 보고 말에서 뛰어내려 경작하기를 원한다면, 촌장은 그에게 15모르겐을 떼어주어야 했다. 토지는 풍부했다. 부족한 것은 사람이었다.

그러나 대농민의 농장도 그리고 소농민의 보유지도 중세 후기 중부 유럽의 농업상을 규정하지는 않았다. 이 농업——그리고 이에 토대를 두고 구축된 사회구조——의 담당자는 다른 종류의 농민이었다. 우리는 이를 **중농**이라고 일컬을 수 있다. 그는 외부의 노동력에 전혀 독립적인 것은 아니었으나, 대농민만큼이나 임금의 부담을 느끼는 것은 아니었다. 가격도 역시 그에게 전혀 의미가 없는 것은 아니었다. 그러나 그의 농장은 이웃과 영주의 도움으로 아직 가장 본질적인 욕구를 충족시켰다. 그의 경영회계에서 결정적인 비중을 차지하는 것은 그가 토지영주, 인신영주, 재판영주 및 영방군주에게 부담하는 부역과 공납이었다. 이러한 부담이 독일뿐만 아니라 다른 나라에서도 알려지는 바와 같이, 수확의 1/4에서 1/3을 차지하고 나면,[83] 그에게는 종곡(種穀)을 제하고 나면 남는 것이 그다지 많지 않았다. 그의 경영과 생계유지는 '한계점에서'[84] 균형을 유지하고 있었다. 장기간의 곤궁에 흉작이 들고, 가축이 사망하거나 전쟁이 나고, 도적이나 방화가 추가로 닥쳐오면, 농민은 자신의 보유지를 포기할 수밖에 없었을 것이다. 그러면 농지는 황폐해진다.

---

83) 이 자리에서는 스웨덴의 사례가 게시될 수 있다. 1395~1483년의 회계기록을 포함하고 있는 어떤 필사본에 따르면 웁살라 근처의 푼보(Funbo) 교구에서는, 농민은 십일조와 전조(田租)로 곡물의 순수확에서 25~50% 정도를 부담하고 있었다(C. G. Andre, "Studier kring Funbo……," in: *Hist. Tidsskrift*, 4, 1965, pp.385~400).

84) 이 표현은 덴마크의 농민에 대해서 다음의 저작이 사용했다. C. A. Christensen, "Nedgangen in Landgilden i det 14 Aarhundrede," in: *Hist. Tidsskrift*, 10, 1, 1930/31, p.465. 이는 독일, 프랑스, 잉글랜드 농민의 대다수에 적용할 수 있다.

3. 중세 후기의 황폐

개념, 범위, 황폐지의 분포

황폐*라는 개념으로 아직도 자주 "지면에서 사라진 취락"(Ortschaft)이 이해되고 있다.[85] 이러한 개념규정은 오늘날의 농촌경관 모습에서 출발한 것으로, 황촌현상의 역사적 고찰을 위해서는 이하의 세 가지 이유에서 너무나 협소하다.

첫째, 이러한 개념규정은 취락과 결합되어 있는 경지(Flur)의 운명을 고려하고 있지 않다. 경지에 대해서만도 아니고, 또한 그 경제적 이용에 대해서도 중세 후기나 근대 초기의 증서류, 대장류(臺帳類)에서는 '황폐'(Wüstungen) 또는 '황폐된(wüst), 버려진, 텅 빈'(öde, verlassen, leer) 같은 표현이 쓰이고 있다. 이러한 표기에 대해서는 다음과 같은 점이 이야기되어야 한다. 즉 농지가 전혀 아니면 합법적으로 점유되어 있지 않고, 경지가 경작되지 않고 있거나, 관리되지 않고, 야생의 상태로 버려지고 있다는 것이다. 때때로 이는 사료에서 더욱 분명히 드러나지만,[86] 때로는 드러나지 않고 있다. 그러나 적어도 **취락황폐와 경지황폐**

---

* Wüstung: 이 말은 흔히들 '폐촌'으로 번역되었으나, 본문에서 상세히 설명되듯이 취락에만 한정되지 않는 포괄적인 현상이므로, '황폐'로 번역한다.

85) H. Beschorner, "Wüstungsverzeichnisse," in: *Deutsche Geschichtsblätter*, ed. by A. Tille, VI, 1904, p.1. 최근의 개념규정과 이제부터 이하에 따르는 전체의 장에 대해서는 다음의 훨씬 더 방대한 서술을 참조하라. W. Abel, *Die Wüstungen des ausgehenden Mittelalters*, 3rd ed., 1976, passim. 이 저작에는 이미 거듭해서 강조된 바와 같이, 위에 제시된 보고의 전거가 수록되어 있다. 이에 대해서는 일부의 보충만이 가해질 터인데, 이에 대한 전거도 또한 각주에 별도로 제시될 것이다.

86) 예컨대 다음과 같은 용례 "죽었다. 땅은 황폐되었음"(ist tot, das Gut ist wüst), "이로부터 사람이 떠났다. 땅은 황폐된 채로 있다"(ist davongezogen, das Gut liegt wüste), "아직 누군가 살고 있지만, 땅은 황폐되어 있다"(lebet zwar noch, das Gut aber ist wüste) 등이다. 여기에서 '황폐'(wüst)라는 표현은 아주 분명히 농지경영에 관련되어 있다. 반면에 건물에는, 적어도 마지막의 경우에서는 아직 거주하고 있다. 더욱 정확하게 이는 다음과 같은 용례

를 구분하려는 시도는 해야 할 것이다.

둘째, 한번 황폐되었던 취락(또는 경지조차) 모두가 영구히 황폐된 상태로 남아 있던 것은 아니다. 지리학자들은 우선 **영구황폐** 현상에 관심을 보인다고 해도, 동일한 것이 역사가들에게도 타당한 것은 아니다. 황폐화 과정을 전체적인 범위에서 파악하기 위해서는 단기적으로 황폐된 취락(과 경지)을 말하는 **일시적 황폐**도 관찰대상에 넣는 것이 필요하다.

셋째, 모든 취락(과 경지)이 완전히 황폐되는 것은 아니다. **완전황폐** 이외에 **부분황폐**도 발생했는데, 이 경우에서는 취락의 일부 그리고 또는 경지의 일부만 황폐되었다. 기괴한 결론으로 가득한 황폐연구의 수많은 오류는 이 부분황폐만 고려되었어도 피할 수 있었을 것이다.

그러한 부담으로 '황폐' 개념이 더 이상 적합하게 정의될 수 없기 때문에, 황폐개념(Wüstungsbegriff)을 황폐도식(Wüstungsschema)으로 대치한 샤를라우의 방법을 따를 것을 권장한다. 샤를라우는 취락황폐와 경지황폐를 구분하고, 이 두 가지 종류의 황폐에서 각기, 취락의 일부가 남아 있거나 경지의 잔여분이 경작되고 있었으면 부분황폐로, 그리고 취락 전체가 버려졌거나 경지 전체가 포기되었으면 완전황폐로 구분했다.[87] 일시적 황폐도 황폐도식에 흡수하면 다음에 제시된 바와 같은 개요도표를 그릴 수 있다. 이 도

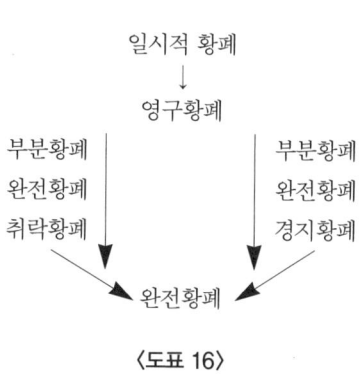

〈도표 16〉

에서 드러난다(이 용례는 앞서 제시한 바와 같이 작센의 사료에서 추출된 것이다): 일부의 토지에는 사람이 살고 있으나, 가축도 종곡도 없어서 황폐지(Wüsten)와 다름이 없었다. 그리고 사람들은 그곳에서 단지 기숙처만을 갖고 있을 따름이다(W. Abel, *Wüstungen*……, pp.60f. 참조).

87) K. Scharlau, "Beiträge zur geographischen Betrachtung der Wüstungen,"

표는 (위에서부터) 일시적 황폐와 함께 시작하는데, 이는 영구황폐로 전환될 수 있다(그러나 반드시 그렇게 되는 것은 아니다). 그리고 취락황폐(왼쪽)는 하부에서 부분황폐와 완전황폐로 나뉘고, 경지황폐(오른쪽)도 마찬가지로 하위의 구분을 내포하고 있다. 여기에서 강조되어야 할 것은 이 도식은 단지 하나의 개념을 설명하는 것이지, 그 진행과정을 묘사하려는 것은 아니다. 물론 드물지 않게 부분황폐는 완전황폐로, 또 독일에서는 일시적 황폐가 영구황폐로 발전했지만.

황폐연구는 "지면에서 사라졌던" 취락과 함께 시작했다. 이미 16세기에 독일에서는 황폐취락의 목록이 작성되었다. 18세기로부터는 황폐문제에 대한 다수의 개별적인 논고가 알려졌다. 그리고 19세기 중엽부터 황폐현상에 대한 문헌은 급속히 증대했다. 오늘날 이는 수백 개의 연구를 포괄하고 있는데, 물론 그 목표설정과 의미는 아주 다양하다. 종종 사람들은 황폐취락의 위치확인으로 만족하는 경향이 있었다. 취락이 사라진 시기와 계기를 파악하는 것이 항상 추구된 바는 아니었다. 그리고 자신의 연구결과가 인접지역에서 파악된 바와 비교되는 것은 더욱 드물었다. 다소 염려되는 바가 없지 않으나, 많으면서도 산포된 개별연구를 몇 가지 가장 긴급한 문제에 대하여 합당한 답변을 제공할 수 있는 하나의 그림으로 종합하는 것이 가능해 보인다.

 우선 황폐현상이 등장한 시기에 대한 의문이 될 것이다. 사람들은 오늘날 (독일에서) 여기에서 문제삼고 있는 황폐시기를 두 가지로 구분하는 경향이 있다. 중세의 개간시기와 중세 후기가 그것이다. 개간기의 황폐는 전쟁이나 소규모 취락단위가 더 큰 단위로 합체된 탓으로 돌릴 수 있다. 개별적으로 그 원인은 논란이 분분할 수 있다. 그러나 이 시기에 나타난 황폐의 규모는 새로운 취락의 수보다 훨씬 더 뒤처졌을 것이라

in: *Badische Geogr. Abhandl.*, 1933, Einlage; Ibid., "Die hessische Wüstungsforschung vor neuen Aufgaben," in: *Zeitschr. d. Ver. f. hess. Gesch. u. Landeskunde*, 65/66, 1954/55, pp.72f.

는 점에는 의심할 나위가 없다. 또한 이 수는 중세 후기의 황폐보다도 더욱 뒤져 있었다.

중세 후기 황폐촌의 수를 파악하기 위해서는 기왕에 제출된 연구자료에 의존해야 한다. 물론 이들은 표명될 수 있었던 희망에 부합되지는 않으며, 특히 중세 초기 및 성기와 중세 후기의 황폐현상을 항상 선명하게 구분하지는 않는다. 입증되고, 추정되거나 그저 짐작되는 중세 후기 황폐촌의 수를 중세의 것으로 입증되는 취락의 수와 관련지으면, 황폐율이라고 할 수 있는 비율이 나타난다. 이제 더 나아가 이 비율을 연구대상 지역이 확보하고 있는 오늘날 취락밀도의 척도에 따라 계량해보면, 더욱 광범한 공간과 독일 전역에서 나타난 취락의 상실에 대한 단서를 잡을 수 있다. 독일 전체(1933년의 경계를 기준으로)에 대해서 이 황폐율은 약 26%에 달한다. 즉 중세 성기 개간의 종료시점까지 존재가 입증될 수 있었던 4개 취락 중의 하나가 중세 말까지 다시 사라졌던 것이다.

개별적으로는 거대한 **지역적 차이**가 존재한다. 일부 지방에서는 중세 성기 취락의 40% 또는 그 이상이 소멸되었다(일부의 산악지방, 고지된 지방, 졸링 및 헤센의 산악지방 같은 일부 산악지방에서는 70%까지 이르는 최고의 수치를 보인다). 다른 지방에서는 손실이 10% 이하에 머물렀다(특히 북서부 독일의 해안지대와 라인 강 하류 유역 평원지대에서 그러했다). 대략 독일의 평균치에 상응하는 중간급의 비율은 발트 해 연안의 배후지대에서 슐레스비히-홀슈타인에서부터 동프로이센에 미치는 농업지대에서 확인할 수 있었다(〈도표 17〉, 204쪽).[88]

---

88) 〈도표 17〉 및 본문에 인용된 독일의 평균치 계산은 다음에 따른 것이다. H. Pohlendt, "Die Verbreitung der mittelalterlichen Wüstungen in Deutschland," in: *Göttinger Geogr. Arbeiten*, III, 1950, pp.69f. 이미 폴렌트가 종합한 개별 지역의 황폐율(확인 106사례, 추정 43사례, 총 149사례)은 최근의 연구가 60년대 초까지 제출한 결과로 보충되어서(65사례), 독일 전체에 대해서 총 214사례의 황폐율이 계상되었다. 이러한 황폐율은 지도에 도시되었다. 연구의 수준과 성과에서 나타나는 우연성을 가능한 한 제거하고 독일

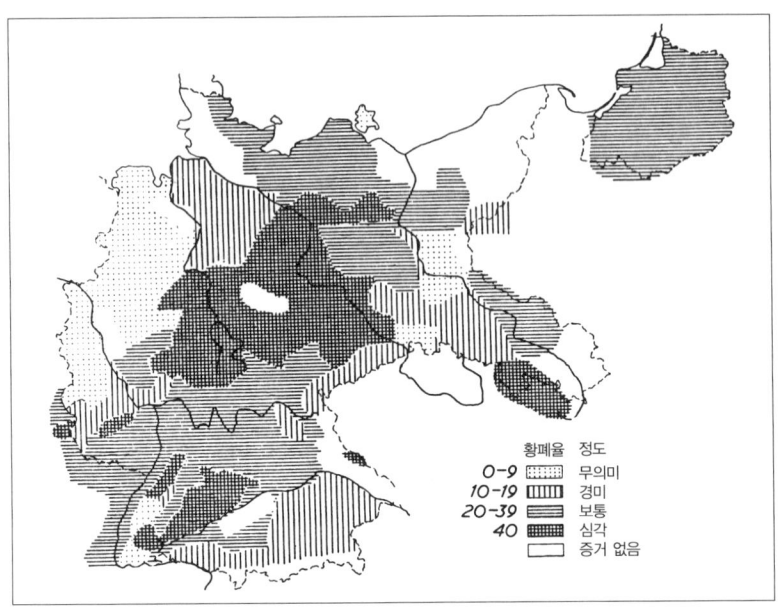

〈도표 17〉 중세 후기 독일의 황폐현상

다른 나라에서 이루어진 황폐연구 수준을 대략 둘러보면, 잉글랜드에서도 버려진 취락(deserted village)이 중세 후기에 빈번히 나타나고 있음이 드러난다.[89] 일부의 백령(county)에서 황폐율은 1334년의 조

전체에 대한 개관을 가능하게 하기 위해, 이 비율은 동일한 자연적 환경조건과 동일하거나 비슷한 교통상황의 지역에 대해서는 평균치로 종합되었다. 이로써 미세 지역의 차이(특히 일부 삼림지대에서의 완전손실)는 사라져버렸지만, 대신에 연구에 더 중요한 광역지대의 차이가 더욱 뚜렷하게 드러난다.

89) 잉글랜드의 황폐연구(M. W. Beresford 및 기타)에 대해서는 이 책, 175쪽 이하를 참조. 황폐문제에 대하여 가장 중요한 영국 문헌을 아주 탁월하게 수집한 목록은 다음의 논고에서 발견된다. J. G. Hurst, "Wandlungen des mittelalterlichen Dorfes in England," in: *Wirtschaftliche und soziale Strukturen im säkularen Wandel*, Festschr. f. W. Abel, ed. J. Bog u. a., I, 1974, pp.237ff. 여러 나라의 연구 수준에 대한 개관은 제3차 국제경제사학회에 제출되고 수집·출판된 논고를 통해서 가능하다. *Villages désertés et histoire économique, XIe~XVIIIe siècle*, École Prat. Des Hautes Études, VIe Sect., Paris 1965; 영국과 다른 나라의 연구에 대한 연속적인 실태 파악은 다음 보고서 덕분이다. Annual Reports der Medieval Village Research

세대장에 존재한 것으로 등재된 취락의 20%에 달했다(화이트 섬에서는 22%). 다른 백령에서 손실률은 5~10%에 달했으며, 그리고 일부 지방에서는――지금까지의 연구 수준에 따르면――포기된 취락을 확인할 방법이 없었다.

잉글랜드에서는 (독일에서와 같이) 녹지대에서 황폐현상이 가장 적게 나타났다. 황폐현상은 여기에서도 다시 목축업으로의 전환이 가능하거나 토질이 매우 척박해서 계속 이용하는 것이 더 이상 쓸모가 없는 곳에서 특히 집중되어 나타났다. 존 솔트마시(John Saltmarsh)는 어느 날 오후에 노포크 남부의 불모지에서 5개 교회의 폐허를 만났다고 보고했는데, 이 모두는 아마도 황폐의 시기에 폐허화된 것이었다. 포스탠은 이 관찰기를 다른 측면에서 보충했다. 그는 영세농지가 쉽사리 황폐될 수 있다는 점을 지적했다. 14, 15세기에는 (포스탠에 따르면) 16개의 백령에 분포된 130개의 영지에서 5에이커(2ha) 이하의 영세농지가 거의 35%가량이, 다른 보유지의 수는 약 10%만이 감소했다.

황폐현상의 시기에 관한 정보는 호스킨스와 파커가 레스터 주에 대하여 행한 조사("Villages désertés……," 1965, p.543)에 따라 베레스포드가 제공한 목록이 알려주고 있다. 이에 따르면 레스터 주에서 입증된 황폐촌의 수 전체에서 12, 13세기에 속하는 것이 7%, 14세기 말에 속하는 것이 5%, 1400~1509년간에 속하는 것이 38%, 그리고 1510~48년간에 속하는 것이 12%였다(나머지는 1549~1603년간에 5%, 1604년 이후에 13%, 정확한 연대 판정이 불가능한 것이 21%로 분포된다). 황폐화 과정이 잉글랜드에서는 대륙에서보다 더 오랫동안 지속되었다. 추측하건대 팽창하는 잉글랜드의 직조업으로 양모의 높은 가격이 오랫동안 유지되었기 때문이다. 그러나 잉글랜드에서도 매

Group, London, 예컨대, Report No. 23, 1975. 또한 프랑스, 이탈리아 및 노르웨이에 대한 보고.

득이나 농민추방을 의미하는 농지의 "인위적 황폐화"*에 "자연적 황폐화"의 오랜 시기가 선행하고 있었다. 이에 대하여 로드니 힐턴(R. H. Hilton)은 일련의 사례를 제공하면서 또 이로부터 다음과 같은 결론을 도출했다. "주민을 추방하는 것과는 전혀 반대로"(컴프튼 버니, 킹스턴, 체스터턴, 워세스터 주교 등의) 영주들은 1450년 이전에 텅 빈 보유지를 "매우 낮은 가격으로 다시 대여하려고" 애썼다("Village désertés……," in: *Études rurales*, 32, 1968, p.107).

네덜란드와 벨기에에서는 황폐연구가 아주 늦게 착수되었다. 문헌사료가 말해주는 것은 거의 없다고 하는데, 그러나 이미 얀스마가 정확하게 지적했듯이[90] 이는 '침묵의 논증'(argumentum e silentio)으로서 황폐현상이 없었다는 주장에 대한 하나의 반증이다. 황폐현상이 완전히 없지는 않았다. 그러나 두 나라의 일부 지방에 대해서 행해진 더 정확한 연구가 보여주었듯이, 영구적이고 전면적인 취락황폐는 매우 근소했다. 나뮈르 백령에서는 1430년까지 전조(田租)를 부담하는 토지면적의 단지 6% 정도만이 손실되었다.[91] 다른 무엇보다도 트벤테(Twenthe)에서 나온 우연한 증거로서 1385년 이전에 작성된 수조관리인의 지침서가 보여주듯이, 아주 빈번했던 것은 일시적 황폐였다. 이 지침서는 매우 많은 개소(個所)에서 다음과 같은 추기(追記)사항을 포함하고 있다. 즉 "진황(陳荒),** 왜냐하면 경작되지 않고 있기 때문에"(vacat, quia non

---

* 아벨은 이를 'Wüstlegung'으로 표현하여, 지금까지 설명한 자연적인 '황폐화'(Wüstwerden)와 차별화했다. 즉 이는 영주가 인위적으로 추진한 경지의 개조와 농민추방으로서, 결국 이 문맥에서는 튜더 왕조 시기에 진행된 '울타리치기(enclosure) 운동'을 의미한다. 이를 본문에서 명확히 구분하기 위해 의도적으로 "인위적 황폐화", "자연적 황폐화"라는 말로 번역한다.

90) T. S. Jansma, "De 'Wüstungen' der Late Middeleeuwen," in: *Landbouwgeschiedenis*, 1960, p.135.

91) L. Genicot, *La crise agricole du Bas Moyen Âge dans le Namurois*, 1970, p.18.

** 라틴어 표기 'vacat'이라는 말 자체는 '비어 있다'라는 뜻이다. 이를 '진황'(陳

colitur), "마찬가지로 진황"(vacat similter), "거의 진황"(quasi vacat) 이 그것이다. 유트레히트에서 나온 1423년 9월 16일의 증서는 "매우 많은 농지가 보유자의 사망으로 버려졌다. 유트레히트 땅 도처에서……" 라고 말한다. 겔덜란트의 북부 벨루베에 대해서 슬리허 판 바트(Slicher van Bath)는 다음과 같은 현상을 확인했다. 즉 14세기 중엽까지 거대한 규모로 개간되었던 이 지역에서는 1369년부터 1393년 사이에 토지개간에서 나오는 수입(개간십일조)*이 급격히 떨어졌고, 버려진 농가, 황폐된 땅, 모래바람 등에 대한 보고가 누적되었다는 것이다.[92]

그러나 네덜란드에서도 또한 프랑스 대부분의 지역에서도 영구적인 황폐는 아주 드물었고, 특히 독일에서보다 훨씬 더 드물었다. 어떤 총괄적인 서술[93]에서 개진되었듯이, 프랑스의 북부, 서부 그리고 중부에서는 농촌취락이 최초로 등재되기 시작한 이래 아주 소수의 취락만이 사라졌다. 예를 들어 잉글랜드인이 침입한 지역에 소재한 아르트와 지방에서는 15세기에 취락이 많이 버려져, 1414년에는 52개, 1475년에는 추가로 31개의 취락이 황폐되었으나, 영구적으로 황폐된 취락은 10여 개를 채 넘지 못했다. 프랑스의 동부와 남부에서는 영구황폐가 더욱 빈번하게 나타난다. 엘자스에 대해서는 이미 슈트라우프가 그 존재가 입증 가능한 전체의 취락 중에서 17%에 이르는 황폐의 비중을 밝혀냈다.[94] 프로방스에서 특히 심하게 피해를 본 일부 지역에서는 황폐율이 37%에 이르렀던 것으로 추정된다.

그러나 프랑스에서——그리고 유럽에서——영구황폐가 그렇게도 상

荒)이라는 말로 번역한 이유는 조선시대까지도 주인 또는 경작자가 없이 버려진 땅을 토지대장을 비롯한 각종 문헌에서 자주 이렇게 지칭했기 때문이다.
* Novalzehnt: 이는 십일세의 일종으로서, 특히 새로이 개간되는 토지에 대해서 부과된다.
92) B. H. Slicher van Bath, *A. A. G.*, Bijdragen, 11, 1964, p.69.
93) J.-F. Pesez and E. Le Roy Ladurie, "Les villages désertés en France: vue d'ensemble," in: *Annales*, 20, 1965, pp.257f.
94) A. Straub, *Die abgegangenen Ortschaften des Elsaß*, 1887, pp.3f.

이하게 분포했던 사정에 추가적인 설명이 필요한 것만큼이나,[95] 그 당시에는 영구황폐와 거의 구분되지 않는 일시적인 황폐현상도 그 못지 않게 의미심장하게 고려되어야 한다. 그러한 종류의 황폐현상은 프랑스에도 없지 않았다. 수많은 개별적 전거 대신에 이 자리에서는 어떤 당대인(바쟁Basin)의 진술이 소개된다. 그는 이렇게 썼다. "루아르 강에서 센 강까지, 센 강에서 솜 강까지 농민들은 죽거나 이산했다. 농사일은 내팽개쳐졌고, 경작자도 없다. 〔……〕 나는 내 눈으로 직접 보았다. 샹 파뉴, 브리, 보스 〔……〕 등의 대평원이 어떻게 버려지고, 황폐되고, 텅 비게 되었으며, 나무딸기와 덤불로 뒤덮인 채로 있었는지. 〔……〕 경작이 제대로 되고 있는 경지는 단지 주변의 도시, 요새화된 장소나 성곽의 바로 근처에서나 만날 수 있을 뿐인데, 이러한 지역은 파수꾼이 탑이나 기타의 높은 위치에서 한눈에 알아볼 수 있었다." 이는 당대인의 견해에 의하면 잉글랜드와 치른 대전쟁의 영향이었다. 프랑스의 역사가들은 이러한 견해에 동조했다. 그러나 이미 다브넬이 다음과 같은 점에 주의를 환기시켰다. 만약 전쟁이 이 전반적인 불행의 유일한 원인이었다면, 물가, 특히 가장 중요한 식량가격이 우선 올라야 했고——그러나 이러한 사태는 일어나지 않았다——임금이 떨어져야 했을 것이다. 그러나 실제로는 임금이 올랐다. 물론 다브넬이 추측했던 만큼이나 높게는 아니었지만. 그밖에 최근의 연구는 황폐현상이 또한 대전장(大戰場)에서 비켜나서 발생했음을 보여줄 수 있었다. 그리하여 알프스 지방의 어떤 지역(그르노블의 남쪽에 소재하는 우아장Oisans)에서는 1339년에서 1428년까지 화덕*의 수가 46%로 감소했고, 이 같은 추세가 그다음에 이어

---

95) 이러한 문제에 대한 몇 가지 진술은 다음에서 발견된다. W. Abel, "Verdorfung und Gutsbildung in Deutschland zu Beginn der Neuzeit," in: *Morphogenesis of the agrarian cultural landscape*, XIe Congrès International de Géographie 1960, Geografiska Annaler, XLIII, 1961, pp. 1f.: 프랑스에 대해서 이 문제를 파악한 것은, Pesez and Le Roy Ladurie, *op. cit.*, p.270.

* Feuerstelle, hearth: 중세 및 근대 초, 적어도 18세기 말까지 유럽에서 조세수

지는 수년 동안에 더욱 급속히 지속되었음이 입증될 수 있었다. 바로 동일한 변동양상을 이미 돕쉬가 오스트리아 알프스 지역에서 발견했다. 1300년까지 예전에는 볼 수 없었던 더욱 높은 고지에 설치되었던 영속적인 취락이 다시 포기되었던 것이다. 정착의 한계는 내려갔다. 이러한 변동은 전쟁설과 조화될 수 없다.[96]

빈 삼림지대와 빈 분지는 알프레트 그룬트(Alfred Grund)가 연구했는데, 그의 초기작[97] 덕분에 황폐연구는 널리 산포된 지방사 연구의 결과에 대하여 최초의 개관 하나를 획득했을 뿐만 아니라, 그 중심적인 문제가 온전히 드러나게 되었다. 그는 14세기에서 16세기까지 취락의 40% 이상이 소멸했는데, 특히 농경취락의 소멸이 우세하고, 포도재배 취락의 소멸이 아주 근소했음을 입증했다(이러한 현상에서 그는 곡물재배의 위기를 도출해냈다). 퐁그라츠는 북방으로 빈 삼림에 연결되어 있는 고지 삼림구역에 대해 본질적인 보충을 가했다. 그는 저지오스트리아에서 정착이 희박하게 이루어져 있었고, 대개가 아주 척박한 이 지역에서 약 20%의 완전한 취락황폐와 함께 나아가 11%(1499년 바이트라 수도원의 토지대장)와 15%(1457년 츠베틀러 수도원의 토지대장)의 부분적 취락황폐를 발견했는데, 이는 독일과 오스트리아의 연구에서 흔하게 나타났던 완전한 취락황폐와 함께 지금까지 너무도 주목되지 않았던 것이다.[98]

취의 목적에서 호구(戶口)나 세대(世帶)를 파악할 때는 집집마다 하나씩 있는 화덕이 대개 그 기준이 되어왔다. 그리하여 이 시기에 작성된 일정한 지역에 대한 조세대장이나 인구조사에서는 대개 화덕의 수가 등재되어 있었다.

96) A. Dopsch, *Die ältere Wirtschafts- und Sozialgeschichte der Bauern in den Alpenländern Österreichs*, 1930, pp.133f.; A. Allex, "L'évolution rurale des Alpes," in: *Annales*, 5, 1933, pp.141f.
97) "Veränderungen der Topographie im Wienerwald und im Wiener Becken," in: *Georgr. Abhandl.*, ed. by Penck, XIII, 1901.
98) W. Pongratz, "Zur Frage der partiellen Ortswüstungen im oberen Waldviertel," in: *Jahrb. f. Landeskunde von Niederösterreich*, XXXII, 1955/56, p.131.

오스트리아의 다른 지역에서도(특히 잘츠부르크 지방, 슈타이어마르크 그리고 북부 산악지대에서 입증되었듯이) 방대한 수의 황폐현상이 있었다. 체코의 연구에 의해 지금까지 보헤미아 지방에서 약 3,000개, 메렌에서는 대략 1,400개의 버려진 중세의 취락을 확인할 수 있었다. 헝가리에서는 1400년경에 다수의 촌락에서 전체 후페의 20~40%가 점유되지 않은 상태였다고 한다. 폴란드 역사가들의 추정에 따르면, 폴란드에서는 16세기에 비로소 본격적으로 개시되었던 영주 농장의 확대에 앞서 이미 농민 후페의 1/3까지 황폐했다. 즉 여기에서도 점유되지 않았다는 의미다. 모스크바 권역에서는 50% 또는 그 이상의 취락을 포괄했을 것이라는 황폐현상의 대부분이 14세기 후반기와 15세기 전반기에 나타났다.

중세 말의 황폐화 과정은 지중해 연안의 여러 지역에서도 매우 집중적으로 발생했던 것으로 보인다. 그리스에서는 누적된 취락손실의 제1차 국면이 14세기에 발생했다(제2차 국면은 19세기에). 에스파냐에서는 나바라 주에서 입증 가능한 모든 취락황폐의 대략 60%가 1348년과 1500년 사이에 발생했다. 이탈리아에서는 중세 성기에 존재했던 모든 농촌취락이 14, 15세기가 경과하면서 토스카나에서는 아마도 약 10%, 로마 구역에서는 25%, 사르데냐에서는 약 반 정도가 사라졌다. 다른 나라에서와 마찬가지로 남부 유럽에서도 취락손실의 지역적 편차는 거대했다. 그리고 소멸된 취락의 수는 황폐화 과정의 정도에 대하여 단지 희미한 인상만을 전할 따름이다. 더욱 정확하게 연구된 토스카나의 일부 지방에서 취락손실은 14/15세기에 약 20%, 그러나 호구(戶口)의 손실은 약 70%에 달했다.[99]

지금까지 황폐현상에 대한 연구가 가장 많이 진전된 북유럽에서는 황폐문제가 1349/50년의 대규모 사망과 긴밀한 관계를 갖고 있음이 명백

---

99) 위에 제시한 보고의 대부분은 제3차 국제경제사학회의 종합보고에서 출처한 것이다. "Village désertés……"(이 책, 203쪽). 그밖은 (문헌목록과 함께) 다음의 논고에서 취했다. W. Abel, *Wüstungen*……, 3rd ed., 1976.

히 드러났다. 사람들은 페스트가 다른 형태의 '대홍수'였음을 아직도 기억하고 있었다. 촌락 전체가 사라져버렸다. 그리하여 스웨덴에서는 "마지막 한 사람까지" 또는 "마지막 한 여자까지"라는 말이 전해지곤 하는데, 이들에게서 나중에 형성된 주민 또는 심지어 촌락의 이름이 유래했다는 것이다.[100] 흑사병에 이어 또 여러 가지 역병이 발생했는데, 이는 농경을 지배하던 불리한 가격 및 임금조건과 결부되어 다수의 농민이 그들의 농지를 포기하도록 유인했다. 1437년에 발포된 한 법령은 이전의 여러 해 동안에 도시로 도주했던 모든 농민들에게 도시에 더 이상 거주하지 말고, 그들의 농지와 임무로 복귀할 것을 명했다. 몇 년 후에 크리스토퍼(Christoffer)의 농지법(1442)은 농민이 자신의 보유지를 계약 만료 전에 포기한다면, 영주가 그를 '강제로' 붙들어와도 된다고 규정했다. 이미 1437년에, 그리고 반복해서 1442년, 1459년 및 1483년에 발포된 법령에서 농민보유지의 집적을 억제하려는 규정이 보이고 있다. 즉 어떤 농민도 그가 최선으로 경영할 수 있는 규모 이상의 토지를 넘겨받아서는 안 된다는 것이다. 실제로는 또한 많은 토지가 경작되지 않은 상태로 남아 있었다. 최근의 한 연구에서 바트스테나 수도원에 속한 약 1,000개의 농지 가운데, 이미 사태가 호전되는 기미가 나타났던 1502년에도 약 158개의 농지가 버려진 상태에 있었음을 알 수 있다. 1447년에는 이러한 황폐농지의 수가 더욱 컸다.[101]

노르웨이에서는 아이츠폴(Eidsvoll, 오슬로 북방에 소재) 구역이 지금까지 가장 철저히 연구되었다. 이 구역의 농지 가운데 주교의 토지대장에 파악되었던 한에서, 1400년경에는 약 38%가 황폐되어 있었다. 나중

---

100) 노르웨이에도 만달(Mandal)과 크비네달(Kvinnedal)(독일어로 표기하면 Manntal 및 Frauental)이라고 하는 비교적 거대한 두 개의 촌락이 존재하는데, 그 명칭을 주민들은 흑사병에서 살아남았다고 하는 '한 남자'와 '한 여자'에서 유래한다고 믿고 있다.
101) L. A. Norborg, "Storföretaget Vadstena Kloster," in: *Bibliotheca Historica Lundensis*, VII, 1958, p.172; Ibid., "Agrarkrisen i senmedeltidens Sverige," in: *Historiclärarnas Förenings Årsskrift*, 1959~60, pp.19f.

의 더욱 포괄적인 사료는 더욱 높은 수치를 보여주고 있다. 즉 1514년에 작성된 조세대장은 농지의 거의 2/3가 버려진 것으로 기재하고 있다. 노르웨이의 다른 지역에서는 황폐율이 비교적 경미했던 것으로 보인다. 대주교 아슬락 볼트(Aslak Bolt)의 토지대장은 1440년에 모두 2,870개의 농지 가운데 단지 15% 정도만이 명백히 황무지(Ødegårder)로 표기하고 있다. 같은 비중의 황폐농지(15%)가 1463년 뭉켈레프(Munkelev) 수도원의 토지대장에서 집계되고 있다. 아이츠폴과 비교해서 이 수치는 낮은 것으로 드러난다. 그러나 아마도 이 토지대장에 점유되지 않은(leieledig) 것으로 기재된 매우 많은 농지를 명백히 황폐농지로 표기된 부류에 포함시켜야 '황폐된 농지'의 실제적인 전체 수치를 구할 수 있을 것이다.

노르웨이에서는 이러한 농지의 대부분이 다시 재건되었다. 덴마크에서는 어떤 경우를 보면(팔스터Falster), 국왕 발데마르의 토지대장에 등재된 108개의 취락 중에 25%가 영구히 소멸했고, 다른 경우에서는(프레더릭스보르크 관구 Frederiksborger Amt) 비교적 최근에 창설된 취락의 30% 정도만이 소멸했다. 중세 후기 농업위기의 해명에 각별한 기여를 했던 크리스텐센은 로스킬데의 주교에 속한 농지 중에 1361/80년에는 11%가 황폐되었고, 1401/20년에는 26%가, 그리고 1441/60년에는 다시 8%만이 황폐되었음을 입증했다. 위기의 정점은 따라서 덴마크에서는 15세기의 최초 수십 년간에 놓여 있었던 것으로 보인다(〈표 10〉).[102]

---

102) C. A. Christensen, "Aendringerne i landsbyens økonomiske og sociale struktur i det 14. og 15. århundrede," in: *Historik Tidsskrift*, 12, 1, København 1964, p.346. 황폐문제에 대한 북유럽의 방대한 문헌 가운데 특히 다음의 것만을 별도로 언급하겠다. A. Holmsen, *Eidsvoll Bygds Historie*, 2 vols., 5 parts, Oslo 1950~61(국제 학계의 연구문헌 중에서 매우 독보적이고 탁월한 지역사 연구); Ibid., "Desertion of farms around Oslo in the late Middle Ages," in: *The Scandinavian Economic Hist. Rev.*, X, 1962, pp.165f.; J. Sandnes, *Ødetid og Gjenreising*, 1970(노르웨

〈표 10〉 로스킬데 주교령의 농지황폐 현황

시기	점유농지	황폐농지	황폐농지의 비율(%)
1361~1380	277	33	10.6
1381~1400	553	103	15.7
1401~1420	750	264	26.0
1421~1440	436	92	17.4
1441~1460	499	43	8.0

황폐현상은 이미 이와 같은 간략한 개관이 보여주듯이, 중부 유럽의 여러 나라에서 적지 않은 수로 존재했다. 여기에서 눈에 띄는 바는—그리고 이는 더 연구가 필요한 부분이기도 한데—이들 나라 내부에서, 그리고 상호간에 황폐현상이 불균등하게 분포하고 있었다는 점이다. 그리고 다른 한편으로 북부 유럽, 네덜란드, 벨기에와 프랑스의 서부지방에서 황폐된 중세 후기의 촌락과 농지는 이어지는 수세기 동안에 다시 재건되었던 데 반하여, 독일 그리고 간격을 두고 잉글랜드에서도 더욱 많은 부분이 현재까지도 황폐된 상태로 남아 있었다는 점이다. 영구황폐에 대한 일시황폐의 비율을 묻는 이 문제에서 일정한 견해를 택할 수 있다면, 그 답변은 아마도 재건기, 특히 16세기에서 찾을 수 있을 것이다. 중세 후기에서는 영구황폐가 일시황폐와 아직 구별되지 않았다. '황폐'(Wüst), 즉 점유되지 않았거나 적어도 합법적으로 점유되지 않았던 것은 촌락, 농지만이 아니라 개개의 경지라는 두 부류가 모두 있었다.

이 북부에 대한 정보와 함께) 그리고 1964년 베르겐에서 개최된 북유럽 역사가 대회의 논집: *Ødegårder og ny bosetning i de Nordiske Land i senmiddelalderen*, Universitätsverlag Kopenhagen. 스벤트 기셀(Svend Gissel)은 북유럽 황폐연구 프로젝트에서 덴마크 분과를 주도했는데, 북유럽 5개국에서 이 프로젝트에 대한 보고를 했다. "Agrarian Decline in Scandinavia," in: *Scand. Journ. Hist.*, 1, 1976, pp.43~54.

황폐화 과정

수천의 촌락이 14세기 말과 15세기에 전쟁, 기사들의 사투(私鬪),* 예고되었거나 예고되지 않았던, 즉 '불법적으로' 감행된 약탈행위로 인하여 파괴되었다. 프랑스에서는 잉글랜드와의 백년전쟁이, 잉글랜드에서는 요크 가와 랭카스터 가 사이의 내란이 전국을 휩쓸었다. 덴마크는 백들의 페데로, 독일에서는 헤아릴 수 없을 정도로 많은 크고 작은 전쟁에 시달렸다. 남서부 독일의 도시전쟁만으로도 1,200여 개의 촌락이 타격을 입었다. 도시들은 방화공격에 숙달된 지휘자가 이끄는 별동대를 보내 촌락을 불태우고, 농민들의 가축을 몰아오며 전지(田地)를 망가뜨렸다. 곡물을 손상하기 위해 약탈자들은 말안장에 곡물줄기를 묶어 뽑아내었고, 회복을 방해하기 위해 경지에 겨자를 뿌렸다. 이러한 짓은 촌락, 농민, 경지와 가축으로 구성된 상대방의 경제적 지주(支柱)를 파괴하기 위한 것이었다. 그러한 충동에 민족적 증오감이나 종교적 광신주의가 연결되면 파괴행위가 대혼란의 지경으로까지 제고되었다. 후스파(派)**가 쓸고 간 길에는 보헤미아에서만 대략 1,500개의 촌락이 폐허로 남아 있었다. 그리고 후스파가 신성로마제국***의 영역에 침입해 들

---

* Fehde: 재산과 인신, 명예에 손상을 가한 자에게 피해자가 직접적인 무력행사를 하여 복수하는 행위, 즉 자력구제(Selbsthilfe)를 말하는데 이는 중세 초기부터 정상적인 법질서의 일부로 간주되었다. 물론 이러한 자력구제 행위의 주체는 대개 귀족층에만 한정되는 경향이었고, 또 이는 중세 말에서와 같이 자주 평화의 교란과 분쟁을 야기했다.

** Hussiten: 체코의 종교개혁가 후스(J. Hus)의 이름에서 유래한 그의 추종자 집단을 일컫는다. 이들은 일반적으로 후스의 교설에 따른 교회의 개혁운동을 지지하거나 추진한 세력인데, 내부에 그 목표와 방법에서 서로 차이가 있는 분파가 많았다. 1419년 프라하에서의 봉기를 계기로 소위 후스파의 전쟁(Hussitenkrieg)이 발발했는데, 농민, 도시주민 및 귀족 등 광범한 사회층이 이 운동에 가담했다.

*** Reich: 신성로마제국을 의미하는데, 오늘날의 네덜란드, 독일, 스위스, 오스트리아, 헝가리, 체코, 슬로바키아 지역을 포괄하는 지역이 해당한다. 대략 15세기경에 이 지역을 포괄하는 로마 황제의 지배체제에 대하여 독일민족의 신성로마제국(Das Heilige Römische Reich deutscher Nation)이라는 표현이 등

어왔을 때에는 더욱 많은 촌락이 화염에 휩싸였다.

다른 촌락들은 서서히 소멸되었다. 농지와 경지들은 주인을 잃게 되었고, 아마도 그 이웃이 기껏해야 매우 근소한 정도로만 이용했을 뿐이다. 영주 측의 대장류에는 아직도 공조(貢租)가 기재되어 있는 것으로 나타나지만, 이는 예전보다 훨씬 저렴했다. 때때로 한둘의 농지가 다시 점유되기도 했다. 그러나 더욱 빈번하게 나타난 것은 황폐화 과정의 확산이었다. 이는 각 취락의 경역에서 다른 부분까지 포섭하기에 이르렀다. 이렇게 되면서 촌락은 영주의 대장에서 아예 사라져버렸고, 결국 자연경관에서조차 완전히 소멸되기에 이르렀다.

사료는 이러한 과정에 대해서 더 상세한 것을 전하지 않기 때문에, 황폐의 원인을 추구하는 작업에는 더욱 넓은 추론의 여지가 주어졌다. 가능한 한 확실한 방법을 희망했던 다수의 연구자들은 황폐의 원인을 모조리 열거한 목록을 제시한 바 있는데, 예컨대 다음과 같은 것들이 거론되었다. 즉 질병과 전쟁, 방화, 약탈, 지진과 홍수, 불량한 토질, 불리한 기후조건, 세분된 경지, (삼포제에서 자주 나타나는) 협업의 강제 또는 규모가 더 큰 공동체로 합체하려는 욕구(그리하여 이로부터 야기되는 너무나 작은 규모의 취락을 포기하는 경향). 그러나 이러한 목록은 기본적으로 말해주는 바가 거의 없다. 이는 결국 모순을 해명하고, 다수의 가능하고 근사한 원인들에서 더욱 중요하거나 결정적인 것을 드러내는 일을 결국 독자에게 맡겨버리고 있는 것이다.

사태를 단순화하고 또한 그러한 단순화 속에서 사태를 해명하려는 욕구에서 한곳에 거주했던 **사람들**을 주목하게 되었다. 이들이 어떤 특정한 시점에 사라졌다면, 이에는 아주 순전한 인간적——인구적——차원에서 두 가지 원인만이 있을 수 있다. 사망률이 출생률을 상회했거나 인구유출이 유입을 능가했다(아니면 양자가 일치했다)는 것이다. 황폐화 과

장했다. 그러나 이름과 달리 이 체제는 수많은 성속의 제후, 영주들이 지배하는 작은 지배단위의 느슨한 결합체에 불과한 것으로 동시대에 서서히 형성되고 있던 프랑스나 영국의 왕국과 판이한 중세적 국가체제의 연장선에 있었다.

정의 원인을 찾는 일은 이로써 사망률 또는 과잉인구유출에서 원인을 찾는 일로 수렴된다.

1. 『림부르크 연대기』의 필자에 따르면, 1356년에 다시금 "거대한 참상, 그리고 두 번째의 대사망이 닥쳐왔다. 즉 독일의 방방곡곡에서는 사람들이 최초의 떼죽음 사태에서와 같은 질환으로 떼죽음을 당했다. 그리고 이 해에 사망사태가 나지 않은 곳은, 다른 해에 이 재앙이 닥쳐왔고 모두가 죽어갔다." 역병은 포머른, 프로이센 땅, 슐레지엔과 보헤미아까지 이르렀다. 프라하에서는 1359년에 대주교가 "페스트의 재발 때문에" 예배와 행렬*을 명했다. 잉글랜드에서는 1360년의 역병이 22.7%의 인구를 희생시켰던 것으로 알려지고 있는데, 이 수치는 1348년의 역병으로 인한 손실(25%)과 거의 맞먹는 것이다(러셀의 견해에 따르면).

이미 1362년에 역병은 독일에서도 다시 나타났다. 1363년에는 이탈리아에, 그리고 그다음에 이어지는 연간에는 도처에서 나타나고, 아마도 1369년 비상사태는 다시 전 유럽을 석권한 것으로 보인다. 잉글랜드에서는 (러셀에 따르면) 1369년에 인구의 13.1%가 역병에 희생된 것으로 알려지고 있으며, 대륙에서는 빈, 보헤미아가 그리고 그다음의 수년 동안에는 중부 독일의 도시와 지방도 그 영향을 받게 되었다. 그러고 나서 다시 수년 동안 상대적인 휴지기가 전개되었다(이는 장기 주기적인 가격위기의 시작과 일치했다).

그러나 이미 1380년에는 다시 '전 독일'——『슈팡겐베르크의 연대기』에 따르면——이 역병에 휩쓸렸다. 역병의 피해는 특히 아우크스부르크, 라인 지방, 빈 그리고 보헤미아에서 심했다. 빈에서는 슈테판 공동묘지에만 해도 1381년에 1만 5,000명의 사망자가 매장되었다고 한다.

---

*Prozession: 중세 및 오늘에까지 유럽에서 행해지는 민속의식의 하나. 기독교 이전부터의 민속전통에서 유래하는 것으로 추정되는 종교적 의식행사로서, 기독교 공인시절부터 특수한 계기—기근, 역병, 가뭄—에서 행해졌다. 대개 일정한 취락, 도시의 주민들이 사제의 인도에 따라 성상(聖像)이나 각종의 상징물을 받들고 열을 지어 행진하는 형식으로 이루어진다.

체코에서는 당대 자료의 일치된 증언에 의하면 1379/80년의 페스트는 14세기에 나타났던 모든 역병 중에서 가장 거대하고, 파괴적인 것으로 여겨지고 있다(그라우스). 리플란트에서는 1379년 6월에 다음과 같은 보고가 전해진다. 즉 페스트가 엄청난 사망자를 내어, 10명 중에서 겨우 1명 정도도 살아남기 어려웠다는 것이다.[103]

세기말경 그리고 15세기 전 시기가 경과하는 동안에는 역병의 경로를 확정하기가 더욱 어려워진다. 흑사병이 발병한 최초의 시기에서 그 성격을 결정한 대규모의 역병은 지역적으로 한정된 각종의 크고 작은 질병으로 해체되었는데, 이는 도처에 잔존하고 있던 질병군으로부터 상호 간에 점점 더 희소한 연관관계를 띠면서, 때로는 이곳, 때로는 저곳에서 창궐했던 것으로 보인다. 아마도 차후의 연구에서는 이러한 관계를 확인하는 데 성공할지도 모른다. 그러나 이러한 연구에 앞서 다음과 같은 사정도 또한 확실하다. 즉 페스트(그리고 다른 종류의 역병들)는 완전히 소멸된 적이 없었고, 오히려 중세 후기 전체를 통하여 유럽의 자연적인 인구균형에 심대한 영향을 미쳤다는 것이다.

2. 과잉사망이 취락감소의 유일한 근거일 수 없었다는 점은 아마도 노르웨이의 연구자들이 최초로 지적했던 것 같다. 하준트(S. Hasund)는 흑사병을 전후한 시기의 지가(地價)를 면밀히 대조하여 다음과 같은 결론을 이끌어냈다. 즉 취락의 황폐는 팔트(Vald), 구트브란츠달(Gudbrandsdal) 같은 지역의 좁은 골짜기 지대와 내륙지방에서 가장 심했고, 오슬로 주변, 로메리케(Romerike), 외스트폴트(Østfold) 및 트뢴델라크(Trøndelag) 지방과 같이 광대하고 인구가 많은 지역에서는 가장 경미했다는 것이다. 스카펠(S. Skappel)은 이러한 관찰을 조세대장에 의거하여 보강했다. 그는 다음과 같은 점을 제시할 수 있었다.

---

[103] 리플란트의 기사단장 빌헬름 폰 프리머스하임(Wilhelm von Vrymersheim)은 교황에게 보낸 편지에서 이렇게 주장했다. 이 자리에는 다음에 의거하여 인용한다. J. Ahvenainen, "Der Getreidehandel Livlands im Mittelalter," in: *Soc. Scient. Fennica*, XXXIV, 2, 1963, p.70. 각주 23).

즉 "베드로의 페니히"(일종의 호구세戶口稅로서 교황청을 위해 각 가호에서 1페니히를 수취했다) 납부액은 각 지구에서 오늘날 고원목장의 비중이 적은 데일수록 덜 떨어졌다는 것이다. 그리하여 예를 들면 오늘날 고원목장의 비중이 경지의 1.5%에 불과한 오슬로 주변의 지구(Bezirk)에서는 조세액의 감소가 1325/32년에서 1553/57년 사이에 단지 14.5%에 이르렀는 데 비하여, 오늘날 고원목장의 비중이 경지의 38.2%에 달하는 슈타방거(Stavanger) 지구에서는 조세수취액이 68.7%가량이나 감소했다. 역병이 이렇게 가장 외딴 지구에서 극심한 재난을 야기했던 것으로 생각하기는 어렵기 때문에, 여기에서는 이주현상이 작용했음이 틀림없다. 스카펠도 자신의 대조표를 이렇게 해석하고 있다. "방목지구에서 농경지구로, 산악지대에서 저지대로, 협소한 계곡지대에서 평원지대로 그리고 내륙에서 해안으로의 이주가 발생했다."

아주 비슷한 현상이 오스트리아 알프스 지역에서도 확인되었다. 잘츠부르크에 소재하는 베네딕투스 교단 성 페터 수도원이 남긴 기록에서 헤르베르트 클라인(Herbert Klein)은 지금까지 별로 주목받지 않은 채로 버려져 있던 다량의 특수한 기록을 발견했다. 이는 이 수도원에 속한 개별 관구가 매년 소집된 총회의 의사록과 같은 것인데, 이와 함께 1350년경, 즉 흑사병으로 인한 대사망을 전후한 수년간에서 유래한 시찰기록*도 포함되어 있었다. 그가 수행한 광범한 통계적 작업의 결과는 다음과 같이 간단히 요약될 수 있다. 잘츠부르크 남쪽 깊은 산중에 있던 폰가우 관구(Amt Pongau)에서는 1348년부터 1352년까지 대략 66%의 농지가 원래의 보유자를 상실했다(24%는 공한지로 버려져 있었고,

---

* Visitation: 상급기관에 의해 공식적으로 이루어지는 하급기관의 정기적인 방문으로서, 중세 유럽의 교회기관에서 자주 관행되었다. 원래 재속교회조직의 상위자, 즉 대주교나 주교가 하급의 교구교회에 대해 행했으나, 이미 중세 초기부터 수도원에까지 확대되었다. 이 시찰은 교회기관, 특히 외진 곳에 소재하는 수도원의 기율과 수도생활의 실태를 점검하고, 감독·교정하는 기능을 가졌는데, 그 결과가 자주 문서로 정리되었다.

16%는 이웃의 토지에 병합되었고, 26%는 보유자가 바뀌었다). 산악지대에 소재하는 다른 두 관구——핀츠가우(Pinzgau)와 엔스탈(Ennstal)——에서도 1348/49년의 파국 이후에 나타난 보유자의 교체가 이와 비슷한 수준으로 거대했다. 반면에 산기슭과 골짜기 지역에서는 1349년 이후에 물론 수많은 새 이름이 나타나지만, 단위농지의 병합은 거의 보이지 않는다. 그밖에 이곳에서는 '공한지', 또는 '황폐'——vacat이라는 라틴어 표기——라는 식의 기재사항이 단 한 건도 발견되지 않는다. 긴급하게 해명할 필요가 있는 점은 대사망 이후에 전개되었던 이동현상이다. 사람들이 산 아래의 골짜기 지대로 이동한 것은 더 양호한 토양을 찾아서, 더 적은 부담을 찾아서인지, 아니면 오로지 더 나은 공동생활을 찾아서인지라는 문제다.[104]

이와 같은 이주현상은 분명히 다른 곳에서도 이루어졌다. 마그데부르크의 풍요한 평원에서도 우선 물이 부족한 취락이 텅 비게 되었다. 미텔마르크와 알트마르크에서는 사질(砂質)토양에 건립된 촌락들이 버려졌다. 뷔르템베르크에서는 오래전부터 정착이 이루어진 개활지에 인접한 삼림지대에서 황폐현상이 두드러졌다. 예컨대 프랑켄 평원에 인접한 코이퍼 고원지대의 북쪽 끝이나, 네카 골짜기(Neckartal)에 인접한 셴부흐(Schönbuch)의 테두리 지대가 그러한 지역이다. 하르츠와 튀링겐의 삼림지대에 대해서 가장 심한 촌락소멸현상은 가장 늦게 건립되어, 그 이름의 어미(語尾)인 로데, 하겐, 하인 및 펠트(-rode, -hagen, -hain, -feld)로 식별되는 촌락에서 입증될 수 있었다. 비슷한 현상은 괴팅겐 구역(Kreis)에서도 해당된다. 이곳에서는 67개의 황폐촌락 가운데 21개가 그 이름이 로데, 하겐이라는 어미로 끝나는데, 이들 촌락은 이 구역

---

104) H. Klein, "Das Große Sterben von 1348/49 und seine Auswirkung auf die Besiedlung der Ostalpenländer," in: *Mitt. d. Ges. f. Salzburger Landeskunde*, 100, 1960, pp.91f. 위에서 인용한 노르웨이 연구자들의 저작 및 이하의 단락에 서술된 바를 위한 전거는 다음에 출처. W. Abel, *Die Wüstungen*……, 3rd ed., 1976, pp.29f., 98ff.

의 남동부와 남서부에 석회석과 삼림이 우세한 산악지방에서 발견된다. 반면에 일찍부터 개척이 된 라이네 골짜기(Leinetal)는 황폐현상에서는 완전히 제외되어 있었다. 힐데스하임 지역에서 파악되는 가장 오래된 정착지역 및 취락명칭의 무리에서는 단 하나의 황폐소멸 사례도 관찰되지 않았다. 반면에 이 지역의 산악지대, 토질이 나쁜 곳 그리고 골짜기 외곽으로 연결된 교통로에서 멀리 떨어져 있는 곳에서는 황폐촌락이 집중되어 있다. 이러한 목록은 쉽사리 길어질 수 있다. 그러나 지리적 요인이 황폐현상을 더불어 규정했다는 점을 보이기에는 이 정도로도 충분할 것이다.

이로써 이주자들의 **동기**에 대해서도 이미 몇 가지가 암시되었다. 빈약한 토양, 각박한 기후조건, 불량한 교통상황이 사람들을 쫓아내었다. 아마도 식민운동시기의 토지기근이 영구적으로 토지이용이 적합하지 않은 곳에까지 취락이 발생하도록 사람들을 내몰았을 것이다. 수세대 동안 사람들은 불리한 입지조건을 감내할 수밖에 없었다. 왜냐하면 달리 어떤 탈출구가 없었기 때문이다. 대흑사병이 전개되자, 더 유리한 곳에 입지한 토지가 텅 비게 되었다. 홍수로 위협받거나 지진에 시달리고, 개간으로 수원(水源)이 말라버리거나 약탈식 농경으로 지력(地力)이 고갈된 그러한 지역에 살던 주민들이 이제 더 나은 자연조건에서 새로이 시작하기 위해 옛 취락을 떠나버리는 것보다 자연스러운 일은 달리 없다. "이제 취락지에 대하여 일종의 종자(種子)선택이 이루어졌다"고 이미 알프레트 그룬트(Alfred Grund)는 강조했다. 더 나은 곳에 입지한 취락은 위기에서 살아남았고, 더 나쁜 곳에 입지한 취락은 쇠퇴하고 마침내 소멸되었다.[105]

지리적 요인에 법적·사회적 요인이 결부되었다. 마그데부르크 대주교 알프레히트 3세에 대하여 『마그데부르크의 도시연대기』는 이렇게 보

---

105) A. Grund, *Wiener Becken* ……, p.139.

고하고 있다. 즉 그는 1368/71년, 재직하는 3년 동안에 농민들을 하도 억압하여, 마그데부르크 지역의 여러 촌락에서 3,000개 이상의 단위농지가 주인을 잃고 황폐해졌다는 것이다. 이 시기의 대장이나, 증서(證書)에서는 드물지 않게 다음과 같은 난외주기(欄外註記)가 보인다(이 자리에서는 1500년경 브레머푀르데 근처의 촌락에 관한 것들을 소개한다). 한 취락은 "매우 많은 부역(havedenst) 때문에 황폐해졌다." 또 다른 어떤 취락은 "매우 많은 부역 때문에"(propter servitia multa), 또 제3의 취락은 "주민들을 매일매일 짓눌러대는 과중한 부역 때문에"(propter multiplicia servicia quibus quotidie gravantur coloni) …… 사람들이 도망하여 텅 비고 황폐하게 되었다는 것이다.

그리고 결국은 또 그 시대의 경제적 조건이 고려되어야 한다. 잉글랜드에 대해서는 다양한 증거로 입증되고 있는데, 말하자면 농경이 "수익성이 없게" 되었다는 것이다.[106] 농사일을 거들어줄 일꾼이 귀해지고 비싸졌다. 농민의 경영과 가계에 필요한 물자, 즉 "쟁기와 써레 및 수레에 필요한 철(鐵), 양(羊), 신발, 모자 및 마직과 모직의 가공에 필요한 타르"[107] 같은 것의 가격은 곡가(穀價)와 같은 정도로 내려가지 않았다. 곡물재배는 그러나 농민경영의 생명선이었다. '개방경지제'(open field system)에 묶여 있는 농민이 더욱 수익이 많은 경영방식으로 옮겨가지 않았다면, 그는——자발적이든 강제로든——자신의 농경지를 방목지로 변경하는 타인을 위해서 길을 내주어야 했다. "이 사태의 원인은", 다음 세기에 애호되는 대화편의 하나에 등장하는 '박사'[108]는 이렇게 설

---

106) 가장 중요한 당대의 진술은 다음의 저작에 수집되어 있다. M. Beresford, *The lost villages of England*, pp.1954ff.
107) 이 목록은 William Staffords, *Drei Gespräche über die in der Bevölkerung verbreiteten Klagen*, ed. by v. Leser, 1895, p.41에 나오는 어떤 '박사'의 질문, 농민은 어떤 물건을 구입해야 하는가?에 대하여 어느 농민이 답변으로서 열거한 것이다.
108) William Staffords, *Drei Gespräche*……, p.128. 스타포드의 『대화편』은 1581년에 첫 출간되었으나, 아마도 이미 1549년 이전에 헤일즈(J. Hales)가

명했다. "다음과 같은 사정에서 알 수 있다. 즉 목축은 근소한 비용과 노동력이 드는 데 비하여, 전작(田作)에서는 그 비용과 노동력이 소출의 큰 부분을 차지하기 때문이다. 〔……〕 목축에서 산출되는 모든 것은 최고로 비싼 가격으로 판매될 수 있는 데 반하여, 전작으로 생산되는 것들은 바로 정반대의 관계에 있다. 왜냐하면 이는 엄청난 용인(傭人)과 노동력의 경비를 요구하면서도, 곡물가격이 다소나마 저렴해지면, 들이는 비용조차 건지지 못하기 때문이다. 〔……〕 이 모든 사정이 누구나 전작을 포기하고 목축으로 돌아서게 한다." 즉 곡물가격이 저렴하고, 동물성 산물이 더 나은 처지에 있었기 때문에, 게다가 노동력조차도 희귀해지자 집약적인 전작농경은 조방적인 목축을 위해서 포기되었다.

잉글랜드에서는 중부 유럽 농업의 조방화 과정에서 얻어지는 경제성이 15세기에 분명히 드러났다. 당시에 이미 이런 소리가 나돌고 있었다. 즉 경작지가 방목지로 변경된 사정은 영주들의 '탐욕'에 그 탓이 있다는 것이다. 오늘날에는 영주들에 대해서 이렇게 말할 것이다. 즉 그들은 시장이 그들에게 가하는 자극에 따랐을 뿐이라고. "박사: 사람들이 그토록 즐겨 방목지와 울타리 치기를 늘리는 이유가 무엇인가요? 귀족: 예, 그것은 그렇게 함으로써 그들이 거두는 이익이지요. 박사: 그거 매우 옳은 소리군요. 아주 딱 맞습니다."[109]

시장경제적 조건, 그리고 비용과 가격에 따르는 행동양식은 잉글랜드와 중서부 유럽의 다른 부분에서도 입증될 수 있는데,[110] 이것이 이러한

저작했던 것으로 보인다. 당시에는 이미 15세기에 비해서 몇 가지가 변화했다. 무엇보다도 임금이 곡물에 비하여 이미 현저히 떨어졌다. 따라서 이 이야기의 저작은 중세 후기의 농업불황이 이미 끝나가고 있던 시기에 해당한다. 그러나 앞에 든 서술은 아직도 완전히 15세기의 조건에 입각하여 저술되었던 것으로 보인다.

109) Staffords, *Drei Gespräche*……, p.55.
110) 노르웨이 북부, 농경지대로는 이 나라의 마지막 섬과 같은 트뢴델라크 지구에서조차 당시의 경제적 조건을 감지할 수 있다. 내륙에 설정된 농지의 비중은 감소하고, 어촌의 비중이 증가했다. "바다고기가 결정적인 계기였던 것은

지역을 둘러싸고 있는 주변의 여러 나라에서도 통용되는 것은 아니었다. 유럽대륙에서 인구감멸의 직접적 영향이 화폐, 가격 및 임금을 통해서 추가적으로 지탱되는 간접적 영향으로 중첩되고, 심지어 이 간접적 원인——물론 이것이 결국에는 또한 결정적인 것이지만——의 배경으로까지 밀려갔던 지역의 경계를 어떻게 설정할 것인가라는 질문은 아직 미결상태로 남아 있다.

독일에서도 가격 및 임금과 거의 무관한 농지가 있었다. 그러나 이런 것은 더 이상 통상적인 경우가 아니었다. 통상적인 경우에서 농민은 화폐공납, 머슴의 임금 그리고 토지이용수단과 가계에 필요한 물자의 획득을 위해서 돈, 화폐가 필요했다. 그리고 이 돈은 자신의 소출과 용역을 팔아서만 얻을 수 있었다. 줄어드는 수입과 그에 상응해서 줄어들지 않는 지출의 협상(鋏狀) 차이에서 농민이 이러한 필요를 충족시킬 수 있던 수입원이 메말라갔다. 게다가 이제 농민은 자신의 처지를 도시주민의 그것과 비교할 수 있는 기회를 갖고 있었다.

농민은 미미한 수공업장인이 자신은 말할 나위도 없고, 자신의 주인(영주)조차도 감당하기 어려운 풍요를 누리는 것을 보았다. 도시에서는 단순한 일꾼이 자주 매우 풍족하게 제공되었던 숙식과 함께, 15kg이나 또는 그 이상의 호밀이 갖는 구매력에 상당하는 화폐액의 노임을 받는다는 것을 농민은 알고 있었다. 그에게는 또한 도시에서는 농촌에서보다 법률적 관계도 훨씬 더 분명하고, 일도 손쉬우며, 삶이 더 안정되었다는 점도 알려졌다.

그리하여 농민은 도시로 이주했다. 많은 도시의 신입자 목록은 이러한 사정을 입증하고 있다. 이러한 자료는 또한 도시들이 촌락 같은 (인구 사이클의) 운명에 떨어지지 않기 위해서 이와 같이 농촌에서 지속적으로 인구유입을 하고 있었음을 보여주고 있다.

의심의 여지가 없다"(J. Sandnes, *op. cit.*, p.199). 곡물재배는 더 이상 수지가 맞지 않았는데, 생선은 더욱 유리한 기회를 제공했다.

4. 중세 후기 농업불황의 원인

화폐 및 실물경제 이론

농산물가격의 하락만이 아니라 공산품과 토지생산물 가격의 분산(또는 분지分岐), 그리고 임금과 지대의 상반되는 움직임이 15세기의 심각한 농업불황을 야기했다는 사실을 확정한다면, 화폐악주와 귀금속의 품귀가 농촌이 겪은 곤궁의 궁극적인 원인이었다는 견해에 동의하지 않을 것이다. 왜 화폐유통량의 위축이 농산물가격과 임금에 그다지도 상이한 작용을 가했겠는가? 화폐량의 감소는 장기적으로 보아──여기에서는 결국 장기 주기적 발전이 문제되겠지만──그 시기의 실물경제적 조건이 변동하지 않았던 한에서는, 모든 종류의 가격과 가격형성에서 유래하는 모든 종류의 수입이 떨어져야 하는 것만을 의미할 따름이다. 더욱 소박한 것은 1차 통화량 방정식의 진술인데, 많은 역사가들이 이에 의지하여 아주 많은 것을 구축하고 있다. 이들 역사가들은 단지 이렇게 말할 따름이다. 즉 시점 B에서 가격 또는 매출이 시점 A에서보다 낮은 수준에 있다면, 경제의 통화량 또는 화폐의 유통속도가 시점 A에서보다 근소해야 한다는 것이다. 그러나 이는 너무도 단순한 동어반복에 불과하다. 역사의 결정적인 의문은 미결상태로 남아 있다. 이 의문에 대한 답변은 그 시대의 실물경제 및 용역경제와 관련하여 찾아야 한다.

통화이론이 사멸한 것은 결코 아니다. 이미 다브넬과 그룬트가 중세 후기의 가격변동을 화폐제도의 변동에 의거하여 해명했던 것으로 생각한 후에도, 화폐경제 이론에 의거한 설명은 최근에도 다시 등장하고 있다. 로빈슨[111]과 해밀턴[112]이 바로 그러한 입장을 대변하고 있

---

111) W. C. Robinson, "Money population and economic change in late medieval Europe," in: *The Econ. Hist. Rev.*, XII, 1959, pp.63f.

112) Earl J. Hamilton, "The history of prices before 1750," in: *XIe Congrès International des Sciences Historiques*, Stockholm, 21~28 August

다. 본질적으로 가설적인 로빈슨의 언표(言表, "그러나 또한 그러했을 수 있다"는 식의)에 대하여 이미 포스탠이 답변을 제기한 바 있다.[113] 가격의 역사가 다시금 기본적으로 모든 가격, 즉 가격 수준의 운동에만 관련되었고, 나아가 이렇게 전적으로 부적절한 기반에서부터 포스탠을 비롯한 다른 역사가들이 가격과 소득의 편차에 대하여 제공했던 설명이 공격받았던 한에서, 해밀턴이 제11차 국제역사학대회에서 "1750년 이전의 가격사"를 대상으로 하여 행한 보고는 더욱 염려스러운 것이다. 화폐와 가격 사이에는 일정한 관계가 있다는 것을 누구도 부정하지 않는다. 그러나 경제사의 결정적인 의문은 경제의 화폐 측면에서 해명될 수 있는 것이 아니다.

람프레히트는 지리학자 그룬트와 함께 15세기의 농업위기를 이 책의 초판이 출판되기 훨씬 전에 간파했고 해명하려고 시도했는데,[114] 귀금속의 부족을 지나치게 강조했던 그룬트, 다브넬 및 다른 이들보다 그 시대에 작용하던 본질적인 힘에 더 접근했다. 람프레히트는 두 개의 "거대하고 직접적인 원인"을 지적했다. 즉 곡물의 과잉생산과 분배과정에 개입한 상업의 역할이 그것이다. 그가 말하기를 우선 14세기의 유리한 상황은 토지영주의 낡은 지대수취체제가 쇠퇴하는 가운데서 15세기까지 지속되었고 이 상황이 과잉생산을 야기했을 수 있었는데, 이는 더 이상 중단되지 않고 수세대에 걸쳐서야 비로소 상쇄될 수 있었다. 왜냐하면 이 과잉생산은 더욱 집약적인 농경방식과 새로이 개척되는 경작지의 편입에 근거를 두었기 때문이다. 람프레히트는 계속해서 다음과 같이 주장했다. "더욱이 상업은 15세기가 약간 지나서 처음으로 강력하게 농산물의 가격변동에 개입한다. 상업은 14세기가 종식되면서부터 비로소 양적으로 비상하게 제고된 기능으로 전환했다. 이때 처음으로 상업은 가

1960, Rapports I, pp.144f.
113) *The Econ. Hist. Rev.*, XII, 1959. 로빈슨의 논문에 바로 이어서 출간됐다.
114) K. Lamprecht, *Deutsches Wirtschaftsleben*……, I, 1, p.623.

격이 각별하게 앙등한 시기를 벗어나서도 개별지역의 다양한 작황을 상쇄하기에 충분할 정도로 강력하게 되었다. 그러한 분배활동의 작용을 우리는 필요한 수정을 가하면서, 그리고 이보다 규모가 더 작은 다수의 상황에 적용함으로써 오늘날의 곡물무역이 유럽권역 바깥의 작황까지 관련지어 행사하고 있는 상쇄기능과 같은 비슷한 경우를 상상할 수 있을 것이다. 〔……〕이로부터 불가피하게 파생되는 결과는 각 지역 상호간에 이루어지는 상쇄작용, 그리고 전체적으로 나타나는 가격의 하락이었다."

이러한 논법에 이어서 말할 수 있는 바는 아마도 실제로 이미 일찍부터 시작되었고, 농업불황의 시기에 지속되었던 낡은 직영농장체제(Villenverfassung)의 해체가 일정하게 생산성을 제고시키는 경향을 야기했다는 점일 것이다. 그러나 그러한 경향이 존재했다고 해도, 그것이 안정적으로 관철된 것은 아니었다. 경지면적의 축소는 이러한 경향에 역으로 작용했고, 중세 후기에 더욱 광범한 중부 유럽의 대부분 지역에서 농업기술의 진보 같은 것은 전혀 감지되지 않고 있다.

기 부아는 생산비용의 축소가 있었을 가능성에 별로 주목하지 않았다는 이유에서 나의 테제에 이의를 제기할 수 있다고 주장할지도 모른다.[115] 그러나 다시 주의해보자. 부아가 강조한 농업기술상의 진보를 중세 후기에서 대륙의 광범한 부분에서 하염없이 찾아보았자 그 결과는 참으로 허망할 뿐이다. 물론 한계지의 포기는 농업생산성을 증진하고, 생산비를 인하했을 것이다. 그러나 이는 인구감멸과 농촌에서 이주한 이후에나 일어났던 것이다. 한계지의 포기는 그 이전 시기로 설정될 수 없으며 농산물이 상대적으로 가격폭락한 '원인'으로 들 수 없다.

---

115) G. Bois, *Crise du féodalisme*, 1976, p. 86. 이 점에 대하여 부아는 이 책의 프랑스어판을 인용했다. *Crise agraires en Europe(XIIIe~XXe siècle)*, 1973, p.130.

상업의 개입은 물론 토지공급과 토지수요의 공간적 및 시간적 상쇄를 초래했을지도 모른다. 그러나 장기 주기적인 가격폭락은 오로지 그러한 분배작용에 의해서 발동될 수는 없었을 것이다. 그 이유는 생산과 수요의 불균형에서 찾아야 한다. 그리고 생산부문에서 그러한 이유가 나타나지 않는다면, 수요부문을 돌아보아야 할 것이다. 곡물에 대한 수요는 비탄력적이기 때문에 자연적인 인구변동을 검토해보아야 한다. 당대의 모든 징후, 즉 경지면적의 축소, 조방적인 방목으로의 전환, 하락하는 곡가, 그리고 높은 임금, 이 모든 것은 중부 유럽에서의 인구증가가 중세 후기에 폐색되었음을 가리킨다.

중세 후기의 인구감소

　사망률은 중세에 매우 높았다. 이는 수많은 나라의 역사가들이 공유하고 있는 공통의 인식이다.[116] 프랑스에 대해서는 최근의 연구가 입증하였듯이, 이 나라는 이미 르바쇠르가 보고했던 것과 거의 다름없는 인구를 상실했다. 아마도 14세기의 마지막 3분기와 15세기의 마지막 3분기 사이에 전체인구의 1/3이 감소한 것으로 보인다.[117] 벨기에와 네덜란

---

116) 각국에서의 연구 수준에 대한 개관은 이하의 문헌에서 발견된다. W. Abel, "Wachstumsschwankungen mitteleuropäischer Völker seit dem Mittelalter," in: *Jahrb. f. Nat. u. Stat.*, 142, 1935, pp.670f.; Ibid., *Wüstungen*……, 1976, pp.84ff. 국제적인 연구 요약은 이미 다음의 연구자가 제공했다. Inama-Sternegg and Häpke, *Art. Bevölkerungswesen* (Geschichte der Bevölkerungsbewegung) *im Handw. d. Staatsw.*, II, 4th ed., pp.671f. 이미 이들 연구가 도출해낸 결론은 다음과 같다. "전체적으로 보아", 말하자면 유럽의 중요한 모든 나라에서 이미 14세기부터 "인구의 감소 또는 적어도 장기간에 걸친 인구의 정체현상"이 나타났다. 개개의 나라 또는 지역의 인구사에 대한 최근의 연구문헌은 이 자리에서 개별적으로만 언급될 수 있다. 더 많은 정보를 위해서는 다시금 다음의 논저를 지적할 수 있다. K. F. Helleiner, *Cambridge Econ. Hist.*, IV, 1967, pp.5ff.
117) 이것은 물론 아주 개략적으로 산출된 추산이다. 비교적 협소한 공간에 관련되고 훨씬 더 양호하게 입증된 최근의 통계적 처리를 들자면 다음과 같다. 랑그도크에서는 1328년경 약 150만 정도의 인구가 1450년경 100만으로, 즉

드에서는 개개의 도시 사이에 서로 대립적인 인구발전도 있었으나(안트베르펜 대 이프르), 대체로 장기간에 진행된 인구감멸보다는 오히려 인구의 정체 또는 약간의 감소가 있었다.[118] 이탈리아에 대해서는 이 나라의 너무나 많은 부분이 아직 거의 연구되지 않아서 전반적인 판단이 불가능하다. 그러나 각별한 주목을 받아 마땅한 연구가 하나 있다. 이 연구는 토스카나 지방의 볼테라와 성 지미냐노 제후령에 관한 것이다.[119] 이 연구의 필자는 1326/27년 볼테라의 영토(도시와 농촌 포함)에서 3,142개의 호구(戶口)가 1426년에는 단지 966개, 즉 1/3 이하로 줄었음을 밝혀냈다. 성 지미냐노 제후령에서도 호구의 수는 이와 비슷하게 현저히 떨어졌다. 그러나 이것이 전부는 아니다. 이러한 경향은 이미 13세기에 시작해서 근대의 여러 세기에도 지속되었다. 13세기에 이루어진 인구증가에 뒤이어 1350년 이후에 역전현상이 뒤따랐고, 다시 17세기까지 이어지는 재증가, 다시 감퇴가 이루어졌다가 18세기 마지막 4분기부터 최후의 가장 급격한 증가가 있었다. 이는 실로 놀라운 전개양상으로써 도표로 제시해보아도 (이는 이미 저자가 행한 바 있는데) 적잖이 놀라운 양상이다! 이 작은 공간은 겨우 400km²에 불과한데, 이에는 전 유럽을 석권하고 유럽 전역에 걸쳐 가격, 경작면적 그리고 농업에서 거

1/3 정도 감소했던 것으로 추정된다(Le Roy Ladurie, *Les paysans de Languedoc*, I, 1966, p.144). 도피네(Dauphiné)와 그 인근 일부 지방에서는 1339년과 1474/76년 사이에 38%에서 75%에 달하는 규모가, 개별적으로는 그 이상의 손실이 확인되었다(A. Fierro, "Un cycle démographique: Dauphiné et Faucigny du XIVe au XIXe siècle," in: *Annales*, 26, 1971, pp.941ff.).

118) 예를 들면 V. D. Wee, *The growth of Antwerp market*……, I, 1963, p. 546; 종합적이며 이들 나라에 대해 더욱 구체적인 면모를 알려주는 것으로는, K. F. Helleiner, *op. cit.*, pp.15ff.

119) Enrico Fiumi, "La popolazione del territorio volterrano-sangimignanese ed il problema demografico dell' età communale," in: *Studi in onore di Amintore Fanfani*, I, 1962, pp.249f. 이 두 제후령은 대략 4만ha에 달하는 지역을 포괄하고 있는데, 이 면적은 토스카나 지방의 약 1.7%에 달한다.

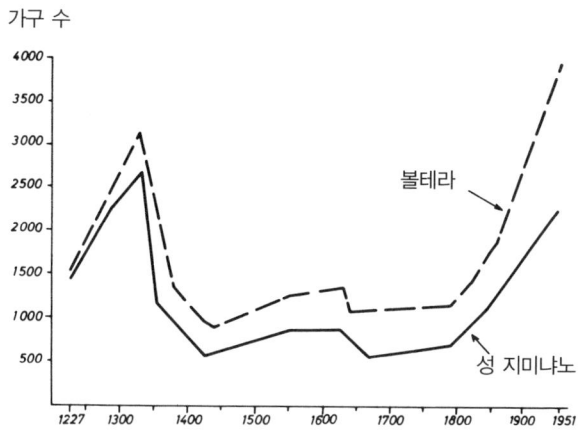

〈도표 18〉 토스카나 지방 볼테라 및 성 지미냐노 제후령의 인구, 1227~1951

두는 수입을 결정적으로 규정했던 거대한 인구증감의 파도가 반영되어 있다(〈도표 18〉).

잉글랜드에 대해서는 러셀의 산정이 제시되어 있다. 이는 국왕의 관리들이 작성한 사후심문서(Inquisitiones post mortem)와 몇 가지 다른 자료에 토대를 둔 것이다. 러셀의 추정에 따르면, 잉글랜드의 인구는 1348년 380만에서 1360년에는 270만 이상으로, 1374년에는 225만으로, 이어서 1430년경에는 약 210만으로 감소했다. 러셀의 산정은 전혀 다른 자료(점유농지 실태, 가격, 임금, 지대 등)에 의거한 포스탠의 연구에 의해서도 그 대강이 입증되었으며, 다음과 같은 점에서 다소 보충되었다. 즉 잉글랜드의 인구감소는 추측건대 이미 14세기 전반기에 시작되었는데, 다시 1350년경에 더욱 강화되었고, 15세기에는 격렬한 동요를 겪으면서 거의 두드러지지 않는, 즉 증가하지도 하락하지도 않는 경향으로 낙착되었다는 것이다. 인구가 다시 증가하는 전환점을 포스탠은 1470년경으로 보았다.

노르웨이에서는 1600년경에야 비로소 흑사병 이전 시대의 인구 수준(약 40만)으로 회복되었다. 14세기 말과 15세기에 노르웨이는 장기적이고 최저점에 달하는 인구변동을 체험했는데, 이는 아마도 그 강도 면에서는 몰라도 그 시기적 위치라는 점에서는 대륙 전반의 발전과 그다지 차이나는 것은 아니었을 것이다. 스웨덴과 덴마크에 대해서는 여기저기서 아직 확인 가능한 납세의무자의 수를 점유된 농지의 규모로 보충하면, 대략 다음과 같은 결론을 내릴 수 있다. 즉 인구동태의 곡선은 대략 1330년경, 아마도 이미 1320년경부터 내려갔고 뒤늦게야 비로소 다시 올라갔다는 점이다. 종교개혁의 시기에도 점유된 농지의 수는 13/14세기의 경우에 비하여, 예를 들면 팔스터 같은 곳에서는 약 25%, 퓌넨 섬의 북부 지방 같은 곳에서는 약 40%가 감소했다.[120]

독일에 대해서는 중세 말에 농촌의 인구가 거의 전반적으로 감소했음이 최근부터 인정되고 있었지만, 다수의 역사가들이 도시주민의 수는 증가했다는 견해를 공유하고 있는 관계로 전체적인 인구동태에 대한 판단은 아직도 어려운 처지다. 도시인구에 대한 더욱 정확한 검토는 불가피하게 이러한 관념을 수정한다. 14, 15세기로부터 인구에 관하여 적어도 두 개 이상의 보고(대체자료로서 시민, 납세자, 가옥 보유자, 가옥의 수에 대한 보고도 포함하여)가 나오고 있는 29개의 도시에서 인구는 고찰시기의 시작과 종말연도에서 약 19%가 감소했다. 물론 이러한 계산은 매우 다양한 시기의 최초 및 최종 수치를 합산한 것으로, 매우 의미심장한 의문에 노출되고 있다.[121] 그러나 어찌 됐든 이 수치는 독일의 도시도 (전체적으로 보면) 인구를 상실하고 있었음을 보여준다. 의심의 여지가 없는 농촌인구의 감소를 덧붙이면, 아마도 이와 같은 결론이 가능하다. 즉 독일에서도 인구는 14세기 초반부터 15세기 마지막 4분기까지 약 1/4이 감소했다는 것이다.

---

120) 볼린(S. Bolin)이 중세 스칸디나비아 3국의 인구에 대해서 수집한 보고를 또한 참조하라. 이는 다음에 수록되어 있다. *The Cambridge Economic Hist.*, I, 1942, pp.471f.

121) W. Abel, *Wüstungen……*, 1976, p.48에는 이러한 계산이 제시되어 있으며, 아울러 그 근거도 함께 설명되어 있으니 참조하라.

또한 후퇴하는 출생률이 인구감소에 일정한 역할을 했다는 점도 배제할 수 없다. 1440년경 빈에 머물러 있던 에네아스 실비오 피콜로미니*는 빈의 시민 가족이 적은 출산율을 유지하고 있었음을 관찰했다. 이 사실에 대해서는 다른 도시에서도 전거가 나오고 있는데, 그는 다음과 같은 사태에서 원인을 찾고 있다. 즉 젊은이들은 초혼(初婚)에서 부유하고 나이 많은 여성과 결혼하는데, 이 결혼에서는 거의 후사가 없었다. 이들이 다시 자유롭게 되자마자, 젊은 처녀와 두 번째 결혼을 하는데, 이때는 많은 자녀를 두기에는 남편이 이미 늙어버렸다는 것이다. 또한 중세 말에는 매춘이 엄청난 규모를 차지하고 있었고 전체인구에서 여성이 차지하는 비중은 남성의 비중을 훨씬 초과하고 있었다는 점도 알려지고 있다.[122)]

물론 이러한 관찰을 남초현상이 출생률에 미친 영향과 관련지어 수치로 입증하는 것은 불가능하다. 그러나 하나의 숙고는 가능하다. 황폐현상 이전의 시기에 대하여 출생초과분을 인구 1,000명당 연평균 6명으로 전제하고, 황폐기에 대하여 사망초과분을 인구 1,000명당 2명으로 설정하면(이는 추정되는 인구동태에 대략 상응할 것으로 보는데), 다음과 같은 수치는 아마도 출생률과 사망률 간의 추이를 암시할 수 있을 것이다.

---

* Aeneas Silvio Piccolomini(1458~64): 이탈리아 시에나 출신의 귀족으로서, 대학에서 법률을 수학하고, 고위 성직자의 비서를 거쳐 바젤 공의회(Konzil)가 선출한 교황의 측근으로 출세. 이어 세속정치와 교회의 고위직에서 활동, 마침내 1447년 교황 피우스 2세로 선출되었다. 교회정치가로서보다 인문주의자로서의 활동이 더 두드러진 인물로서 당대의 탁월한 문필가 · 연설가이며 인문주의의 후원자로서 유명하다.

122) 1,000명의 남성에 대하여 1385년 프랑크푸르트 암 마인에서는 1,100명, 1449년 뉘른베르크에서는 1,207명, 1454년 바젤에서는 1,080명, 1487년 취리히에서는 1,410명이 여성이었다(E. Keyser, *Bevölkerungsgeschichte Deutschlands*, Ausgabe 1943, p.300).

제 1 기 (개간기, 11~13세기)	제 2 기 (황폐기, 14~15세기)
출생률 ·················· 42‰	출생률 ·················· 39‰
사망률 ·················· 36‰	사망률 ·················· 41‰
출생초과분 ············ 6‰	사망초과분 ············ 2‰

위에 제시한 수치는 물론 완전히 허공에서 잡아낸 것만은 아니다. 출생률 수치는 1,000명당 약 40명 내외로 변동하고 있었지만, 나중의 여러 세기에서도 여러 차례 보고되었다. 그리고 사망률의 수치는 근사치로 재구성할 수 있다. 아마도 위의 표로 그저 다음과 같은 사정을 말할 수 있을 것이다. 즉 예전의 높은 사망률은 동시에 높은 출생률을 불가피하게 했다는 점이다. 사망률이 '정상수준'을 훨씬 더 넘어서면, 출생초과분을 사망초과분으로 바꾸는 데는 이미 아주 근소한 출생률 수치를 낮추는 것만으로도 충분해진다——위에 제시한 수치의 예에서는 42‰을 39‰로 낮추는 것. 인구동태의 기본수치 사이에 나타나는 이러한 추이가 중세 말기에 발생했다는 것은 입증이 불가능하다 해도 전혀 없지는 않았을 법하다.

그러나 또한 아마도 떨어졌을 중세 후기의 출생률은 오늘날 선진공업국에서 나타나는 것(1975년 독일연방공화국, 영국, 프랑스, 미국의 출생률은 15‰인 데 비해, 이집트, 튀니지, 에콰도르는 35‰ 이상, 과테말라는 40‰ 이상)보다 더 높은 수준으로 지속되었다.

제2부 유럽의 농업 및 식량공급 변동상태
16세기부터 18세기 말까지

"농업경기변동이 제공하는 기회, 그리고 안정, 사회적 상승 또는 정치적 영향력에 대한 욕구가 도시와 시민적 환경 또는 궁정과 전사계급의 환경에서 획득되었던 물적 수단을 토지와 농촌에서의 제반 권리를 매득하도록 이끌었다. 자본의 이 두 흐름은 아마도 서로를 상쇄했을 것이다. 더 확률이 높은 것은 토지로 향하는 자본의 흐름이 더 강력했다는 점이다."

I. 16세기의 농업과 생활수준

1. 농업의 호황

유럽의 인구증가

15세기 말부터 중부 유럽 대부분의 제후령과 영방에서 인구는 다시 증가했던 것으로 생각된다. 이러한 평가는 어느 정도 과감하게도 보인다. 벨로브는 오직 독일에만 관련하여 다음과 같은 견해를 피력한 바 있다. 즉 이러한 주장으로 우리는 "매우 불확실한 영역"에 발을 들여놓게 된다는 것이다.[1] 자연적인 인구동태를 확인하기 위한 기초자료는 최근까지 매우 희박하다는 점도 논란의 여지가 없는 것이다. 당대인의 관찰이나 기록은 가장 중요한 자료군(群)이나, 정작 당시의 직접적인 보고는 드물다. 그러나 또한 당시의 여러 조건과 인구변동이 사회와 경제에 남겨놓은 갖가지 흔적을 인구동태의 재구성에 끌어들이는 노력을 포기할 수도 없는 일이다. 증가, 정체 또는 감소하는 인구의 가장 중요한 지표에 속하는 것은 여기에서 다루는 인구 수와 토지여유 사이의 긴장현상, 즉 이 긴장이 가격, 생산 및 소득 영역에서 표출되었던 방식이다. 그러나 이는 변화무쌍한 인구증가가 남겨놓았던 유일한 흔적은 아니다. 또한 다른 지표에서도 추론할 수 있는데, 이러한 시도는 이미 오래전부

---

1) G. v. Below, "Die Frage des Rückgangs der wirtschaftlichen Verhältnisse Deutschlands vor dem Dreißigjährigen Kriege," in: *Viertelj. Soz.- u. Wirtschaftsgesch.*, VII, 1909, p.169.

터 자주 행해진 바 있다.

독일의 인구에 대해서 슈몰러는 이렇게 말한 적이 있다.[2] 즉 14세기 및 15세기에 인구의 정체, 심지어 감소를 야기했던 요인이 15세기 후반에는 그 작용을 멈추었다는 것이다. 이나마-슈테르네크도 같은 의견이었다.[3] 그리고 몸베르트는 "아주 많은 현상이 16세기에 인구가 엄청나게 증가했음을 말하고 있다"는 견해를 피력했다.[4] 실로 16세기의 정치 사정은 독일에서 인구가 증가하는 데 유리했다. 영방평화가 공고해졌고, 귀족은 사투(私鬪)를 포기했다. 긴 평화의 시대가 세기 중엽부터 독일에 찾아왔다. 물론 농민전쟁*은 막대한 인명피해를 치렀다. 그러나 북해 및 발트 해 연안 지방, 마르크, 슐레지엔 및 바이에른은 농민봉기에서 벗어나 있었다. 그리고 직접 관련된 지역에서도 손실은 바로 복구되었던 것으로 보인다. 제바스찬 프랑크**는 자신이 저술한 『독일연대기』(*Deutsche Chronik*, 1538) 「서문」에서 말하기를, 농민전쟁에서 수만 명이 죽었다 해도 모든 곳에는 "온통 사람들이 들어차서, 누구도 더 이상 끼어들 수가 없었다"고 한다. 작센에서는 익명의 작가(1530년경)[5]

---

2) G. Schmoller, *Grundriß der allgemeinen Volkswirtschaftslehre*, I, 1919, p. 173; Ibid., "Die hist. Entw. d. Fleischkonsums," in: *Zeitschr. f. d. ges. Staatswissenschaften*, XXVII, 1871, p.343.

3) K. Th. v. Inama-Sternegg, "Art. Bevölkerungsbewegung, Mittelalter," in: *Handw. d. Staatswiss.*, 2nd ed., p.660.

4) P. Mombert, *Bevölkerungslehre*, 1929, p.79.

* Bauernkrieg: 1525년부터 대대적으로 확대되어 그 이듬해에 종결된 대규모의 농민봉기. 주로 남서부 및 중부 독일에서 발생했는데, 약 30만의 농민이 참가하여 10만 정도가 희생되었다.

** Sebastian Franck(1499~1542 또는 1543): 작가. 가톨릭의 사제였다가 프로테스탄트 설교사로 전향했으나, 루터파의 도그마를 거부하고, 재세례파로 귀의했다. 떠돌이 생활 끝에 1539년 바젤에 정착했다. 독일의 신비주의와 당시의 민속에서 우러나는 풍자적·설교적 산문을 다수 저작했다. 여기에서 인용된 연대기는 원제가 *Germaniae Chronicon*으로서 종교개혁 무렵의 독일 사회상에 대한 풍부한 자료를 제공한다.

5) *Drei Flugschriften über den Münzstreit der sächsischen Albertiner und*

가 인구가 두드러지게 증가했다고 보고했다. 그 이듬해에 이 작가는 "이 나라에는 많은 사람이 살고 있는데, 이렇게 엄청나기는 우리의 조상이 살던 때에 유례가 없었던 일이다"라고 기록했다. 제바스찬 뮐러(1550년경)에 따르면, 엘자스에서는 "아주 많은 수의 주민"이 있었고, 슈바벤에서는 치머른 가의 연대기 작가(1550년경)가 "우리 시대에 슈바벤의 인구는 다른 모든 지방에서보다 더 엄청나게 늘어났다"고 보고했다. 동프리슬란트에서는 새로이 건립된 물방앗간, 시장과 정기시가 대대적인 규모로 늘어났는데, 바로 이로부터 16세기 이 지방의 "비상한 인구증가"가 추론되었음이 틀림없다.[6] 슐레스비히-홀슈타인의 토지대장을 보면 1560년경 디트마르셴의 여러 촌락에서는 19세기 말보다 더 많은 주민이 살고 있었음을 알 수 있다.[7] 즉 이미 이와 같이 열거한 여러 가지 보고에서 독일의 인구는 15세기 마지막 4분기부터 16세기 말까지, 아마도 그 이후까지에도 아주 엄청나게 증가했다는 결론을 매우 확실하게 이끌어낼 수 있다.

그러나 아직도 증가의 정도에 대한 구체적인 모습이 그려지고 있지 않다. 아마도 개개의 도시, 촌락 및 농촌지대로부터는 (농지, 가옥, 성채 등에 관한) 매우 긴 일련의 수치적 보고를 수집해낼 수 있겠지만, 이러한 작업은 일단 유보할 수 있다. 독일 전역에 대하여 대표성을 띠고 있다고 말해도 좋을 만한 종합적 파악이 하나 제출되어 있다.[8] 이 연구는 676개의 도시와 1만 4,194개의 도시를 포괄하고 있는 대략 10만km² 정

Ernestiner um 1530, ed. by W. Lotz, 1893, pp.6, 110.

6) B. Hagedorn, "Ostfriesischer Handel und Schiffahrt vom Ausgang des 16. Jahrhunderts bis zum Westfälischen Frieden," in: *Abhdl. z. Verkehrs- u. Seegesch.*, VI, 1912, pp.2f.

7) R. Hansen, "Zur Topographie und Geschichte Dithmarschens," in: *Zeitschr. d. Ges. f. Schleswig-Holsteinische Gesch.*, XXVII, 1897, p.239.

8) F. Körner, "Die Bevölkerungsverteilung in Thüringen am Ausgang des 16. Jahrhunderts," in: *Wiss. Veröff. d. dtsch. Inst. f. Länderkunde*, N. F., 15/16, 1958; Ibid., "Die Bevölkerungszahl und -dichte in Mitteleuropa zum Beginn der Neuzeit," in: *Forsch. u. Fortschritte*, 33, 1959.

도의 지역에 관련된 것이다. 이 지역에서 인구는 평균해서, 1520~30년에 약 0.71%, 16세기 중엽에는 약 0.62%, 그리고 세기말에는 약 0.33%가 증가했는데, 전 시기(1520~1600)를 통틀어 평균하면 매년 약 0.55%가 증가했던 것이다(쾨르너가 보고한 10년 단위 평균치의 산술평균으로서 계산된 수치).

16세기 잉글랜드의 인구변동에 대해서는 통상적으로 로저스의 연구가 증거로서 거론되는데, 그는 16세기에 잉글랜드의 인구가 거의 증가하지 않았다는 견해로 기울어지는 경향을 보이고 있었다.[9] 그러나 로저스는 방대한 그의 저작 중 다른 부분에서는 다른 견해를 표명하기도 했다.[10] 이미 슈테펜은 로저스의 저작에 포함된 문제점을 지적한 바 있었다.[11] 즉 16세기 잉글랜드의 인구변동에 대한 로저스의 견해는 근거가 매우 희박하고 모순이 많아서, 이를 유보 없이 바로 받아들일 수 없다는 것이다. 마셜[12]도 로저스와 의견이 달랐다. 마셜에 따르면 잉글랜드의 인구는 1550년부터 "매우 급속히 증가했다." 영국의 다른 역사가들도 공유하고 있는 견해를 내놓은 커닝햄[13]은 인구증가가 15세기 말부터 재개되었다고 믿었다. 아무튼 16세기 중엽에는 다수의 당대인들이 인구가 급속히 증가하고 있다는 인상을 받고 있었다. 윌리엄 해리슨[14]은 구빈제도를 다루는 가운데 잉글랜드의 사정을 서술하면서 다음과 같이 말했

---

9) Th. Rogers, *The industrial and commercial history of England*, 1909, p. 46.
10) Th. Rogers, *A history of agriculture and prices in England*, I, pp.61, 301; IV, p.133; V, pp.782, 788.
11) G. F. Steffen, *Studien zur Geschichte der englischen Lohnarbeiter*, I, 1901, p.464.
12) A. Marshall, *Principles of economics*, 1925, 8th ed., p.187.
13) W. Cunningham, *The growth of English industry and commerce*, I, 1905, p.442.
14) 여기서는 다음에 의해서 인용했다. Steffen, *op. cit.*, I, p.462.

다. 즉 사람들은 오늘날(1580년경) 거대한 인구증가에 대하여 불평하며, 유용한 가축떼가 이러한 과잉인구보다 더 나으리라는 소리까지 했다는 것이다. 1570년부터 1600년 사이에 (리크만J. Rickman에 따르면) 잉글랜드의 인구는 매년 0.56% 정도가 증대했다고 한다. 헬라이너는 이 수치를 수용하여 2, 3세대 이내에 제국(신성로마제국)의 인구는 15세기 전반기의 낮은 수준에서 다시 역전하거나 흑사병 이전에 도달했던 바와 거의 근접한 수준으로 회복되었다고 추산했다.[15]

네덜란드와 벨기에에서 16세기의 전반기에는 "적지 않은 증가"가 있었다.[16] 종교전쟁 이후에는 신속하게 회복하기 시작하였다는데, 이로써 인구는 1650년과 1670년 사이에 최정점에 도달했다. 1500년부터 1650년에 이르는 전체 시기에 대하여 슬리허 판 바트와 그의 동료들은 네덜란드의 인구가 두 배로 증가한 것으로 추정했다. 이중에서 가장 현저한 비중은 도시인구가 차지하고 있는데, 이는 일찍부터 산업화된 대륙의 북서단(北西端) 지역에서 이미 가장 밀도가 높은 것이었다. 전체인구에서 도시인구가 차지하는 비중은 (몰Mols의 견해에 따르면) 브라방에서 35%, 에노에서는 29%, 플랑드르에서는 40~45%, 네덜란드에서는 52%에 달했다.

프랑스에서도 잉글랜드와 치른 백년전쟁의 종말과 종교전쟁의 시작 사이에 급격한 인구증가가 있었다는 점은 의심의 여지가 없다. 1561년 경에 베네치아의 한 대사는 이렇게 보고했다.[17] "프랑스에는 사람이 너

---

15) K. F. Helleiner, "The population of Europe……," *op. cit.*, pp.29ff.
16) 이미 이런 판단을 제시한 논고는 Roger Mols, "Die Bevölkerungsgeschichte Belgiens im Lichte der heutigen Forschung," in: *Viertelj. f. Soz.- u. Wirtschaftsgesch.*, 46, 1959. 추가적인 정보는 다음의 포괄적이고 방향제시적인 연구를 참조하라. R. Mols, *Introduction à la démographie historique des villes d'Europe du XIVe au XVIIIe siècle*, 1954f. 그리고 네덜란드에 대해서는 A. A. G. Bijdragen, 12, 1965: Contributions presented to the Third International Conference of Economic History(B. H. Slicher van Bath and others).

무 많다." 이러한 보고는 당대인에게서 흔히 보이는 과장 중의 하나였다. 그러나 그 배경에는 또한 입증 가능한 사실도 있다. 15세기 중엽에 지역의 인구가 거의 완전하게 소멸될 지경에까지 이르렀던 파리 지역의 남부에서는 전체인구의 발전에 토대를 제공하는 출생수치가 1470년부터 1564년까지 3배에서 6배까지 증가했다. 파리 주변의 농촌인구는 1560년경에 17세기 전 시기에서보다 더 높은 수준에 도달했다. 노르망디와 프랑스의 남부지방에서도 이에 상응하는 현상이 나타났다. 랑그도크에서는 인구가 바로 "말이 뛰듯이" 증가했다.[18] 물론 종교전쟁이 프랑스에서도 인구증가를 중단시켰으나, 금방 새롭게 그리고 수많은 증거에서 더욱 분명히 식별할 수 있는 강력한 상승이 개시되었다. 그리하여 1475년부터 1600년에 이르는 기간에 대해서는 전체적으로 프랑스 인구의 강력한 증가를 의심할 여지가 없다.

북유럽의 여러 나라에서도 유사한 현상이 드러난다. 대장류 및 증서류는 농지의 증가와 조세수입의 증대를 입증하고 있다. 노르웨이에 대해서는 이미 전체적인 추산이 시도되었다.[19] 이에 따르면 노르웨이의 인구는 1520년의 24만 6,000명에서 1590년에는 35만 9,000명으로 증가했는데, 말하자면 70년 사이에 약 46%가, 또는 전 기간 매년 0.56%의 인구증가가 이루어진 것이다. 이는 같은 시기의 독일에서 밝혀질 수 있었던 바와 동일한 증가율이었다(1520/1600년 사이에 매년 0.55%).[20]

---

17) E. Levasseur, *La population française*, I, p.189.
18) 이 베자르(Y Bezard), 오메르 튈리프(Omer Tulippe) 및 기타 다른 사람들의 연구에 따랐다. 여기서는 다음에서 인용했다. M. Deveze, *La vie de la forêt française au XVIe siècle*, II, 1961, pp.16f.; 또한 다음을 비교하라. F. Braudel, *La Méditerranée et le Monde Méditerranéen à l'époque de Philippe*, II, 1949, p.353. 파리분지 지방에 대해서 새로운 수치적 증거를 제시한 연구는 J. Jacquart, *La crise rurale en Ile-de-France, 1550~1670*, 1974(여기에서는 르 루아 라뒤리의 상세한 평론에 의거했다. *Annales*, 30, 1975, pp.1397ff.). 랑그도크에 대해서는 Le Roy Ladurie(p.225의 인용문).
19) I. E. Sars, "Til oplysining fra det 13. til det 17. aarhundrede," in: *Norske Historiske Tidsskrift*, 2, 3, pp.281f.

토지의 개발

증가하는 인구는 중세 말의 황폐시기에 버려졌던 토지를 다시 채웠다. 이를 치머른 가(家)의 연대기 작가는 (1550년경) 매우 인상적으로 기록하고 있다. 슈바벤과 다른 지방에서 인구가 매우 급격히 증가했음을 보고한 뒤, 그는 이어서 이렇게 기술하고 있다. "그리하여 사람들은 다시금 예전의 경작지와 목초지를 개간하고 매립하여 개발하기 시작했다. 이러한 땅은 오래전에는 또한 촌락이었는데, 이제 다시 촌락의 모습을 띠기 시작했다." 이러한 일은 아주 많은 곳에서 이루어졌다. 그래서 "모든 종류의 토지가 인간의 기억이 미치는 어떠한 때보다 더 왕성하게 개척되었다. 그리고 구석에 처박힌 한 뼘의 땅도, 즉 아주 거친 삼림과 높은 산지의 땅 조각도 개간되지 않거나, 사람이 살지 않은 채로 버려지는 법이 없었다." 사람들은 황폐지나 삼림에 성립된 이 새로운 취락을 '새로운 섬'이라고 불렀다. 이는 콜럼버스가 수십 년 전에 대양 건너편에서 발견했던 '새로운 섬'의 예를 모범으로 한 것이다.[21]

추측건대 독일에서 1560년경의 인구밀도는 흑사병 이전 시대의 수준을 다시 회복했던 것으로 보인다. 이는 16세기의 증가율과 중세 말기에 진행된 인구감소의 추산치로 추정할 수 있다. 당대인들도 다시 정착하기 시작했고, 심지어 인구과잉에까지 도달했다는 인상을 받고 있었다. "내가 보기에", 제바스찬 프랑크는 그의 『독일연대기』(1538)에서 이렇게 말했다. "신께서 전쟁을 점지하지 않거나 떼죽음 사태가 발생하지 않는다면, 우리는 다시금 제비뽑기를 하거나, 다른 방도에 따라 집시들이 다른 곳을 구하듯이, 어디론가 떠나야 할 것이다. 그리고 확실히 수십만이 그들의 마누라와 아이들, 식솔들과 함께 우리 독일인들은 아마도 신께서 우리에게 하사할 헝가리 땅 전부를 차지해야 할지도 모른다. 그렇지만 독일은 이러한 일을 거의 생각조차 하지 않는다." 울리히 폰 후

---

20) 북부 유럽의 인구에 대한 추가적인 해명은 회복기까지도 포함하는 북유럽의 황폐연구에 의해서 가능해질 것이다.
21) *Zimmerische Chronik*, ed. P. Herrmann, IV, 1932, p.209.

텐*은 기존의 과잉인구를 해소하기 위해 새로운 터키 원정을 생각했다. 다른 저술에서는 나라에 사람들이 너무나 많기 때문에 페스트나 역병이 필요한 것으로까지 여겼다.[22]

그러나 이주나 전쟁, 역병이 16세기의 인구증가를 본질적으로 저지하지 못했기 때문에, 지금까지 전혀 또는 근소하게밖에 이용되지 않았던 자체의 토지가 식량 공급원으로서 개척되어야만 했다. 대대적인 규모로 습지와 황무지가 경작되었고, 늪지대의 배수공사가 진척되었으며, 방목지가 경작지로 변모했고, 삼림이 벌채되었다. 벌채가 너무 큰 규모로 이루어져서 다수의 독일 영방국가의 영방군주들은 벌채금지령을 내리게 되었다. 그리하여 1536년에 발포된 뷔르템베르크의 조령(條令)에는 이런 소리가 나오고 있다. "나는 삼림과 임야가 현저히 쇠퇴하여 피해를 보고 있는 사태를 목도하고 있다. 이는 나날이 불어나고 있는 다수의 사람들 모두가 삼림과 그 외곽지대를 개간하여 이로부터 농지를 조성하고 있기 때문이다. 마찬가지로 문란한 벌채와 가축의 방목도 적지 않은 원인이다." 따라서 개간과 신탄(薪炭)의 채취가 금지되었고 가축의 방목도 제한되었다. 그러나 이러한 명령이 얼마나 제대로 준수되었는지는 의문의 여지가 있다. 농민들은 자신과 그 자식들의 식량을 마련하는 데 압박을 받고 있었다. 이러한 사정은 지속적인 농경에 별로 적합하지 않

---

* Ulrich von Hutten(1488~1523): 인문주의자(Humanist)이며 정치논설가. 남부 독일 프랑켄 지방의 기사가문 출신으로서 풀다 수도원 학교에서 수학했으며, 그후 이탈리아와 독일의 대학을 전전하는 방랑학생의 생활을 하면서, 여러 곳의 인문주의자들과 교유했다. 1514년부터 로이힐린, 에라스무스 같은 당대의 유명한 인문주의자와 친교를 맺고, 루터 및 프란츠 폰 지킹겐과 함께 제국개혁에 투신했다. 지킹엔이 지도한 제국기사의 반란이 실패하자(1522), 독자적으로 봉기했으나 실패하고 취리히에 있던 츠빙글리에게 피신해 있다가 곧 사망했다.

22) O. Jolles, "Die Ansichten der nationalökonomischen Schriftsteller des 16. und 17. Jahrhunderts über Bevölkerungswesen," in: *Jahrb. f. Nat. u. Stat.*, N. F., XIII, p.197; 또한 다음을 참조하라. J. Janssen, *Geschichte des deutschen Volkes*, I, p.304.

은 토지마저도 개간하도록 강요했다. 그리하여 헤센에 소재하는 작은 도시 프랑켄베르크에서는 1530년부터 1570년 사이에 토질이 좋은 경지 137모르겐 이외에 "가장 척박하고 질이 나쁜 토지에서" 26모르겐이 더 경작되었다는 사실이 알려지고 있다.[23] 슈바벤 알프스에 소재하는 작은 도시 발링겐(1601)에서는 이런 소리가 들려온다. "최근에 지속된 오랜 물가앙등의 시기에 다수의 거칠고 돌이 많은 토지가 억지로 개간 되었는데", 이로부터 몇 년 동안은 결실이 이루어졌으나, 다시 12년, 15년, 20년 또는 그 이상 동안 경작을 쉬어야 했다.[24]

북해 연안 지방에서는 배수작업과 제방구축이 급속히 진보했다. 네덜란드에서는 1565년과 1590년 사이에 8,046ha가 새로이 획득되었고, 1590년과 1615년 사이에는 심지어 3만 6,213ha가 획득되어, 전체적으로 50년 동안에 약 4만 4,000ha가 증가했다. 이는 다음의 두 세기를 통틀어서 가장 광대하게 토지를 획득한 것이었다.[25] 독일의 북해 연안 지방에서도 이와 비슷한 정도로 열성적인 개간사업이 추진되었다. 독일 만(灣, Deutsche Bucht)을 둘러싸고 14, 15세기에는 대대적인 규모의 토지손실이 있었다. 경지와 촌락이 침수되어 사라졌다. 당시에 1,000km² 이상의 토지가 북프리슬란트의 해안에서, 아이더슈테트, 디트마르셴에서 그리고 니더작센의 해안지방에서 소멸되었던 것으로 보인다.

이러한 현상에 대한 가시적인 근거를 제시하기 위해 나의 조수들 (자알펠트 박사와 비제 박사)이 북해 연안 지방에서 이루어진 토지손실과 획득을 보여주는 지도를 작성했다(〈도표 19〉).

---

23) C. Probst, "Die Städte im Burgwald," in: *Marburger Geogr. Forsch.*, 19, 1963.
24) M. König, "Die bäuerliche Kulturlandschaft der Hohen Schwaben-Alb und ihr Gestaltwandel unter dem Einfluß der Industrie," in: *Tübinger geogr. Stud.*, 1958.
25) E. Baasch, *Holländische Wirtschaftsgeschichte*, 1927, pp.29f.

슐레스비히-홀슈타인의 북부지방에서는 중세 성기에 연륙(連陸)된 지형이 오늘날의 도서지방까지 뻗쳐 있었다. 이 지역의 정착민들이 남긴 흔적은 오늘날의 항공사진에서도 수면 아래에 알아볼 수 있는데, 이들은 제방을 축조하고, 배수로를 내고, 경지를 구축했다. 이로써 그들은 아마도 지면 위에 덮여 있던 유기질층도 제거했을 것이다. 오늘날 고고학자들이 짐작하듯이, 이탄(泥炭)층의 제거, 소금 생산, 배수로 건설 및 농경과 관련하여 제방으로 보호되던 토지는 당시의 평균적인 만조 수면 이하로 가라앉았을지도 모른다. 폭풍우의 힘으로 제방이 무너졌을 때, 불어난 해수는 다시금 줄어들지 않았다. 그렇게도 광대한 토지, 특히 북프리슬란트의 할리겐과 오늘날의 육지 사이에 놓여 있던 지역은 말의 진정한 의미에서 "가라앉아버렸다"는 사실이 이로써 설명될지도 모른다. 그러나 또한 이러한 점이 고려되어야 한다. 즉 룽홀트(Rungholt) 시를 삼켜버린 것으로 추측되는 중세 말의 가장 거대한 폭풍우, 이른바 만드렝케(Mandränke)는 1362년에 닥쳐왔고, 이미 1352년에 슐레스비히 성당참사회의 대장(臺帳)에는 다음과 같은 추기(追記)사항이 발견된다는 것이다. 이 추기사항에 의하면 "1350년의 파멸적인 페스트에 따른 인명의 손실로 인하여" 주교구의 수입이 감소했다고 한다. 따라서 이렇게 결론을 내려도 좋을 것이다. 즉 이미 대홍수가 닥쳐오기 전에 제방을 수호할 사람이 없었다는 것이다. 아마도 이러한 문맥에서 엘베 강 하류에서 자체의 도시법과 도시인장(Stadtsiegel)을 구비하고 있던 니겐슈타트(Nygenstadt)의 소멸을 언급하는 것도 적합할 것이다. 이 도시는 14세기 말에 소멸했는데, 그 흔적은 최근에 오늘날의 엘베 강 유역에서 발견될 수 있었다.[26] 당시 독일의 북해 연안 지방이 어떤 모습을 하고 있었는지는 1423년 예퍼(Jever) 시의 주변지대에 거주하던 어느 성직자의 탄원

---

26) D. Meyn, "Wurde die Wüstung der mittelalterlichen Nygenstadt by de Elve gefunden?," in: *Zeitschr. d. Ges. f. Schleswig-Holsteinische Gesch.*, 91, 1966, pp.93ff.

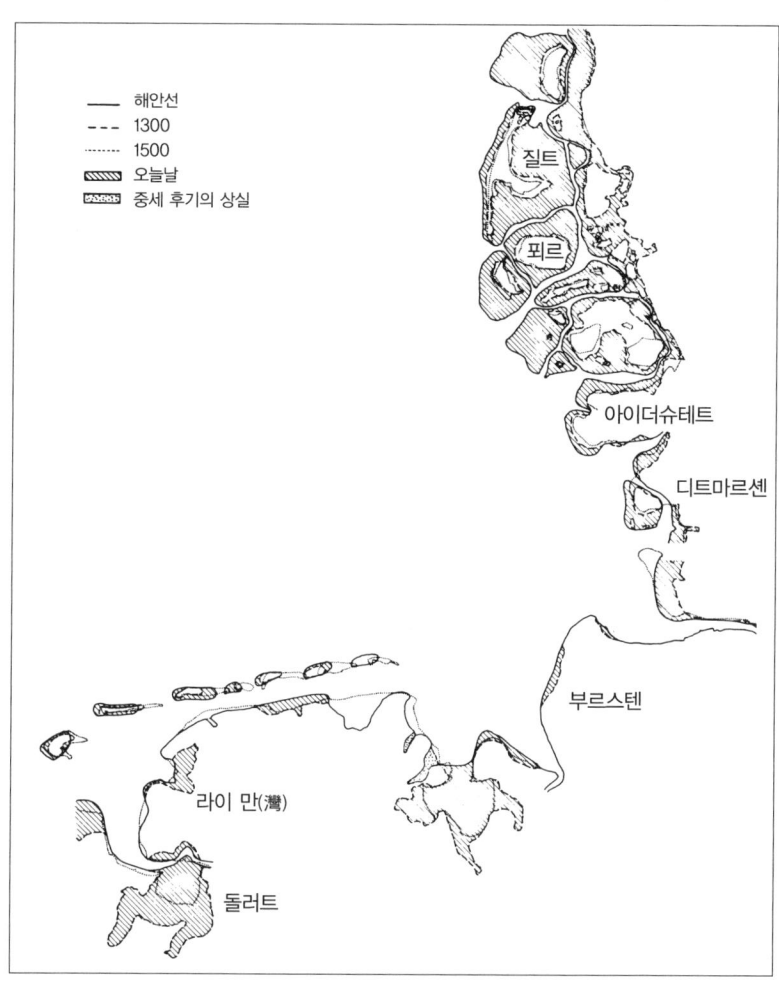

〈도표 19〉 독일 북해 연안 지방의 토지획득과 상실

에서 간취할 수 있다. "여러 교구가 고아나 다름없이 버려졌다. 교구에 속한 토지는 경작되지 않고 있거나 소금물로 쓸모없어져버렸다. 교회는 텅 비어 있고, 그 종(鐘), 성찬예식도구, 기도서 및 성유물은 도둑맞았고, 촌락은 버려졌다." 이는 내륙지방의 황폐현상을 상기시킨다. 그리고 아마 실제로 중세 말의 '사라진' 촌락과 '가라앉은' 촌락 사이에는 일정한 대응성이 있었을 것이다. 그러나 이러한 생각은 여

I. 16세기의 농업과 생활수준 245

기서 더 이상 추구되지 않을 것이다. 단지 다음과 같은 점을 지적할 따름이다. 즉 비슷한 근거로 페어홀스트는 중세 말 플랑드르 해안 지방의 토지손실 현상에 주의를 환기시킨 바 있었던 것이다.[27]

15세기 말에서 16세기가 계속 경과하면서 대대적인 규모의 배수작업과 제방구축이 시작되었다. 예펄란트(Jeverland)에서, 하를레 만(Harlebucht)과 라이 만(Leybucht)에서, 그리고 기타의 해안지방에서 16세기와 17세기 초에 대략 4만ha를 획득했다. 이는 13세기부터 19세기 중엽까지 니더작센에서 입증된 신개간지 면적의 2/3 이상에 달하는 것이다. 인접한 슐레스비히-홀슈타인에서는 중세 말기에 입은 거대한 토지손실을 다시 상쇄할 수 있을 정도는 아니었지만, 그래도 16세기와 17세기 전반기에 약 8,000ha를 바다에서 되찾았다.[28]

동부 독일에서는 16세기에 토지개척과 식민의 두 번째 파동이 있었다. 특히 쿤(W. Kuhn)이 제시할 수 있었던 바와 같이,[29] 이 운동은 서로 독립적이고 공간적으로 제한된 개별운동의 다양한 복합체로서, 그러나 또한 결국은 특정한 개별운동에 작용하고 있는 동일한 힘으로 특징지어졌다. 동프로이센의 북부에서는 리투아니아 사람들이, 비스툴라 강 하구(河口)에는 네덜란드의 메노파 신교도*들이 이주해 들어왔다. 동포머

---

27) A. Verhulst, *Het landschap in Vlaanderen in historisch perspectief*, Antwerpen 1965, pp.57f.
28) 더 상세한 사정과 전거는 다음을 참조하라. W. Abel, *Geschichte der deutschen Landwirtschaft*……, 2nd ed., 1967, pp.152ff.
29) W. Kuhn, *Geschichte der deutschen Ostsiedlung in der Neuzeit*, 2 vols., 1957: 또한 다음을 참조. W. Schulz, *Die zweite deutsche Ostsiedlung im westlichen Netzegau*, 1938.
*Mennoniten: 창설자인 메노 시몬스(Menno Simons)의 이름에서 유래한 신교도의 한 종파. 16세기 네덜란드와 북독일의 재세례파 집단에서 형성된 종교공동체로서 칼뱅의 교리에 근접해 있다. 유아세례를 거부하고, 절대적인 평화주의를 추구하여 모든 종류의 강제와 권력, 즉 종교문제에서의 강제, 병역의무, 법률적 선서 및 이혼 등을 거부하자, 자주 당해 지역의 지배권력으로부터 탄압

른 지방으로부터는 독일인 농민들이 최초의 식민운동시기*에 점거되지 않았던 남부지방의 산악지대와 사질(砂質)토양지대에 정착했다. 노이마르크와 저지슐레지엔 지방으로부터는 농민정착자들이 아직도 독일과 폴란드 땅을 구분하는 광대한 삼림대(森林帶) 지역으로 이주해 들어왔다. 이러한 운동의 진행은 농장영주제(Gutsherrschaft)와 대농장경영의 출현에 의해 야기되고, 당시의 급격한 인구증가로 지탱되었는데, 서프로이센과 포젠 지방을 넘어서 저 멀리 중부 폴란드와 볼리니아까지 이어졌다. 이 운동이 어느 정도의 성과를 거두었는지는 무엇보다 다음과 같은 사례가 잘 밝혀주고 있다. 필레네령(領, Herrschaft Filehne)에서는 두 세대가 경과하면서, 즉 1590년과 1650년 사이에 농경지가 무려 8배나 증가했던 것이다.

프랑스의 농업도 15세기에는 심각한 후퇴를 겪었다. 북부나 남부지방의 광대한 농업지대 모두가 사람이 떠나 완전히 텅 비게 되었다. 그러나 16세기 전반기에 나온 어느 작가의 말을 믿어도 된다면, 이미 16세기 초에 재배면적은 약 1/3이 증가했다.[30] 다시 수십 년 후에 베네치아의 대사가 보고하기를 프랑스는 가능한 한도까지 꽉 차게 인구의 정착이 이루어졌다고 했다.[31] 몇 개의 개별적인 보고에 이어 다음과 같은 사항을 덧붙일 수 있다. 1545년에 도종(d'Auzon, Yonne) 교구에서 이루어진 어떤 조사의 보고에 의하면, 사람들이 "40년 전부터 인간의 기억이 미치는 시기부터 황폐되어 있던 땅을 경작하기 시작했다"는 것이다. 일찍이 6만ha에 달했던 오를레앙의 삼림이 1533년에는 겨우 2만ha밖에 되지 않았다. 레뉴(Laigne, Oise)의 삼림지대에서는 1507/1509년에 삼림이용권을 갖는 농가가 1,063개로 집계되었으나, 1547/49년에는

을 받았다.
* 12세기의 동방식민운동을 말한다.
30) Seissel, 다음에 의거하여 인용. A. Araskhaniantz, *Die französische Getreidehandelspolitik bis zum Jahre 1789*, 1882, p.32.
31) Levasseur, *op. cit.*, I, p.189에서 인용.

1,336개로, 즉 40년 이후에는 25%가량이 더 많게 헤아려졌다. 16세기 프랑스의 삼림을 연구하는 어느 역사가는 그의 저작 한 장(章)에 「16세기 전반기 삼림의 위기」라는 제목을 붙였는데,[32] 그의 관점에서 보면 농경과 목축이 삼림과 관목림을 몰아냈기 때문에 이는 마땅한 것이다. 1560년대부터 발발한 종교전쟁이 토지개발의 확대를 중단시켰으나, 세기말경에는 개간이 강력하게 재개되었다. 남부지방의 어느 촌락(몽펠리에 부근에 소재하는 라트)에서 종교전쟁의 시기를 전후로 하는 수치가 보고되고 있다.

〈표 11〉 1547년과 1607년 (몽펠리에 부근) 라트의 경작면적(ha로 표시)

	1547	1607
포도	61	42
목초	245	250
곡물	814	1,287
	1,120	1,579

자료전승의 우연으로 역사가의 눈길을 끌게 된 이 공동체에서는 농업용지가 1547년부터 1607년까지 400ha 이상으로 증가했음이 나타나고 있다. 증가분은 거의 전적으로 곡물재배에 이용되었는데, 그 재배면적은 거의 반 이상이 증가했다. 목초지의 면적은 대략 동일한 수준에서 머물러 있었던 반면, 포도 재배면적은 약간 줄어들기도 했다.[33]

---

32) M. Deveze, *La vie de la forêt française au XVIe siècle*, 1961, 3. Teil.
33) E. Le Roy Ladurie, "Sur Montpellier et sa campagne aux XVIe et XVIIe siècles," in: *Annales*, 12, 1957, pp.223f.(각각의 수치가 제시된 총합계와 일치하지 않기 때문에 다소간 변경되었다). Ibid., *Les paysans de Languedoc*, I, 1966, pp.196ff. 또한 다음을 참조하라. D'Avenel, *op. cit.*, I, pp.277, 346, 376.

잉글랜드에서는 황무지와 근소한 면적의 방목지가 경작지로 바뀌는 일이 중세 말부터 내려오는 목양(牧羊)의 특수경기로 좌절되어 한동안 저지되었다. 인클로저를 언급하면서 이 문제가 다시 논의될 것이다(이 책, 264쪽). 스칸디나비아 반도의 여러 나라에서도 대륙과 근본적인 차이를 발견할 수 없다. 인구증가와 관련하여 그곳에서도 농경에 이용되는 면적이 증가했다.

농업생산의 집약화와 지역적 분화

삽시간에 이탈리아, 잉글랜드, 프랑스 및 독일에서 연속적으로 농서(農書)가 간행되었다. 이들 서적은 가정관리(家庭管理), 의술(醫術), 육아, 사냥과 임업에 관한 사안만이 아니라 농경, 축산, 경영조직, 회계, 장부정리 및 조세에 관한 문제도 다루고 있었다. 단지 몇 개의 유명한 작품만 들어보자. 독일에서는 여러 판(版)을 거듭해서 콘라트 헤레스바하(Conrad Heresbach)의 농업에 관한 4부작(Rei Rusticae Libri Quattuor……)이 최초로 1570년에 출간되었고(이미 1577년에 영어로 번역되었다), 마르틴 그로서(Martin Grosser)의 『농업소론』(*Kurze Anleitung zu der Landwirtschaft*, 1590), 그리고 요한 콜러(Johan Coler)의 『농업책력』(*Landwirtschaftliche Kalender*)이 출간되었다 (1591년에 초판이, 그다음의 여러 해 동안 대대적으로 증보됨). 프랑스에서는 의사이자 출판업자인 카롤루스 스테파누스(Carolus Stephanus)가 그의 사위인 장 리보(Jean Libault)와 더불어 많은 주목을 받은 농서를 라틴어와 프랑스어로 저술했다. 이 책은 1579년 슈트라스부르크에서 처음으로 독일어로도 출판되었는데, 그 후 여러 차례 반복해서 출판되었다. 올리비에 드 세르(Olivier de Serres)는 『농업 극장』(*Théatre d'Agriculture*)이라는 책을 출판했는데, 1603년에 나온 이 책의 제3판은 이른바 '가부장서'(Hausväterbuch)라고 불리는 이러한 서적 전체의 장르를 설명하는 부제를 달고 있다. 그 부제는 이러했다. "이 책에는 의관(衣冠)을 정제하고, 농가를 다스리고, 부하게 하며 치장하는 데 필요한 모든 것이 서술되어 있다"(Ici est représenté tout ce qui est requis et nécessaire pour bien dresser, gouverner, enrichir et embellir la maison rustique). 잉글랜드로부터는 앤토니 피츠허버트(Anthony Fitzherbert)의 『농경서』(Book of Husbandry, 1554), 그리고 토마스 투서(Thomas Tusser)의 『농경백요』(農耕百要, Hundred Good Points of Husbandry, 1557) 등이 언급될 만하다. 투서의 저작이 16세기 말까지 13판 이상 출간되었고, 이로부터 단지 몇 부만이, 그것도 매우 심하게 파손되고 불완전한 상태로 우리에게 전해지고 있음은 16세기의 농업경제서에 대해서는 주목할 만한 독자층이 있었음을 증명해주는 것이다.

그리고 도처에 더욱 거대한 추종자들이 있었음이 틀림없다. 자주 반복되는 충고, 즉 깊이 갈고, 넉넉하게 비료를 주고, 어디에 재배하는 것이 가장 적합한지 등, 개별작물의 매우 다양한 요구를 유의해야 한다는 종류의 조언에 따르는 사람도 많았던 것으로 보인다. 특히 거주인구의 밀도가 높고, 일찍이 산업화된 네덜란드에서는 16세기에 매우 집약적인 농업이 전개되었다. 벨기에와 네덜란드 농업가의 차지(借地)계약서는 휴경지에 재배하는 양배추, 콩, 클로버, 아마, 그리고 풍부한 간작재배(間作栽培),* 축사(畜舍)에서 이루어지는 사료 공급, 강도 높은 시비(施肥) 등의 존재를 알려주고 있다. 히트줌(프라네커의 남서방 4km 지점)의 어떤 농민이 남긴 비망록에서는 곡물재배 대 깍지식물재배의 비율이 7:4로 이루어지고 있었음을 알 수 있다. 이 농민의 보유지(16세기의 70년대)에서는 휴경이 거의 없었던 것으로 보인다. 이 농민은 매년 자신의 밭에 뿌리기 위해 수레 200대분의 거름을 구입했으며, 약 50대분이 더 추가되곤 했다. 밀은 파종량의 10배를 수확했고, 보리는 9배를 수확했다. 암소에게서는 43kg의 버터와 28kg의 치즈, 즉 적어도 1,350l의 우

---

* Zwischenfruchtbau: 삼포제를 비롯한 윤작제 하에서 하나의 경지에서 윤작이 진행되는 사이의 휴지기에 단기적으로 성장하는 작물을 재배하는 농법.

유가 순전히 판매용으로만 획득되었다.

16세기 네덜란드의 경이적인 농업발달에 대해 여러 차례 서술했던 슬리허 판 바트[34]는 전통적인 삼포제가 16세기에——물론 기원은 더 오래지만——더욱 진전되었던 방향을 세 가지 형태로 구분했다. (1) 휴경이 4년, 5년 또는 6년마다 돌아오는 다포제(多圃制), (2) 규칙적으로 통제되는 곡초식 농법, 이 경우에는 2년간의 곡물재배, 1년간의 휴경, 이어서 3년 또는 6년간의 방목이 이어졌다. (3) 사료작물재배, 이 경우에는 휴경지에 사료작물이 재배되거나, 윤작이 행해지는 사이에 간작재배작물이 끼어들었다. 이로써 18세기에 특히 잉글랜드의 노력으로 아주 널리 전파되었던 윤작체제가 이미 나타났던 것이다.

네덜란드에서는 16세기 유럽의 농업이 최고도의 집약도에 도달했다. 그러나 이 역시 급속히 성장하는 이 지역 도시의 수요에는 충분하지 않았다. 좁은 공간에서 폭발적으로 증대한 이러한 수요의 영향으로 네덜란드에서 멀리 떨어진 곳에서도 농업이 변모했다. 독일의 경제학자로서 농업입지론을 창시한 요한 하인리히 폰 튀넨(Johann Heinrich von Thünen)은 하나의 모델에 의거하여 시장에의 근접도에 따라 작물재배의 입지가 상이하게 분화되는 가능성을 입증했는데, 16세기에는 이런 입지분화가 유럽의 광범한 몇 개 권역에서 실현되기에 이르렀다.

튀넨은 곡물가격에서 출발했기 때문에, 여기에서도 우선 곡가부터 제시됨이 마땅하다. 이러한 목적에서 16세기 후반이 선정되었고, 여러 도

---

[34] 이상에서 언급한 사항이 수록된 사료연구(B. H. Slicher van Bath, "Robert Loder en Rienck Hemmema," in: *It Beaken*, Tydskrift van de Fryske Akademy, XX, 1958)와 때때로 언급될 같은 저자의 다른 연구 외에도 특히 네덜란드의 농업사 연구 논집(A. A. Bijdragen)에 발표된 다음과 같은 좀더 큰 규모의 지역연구를 들 수 있다. A. M. van der Woude, *Het Noorderkwarter*, No. 16, 1972 및 J. A. Faber, *Drie Eeuwen Friesland*, No. 17, 1972. 그밖에 또, "The rise of intensive husbandry in the Low Countries," in: *Papers in Dutch and English history*, 1960.

시와 지역에서의 평균곡가가 산출되었다. 네덜란드의 곡가가 기준치 (=100)로 설정됨으로써, 동쪽 방향으로 기울어지는 가격 차이가 쉽사리 식별될 수 있다(〈도표 20〉).[35]

프랑스의 가격은 여기서 더 상세히 추적하지 않는데, 네덜란드의 가격보다 더 높게 나타난다. 때때로 곡물이 네덜란드에서 프랑스로 유입되었던 것으로 보이지만 프랑스, 특히 파리의 시장은 경제적이며, 행정적인 측면에서 자체의 논리에 따라 가격이 형성되었다. 언급할 만한 사항으로는 프랑스에서도 가격 차이가 매우 뚜렷했는데, 그것도 이중적인 방향으로 전개되었다는 점이다. 우선은 파리에서 시작되는 방향과, 또 지중해 연안 지방에서 시작되는 방향이었다. 1601/1610년에 나타났던 파리의 밀가격을 100으로 전제하여 비교하면, 보베의 밀가격은 76, 아미엥에서는 70, 노양에서는 65, 페론에서는 59, 샤토덩에서는 70, 랑그르에서는 54, 엑상프로방스에서는 136으로 나타났던 것이다. 가격은 파리에서 멀어지는 정도에 따라 낮아졌다. 그러나 프로방스의 시장은 그보다 더 높은 가격으로 뚜렷한 대조를 보이고 있었다.[36]

근대 초기 유럽의 곡가분포상황(〈도표 20〉)은 곡물무역의 방향에 대한 최초의 인상을 전달해줄 수 있다. 물론 (전쟁, 관세, 무역제한과 더불어) 개별적으로 나타나는 운송의 방해요소가 고려되어야 하는데, 이는 육로가 특히 심했다. 요한 하인리히 폰 튀넨은 자신의 시대에서도(19세기 초), 약 375km 정도의 거리에서 호밀을 육상으로 운송할 때는 그 비

---

35) 이 가격은 다음의 연구에서 집성되었다. W. Achilles, *Getreidepreise und Getreidehandelsbeziehungen europäischer Räume im 16. und 17. Jahrhundert*, Diss., Göttingen 1957(*Zeitschr. f. Agrargesch. u. Agrarsoziologie*, 7, 1959에 동일한 제목으로 수록된 논고 참조).
36) P. Goubert, *Beauvais et le Beauvaisis de 1600 à 1730*, 1960, p.224.

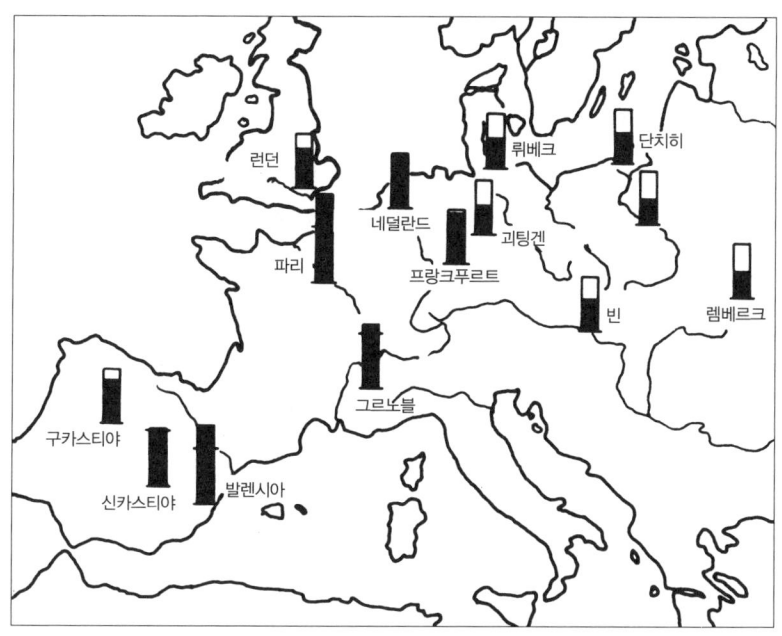

〈도표 20〉 유럽 14개 도시 및 지역의 곡물가격 분포, 1551~1600
(네덜란드의 가격=100)

용이 호밀가격과 맞먹는 것으로 산정했다. 장거리의 육로로 곡물을 운송하는 일은 단지 겨울이나(썰매를 이용할 수 있었기 때문에), 마소와 노동력을 무료로 제공해야 했던 부역농민에 의해서만 가능했다.

수로(水路)의 사정은 이와 전혀 달랐다. 1551~1600년 동안 단치히의 곡가는 평균해서 네덜란드 곡가의 53%에 불과했다. 대량의 곡물을 암스테르담으로 운송하기에는 이것으로 충분했던 것이다. 실로 1600년경에 암스테르담은 해상으로 반입되는 호밀의 약 80%를 단치히에서 들여왔다. 단치히의 호밀 수출은 매년 10만 톤 이상으로 성장했다. 이 도시는 항만을 확장하고, 항만관리기구를 개선하며, 신용(信用)을 조직했으며 또한 증대하는 항해 수요에 부응하는 각종 영업을 발전시켰다. 단치히는 발트 해의 곡물무역 중심지가 되었다. 그러나 이 무역에는 다른 도시들, 즉 리가, 쾨니히스베르크, 엘빙, 슈테틴, 뤼베크, 킬을 비롯하여

I. 16세기의 농업과 생활수준 253

많은 군소도시도 참여했다. 『포머른지지』(地誌, Pommerania, 1532~41)의 저자 칸초프(Kantzow)는 포머른의 해안 전역을 따라 전개된 활발한 곡물 수출을 묘사했다. 홀슈타인의 대토지 소유자 하인리히 란차우(Heinrich Rantzau)는 이렇게 보고했다(1600년경). 즉 뤼베크 만(灣)의 페마른(Fehmarn) 섬에서 재배되는 밀은 매우 유명해서 프랑스, 에스파냐 그리고 이탈리아에서도 비싸게 팔렸다는 것이다.

킬에서부터 뤼베크, 슈테틴, 단치히를 거쳐 리가에 이르기까지 유틀란트 반도 이동의 해안 전역에서 해안의 배후지대 깊숙이까지 곡물재배가 힘차게 전개되었던 것은 바로 이러한 배경에서였다. 슐레스비히-홀슈타인의 동해안 지역에서는 **코펠 농법**(Koppelwirtschaft)이라는 규칙적인 곡초식 농법이 등장했다. 이 농법은 동일한 토지에서 약 3년간의 곡물재배와 4년간의 방목이 교대로 이루어지는 것이었다. 이는 이미 튀넨이 설명했던 바와 같이, 매우 집약적인 곡물재배의 한 형태다. 왜냐하면 방목된 가축에서 나오는 분뇨(糞尿)는 이어지는 농경에 이롭게 작용했기 때문이다(그리고 이는 삼포제 아래서 이루어지는 공동용익지에서의 방목에서와 같이 그저 손실되는 것이 아니었다). 페마른과 뤼베크의 배후지에서, 그리고 또 동쪽으로 더 멀리까지 포괄해서는 **다포제**(Mehrfelderwirtschaft)가 시작되었는데, 이는 네덜란드에서 그러했던 바와 비슷하게 휴경지를 몰아냈다.

이어서 바로 튀넨이 도출해냈던 바와 같이, 경지의 일정 부분이 3년마다 휴경하는(즉 경지가 겨울곡물—여름곡물—휴경의 순으로 이용되는) **삼포제**(Dreifelderwirtschaft) 지대 및 더욱 광대한 영구 방목지가 연결되었다. 이 역시 아주 조방적인 형태의 곡물재배였다면, 이러한 형태는 당시에 당해 지역의 경제적 조건에 완벽하게 부합하는 것이었다. 다시 한 번 16세기 유럽의 곡물가격 분포도(〈도표 20〉)를 일별해보자. 단치히의 배후지대에 존재했던 농업경영자는 바로 '세계도시'의 문 앞에 있던 네덜란드의 농민과 어떻게 경쟁할 수가 있었을까? 단치히 지역의 농업경영자가 받을 수 있는 가격은 매우 낮았고, 그의 지출은 적게 또는 거의 지불되지 않는 노동인데도 매우 높았다.

　동부 독일과 폴란드에서 전개된 삼포제의 확산은 대농장경영과 농장영주제의 대두와 결부되었는데, 이러한 농업경영체제는 농민과 그들 자녀의 강제노역에 토대를 두었다. 다수의 연구자, 특히 마르크스주의 경제사가들은 '농민의 착취'에서 동부 유럽 지방이 전개한 대규모 곡물 수출의 뿌리를 보고 있다. 그러나 이러한 견해에서는 다음과 같은 점이 상기되지 않았음이 틀림없었을 것이다. 즉 때때로 경제적 조건은 인간적 상부구조를 결정하기도 하지만, 적어도 사회와 경제 사이에는 상호작용이 존재한다는 것이다. 우리는 대농장경영의 발달을 16세기 동부 독일과 폴란드의 농업에 제공된 수출 가능성과 연관지어 파악하고 있다. 즉 농장영주제의 성립을 개선된 판매 가능성의 동반현상으로 보는 것이지, 곡물 수출의 필수전제조건(conditio sine qua non)으로 보는 것은 아니다. 또한 자유 임노동과 결부된 대농장경영도 삼포제의 테두리 안에서 잉여를 산출하는 것이 전적으로 가능하다. 그리고 이 잉여는 당시의 세계시장에서 이윤을 남기고 처분될 수 있었다. 이러한 현상은 개별 사례로서 이미 16세기에 나타나고 있었으며, 18세기에는 더욱 자주 나타났다. 그리하여 18세기 동부 독일에서는 적지 않은 수의 농장영주들이 스스로가 부역농민을 임노동자로 보충하거나, 심지어 완전히 대체하는 경우도 있었다.

　동부 유럽 대농장경영의 성립과 발달은 1960년 스톡홀름에서 개최된 제1차 국제경제사학회의 논의 대상이었다. 그 이래로 폴란드에서는 아주 다양한 의견이 하나의 해명으로 귀결되었다. 마차크(A. Maczack)는 거의 10년 이상의 논의를 한마디로 총괄지었다. 즉 "폴란드의 농업은 시장의 도전에 대응했다"("Agricultural and livestock production in Poland: Internal and foreign markets," in: *The Journ. of European Econ. Hist.* I, 1972, p.676)는 것이다. 폴란드에서 매우 많은 수의 중급 귀족령이 시장이 제공하는 기회와 한정된 부역농민의 수에서 말미암은 강제 사이에서, 미미한 규모이지만 16세기의 농업경기에 어떻게든 참여하게 했던 방도를 어떻게 발견할 수 있었던지를 설명하는 흥미로운 모델을 비찬스키가 개발했다(A. Wyczanski, "L'économie du domaine nobiliaire moyen, 1500∼1580," in: *Annales*, 1963, pp.81ff.).[37]

곡물지대를 지나서는 **방목지대**가 펼쳐졌는데, 이는 중부 및 서부 독일에 축산물, 특히 소·양 및 다소 소량으로 돼지사육에서 나오는 생산물을 공급했다. 이는 러시아의 일부 지방, 폴란드, 헝가리의 스텝 지대를 거쳐 터키인이 길을 막지 않는 한에서는 흑해 연안까지 뻗쳤다. 가축무역의 기원은 이미 중세에 있었다(이 책, 178∼181쪽). 16세기에 가축무역은 더욱 발달하였는데, 이때는 주로 소(육우)의 교역이 이루어졌던 것으로 보인다. 남동부 유럽산 소의 거래처는 빈, 브레슬라우, 브리크였고, 폴란드 및 러시아에서 오는 가축의 거래처는 포젠, 프랑크푸르트 안 데어 오더 및 부트슈테트였다. 마지막에 언급된 작은 도시는 바이마르 북쪽에 있었는데, 이곳에는 "자주 소가 15, 16마리에서 또한 2만 마리까지도" 몰려왔다.[38] 남부 독일의 더 큰 도시에는 효율적으로 구매하는

---

[37] 기타의 논고에 대한 언급은 이 자리에서 포기할 수밖에 없다. 단지 발트 해 무역에 관한 몇 가지의 논고만 몇 가지 지적할 따름이다. P. Jeannin, "Les relations économiques des villes de la Baltique au XVIe siècle," in: *Viertelj. f. Soz.- u. Wirtschaftsgesch.*, 43, 1956, pp.334f.; M. Malowist, "The economic and social development of the Baltic Countries from the fifteenth to the seventeenth centuries," in: *The Econ. Hist. Rev.*, XII, 1959, pp.178f.; S. Hoszowski, "The Polish Baltic trade in the 15th∼18th centuries," in: *Intern. Cong. of Hist. Sciences in Stockholm*, 1960, pp. 123f.

[38] 작센 공(公) 요한 프리드리히(Johann Friedrich d. Ä.)가 가축상의 호송과 공납 및 관세 면제에 관하여 그의 재무관리에게 보낸 1551년의 편지에 이렇게 언급되고 있다. 이는 다음의 논저에 수록되었다. H. Helbig, *Quellen zur älteren Wirtschaftsgeschichte Mitteldeutschlands*, III, 1953, pp.73f. "und nachdem uff einem Marckt ofte an 15, 16, auch 20,000 Ochsen gein

조직이 있었는데, 뉘른베르크에서는 심지어 푸주업자 및 푸주업조합, 대규모의 가축상인 그리고 상인에게 신용대출을 제공하는 도시의 '가축관리소'(Ochsenamt)와 같이 세 가지의 관할기구로 조직되기도 했다. 때때로 1,000마리 또는 그 이상의 소가 거래되었다는 보고도 있다. 예컨대 1596년 프라하에서 온 어떤 상인은 뉘른베르크의 주민들에게 지벤부르크산(産) 소 1,500마리를 제공했다는 것이다.

이 특이한 소몰이에 대해서도 어떤 국제학회에서 이미 토의된 바 있다. 이로부터 우리는 소떼가 이동하는 장구한 도정(1,000km를 훨씬 넘었다!)의 경로와 경유지점, 시간과 이동경로에 놓여 있던 위험, 사업상의 리스크 및 가능한 수익에 대해서 어느 정도 알게 되었다.[39] 또한 일부 독일의 도시와 궁정에서 동부 유럽의 소는 쇠고기 수요의 상당 부분을 충족시켰음도 알려졌다. 그리하여 예를 들자면 마르부르크와 카셀에서 영위된 헤센 변경백의 궁정에서 25년 동안(1528년부터 1618년 사이의 어느 시기) 소비된 4,652마리의 육우 중 대략 2/3 정도가 러시아, 폴란드, 헝가리 및 기타의 동부 지방에서 유래한 것이다.[40]

헤센 변경백의 주방서기가 남겨놓은 기록과 몇 종의 다른 보고에서 알 수 있듯이, 동부 유럽의 소는 16세기에 당시의 상업적 표기에 의한 '프리슬란트산(産) 소'에 위협적인 경쟁상대로 성장했다. 북해 연안 습

Budstad komen was……"
39) 이 학회에서 이루어진 보고는 다음의 책자로 출판되었다. *Der Außenhandel Ostmitteleuropas 1450~1650*, ed. by I. Bog, 1971 및 *Die wirtschaftlichen Auswirkungen der Türkenkriege*, Bd. 1 der Grazer Forschung zur Wirtschafts- und Sozialgeschichte, 1971, ed. by O. Pickl. 지금까지 제출된 국제적 연구에 대한 종합적인 개관은 다음의 작업 덕분이다. P. Pickl, "Routen, Umfang und Organisation des innereuropäischen Handels mit Schlachtvieh im 16. Jahrhundert," in: *Festschrift f. H. Wiesflecker*, 1973, pp.143ff. 1600년경 북부 및 동부 유럽의 가축무역 지도: 방북지대, 물량 및 주요도로.
40) 이에 대한 전거 및 기타의 세부사항에 대해서는 다음을 참조하라. W. Abel, *Geschichte der deutschen Landwirtschaft*……

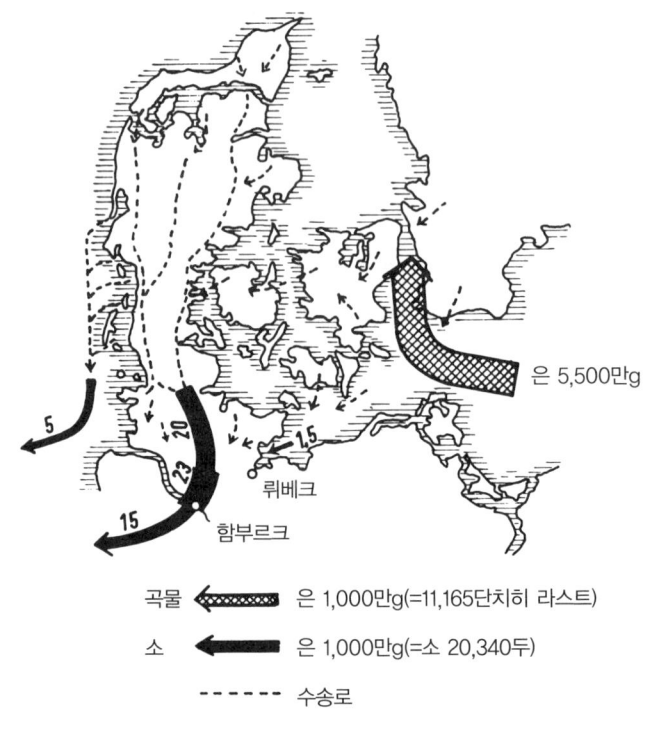

〈도표 21〉 발트 해 연안 지방의 수출품 가치(곡물과 소),
1601~20년의 평균치

지대의 육우는 오래전부터 유명했으나, 16세기에 와서야 비로소 북부에서 남서부에 이르는 경로로도 거대한 규모의 육우교역이 전개되었다. 북부 슐레스비히 렌츠부르크 시의 관세대장에서 간취할 수 있듯이, 1565년경에는 매년 대략 4만 5,000마리의 육우가, 1612년(전해지는 바에 의하면 최정점에 달했던 해)에는 4만 9,519마리의 소가 세관을 통과했는데, 그것도 연초가 훨씬 더 우세했다(1612년 초에 4만 3,724마리가 세관을 통과했는데, 이는 당해 연도 전체의 88%를 차지하는 규모였다). 소떼의 근소한 일부는 뤼베크와 함부르크, 더 멀리 중부 독일에까지 도달했다. 더 많은 부분은 함부르크 부근의 통행관리소(베델, 블랑케네제 및 졸렌슈피커)에서 작성된 통행등록부의 증거에 의하면 프리슬란트, 올덴부르크 및 네덜란드의 방목지로 몰아졌다. 이곳에서 이 소떼는 오랜 문헌이 전하듯이, "한여름 내내 풍요한 방목지에서 기름이 오르도록 살이 쪄, 가을에는 흥겹게 도살할 수 있었다."

적지 않게 주목되는 이 남-북 및 북-서 교역에 대해서는 우리에게 잘 알려진 바가 많다.[41] "소떼가 가는 길"과 숙영기지(宿營基地), 교역상의 리스크와 위험, 또한 매입시장인 덴마크와 판매시장인 독일과 네덜란드에서의 이익과 가격 등이 알려지고 있다. 처분가(處分價)가 계산되고, 이를 지역 간의 교역에서 다루어지는 다른 물품가와 비교될 수 있다. 예컨대 준트 해협의 세관을 통과하는 곡가와 같은 것이 그것이다. 이러한 계산에서는 또한 비교적 높은 수치가 산출된다. 발트 해 연안 지역에서 산출되는 곡물에 대하여 가장 중요한 세관이었던 준트 해협에서 1601/20년의 평균으로 약 5만 5,000kg의 은가치(주화액)에 상당하는 곡물이 매년 운송되었던 반면, 슐레스비히-홀슈타인 지방과 덴마크의 도서지방에서는 소떼가 다음과 같은 이동상황을 보였다.

은 5,000kg에 상당하는 규모: 북해 연안에 인접한 수로를 통해 프리슬란트와 네덜란드로,

은 2만 3,000kg에 상당하는 규모: 육로를 통해 함부르크로,

은 1만 5,000kg에 상당하는 규모: 엘베 강을 경유하여 뤼베크로,

은 1,500kg에 상당하는 규모: 수로를 통해 뤼베크로,

통틀어 (지속적인 수송은 아니지만) 약 3만kg의 은가치에 상당하는 양이 교역되었다. 이는 준트 세관장부에 기록된 곡물가치 총량의 반 이상이나 되는 것이다.[42]

---

41) H. Wiese, *Der Rinderhandel im nordwesteuropäischen Küstengebiet vom 15. Jahrhundert bis zum Beginn des 19. Jahrhunderts*, Diss., Göttingen 1963, abgedruckt in: H. Wiese, J. Bölts, "Rinderhandel und Rinderhaltung im nordwesteuropäischen Küstengebiet vom 15. bis zum 19. Jahrh.," in: *Quellen u. Forsch. z. Agrargesch.*, ed. by F. Lütge, G. Franz and W. Abel, XVI, 1966.

42) 소무역의 양, 가치 및 경로는 비제(H. Wiese)의 위의 책에서 추출했다. 비교를

소떼는 가격동향에 반하여 움직이기도 했다. 안트베르펜의 소값은 함부르크보다 더 높았고, 함부르크의 소값은 유틀란트보다 더 높았다. 이는 동일한 가축에 대해서도 제시될 수 있다. 그 이상으로 가격비교를 하기는 어렵다. 소의 유래와 질이 달랐기 때문이다. 대신에 고기 값을 끌어댈 수 있다. 그러나 고기도 아주 다양한 종류와 상태로 고객에게 제시되었을 것이다.

그런데도 유럽 여러 도시와 지역의 고기와 소값에 대한 표가 하나 더 집성되었다(〈도표 22〉). 이 표는 곡가의 서술(〈도표 20〉)에 부가되어 따라가는데, 또한 동일한 목적을 추구한다. 이 표는 아주 거친 윤곽으로나마 16세기 후반 유럽의 농산물가격에 나타났던 가격 차이를 알게 한다. 여기에서는 또한 가격이 정착밀도가 높은 대륙의 북서부에서 유럽의 북, 동, 남방 그리고 서방으로 갈수록 떨어졌던 경향이 나타난다── 프랑스는 아마도 이러한 경향에서 예외였을 것이다.

유감스럽게도 다시 기준치(100)로 설정된 안트베르펜의 가격은 연평균 가격들의 평균으로 산출될 수 없었다. 왜냐하면 이 시기를 처음으로 작업한 이들(Verlinden/Scholliers)은 매년의 가격을 매해의 최저가와 최고가의 평균으로 계산했기 때문이다. 이러한 계산법(그리고 자료의 부족)에서 유래하는 진정한 연평균에 대한 왜곡이 고려되면, 다음과 같은 상(像)이 그려진다.

a. 고기 값을 안트베르펜의 가격에 대하여 백분율로 나타내면, 잉글랜드 51, 슈트라스부르크 47, 신(新)카스티야 75, 안달루시아 72, 구(舊)카스티야 51, 피렌체 56, 빈 34, 뮌헨 56, 아우구스트 46, 뷔르츠

위해 끌어들인 곡물량은 다음에 의거해 산출했다. N. E. Bang und K. Korst, *Tabeller over skibsiart og varetransport gennem Øresund*······ 그리고 A. Christensen, "Der handelsgeschichtliche Wert der Sundzollregister," in: *Hans. Gesch. Bl.*, 59, 1934, p.94; 가격으로서는 펠크가 통보한 단치히의 곡가가 이용되었다(vgl. *Anhang Dokumentation*).

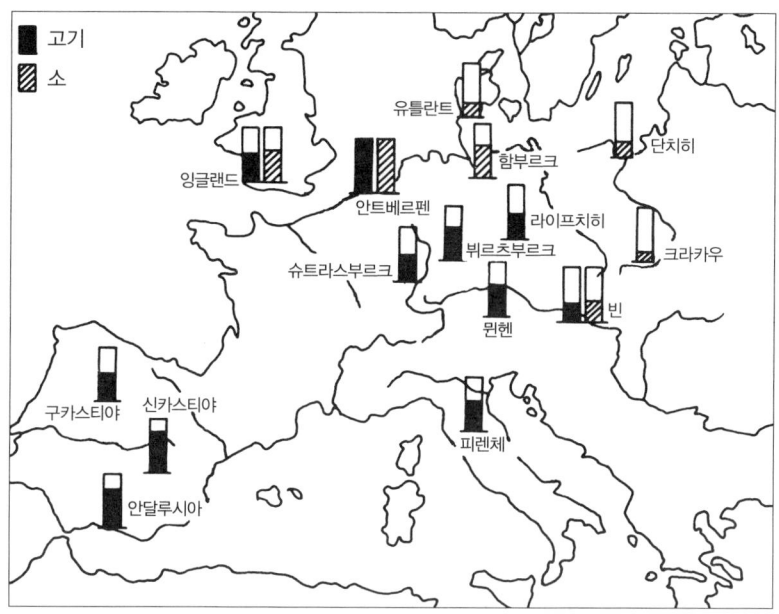

〈도표 22〉 유럽 15개 도시 및 지역에서의 고기 및 소값, 1551~1600
(안트베르펜의 가격=100)

부르크 59, 라이프치히 45가 되고,

b. 소값을 안트베르펜의 가격에 대하여 백분율로 나타내면, 잉글랜드 59, 빈 37, 함부르크 59, 유틀란트 26, 단치히 27, 크라카우 15가 된다.[43]

---

43) 가격은 다음과 같은 저작(완전한 제목은 이 책의 부록을 참조)에서 취했다. 잉글랜드: J. E. Th. Rogers, *A history*……, 고기 IV, 1882, p.333; V, 354; 소 IV, p.355; V, p.354; 안트베르펜: E. Scholliers, *Pryzen*……, 1959, 고기 pp.309f., 소, pp.393f.; 슈트라스부르크: A. Hanauer, *Études*……, II, 1878, p.197; 에스파냐: Earl J. Hamilton, *American Treasure*……, 1934, pp.335~354; 피렌체: G. Parenti, *Prime ricerche*……, 1939, p.39; 빈: A. F. Pribram, Materialien…… I, 1938, 고기, pp.583, 623, 소, pp.581, 621; 뮌헨: M. J. Elsas, *Umriß*…… I, 1936, p.590; 뷔르츠부르크: Elsas, *op. cit.*, I, p.642; 라이프치히: Elsas, *op. cit.*, II, A, p.524; 함부르크: W. Wiese,

비육우(肥肉牛)와 살아 있는 가축(또한 말도 포함하여)의 수출과 더불어 북해 연안의 습지대와 킬 만(灣) 주변 풀이 무성한 농경지대에서는 집약적인 낙농업이 발달했다. 버터와 치즈는 여기에서 대량으로 "기름진 상품"(vetter Ware)의 집산지인 암스테르담과 그로닝겐으로, 함부르크와 브레멘 및 더욱 멀리 독일의 내륙지방으로 갔다. 홀슈타인 공령의 작은 지방인 아이더슈테트만 해도 1583년과 1600년 사이에 매년 200~300만 푼트의 치즈를 반출했다.[44] 프리슬란트에서는 수출고에 대한 하등의 자료가 얻어지지 않지만, 버터와 치즈의 교역이 커다란 의미를 갖고 있었음을 알려주는 가격 기록이 많이 전해진다. 버터와 치즈의 제조는 이 지방의 주요 수입원이 되었다. 프리슬란트의 대의원*들은 1586년에 버터가 영방의 "유일한 수입원"이라고까지 주장했다.[45] 더욱 멀리 서방 조이더 해(海)와 북해 사이의 지방, 즉 암스테르담, 할렘 및 유트레히트의 코앞에서는 우유, 버터 및 치즈 획득이 비육우를 더욱 강력하게 몰아냈던 것 같아 보인다.[46]

가축과 축산품의 획득은 북해 연안과 발트 해의 서쪽 해변에서 습지

Der Rinderhandel……, 1966, p.84; 유틀란트: H. Wiese, Rinderhandel ……, p.82; 단치히: J. Pelc, Ceny……, 1937; 크라카우: J. Pelc, op. cit., 1935, pp.121f.

44) C. Matthiessen, "Die Käseproduktion in Eiderstedt im 17. Jahrhundert," in: Zeitschr. d. Ges. f. Schleswig-Holst. Gesch., 20, pp.264f. 또한 다음을 비교하라. A. Jürgens, "Zur schlesw.-holst. Handelsgeschichte des 16. und 17. Jahrhunderts," in: Abhdl. z. Verkehrs- u. Seegesch., VII, pp.27f.

*Deputierte: 신성로마제국에서 16세기부터 특정한 업무를 처리하기 위해 설치한 제국위원회(Reichsdeputation)의 대의원. 이들은 주로 선제후령의 대표로서 구성되었다.

45) F. Swart, "Zur friesischen Agrargeschichte," in: Schmollers Staats- u. Sozialwiss. Forsch., 145, p.206. 또한 다음을 비교하라. B. Hagedorn, Ostfrieslands Handel und Schiffahrt im 16. Jahrhundert, 1910, pp.9, 31 und passim.

46) 이렇게 판단하는 견해로는 B. Kuske, Köln, der Rhein und das Reich, 1956, p.202.

대의 상록지대, 그리고 자주 간과되었지만, 집약적인 형태의 농경——전작(田作)——에 토대를 두고 있다. 네덜란드에서는 이미 윤작제(Fruchtwechselwirtschaft)가 시작되었으며(이 책, 250~252쪽), 슐레스비히-홀슈타인의 방목지(Koppel)에서는 규제된 곡초식 농법('코펠 농법')이 성립했다. 가장 중요한 특징인 경작지를 일시 방목지로 전환하는 이러한 농법체제의 기원은 역사의 어둠 속에 묻혀 있다. 이러한 농법은 도처에서 이미 일찍부터 야생에 가까운 곡초식 농법이나 삼포제에서 발달했을지도 모른다. 그러나 이는 16세기에야 비로소 대대적으로 확산되었다. 이미 튀넨이 입증했듯이 이 농법은 동일한 가용면적에서 더 많은 곡물을 획득하게 하고(왜냐하면 방목하는 가축의 분뇨가 상실되지 않기 때문에), 동시에 가축사육을 강화하고, 집약적으로 이루어지게 했다. 그리하여 이미 발트 해 연안과 북해 연안의 농업 사이에는 **분업**이 이루어졌다. 이 분업은 토양과 기후에 의해 촉진되었으나, 16세기 말의 관찰자들이 목격한 바와 같이 북서유럽의 상공업 중심지가 제공하는 판로에 의해 결정된 형태로 나타났던 것이다. 특히 브뤼지와 강(Gent)에서 암스테르담과 그로닝겐에 이르기까지 플랑드르와 네덜란드에 펼쳐진 도시의 두터운 띠는 그 거대한 농산물 수요로 농업생산의 경향을 북부 독일 내륙지방과 그 넘어서까지 결정하는 작용을 했다. 이 도시대(都市帶)에 가장 근접한 지역은 낙농업과 비육우의 증식으로 전문화되고, 멀리 떨어진 지역은 가축사육과 곡물재배로 전문화되었다. 이로부터, 즉 '시장'의 관점에서 보면 농업경제체제의 분화는 그 경제적인 의미를 획득하게 된 것이다. 그것은 16세기에 형성되었던 "튀넨식의 고리"다. 그래서 당연히 추측할 수 있는바, 네덜란드의 다포제(多圃制), 홀슈타인의 곡초식 농업과 동부 독일, 발트 지역 및 폴란드의 대영지에서 전개된 삼포제는 토양과 기후의 관점에서만이 아니라, 또한 시장과의 관계에서 각기 해당 지역에서 "상대적으로 가장 탁월한 경제체제"(튀넨)였던 것이다. 그리고 아마도 지금쯤 질문해야 할 사항이 되겠는데, 이러한 발전이 진행되는 와중에 잉글랜드의 농업은 어디에 머물고 있었던가? 16세기에 잉글랜드에서도 토지에 울타리가 쳐졌다.* 지금도 우리는 경제사 문헌에서 토지의 울타리치기는 철저하게 농경에서 조방적인 방목으로의 이행과 결부되었다는 견해를 드물지 않게 본다. 그러나 이러한 견해는 아마도 15세기에 대해서, 기껏해야 16세기 초에 대해서나 유보 없이 타당하다. 앞의 절(節)에서 서술된 바와 같이, 당시에는 일꾼의 부족과 (상대적으로) 상승하는 농업경영수단의 가격이 하락하는 곡가와 결부되어 조방화를 강요했다. 그리하여 당시에는 "사람을 잡아먹는 양"(토머스 모어)에 대한 당대인의 한탄이 마땅한 것이었다. 그러나 16세기가 더 흘러가면서 잉글랜드 전역에서 인구압(人口壓)이 증대하여 농업활동이 증가하고 집약화될 때, 잉글랜드의 영주들이 계속해서 곡물경작지를 양을 기르는 목장으로 전환시켰을 것으로는 상상하기 어렵다. 또한 잉글랜드에서 16세기에 인구밀도와 곡물수요가 증대하고, 곡가가 임금과 기타의 농업경영비용을 앞질러 갔다는 것도 사실과 들어맞지 않는다. 잉글랜드의 영주들은 당대인들이 그다지도 자주 '이윤추구적'이거나 심지어 '탐욕스러운' 존재로 묘사했듯이, 시장이 그들에게 제공했던 기회와 자극을 회피하지 않았을 것이다. "목양(牧羊)으로 인한 인구감멸이 1550년경에는 끝장이 났다. 이는 대중의 적대감, 정부의 조치, 그리고 양모에 대한 곡물의 상대적인 이윤이 회복됨으로써 제어되었다."[47]

잉글랜드 농업의 구조변동에서 하나의 중요한, 아마도 결정적인 요소는 양모가격에 대한 곡가의 비중이었을 것이다. 16세기의 40년대까지 이 관계는 거의 변함이 없었다. 그다음에야 비로소 곡물가격의 더욱 급속한 인상이 시작되었다(286쪽의 〈도표 27〉 참조). 16세기 잉글랜드의 농산물가격, 농업경영자의 이득과 지대에 대하여 최후의 그리고 가장 예리한 연구를 내놓은 보든(P. Bowden)[48]은 장기적인 추

---

* 인클로저를 뜻한다.
47) M. W. Beresford and J. K. S. St. Joseph, *Medieval England, An aerial survey*, 1958, p.120.

세에 대한 몇 가지 진술로 만족하지 않고 있다. 그는 또한 단기간의 가격변동도 참조하여 다음과 같은 결론에 도달했다. 즉 목양농업가의 판매기회는 "곡가에 대하여 반대 방향으로 변동했다." 이러한 현상은 16세기와 그 이후의 수확주기에 대하여 더욱 광범한 자료적 기반에 의거하여 내가 제시했던 바와 부합한다.[49] 곡물에 대한 수요의 근소한 양적 탄력성은 흉작기에 가용한 구매력을 가장 긴급하게 요망되는 식량부문으로 끌어들였다. 반면 풍작과 저렴한 곡가의 시절에는 소득탄력적으로 수요되는 물품, 그중에서도 직물업의 원료 같은 것들이 더욱 많이 판매되었다. 염려스럽게 보이는 현상은 보든이 〈표 23〉에 서로 대비시켜놓은 시간 간격뿐이다. 예를 들면 1462~86년의 기간에 대한 1487~1503년의 기간, 1487~1503년의 기간에 대한 1504~18년의 기간 등이 그것이다. 이 시간 간격은 너무 길고 또 너무 적게 주목되고 있다. 보든 자신은 이렇게 강조했다. 즉 16세기에는 흉작이 "아주 규칙적인 간격"으로 11년마다 나타났다는 것이다(이미 제번스가 추측했듯이). 보든의 시간 간격은 이러한 주기를 벗어나고 있다. 물론 그 주기를 완전히 무시할 정도는 아니지만.

아마도 새로운 연구 결과는 이하의 세 가지 점으로 요약할 수 있다. 우선 시간적 간격에 대해 표명될 수 있는 약간의 염려가 있지만, 보든이 한 연구에서는 양모에서 곡물경기로의 전환은 일회적인 단절의 방식으로 이루어지지 않았다는 결론을 이끌어내도 좋을 것이다. 이 전환은 파동의 형태로(주기적으로) 이루어졌는데, 이는 곡가와 곡물수확의 변동에 의해 조건지어졌다. 물론 이것은 장기적으로 그 전환점이 1550년경에서 상정될 수 있다는 점을 배제하지 않는다. 다른 한편으로 이러한 전

---

[48] *The agrarian history of England and Wales, 1500~1640*, IV, 1967, pp. 593ff.

[49] W. Abel, *Massenarmut und Hungerkrisen im vorindustriellen Europa*, 1974, 특히 pp.267ff.

환을 시간적으로 그렇게 고착시키는 것은 단지 광범한 면적의 관점에서 볼 때 그럴 수 있다는 것이다. 농장의 자연지리적 및 교통지리적 입지에 따라 전환의 시점은 이동되었다. 그리고 마지막으로 경영상의 조건(또는 강제)이 지체를 야기했다는 점이다. 왜냐하면 곡물재배도, 특히 빈약한 토양에서는 양들이 쏟아내는 분뇨가 불가결할 수밖에 없기 때문이다.[50]

이로써 잉글랜드에서 순수한 방목업을 교체한 경영체제에 대한 의문이 제기된다. 독일의 역사가들(로셔, 한센 등)은 오래전부터 이러한 점을 지적했다. 즉 적어도 1550년부터 잉글랜드에서는 "종종 잘못 파악된 바와 같이 순전한 방목업이 아니라", 개량된 곡초식 농법이 관철되었는데, "이는 그렇지 않아도 기후와 토양의 조건에 유리했으며, 일원화되고 확대된 농지에서 현저하게 더 높은 순소출을 가져왔다."[51] 이와 비슷한 견해를 이미 애슐리도 내놓은 바 있다.[52] "잉글랜드에서 진행된 것은 울타리가 쳐지지 않은 경지의 경작이 지속적인 양의 방목으로가 아니라 곡초식 농법으로 전환된 것인데, 이 경우 방목지는 2년마다 한 번 또는 두 번의 수확을 위해 갈아엎어졌다." 여기에서 우리는 잉글랜드의 곡초식 농법에 매우 가까웠던 것으로 홀슈타인의 코펠 농법이나 또한 이러한 코펠 농법의 메클렌부르크식 변종을 연상할 수 있다. 왜냐하면 이들 역시 아직도 방대한 규모의 목양(牧羊)과 결부되어 있었기 때문이다. 어떤 당대인은 이러한 경영방식을 예비적인 휴경이나 중간휴경이 끼어들면서 방목과 경작이 여러 해 간격으로 교대되는 것으로 묘사한 바 있었다. 이로써 메클렌부르크의 농업경영자는 "유용한 양의 방목지만을 획

---

50) 이 점에 대하여 서스크(Thirsk)도 16세기의 인클로저를 광범위하고 심도 있게 다룬 『영국농업사』에 대한 그의 기고(寄稿)에서 주의를 환기시킨 바 있다. J. Thirsk, "Enclosing and engrossing," in: *The agrarian history of England and Wales, 1500~1640*, IV, 1967, pp.200ff.

51) G. Hanssen, *Agrarhistorische Abhdlg.*, 1880, pp.508f.; W. Roscher, *Nationalökonomie des Ackerbaues*, 11. ed., 1885, pp.980f.

52) W. J. Ashley, *Englische Wirtschaftsgeschichte*, II, 1896, p.278.

득하는 것이 아니라, 양을 가두는 울타리나 축사(畜舍)를 설치할 기회를 갖게 되었다. 〔……〕 그는 이제 예비적 휴경지를 양떼가 쏟아내는 분뇨로, 중간휴경지를 외양간에 축적된 분뇨로 비옥하게 할 수 있었다. 이로써 곡물재배는 놀라울 정도로 촉진되고, 목초의 성장도 촉진되었다."[53] 아마도 이러한 휴경연간의 유용성은 잉글랜드의 경험에도 들어맞았을 터이지만 이는 단지 추측에 불과하다. 더 잘 입증된 사실은 잉글랜드에서도 곡물재배는 신구(新舊) 농지제도의 틀 내부 모두에서 증대했다는 점이다. 해리슨(Harrison)은 그의 『잉글랜드지지』(1577)[54]에서 곡물 경작지가 예전보다 더 크다고 서술했다. 그리고 그라스[55]는 인클로저 시대 잉글랜드의 외부 및 내부적 곡물교역의 동태를 세밀하게 연구하여 잉글랜드의 곡물재배지대는 16세기 전 기간에 증대된 곡물잉여를 산출했다는 결론에 도달했다.

가축사육은 다른 곳에서 더 적합한 위치를 발견했다. 소의 사육은 부분적으로 잉글랜드에서 나와 아일랜드로 옮겨졌다. 1663년경에는 매년 약 6만 1,000마리의 말라빠진 소가 수입되어 이스트 앵글리아에서 성 조지 해협의 잉글랜드 측 대안에서 비육되었다.[56] 양은 에스파냐로 이

---

53) W. Abel, *Geschichte der deutschen Landwirtschaft*……, 2nd ed., 1967, p.311.
54) 다음에서 재인용. G. Steffen, *Studien zur Geschichte der englischen Lohnarbeiter*, I, 1901, p.460.
55) N. Gras, *The evolution of the English Corn Market*, 1915, p.220. 서서히 전면에 대두하는 곡물재배는 또한 대략 16세기 중반부터 경지의 지대가 초지나 방목지의 지대보다 더 급격히 상승했다는 사실과 부합한다(P. Bowden, *The agrarian history of England and Wales*, IV, 1967, p.693); 또한 이 책, 283쪽 이하에 제시된 농지와 목초지 지대의 불비례적 등귀에 대한 케리지(J. Kerridge)의 보고와 비교하라.
56) R. Trow-Smith, *A history of British Livestock Husbandry to 1700*, 1957, p.229. 그 직후에는 물론 의회는 아일랜드의 소를 잉글랜드로 반입하는 것을 금지시켰다. 의회 내부에서 동부의 백령에 거주하는 비육업자는 그들의 이익을 관철시킬 수 없었기 때문이다. 이 일은 1666년에 일어났는데, 이때는 장기적으로 진행된 농업위기의 최초 국면이 16세기 및 17세기 전반기의 주기적 호

동했다. 거대한 양떼가 연초와 가을에 피레네 반도를 북에서 남으로 그리고 그 반대 방향으로 가로질렀다. 보존기록에 의거한 최근의 조사는 카스티야에 대해서만 해도——아라곤은 제외하고——그리고 오직 이목(移牧)하는 양——붙박이로 지역에서 기르는 가축떼가 아니라——에 대해서만 약 300만 마리의 수치를 밝혀냈다. 이들 가운데는 나중의 보고가 진술하듯이, 5,000마리 이하에서 50마리까지의 가축소유자가 전체 가축주의 대략 3/4에 달했고, 나머지 1/4가량, 약 60명의 가축주들은 고위귀족이나 부유한 수도원이었다. 산출되는 양모의 월등히 많은 부분이 수출되었다. 한때 카를 5세는 수출을 깎아낸 양모의 반으로 감축하려고 시도했으나, 목장주의 거센 저항에 부딪혔다. 이 저항을 주도한 것은 도시, 촌락 심지어 왕권에 대해서도 목양업자의 권리를 보장하도록 규정된 유명한 조직이었다.[57]

요약하자면 유럽에서 식량생산은 16세기가 경과하면서 막대하게 증가했다고 말할 수 있다. 유럽의 농업은 광범한 분야로 힘차게 성장했다. 이는 황무지, 습지대, 방목지 및 삼림지대로 경작이 확대되고 간척사업을 통해 바다에서 토지가 개발됨으로써 이루어졌다. 경작면적의 증가와 관련하여 농업활동의 강도와 지역 간의 연계도 성장했다. 농업생산은 더욱 현저하게 입지적 조건에 따라 조직되었다. 그리고 상업이 이렇게 전문화된 농업지대 간의 다리를 놓았다. 상업은 각 권역의 상대적 우세에 적합한 노동분업을 가능하게 했다. 이로써 서로 연계된 더욱 거대한 구성체의 풍요가 증대했다. 모든 지역적 특수성과 무관하게 이후부터 유럽의 큰 부분들은 에스파냐에서부터 동부 유럽의 폴란드-러시아까지 깊숙이 상공업의 중심지를 둘러싸고 모여 있는 하나의 단위로 등

황을 교체했다(이 책, 371, 372쪽과 비교).
57) 남서부 유럽의 대농장(Latifundium)과 목양에 대하여 하우스헤어(H. Hausherr)는 그의 경제사 서술에서 생생하게 서술한 한 장(章)을 할애했다. *Wirtschaftsgeschichte der Neuzeit*, 1954, pp.112f.

장했다.

  그러나 이러한 사태확인의 현저한 의의에도 불구하고, 이 자체만으로는 경제사가에게 충분하지 않다. 이는 결국 지금까지 지적되었던 현상의 표면일 따름이다. 본래적인 경제 문제는 더욱 깊이 내재해 있다. 경제는 수요충족을 목표로 한다. 그러기에 더 나아가 이러한 문제를 질문해야 한다. 즉 농업의 진보는 증대한 수요에 충분했던가? 이 수요를 심지어는 넘어섰던가 아니면 미치지 못했던가? 이 점에서 리카도를 상기할 수 있는데, 그는 농업활동의 확대와 강화로 "증가하는 인구에 충분한 식량을 공급하는" 난관이 극복될 수 있었던가라는 문제에 대해서 전혀 확신을 하지 못했던 것이다. 물론 리카도류의 회의론에 대하여 미국의 경제학자 케어리(Carey)는 농경이 확대되는 과정에서 우선 비옥한 토지가 아니라 그 반대로 척박한 토지가 가장 먼저 경작되었다고 반박한 바 있다. 이로부터 경작은 더 비옥한 토양으로 진전되고, 이로써 인류는 "세대에서 세대로 자연을 더욱 지배하고, 이를 그의 노동에 종속시켜, 승리에 승리를 거듭하는"[58] 결과가 나온다는 것이다. 그러나 새로운 취락이 『치머른 연대기』 같은 자료가 보고한 바 있듯이 "가장 거친 삼림과 가장 높은 산악지대에 설정되고" 이어서 특히 비옥한 토양으로 확대되었던 것으로 보이지는 않는다. 이와 반대로 습지와 해택(海澤)에서 개간되는 토지는 의심할 나위 없이 비옥했다. 그러나 케어리가 그와 같은 종류의 농업진보를 의미했다면——그리고 실제로 무언가 유사한 것을 그는 목격하고 있었다——그는 이러한 토지의 개발이 초기에 유발했던 어마어마한 노고와 비용을 간과한 것이다. 기술(이 말의 가장 광범한 의미에서)의 진보는 토지수확의 체감경향을 보상하고 이로써 농산물의 (상대적인) 등귀를 저지할 수 있을 것이라는 주장이 더 진지하게 받아들여질 수 있다. 그러나 이러한 의문은 단지 이론모델로서만 다루어질 수가 없다. 이 문제는 역사적 현실에서 대조될 수 있다. 이 작업은 다음

---

58) H. C. Carey, *Sozialökonomie*, 1866, p.37.

의 여러 절에서 이루어지겠는데, 그곳에서는 16세기의 가격·지대 및 임금의 동태가 검토될 것이다.

2. 16세기의 '가격혁명'

곡가의 변동

16세기는 '가격혁명'의 세기였다. 이 말은 사용된다 해도 잘못된 상상을 경고하기 위해서 인용부호가 덧붙여져야 한다.[59] 많은 다른 물품의 가격보다 더욱 강하게 상승했던 곡가를 기준 척도로 잡는다면, 다음과 같은 결과가 제시된다. 즉 16세기의 최초 10년간부터 마지막 10년간까지 (부록에 제시된) 가격은 잉글랜드에서 424%로, 벨기에에서는 379%로, 프랑스에서는 651%로, 네덜란드에서는 318%로, 독일에서는 255%로, 오스트리아에서는 272%로, 폴란드(크라카우)에서는 401%로 상승했다. 이 일곱 나라에서 진행된 곡가인상의 단순 산술평균은 보고된 90년 동안에 386%에 달하는데, 단순한 연평균으로는 4.3%, 복리계산법으로 평균을 내면 1.52%가 된다. 이러한 계산이 급격한 가격상승의 해가 약한 상승세의 해로 교체되고, 가격폭등의 해가 가격폭락의 해로 교체되는 점을 고려하지 못한다 해도, 이러한 수치는 '가격혁명'이라는 표현이 대단히 과장되었음을 분명히 보여준다.

널리 퍼진 또 다른 오류는 가격상승이 "파동과 같은 형태로" 에스파냐에서 동부 유럽으로 전파되었다는 것이다. 그 배경에 숨어 있는 사고방식은 은(銀)의 수입에 원인을 돌리는 것이다. 그러나 중부 유럽에서는 은을 적재한 최초의 선단이 에스파냐의 해안에 상륙하기 오래전부터 가격이 오르기 시작했다는 사실을 전혀 무시하고라도, 〈도표 23〉은 곡가가 보고되었던 일곱 나라 중에서 다섯 나라(잉글랜드, 벨기에, 독일,

---

59) 이미 유사한 견해를 제시한 것으로는 C. M. Cipolla, "La prétendue 'revolution' des prix……," in: *Annales*, 10, 1955, pp.513f.

네덜란드, 오스트리아)에서 가격이 거의 동시에 올랐고 단지 두 나라——그것은 프랑스와 폴란드였다——에서 다소 큰 시차를 알아챌 수 있다는 점을 보여주고 있다. 물론 파동이론이 아마도 세련된 방법과 제한된 형태에서 다시 검증될 수 있다는 점이 논박되어서는 안 된다 해도, 그 이론이 이러한 계산 앞에서는 더 이상 지탱될 수 없다.

위에 제시한 평균치는 가격동태의 전이(轉移)에 대한 질문을 답하는 데 요구되는 만큼의 지역적이며 시간적인 일치점과 차이점을 그렇게 분명히 드러내지는 않는다. 가격의 충격은 교역활동을 통해서 이전되었기 때문에 상업활동과 상품교환의 통로가 더 연구되어야 할 것이다. 이 경우에는 추측건대 다음과 같은 문제가 드러날 것이다. 즉 더욱 집중적인 교역활동이 이루어졌던 곳에서는 '가격의 파동'이 아주 단기간에 큰 충격으로 닥쳐왔다는 점이다. 이는 어쨌든 비스툴라 강 유역 지방 내부, 그리고 이 지역과 네덜란드 곡물잉여지역의 연평균 가격을 비교할 때 드러났다. 여기서는 연간 가격동태의 상관변수(Kovariation, Bewegungsgleichheit)가 상관관계계산에 의거하여 검토되었다.[60] 계산결과는 비스툴라 강 유역에서 다음과 같다.

단치히 대 바르샤바   1551~1600 r = 0.787 ± 0.076,
단치히 대 크라카우   1551~1600 r = 0.773 ± 0.061,
단치히 대 렘베르크   1551~1600 r = 0.719 ± 0.073

해상으로 이루어지는 동서 무역에 대해서는 높은 상관계수가 산출되었다.

단치히 대 유트레히트 1551~1600 r = 0.950 ± 0.017,
단치히 대 암스테르담 1601~1650 r = 0.881 ± 0.033.

단치히와 유트레히트 사이의 16세기 후반 연평균 가격에 대해서,

---

60) W. Achilles, "Getreidepreise und Getreidehandelsbeziehungen europäischer Räume im 16. und 17. Jahrhundert," in: *Zeitschr. f. Agrargesch. u. Agrarsoziologie*, 7, 1959, pp.32f.

그리고 다소 낮게 그다음 반세기 동안 단치히와 암스테르담 사이의 가격에 대해서 확인된 바와 같이, 0.9 및 그 이상의 상관계수는 비교된 가격계열이 거의 평행하게 움직이고 있었음을 말해준다. 이는 각각의 가격계열 사이에서 장기간에 진행된 가격수준의 전위(轉位)를 배제하지 않는 것이지만, 또한 다음과 같은 추측도 가능하다. 즉 그러한 전위는 아마도 수송비용의 인하(引下)와 교역기술의 개선으로 말미암았을 터인데, 가격차이를 확대하기보다는 더욱 감소시키는 방향으로 작용했다는 것이다. 아마도 수송비용의 감소에서 〈도표 23〉에서 읽혀지는 사실, 즉 폴란드의 곡가는 네덜란드에서보다 더 일찍 그리고 더 심하게 상승했다는 사실을 설명할 수 있을 것이다.[61]

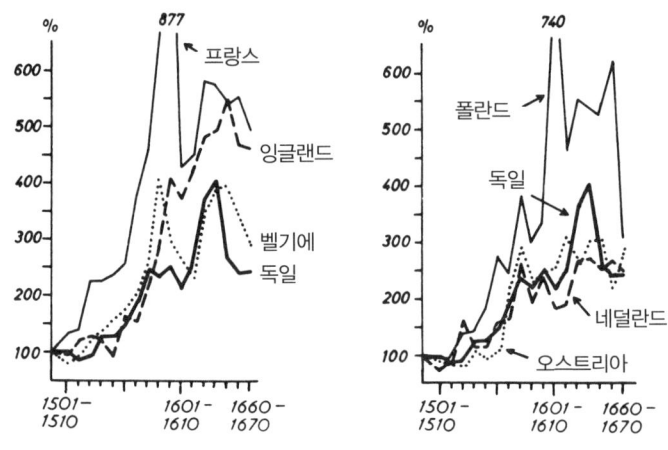

〈도표 23〉 중부 유럽의 곡가, 1500~1670

(10년 단위 평균, 100kg당 은의 g 중량으로 표시, 1476~1500=100)

---

61) 여기서는 이 문제를 더 상세히 다룰 처지가 아니지만, 추가적인 자극과 자료를 제공했던 다음의 두 연구를 지적할 수 있다. St. Hoszowski, "L'Europe centrale devant la révolution des prix XVIᵉ et XVIIᵉ siècles," in: *Annales*, 16, 1961, pp.441f.; A. G. Mankov, *Le mouvement des prix dans l'État Russe du XVIᵉ siècle*(École Pratique Des Hautes Études, VI, III), 1957.

이 가격변동의 동력을 이해하느라고 이미 당대인들부터 엄청난 노력을 행한 바 있었다. 일부는 이 변동에서 신의 벌(罰)을 보았고, 다른 일부는 물가등귀가 고리대와 탐욕, 선매(先買)행위 그리고 투기에서 야기되었다고 생각했다. 또 흉작 탓으로 돌리는 부류의 사람들도 있었다. 실로 16세기에는 흉작이 그칠 줄 몰랐다. 그러나 이와 같은 작황의 부진이 그 이전과 그 이후의 몇 세기에서보다 더 거대했거나 더 잦았던 것 같지는 않다. 이 점에 대해서는 장 보댕도 같은 의견이었다.[62] 그리하여 1568년에 그의 시대가 겪고 있는 물가등귀의 "가장 중요하고 거의 유일한 원인"으로서 귀금속의 과잉을 지적했던 것이다. 사실 이미 15세기 중엽부터 막대한 양의 은이 티롤의 광산에서 채굴되고 있었다. 게다가 1471년에는 풍부한 슈네부르크(Schneeburg)의 광산이, 또 1496년에는 작센의 안나베르크(Annaberg) 광산이 추가로 개발되었고, 1516년에는 보헤미아의 요아힘스탈 광산이 채굴되기 시작했다. 말하자면 아메리카 대륙의 은광이 유럽을 위해 생산을 개시했을 때, 이미 유통되는 은화의 양이 엄청나게 증가했음은 분명한 일이었다. 해밀턴의 보고에 따르면[63] 아메리카에서 채굴되는 은 중에서 합법적인 경로로 유럽 대륙에 도달한 것은 1521/30년간에는 149kg이었고 1611/20년간에는 219만 2,256kg에 달했는데, 1521년부터 1620년의 전 기간에는 대략 1,200만 kg에 이르렀다. 이 '민첩한 상혼(商魂)'의 시대에 지금까지 가치보존수단으로 유통에서 제외되어 있던 대량의 귀금속이 유통수단으로 이용되었을지도 모른다. 더욱이 한 번 변동하기 시작한 가격은 화폐유통속도를 가속화하여 화폐 저장의 욕구를 감퇴시켰을지도 모른다. 그리고 확

---

62) J. Bodin, *La response ……, aux paradoxes de Monsieur de Malestroit, touchant l'enchérissement de toutes choses 1568*. 이 저작의 주요부분은 보댕이 나중에 그의 주저 『공화국』(*République*)에 반복하고 있는데, 앙리 오제(Henri Hauser)가 재편집해서 1932년 파리에서 간행했다.

63) E. J. Hamilton, *American treasure and the price revolution in Spain, 1501~1650*, 1934, pp.42f.

실히 신용(信用)도 현저히 확대되었다. 이 모든 것은 화폐의 가격을 떨어뜨리고 상품과 용역의 가격 수준을 인상시키기에 이르렀다.

제바스챤 프랑크는 물가가 서서히 오르고, 이러한 경향이 한 종류의 물가에서 다른 종류의 물가로 전파되는 형국을 아주 생생하게 묘사했다.[64] 자기가 만드는 물건의 가격을 올리는 것은 사람들에게 결국 아무런 도움이 되지 못했다고 그는 말했다. "이제 농민들이 바로 다음과 같이 한다고 상상해보자. 즉 이들은 자신이 보유하는 농지(農地)를 1,000굴덴에 내놓는다. 이 농지는 예전 같으면 그 반값으로도 팔리기 어려울 것이었다. 그리고 건초 한 수레를 4굴덴이나 5굴덴에 내놓고, 암소 한 마리를 10굴덴에, 또 뿔 하나를 1굴덴에, 꼬리를 2굴덴에, 가죽을 3굴덴에 내놓는다고 하자. 이렇게 한다고 해서 세상은 그들에게 무어라 탓할 수도 없고, 이들도 세상에 무어라고 탓할 수 없다. 사태가 이렇게 되면, 푸줏간에서는 1푼트의 고기를 7굴덴이나 8굴덴에 내놓고, 무두장이는 가죽을 4굴덴이나 5굴덴에 내놓을 것이다. 그리고 구두장이는 몇 켤레의 신발을 반 굴덴에 팔 것이다. 이러한 사태를 보고 도자기공, 재단사 그리고 대장장이들도 가만히 있지 않을 것이다. 도공은 더 나아가 1페니히 가치의 그릇을 1크로이처로, 대장장이는 말굽쇠를 3크로이처로, 마차공은 바퀴를 예전보다 3배나 더 비싸게 내놓을 것이다. 말하자면 사태는 물가가 쌌던 예전과 다를 바가 없는 것이다. 단지 모든 물건이 더 높은 가격에서 맴돌고 있을 따름인데, 사람들은 이제 페니히 대신에 크로이처를 가지고 노는 것뿐이다."

그러나 아주 서서히, 그리고 당대인들의 눈에는 아직 감춰져 있었으나 가격구조에서 모종의 전이(轉移)현상이 일어나기 시작했다. 일부의 상품과 상품군(群)은 16세기가 경과하면서 그 가격이 비교적 안정되었

---

64) S. Franck, *Deutsche Chronik*, 1538, pp.759f.

다가 갑자기 뛰어오른 반면, 다른 재화와 용역의 가격——주화액의 은 함유량으로 측정해서——은 아주 완만하게, 그리고 때로는 몇 차례의 반전을 겪으면서, 15세기 중반에 유지하고 있던 수준 이상으로 뛰어올랐다. 이 문제에 대해서는 다음 소절에서 보고하기로 한다.

공산품의 가격과 임금

여기에서 고찰의 대상이 되는 모든 나라에 대해서 개별가격의 계열자료를 모두 열거한다는 것은 이 책의 목적에 비추어 볼 때 그다지 쓸모 있는 일이 아닐 것이다. 그리고 그와 같이 지루한 나열은 이 책의 한정된 테두리가 감당할 수 없으며, 독자의 인내력도 고갈시킬 것이다. 왜냐하면 그런 종류의 가격계열자료는 이미 여러 나라에서 이루어진 연구에서 매우 많이 집성된 바 있기 때문이다. 그리하여 이 자리에서는 일정한 선택을 하고, 전체적인 총괄을 시도해야만 한다. 그 방법은 자료와 필자의 문제제기가 제시했다. 우선 곡물, 공산품 및 임금을 구분했다. 그리고 이러한 항목군(群) 각각의 내부에서 매우 많은 가짓수의 품목, 예컨대 공산품군에서는 아주 다수의 그리고 또한 매우 다양한 생산조건에서 산출되는 물품들이 수집되었다. 각각의 개별적인 가격 및 임금계열은 주화액의 은 함유량으로 환산해서 25년 단위의 평균치로 산출했다. 그러고 나서 이 평균치는 각각의 계열별로 분리해서 기준연간(1501/25)과 비교했다. 그리고 마지막으로 이렇게 해서 획득한 상대가치는 단순한 산술평균법에 의해 곡물을 비롯한 기타 등의 품목군의 가치로 환산했다. 〈도표 24〉는 이러한 계산 결과를 제시하고 있다.[65]

---

65) 이 도표에 대한 이 주석은 가격과 임금 계열의 구성을 검토할 수 있게 할 것이다. 이 작업에 이용된 저자와 그 저작에 대한 더 상세한 전거는 이 책, 641쪽 이하의 부록에 수록되어 있다.
잉글랜드: (출처: J. E. Th. Rogers, *A history*……, IV, V).
곡물: 밀, 보리, 귀리(남부 잉글랜드).
공산품: 목탄, 화목(火木), 석회, 철, 기와, 벽돌, 돛[帆]을 만드는 포목, 마직, 종이.

임금: 대목수, 벽돌공, 제재공(製材工), 기와장이, 철물장인 및 비숙련노동자.
벨기에: (출처: C. Verlinden, *Dokumenten*……, 1959, pp. 241f.).
곡물: 밀, 호밀, 보리, 귀리.
공산품: 비누, 종이, 돛을 만드는 포목.
임금: 벽돌공직인, 비숙련 벽돌공, 석공, 기와장직인, 석수직인(Stein-setzergeselle), 대목장(大木匠)직인, 대목장, 제재공, 초가지붕장, 비숙련노동자.
프랑스: (출처: D'Avenel, *Histoire*……, II, IV. 다브넬이 보고하는 수치는 이미 반복해서 강조한 바와 같이 매우 조심스럽게 이용해야 한다. 그러나 이 시기에 대한 수치는 오제가 밝혀낸 더 믿을 만한 가격계열과 대체로 일치한다. 유감스럽게도 이 시기에 대한 오제의 연구에서는 임금에 대한 수치자료가 결여되어 있고, 공산품 가격도 매우 드물게 파악되어 있다.)
곡물: 밀, 호밀, 보리, 귀리.
공산품: 남자 상의, 모자, 신발, 장화, 양말, 비누.
임금: 농업노동자, 벽돌공, 대목(大木), 포도재배 노동자, 대장장이, 미장이.
독일: (출처: H. Kullak-Ublick, *Wechsellagen*……, 1953; St. Beissel, *Geldwert und Arbeitslohn*……, 1885; M. J. Elsas, *Umriß einer Geschichte*……, I, II A, 1936 und 1940; J. Pelc, *Ceny w Gransku*……, 1937).
곡물: 단치히(밀 제외), 괴팅겐, 크산텐, 아우크스부르크(밀 제외), 뮌헨, 프랑크푸르크 암 마인, 뷔르츠부르크의 밀·호밀·보리, 단치히의 귀리(밀 제외).
공산품: 화목, 두꺼운 널빤지, 목탄, 벽돌, 기와, 타일, 슬레이트, 석회, 납, 못, 철, 말굽쇠, 밀랍, 밀랍초, 2겹 마직, 마직포, 장갑, 신발, 바로 위에 언급한 독일의 7개 도시에서 산출되는 종이.
임금: 앞에 언급한 7개 도시에서 출처한 벽돌공 및 대목(직장과 직인), 석수, 비숙련노동자 및 건축 보조일꾼(모르타르 반죽일꾼, 막일꾼), 제재공, 갈퀴일꾼, 건초일꾼, 수확일꾼, 탈곡일꾼, 예초(刈蒭)일꾼, 하녀, 머슴, 도시의사, 도시의 서기(書記).
오스트리아: (출처: A. F. Pribram, *Materialien*……, I, 1938).
곡물: 빈에서 출처한 밀, 호밀, 보리, 귀리, 클로스터노이부르크의 귀리.
공산품: 빈과 클로스터노이부르크의 석회, 벽돌, 기와, 화목, 궤짝, 지붕널빤지, 포도원 지주(支柱), 겹으로 꼰 실, 종이, 밀랍, 못, 양초.
임금: 빈과 클로스터노이부르크에서 활동하는 벽돌공, 기와공, 벽돌공직인 및 대목장직인, 막일꾼, 포도원 일꾼의 하루 임금.
폴란드: (Pelc, *Ceny w Krakowie*……, 1935; St. Hoszowski, *Les prix à Lwow*, 1954).

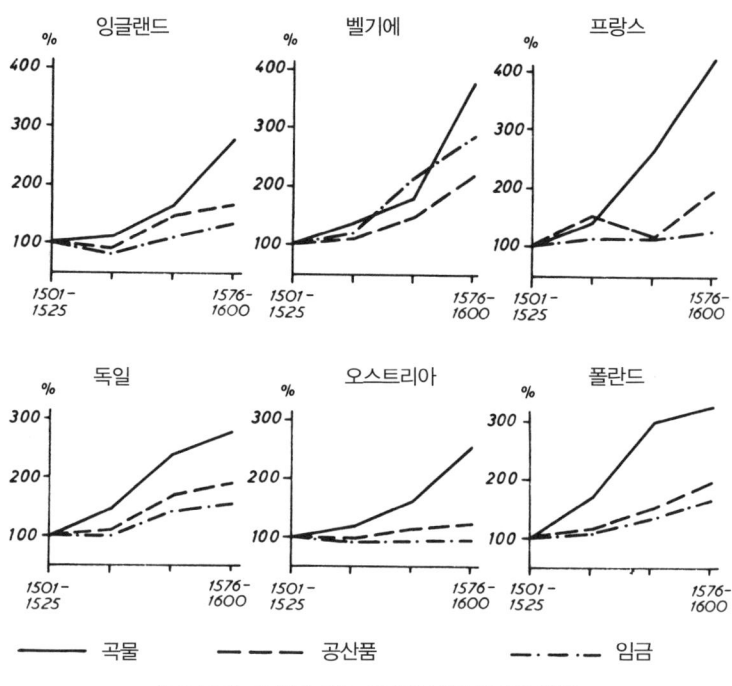

〈도표 24〉 16세기 중부 유럽의 가격 및 임금변동
(25년 단위의 평균치, 주화의 은 함유량 기준, 1501~25=100)

여기에 열거된 모든 나라에서 '공산품'(물론 각주 65)에서 알 수 있듯이, 일부의 공업원료까지 포함해서)은 곡가 이하로 떨어져 있었다. 그 정도는 다양했다. 이는 물론 아주 다양한 지표의 취합, 그리고 추측건대 다른 사정, 특히 (상대적인) 임금변동과 관련되어 있다. 그러나 사실 자체는 명백하고 논란의 여지가 없다. 이러한 사정은 〈도표 24〉에 포함될 수 없었던 다른 나라들에서도 마찬가지인데, 예컨대 스웨덴 같은 나라가 그러한 경우다.[66] 그리고 여기서 선정되지는 않았으나, 25년 단위로

곡물: 크라카우의 밀, 호밀, 보리, 귀리, 렘베르크의 귀리.
공산품: 크라카우와 렘베르크의 모직포, 장화, 화목, 지붕널빤지, 기와, 석회, 철, 지붕 및 널빤지 못, 종이, 밀랍, 모피, 마직.
임금: 크라카우의 벽돌공 및 대목(직장과 직인), 비숙련노동자, 공증인, 시계제조공, 문지기 및 경비대장.

평균치를 산정한 다른 가격지표에서도 동일한 경향이 관찰된다.

　　로저스와 비버리지가 총괄해놓은 자료에서 다우티(Doughty)는 더 욱 폭넓게 입증된 남부 잉글랜드의 공산품 가격지표를 산정해냈다. 그 는 이 가격지표를 농산물 가격지표와 비교했다. 그의 서술은 1401년 을 기점으로 비로소 시작하기 때문에 이보다 앞서서 시작했던 중세 말 기 불황기의 가격변동과 대비하기 위해서는 참고할 수가 없다. 그러나 그의 작업은 매년의 가격과 10년 단위로 산출한 평균치에 기초를 두고 있기 때문에, 16세기의 상황에 대해서 앞에서 언급한 25년간의 가격 을 평균한 것보다 더욱 정확한 모습을 전해준다. 다우티에 따르면 1491/1500년과 1631/1640년 사이에는 공산품 가격지표 101이 349 로 상승했다. 즉 3배 반이나 오른 것이다. 농산물 가격지표는 99에서 689로 올랐는데, 이것은 거의 7배나 오른 것이었다(R. A. Doughty, "Industrial prices and inflation in Southern England, 1401~ 1640," in: *Explorations in Econ. History*, 12, 1975, pp.177ff.).

　　임금은 잉글랜드, 프랑스, 독일, 오스트리아 및 폴란드에서 공산품 가 격보다 훨씬 더 처져 있었다. 오스트리아에서 임금은 은 가치로 환산해 서, 16세기의 마지막 25년간에는 세기 초 25년간의 수준(95%)에도 훨 씬 못미쳤다. 잉글랜드(131%), 프랑스(126%), 독일(157%) 및 폴란 드(165%)에서는 괄호 속의 수치가 보여주듯이 1/4에서 2/3까지 인상 되었다. 이 인상폭은 그러나 공산품 가격의 인상폭보다는 적은 것이었 다. 잉글랜드에서 공산품 가격은 165%, 프랑스에서는 194%, 독일에서 는 187%, 오스트리아에서는 123%, 폴란드에서는 197%로 인상되었 다. 오직 벨기에에서만 임금이 공산품 가격보다 더 현저히 올랐고(임금

---

66) I. Hammarström, "The 'price revolution' of the sixteenth century, some Swedish evidence," in: *The Scandinavian Econ. Hist. Rev.*, V, 1957, p. 145.

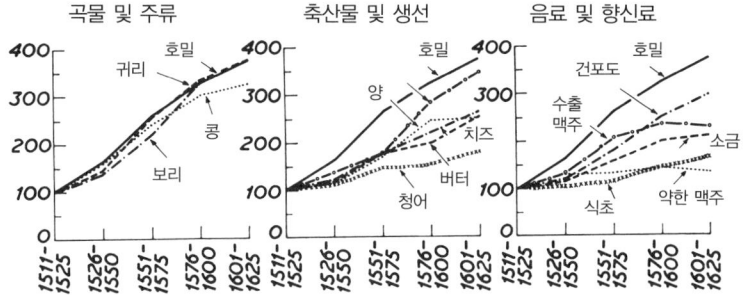

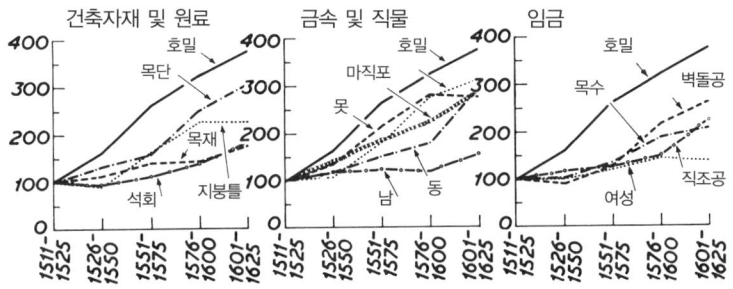

〈도표 25〉 함부르크에서의 가격 및 임금변동, 1511/25~1601/25
(25년 단위의 평균치: 1511/25=100)

은 282%로, 공산품은 218%로), 일시적으로는 곡가보다 더 현저하게 올랐다. 1551/75년간에 임금은 1501/25년의 수준에 비하여 215%로, 공산품 가격은 147%로 올랐다.

물론 이 계산은 아주 대략적인 것이다. 우연한 발견에 의해 취합된 개별적인 상품과 임금이 한 묶음으로 다루어졌고, 아주 소수의 도시나 지역이 각각의 나라를 대표하는 것으로 총괄되었다. 이 점에 대해서는 다소의 보충이 바람직할 것이다. 그러나 그 한계가 너무도 분명하기 때문에, 오직 한 곳의 사례가 제시될 것이다. 선정된 것은 함부르크의 사례다. 이는 여러 갈래의 교통로가 교차하는 지점에 있었고, 그 기록보관소에는 전쟁이 자료의 일부를 파괴하기 전에는 아주 풍부한 가격사 자료가 소장되어 있었다. 함부르크에 대해서는 상품의 부류가 더욱 세부적으로 구성될 수 있다.[67]

〈도표 25〉에 제시된 가격군은 일부는 수요의 관점에서, 또 일부는 생산의 관점에서 취합되었다. 최초의 부분도표(상단 좌측)는 곡가와 함께 콩의 가격도 포함하고 있다. 콩은 곡물과 비슷하게 칼로리가 풍부하고, 단위영양가치로 보면 물가가 비쌀 때에도 가격이 오히려 저렴한 편이었다. 실제로 콩의 가격은 곡가에 매우 근접해 있다. 이에 반하여 축산물과 어류, 음료(주류)와 향신료는 약간의 예외를 빼놓으면 가격이 현저히 떨어져 있다.

건축 및 연료자재, 금속과 직물류에서도 사정은 마찬가지다. 이러한 상품의 가격은 일부의 예외적인 경우에만 더욱 높이 뛰었다(목탄, 아마). 대개 이러한 상품의 가격은 그저 미미하게 올랐을 뿐이다(석회 약 83%, 납 약 53%). 임금도 호밀가격과 같은 정도에는 훨씬 미치지 못했다. 마지막의 부분도표가 보여주듯이 함부르크에서 벽돌공의 임금은 기준 연도에 비하여 265%로, 대목의 경우는 209%로, 직조공의 경우는 225%로, 여성노동자의 경우는 138%로 인상되었다. 호밀의 가격은 동일한 기간에 376%로 올랐다.

일부 소득탄력적 농산물의 가격

함부르크의 고기와 버터가격이 호밀가격보다 떨어져 있던 바와 같이, 다른 도시들에서도 축산물 가격은 곡물가격에 미치지 못했다. 그 이유는 수요의 다양한 소득탄력성에서 찾을 수 있다. 버터와 고기에 대한 양

---

67) 이 자료는 함부르크의 욥 및 성 게오르크 구호원(Hiob- und St. Georg-Hospital)에서 출처한 것이다. 이 자료는 엘자스 박사의 조수들이 수집(1933)하여 런던으로 이송되었다가, 최근에 그곳으로부터 엘자스 박사의 유고 전체와 함께 필자가 책임자로 재직하고 있는 괴팅겐 대학교의 사회경제사 연구소에 제공되었다. 유고의 일부, 그중에서 함부르크의 가격자료는 아직 출판되지 않았다. 엘자스가 계획했던 이 자료의 출판이 그의 주저, 『독일의 가격과 임금사 개요』(*Umriß einer Geschichte der Preise und Löhne in Deutschland*)의 보유(補遺)로서 속간될 수 있는지의 문제는 목하 검토 중이다(부록의 문헌목록 참조).

적 수요는 상대적으로 소득에 탄력적이다. 소득이 줄거나 가정주부의 장바구니를 채우는 내용물이 비싸지면, 구매자는 더 낮은 가격으로 자신의 욕구를 충족시켜주는 상품을 찾아 헤매게 마련이다. 그러한 가능성은 곡물에서 제공된다. 물론 곡가는 중부 유럽 대부분의 도시에서 16세기에 축산물 가격보다 더 현저하게 올랐지만, 그 영양가치를 따져보면 축산물보다 여전히 더 저렴한 상태에 있었다.

〈표 12〉 독일 도시에서 1575~1600년간 벽돌공 또는
대목장직인 1인의 임금이 갖는 구매력[68]

상품	중량 (kg)	칼로리
완두콩	6.8	23,868
호밀	8.9	22,250
버터	0.95	7,144
돼지고기	2.4	6,456
쇠고기	3.0	5,820

〈표 12〉가 말하는 바는 다음과 같다. 즉 벽돌공직인이나 대목장직인 한 사람은 그가 일당으로 받는 임금으로 표의 두 번째 열에 킬로그램 단위로 표시된 식품을 선택적으로 구입할 수 있었다는 것이다. 세 번째 열은 그가 이러한 식품으로 얻을 수 있던 칼로리의 수치를 보여주고 있다. 가장 유리한 선택으로는 칼로리 기준으로 볼 때, 완두콩이었다. 그리고 16세기의 물가동태를 더 정확하게 추적할 수 있었던 괴팅겐의 사례에서는 완두콩 가격이 호밀가격보다 훨씬 더 크게 오르고 있었음이 드러나고 있다.[69] 그리고 바로 다음에 호밀이 뒤따르고 있었다(빵으로는 좀더

---

[68] 다음의 문헌에서 제공된 보고에 따라서 산정되었다. Elsas, *op. cit.*, I, II. 여기서는 자료가 허용하는 한도에서 라이프치히, 뮌헨, 아우크스부르크, 뷔르츠부르크 같은 도시에서 출처한 가격과 임금을 수집하여 평균을 냈다.

비쌌다). 아주 멀리 뒤처져서 버터, 돼지고기 및 쇠고기의 순으로 이어졌다.

그러나 임금과 이에 유사한 소득은 가격에 영향을 미치는 수요로서는 단지 일부에 지나지 않았다. 다른 종류의 소득은 더 유리하게 증가하고 있었고, 게다가 지역별 편차까지 고려하면, '곡가의 과잉상승'이라는 일반적인 경향에 수많은 예외가 있었다고 해서 놀랄 일은 결코 아니다. 아마도 이 예외적 현상 중에서 가장 중요한 것은 북서독일의 목축 및 방목지대에서 전개되었던 소값과 호밀값의 동태일 것이다. 아주 철저하게 이루어진 연구결과에 의하면 〈도표 26〉이 보여주듯이 16세기 슐레스비히-홀슈타인 지역에서 소값은 호밀값보다 더 현저히 오르고 있었다.[70] 이는 라인 강 하류 지방과 네덜란드 지역의 대규모 시장이 근접해 있었던 탓으로 돌릴 수 있을 것이다. 이러한 시장에서는 '프리슬란트산(産)'

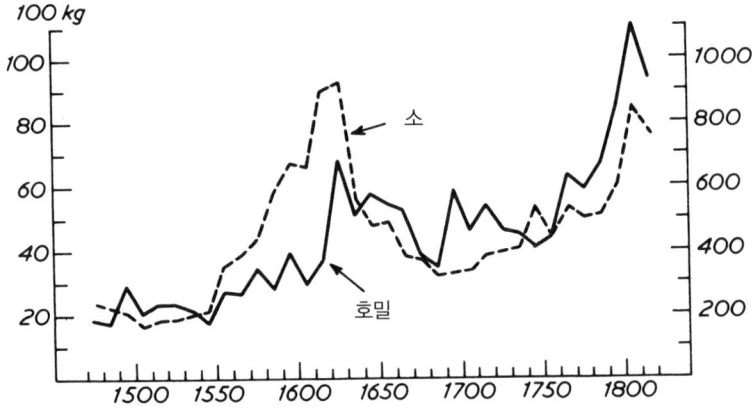

〈도표 26〉 1470~1820년간 슐레스비히-홀슈타인에서의 소 및 호밀가격
(10년 단위로 산출한 평균치, 은의 g 중량)

---

69) H. Kullak-Ublick, *Wechsellagen und Entwicklung der Landwirtschaft im südlichen Niedersachsen vom 15. bis 18. Jahrhundert*, Diss., Göttingen 1953(Maschinenschrift).
70) H. Wiese, *op. cit.* 호밀가격은 다음에 의거했다. E. Waschinski, *Währung* ……, II, 1959.

의 소에 막대한 금액을 투자하려 했고, 그럴 능력이 있었던 구매자가 줄어드는 법이 없었다.

그밖에도 다른 여러 농산물, 축산물, 원예작물 및 특용작물(특히 포도주!)의 예가 열거될 수 있다. 그리고 이들 품목의 가격관계를 연구하는 것은 충분한 가치가 있을 것이다. 그러나 이러한 작업은 이 책의 한정된 테두리가 결코 감당할 수 없을 것이다. 그리하여 결론적으로 이렇게 말할 수 있다. 즉 16세기의 '가격혁명'은 매우 많고 다양한 과정을 포괄하고 있는데, 이를 해명하는 데는 상대가격이 그 열쇠를 제공한다는 것이다. 바로 이 문제——많이 논의된 가격 수준에서의 변동이 아니라——에 대해서는 더욱 집중적으로 연구해야 할 것이다.

3. 지대의 상승

계약지대

여기서 말하는 지대(Grundrente)는* 이전의 수세기 동안에 지불되었던 지대(Rente)와 구분되어야 한다. 즉 이 책에서 주로 문제삼는 지대는 고유한 수익원으로서 토지(Grund und Boden)에 귀속되는 수익 할당분의 가치로서 이해되는데, 고전경제학자 리카도의 견해로는 계약지대(ausbedungene Rente)로서 나타난다("지대는 토지수익의 일부로서, 본원적이며 파괴가 불가능한 지력을 이용하는 대가로 지주에게 지불되는 것이다"). 로저스는 이렇게 보았다. 즉 예전의 지대는 조세(Steuer)와 같은 성격을 띠고 있었는데, 오랫동안 불변상태로 있었다는 것이다. 이 성격규정의 문제는 미결상태로 남아 있겠지만, 논란의 여지가 없는 것은 이러한 '(상업적) 지대(rents)'마저도 16세기 영국에서는 급속히 올랐다는 점이다. 주교 라티머(Latimer)는 에드워드 4세(1547~53)의 어전실교에서 '장원영주들의 탐욕'에 대하여 호통을 치

---

* 상업적 지대를 뜻한다.

고 있었다. 이들은 지대를 인상하여 주곡(主穀)과 다른 농산물의 가격이 등귀하는 원인을 제공했다는 것이다. 주교의 아버지는 농장을 하나 보유하여 이에 대하여 매년 3~4파운드의 지대를 지불해야 했는데, 이제 지대는 16파운드 이상으로 올랐다는 것이다.[71] 이미 이보다 앞서 20년 전에 윌리엄 로이(William Roy)라는 사람은 지대를 반 이상이나 올리고, 과다한 액수의 차경지 취득료(entry fines)를 거두었던 장원영주에 대하여 불만을 토로한 바 있었다. 16세기의 마지막 4분기에는 지대가 여전히 더 급속도로 변동하고 있었던 것으로 보인다. 노포크와 서포크에서는 케리지에 의하면 경작지에 대한 지대가 1590/1600년과 1640/50년 사이에 6배나 올랐고, 목초지와 방목지에 대한 지대는 2~3배나 올랐다.

'지대'(rents)는 장원영주가 요구하고 거두었던 유일한 지불형태가 아니었다. 일부의 경미한 부과조와 부역——물론 영주들에 있어서 그 순수한 가치는 지나치게 높이 평가되어서는 안 되지만(왜냐하면 이러한 의무에 대해서는 영주의 반대급부가 제공되었기 때문에)——과 함께 차경지 취득료(Einstands- oder Antrittsgeld)가 있었는데, 이는 더욱 불어나면서 영주의 금고에 막대한 수입을 가져다주었다. 이러한 취득료는 영주의 토지를 종신(終身)토록 또는 그 이상의 장기간으로 (둘 또는 세

---

[71] 당대인의 단편적인 언표——이와 같은 종류의 것——는 이미 다음의 저작에서 발견된다. L. Brentano, *Eine Geschichte der wirtschaftlichen Entwicklung Englands*, II, 1927, pp.81f. 및 Th. Rogers, *A history of agriculture*, V, pp.804f. 이 문제는 새로이 더 광범하게 그리고 더 풍부한 자료에 기초하여 다음 저작에서 다루어졌다. P. Bowden, *Agrarian History of England and Wales, IV, 1500~1640*, 1967, pp.593ff. 이 철저하고 포괄적인 서술은 이 자리에서 대략적으로라도 검토할 수 없어 유감인데, 단지 하나의 예를 인용하자면 위위크(Warwick) 지방의 일부 농지에서는 1556년과 1648년 사이에 지대가 1,000% 이상이나 올랐다는 것이다(P. Bowden, p.693). 위 본문에 인용된 당대인의 목소리와 수치보고에 대해서는 다음의 저작을 참조할 수 있다. I. Kerridge, "The movement of rent, 1540~1640," in: *The Econ. Hist. Rev.*, 1953/54, pp.16f.

명의 생애기간) 대여받을 때, 차지인(借地人)이 지불해야 하는데 물론 그 이전에 영주와 협상을 해야 했다. 케리지가 보고한 바와 같이 협상은 다음과 같은 방식으로 이루어졌다. 99년간의 토지임대에 대하여 윌리엄 포턴이라는 사람은 300파운드의 차경지 취득료를 제공했다. 장원영주인 존 사인 경(Sir John Thynne)은 그러나 450파운드를 요구했다. 그러자 포턴은 360파운드를 제안하고, 사인은 다시 400파운드를 요구했다. 결국 양 당사자들은 370파운드를 4차례로 분할하여 지불하는 데 합의했다.

이러한 종류의 지불에서는 세 가지 점을 고려하여야 했다. 즉 차지(借地)기한, 경상적으로 지불하는 지대액 그리고 토지의 수익성이 그것이다. 차지기한이 생존기간으로 체약되면, 그만큼 불확실한 것이었다. 기대수명(Lebenserwartung)의 산정을 단순화하기 위해 작성되었던 표(表)는 잉글랜드에서 18세기에나 비로소 등장했다. 그러나 케리지에 의하면 이미 16세기에도 사람들은 대략적인 경험적 추정에 따라 개개인의 생존기간을 산정하려고 노력했던 것으로 보인다. 그러한 산정 없이는 취득료를 예상되는 차경기간의 햇수로 나누어 배분할 것을 목적으로 하는, 그다음 단계의 계산이 불가능했을 것이다. 이를 위한 보조수단으로서 17세기 초부터 여러 가지 표가 개발되었는데, 이 표는 일정한 햇수에 대하여, 일정한 액수로 이루어지는 지불이 '현찰'(ready money)로 얼마나 되는지를 알려주었던 것이다. 이렇게 해서 장원영주는 효율적인 지대액을 산정해낼 수 있었으며, 그러고 나면 이 수입을 당해 토지가 산출하거나, 산출할 것이 기대되는 효용과 비교하는 일만 남게 되었던 것이다. 차지인들도 이러한 계산을 해야 하는 처지에 놓여 있었다. 그리하여 갖가지 요구와 부르는 값이 오고 가는 속에서 토지이용의 일시적인 양도에 대한 양 측면의 가격이 결정되었다.

케리지는 그러한 가격을 또한 지대라고 불렀는데, 이를 남부 잉글랜드의 일부 영지에 대해서 산정해냈다. 그의 계산 결과를 〈도표 27〉로 제시한다.

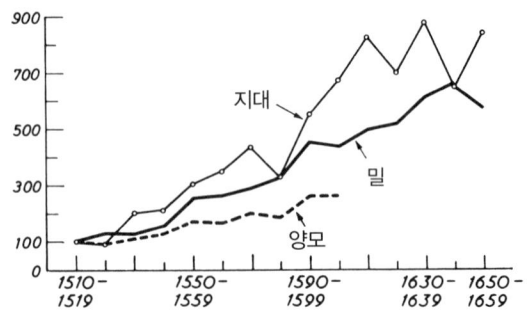

〈도표 27〉 잉글랜드에서의 지대와 물가, 1510/19~1650/59

이 지대는 결국 '지대'(rents)와 토지 취득료의 분할분을 합친 것인데, 16세기의 20년대부터 1570/79년까지 4배로 올랐고, 그때부터——80년대 단기간의 중단이 있었지만——다시 두 배로 올랐다. 첨가한 밀과 양모의 가격이 보여주듯이, 지대의 인상은 영국 농업에서 가장 중요한 생산물의 가격상승을 엄청나게 능가하고 있었다.

이 사실은 아마도 케리지가 비로소 밝혀낼 수 있었을 것이다. 그러나 지대가 오르고 있었다는 것은 물론 당대인들도 알고 있었다. 그리고 이와 같은 관찰에 이어서 곧바로 지대인상의 '주범'(主犯)에 대한 의문이 가장 많지는 않았다 해도 수없이 제기되었다. (물론 그 원인에 대한 의문은 훨씬 드물게 제기되었다.) 일부는 너무 많은 것을 요구하는 장원영주들을 비난했고, 또 다른 일부는 너무나 많은 지불액을 약속했던 차지인들을 비난했다. 차경지가 일종의 경매와 같은 형태로 거래되었던 사태를 겪은 당대의 어떤 작가(노든Norden)는 그를 놀라게 했던 차지인들의 광기(狂氣)와 시기심을 다음과 같이 묘사했다. "저 미친놈들이 지주가 유리하게 스스로의 의지나 능력이 감당하지 못할 지경으로 높은 값을 마구 부르고 있는데, 지주를 비롯해서 다른 어떤 이가 이러한 작태를 멈출 수 있겠는가? 내가 보기에도 어떤 지주가 자기에게 기꺼이 굴러들어오는 막대한 이익을 거부한다면, 이 역시 더욱 멍청한 일일 것이다."

원인제공자에 대한 의문은 독일에서도 나타난 바 있었는데(이 책,

292, 293쪽의 서술 비교), 이 문제는 일단 미해결 상태로 제쳐두자. 이 문제를 이 자리에서 언급한 것은 그것이 사태를 조명해주기 때문에서이지, 역사가에게 어떤 대답을 하도록 강요하기 때문에서가 아니다. 또 지대의 인상이 농산물가격의 등귀를 초래했다는 어떤 당대인의 언급은 다른 문제다. 이에 대해서는 다음과 같은 언급이 전해진다(헤일의 담화, 1549). "내가 생각하기에 당신네 영주들이 이와 같은 물가등귀 사태를 초래했다고 봅니다. 왜냐하면 당신네들이 땅값*을 너무도 올려놓아서, 그 땅으로 먹고살아야 할 사람들이 생산물을 비싸게 팔지 않을 수 없게 되었기 때문이지요. 그렇지 않으면 그 사람들은 지대를 지불할 수가 없어요." 이러한 논평도 지대연구가 큰 신세를 지게 되었던 역사가가 명백히 자신의 견해로 제시하지 않았다면, 그저 당대인의 견해를 예시하기 위해서나 인용될 필요가 있을 것이다. 지금까지 인용한 여러 보고는 케리지의 연구에서 출처한 것인데, 그 자신은 당대인들이 아주 틀리지는 않았다는 견해를 밝힌 바 있다. 왜냐하면 지대는 생산비 요소로서, 생산물의 가격에서 결정적인 비중을 차지하기 때문이라는 것이다. 16세기 초의 급격한 지대상승은 따라서 "인플레이션의 한 요인이거나 심지어 주 요인"일 수 있었다는 것이다. 아주 유사한 주장은 200년 뒤 또한 매우 유사한 상황에서 과학으로서의 경제학을 정립하는 데 일익을 담당했던 리카도에게서 발견되었다. 리카도는 하등의 지대를 산출하지 않는 최악의 수익조건을 갖춘 토지에 투여되는 노동량에 의해서 농산물 가격이 결정된다는 지적과 함께 지대가 인플레이션의 원인이라는 견해를 거부했다. "곡가는 지대가 수취된다고 해서 높은 것이 아니라, 곡가가 높기 때문에 지대가 지불되는 것이다." 리카도가 (그의 고전적인 노작, 『정치경제와 과세의 일반원칙』의 지대에 관한 한 장에서) 덧붙이기를 "토지소유자가 그의 몫으로 돌아올 지대 총액을 포기한다 해도, 곡가가 하락되지 않는다는 점은 마땅히 주목된 바다. 그러한 조치는 일부의 농

---

* 차경하는 값, 즉 지대와 취득료 등.

업경영자들만이 취할 수 있을 것이다. 그러나 이들도 경작하기에 최악인 토지에서 순생산물을 산출하는 데 필요한 노동량을 감축하지는 않을 것이다." 이러한 견해에는 오늘날에도 본질적인 점에서 더 첨가할 것이 없다.

농업수익의 배분에서 나타나는 하나의 흥미로운 변형을 르 루아 라뒤리는 랑그도크에서 발견되는 1590년의 사례에 의거하여 보고한 바 있다.[72] 그는 비교적 규모가 큰 어느 농장의 생산비와 판매고를 재구성했다. 이 농장은 약 140ha를 경작하고 있었는데, 2년마다 한 번씩 작물을 교대해서(즉 밀-귀리/호밀) 재배하고 있었다. 밀을 재배한 경우에는 10hL(헥토리터, 1hL = 100*l*-옮긴이)/ha(필자의 환산에 따르면 770kg/ha)를 수확하고, 다른 곡물을 재배할 경우에는 밀의 약 60%에 해당하는 가치를 수확하는데, 밀의 가치로 단일화하면 전체적으로 560hL를 수확하고 있었다. 여기에 밀의 가치 140hL에 상당하는 다른 작물의 수익(포도주, 기름 등)과 또 140hL의 밀에 해당하는 가축사육의 소득이 첨가된다. 그리하여 이 농장의 총 수확은 통틀어 약 840hL에 달했다.

이에 대하여 약 440hL의 밀에 상당하는 종곡(種穀), 지대, 십일조의 부담과 155hL의 밀에 상당하는 임금, 통틀어 595hL의 비용이 지출되었다. 농업경영자에게는 245hL의 밀에 상당하는 이익이 남았다. 앞에 언급한 대로 1590년에 이 농장의 경영자가 거둔 '순수입'을 르 루아 라뒤리는 동일한 농장이 1480년에 거둔 수입과 비교했다. 이때의 순수입은 동일한 현물비용을 지출하고도 1590년의 경우에 비해 절반에도 미치지 못했다(밀 115hL). 이 계산에서 드러나는 커다란 차이는 곡가는 오른데 비하여 임금(!)과 지대는 오히려 떨어졌다는 사정에서 야기한 것이었다. 르 루아 라뒤리는 이에 다음과 같은 소견을 붙였다. 즉 16세기의 저렴한 임금과 지대는 "자본가적 차지농(借地農)으로서의 농촌 부르주

---

72) E. Le Roy Ladurie, *Les paysans de Languedoc*, I, 1966, pp.297ff.

아"(bourgeoisie rurale de fermiers capitalistes)의 등장을 유리하게 했다는 것이다.

그러나 (보상을 위한 지불이 없는) '불변지대'(rentes immobiles)는 근대 초의 유럽에서 아마도 예외적인 경우였을 것이다. 독일에서는 무수한 형태의 다른 보유관계와 함께 '임대차'(賃貸借, Pacht)라는 형태가 있었다. 이 보유형태는 더욱 나아가 근대에 이르기까지 양면의 얼굴을 하고 있었다. 이는 부분적으로는 이미 발달한 시장경제를 지향하기도 했지만, 부분적으로는 아직도 봉건적 질서에 묶여 있었는데, 농민의 공납(貢納)과 부역이 문제되면, 말 그대로 마음대로 택할 수 있는 것이 아니었다. 질책하는 의미에서 그리고 메클렌부르크의 일부 지방에서 이 임대차라는 말은 또한 다른 종류의 부담을 지고 있던 예속농민이 그의 영주에게 납부해야 했던 공납을 가리켰다. 다른 곳, 특히 북해 연안에서 자주 그리고 도시의 토지소유에서 임대차라는 말은 더욱 자유로운 계약관계를 의미했는데, 이 경우에는 상호간의 논란과 타협 끝에 임대차의 조건이 규정되었다. 아이더슈테트(슐레스비히-홀슈타인 지방에 소재)에서 전해지는 임대차지료(Pachtzins)는 이러한 사정에 관련되어 있다. 이 차지료는 1526/50년에서 1576/1600년까지 은의 그램(g) 중량으로 계산해서 헥타르당 약 60g에서 173g으로, 즉 약 3배가 올랐는데, 상응하는 호밀의 가치로 계산하면 292kg에서 513kg으로, 즉 여전히 약 175%나 올랐던 것이다.[73]

안트베르펜 근처에서 폴더 농지의 임대차가 이루어질 때는, 임대농

---

[73] 아이더슈테트의 임대차지료는 다음의 문헌에 의거. Peter Sachs, *Annales Eiderstadiensium 1637* 및 Ivar Peters, *Jahrb. d. Eiderstedter Gesch. von 1100 bis 1620*, Eiderstedter Propstei-Archiv(그 가치환산에 대해서는 이 책, 292~294쪽의 각주를 참조). 아이더슈테트 지방에서는 하나의 완전한 계열을 이루고 있는 호밀가격 자료가 나오지 않기 때문에 바신스키(Waschinski)가 파악한 렌츠부르크의 호밀가격(부록 628쪽 이하 참조)이 선정되었다.

민(Pächter)의 자유로운 경쟁과 비슷한 관행이 있었다. 이 형태의 지대는 판 데어 베의 노력 덕분에 파악되었는데, 1470년경의 26%에서 1569년(지표계산의 기준연도)의 100%로 올랐다. 그리고 1584/1597년을 제외하고* 16세기 말에는 129%로, 즉 약 125년 동안에 대략 4배나 오른 것이었다.

다른 제도적인 조건에서는 차지료를 변경하기가 어려웠다. 그러나 독일에서도 전통과 관습으로 제약을 받던 영주들은 보유교체료(Besitzwechselabgabe)를 인상함으로써 사태를 타개하는 방법을 알고 있었는데, 예컨대 이러한 일이 비버라하 안 데어 리스 구호원(Heiliggeistspital zu Biberach an der Riß)의 농민들에게 나타난 적이 있었다.[74] 구호원에 속한 농민들은 매우 압도적으로 이른바 종신대여지(Fallehen)를 보유하고 있었는데, 이는 보유자의 사망 후에 다시 구호원으로 귀속되는 것이었다. 이러한 토지를 보유하는 대가로 농민들은 곡물지대, 십일조 및 다른 몇 가지의 현물공납의무를 지고 있었다. 이러한 공납의무는 양적으로 볼 때 16세기 전 시기에 걸쳐 거의 불변상태에 있었기 때문에, 따라서 그 질적 가치는 대체로 곡가의 폭만큼이나 현저하게 올랐다. 그밖에 농민들은 또 약간의 화폐 차지료를 지불하고 있었는데, 이는 곡가의 인상에 비해 처져 있었다(〈도표 28〉참조).

이와 같은 화폐수입의 하락을 보충하기 위해서 구호원 측은 종신대여를 도구로서 이용했다. 그리하여 구호원은 대여지를 새로이 분급할 때 거두는 보유교체료──한틀론(Handlohn)이라고 했다──를 엄청나게 올렸다(1500/1509년부터 1610/19년 사이에 약 12배가 올랐다). 이

---

* 아마도 자료의 부족 때문인 것 같다.

74) Ch. Heimpel, "Die Entwicklung der Einnahmen und Ausgaben des Heiliggeistspitals zu Biberach an der Riß von 1500 bis 1630," in: *Quellen u. Forsch. z. Agrargesch.*, hg. von F. Lütge, G. Franz u. W. Abel, Bd. XV, 1966, pp.19ff.

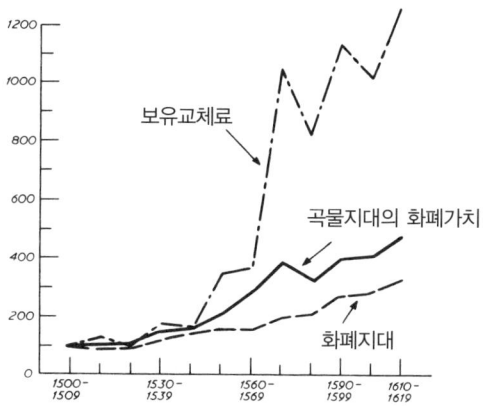

〈도표 28〉 비버라하 구호원에 속한 농민들의 공납, 1500/1509~1610/19
(1500/19=100)

렇게 해서 화폐수입의 실질가치가 감소했는데도 구호원 측은 대여된 농지에서 거두는 수입을 헥타르 단위로 계산할 때, 대략 동일한 실질가치로 유지하는 데 성공했다. 즉 이 실질가치는 헥타르당 약 180kg의 호밀 가치에 상당하는 것이었다.

그러나 이렇게 아주 복잡한 계산을 당대의 연대기 작가들이 수행했던 것은 물론 아니다. 이들은 그저 가시적인 사항, 예컨대 지대·차지료·십일조 그리고 기껏해야 부정기적으로 발생하는 보유교체료 정도에나 관심을 두고 있었을 뿐이다. 이러한 사항에다 이들은 농산물의 가격을 대조시키고, 이로부터 이득의 대부분은 여전히 농민의 수중에 머물러 있었다는 식의 결론을 내렸다. 동프리슬란트의 어떤 영주는 당대에 널리 애호되었던 한 논쟁에서 이렇게 말했다.[75] "사태를 제대로 보아라. 버터, 치즈 그리고 여기 이 지역에서 자라고, 어떤 차경농민이나 판매하게 마련인 모든 것들이 20년 전보다 두 배 이상이나 비싼데, 토지임차료

---

75) Beningas Ostfriesischer Chronik aus dem Jahre 1543, mitgeteilt in einem längeren Auszug von F. Swart, *Zur friesischen Agrargeschichte*, 1910, pp.201f.

나 지대는 이에 상응하게 오르지 않았다." 1년이 더 지나면, 사람들은 "차경농민에게서는 금화를 그리고 영주들에게서는 빈 주머니만 발견하게 될 것이다." 이러한 사정은 물론 지방마다, 심지어 촌락이나 농장마다 상이했을 것이다. 지대(Grundrente)의 분배에 대해서는 일반적으로 통용되는 진술을 거의 할 수가 없다.

토지가격, 농민소득, 토지투기

1530년에 『작센-에르네스트령(領)의 주화(鑄貨)에 관한 논쟁서』를 저술한 익명의 필자는 그의 논고 한 절에 "토지가격의 상승"이라는 제목을 붙였다.[76] 이 소절에서 그는 작센과 독일의 다른 영방(領邦)에서 토지가격이 지난 수십 년 사이에 엄청나게 올랐다고 서술했다. "사람들은 프랑켄, 슈바벤, 바이에른 그리고 마르크 지방에서 이 사태를 탐구하고 있다." 유감스럽게도 이 익명의 필자는 지가상승의 사례를 몇 가지라도 보고하지 않았다. 나중에 독일에서 사람들은 이 사태에 대한 흥미를 잃어버렸다. 그리하여 이 시기로부터는 토지가격의 동태에 대하여 쓸 만한 정보가 거의 없다.[77]

이에 반하여 프랑스의 연구는 아주 풍부한 가격의 계열자료를 수집해 내었는데, 이로부터 16세기에 전개된 아주 급격한 토지가격의 등귀를 읽어낼 수 있다. 다브넬[78]과 라보[79]가 출간한 방대한 자료에서 몇 가지 예를 들어보자. 푸아티에 근처 프티-기녜폴(Petit-Guignefol)의 차경지(Métairie)는 1531년에 제1차 세계대전 전의 프랑화(=은 4.5g 또는

---

76) Hg. von Lotz, *Die drei Flugschriften……*, 1893, p.48.
77) 언급할 만한 것은 다음과 같은 정도밖에 없다. 알텐부르크에 소재한 기사령 카르타우제는 1578년에는 4,100굴덴에, 1615년에는 8,950굴덴에 매각되었다 (W. Löbe, *Geschichte der Landwirtschaft im altenburgischen Osterlande*, 1845, p.45).
78) D'Avenel, *op. cit.*, I, pp.356f.
79) P. Raveau, "L'agriculture et les classes paysannes dans le Bas-Poitou au XVIe siècle," in: *Revue d'Histoire Écon. et Soc.*, 1924, p.382.

0.8라이히스마르크)로 환산해서 약 2,700프랑에 매각되었다. 70년 뒤, 1599년에는 동일한 토지가 1만 3,500프랑에 양도되었다. 이 기간에 판매가격은 5배 이상이나 올랐다. 샤토뇌프-앙-티므레(Châteaunef-en-Thimerais) 남작령(Baronie)은 1370년에 1만 140프랑에서 1600년에는 20만 400프랑으로 올랐다. 메유부아령(Seigneurie Maillebois, 외르-에-루아르Eure-et-Loir 지방 소재)의 매각대금은 1383년에 6,200프랑이었던 것이 1611년에는 37만 2,800프랑으로 올랐다. 자르낙에 소재한 어떤 토지는 다음과 같이 매각되었다. 즉 1441년에는 1만 1,300프랑, 1587년에는 5만 4,400프랑, 1593년에는 7만 프랑으로.

이러한 가격자료를 음미할 때는 물론 다음의 몇 가지 사항을 유의해야 한다. 우선 프랑스에서 장기적인 자본투자의 이자율은 15세기 중엽에서 17세기 초까지 떨어졌던 것으로 보인다. 그리고 이러한 가격이 토지개량, 생산설비*의 변동 및 봉건적 권리와 부담의 변동에 의해 얼마나 영향을 받았는지는 확실하지가 않다. 세 번째로 프랑스의 토지가격 변동은 특히 아주 낮은 상태에서 출발했다. 왜냐하면 잉글랜드와 백년전

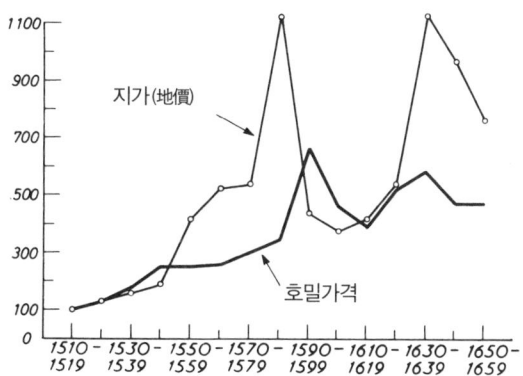

〈도표 29〉 벨기에의 토지 및 호밀가격, 1510/19~1650/59
(주화에 함유된 은의 중량, 1510/19=100)

---

* 농구와 역축 등.

쟁을 치르는 동안에 프랑스의 여러 곳에서 토지는 거의 무가치하게 된 것이나 다름이 없었기 때문이다. 이와 같이 특수한 사정에 의한 타격을 거의 받지 않은 것으로 보이는 것이 벨기에의 토지가격인데, 이는 〈도표 29〉로 제시되고 있다.[80]

토지가격은 16세기의 80년대까지 호밀가격보다 더욱 격심하게 올랐다. 그러고 나서 폭락하는 경향이 이어졌는데, 이는 이 시기의 전쟁과 연관된 것이었다. 그리고 다시 한 번 호밀가격을 훨씬 능가하는 상승현상이 나타났다.

독일에 대해서는 다만 몇 개 단편적인 필지(Parzellen)의 가격이나 보고하고, 프랑스에서 출처한 가격과 비교하는 정도에 그칠 것이다. 이 경우에 다브넬이 정리한 나라 전체의 평균치에 의존할 필요는 없다. 이 평균치는 도식적인 계산의 산물이라기보다 광범한 자료에서 획득해서 파악하기 좋은 형태로 가공한 관찰의 결과에 불과하다.[81] 왜냐하면 더욱 협소하게 한정된 지역에 대해서나 더 정확한 수치가 나오기 때문이다. 이 수치는 푸아티에와 몽모리용의 주변지역에 관련되는 것이다.[82]

---

80) J. Ruwet, *L'agriculture et les Classes rurales au Pays de Herve sous l'Ancien Régime*, Paris 1943, p.103.

81) 다브넬(*op. cit.*, II, pp.508f.)은 예외적인 가격수치를 고려하지 않는 것이 옳다고 여겼다. 왜냐하면 프랑스와 같이 광대한 지역에서는 토질과 교통입지에서의 차이가 가격 차이를 크게 하는 조건이 되기 때문이다. 그런데도 그가 가격변동을 거의 올바르게 파악했음은 다브넬에 대한 매우 많은 비판에 반해서 주변적으로나마 간단히 언급해둘 필요가 있다. 다브넬에 의하면 1헥타르의 경작지 가격이 프랑스 전체의 평균치로 보아 1451/75년의 1/4세기간에서 1576/1600년의 1/4세기까지 은의 그램(g) 단위 중량으로 환산해서 다음과 같은 수치로 증가했다. 즉 217, 439, 427, 541, 864, 1,317. 이 계열의 마지막 수치를 다음의 〈표 13〉으로 보고한 더 협소하게 한정된 지역의 가격과 비교하면, 이 두 계열의 수치가 변동하는 데 그다지 각별한 차이가 나지 않음을 알게 된다.

82) 푸아투의 경작지 가격은 라보의 저작(Raveau, *op. cit.*, pp.383f.)에서 취했는데, 이 가격은 라보가 리브르화(貨) 단위(Livre Tournois)로 보고했다. 리브르화의 환산에는 라보가 동시에 그의 저작(Raveau, *op. cit.*, p.4)에서 전재한

드 베일리(De Waillys)의 주화가치 환산표를 이용할 수 없었다. 이 표는 너무나 많은 오류를 내포하고 있기 때문이다(드 베일리의 주화가치 환산표에 대해서는 Wiebe, *Preisrevolution*을 참조). 오히려 리브르화의 은 함유량을 다브넬이 작성해놓은 표(D'Avenel, *op. cit.*, I, p.483)에 따라 산출했다.

아이더슈테트의 가격은 다음의 저작에서 제시된 가격기록에 따라 산출했다. Ivar Peters, *Jahrb. d. Eiderstedter Gesch. von 1100~1620*(im Eiderstedter Propstei-Archiv) 및 Peter Sachs, *Annales Eiderstadiensium*, 1637(Abschrift im Heimatmuseum Garding). 가격을 연대기 작가들은 1데마트(Demat)에 대한 뤼베크의 마르크화로 보고했다. 아이더슈테트의 1데마트는 오늘날 216평방루테(Quadratruten)로 환산되는데, 1평방루테는 21평방미터에 해당하므로 이는 대략 1/2헥타르 정도의 면적에 달한다. 아이더슈테트의 데마트는 이미 16세기에도 동일한 면적내용을 갖추고 있었던 것으로 보인다. 물론 1567년에는 18피트 대신에 16피트에 상당하는 더 작은 루테 단위가 새로이 도입되었으나, 작스는 이에 대하여 다음과 같은 소견을 진술했다. 즉 이 새로운 단위의 도입으로 데마트는 더 커졌다고 하는데, 이는 단지 명목적 내용이 루테로 측정해서 더 커졌다는 뜻으로, 결국 실질적 내용은 거의 불변 상태였다는 바를 의미할 것이다.

뤼베크의 마르크화에 함유된 은의 중량은 1551년까지에 대해서 다음의 저작이 보고하고 있다. W. Jesse, "Der Wendische Münzverein," in: *Quellen u. Darst. z. Hans. Gesch. N. F.*, VI, 1928, Tabellenanhang, p.209. 1619년에 뤼베크의 마르크화는 다음과 같은 기준으로 주조되었다. 즉 1마르크의 순은(233.855g)에서 27마르크가 주조되었는데, 이로써 1뤼베크 마르크화는 약 8.66g의 순은을 함유하게 되었다. 그사이의 기간에 대해서 뤼베크 마르크의 운명은 불확실하다. 앞에 지적한『작스의 연대기』에서 1575년에 대해서는 다음과 같은 주기(註記)가 보인다. 즉 "라이히스탈러는 지금까지 2마르크로 평가되었는데, 이제는 3마르크로 평가된다"는 것이다. 라이히스탈러는 1566년에 체결된 아우크스부르크의 주화협정 이래 25.98g의 순은을 함유하도록 주조되었기 때문에, 뤼베크 마르크의 환산가치는 떨어졌고, 이로써 뤼베크 마르크의 순은 함유량은 대략적인 비례관계로 보아 12.99g에서 8.66g으로 떨어진 것이 확실하다. 1551년의 주화에 대해서 예세(Jesse)가 시도한 마지막 산정에 의하면 이에 반하여 아직도 17.6g의 순은 함유량을 보이고 있다. 따라서 귀금속 함유량의 축소는 이미 선행되었음이 틀림없는데, 이는 아마도 1572년으로 상정된다. 바로 이 해에 뤼베크는 새로운 주화조례(Münzordnung)를 획득했다. 그러나 1567년 이전에는 어찌 됐든 이런 일이 일어나지 않았던 것으로 보인다. 왜냐하면 작스가 1551년과 1567년에 대해서 보고한 금화(Golddukaten)에 대한 뤼베크 마르크의 교환비율은 뤼베크 마르크의 평가절하로 해석되지 않기 때문이다. 1575년 이래 아이더슈테트에서 유통되던 뤼베

〈표 13〉 1헥타르의 경작지 가격: 독일(아이더슈테트)과 프랑스

(수치는 은의 g 중량)

시기	푸아티에, 도시 경역	푸아티에, 주변농촌	몽모리용, 주변농촌	아이더슈테트 (홀슈타인)
1501~1525	495	222	234	350
1526~1550				784
1551~1575	828	322	373	2,135
1576~1600	1,585	912	795	5,193

위에 제시한 〈표 13〉에서 다음과 같은 현상이 발견된다. 푸아투(푸아티에와 몽모리용)에서는 토지가격이 16세기 전반기에서 같은 세기의 마지막 4분기까지 3배 이상이 올랐다는 것이다. 여기에 열거된 계열자료는 장기간의 동향에 대한 평균치 정도나 겨우 제시한 것뿐으로서, 세기의 마지막에 이루어진 더욱 급속한 상승은 제대로 반영하지 못하고 있다. 1헥타르의 경지에 대하여 200에서 213리브르(순은 2,340~2,500 g)에 달하는 가격은 세기말 푸아투에서 드물지 않은 것이었다. 심지어 샤루(Charroux) 주변의 목초지에 대해서도 1600년경에는 헥타르당 1,200리브르까지나 지불되었는데, 이는 은의 중량으로 환산하면 6,660g 이상이 되는 것이다.[83]

크 마르크의 순은 함유량은 더 이상 떨어지지 않았던 것으로 보인다. 『아이더슈테트의 연대기』에는 추가적인 가치절하에 대해서 하등의 보고가 없다. 또한 그다음의 여러 해에 대하여 『아이더슈테트의 연대기』에 뤼베크 마르크화로 기록된 곡가도 이 주화를 8.66g의 은으로 계산하면, 한젠(Hansen)이 같은 기간에 대해서 수집한 뤼베크의 곡가와 충분히 부합한다.
또한 한젠의 연구도 별도로 지적하고자 한다. Hansen, *Beiträge zur Geschichte des Getreidehandels der Freien und Hansestadt Lübeck*, 1912. 한젠은 129쪽 이하에서 뤼베크의 호밀가격을 뤼베크의 셰펠과 실링으로 보고했다. 뤼베크의 셰펠은 약 34.5리터에 해당한다. 뤼베크 실링의 순은 함유량은 예세의 연구에서 취할 수 있는데, 이렇게 해서 한젠이 제시한 가격자료는 비교를 위해서 이용할 수 있다.

홀슈타인의 아이더슈테트에서는 〈표 13〉의 마지막 칸에 제시된 바와 같은 가격이 16세기의 첫 1/4분기에서 마지막 1/4분기까지 대략 15배로까지나 올랐다. 이와 같이 현격한 상승은 부분적으로 통계형식상의 이유로 설명이 된다. 프랑스——그리고 아이더슈테트 지역에서 1526/50년과 1551/75년에 대해서도——에서 보고된 수치는 실제로 장기간에 대한 평균치임에 반하여, 16세기의 최초와 마지막의 25년간 아이더슈테트에 대한 단 두 개의 수치는 물론 전 지역에 대해서 대표적인 기록을 제시한 것이다. 이에 관련된 보고는 다음과 같다. 1515년에 이루어진 연대기 작가 이바르 페터스의 보고에 따르면, 홀슈타인 공작이 콜덴뷔텔(Koldenbüttel) 사람들에게 100데마트의 토지를 600(뤼베크)마르크에 내놓았다고 한다. 그러나 북해 연안의 불모지에 거주하는 주민들이 400(뤼베크)마르크를 더 제안했다고 한다. 그러면 1헥타르의 토지가 10(뤼베크)마르크 또는 350그램(g)의 순은으로 계산되었다는 것이다. 16세기 말경에 연대기 작가 페터 작스는 이렇게 보고했다. 즉 1데마트의 토지는 300(뤼베크)마르크——따라서 1헥타르는 대략 5,190g의 순은——의 값이 나갔다는 것이다. 이 두 기록은 통틀어 결국 약 100년간에 전개된 가격상승의 시작과 끝을 가리키는데, 이러한 가격상승을 장기적인 평균치로 보면 그렇게 현저하게 두드러지는 것은 아니다.

그러나 아이더슈테트에서 발견되는 이렇게 엄청난 지가상승에는 매우 현실적인 근거도 있었다. 이 세기에 전개된 거대한 농업경기변동의 조건에서 네덜란드에서 슐레스비히까지에 걸치는 해안지대는 더욱 각별하게 이득을 본 지역이다. 토질과 기후조건이 유리했던 이 지역에서는 당시에 앞서 서술한 바와 같은 집약적인 농경과 목축업이 형성되고 있었으며, 그 생산물, 특히 버터와 치즈는 북서유럽의 항구도시와 수공업 중심지에서 절찬리에 판매되고 있었다. 여기에서 튀넨의 고리도식*

---

83) Raveau, *op. cit.*, pp.364, 368.

* 임의의 도시를 둘러싼 토지이용방식과 지가의 관계를 동심원 고리의 도식으로 설명한 이론. 도심에서 멀어질수록 토지이용이 조방적이며, 이에 따라 지가와

에 따라 당시의 세계에서 '도시'로의 수송이 유리하도록 조성된 규제된 곡초식 농업지대가 성립했는데, 이는 더 멀리 떨어진 지역에 설정된 삼포식 농업지대보다 더 높은 지대수입(Grundrente)을 산출했다. 이 시기에 거둔 막대한 이득을 디트마르셴에서는 오늘날에도 호화로운 농민의 응접실, 교회의 조각품, 건초적재창고를 갖춘 농민의 거대한 벽돌집 등이 웅변으로 말해주고 있다. 일부의 농민들은 세기말에 집의 지붕을 동(銅)으로 씌우고 집 앞에 대포를 거치했다고도 한다. 그리고 오늘날에도 16세기 말에 아이더슈테트 지방에서는 쇠나 놋쇠보다 금과 은이 더 많이 있었다는 이야기가 떠돌고 있다.

  이러한 현상은 우리의 시각을 다시금 농민의 소득으로 유도한다. 디트마르셴에서는 농민들이 토지와 그들이 바친 노동의 수확물을 손실 없이 온전히 장악할 수 있었다는 바로 그 이유에서 그 소득이 매우 높았다. 왜냐하면 디트마르셴은 자유로운 농민공화국으로서, 옛 게르만족이 누리던 인민적 자유와 정치적 자립성이 16세기까지 유지되었기 때문이다. 비록 농민들이 1559년의 격전 끝에 덴마크 왕과 홀슈타인 공작에게 복속되었다 해도, 이들은 인신적 자유와 갖가지 특권을 건져낼 수 있었다. 농민들은 그 '토지, 유산 및 소유물'을 보장받았고 그들의 공납과 부역에 일정한 제한을 획득했다. "마치 프리슬란트, 슈트란트, 아이더슈테트, 크렘프 및 빌스터마르셴 지방의 농민들이 유지하고 있는 바와 같이"라고 영주들도 준수했던 것으로 보이는 복속계약에 기록되어 있다.

  이와 같이 근소한 공납의무와 결부된 양호한 보유권은 독일의 다른 여러 지방에도 있었는데, 특히 알프스 및 그 주변 지역, 동부 스위스의 독일어 사용권, 상부 바이에른 및 슈바벤 지역에 밀집해 있었다. 그러한 종류의 보유권이 지나치게 영세한 경영규모와 연결되어 있지 않았던 곳에서는, 또한 농민의 복지상태가 실현되기도 했다.

  지대도 저렴해진다.

이러한 현상은 다른 무엇보다도 농민의 가옥에서 알아볼 수 있는데, 이러한 지역에서 발견되는 농민의 가옥은 15세기 말부터 거주공간이 부엌, 거실과 내실로 나뉘는 것이 보통이었다. 16세기에는 농민가옥의 거실이 더욱 풍부한 예술적 형상을 갖추게 되었고, 이 세기의 후반에는 사방에 장식널을 댄 벽이 나타났는데, 이는 아직도 박물관에서 보는 이의 감탄을 자아내고 있다.[84]

동부 독일 지방에서 그러한 보유권은 더욱 드물었다. 그러나 여기에서도 아주 없었던 것은 아니다. 포머른 지방에서 연대기 작가 토마스 칸초프(Thomas Kantzow)가 16세기의 30년대에 보고하기를,[85] 포머른에는 자신들이 거주하는 농장을 유산으로 받는 농민이 일부 있었다고 한다. "이들 농민들은 매우 적은 지대를 납부하고 특정한 부역을 부담한다. 이들의 처지는 매우 유복했는데, 누군가가 농장에서 더 오래 살고, 자식들을 계속 살게 하는 것이 마음에 들지 않으면, 그는 영주의 동의를 얻어 농장을 팔고, 판매대금의 1/10만 영주에게 바친다."

칸초프의 계속되는 보고에 따르면, 이런 농민들은 시민들보다 뒤처져 있으려고 하지를 않았다. 이들은 "한때 귀족이나 도시민이 그랬던 것처럼 잉글랜드산(産)이나 다른 좋은 옷을 걸치고 있었으며, 이런 것으로 스스로를 너무나 높이 올려 뻐기기 때문에 타인들에게 불쾌감을 주기도 한다. 그리하여 이들은 모든 물품 가격을 아주 높이 올려놓아서 이제 온갖 것이 늘 그러했던 것보다 매우 비싸졌다. 그리고 좋은 시절이 아예 지나갔다"고 칸초프는 말했다. 그는 포머른 공작의 서기로 근무했는데, 농민들의 과욕이 농산물가격의 상승을 초래했다는 오해를 한 것이다 (!). 아마도 그 반대로 보는 편이 더 타당했을 것이다.

그밖에 포머른과 동부 독일의 다른 부분에서는 다른 형태의 농민들도 있었다. "이들은 농지에 대해서 하등의 상속권을 갖고 있지 않으며, 영

---

84) 이러한 발전에 대한 인상을 잘 전해주는 것으로는 무엇보다 뮌헨에 소재하는 바이에른 국립박물관의 풍부한 소장물이다.
85) Pomerania, hg. v. G. L. Kosegarten, II, 1817, pp.406, 416.

주에게 그들이 얻을 수 있는 것보다 더 많이 봉사해야 한다. 그리고 그러한 봉사의무를 넘어서 그들 자신을 위한 일을 할 수 없다. 그래서 이들은 빈궁해지고 심지어는 도망가기도 해야 한다. 이러한 농민들의 처지를 말하는 다음과 같은 속담이 있다. 즉 그들은 일주일에서 오직 6일만 노역을 하고, 7일째는 편지를 배달한다는 것이다. 따라서 이 농민들은 인신이 구속된 처지(leibeigen)와 그다지 다를 바가 없다. 왜냐하면 영주는 그가 원하기만 하면 언제든지 이들 농민을 추적하기 때문이다. 만약 농민들이 다른 곳으로 이주하려고 하거나 아니면 그 자식들을 다른 곳으로 보내려고 한다든지, 그리고 이런 일을 영주의 허가 없이 한다고 하면, 그들의 농지가 몰수된다 해도, 영주들은 이들을 자신의 예속민으로서 다시 붙잡아 온다."

이 부분은 끝까지 읽어볼 만한 가치가 있다. 이는 농민에 대한 압박과 강제가 어느 정도까지 행해질 수 있었는지를 알려주기 때문이다. "그리고 이러한 농민의 자식들은, 아들이든 딸이든 그들의 영주에게서 토지를 받아서는 아니 된다. 영주가 이들에게 각별히 조치를 취한다. 왜냐하면 그들의 아버지가 경작하던 농지를 넘겨받는 것으로는 충분하지 않고, 이들은 또한 다른 황폐된 농지를 영주가 원하는 곳에서 넘겨받아 경작을 해야 하기 때문이다. 그러나 이들 다수는 도망가거나 몰래 이주를 해서, 농지는 다시 황폐해진다. 그러면 영주는 그곳에 거주할 다른 농민을 구하는 궁리를 해야 한다. 떠난 농민이 농지에 생활과 경작을 지탱할 수 있는 수단을 아무것도 남겨놓지 않았으면, 영주는 새로이 농지에 오는 자에게 말, 소, 돼지, 쟁기, 수레, 종자 및 다른 여러 가지를 제공해야 한다. 이로써 그는 비로소 경작지와 농장을 경작할 수 있으며, 게다가 종종 수년간 납공의무에서 면제되기도 한다. 그리고 이 농민은 그의 자식 모두와 함께 다른 농민들과 마찬가지로 예속농민이 된다. 그러나 그 또는 그의 자식들이 영주의 동의를 얻어 다시 떠나려고 하면, 그들은 농장에서 받은 모든 것과 그곳에 부속된 토지를 내놓아야 한다. 그리고 이들은 사소한 이유로도 몰려날 수 있으며, 달리 도망갈 수밖에 없다."

서부 독일의 영주와 달리 동엘베 지방의 기사는 오래전부터 농업경영자였다. 16세기의 가격혁명이 영주들이 거두는 화폐수입의 가치를 떨어뜨리자, 이에 반하여 자가경영은 막대하고 증대하는 이익을 내기 시작했다. 그리하여 기사들은 용병대의 등장으로 군사적 봉사에서 면제되면서 이전보다 더욱 열심히 자신의 농업경영에 몰두했다. 농민보유지를 희생시키면서 영주들의 농장은 더욱 확대되었다. 농민과 그 자식들은 더욱 많이 노동부역에 동원되었다. 이때에 동부 독일에서는 농민의 인신적 예속이 강화되었다. 그리고 농민들이 자주——도처에서는 아니지만[86]——험난한 곤경에 빠졌던 반면, 농장영주들의 권력과 부는 증가했다.

지대의 분배 문제를 깊이 파악하는 시도는 쉬운 일이 아니다. 프랑스 귀족의 일부는 지대를 인상할 능력이 없어서 빈궁해졌다. 독일 귀족의 일부는 그들의 영방군주들이 증대하는 농민경영의 수익을 세금으로 뽑아가려고 했기 때문에 관례적인 농민의 납부가 제한되는 상황에 봉착했다. 부유한 수도원들도 그들의 수입보다 그들의 영방군주들과 주교들이 제기하는 매우 많은 요구사항이 인상되었기 때문에 부채를 지게 되었다. 위로 국왕과 교황에 이르기까지 농업이 산출하는 증대하는 수익의 분배에 참여하려고 했다.

---

86) 포머른에서만 유복한 농민들이 있었던 것은 아니다. 동일한 현상은 동프로이센에 대해서도 알려지고 있다. G. Aubin, *Zur Geschichte der gutsherrlich-bäuerlichen Verhältnisse in Ostpreußen*, 1911, p.142. 유사한 보고는 개별적으로 동부 독일의 다른 부분에서도 나오고 있다. 그러나 유감스럽게도 이미 칸초프가 구분했던 바와 같은 두 집단의 농민들이 양적으로 서로 어떤 관계에 있었는지에 대해서는 아직도 전면적인 개관이 이루어지지 않았다.

도시의 시민들도 이러한 대열에는 빠지려고 하지 않았다. 서유럽 도처에서 도시의 자본은 이 16세기에 토지소유를 위한 투자에 끼어들었다. 고지독일에서는 이러한 대열의 최정점에 푸거(Fugger) 가와 벨저(Welser) 가가 있었다. 작센에서는 광산경영자, 대상인, 직물제조업자 그리고 대학교수들과 국가의 관리들조차 농민보유지, 심지어 기사령의 매입에 관여했다.[87] 북부 독일에서는 소규모의 만물상(Krämer)이나 수공업장인들도 다소라도 여유자금[88]이 생기면 기꺼이 토지를 구입하는 데 투자했다. 잉글랜드에서는 헨리 8세 시대의 한 청원서에서 다음과 같이 알려지고 있다. 즉 여기에서는 기업적인 상인, 직조업자, 금세공업자, 푸주업자, 무두장이 및 기타 등 "정신이 나간 탐욕스러운 사람들"이 규탄되고 있는데, 이들은 "나날이 그들이 곡물을 재배할 수 있는 것보다 더 많은 토지를 매입하고 있다"는 것이다. 1535년경에 잉글랜드에서는 상인들의 토지매입을 제한하고자 하는 법안이 고려되기도 했다.

---

[87] Melchior v. Ossa(1506~57): 작센의 어떤 정치가는 도시에 거주하는 자들이 귀족 출신이 아니라면, 농촌의 기사령에 손대는 것을 금지하는 법령(Ordnung)을 요구했다. 왜냐하면 도시의 사람들은 부분적으로 각종의 수공업과 다른 종류의 영업에서 쉽사리 돈을 벌 수 있는데, 이들은 그다지 큰 불리함 없이 토지를 매입하는 데서 귀족 출신을 매입액으로 압도하고, 다른 사람들을 매입에서 배제할 수 있기 때문이라는 것이다. 이러한 조례는 도대체 발포된다 하더라도 별로 겁내는 자가 없었을 것이다. 이에 대해서는 다음의 논고가 제공하는 보고에서 알 수 있다. K. H. Blaschke, "Die Landesgeschichte und ihre Probleme in Sachsen," in: *Blätter für deutsche Landesgeschichte*, 94, 1958, p.135.

[88] *Das ostfriesische Urkundenbuch, aus dem Swart, op. cit.*, pp.205f. 이 증서집에는 16세기 도시주민이 행한 토지구입에 대한 보고가 무수하게 수록되어 있는데, 토지구입은 부분적으로 매우 소규모의 단위로, 심지어 약 반 헥타르에서까지 이루어지고 있었다. 엠덴 시의 시장은 1527년에 자신이 갖고 있는 모든 돈을 토지에 투자했다고까지 말했다. 16세기 중엽 디트마르셴의 농지에 도시의 시민들이 강력하게 관여했다는 점에 대해서 다음의 논고가 주의를 환기시킨다. R. Hansen, "Zur Topographie und Geschichte Dithmarschens," in: *Zeitschrift der Geschichte für Schleswig-Holst. Geschichte* 27, 1897, pp.230f.

얼마 지나지 않아서는 심지어 이들을 비난하는 가요까지 나왔다. "장사꾼이 그저 장사일에만 열중하면, 그가 빵을 얻을 수 있는 토지가 저절로 따라온다."[89] 프랑쉬-콩테[90]에서도 그리고 푸아투[91]에서도 16세기가 경과하면서 도시의 부르주아들이 대대적인 규모로 토지를 매입했다는 사실을 확인할 수 있었다. 물론 이들이 토지를 다시 임대했는지, 아니면 자신이 직접 경영했는지는 부차적인 문제이지만. 프랑스의 일부 지역에서는 무수한 원매자(願買者)들 사이에 "토지를 둘러싼 노골적인 투쟁"(라보)이 벌어지기도 했다. 이곳 프랑스에서나 중부 유럽의 다른 나라에서나 토지를 매입하는 부르주아들의 동기는 아주 다양했다. 일부는 사회적 계층 질서의 사다리에서 높은 위치로 올라가려고 했고, 다른 일부는 안정을 희구했으며, 또 다른 일부는 아마도 상업과 각종의 영업행위에서 이익을 위해 나날이 치르던 거친 투쟁 끝에 평안한 삶을 누리고 싶어했을지도 모른다. 그러나 유럽 전역을 통틀어서 16세기에 토지소유가 보장했던 증대하는 이익이 중요한 역할을 수행했을 것이다.

4. 실질임금의 하락

실질임금과 '곡물임금'

중부 유럽 대개의 나라에서 임금은 식량가격과 지대(Grundrenten)에 훨씬 못 미치는 상태에 머물러 있었다. 이 문제는 이미 지적된 바 있다(이 책, 275쪽 이하). 그러나 이러한 지적은 좀더 보충할 필요가 있다. 왜냐하면 지금까지 노동은 주로 생산요소로서, 그리고 임금은 경영

---

89) L. Brentano, *Eine Geschichte der wirtschaftlichen Entwicklung Englands*, II, 1927, p.79 ; R. Faber, *Die Entstehung des Agrarschutzes in England*, 1888, pp.22f.
90) L. Febvre, *Philippe II et la Franche-Comté*, 1911, pp.242f.
91) P. Raveau, "L'agriculture······ dans le Haut-Poitou au XVIe siècle," in : *Revue d'Histoire Écon. et Soc.*, 1924, pp.341f.

비용으로서 고찰되었지, 소득 자체로서는 고찰되지 않았기 때문이다. 그리고 임금이 소득으로서 갖는 의미가 부상되기 때문에, 관찰 범위를 더욱 멀리 설정하고, 실질임금의 하락과 연관되었던 몇 가지 현상에 대해서 보고해야 할 과제가 이 자리에서 제기된다.

우선 중부 유럽에서 걸인의 무리가 증대한 현상을 들 수 있다. 전란(戰亂)과 자연재해가 모든 시기에서 인간을 정상적인 노동에서 이탈시켰다. 프랑스와 잉글랜드 사이의 백년전쟁도 14세기 후반과 15세기 전반, 프랑스의 황폐화된 부분에서 거대한 걸인의 떼가 형성되게 했다. 그러나 당시에는 도처에서 노동의 기회가 충만해 있었고, 임금도 높은 수준에 있었다. "중세(프랑스) 동안 농업노동자의 실질임금이 그렇게 높았던 적은 없었다. 그리고 다음의 여러 세기에서도 실질임금이 15세기의 마지막 4분기 때와 같은 수준에 도달한 적은 다시 없었다"라고 다브넬은 평가했다. 그의 통계처리는 많은 비판을 불러일으켰으나, 기본적인 선에서는 반박될 수 없었다.[92] 16세기에 들어 비로소 중부 유럽 전역에서는 실업이 급격히 증가했다.

프랑스에서는 이미 르바쇠르와 좀바르트가 일련의 당대적 보고를 취합했는데, 이 보고는 하나같이 걸식행각의 만연을 증언하고 있다.[93] 그래서 예를 들면 1578년 아미엥의 배심원들은 5,000~6,000명의 노동자들이 "유복한 시민들의 적선으로 근근이 살아가고 있다"고 보고했다. 세기말의 몇 년 동안 레투알(L'Estoile)은 "빈민의 행렬이 파리의 거리마다 넘쳐나서 도대체 길을 지나갈 수 없을 지경"이라고 말했다. 잉글랜드에서는 1500년 이전에는 아주 소수의 걸인밖에 없었는데, 16세기에는 하나의 만성적인 재앙이 되었다. 토마스 하만(Thomas Harman)의 보고에 따르면 이미 1521년경에는 매우 많은 부랑자들이 통행을 불안하게 만들어버렸음이 틀림없다. 또한 1580년경 윌리엄 해리슨(William

---

92) D'Avenel, *op. cit.*, III, p.38.
93) I. Levasseur, *La Population Française*, I, 1889, pp.188f.; W. Sombart, *Der moderne Kapitalismus*, I, 2, 1919, pp.788f.

Harrison)은 일거리가 없어 떠도는 무수한 걸인에 대해 심각한 걱정을 토로했는데, "이들의 수가 급증한 것은 기껏해야 한 60년 전부터인데, 최근에는 아예 나라의 공공연한 재앙이 되어버렸다"[94]는 것이다. 덴마크에서는 1600년경에 "온 나라를 피폐시키고 빨아먹는 부랑배 무리"가 떠돌고 있었다.[95] 독일에서는 이미 1514년에 유랑인에 대해서 한탄과 불만을 토로하는 저작(*Liber vagatorum*)이 나타났다.

마르틴 루터도 자주 자기 시대의 걸인무리에 대해서 언급한 바 있다. 울리히 폰 후텐(Ulrich von Hutten)을 비롯한 다수의 당대인들은 이 비상사태를 해소하기 위한 방도를 찾아 헤맸다. 영방군주들도 이러한 노력에 가담했다. 이들은 "주인 없는 머슴, 부랑배 및 걸인에 대해서" 그리고 또 "주인 없이 떠도는 머슴, 도제, 무위도식배 및 걸인에 대하여"라는 등의 법령, 칙령 및 훈령을 발했다. 밀리우스의 브란덴부르크-프로이센 칙령집에는 1565년부터 1735년까지의 시기에 대하여 걸인과 빈민――이 두 부류는 당시에는 거의 분리되지 않는 것이었다――에 관련된 법령이 50개 이상이나 포함되어 있다.[96]

실업의 증대와 관련하여 **동업조합**(길드, 춘프트)이 형해화(形骸化)되거나 화석화되는 경향이 나타났다. 이 문제에 대해서는 아마도 독일의 사정을 지적하는 정도로 충분할 것이다. 왜냐하면 여기는 동업조합의 폐해에 대한 불만이 16세기 이래 그친 적이 없었던 곳이기 때문이다. "춘프트에 가입하기 위한 수수료, 수업료 및 직장(Meister) 승급료가

---

94) 특히 다음의 저작을 참조하라. E. M. Leonard, *The early history of English Poor Relief*, 1900, pp.11f.
95) Christensen, *Histor. Tidskrift*, 10, 1, 1930/31, p.464.
96) 위에 인용한 법령은 밀리우스의 법령집에서 1595년 4월 10일 및 1599년 10월 20일 항목에 나타난다. 이 법령집에서 추출되는 기타의 전거에 대해서는 이하의 논저를 참조하라. W. Abel, *Massenarmut und Hungerkrisen im vorindustriellen Europa*, 1974, pp.28f.(특히 다음의 소절: "Die Anfänge des Pauperismus"), 또한 K. Hinze, "Die Arbeiterfrage zu Beginn des modernen Kapitalismus in Brandenburg-Preußen," in: *Veröff. d. Ver. f. Gesch. d. Mark-Brandenburg*, 1927, pp.13f.

너무나 과다하게 거두어졌다. 값이 비싸고 그 낡아빠진 양식 때문에 나중에 팔 수가 없는 직장승급 작품도 다반사였다. 이른바 '별식'을 접대해야 하는 대규모의 연회는 종종 이제 막 일이나 수업을 시작하는 직인이나 도제들이 평생 동안에 갚아야 하는 채무를 지도록 강요했다." 힌체는 슈몰러나 다른 연구자들의 견해에 동의하여 춘프트의 폐해를 이렇게 서술했다. "다른 규정은 일정한 인구집단을 배제함으로써 춘프트에 가입할 수 있는 자격자의 범위를 좁혀놓았다. 예컨대 도제가 되기 위해서는 결함이 없는 출생이 요구되었다. 그리하여 일정한 직업집단의 출신들은 배제되었다. 즉 도시에 속한 머슴, 법정근무자, 경지감시인, 목동, 탑루파수꾼 및 야경꾼, 시체매장업자, 골목청소부 및 목욕업자──이들 모두는 열등한 출생이라는 평판이 나 있어 다른 업종의 직업으로 옮겨 갈 수 있는 기회가 전혀 없었다.

마침내 모든 것 중에 가장 강도가 높은 조치가 나타났다. 즉 일정하거나 부정기적인 기간에는 아예 춘프트를 폐쇄하여, 직장(Meister)의 수를 폐쇄적으로 제한하는 것이었다. 바로 이러한 규정이나 조치에서 '영원한 직인'(ewige Geselle)이 비롯되었다"(K. 힌체).

이러한 현상이 바로 **실질임금의 하락**과 직결되었다! 잉글랜드의 역사가들은 임금의 구매력을 현대식 방법으로 측정하는 시도를 했다. 이들은 건축노동자들의 화폐임금을 일군의 물품과 대조시켰는데, 이는 가장 중요한 식품과 함께 일부의 직물, 가죽제품 그리고 다른 몇 가지 일상용품을 포함한다. 이 상품군의 가격은 1450~99년과 1610~19년 사이에 5배로 올랐다. 이러한 상품군에 맞추어 측정하면 남부 잉글랜드의 건축노동자들이 받은 임금은 출발 당시 수준의 반에도 미치지 못하는 정도(40%)로 떨어졌다[97](〈도표 30〉).

프랑스와 독일에 대해서도 노동자와 수공업자 부인네들의 '장바구

---

[97] E. H. Ph. Brown and V. Hopkins, "Seven centuries of the prices of consumables, compared with builders'wage rates," in: *Economica*, N. S. 13, 1956.

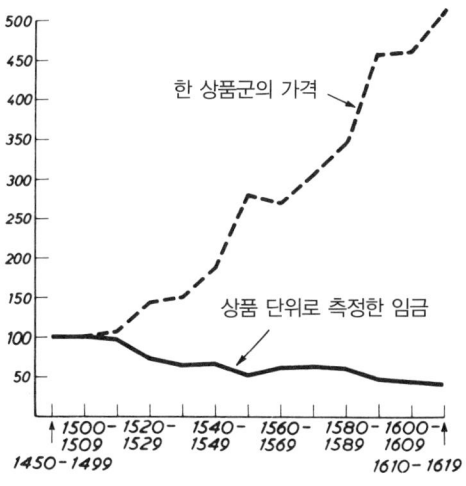

〈도표 30〉 건축노동자의 구매력
(남부 잉글랜드, 1450/99~1610/19)

니'에 들어가는 물품에 대한 임금의 구매력을 대강이나마 산출해볼 수 있는 일부의 가격계열자료가 나와 있지만, 일단 그러한 작업은 생략하기로 한다. 임금에 대한 가격의 부적절한 관계는 소비행태의 변화를 초래할 수밖에 없었다. 이와 같은 소비의 중점변동은 개별 품목의 비중을 다양하게 고려해야 비로소 파악될 수 있을 터인데, 이에 대해서는 모든 종류의 수량적 근거가 결여되어 있다.[98] 소득탄력적으로 수요되는 상품의 비중은 소득에 비탄력적으로 수요되는 물품, 특히 곡물과 같은 물품에 비해서 감소했다는 사실을 우리는 추측만 할 수 있을 뿐이다(물론 때로는 입증할 수도 있을 것이다). 이 문제에 입각해서는 임금의 '곡물

---

[98] 내 조수 중의 한 사람이 수행한 연구의 출발점은 16세기에 한정하여 5인으로 구성된 농민가족 하나의 최소수요였다. 이 최소수요를 그는 칼로리로 계산해내고, 이 수요의 구입비용에 건축노동자 1인의 임금을 대조해보았다. 그러나 이 계산에서도 16세기에 물가상승이 진행되는 동안, 장바구니의 내용물이 여러 가지로 변동될 수 있다는 점이 고려될 수 없었다(*Rechnung und Schaubild in 'Massenarmut*……', pp.26f.).

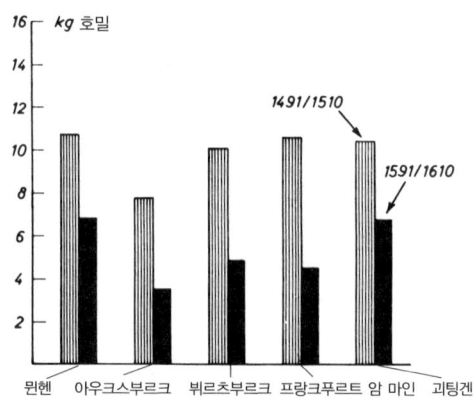

〈도표 31〉 화폐임금에 상응하는 호밀의 양
(독일, 1491/1510 및 1591/1610)

호환가치'가 실질임금을 대표하는 것으로 가정하는 경향이 강했던 경제학 고전의 방법으로 다시 돌아가야 할 것이다. 〈도표 31〉은 독일의 몇 도시에 대해서 시행한 그러한 계산결과를 제시하고 있다.[99] 이 도표는 단순노동자, 주로 농업노동자들에게 지불되었던 임금을 포함하고 있다. 대상이 되는 노동자들은 예를 들면, 뮌헨과 아우크스부르크의 예초(刈草)노동자, 뷔르츠부르크, 프랑크푸르크 암 마인, 괴팅겐의 수확노동자, 그밖에 도시의 방어시설을 확장하는 일에 동원되었던 노동자 등이었다. 임금의 계열자료는 몇 개의 지표로 합쳐졌는데, 물론 이 지표들은 바로 즉각적으로 비교될 수 있는 것이 아니다. 그러나 더욱 중요한 것은 자료의 결함으로 인하여 영향받을 수 있을지도 모르는 임금의 상대적인 수준보다도 그 동태다. 도표가 보여주듯이 다섯 도시 모두에서 임금의 곡물환산가치는 1/3 이상이 떨어졌다. 아우크스부르크, 뷔르츠부르크 및 프랑크푸르트 암 마인에서는 16세기 초의 수준에 비하여 심지어 반 이상이나 떨어졌다.

---

99) 〈도표 31〉은 다음의 저작에서 취했다. W. Abel, *Geschichte der deutschen Landwirtschaft*……, 2nd ed., 1967, p.187.

프랑스에 대해서 다브넬은 비숙련노동자의 화폐임금이 1451/75년의 평균, 14.3kg의 밀에서 1576/1600년의 평균 3.0kg으로 떨어진 것으로 확인할 수 있다고 믿었다.[100] 다른 경우에서와 마찬가지로 다브넬의 표는 이론의 여지가 없는 평균치 계산에 근거를 둔 것은 아니다. 그의 계산은 추측건대 임금 하락의 정도를 과장한 것으로 보인다. 그러나 이는 가격과 임금의 동태를 올바로 나타내고 있다. 이러한 경향은 늘 반복해서 확인되고 있다. 예를 들어 부아소나드는 약 75년이 경과하면서 프랑스에서는 임금이 단지 20 내지 30%가량이 증가한 데 비하여, 생계비는 4배나 올랐던 것으로 평가했다. 라보에 의하면 '실질임금'은 푸아투에서 16세기가 경과하면서 1/3로 떨어졌다. 랑그도크에 대해서 르 루아 라뒤리는 날품팔이꾼이 자신이 받는 화폐임금으로 구입할 수 있는 빵을 다음과 같이 산출해냈다. 즉 1480/1500년에는 15kg, 1530/50년에는 9kg, 1600년경에는 겨우 6~7kg밖에 되지 않았다는 것이다.[101]

북부 이탈리아에 대해서는 매우 불확실한 계산만이 제시되었는데, 여기서도 비숙련노동자의 화폐임금은 1476/1500년의 평균인 약 10.5kg의 밀에서 1576/1600년의 평균인 6.7kg으로 감소했다는 것이다.[102]

---

100) D'Avenel, *Histoire Économique*, III, pp.39f.; 밀가격은 같은 책, II, pp. 517f.
101) P. Boissonnade, *Le socialisme d'état, l'industrie et les classes industrielles en France pendant les deux premiers siècles d'ère moderne(1453~1661)*, 1927; P. Raveau, *L'agriculture et les classes paysannes en Haut-Poitou au XVIe siècle*, 1926, Einleitung; E. Le Roy Ladurie, *Les paysans de Languedoc*, pp. 272ff. 르 루아 라뒤리를 인용한 리셰(D. Richet)는 심지어 "노동자의 워털루 패전"이라는 소리까지 했다 ("Croissance et blocage en France du XVe au XVIIIe siècle," in: *Annales*, 23, 1968, pp.759ff.).
102) D. Bartolini, "Prezzi e salari nel Commune di Portogruaro durante il secolo XVI," in: *Annali di Statistica*, 1878, 2 a, I, p.196. 바르톨리니는 매우 근소하고 막연한 정보만 제공하고 있다.

거듭 강조할 점으로, 위에 열거한 임금가치는 16세기의 임금동태를 어느 특정한 관점에서만 나타냈다는 것이다. 오직 '곡물환산가치'만이 제시한 정도로 떨어졌을 뿐이고, 임금을 은으로 환산한 가치는 거의 도처에서 증가했으며, 명목액수는 더욱 현저히 올랐다. 이렇게 착란된 동태를 분명히 하기 위해서 위에 제시한 정보에서 하나의 사례를 끄집어낼 수 있을 것이다. 북부 이탈리아에 소재한 도시 포르토그루아로 주변에서 농업노동자 한 사람의 하루 임금은 15세기 말에 17솔리두스였는 데 반하여, 16세기 말에는 40솔리두스였다. 이 100년 사이에 솔리두스의 순은 함유량은 매우 감소했기 때문에, 농업노동자 임금을 은으로 환산한 가치는 단지 6.8g에서 9.9g으로 올랐을 뿐이다. 즉 명목액수는 235%나 오른 반면에, 은으로 환산한 가치는 단지 145%로만 올랐던 것이다. 동일한 지역에서 밀의 가격은 더욱 현저하게 올랐는데, 이에 '밀의 가격'으로 측정되는 농업노동자의 임금은 떨어졌다는 결론이 나온다.

임금하락의 파급범위

16세기에 진행된 실질임금 하락의 테제에 대해서는 몇 가지 의문이 제기되어오기도 했다. 이러한 의심은 있을 수 있는 사정까지 고려하여 산뜻하게 산출된 수치 자체에 대해서라기보다, 이러한 수치가 실질적 내용, 사람 및 공간의 관점에서 볼 때 나타나는 파급효과에 관련되는 것이다. 그리하여 다음과 같은 발언이 제기되어오기도 했다. 16세기의 노동자, 수공업자와 기타 임금을 받는 자들은 화폐임금과 함께 자주 현물을 받기도 했으며, 또 이러한 현물급여가 불변상태로 있었다면, 실질임금의 가치를 오직 화폐로 받는 부분에만 따라서 계산하는 것은 잘못된 상(像)을 제시할 것이 틀림없다는 것이다. 이는 올바른 의견이다. 그러나 이러한 의견에서는 바로 그러한 임금관계에 포함된 여러 요소의 비중에 대한 의문이 제기된다. 물론 머슴들은 늘 고용주의 가솔(家率)로 편입되어 있었다. 농촌에는 또한 다른 범주의 노동자들도 있었는데, 이들에게 화폐임금이란 먹여주고, 재워주고, 개인적인 필요물품(의복, 신발)을 제공하는 데 덧붙이는 약소한 첨가물에 불과했다. 도시의 수공업과 상업을 운영할 때 적어도 도제(Lehrling)에게는 숙식(宿食)이 제공되었다. 그러나 이러한 진술로 임금(과 봉급)을 받는 사람 전체에서 현물급여를 받는 이들의 숫자적 비중에 대한 질문, 또 전체 임금에서 현물급여가 차지하는 비중에 대한 일반적인 질문에 충분한 대답이 제공되는 것은 아니다. 이 질문에 대한 답은 그저 몇 개의 개별적인 경우에서나 제공될 수 있을 따름이다. 그러나 식사가 제공되는 경우의 임금과 그렇지 않은 경우의 임금을 구별할 수 있게 하는 사료는 더 자주 발견된다. 만약 식사가 따르지 않는 임금이 임금계열의 산출에 이용된다면, 임금의 진술능력이 내용적으로 매우 제한된다는 반박은 효력을 상실한다. 더욱 정확한 진술이 가능하기는 한데, 이는 물론 그와 같이 순수하게 화폐임금을 받는 자들에게만 관련된다.

르 루아 라뒤리는 랑그도크 지방의 농장관리인(bayle)이 받는 '혼합임금'의 가치를 산출하려고 노력한 바 있다.[103] 이 농장관리인이 화폐와 현물로 받는 임금은 1480년경에는 약 41리브르(Livres tournois)였고 1590년경에는 138리브르였다. 말하자면 이 기간에 임금이 약 3배로 오른 것인데, 같은 기간에 곡가는 약 8배나 올랐다. 이러한 와중에서 화폐임금에 대하여 현물이 차지하는 비중의 화폐가치가 1480년에는 24(화폐):17(현물)이었는데, 1590년에는 36(화폐):101(현물)로 변동했다. 또 주목할 만한 바로는 수확노동자의 성과급이 1480년에는 수확물의 1/10에서 1600/30년경에는 1/16로 떨어졌던 것이다. 말하자면 임금은 떨어지고 있었던 것이다. 그리하여 르 루아 라뒤리는 그가 수행한 광범한 통계작업에서 곡물가치로 환산해보면 1500년부터 1600년까지 모든 임금은 남녀를 막론하고, 그리고 농업노동

---

103) *Les paysans de Laguedoc*, I, pp.269ff.

자든 수공업노동자든, 나아가 화폐, 현물 및 혼합형태 등 모든 경우에서 떨어지고 있었다는 결론을 내렸다. 수확노동자의 현물배당분은 10%에서 6%로, 노동자의 화폐임금은 100에서 54로, 농장관리인의 혼합임금은 31hl에서 17hl의 밀로 떨어지고 있었다. "상대적 하락은 공통적인 경향이었다."

다른 한편으로 노동자, 수공업자 심지어 도시나 영방군주의 행정에 종사하는 고용자나 관리들은 임금과 봉급 이외에 자주 다른 소득이 있었다는 점이 이야기되고 있다. 예컨대 사회의 하층집단에서 발견되는 한 뙈기의 채원(菜園), 또는 가옥에서 나오는 수입, 그리고 사회의 상층 집단에서 보이는 연금과 이윤, 그리고 그다지 명확하지 않은 원천에서 나오는 소득 등이 그러한 것이다. 이 역시 옳은 말이다. 그러나 또한 그러한 소득원을 갖는 임금수입자의 비율이 얼마나 되었던가, 아니면 거꾸로 순전한 임금수입자의 비율이 얼마나 되었던가라는 질문이 다시 제기된다. 니더작센의 윌첸(Uelzen) 시에 대해서는 "현대적인 의미에서의 순수한 프롤레타리아"로 분류될 수 있는 사람들, 즉 토지소유도 없고, 납세의무가 따르는 재산도 없고, 그저 매일매일의 임금이나 성과급 또는 수시로 변동하는 고용관계에 따라서만 살아가던 그러한 사람들에 대하여 더욱 정확한 수치적 파악이 이루어졌는데, 이는 전체 인구의 35%에 달했다.[104] 쿠어작센의 18개 중소도시에서는 "유산이 없는 자들"(Unbeerbten)의 집단이 전체 인구의 30%나 되었다.[105] 슈트랄준트에서는 조세대장에서만 파악된 인신집단 중에서 마르크스주의 역사가들이 '서민층'(plebejisch)(그러니까 아직 '프롤레타리아층'은 아닌)이라고 하는 하층주민의 비중이 16세기 1/4분기에는 55.3%에, 로스토크에서는 63.5%에 달했다.[106] 추측건대 이런 인구집단이 차지하는 실

---

104) E. Woehlkens, *Pest und Ruhr im 16. Jahrhundert*……, 1954.
105) S. Stoy, "Zur Bevölkerungs- und Sozialstatistik kursächsischer Kleinstädte," in: *Viertelj. f. Soz.- u. Wirtschaftsgesch.*, 28, 1935.

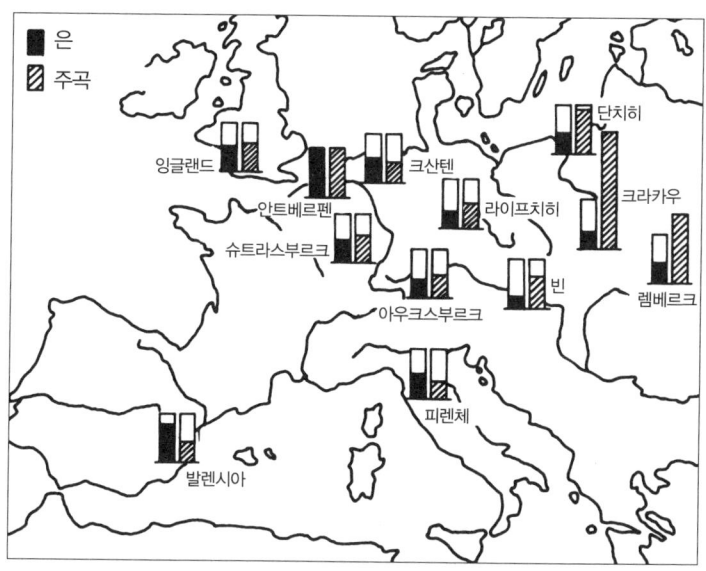

〈도표 32〉 유럽 12개 도시 벽돌공직인의 여름철 하루임금, 1551~1600
(은의 중량 g, 주곡 kg, 안트베르펜의 임금=100)

제 비중은 훨씬 더 높았을 것이다. 이는 아주 높은 수치로서, 더욱이나 다른 종류의 수입을 누리고 있던 많은 사람도 또한 아직 임금이나 봉급에 의존하고 있었다는 점을 더 고려한다면, 임금하락이 개개인에게 미치는 범위를 지나치게 협소하게 상정해서는 안 될 것이다.

그리고 끝으로 이러한 변동에 영향을 받은 지역을 보자. 최근까지 사람들은 아직도 지금까지 서술한 내용의 임금하락이 유럽에 일반적인 현상이었다고 가정해도 좋았다. 그러나 플랑드르 및 브라방 지방의 항구 및 공업도시에서 나온 일부의 정보는 이러한 가정에 모순되는 것으로 보인다. 이미 〈도표〉로 제시한 바 있듯이(이 책의 〈도표 14〉), 오늘날 벨기에의 일부 지방에서는 임금상승이 곡가상승을 일시적으로 능가한 적도 있었다. 안트베르펜에서는 페얼린덴(Verlinden)이나 판 데어 베의

---

106) K. Fritze, "Am Wendepunkt der Hanse," in: *Veröff. d. Hist. Inst. d. Ernst-Moritz-Arndt- Univers. Greifswald*, 3, 1967, pp.157ff.

연구에서 알 수 있듯이, 16세기가 경과하면서 건축노동자의 임금이 갖는 구매력은 호밀이나 호밀빵에 비해서 단지 약 1/4에서 1/3 정도가 하락했을 뿐이다. 이는 유럽의 다른 부분에 비하면 아주 적은 것이다. 아마도 이러한 사태의 원인은 다음과 같은 사정에서 찾을 수 있을 것이다. 즉 상공업적으로 가장 발달한 우리 대륙의 북서단(端)에서는 이미 당시에 인간의 노동력이 다른 어떤 곳에서보다 더욱 큰 생산성을 획득했다는 점이다.

그러나 유럽 전역의 임금 분포상을 훑어보면 더욱 풀기 어려운 수수께끼가 제기된다. 〈도표 32〉에는 유럽의 12개 도시에서 미장이직인 한 사람이 여름철에 받는 하루임금이 1551년부터 1600년 사이의 평균치로 제시되어 있다. 이 임금은 그램 단위로 표시된 은의 중량과 킬로그램으로 표시된 주곡(主穀)의 중량으로 계산되었는데, 안트베르펜의 임금이 기준치(=100)로 설정되었다.[107]

예상했던 바와 같이 유럽의 매우 광범한 지역에서 임금은 안트베르펜의 임금 수준 이하로 떨어져 있었다. 안트베르펜의 임금은 은(銀)의 가치로나, 주곡의 등가치로나 대부분 도시의 임금을 훨씬 상회하고 있었

---

107) 임금과 곡가는 다음과 같은 자료에서 채록했다(필자와 문헌 제목에 대한 정확한 보고는 641쪽 이하의 부록을 참조할 것).
   잉글랜드: Rogers, 임금 IV, p.524, V, p.664; 주곡(밀) IV, p.290, V. p.268.
   안트베르펜: Schollier, 임금 pp.474f.; 주곡(호밀), pp.200f.
   슈트라스부르크: Hanauer, 임금 II, p.421; 주곡 II, pp.91f.
   발렌시아: Hamilton, 임금 pp.397f.; 주곡 pp.354f.
   피렌체: Parenti, 임금 p.39; 주곡 p.39.
   아우크스부르크: Elsas, 임금 I, p.731; 주곡 I, p.595.
   라이프치히: Elsas, 임금 II, A, p.592; 주곡 II, A, p.516.
   크산텐: Beissel, 임금 p.184; 주곡 pp.126f.
   빈: Pribram, 임금 pp.601, 643; 주곡 pp.571, 611.
   단치히: Pelc, 임금 p.126; 주곡 p.108.
   크라카우: Pelc, 임금 p.126; 주곡 p.108.
   렘베르크: Hoszowski, 임금 p.207; 주곡 p.192.

다. 잉글랜드(안트베르펜 임금의 46% 및 54%), 슈트라스부르크(46% 및 54%), 발렌시아(77% 및 41%), 피렌체(51% 및 34%), 아우크스부르크(38% 및 46%), 라이프치히(36% 및 50%), 크산텐(49% 및 78%), 빈(35% 및 64%), 단치히(42% 및 89%). 열거한 경우와 달리 크라카우와 렘베르크에서는 은으로 환산한 임금만이 안트베르펜의 임금보다 떨어져 있었는 데 반하여(35% 및 42%), 이 임금의 주곡 등가치는 안트베르펜의 그것보다 훨씬 상회하고 있었다(233% 및 138%). 왜 이러했는지는 쉽사리 말할 수 없다. 아마도 가정할 수 있는 바와 같이 크라카우와 렘베르크의 임금과 가격을 해당 연구자들이 올바로 밝혀냈다면, 그 해답은 이 두 곳의 매우 낮은 곡가에서 찾을 수 있을 것이다. 물론 이곳의 곡가는 16세기에 현저하게 올라 이로써 임금의 구매력을 압박했지만, 이는 유럽의 다른 지역에 비해서 낮은 상태에 머물러 있었다. 이러한 사정은 곡가의 경우 북서유럽의 항구도시에 이르는 높은 수송 비용에, 그리고 임금의 경우는 아마도 폴란드 지역의 토지-노동력 관계의 탓으로 돌릴 수 있을 것이다. 당시 유럽 무역권의 외곽지대인 이곳에서는 수확체감의 법칙이 아직 적용되지 않았을지도 모른다. 이 지역에서는 노동력이 토지보다 더 희소했다.

5. 경제 전반의 연관관계

해석사

앙리 제(Henri Sée)와 오제(Hauser)는 프랑스에서 나타난 실질임금의 하락을 임금에 대한 과세제도가 설립된 탓으로 돌렸다. 앙리 제는 이러한 견해를 피력했다. "경제력이 자유롭게 발휘될 수 있던 통로가 허용되었더라면, 임금이 올랐으리라는 점, 그것도 화폐가치의 하락에 비례했을 것이라는 점에 대해서는 하등의 의문이 제기될 수 없다."[108] 관헌

---

108) H. Sée, *Esquisse d'une histoire écon. et soc. de la France*, 1929, p.195;

당국의 규정은 당국이 바라던 바와 같은 방향으로 전개되었던 변동에 대한 가장 단순한 설명을 제공한다. 그러나 이러한 설명은 정치권력이 충분한 집행력을 갖추고 있지 못한 시대에서, 그리고 나라의 경계와 무관하게 1세기 이상을 끌고 있던 사태에 대해서는 또한 가장 빈약한 설명이 아닐 수 없다. 적어도 실증적인 반증자료가 하나라도 요구된다면, 이에 앞선 시기의 임금변동이라도 지적될 필요가 있다. 물론 당시 여러 나라에서는 매우 엄격한 임금에 대한 과세와 노동규제법령이 발포되었지만, 임금은 14세기 말과 15세기 초에 명목적으로나 은과 곡물에 대한 실질구매력에서나 오르고 있었다. 바로 경제력이란 16세기에 상대적인 임금하락을 야기했던 그러한 힘이었음에 틀림없다. 어떠한 연관관계나 법칙도 이러한 변동을 충분하게 설명할 수 없다.

이 지역과 저 지역 그리고 이 나라와 저 나라에서 아직도 증대하고 있던 걸식행각이나 실질임금의 하락에 대하여 제시되었던 매우 많은 다른 설명을 일일이 검토하는 것은 일단 포기하자. 잉글랜드에서는 노동력의 과잉을 오랫동안 울타리치기(인클로저)의 탓으로 돌렸다. 그러나 울타리가 쳐진 지면(地面)에서 노동력의 수요는 16세기가 경과하면서 오히려 증가했지 감소한 것은 아니었다. 또한 동일한 임금하락 현상이 울타리치기가 행해지지 않았던 독일, 프랑스 및 다른 여러 나라에서도 확인된다. 슈몰러는 16세기 동안 잉글랜드, 프랑스 및 독일에서 전개된 임금의 변동이 동일한 경향을 띠고 있었음을 아마도 최초로 지적했을 터인데, 그 변동의 원인을 화폐가치의 변동, 화폐악주(惡鑄) 그리고 이러한 원인에 대한 '무지'(無知)로 보았다.[109] 그러나 임금이나 고정 봉급수납자들이 화폐가치의 변동과 이에 따른 물가인상을 알아차리지 못했다는 주장은 믿기 어렵다. 생계유지의 악화에 연관된 수많은 불평과 탄원, 청

H. Hauser, *Ouvriers du temps passé XVe~XVIe siècle*, 5e éd., 1927, p. 102.

109) G. Schmoller, "Die Tatsachen der Lohnbewegung in Geschichte und Gegenwart," in: *Schmollers Jahrb.*, 1914, p.545.

원 그리고 심지어 직인들의 폭동과 같은 사태가 이를 반증한다.

적지 않은 수의 연구자들은 실질임금의 하락을 설명할 필요가 없는 일종의 자연현상과 같은 것으로도 보았다. 이들의 견해에 따르면 화폐의 인플레이션에는 임금의 악화가 필연적으로 따르게 마련이라는 것이다. 즉 번개에 천둥이 따르는 것처럼. 이러한 견해에 경험이 일정한 역할을 수행했다고 하면, 아마도 20세기의 인플레이션 또는 19세기의 산업경기 파동(주글라 주기 Juglar Zyklus)이 그 기초가 되었을 것이다. 그러나 이와 같이 매우 단기적으로 한정된 파동의 경험은 장기적으로 진행된 변동에 전용(轉用)될 수 없다. 화폐가치의 감퇴에 대한 임금의 반응은——이미 논구한 임금의 법률적 구속을 제외하면——직접적으로 오직 임금지불 기간(일일, 주간, 월간)의 길이에만 종속된다. 이러한 기간의 측면에서 보면 노동시장에서의 가격형성은 상품시장에서의 가격형성과 구별된다. 왜냐하면 상품시장에서는 증여와 보답 사이의 시간차가 제로(零)로 축소될 수 있기 때문이다. 이는 결국 임금과 봉급이 물가에 못 미치는 상태에 처하는 사태를 초래할 수 있는데, 그렇다고 해도 이는 1세기 이상이나 되는 시간대에 임금과 물가가 부합되지 못하는 사태를 설명할 수 없다.

에스파냐의 가격혁명에 대하여 정확한 지식을 제공한 해밀턴(E. J. Hamilton)은 1929년에 한 편의 논문을 발표한 바 있는데, 이는 물가와 임금문제를 넘어서 당시까지 너무도 지나치게 등한시되어왔던 이윤과 투자의 영역에까지 미치는 것이었다. 해밀턴에 따르면 감퇴되어 있던 노동비용은 수십 년 동안 막대한 이익의 실현을 가능하게 했던 것이다. 이 이익은 막대한 부의 축적을 초래했는데, 이는 다시 과감한 기업가의 수중에서 거대한 규모의 투자로 변모했다는 것이다. 케인스(John M. Keynes)는 이 테제를 다시 붙들고 강화했다. 이때부터 다수의 경제학자와 역사가들 사이에서 16세기는 '이윤 인플레이션'의 시대로 여겨지

고 있다.[110]

네프(John U. Nef)는 또 다른 설명을 덧붙이고 있다.[111] 그의 출발점은 역시 그에게도 확실한 것으로 보이는 이윤 인플레이션이었지만, 그는 이 인플레이션과 투자의 기회를 노동비용의 절감이 아니라 기술적 및 조직적 혁신의 탓으로 돌렸다. 그의 논증에 의하면 임금이 실제로 주장된 바와 같은 정도로 물가에 뒤처져 있었다면, 신구의 산업이 시장에 공급한 재화를 흡수하기 위한 구매력이 결핍되어 있었다는 것이다. 따라서 임금하락은 과대평가되었으며 기술적 혁신에 의한 비용절약은 과소평가되었다는 것이다. 이러한 생각을 지지하기 위해 네프는 또한 몇 가지 요소를 제시했다. 그리하여 그는 다른 무엇보다 우선 노동자 주부의 장바구니를 연구했다. 여기서 그는 곡물 대신에 빵을 발견했는데, 이는 곡물과 같은 정도로 가격이 등귀하지 않았으며, 또한 주부의 장바구니에서 대량의 고기도 추정해냈는데, 왜냐하면 저렴한 고기는 비싼 빵을 대체할 수 있었기 때문이라는 것이다(?). 그는 또한 새로운 산업과 구산업의 확장, 기술적 진보, 개선된 조직에 대한 몇 가지 증거를 제시했으나, 유감스럽게도 이러한 증거들이라는 것이 규모 및 규모서열의 영역에서 보고되는 형태로 안출될 수 있다는 점을 간과했다.

전체적으로 보아 16세기의 '가격혁명'이라는 오래된 문제에 대한 새로운 논의는 반갑게도 논의의 틀을 널리 확장했다. 소비와 투자라는 영역이 아울러 고려되기 시작했는데, 여기서는 케인스의 거대한 권위가 엄청난 지원을 제공했지만 또한 적지 않은 문제를 망쳐놓았다. 왜냐하면 이윤 인플레이션이라는 말은 이때부터 역사가들의 시각을 결정적인

---

110) 해밀턴의 논문, "American treasure and the rise of capitalism"은 다음의 정기간행물에 게재되었다. *Economica*, 27, 1929, pp.338f.; 케인스는 이 문제에 대하여 더 상세한 고찰을 했다. J. M. Keynes, *A treatise on money*, II, 1930, pp.152f.

111) J. U. Nef, "Prices and industrial capitalism in France and England, 1540~1640," in: *Econ. Hist. Rev.*, 1937, VII, pp.155f. 다음의 저작에 재수록. *Enterprise and secular change*, ed. by F. C. Lane, 1953, pp.292f.

질문으로부터 이탈시켰기 때문이다. 결정적인 문제라는 것은 ─ 네프의 수고에도 불구하고 ─ 예나 지금이나 "왜 중부 유럽에서 실질임금이 폭락하게 되었던가?"라는 질문이다.

16세기의 인구, 소비와 투자

여기서 우선 리카도의 다음과 같은 진술이 상기되어야 한다. "인구가 증가하면서 생활필수품의 가격도 올라간다. 왜냐하면 이것을 생산하기 위해서는 더 많은 노동력이 필요하기 때문이다. [……] 화폐임금은 오를 것이다. 그러나 노동자가 자신의 필요충족과 편의에 소요되는 물품을 그 가격이 오르기 이전만큼 구매하기에는 충분하지 않을 정도다. [……] 노동자들의 처지는 일반적으로 더 악화되고, 지주들의 처지는 늘 좋아진다." 이 말은 이미 이 책의 서론에서 인용되었다. 그리고 분명히 말하지는 않았지만, 16세기의 농업과 생활수준을 다룬 이 장(章)에서도 전제되었다. 우선 16세기의 인구증가가, 그러고 나서 토지의 개발이 언급되었다. 인간과 취락이 "거친 삼림과 고산지"로 파들어가고, 더욱 외진 지역이 인간의 삶을 지탱하도록 개간되었던 바가 묘사되었다. 비스툴라 강 유역에서의 곡물운송과 헝가리의 푸스타에서 시작되는 소떼의 이동이 예시되었다. 이어서 바로 가격문제가 검토되었는데, 이는 바로 리카도가 제시한 구도에 상응하는 것이었다("농산물의 구매력 증대"). 지대(Grundrente)가 올랐다. 그리고 중요한 식량자원의 가격이 인상됨에 따라 화폐임금도 올랐다. 그러나 이 화폐임금은 "노동자가 자신의 필요충족과 편의에 소요되는 물품을 그 가격이 오르기 이전만큼 구매하기에 충분할 정도로 오른 것은 아니었다." 이 모든 것은 사실들이다. 이 모든 사실은 리카도가 그 연관관계에 대해서 그려낸 구도와 들어맞기 때문에, 몇 가지 의문점이 아직도 미해결의 상태로 남아 있지 않았더라면, 원래 이 장의 서술은 이제 종결할 수 있을 것이다. 그러나 이 몇 가지 의문점은 비교적 근래의 이론이 비로소 제대로 조명할 수 있었다. 이것이 의미하고 있는 바는 케인스와 다른 연구자들이 설파한 소비와 투자의 문제들이다.

소비가, 이로부터 시작하자면, 16세기에 절대적으로 위축된 것은 결코 아니었다. 그렇게 되기에는 인구증가가 매우 강력했다. 사람들은 살아야 했고, 식량은 그들의 전체 지출에서 높은 비중을 차지하고 있었다. 그러나 소비는 더욱 여러 갈래로 나뉘어 있었다. 일부는 적게, 다른 일부는 더 많이 소비해야 했고, 또 다른 집단은 그들의 소득이 받쳐주지 않았을지라도 관행적인 소비습관을 고집할 수도 있었다.

임금소득자들은 가장 기초적인 생활필수품의 충족에 머무를 수밖에 없도록 강요되었다. 예를 들어 윌첸(니더작센에 소재)에서 어느 건축노동자는 16세기 말에 매일 12시간의 노동으로 4실링의 임금을 받았다. 이것으로 그가 윌첸에서 구입할 수 있었던 것은 7kg의 호밀이나 5kg의 거칠게 빻은 메밀가루, 또는 1.6kg의 돼지비계, 또는 625g의 버터가 전부였다.[112] 거실, 부엌, 침실로 이루어진 소박한 거처에 대해, 노동자는 연간 80실링을 지불하고, 난방(나무)을 위해서 아마도 같은 액수를, 그리고 의복과 기타의 필수품을 위해서는 아마도 조금 더 많은 액수를 지출해야 했을 것이다.[113] 이는 매년 250~300실링, 또는 매 노동일에 1실링이 된다. 그런데 노동일마다 식량구입을 위해서는 3실링이 필요했다! 만약 성인 남자 한 사람이 부인과 아이들을 부양해야 했다면, 빵, 죽 그리고 조야한 채소 외에 그들의 식탁에 오르는 것은 달리 아무것도 없었을 것이다. 15/16세기의 전환기에 만스펠트 동광(銅鑛)에서는 결코 노동자들의 편을 들었을 리가 없는 광산관리의 주급(週給)이 한 가족에게 '소중한 빵'을 공급하기에도 충분하지 않음을 확인했다.[114]

---

112) E. Woehlkens, *Pest und Ruhr im 16. und 17. Jahrhundert*, 1954, pp. 100f. 힘텐(Himten) 단위의 주곡(主穀)을 인용한 저자는 20kg으로 평가했는데, 여기에서는 22.5kg으로 산정했다.

113) 윌첸에서 이 무렵(1585년경)의 물가는 대략 다음과 같다. 가장 저렴한 마직 1엘레(Elle=60cm) 1실링, 염색하지 않은 윌첸산(産) 직물 1엘레 6실링, 신발 1켤레 7실링.

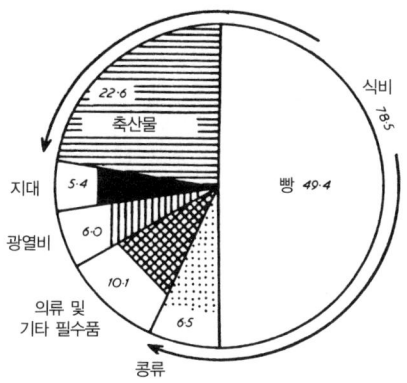

〈도표 33〉 안트베르펜에 살던 5인으로 구성된 벽돌공 가족의 생계비, 1596~1600
(소득의 백분율)

중부 유럽에서 최고의 임금이 지불되던 대륙의 북서쪽 끝에서 이와 비슷한, 그러나 더 정확한 결산자료가 나온 것은 특히 운이 좋은 경우다. 숄리어스는 안트베르펜에 살던 노동자 가족의 소득과 생계비를 연구했다.[115] 수입은 노동 일수가 아니라 단순히 일수('소비 일수')에 따라 계산되었다. 이는 벽돌공 1인의 경우, 1596~1600년에 매일 29데나르에 달했다. 이 수입은 대략 7.4kg의 호밀 빵을 구입할 가치에 해당했다. 획득한 개별적 보고의 기준에 따르면, 가족의 급양(給養)을 위한 지출은 총 1만 2,000칼로리, 즉 가족 1인당 매일 2,440칼로리를 보장하는 정도였다. 개별적인 지출항목의 비중은 〈도표 33〉에서 알 수 있다. 식량은 전체 지출의 78.5%를 차지했는데, 빵 한 가지만 49.4%를 차지했다. 비교를 위하여 언급하자면, 오늘날 독일연방공화국*의 4인으로 구성된 노동자 가계에서는 모든 지출의 1/3만이 식량구입에 충당되는데, 단지

---

114) E. Paterna, *Da stunden die Bergkleute auff*, II, 1960, p.535.
115) E. Scholliers, *De Levensstandaard in de XVe en XVIe Eeuw te Antwerpen*, 1960. 위의 본문에 든 수치는 인용된 저서 174쪽에 제시된 조견표에서 추출했다.
*70년대의 서독.

6%의 지출만이 빵과 기타의 곡물류 제품에 소요되고 있다. 1600년경 안트베르펜에 거주하던 벽돌공 가족의 예에서 보는 바와 같은 지출분포를 우리는 오늘날에 인도, 페르시아 및 실론과 같은 이른바 저개발 국가에서나 발견하게 된다. 이런 지역에서 지불되는 임금은 식량에 대한 구매력의 관점에서 볼 때, 아직도 3세기 반 전 유럽의 임금에 대략 상응하거나 약간 상회하는 정도의 것이다.[116]

구호원이나 자선원 및 기타의 공공기관에 수용되었거나, 농민과 도시 주민에게서 기식하는 경우, 또 노복으로서 대귀족의 집에서 봉사하던 사람들의 급양은 더 잘 이루어지고 있었다. 이러한 집단의 각 경우에 대하여 (그리고 오직 독일에서만이)[117] 각기 하나의 사례를 들자면 다음과 같다. 괴팅겐 시의 구호원에서 수용자들은 16세기 말에도 매주 세 번씩 고기를 받았고, 그밖에도 생선, 계란, 치즈, 빵, 버터 및 넉넉한 양의 채소를 받았다.[118] 매주 세 번씩이나 고기를 받은 뉘른베르크의 마직제조업 직인들도 있었다. 우리는 이 사실을 직인들의 탄원서에서 알고 있다. 이 탄원서에서 직인들은 매일 고기를 받아 마땅하다고 주장했던 것이다. 이에 대해서 (1601년에) 직장(職長)은 6크로이처의 식비로는 직인들의 입에 매일 고기를 물려줄 수 없다고 선언했다.[119]

1569년 작센의 영방군주 직할농장에서 일하는 노복들을 위하여 제정된 급양규정에는 고기가 매주 2, 3회 정도 나타나는데, 이에는 풍부한

---

116) 예컨대 실론에서 노동자 한 사람이 매일 받는 임금은 8kg의 쌀값에 해당하는데, 여기에서 주목해야 할 것은 같은 단위의 쌀이 호밀 빵이나 호밀보다 더 영양가가 많다는 점이다.
117) 다른 나라에서도 사정은 비슷했다. 예컨대 잉글랜드에 대해서는 다음의 문헌을 참조할 수 있다. J.C. Drummond and A. Wilbraham, *The Englishman's food*, neue Auflage 1958.
118) K. Wellschmied, "Die Hospitäler der Stadt Göttingen," in: *Studien z. Gesch. d. Stadt Göttingen*, 4, 1963, pp.126f.
119) C. L. Sachs, "Metzgergewerbe und Fleischversorgung der Stadt Nürnberg bis zum Ende des Dreißigjährigen Krieges," in: *Mitt. d. Ver. f. Gesch. d. Stadt Nürnberg*, 24, 1922, p.207.

양의 빵과 치즈, 수프, 채소, 과일과 우유가 곁들여졌다. 그리고 이 모든 것은 매일 4차례의 식사시간에 분배되었다.

작센의 직할농장 노복들을 위한 급양규정을 여기서는 다소 축약해서 제시한다. 왜냐하면 이는 노복들의 급양――그리고 이는 단지 작센의 직할농장에 한하는 것이 아니라――을 아주 잘 알려주기 때문이다.[120]

일요일   아침: 설교 후에 고기 수프, 고기 및 채소
          오후: 빵과 치즈
          저녁: 구운 과일, 순무, 버터우유

월요일   아침: 맥주 수프, 빵과 치즈
          점심: 완두콩과 당근, 우유
          오후: 빵과 치즈
          저녁: 죽, 순무, 버터우유

화요일   아침: 수프, 빵, 치즈
          점심: 수프, 고기 또는 계란케이크, 귀리죽
          오후: 빵과 치즈
          저녁: 보리죽, 구운 과일, 우유

수요일   아침: 수프, 버터우유, 빵
          점심: 완두콩, 채소, 우유
          저녁: 메밀죽, 순무, 버터우유

목요일   아침: 수프, 빵
          점심: 고기 수프, 고기, 당근
          저녁: 호밀죽, 순무, 버터우유

금요일   아침: 수프, 빵

---

[120] *Haushaltung in Vorwerken. Ein landwirtschaftliches Lehrbuch aus der Zeit Kurfürst Augusts von Sachsen*, ed. by Ermisch und Wuttke, Leipzig 1910.

	점심: 기장, 순무 또는 채소, 우유
	저녁: 귀리죽, 순무, 버터우유
토요일	아침: 수프, 빵
	점심: 완두콩, 순무, 우유
	저녁: 메밀죽, 당근, 버터우유

성대한 축일, 예를 들자면 성탄절, 부활절 및 성령 강림절이나 이와 비슷한 교회축일과 사육제일에는 아마도 더 좋은 음식이 제공되었을 것이다. 즉 구운 고기, 채소, 케이크 및 플라덴빵 같은 것. 그밖에도 노복들은 식사와 함께 맥주 같은 음료도 충분히 공급받았을 것이다.

그러나 또한 특별한 날과 행사를 축하하려고 농민, 도시주민 및 영주들이 벌이는 축제와 연회, 즉 결혼, 동업조합(춘프트)의 연회, 박사회식(Doktorschmaus) 같은 것도 알려지고 있다. 1591년 쾰른 대학교에서 새로이 학위를 받은 세 명의 신학박사들이 그들의 학위수여에 대한 축하연을 베풀어 수백 명의 손님들을 대접했는데, 이때 다음과 같은 식단이 제공되었다. 소 1마리, 사슴 3마리, 닭 106마리, 암탉 106마리, 거세한 닭 106마리, 어린 닭 16마리, 백조 2마리, 공작 2마리, 연어 62푼트, 잉어 55푼트, 철갑상어 42푼트, 창꼬치* 50푼트, 그밖에 과자, 빵, 각종의 향신료 등이었다.[121] 도시의 주민들도 이에 뒤지지 않았다. 쾰른의 상인이며 참사원인 헤르만 폰 바인스베르크는 1571년에 '군기영주'(軍旗領主, Bannerherren)의 조합에 가입승인이 된 것을 축하하여 도시의 유력자 몇 사람과 친구들, 모두 7인을 대접했는데, 이때는 다음과 같은 식단이 제공되었다.[122] 첫 순서로는 구운 햄이 커다란 접시로 하나, 그

---

*민물 생선의 일종.
121) F. J. v. Bianco, *Die alte Univeristät Köln*……, I, 1, 1855, Anhang, p.95.
122) 부수적으로 언급되어야 할 것은, 이러한 음식 대접이 또한 의무나 권리로 여겨졌다는 점이다. 그래서 바인스베르크는 이 연회에 대해서 다음과 같이 말

리고 이와 함께 쇠고기, 양고기, 혓바닥 고기, 닭고기, 삶은 고기, 빙엔산(産)의 소시지, 절인 양배추, 양고기 파이 등이 열 개의 접시에 담겨 따라 나왔다. 두 번째 순서로는 역시 큰 접시 하나에 토끼구이, 노루 다리, 멧돼지가 나오고, 여기에 토끼, 거세한 닭, 닭, 도요새, 메추라기, "그리고 그 비슷한 종류의 것들"이 열 개의 접시로 따라 나왔다. 세 번째 순서로는 커다란 접시 하나에 세 종류의 과자가 담겨 나오고, 열 개의 접시에 가재, 창꼬치, ("돼지기름으로 튀긴") 잉어, 마치판,* 칠성장어, 절임 등이 나왔다. 여기에다가 또 각각의 식탁마다 24개의 작은 접시에 꿀을 넣은 케이크, 뉘른베르크식 케이크, 사과, 배, 개암, 호두, 포도, 밤, 아몬드, 대추야자열매, 사탕조림한 과실, 아니스,** 계피막대 등이 놓였다. 그리고 하인 두 명이 은으로 만든 잔에 포도주를 넉넉하게 따라주었다.

이러한 사치를 감당할 수 있었던 사람들은 16세기에도 15세기의 사람들과 마찬가지로 성찬과 주연(酒宴)의 즐거움을 업신여기는 법이 거의 없었다. 이들은 또한 의복, 장신구 및 가옥을 치장하는 데도 많은 돈을 지출했다. 이 점은 16세기의 무수한 사료들, 박물관의 소장물, 도시나 농촌에 남아 있는 건축물이 증언하고 있다. 개인과 집단, 그리고 전체 사회의 소득에서 경제주체의 유지와 확대를 위해서는 무엇이 남아 있던가? 이 문제를 우리는 더 추구해야 할 터인데, 말하자면 저 유명한 투자의 문제가 이것이다.

했다고 한다. 즉 이 연회는 64굴덴이나 들었으나, 그는 이러한 지출을 행한 것을 여전히 기쁘게 생각했다는 것이다. 왜냐하면 앞으로 그는 파수근무와 일부의 물품세 지출에서 면제되기 때문이었다. 바인스베르크의 회고록은 다음과 같이 편집되었다. K. Höhlbaum, "Das Buch Weinsbergs," in: *Publ. d. Ges. f. Rheinische Geschichtskunde*, IV, 1887. 위 본문에 소개된 연회의 서술에 대해서는 II, pp.223f. 참조.

* 편도가 든 과자.
** 지중해산의 약용 및 향미용 열매.

임금 및 봉급수령자 집단에서는 투자의 여지가 거의 없었음이 확실하다. 도시주민의 대다수는 소규모의 수공업자와 행상인들을 포함하여 적은 수입을 늘어나는 지출에 맞추어 살아가느라고 힘이 겨웠다. 이른바 이익을 좇는 사람들의 집단에서는 사정이 달랐다. 대상인, 수공업 작업장을 운영하는 자들, 그리고 16세기에 존재했던 매우 많은 수의 투기적 상인들은 때때로 거액의 돈을 벌어, 이를 상업과 각종 영업의 확대에 활용했다. 그러나 이윤은 전체적으로——그리고 이로부터 유래하는 투자——산업화 이전의 사회가 거두는 총소득과 총생산에서 그저 근소한 부분만을 차지했을 따름이다.

소득의 대부분은 임금과 임금에 유사한 지불형태 및 지대로 이루어졌다. 농업수익 중에서 생산요소인 토지에 귀속되는 할당분으로 간주되는 지대(Grundrente)는 특히 거액을 차지하고 있었는데, 추측건대 이른바 당대의 공업에 투자되었던 자본 총량보다 결코 적지 않았을 것이다.[123] 그러면 이 지대로 무슨 일이 일어났던가라는 의문이 남는다.

지대도 가장 월등한 비중이 소비에 쓰였다. 농업에서 분출되는 수입의 우세한 부분이 교회, 제후 및 고위 귀족에게 흘러들어갔고, 이는 궁정의 살림살이, 영혼구제, 행정, 사법 및 전쟁을 위한 과업과 지출에 쓰였음은 쉽사리 알아챌 수 있다. 또 다른 부분은 근대 초기 사회구조의

---

123) 여기서 공업이라고 하는 표현은 네프(Nef), 케인스 및 기타 다른 저자들이 '대규모 공업'(Large-Scale-Industry)을 지칭하는 의미에서 사용된 것으로, 종업원의 수와 투하된 자본량의 면에서 통상적인 수공업을 훨씬 능가하는 것이었다. Nef, *op. cit.*, pp.294f. 참조. 지대와 공업자본의 규모대비는 나중에 다시 상론할 것이다. 그런데 이 자리에서 미리 다음과 같은 사항을 언급해둘 필요가 있다. 19세기 중엽 독일의 관세동맹 지역에서는 뷔르템베르크와 프랑크푸르트 암 마인을 제외하고, 당시 최대의 공업부문이었던 독일의 섬유공업 전체는 투자 및 유통재산이 단지 1억 9,000만 탈러에 이르렀다. 이에 반하여 이 시기 독일에서 매년(!) 거두어들이는 지대는 2억 탈러 이상이 확실한 것으로 평가되어야 한다(W. Abel, "Die Lage in der deutschen Land- und Ernährungswirtschaft um 1800," in: *Jahrb. f. Nationalökonomie und Statistik*, 175, 1963, p.333).

중간층에 머물러 있었는데, 여기서는 이 수입이 꼭대기 층에서보다 더욱 분명하게 나날의 소비와 사용으로 넘어갔다.

많은 경우에서 농민의 공납과 부역 자체가 이런 사정을 잘 보여주고 있는데, 농민의 부담은 종류·명칭 및 분량에 따라 영주의 가계를 위해 규정되어 있었다. 회계장부와 지출명세도 유사한 사정을 말해주고 있다. 그리고 상업도, 적어도 중부 유럽의 동부지역에 대해서는 같은 형세를 더욱 설득력 있게 말해주고 있다. 동부지역은 막대한 양으로 수출하는 곡물에 대해서 그 대가로 향신료, 포도주, 보석과 보석세공품, 무기와 장비, 이탈리아산의 비단, 플랑드르산의 금란(錦欄), 잉글랜드산의 직물, 종이 및 유리제품을 들여왔다.

유럽 전체를 통틀어 대대적인 건축사업이 진행되었다. 독일의 동부지역에서는 궁(宮)과 같은 규모의 '견고한 가옥'이 소박한 목조가옥과 식민시대의 음침한 주거용 탑을 대치했다. 베저 강변에서는 장려한 르네상스 양식의 궁성이 건축되어 오늘에까지 방문객의 눈을 즐겁게 해주고 있다. 루아르 강변에서도 비슷한 일이 일어났다. 그러한 건축물은 아주 근소한 정도로만 '투자'의 성격을 띠고 있었다. 경제체제 내에서 팽창적이 아니라 정태적인 재화와 화폐의 순환을 구상했던 케네에게서는 때때로 다음과 같은 예가 발견된다. 어떤 영주는 1,600리브르를 지대로 받는다. 그는 이 지대를 궁성을 건축하는 데 사용한다. 이로써 지대는 건축노동자의 임금으로 전화된다. 건축노동자는 임금을 지대를 지불했던 농민에게서 곡물을 구입하는 데 사용한다. 이렇게 해서 화폐의 순환은 완료되었고, 첨언하자면, 농업의 순산출은 궁성으로 변모한 것이다.

물론 농업부문에서 획득되었던 일부의 재화가 상공업적 사업에도 흘러들어갔다. 독일에서 메클렌부르크와 홀슈타인의 귀족은 곡물과 가축으로 거래를 했다. 올덴부르크백 안톤 1세는 쾰른에 파견한 그의 하수인에게 매우 정확하게 쾰른 시장의 소값과 판로 사정에 대해 보고하도록 했다. 니더작센에서는 어느 정도 타당하게 진정한 '귀족자본가'라고 불렸던 귀족가문들이 16세기에 탄생했다. 그러나 각종의 영업과 도시에서 농업부문으로 되돌아 들어간 돈은 거의 없었다. 농업경기변동이 제공하는 기회, 그리고 안정, 사회적 상승 또는 정치적 영향력에 대한 욕구가 도시와 시민적 환경 또는 궁정과 전사계급의 환경에서 획득되었던 물적 수단을 토지와 농촌에서의 제반 권리를 매득하도록 이끌었다. 자본의 이 두 흐름은 아마도 서로를 상쇄했을 것이다. 더 확률이 높은 것은 토지로 향하는 자본의 흐름이 더 강력했다는 점이다.

그러한 사태는 2세기 후에 리카도가 훨씬 더 발달한 잉글랜드에서도 관찰했다. 지대의 사용이 본질적으로 소비적이라는 이 관찰로 인하여 리카도는 아마도 다음과 같은 진술을 했을 것이다. 지대는 국가의 부(富)에 하등의 이익을 가져오지 않고, 단지 "순전한 가치 이전에 불과한 것인데, 이는 오직 토지소유자에게만 이롭고, 소비자에게는 상대적으로 불리한 것이다." 토지가 더 비옥하고, 노동이 더 생산적이며 지대수입이 더 적다면, 나라의 상태는 더욱 좋을 것이다.

15세기 말과 16세기에 있었던 실질임금 하락의 본질적인 원인은 중부 유럽의 여러 나라에서 진행된 급속한 인구증가와 그 경제발달 사이의 불균형에서 발견할 수 있다. 이는 생소하게 들릴지도 모른다. 왜냐하면 16세기에는 잉글랜드의 외부에서도 두드러진 경제적 호황의 징표가 없지 않았기 때문이다. 독일에서는 중요한 상업로가 이전되었고, 남부 독일의 대금융가 및 대상인 가문이 일부 몰락했지만, 상업과 운송은 16세기 후반에도 확고하게 증대하고 있었다. 일부의 산업은 더욱 활발한 활동을 전개하고 있었으며, 농업도 번영하고 있었다. 그런데도 경제의 역량은 인구증가를 감당할 수 없는 상태에 머물러 있었다. 이 점은 생산지수에 의거하여 입증할 길이 없으나, 필자가 보기에 임금 및 봉급수입자의 생계가 악화되고 지대가 급격하게 인상된 사실, 즉 임금과 지대의 상충되는 변동만으로도 충분히 설명될 수 있다.[124]

---

[124] 16세기 독일의 경제발전에 대해서는 다음의 문헌을 참조하라. F. Lütge, "Die wirtschaftliche Lage Deutschlands vor Ausbruch des Dreißigjährigen Krieges," in: *Jahrbuch f. Nationalökonomie und*

Statistik, 170, 1958, pp.43f.; Ibid., "Strukturelle und konjunkturelle Wandlungen in der deutschen Wirtschaft vor Ausbruch des Dreißigjährigen Krieges," in: *Bayerische Akad. d. Wiss.*, Phil.-histor. Klasse, Sityungsberichte, 1958, 5; W. Abel, "Zur Entwicklung des Sozialproduktes in Deutschland im 16. Jahrhundert," in: *Jahrb. f. Nationalökonomie und Statistik*, 173, 1961, pp.448f.

II. 위기, 전쟁, 장기추세의 급변

1. 17세기 전반기의 농업시장

17세기 초의 판로위기[1]

17세기 초에 장기 지속적인 농업호황은 급격히 중단되었다. 수십 년에 걸쳐서 물가는 오르고 있었다. 개간과 농업의 집약화가 진행되어, 바다에서 농지를 얻었고 동부지역에서는 개간사업이 재조직되었다. 교역의 총량이 증가했고, 교역의 범위도 확대되었다. 비스툴라 강변 지역으로부터는 더욱 많은 양의 곡물이 송출되었고, 곡물농업지대의 외곽지대에서 서구의 여러 도시로 보내는 가축의 수가 더욱 늘어났다. 다브넬이 올바로 지적한 바와 같이,[2] 하나의 '농업열풍'(fièvre agricole)이 앞에 서술한 호황의 마지막 수십 년간에 우리의 선조들을 압도했다. 이로써 농산물의 공급은 수요에 근접해왔다. 몇 차례의 풍작——1598년, 1599년 및 1600년——으로도 어지간히 장기간 지속되는 가격하락을 불러오기에 족했다.

5년 단위의 평균치로 계산한 밀값[3](100kg 단위를 라이히스마르크

---

1) 세기 전환기 이후의 위기는 필자의 다음 저작에서 더 상세하게 다루었다. *Massenarmut und Hungerkrisen*……, 1974, pp.130ff.
2) D'Avenel, *op. cit.*, I, p.28.
3) 사료와 환산방법에 대해서는 부록의 주석을 참조. 아이더슈테트의 가격에 대해

[RM]로 표시, 1RM=순은 5.56g)이 1596/1600년부터 1616/20년 사이에 프랑스에서는 24RM에서 14로, 잉글랜드에서는 19에서 15.75RM로 떨어졌다. 호밀가격은 동일한 기간에 슈트라스부르크에서 8.50에서 5.80으로, 바젤에서는 9.35에서 5.80으로, 뤼베크에서는 10.80에서 7.65로 떨어졌다. 유트레히트의 가격자료표는 1606/1607년에 6.82, 그리고 1619/20년에는 6.38로 1560/61년 이래 가장 낮은 호밀가격을 보여주고 있다. 페터의 『아이더슈테트 연대기』는 1606년에 3.90의 호밀값을 보고하고 있는데, 이는 1549년 이래 가장 낮은 가격이다. 슈테틴에서는 1607년에 호밀값이 단지 3.65RM에 불과했다.

이 위기가 잉글랜드에 미친 영향에 대해서는 투크가 당대인의 보고를 몇 가지 취합한 바 있는데,[4] 이를 발췌하여 여기에 소개해도 좋을 것 같다. 1620년 2월 12일에 어떤 농촌의 소귀족은 이렇게 기록했다. "우리는 여기에서 풍요를 원망해야 하는 기묘한 처지에 놓여 있다. 그러나 곡물가격은 실로 말할 수 없는 지경으로 폭락해서 지대가 너무도 느리게 지불되고 있는데, 지불불능 사태에 빠지는 일도 드물지 않다." 같은 해로부터 다음과 같은 기록도 유래한다. "잉글랜드는 내가 살아오면서 요새같이 전반적으로 빈곤했던 적이 결코 없었다. 모두가 지대를 거둘 수 없다고 아우성이다. 그러나 돈만 귀하지 그밖에는 모든 것이 풍족하다. 그래서 사람들은 지대로 곡물, 가축 또는 그밖에 그들이 가진 다른 것을 내놓으려 하지만, 돈은 전혀 내놓을 수가 없다." 헤리포드 주(州)에 살던 분(Vaughan)이라고 하는 귀족의 수기[5]에는 다음과 같은 언급도 보

서는 역시 이 책, 294쪽의 각주를 참조할 것. 슈테틴의 가격은 다음 자료에서 취했다. Acta Borussica, *Getreidehandelspolitik*, II, 1901, p.610.

4) Th. Tooke and W. Newmarch, *Die Geschichte und Bestimmung der Preise während der Jahre 1793 bis 1857*, German translation by C. W. Asher, I, 1858, pp.12f.

5) 여기서는 다음의 저작에서 재인용한다. Th. Rogers, *Geschichte der englischen Arbeit*, German translation by Pannwitz, 1898, p.358.

인다. 그가 살던 곳에서 식량은 매우 헐값이었으나, 사람들은 일거리가 없었다는 것이다. 그가 말하기를 그의 집 양편에는 극빈자 500여 세대가 살고 있었는데, 이들은 평소에 아마, 대마 및 거친 삼을 짜서 빵을 벌었으나, 이제는 수확기에 이삭을 줍기 위해서 들판으로 나갈 뿐이었다는 것이다. 그는 300명 이상의 사람들이 한 필지의 경작지에서 이삭을 줍는 모습을 보았다고 한다. 그는 근처의 강물이 제공하는 수력을 공업적인 목적에 이용하여 30여 대의 베틀을 설치할 것을 제안했다. 이렇게 함으로써 더 증대된 농산물을 위한 시장을 창출할 수 있겠는데, 이는 이제 모두에게 이롭게 성장할 수 있다고 그는 생각했다.

판로가 거의 막혀 있던 이 시대에 대한 기억은 여러 세대가 지난 후에도 여전히 사라지지 않고 있었지만, 독일에서 나온 증거는 아주 희소했고 그나마도 별로 주목되지 않고 있다. 엘베 강 하류의 동쪽 슈토르마른 지역에 소재하는 헤르츠호른의 부제(副祭), 히에로니무스 자우케 (Hieronymus Saucke, 1694~1739)의 보고에서는 다소 번거롭지만, 또한 이 책의 구상에 무관하지 않은 다음과 같은 진술을 읽어낼 수 있다.[6] "언젠가 나는 병석에 누운 어떤 노인을 심방한 적이 있었는데, 그는 자신의 노모(老母)에게서 들었던 이야기를 전해주었다. 황제의 전쟁이 일어나기 전 여러 해 동안은 아주 불운한 때였는데, 곡물이 아주 헐가로 떨어져 많은 사람이 문전걸식을 해야 하는 처지였다고 한다. 그리하여 사람들이 다시 한 번 좋은 시절을 보내주어 가진 것과 식솔을 보존할 수 있도록 해달라고 신에게 탄원하자, 신께서 이를 들어주어 곡물이 다시 원래의 가치를 회복했다. 그런데 이에 대해서 주민들은 다시 오만해졌다. 그들은 신에게 감사드리는 대신에 사치와 자만에 빠져, 은장도와 손가락 몇 개 두께의 금속제 혁대 따위를 장만하여 몸치장을 하기에 바빴다. 낡은 옷을 벗어 던지고, 그 대신에 비단과 주홍색의 비싼 옷을

---

[6] 여기서는 다음의 문헌에서 재인용한다. D. Detlefsen, *Geschichte der holsteinischen Elbmarschen*, II, 1892, pp.191f.

걸치고 돌아다니기 시작했다. 그러나 그러한 사치와 교만을 황제의 병사들은 가만 놓아두지 않아 그들에게서 모든 것을 강탈해가고, 그 대신에 걸인의 지팡이를 손에 쥐어주었다."

이것은 구술로 전해지는 보고인데, 그 묘사가 여전히 생생하다. 연대기 작가들은 소박한 몇 마디와 약간의 수치를 보고하는 정도에 만족하고 말지만, 이 역시 당시의 정황을 아주 풍부하게 알려주고 있다. 예컨대 아이더슈테트(홀슈타인 지방)의 『페터 연대기』는 1601년부터 많은 토지소유자가 그들의 토지에서 밀려나야 했다는 사정을 보고하고 있다. 너무나 거대한 규모의 토지매입으로 인하여 그들은 막대한 부채를 지게 되어, 채무자들에게 토지를 헐가로 양도할 수밖에 없었다는 것이다. 연대기 작가 페터 작스에 의하면 슐레스비히-홀슈타인의 서부 해안지방에서 토지가는 몇 년이 지나지 않아 예전 가격의 1/3로 떨어졌다는 것이다. 이 수년간에 대해서 반복해서 다음과 같이 언급하고 있다. "사람들이 부채 때문에 자신의 땅에서 떠나야만 했다." 순식간에 이 사람들 다수는 아무것도 가진 것이 없게 되었다고 이바르 페터스는 말했다. 예전에 이들은 수백 데마트(Demat)의 토지를 획득했는데, 이제는 "바로 앞에서 말한 사람들에게 일어났듯이, 행운이 등을 돌릴 수 있다"는 점이 명백해졌다. 포머른, 메클렌부르크 그리고 니더작센에서도 파산사례가 매우 많았다. 예컨대 판진 성(城)에서 약 30개의 촌락을 장악하고 있던 필리프 아드리안 보르케의 경우나 메클렌부르크의 지주, 쿠르첸-트레코프의 말찬(Maltzan auf Kurzen-Trechow) 같은 경우가 그것이다. 메클렌부르크에서는 봉토 고틴령(領)과 그 부속영지이며, 나중에 요한 하인리히 폰 튀넨의 소유지가 된 텔로령(領)이 곤경에 빠졌다. 니더작센에서는 베저 강변에 베베른 궁(宮)을 축조하고, 방대한 토지와 용광로 및 대장간을 소유한 슈탓스 폰 뮌히하우젠이 1618년에 10톤 이상의 금, 또는 100만 탈러 이상이 되는 부채의 지불을 정지하고, 그의 영지와 재산을 경매에 부친 일도 있었다.

더 이상의 개별적 사례를 제시하는 것은 이제 쓸데없을 것이다. 이미 제시한 증거는 16세기의 마지막 수년간에 전개되었던 농업경기의 호황기에는 신용(Kredit)으로도 토지재산이 획득되었음을 알려주고 있다. 사람들은 곡물, 가축 및 토지의 가격이 더욱 올라서 부채를 변제하는 데 어려움이 없을 것으로 기대했다. 곡가가 폭락하고 순수익이 감소하자, 채무이자는 더 이상 갚을 수 없게 되었다. 결국 채권자들은 저당물을 처분하게 되었고, 이로써 토지소유자들은 그들의 토지를 상실했다. 종종 다음의 수세기 동안에도 동일한 과정이 반복되었다. 농업경기가 호황을 이루는 때에도 토지소유는 과대평가되고, 따라서 과도한 채무를 지는 경향이 있었다. 가격이 떨어지거나 신용이 경색되면 파산사태가 나왔다. "행운은 뒤바뀔 수 있다"는 연대기 작가의 인식은 여러 세기를 통해서 반드시 관철될 수는 없었다.

주로 토지소유층을 곤경에 빠뜨렸던 북부 유럽의 이 위기는 향신료 무역과 직물공업의 퇴조와도 관련이 있었을지도 모른다. 도시와 농촌에서 가장 선호한 사치품의 하나였던 후추의 가격이 아우크스부르크와 빈에서 갑자기 떨어졌다(빈에서는 1푼트가 1600년에는 112.5크로이처였는데, 1607년에는 45크로이처였다).[7] 북부 이탈리아에서는 16세기 말의 수십 년 동안 최대의 번성기를 누렸던 비단과 모직물 공업의 판로가 막혔다. 제노아 공화국에서는 16세기 말 1만 6,000대의 직조틀이 1608년에는 3,000대로 줄어들었다. 16세기 말의 수십 년 동안 약 120개의 업체가 모직물 공업에 종사하고 있던 피렌체에서는 이미 1604년에 '급격한 쇠퇴'가 드러나고 있었다.[8] 유럽은 상업과 신용

---

7) A. F. Pribram, *Materialien zur Geschichte der Preise und Löhne in Österreich*, I, 1939, p.221. 17세기 초의 이 '후추 위기'에 대한 추가적인 언급은 다음을 참조하라. H. H. Mauruschat, *Gewürze, Zucker und Salz im vorindustriellen Europa*, Diss., Göttingen 1975, pp.124ff.
8) C. M. Cipolla, "The decline of Italy," in: *Econ. Hist. Rev.*, V, 1952/53, pp. 178f.

을 통해서 이미 당시에는 현저히 통합되어 있었다. 그러나 유감스럽게도 그러한 측면이나 다른 측면에서의 연관관계는 아직도 거의 해명된 바가 없어, 이 문제에 대해서는 단지 이런 방식으로 그저 막연한 추측만 암시할 따름이다.

30년전쟁과 북서부 유럽의 농업호황

17세기 초 수십 년간의 판로위기는 곧 극복되었다. 장기간의 전쟁이 시작되었다. 그리고 이 전쟁은 유럽 전역에서 바로 강력한 영향을 미치지는 않았지만, 전쟁 기간에 중부 유럽 전역에서 곡가는 급격하게, 특히 독일에서 가장 격심하게 올랐다(〈도표 34〉).

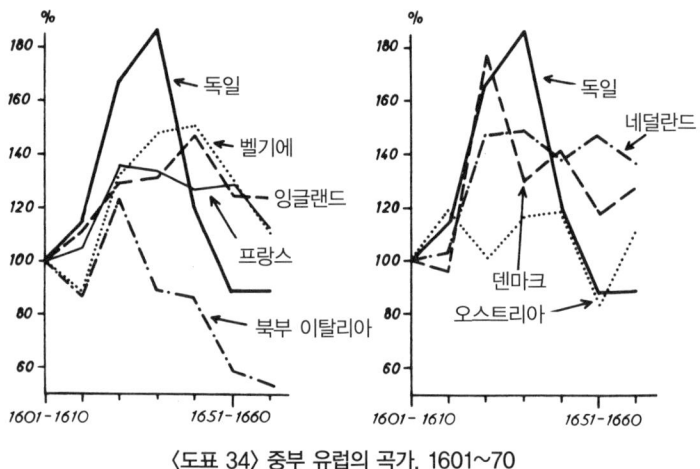

〈도표 34〉 중부 유럽의 곡가, 1601~70

(10년 단위 평균, 100kg의 곡물에 대한 은의 g 중량, 1601~10=100)

세부적으로 보면 곡가의 움직임은 아주 상이했다. 잉글랜드, 벨기에 및 오스트리아에서 곡가는 17세기의 50년대까지 1601/10년 기준의 147%, 150% 및 118%로 올랐고, 독일과 네덜란드에서는 40년대까지 기준연도의 186% 및 148%로, 프랑스, 북부 이탈리아 및 덴마크에서는 30년대까지만 해도 136%, 123% 및 177%로 올랐다. 이미 이 수치에

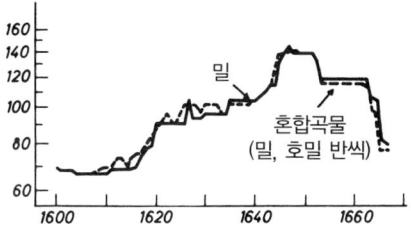

〈도표 35〉 보베 지방의 곡가, 1600~70
(연평균의 11개항 이동평균치, 1601~56=100)

서 드러나듯이, 상승 액수도 아주 다양했다.[9]

장기적인 추세에서 곡가가 하향하는 시점은 프랑스의 역사가들 사이에서 논란이 되고 있다. 또한 추세의 변동을 시간적으로 확정하는 것은 아주 어려운 일이다. 왜냐하면 계산방법과 자료의 공백에 더불어 또한 지역적 편차가 가격변동의 전체상을 결정하기 때문이다. 만약 국제적인 비교를 시도하려고 한다면, 10년 단위보다 더 짧은 기간의 평균치에 의거하려는 바는 거의 불가능하다. 일부의 지역이나 도시에 대해서는 연평균치가 활용될 수도 있겠지만, 이는 또한 지역적인 특수성을 드러낼지도 모른다. 파리 이북 보베 주변의 지역에 대해서 구베르는 가격변동의 대전환기를 1630년경으로 설정해야 할 것으로 생각했다.[10] 그러나 여기 〈도표 35〉에 제시된 바와 같이, 그 자신

---

9) 이 수치는 이 책, 641쪽의 부록에서 보고된 문헌에서 취했다. 잉글랜드에 대해서는 Rogers, 프랑스에 대해서는 D'Avenel과 Hauser에서, 벨기에에 대해서는 Verlinden, 북부 이탈리아에 대해서는 *Movimento dei prezzi di alcuni generi alimentari*……, 1886, pp.xxxf.에서, 독일에 대해서는 Elsas, Beissel, Hanauer, Waschinski, Pelc, Saalfeld, Kullak-Ublick, Naudé, 오스트리아에 대해서는 Pribram, 네덜란드에 대해서는 Posthumus, 그리고 덴마크에 대해서는 H. Pedersen, "Die Kapitelstaxen in Dänemark," in: *Jahrb. f. Nat. u. Stat.*, III, 1905, pp.788f.

10) P. Goubert, *Beauvais et le Beauvaisis de 1600 à 1730*, 1960, p.460.

이 행한 계산은 1650년경에서야 비로소 가격이 정점에 도달했다는 결론을 추정하게 한다. 프랑스의 중농주의자들과 그들의 선배들, 특히 부아기유베르 같은 이들은 프랑스 농촌의 쇠퇴가 시작된 시점을 1660년경으로 설정했다. 더욱이 르 루아 라뒤리는 랑그도크 지방에 대해서 이 시점을 대략 15년 뒤로 미루었다(이 책, 340~342쪽의 서술 참조). 아마도 전환점의 확정에 그렇게 지나치게 애쓸 필요는 없을지도 모른다. 약간의 편차와 함께 좀더 긴 시간 동안 지속되었던 전환기간을 말하는 것으로 충분하다.

일반적으로 곡가는 세기 중엽까지 중부 유럽에서 매우 높았다. 그러나 이 높은 곡가는 매우 다양한 농업실태를 은폐했다. 잉글랜드와 프랑스의 광범한 부분에서 지난 세기의 농업호황은 기세가 꺾이지 않고 지속되었고, 독일에서 30년전쟁은 가격이 높은데도 농업의 완전한 파탄을 초래했다.

잉글랜드에서 지대는 여전히 올라갔다. 이 추세는 대체로 세기의 60년대까지 지속되었다. 케리지의 보고에 의하면[11] 노포크와 서포크에서 경작지의 지대는 1590/1600년과 1640/50년 사이에 6배로, 목초지와 방목지의 지대는 2배에서 3배까지 인상되었다. 워윅셔의 일부 지대는 1613년과 1648년 사이에 3배로 올랐다. 로저스도 이미 유사한 현상을 말한 바 있다.[12]

당대인으로서는 데이브넌트가 1699년에 처음 출판된 논고에서 잉글랜드의 지대가 1600년경에는 자기 시대에 도달했던 액수의 반에도 미치지 못했다고 썼다.[13] 잉글랜드에서 지대의 상향운동은 17세기 후반에

---

11) E. Kerridge, "The movement of rents, 1540~1640," in: *The Econ. Hist. Rev.*, 6, 1953/54, p.17.
12) Th. Rogers, *A history of agriculture*, V, p.809.
13) Ch. Davenant, *Works*, II, 1771, p.221.

정지되었음이 아주 분명하게 확인될 수 있기 때문에, 이러한 증거는 또 주요부분에 대해서는 세기의 전반기에도 적용할 수 있을 것이다. 17세기의 60년대에 차일드가 보고한 바에 의하면,[14] 잉글랜드에서 모든 귀족은 토지가격이 지난 50년간에 3배에서 6배까지 올랐음을 확인할 수 있었다는 것이다. 이 토지가격의 상승은 부분적으로 1600년부터 1660년까지 대략 10%에서 6%로 떨어진 이자율의 변동 탓으로 돌릴 수 있을지도 모른다.[15] 그러나 그 대부분은 지대의 인상에 관련되었음이 틀림없다. 차일드는 또한 차지료(借地料)가 최근 수십 년간에 일반적으로 올랐으며, 그러면서도 차지료의 인상은 특히 17세기의 20년대와 50년대에 이루어졌음을 언급했다.[16] 물론 지난 세기의 농업호황을 야기했던 여러 조건도 변함이 없었다. 잉글랜드의 인구는 세기 전환점을 지나서 다시 힘차게 증가했다. 로저스의 견해에 따르면[17] 잉글랜드와 웨일스의 인구는 17세기에 2배로 증가했다. 인구증가가 세기의 후반기에도 같은 강도로 지속되었는지는 의심스럽지만,[18] 세기의 중반기까지 아마도 그 시점을 넘어서도 인구밀도가 증가했음은 틀림이 없다. 우리는 경작면적이 더욱 확대되었음을 알고 있다. 삼림이 개간되고, 늪지의 배수작업이 이루어졌으며, 공유방목지에 울타리가 쳐지면서 경작지로 변모했다. 데이브넌트가 쓴 바에 의하면,[19] 1600년경에는 그의 시대보다 훨씬 더 많

---

14) J. Child, *A new discourse of trade*, 1694, p.44. 이 저작은 보고된 해에 출간되었으나, 서문과 45쪽 이하의 연대규정에서 이미 17세기의 60년대에 저술되었음이 분명하게 밝혀지고 있다.
15) Child, *op. cit.*, p.40 ; D. Macpherson, *Annals of commerce*, II, pp.325, 482.
16) Child, *op. cit.*, pp.45, 47, 49.
17) Th. Rogers, *op. cit.*, V, pp.782, 788.
18) 마셜(Marshall, *Handbuch der Volkswirtschaftslehre*, I, 1905, p.223)에 의하면 인구증가가 정체된 것은 1660년부터였다. 또한 이 책, 410~412쪽의 서술을 참조하라.
19) Davenent, *Works*, II, p.221 ; 또한 이하의 저작을 참조하라. Child, *op. cit.*, p.44 ; N. S. Gras, *The evolution of the English corn market*, 1915, p.243.

은 황무지가 존재하고 있었다고 한다. 그 당시에는 임야, 삼림 및 공유 방목지가 훨씬 더 많은 지역을 뒤덮고 있었는데, "우리들의 부(富)가 이에 울타리를 치고, 경작하며 개량하는 것을 가능하게 했다."

벨기에에서도 16세기 말 17세기 초의 심각한 후퇴를 극복한 뒤에 농업소득은 다시 힘차게 증가했다. 예컨대 안트베르펜 근교의 폴더에 대한 차지료는 (지표의 기준연도는 1569년) 1595/96에 54%에서 1601년에는 146%로, 1602/1605년의 감퇴(119%로) 이후에는 1627/32년에 다시 401%로 올랐다. 이 해는 판 데어 베가 수집해낸 계열자료의 마지막 해다(Van der Wee, I, pp.481ff.; 이 책, 293쪽에 수록된 〈도표 29〉도 참조). 유사한 경향은 물론 다소 약화된 정도이긴 해도, 프랑스의 토지가격과 차지료에 대해서도 적용된다. 다브넬에 의하면[20] 프랑스 전역에서 평균적으로 1헥타르의 경작지 가격은 1601/25년의 평균으로 227프랑에서[21] 다음의 1/4세기 안에 307프랑을 지나, 1651/75년에는 491프랑으로 인상되었다. 1헥타르의 경작지에 대한 차지료는 같은 저자에 의하면 동일한 시기에 14프랑에서 15.50프랑을 거쳐, 19.30프랑으로 변동했다. 마지막의 평균치는 이미 차지료와 토지가격이 정체되는 시기의 것과 겹칠지도 모른다. 졸라의 연구와 다른 증거에서 지대 인상의 정점은 1660년경에 도달했음을 알 수 있다. 토지소유자 집단의 차지료 수입은 프랑스의 여러 지역에서 1600/10년에서 1650/60년까지 100에서 150으로 인상되었다.[22] 구베르에 따르면[23] 보베 지방에 소재한 카

---

20) D'Avenel, *op. cit.*, II, p.508.
21) 1914년 이전의 프랑스 프랑화 가치를 전제. 1프랑=0.80라이히스마르크. 이 책의 부록 618, 619쪽을 참조할 것.
22) D. Zolla, "Les variations du revenu et du prix des terres en France au XVIIe et au XVIIIe siècle," in: *Annales de l'École Libres des Sciences Politiques*, 1893. 졸라가 제시한 증거에서 위에 든 수치의 계산을 위해서는 베지에의 성 나자레 성당 참사회, 몽펠리에 및 오텔 디외 당제(Hôtel-Dieu d'Angers)의 성당 참사회의 영지 차지료가 이용되었다. 몽펠리에에서 1600/10년에 대해서 결여된 수치는 다른 두 경우의 계열자료가 보여주는 변동으로 추정해냈다. 이 세 계열의 통계수치는 동일한 비중으로 평균치로 계산되었다.

트느와령(領)은 1603년에도 1,300리브르, 1642년에는 2,100리브르, 즉 40년 사이에 약 60% 정도가 인상된 차지료로 양도되었다. 같은 지역의 다른 토지는 1612년에 500리브르, 1661년에는 710리브르, 즉 40% 이상의 수입을 가져왔다. 구베르는 졸라가 고려한 화폐가치의 하락을 감안하지 않았기 때문에, 실질적인 지대 인상은 주화액에 함유된 은의 중량으로 환산해서, 대략 같은 수준에 머물러 있었을지도 모른다.

프랑스에서도 지대 및 곡가의 인상, 그리고 농업생산 부문에서 더욱 지속되었던 활동은 증대하는 인구가 지탱하고 있었다. 앙리 4세의 평온한 치세(1589~1610)는 추측건대 급속한 인구증가를 야기했는데, 이 추세는 다소 약화되었다 해도 루이 13세의 치세에도 지속되었던 것으로 보인다. 내부적 소요와 전쟁은 아마도 인구증가 추세의 후퇴를 야기했을지도 모른다. 그러나 프롱드 난(1648~53)에 따른 급격한 후퇴를 제외하면 인구는 꾸준히 증가하고, 17세기의 60년대와 80년대 사이에 그 정점에 도달했던 것으로 추측된다.[24]

이러한 견해에는 르 루아 라뒤리도 동의하고 있는데, 랑그도크의 농민에 대한 그의 탁월한 저작은 이미 거듭해서 지적한 바 있다. 그의 연구대상 지역에서 출처한 사료에 의거하여 작업해서 르 루아 라뒤리는 필자가 더 광범한 공간적 틀에서 보여주려고 시도했던 바와 마찬가지로 '거대한 농업주기'(grand cycle agraire)라는 구상에 도달했

유감스럽게도 졸라의 연구결과에는 일련의 계산 및 기록착오가 나타났는데, 이는 단지 부분적으로만 교정될 수 있었다. 졸라가 제시한 몇 개의 수치자료는 보강되어서 다음의 문헌에 수록되어 있다. Le Roy Ladurie, *Les paysans de Languedoc*, I, p.477.

23) P. Goubert, *Beauvais*……, 1960, p.524.
24) E. Levasseur, *La population française*, I, pp.494f. 르바쇠르는 프랑스의 인구가 님베겐의 화약(1679) 이후의 그 최대의 밀도에 도달했다고 생각했다. 그러나 이 책, 407, 408쪽에 제시된 증거에 의하면 인구증가는 이미 몇 해 앞서 그 정점에 도달했던 것으로 보인다.

다. 그의 연구대상 지역에서 나온 무수한 새로운 데이터로 그가 입증한 중세 말기의 농업불황기에 이어, 16세기의 호황국면이 뒤따랐다. 그리고 이 국면에 이어 대략 1600년과 1670년 사이에 세 번째 국면이 이어졌는데, 이 국면을 르 루아 라뒤리는 '성숙'(maturité) 국면으로 불렀다. 인구는 랑그도크 지방에서만이 아니라, 프로방스에서도, 로와르와 보베 지방에서도, 네덜란드와 잉글랜드에서도 증가했다. 또한 지대도 올랐다. 그러나 이미 다음 국면, 즉 장기간의 위축(reflux)으로 이어지는 긴장도 드러났다. 이 문제에 대해서는 다음에 또 언급할 것이다.

르 루아 라뒤리가 말한 '성숙'국면(필자는 이를 전환기간Umschwungsspanne이라고 불렀는데[25])은 프랑스의 광범한 부분에서 17세기의 3·4분기에까지 이르렀다. 비용이 많이 든 리셜리외의 정책에 따라 증가되었던 조세수취도, 프롱드 난으로 인한 황폐화도 지대의 변동에 본질적인 영향을 미치지는 않았던 것으로 보인다. 프랑스의 동부 국경지대에서의 변동은 달리 전개되었다. 이 지역에서는 같은 시기에 독일을 뒤흔들었던 30년전쟁의 영향이 더욱 강하게 감지될 수 있었다. 로렌 지방에서는 이 지역의 토지 수입이 감소하고 있었음을 반영하는 토지가격의 계열자료가 제시되고 있다. 1헥타르의 경작지 가격은 1600/10년에 평균 500프랑에서 1640/50년에 평균 200프랑으로 떨어졌다.[26] 이 가격하락은 이미 독일의 상황을 암시하고 있는데, 여기에서는 같은 시기에 토지가 거의 무가치하게 되어버렸다.

---

25) *Massenarmut und Hungerkrisen*……, 1974, pp.130ff. 여기 인용된 곳에서는 이런 지칭에 대한 근거도 제시되어 있는데, 이는 다른 나라의 배경을 염두에 두고, 또한 독일에서 여러 영방의 발전을 포괄하려는 것이다.
26) Zolla, *op. cit.*, p.442.

2. 독일의 30년전쟁

기근, 역병, 판로경색

전쟁은 최초의 몇 년 동안 농산물시장에서는 그다지 표가 나지 않았다. 1605~1607년의 최저수준에서 다시 회복되었던 가격은 "화폐악주와 변조의 시기"가 닥쳐오기까지는 대체로 같은 수준을 유지하고 있었다. 주화의 귀퉁이를 잘라내는 등, 기타 여러 가지 조작으로 주화의 은 함유량은 독일의 여러 영방에서 10%나 그 이하로 떨어졌다. 그리고 그와 같은 악화가 유통되는 가운데 가격도 올라갔다. 그러나 단지 명목적인 등귀, 즉 화폐악주의 영향을 받은 것만이 아닌 최초의 물가상승은 우선 1624/25년에 발생했다. 훨씬 더 심각한 두 번째의 물가상승이 1637/38년에 닥쳐왔다. 그 사이에는 낮은 가격, 다름 아니라 기사와 농민의 의견에 따르면 너무도 낮은 가격의 시기가 존재했다.

〈도표 36〉[27]은 매년의 가격변동과 함께 다음과 같은 사실을 알려준다. 즉 호밀가격은 전 기간을 통틀어 '값이 싼 해'에도 밀값보다 더욱 낮

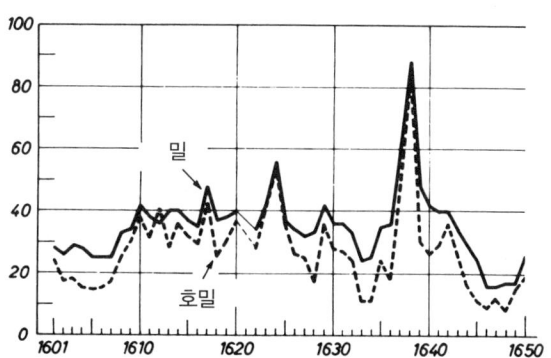

〈도표 36〉 할레 시의 밀과 호밀가격(성 마틴 축일[11. 11.]의 가격), 1601~50
(1셰펠당 가격을 우량한 그로셴 주화로 표시)

---

27) 〈도표 36〉은 다음의 저작에서 취했다. W. Abel, *Geschichte der deutschen Landwirtschaft*……, 1967, p.262.

게 떨어져 있었으면서도, 곤궁한 해에는 밀값에 거의 근접해 있었다는 점이다. 이는 호밀과 밀의 맛 차이에 따른 가치가 곤궁할 때는 전혀 문제되지 않았음을 의미한다. 사람들은 그저 위장을 채울 생각만 할 따름이었는데, 반면에 낮은 가격 수준에서 소비자들은 다시 맛이 더 좋은 밀을 선호했던 것이다. 이러한 관찰은 라브루스/판 데어 베-사이클(이 책, 158~160쪽)을 보충한다. 〈도표 36〉을 얼핏 보는 것만으로도 흉작을 극복하고 나면 가격, 소득 등이 '정상상태'로 돌아오는 경향이 있다는 주장에 대해 이의를 제기할 수 있다. 오히려 시장의 양적 지표는 일종의 중간지대를 중심으로 요동하고 있었는데, 이 중간지대의 주변에 불비례적인 영역이 확산되었다. 그리하여 한 방향으로는 소비자에게 불리하게, 또 다른 방향으로는 생산자에게 불리하게 움직이고 있었다.

　1625년의 가격은, 나중에 더욱 높이 올라갔지만, 이미 당대인에게는 이례적으로 높은 것이었음이 개별적으로 확인된다. 졸링겐 지역의 도시 다셀에는 '호밀 돌'(Roggenstein)이라 부르는 세 개의 돌이 있었는데, 이는 호밀가격을 알려준다. 최초의 돌은 1557년에, 두 번째 돌은 1625년에, 그리고 세 번째 돌은 1923년에 놓였다. 1625년 이 도시의 잡화상 두 사람, 힌리히 레커시와 카스파 로버는 다셀의 호밀이 3라이히스탈러의 가치가 있다고 알렸다. 사람들은 이 사실을 돌에 새겨 후세에 알릴 가치가 있다고 생각했다. 그러나 이보다 훨씬 더 심각한 것은 1637/38년의 가격등귀였다. 이 해로부터는 당시 자신의 부대와 함께 헤르만슈타인(에렌브라이트슈타인)의 요새 앞에 주둔하고 있던 판 베르트 장군(General van Werth)의 편지 몇 건이 전해지고 있다. 장군은 그의 총사령관 바이에른 선제후에게서 라인 강 지역에서 부르고뉴로 진군하라는 명령을 받았을 때, 그의 부하들을 빵도 없이 행군을 하게 할 수 없다고 보고했다. "왜냐하면 수천 명의 사람들이 기근으로 굶어 죽었고, 행군도정에는 살아 있는 사람이 아무도 없기 때문입니다." 팔츠와 바덴의 촌락과 농촌지역은 부대의 식량공급을 위해서 약탈과 공격을 받았다. "왜냐하면 극도의 궁핍으로 병력을 굶어 죽게 하고 무력화시키지 않으려고 〔……〕 그런데 주민들도 완전히 기진맥진한 상태였는데, 이 모든 곳에서 황폐되고 허물어진 집 이외에 아무것도 발견할 수 없었으며, 겨우 남아 있는 몇 명의 불쌍한 주민들조차 이 겨울에 아사해야 할 지경이었다." 장군은 현지에 머물렀다. 그리고 겨울이 오자, 그는 다음과 같이 보고했다(1637년 12월). "기병과 소총수들도 종종, 아마도 10일이나 12일 동안 빵 한 조각 구경도 못해 역병(疫病)으로 죽어 보기에도 끔찍한 말고기를 먹었다."[28]

기근에는 역병이 연계되어 있었는데, 그것도 페스트가 다시 온 것이다. 페스트는 1634년 독일의 남동부 지방에서 시작해서 1636년에서 1640년까지 중부, 서부 및 남부 독일의 대부분에 퍼지면서 끔찍한 참상을 자아냈다. 여러 촌락과 도시에서 주민의 반, 또는 그 이상이 사망했다. 헤센 지방의 작은 취락인 베터에서 믿을 만한 보고가 전해지고 있다(1636). "베터에 오랫동안 창궐하고 있는 페스트 때문에 주민의 1/5, 따라서 60명도 채 넘지 못하는 사람들이 〔……〕 겨우 살아남았다."[29]

그러나 이와 같은 곤경의 해는 (대중서적에서 자주 묘사되고 있듯이) 30년전쟁의 전 기간에 확산되어 있던 것은 아니었다. 물가등귀가 여러 해 지속되고 난 뒤에는 다시 낮은 가격의 시기가 찾아왔다. 그러나 도시의 주민들이 한숨 돌릴 수 있었을지라도, 농민들은 여전히 압박을 받는 것으로 느꼈다. 1645년 가을 브란덴부르크의 신분제 의회는 그들의 선제후에게 화폐공납 대신에 곡물을 받도록 청원했다. 그러나 추밀원은 곡물을 시장에서 더 싸게 구할 수 있기 때문에 이 청원을 거부했다. 이에 대하여 기사 영주들은 재차 청원서를 상신하여, 여러 도시에서 제공되고 있는 가격으로는 영농가(營農家)들이 버틸 재간이 없다고 불평했

---

28) W. Abel, *Geschichte der deutschen Landwirtschaft* ……, 1967. 인용된 책에는 1634/40년 동안 독일에 퍼진 페스트의 참상을 그린 화가 카이저(Keyser)의 그림이 수록되어 있다.

29) Ch. Probst, "Die Städte im Burgwald," in: *Marburger Geogr. Schriften*, 19, 1963, p.48.

다. 이들 영주들과 그 예속민들은 곡물을 적재한 수레를 끌고 시장에서 하루나 이틀씩을 대기해야 했다. 어떤 시민이 곡물을 구입하려고 하면, 그는 1셰펠의 호밀에 대하여 6이나 7그로셴, 잘해야 8그로셴을 제공할 따름이었다. 그리하여 도시에서 신발 한 켤레를 사려면 3~4셰펠의 곡물도 거의 부족했다. 반면에 양조업자는 맥주를 예전이나 다름없이 톤당 2 내지 3.5탈러로 팔기 때문에, 그는 같은 양의 보리에 대해서 곱절의 가격을 얼마든지 지불할 수 있다는 것이다. 이러한 탄원에 선제후는 귀를 막지 않았다. 그래서 이렇게 말했다. "곡물이 그다지도 값싸게 판매되고 있는데, 양조업자와 수공업자들은 그들의 상품을 과거와 같은 가격으로 내놓고 있음은 명백히 부당한 일이다." 그는 자신의 조언자들에게 곡물에 대해서만이 아니라, 다른 상품에 대해서도 정당한 가격규제를 시행하도록 명했다. 그러나 이와 같은 조치가 제대로 이루어졌는지, 또 이루어졌다 해도, 군주의 명령이 제대로 준수되었는지는 알 수가 없다. 이미 1645년에 베를린 추밀원의 어떤 보고서에는 이렇게 써어 있다. "곡물가격이 아주 낮아진 사태의 주요인은 [……] 원래 다음과 같은 사정에 있다. 즉 다소의 예외가 있지만, 거의 모든 도시가 황폐되어 평지에서 오는 곡물이 전혀 필요하지 않기 때문이 아니라, 그 소수 주민들의 필요를 자신의 토지에서 충족하기 때문이다."[30] 이러한 상황에 대하여 가격규제는 거의 소용이 없었다.

전쟁의 지속적 영향

귄터 프란츠는 30년전쟁으로 농촌인구의 약 40%, 도시인구의 약 33%가 희생되었던 것으로 평가했다.[31] 물론 전쟁이 끝난 뒤에는 혼인

---

30) 위의 보고는 다음의 저작에서 취했다. W. Naudé, "Die Getreidehandelspolitik der europäischen Staaten vom 13. bis zum 18. Jahrhundert," in: *Acta Borussica*, 1896. 또 다음의 저작을 참조하라. W. Abel, *Die Geschichte der deutschen Landwirtschaft*……, 1967, pp.262ff.
31) G. Franz, *Der Dreißigjährige Krieg und das deutsche Volk*, 3rd. ed.,

도 증가하고 유아들의 수도 늘어났지만, 그 손실을 다시 메우기에는 여러 해가 소요되었다. 전쟁의 횃불이 타올랐던 곳에서는 복지와 안녕이 소멸되었다. 니덜라우지츠의 신분제 의회는 1647년 7월에 그들의 농지가 "일부는 초라한 폐허가 되어버렸고, 또 일부는 화염과 연기 속에서 처참하게 소실되었다"고 탄원했다. 이들은 또 이렇게 말했다. "다수의 귀족이 〔……〕 매월의 급료를 지불해야 하는 과중한 부담으로 인하여 그들의 영지를 포기하고 어디론가 떠나버리든지, 아니면 머슴들을 붙들어 놓을 수단이 없어서 스스로 노동을 했다. 단지 그들의 빈약한 생계를 지탱하기 위해서, 아이들과 함께 쟁기질, 써레질을 하고 손수 경작지를 돌보았다. 심지어 그저 빵을 얻기 위해서 손수레를 끌었는데, 그러면서도 빵과 물을 스스로 마련해야 했다. 이런 상태에서 불쌍한 과부들의 처지는 말할 나위도 없다."

머슴도 귀해졌고 높은 임금을 요구했다. 그리하여 1653년에 나온 어떤 소책자에서 슈바르츠발트의 한 농민은 이렇게 호소했다.[32] "우리가 공통으로 겪는 곤경과 슬픔 속에 오직 머슴들만 즐거워하고 뻔뻔스러워졌다. 우리는 그들을 상전으로 모셔야 하고, 그들에게 돈을 지불할 때는 거의 지갑째 주어야 한다. 그들은 배불리 먹여야 하는데 우리는 스스로 결핍을 겪어야 한다." 하델른 지방(동프리슬란트)에서는 남녀 하인들이 날이나 주간의 일거리로 살아갈 수 있을 정도로 충분히 벌기 때문에 더 이상 고용계약을 체결하지 않는 관습이 생겨났다. 이는 영방군주를 분노하게 했다. 그리하여 1653년 12월 22일에 포고된 조례는 게으름과 부당한 일자리의 교체를 엄벌로 다스릴 것을 천명했다. 어떤 하녀들에 대한 이야기가 전해진다. "사람들이 말하기를 이들은 자신들의 손바닥에 눌러앉아 이제 곡물을 헐값에 쉽게 살 수 있다는 뻔뻔스러운 평계와 함께 호밀과 밀을 양껏 먹을 수 있었고, 타인의 일을 거들어 생계를 해결

1961, p.47.
32) 다음의 문헌에서 재인용했다. Erdmannsdörfer, *Deutsche Geschichte 1648~1740*, I, p.106. 또한 p.105도 참조.

할 필요를 느끼지 않았다. 이렇게 해서 많은 사람이 필요한 머슴과 하녀를 구하지 못했고, 이들은 더욱더 뻔뻔스럽고 대담해졌다."[33]

도시에서 나온 보고도 다르지 않다. 독일 전역에 걸쳐 임금제한규정이 포고되었으나, 별로 소용이 없었다. 모피제조공, 구두장이, 직조공, 대장장이, 안장제조공, 수레제조공 및 벽돌공의 노동은 비싸졌다. 토지소유에 부과되어 있던 각종의 공납과 조세를 추가해보면, 전쟁 동안에 전쟁 이전의 가격에 비해 1/3, 1/4로, 그리고 일부 지방에서는 1/10까지 하락했던 토지가격이 평화가 회복된 뒤에도 그저 조금밖에 오르지 못했던 사정이 별로 놀랄 만한 일이 못 된다. 17세기 말에도 바이에른 영방법의 권위 있는 주석가인 슈미트의 평가(1695)에 의하면 귀족의 토지는 전쟁 전 가격의 반도, 종종 1/3이나 1/4도 다시 회복하지 못했다.

이러한 것은——물론 한 단면에 불과하지만——독일에서 일어난 대전쟁의 지속적인 영향이었다. 그러나 다음 장에서 서술할 사태에 견주어 보면, 이 장기간의 전쟁이 독일의 경계를 넘어서까지 작용을 가하지 않았을까라는 질문이 제기된다. 단기적인 사태를 볼 때, 이는 분명하다. 독일에서 곡물이 부족했을 때, 인접한 나라들은 독일의 군주와 장군들이 보낸 매입자들로 넘쳐났다. 농산물과 토지가격은 뛰어올랐다. 스위스에서는 어떤 연대기 작가가 다음과 같이 보고했다. "농민들의 주머니는 돈으로 가득 찼고, 호의호식을 위해서는 누구도 돈을 아끼는 법이 없었다. 집이 불타버리면 바로 그 자리에 더 멋진 집을 세웠을 것이다. 사람들은 목욕탕과 학교건물을 건립했다. 그리고 많은 촌락에서 교회의 종탑이 더 높이 올라갔다. 또 여러 곳에서 길과 도로 그리고 다리가 새로 놓였다." 평화가 찾아오자 수출이 막히고, 다수의 피난민들이 고향으로 돌아갔으며, 집과 토지가 대대적으로 매각되었다. 그때는 "궁핍하고

---

[33] 여기서는 다음의 문헌에서 재인용했다. B. Runne, "Die rechtliche Lage der Dienstboten im Lande Hadeln vom 16. bis 19. Jahrhundert," in: *Jahrb. der Männer vom Morgenstern*, 37, 1956, pp.69f.

돈이 궁한" 시기였다. "어떤 물건도 사려는 사람이 없었으나, 평민들은 팔 것밖에 없었다." 스위스에서는 이런 소식이 들려왔다.

단기적인 가격의 상승과 폭락기에 결핍과 풍요가 국경을 넘어서까지 영향을 미치듯이, 이런 일이 17세기 말과 18세기의 대부분에 걸쳐 있던 장기의 침체기에도 일어났다는 생각은 생소한 것이 아니다. 그러나 이 생각을 추적하기 전에, 우선 그와 같이 장기간의 농업침체를 말할 수 있게 하는 사실이 제시되어야 한다. 그러한 작업에서는 이미 지금까지 해왔던 바와 같이 우선 가격문제부터 시작해야 할 것이다.

III. 경기하강과 불황

1. 유럽의 가격과 임금: 17세기 중엽부터 18세기 중엽까지

가격동태

〈도표 37〉[1]은 17세기 후반과 18세기 전반기에 곡가의 동태에서 보이는 지배적인 경향이 하강하고 있었음을 보여준다. 이는 물론 이렇게 일

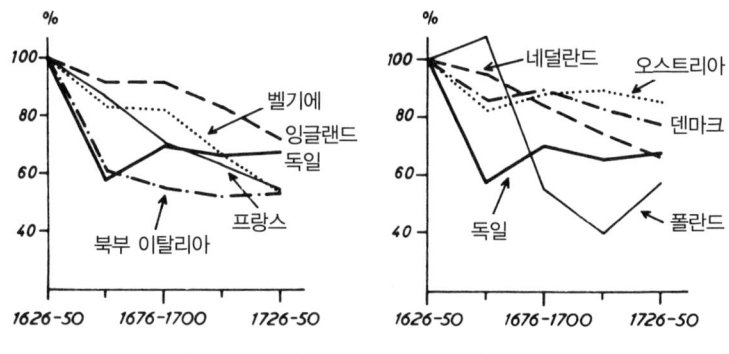

〈도표 37〉 중부 유럽의 곡가, 1626~1750

(25년 단위의 평균치, 100kg에 대한 은의 g 중량, 1626~50=100)

---

[1] 계속해서 부록에 보고된 가격자료집을 이용했다. 잉글랜드(밀)에 대해서는 Rogers와 Tooke; 프랑스(밀)에 대해서는 D'Avenel과 Hauser; 벨기에(밀), Verlinden; 북부 이탈리아(밀), *Movimento dei Prezzi*……; 독일(밀), Elsas, Beissel, Hanauer, Waschinski, Pelc, Saalfeld, Kullack-Ublick, Naudé; 네덜란드(호밀), Posthumus; 오스트리아(호밀), Pribram; 폴란드(호밀), Tomaszewski; 덴마크(호밀), Pedersen.

반적인 경향에서 타당하다. 장기적인 가격동태에 대한 이전의 진술과 같이, 이는 지불되는 주화액의 은 함유량에만 관련지어, 그리고 도표에 제시된 25년 단위의 평균치에 대해서만이 타당하다. 또한 이는 잉글랜드, 벨기에, 프랑스, 북부 이탈리아, 네덜란드, 덴마크 및 폴란드에 대해서만 적용된다.

10년 단위로 산출한 평균치로 볼 때, **프랑스의 밀값은** 이 책 권말부록의 표에서 알 수 있듯이 다음과 같은 추세로 떨어졌다. 즉 1626/50년의 기준치(100)에서 98, 86, 87을 거쳐 1681/90년의 59로, 그리고 단기적인 상승 이후에 다시 84에서 71, 60, 55, 59를 거쳐 1741/50년의 50으로 떨어진 것이다. 이 변동은 매우 두드러져, 당대인의 눈에도 은폐되지 않았다. 중농주의자들과 소위 그 선구자라고 하는 사람들은 그들이 보기에 재난과 같은 이 과정에 대해서 종종 그리고 상세히 의견을 표명했다. 이들 중의 하나는 다음과 같은 의견도 피력했다.[2] 즉 하나의 영원한 진리인데, 곡물이 과잉으로 넘쳐나는 나라는 잘못 다스려져서 그렇다는 것이다. 정부가 곡물무역을 자유롭게 허용하면 잉여분은 자연스럽게 수출되게 마련인데, 그러고 나면 다시 곡가가 오르고, 모든 것이 다시 최상의 질서를 잡아가게 된다고 한다. "정부가 책임이 있다"고 다수의 중농주의자들은 주장했다. 국내의 상업을 저해하는 요소와 수출의 제한을 철폐하면, 다시 좋은 시기가 온다는 것이다. 그러나 수출을 자유화한다고 해서 프랑스의 가격이 장기적인 추세로 곤두박질치는 것을 멈출 수는 없었을 것이다. 케네,[3] 에르베르,[4] 그리고 다른 경제학자들은 잉글랜드를 주목하면서, 수출자유화의 효과를 의심하기 시작했다. 왜냐하면

---

2) J. F. Melon, *Essai politique sur le commerce, 1734*, Ausgabe Economistes-Financiers du XVIIIe siècle von Daire, 1843, p.713.
3) F. Quesnay, 특히 Art. Fermiers, 1756, p.183, in: *Oeuvres de Quesnay*, ed. by Oncken, 1888.
4) Cl. J. Herbert, "Essai sur la police générale des grains 1755," in: *Collection des Économistes*, 1910. 에르베르는 프랑스의 초기 경제학적 저작자의 한 사람으로서 또한 더욱 방대한 가격통계적 연구를 수행했다.

잉글랜드 정부는 프랑스 정부와 달리 17세기 후반부터 수출을 자유화하고, 17세기의 마지막 십여 년경부터는 곡물의 수출에 포상까지 했음에도 불구하고, 곡가가 떨어졌기 때문이다. 오늘날 훨씬 더 풍부한 가격통계자료를 활용할 수 있는 역사가는 남부, 북부 및 동부 유럽에서도 같은 경향이 드러나고 있음을 추가해도 좋다.

오로지 독일과 오스트리아에서만이 가격곡선이 17세기 마지막 4분기에서 다시 상승하는 방향으로 바뀌었다. 더욱 정확한 가격 연구가 보여주듯이, 이는 우선 흉작에 의하여 그 조건이 마련된 것이었으나 그 운동은 계속되었다. 이는 〈도표 37〉에서 분명히 드러나고 있다. 그러나 이 도표 말고도 몇 개의 수치를 증거로서 더 보충하기 위해서 50년 단위의 평균치를 제시할 수 있다. 이러한 평균치에서는 다음과 같은 결과가 나타난다. 1651년부터 1700년까지의 반세기 평균치를 100으로 놓으면, 다음의 반세기 1701/50년간의 가격평균치는 이 출발점의 수치와 비교해서 독일 104, 오스트리아 103인 반면 잉글랜드 84, 프랑스 75, 벨기에 73, 북부 이탈리아 90, 덴마크 90, 폴란드 60, 네덜란드 79에 달했다.

일부 지방이나 나라에서 가축이나 축산물의 가격은 곡가보다 더 잘 유지되거나, 심지어 오르기도 했던 것으로 보인다. 이 점은 아직도 더 검토할 필요가 있지만, 이에 대해서는 빈의 사례에 의거한 도표를 제시하겠다(〈도표 38〉). 이 도표는 (프리브람의 연구 결과로) 1600년부터

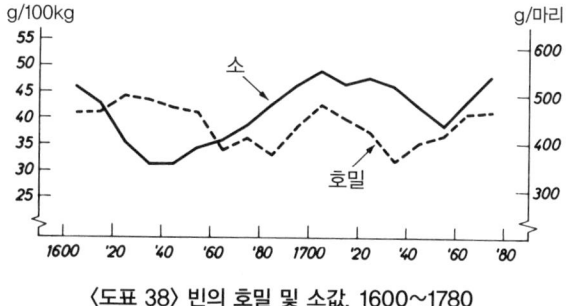

〈도표 38〉 빈의 호밀 및 소값, 1600~1780
(3개항 이동평균법에 따른 10년 단위 평균치, 100kg 및 두당 은의 g 중량)

1780년까지의 호밀값과 소값을 포함하고 있다.

가격곡선에서는 하나의 이중 협상가격차가 나타나고 있다. 17세기 전반기 호밀가격이 아직 높았을 때, 소의 가격은 떨어지고 있었다. 그리고 호밀가격이 떨어지고 있을 때——1700년경의 흉작으로 잠깐 중단되었지만——소의 가격은 올라갔다. 이 현상은 소비자의 구매력을 고려하게 하는데, 빵값이 높을 때는 고기의 공급에는 근소한 여유만이 허용되었고, 주곡의 가격이 낮아지면 고기의 판로와 가격인상의 여지가 더 커졌던 것이다(이 책, 404~406쪽의 서술 참조).

임금

잉글랜드에서는 건축노동자의 임금이 주곡(主穀)의 킬로그램 중량으로 계산해서 1626/50년의 평균치를 100으로 하면, 다음의 1/4세기에서는 129로, 계속해서 168, 177의 수준을 거쳐, 1726/50년의 평균치로는 199로 올랐다.[5] 비숙련노동자의 임금은 잉글랜드에서 대개 같은 정도로 오르지는 않았으나, 18세기의 2/4분기에서 17세기의 2/4분기에서보다 50% 정도 더 높았다. 잉글랜드의 임금동태에서 17세기의 1/4분기에 나타나는 경미한 정체가 프랑스에서는 쇠퇴로 나타나고 있다. 그러나 프

---

[5] 〈도표 39〉의 보고에 대해서는 다음과 같은 주석을 붙일 수 있다. 잉글랜드의 임금은 지금까지와 같이 1702년까지는 다음에서 추출했다. Rogers, *A history* ……, 로저스의 저작은 1702년으로 종료되기 때문에, 그다음의 연간에 대해서는 다음의 저작이 참조되었다. G. F. Steffen, *Studien zur Geschichte der englischen Lohnarbeiter*, I, 1901, p.471. 슈테펜의 데이터는 로저스의 저작 제7권의 원고, 그리고 영(Young)과 스미스(Smith)의 노트에서 유래하는 것이다. 슈테펜에 따르면 잉글랜드의 노임은 18세기 전반기에 화폐액으로 보면 거의 안정적이었다. 화폐임금은 부록에 보고된 밀가격의 표에 근거하여 밀의 킬로그램(kg) 중량으로 환산되었다. 건축노동자의 임금은 벽돌공과 대목의 경우에 의거한다. 프랑스의 임금은 다브넬의 저작에서 취했다. 여기에서도 건축노동자의 임금지표를 산출하는 목적에서 벽돌공 및 대목의 임금이 활용되었다. 독일의 임금은 뮌헨, 아우크스부르크, 뷔르츠부르크 및 라이프치히(엘자스의 연구에 의거) 및 슈트라스부르크(하나우어의 연구에 의거)에서 지불되던 임금의 평균치다.

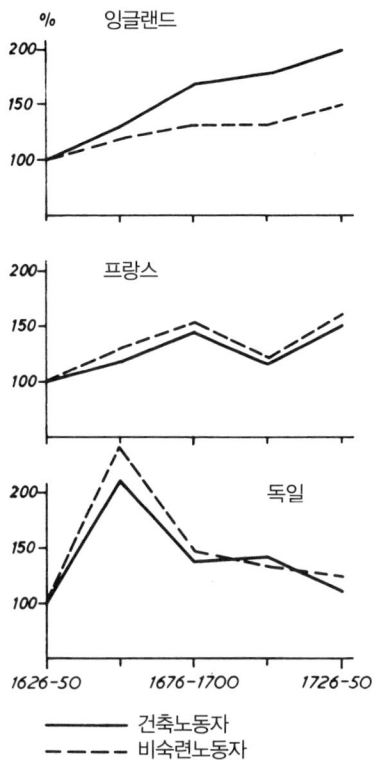

〈도표 39〉 중부 유럽의 임금, 1626~1750, 매일 지급되는 주곡의 무게(kg 단위)
(25년 단위의 평균치, 1625~50=100)

랑스에서도 전 기간에 임금은 현저히 올랐는데, 1626/50년의 기준치 100에서 1726/50년에는 151(건축노동자) 및 160(비숙련노동자, 음식제공 없음)으로 올랐다. 물론 이 수치는 다브넬에 의한 것인데, 그 계산에는 의문의 여지가 있다. 그러나 더 일반적인 변동경향은 대체로 제대로 보고된 것으로 보인다. 르 루아 라뒤리의 연구에 의하면 농업노동자의 화폐임금은 랑그도크에서 1640/55년에서 1686년 사이에 '인상적으로'(약 30% 정도) 올랐는 데 반하여 곡가는 떨어지거나 정체했다.[6] 보베 지역에서는 구베르가 임금동태를 파악했는데, 이는 연속적인 계열로서는 유감스럽게도 소수의 그다지 대표적이라고 할 수 없는 노동력의 경우에 대해서만이 제시될 수 있었다. 그러나 이 자료에 의거하여 구베르는 평년에는(곤궁한 해의 경우가 아님은 물론이고) 노동자의 처지가 유리했다고 언급했다. 연료(fagots)를 장만하기 위해 투입되었던 일군의 노동자에 대하여 어떤 도표(참고 지도책, No. 125)는 다음과 같은 사실을 보여준다. 즉 1580~1650년간에 1미느(33리터)의 밀은 2일에서 약 10일간의 작업일에 소요되어야 했으나, 1650~1735년에는 단지 1.5일에서 5일 사이에

---

6) *Les paysans de Languedoc*, pp.592ff. 특히 〈도표 36〉.

소요되었다. 즉 이는 구베르가 평균치 계산을 간과했다 할지라도, 지나치게 약소한 것이다.[7]

독일에 대해서는 더욱 완벽한 지표를 계산해낼 수 있었다. 이 지표는 잉글랜드와 프랑스의 임금과 다른 움직임을 나타낸다. 임금은 30년전쟁 직후의 수십 년간에 급격히 오른 다음에 더욱 현격히 떨어졌다. 그러나 독일에서도 1726/50년간의 임금 수준은 1626/50년간의 임금 수준을 기준으로 할 때, 건축노동자의 임금은 111%, 비숙련노동자의 경우는 125%에 이르렀다. 북부 이탈리아에서도 임금노동의 가격은 18세기까지 곡물가격에 비하여 올랐음이 보고되고 있다.[8] 노동자들은 중부 유럽의 도처에서 상대적으로 희소했다. 어떤 잉글랜드인은 아마도 어느 정도는 과장이겠지만, 농업노동자의 화폐임금은 17세기의 마지막 수십 년 사이에 매년 5푼트에서 10푼트로 인상되었다고 보고했다.[9]

2. 프랑스 농업의 쇠퇴

장기적 추세

"이런 일은 세계 창조 이래 유례가 없는 것이다"라고 17세기 말에 부아기유베르는 부르짖었다.[10] "부유한 한 나라가 페스트도 없었고, 전란이나 다른 사건, 기타 나라를 뒤흔드는 천재지변도 없었는데, 가지고 있

---

7) *Beauvais et le Beauvaisis de 1600 à 1730*, 1960, pp.558ff. 100파고 (fagots)의 연료를 장만하기 위해서는 10~12시간의 노동일이 소요된 것으로 전제되었다(Goubert, I, p.558, 주 27). 이러한 전제는 현실적인 것으로 보이는데, 이러한 노동량의 계산에서 노동자는 1660~1735년간에 매일 6.6~22 리터 또는 (이 책, 609쪽에 제시된 필자의 환산표에 따르면) 5.1~17kg의 밀을 지급받았다.

8) R. Cesse, "La crisi agricola negli Stati Veneti a meta del sec. XVIII," in: *Estratto dal Nuovo Archivio Veneto*, Nuova Serie, 42, 1921, p.18.

9) F. Brewster, *Essays on trade and navigation*, I, London 1695, pp.199f.

10) P. de Boisguillebert, "Détail de la France, 1697," in: *Économistes-Financiers du XVIIIe siècle*, hg. v. Daire, Paris 1843, pp.253, 173.

는 부의 반을 30~40년 안에 잃어버렸다니." 또 말하기를 "모든 부동산은 예전의 갖고 있던 가격의 반 이하로 떨어졌다. 〔……〕 프랑스의 부가 줄어든 것은 1660년경에 시작되었다. 이 경향은 그 원인이 아직도 지속되기 때문에 날이 갈수록 더해갔다. 원인이란 다름이 아니라 토지소유로부터의 수입(revenu des fonds)이 줄어든 것인데, 이는 오늘날 평균해서 예전보다 반을 채 넘지 못한다." 이러한 것을 부아기유베르는 17세기 말의 수년간에 썼다. 대략 50년 뒤에 포르보네는 토지가 헐값으로 팔리고, "다수의 귀족들은 거대한 영지를 가지고 있는데도 극도로 빈곤하게 되었다"고 말했다.[11]

이러한 당대인들의 보고에 이어 프랑스의 역사가 몇 사람들이 사태에 대한 언급을 하고 있다. "토지는 더 이상 수익성이 없다"고 르 루아 라 뒤리는 그의 저작에서 1660년경부터의 시기를 다룬 한 장(章)의 제목을 붙였다.[12] 다브넬에 따르면 1헥타르의 경작지에 대한 차지료는 평균하여 프랑스 전역에서 1651/75년에 12.80프랑(1Fr=0.80RM)에서 다음의 1/4세기에는 13.20프랑에 이르렀다가 다시 1701/25년에는 7.50프랑에 달했다.[13] 다브넬의 조사는 또한 매우 다양하여 합산이 거의 불가능한 개별적 증거에서 취합된 것이기 때문에, 이는 졸라가 간행한 일부 영지의 차지료에 관한 자료[14]로 보충될 필요가 있다. 〈도표 40〉에 제시된 이 차지료 수익의 동태는 부아기유베르가 제시한 보고와 일치한다. 17세기의 50년대와 60년대의 전환기에서 차지료는 떨어지기 시작했다.

---

11) 자주 인용되는 전거인데, 특히 다음의 문헌에서 재인용했다. H. Taine, *Die Entstehung des modernen Frankreichs*, I, 1908, p.387; D'Avenel, *Histoire*……, II, 1894, p.233.
12) *Les paysans de Languedoc*, 5. Part, 4. Ch. 여기에서는 임금의 저항, 통화 및 금융에 관한 보고를 다루는 소절이 구분되어 있다.
13) D'Avenel, *op. cit.*, II, p.508.
14) Zolla, *op. cit., Annales*, 1893, pp.322, 691(몽펠리에 소재 생피에르 성당 참사회), p.323(오텔-디외 당제, 제1군), p.692(오텔-디외 당제, 제2군), (오텔-디외 뒤 망).

이는 거의 중단 없이 100년가량이나 지속해서 떨어지면서, 18세기의 30년대 또는 40년대에는 그 최저점에 도달했다. 도표에 포함된 4개의 종교단체가 토지를 대여해서 거두는 수입 총액이 이 시기에는 이전에 거두던 것의 반도 넘지 못했다. 아마도 지대의 감소는 다른 지역에서 더욱 뚜렷했을지도 모른다. 텐의 보고에 의하면 프랑스 중부의 행정구역 콩폴랑에서 어떤 토지는 1665년에 2,956프랑의 수입을 가져왔으나, 1747년에는 900프랑에 임대되었다.

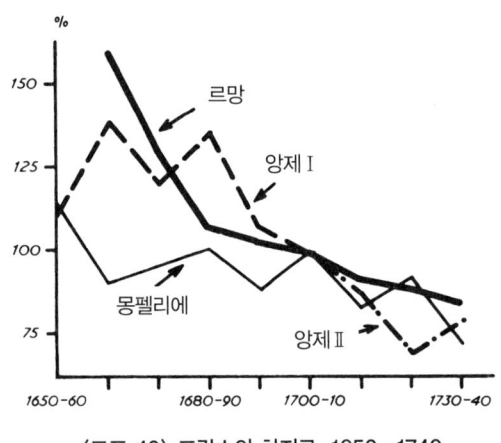

〈도표 40〉 프랑스의 차지료, 1650~1740
(주화의 은 함유량, 1700~10 = 100)[15]

같은 지역의 다른 영지는 1660년에 두 영주의 가족을 잘 부양할 수 있었으나, 18세기 중엽에는 그저 "불모지가 되어버린 작은 대여지"에 불과했다. 황폐된 경작지에서는 과거에 경작되던 밭고랑의 흔적만을 볼 수 있었을 따름이다. 케네와 뒤프레 뒤 생 모르에 따르면[16] 1750년경 중 프랑스의 베리와 솔로뉴 지역에서는 중급의 토지──목초지, 경지

---

15) Taine, *op. cit.*, pp.373f.
16) F. Quesnay, "Art. Grains 1757," in: *Oeuvres de Quesnay*, ed. by Oncken, p.202; 케네는 뒤프레 뒤 생 모르(Dupré du St. Maur)의 저작을 인용하면서, 이를 자신의 것으로 만들었다.

및 황무지까지 포함해서——가 1아르팡*당 15솔(sole)에도 미치지 못하는 값으로도 임대받을 수 있었다.17) 헥타르당 1.40프랑이라는 이렇게 근소한 차지료에다 영주는 또한 가축의 일부를 제공해야 했다. 토지는 이 지역에서 무가치한 것이나 다름없어졌다. 그러나 동일한 지역에서 16세기 말에는 1헥타르의 경지에 대해서 320프랑이, 1헥타르의 목초지에 대해서는 2,000프랑까지 지불되었던 것이다(이 책, 292~296쪽, 제1차 세계대전 이전의 프랑화 가치 참조).

다브넬이 프랑스 전역에서 취합한 토지가격은 1651/75년간에 1헥타르당 260프랑이었던 것이 1701/25년간에는 175프랑으로 떨어졌다. 다브넬의 계산은 물론 가격동태의 전반적인 경향을 드러내려 할 때만 참고할 수 있다. 가격동태의 강도에 대해서 이 자료가 알려주는 바는 거의 없다. 왜냐하면 이 수치는 너무도 많이 상호간에 서로 어긋나는 개별가격으로 구성되었기 때문이다. 그의 저작의 다른 개소에서 다브넬은 프랑스의 토지소유가 이 수십 년간에 그 가치의 약 80%를 상실했다고 말했다.

이와 같이 심각한 차지료와 토지가격의 하락은 오로지 곡가와 임금의 상반되는 동태, 또는 더 일반적으로 말해서 농업경영의 판매가격과 비용가격의 상반되는 동태로만 설명될 수는 없다. 여기에 국가가 요구했던 조세가 부가되었다. 루이 14세가 수행했던 전쟁의 과도한 비용으로 인하여 프랑스의 농업에 부과되었던 조세부담은 엄청나게 증대했다. 물론 조세는 최후의 농업호황에 따라서 이미 현저하게 증가했다. 아마도 앙리 4세의 치세 말(1610)부터 마자랭의 죽음(1661)에 이르는 시기에는 그다음 80년 동안에 전개된 농업불황기보다 훨씬 더 증가했을 것이

---

* 영어권의 에이커에 해당하는 토지의 면적.
17) 20sols=1Livre Tournois=(1728년에서 1758년까지) 은 4.27g(D'Avenel, *op. cit.*, I, p.483); 1아르팡은 대략 34.2a(또한 이하의 저작을 참조할 것, D'Avenel, *op. cit.*, pp.496f. 및 F. Quesnay, "Art. Grains 1757," *op. cit.*, p.196).

다.[18] 그러나 상대적인 부담, 즉 조세가 농업순수익에서 차지하고 있던 비중은 당시에는 경미했으며, 지대가 감소했던 1660년경부터 비로소 더욱 급속히 증가했다. 당대 프랑스의 문헌에서는 이 시기의 과중한 조세부담에 대한 원망이 그칠 줄을 몰랐다. 재정기관과 성직자의 조세정책을 가장 통렬한 어조로 비난하는 것은 중농주의적 교설의 기본내용이 되었다. 최초의 경제학자 중 한 사람인 케네는 사회경제적 관계의 헝클어진 실타래를 풀어헤치면서 규탄조의 언설에 만족하는 것으로 그치지 않았다. 그는 그의 시대에 이루어진 사회적 생산의 분배를 전체적으로 또는 부분적으로라도 산정하는 시도를 거듭했다. 18세기의 50년대에 저술된 논고 「곡물」(Grains)에서 그는 프랑스의 곡물농업 전체의 소출이 대략 6억 리브르에 달하는 것으로 산정했다. 이 액수에서 그가 보기에 대략 70%가 경영비용으로 충당되었다. 그리고 토지소유자가 지대로서, 그리고 재정기관이 조세로서 각기 13%를 취득했다. 단지 4% 이상이 될까말까 한 근소한 몫이 차지농민에게 생계비와 이윤으로 남았다.[19] 유명한 경제표(Tableau Économique)에서 그는 이러한 진술을 수치로 증보하고 개선했다. 수치는 그가 강조한 바와 같이, "결코 가설적인 것이 아니고", 오히려 "자연상태를 충실하게 묘사하는 것"이었다.

역사가들과 경제이론가들이 너무도 주의를 기울이지 못했던 이 보고에 따르면 18세기 중엽 프랑스 경제의 총생산은 대략 70억 리브르에 달했다. 이 가운데 약 50억 리브르 또는 70%가 농업에 속했다. 이 50억 리브르의 농업생산고에서 20억 리브르는 농업 자체 내에서 식량, 종자 및 사료로 소비되었다. 10억 리브르는 공산품을 구입하는 데 사용했고, 20억 리브르 또는 40%는 영주, 국왕, 교회에 귀속되었다. 영주들은 전체 공납의 57%, 국왕은 29%, 교회는 14%를 취득했다.[20]

---

18) 더 정확한 보고는 다음을 참조. Zolla, *op. cit.*, pp.447f.
19) F. Quesnay, "Art. Grains, 1757," p.206.
20) 이제 케네의 저작과 이에 대해 적확한 평론은 다음의 저작에서 발견된다. *Francois Quesnay et la Physiocratie*, ed. by Inst. National d'Études

물론 이는 아주 대략적인 산정에 불과하다. 그러나 오늘날 대개의 경제사상사 서술에서 대변되고 있는 바와 같이 그렇게 전적으로 '가설적인 것'은 아니었다. 프랑스와 케네는 청년시절에 단순한 농촌의 의사로서 프랑스 농민의 곤경을 가까운 거리에서 직접 겪어 알고 있었으며, 때때로 일종의 경영학적인 계산방식으로 그가 체험하는 범위에서 통상적인 차지농가의 수확과 비용에 대한 대차대조표를 작성해보았다. 그는 당대의 가격, 조세 및 경영비용이라는 조건에서 농민은 거의 자기 경영의 비용조차 건질 수가 없었고, 예비소득의 가능성이 없이는 흉작이나 가축의 역병 같은 불가피한 사태가 발생하면 전혀 대책이 없는 실정이었다는 결론에 도달했다.[21]

최근의 연구는 케네의 보고를 보충했다. 피에르 구베르는 파리 북부에 위치한 보베 지방의 농업에 대해 인상적인 연구를 제출했는데, 이 지역의 소농민 보유지——8ha 이내로, 종종 4∼5ha에 달하는 규모——가지고 있던 부담을 다음과 같이 산정했다.[22] 타유*가 20리브르인데 이는 우량한 암소 한 마리 값, 또는 송아지 5∼6마리 또는 양 6∼7마리 또는 풍작기에는 밀 5hL, 흉작기에는 2hL의 값에 상당했다. 타유만으로도 이미 1.5ha의 소출이 요구되었다. 다른 종류의 조세를 추가해서 계산하면, 이는 순소출의 약 20%에 달하는 부담이 되었다. 여기에 십일조를 비롯하여 교회에 대한 다른 공납이 추가되는데, 이는 순소출의 12%에 달했고, 장원영주에 대한 지대가 약 20%, 그리하여 차지농민 한 사람의 경우 통틀어 순소출의 52%가 납조와 납공의무로 공제되었다. 종자와 경영의 유지를 위한 비용으로 구베르는 순소출의 약 20%를 계산했다. 그리하여 전체의 순소출에서 겨우 1/4 남짓한 정도가 농민가족의 생계 유지를 위해 남겨졌다.

Démographiques, 2 vols., 1958.
21) F. Quesnay, "Art. Fermiers 1756," pp.177f.
22) P. Goubert, *Beauvais et le Beauvaisis de 1600 à 1730*, 1960, pp.180f.
* 기본적인 재산세.

6인으로 구성된 한 가족에게 최소한의 정도로라도(하루에 4kg) 빵을 공급하기 위해서는 20hL의 밀이 필요했다. 장원영주에게 지대를 지불하지 않았던 경우에도, 이 정도의 소요충족을 위해서는 위에 제시한 계산에 따르면 적어도 40hL의 소출이 요구되었다. 이는 작황이 좋을 때, $3\frac{1}{3}$ha의 경지에서 거두는 소출을 의미했다. 말하자면 보베 지방에서는 삼포제로 경작되는 상황에서 10ha 미만의 토지를 소유하고 있는 농민이라도 자신의 가족을 위한 빵조차 획득할 수 없었던 것이다. 그러나 보베 지방에서 대다수의 농민들은 10ha 정도의 경지도 보유하고 있지 못했다.

　농민들은 무리를 지어 농촌을 떠났다. "농촌은 그다지도 끔찍한 빈곤을 자아냈는데, 도시는 엄청난 부를 과시하고 있었다."[23] 전 지역이 황폐화되었다. "온전히 경작될 수 있는 여러 지방이 반쯤은 사람이 떠난 황무지 상태로 버려졌다. 수백의 심지어 수천 모르겐의 거친 황무지가 서로 겹쳐 있다"고 당대인들 몇몇이 평가했다.[24] 케네가 평가하기에, 물론 다소의 과장도 섞여 있지만, 그의 시대, 즉 18세기 중엽에 프랑스의 경작면적 중 반은 전혀, 다른 나머지는 그저 불충분하게만 경작되고 있었다고 한다.[25]

---

23) C. J. Herbert, "Essai sur la police générale des grains, 1755," in: *Collection de Économistes*, 1910, p.111.

24) 전거는 다음에 취합되어 있다. Taine, *op. cit.*, p.379. 종종 반복해서 보충하고 있는 독일어 문헌으로는 다음을 참조한다. W. Braeuer, "Frankreichs wirtschaftliche und soziale Lage um 1700," in: *Marburger Rechts- und Staatswiss. Abhandl.*, 1968.

25) 다음의 문헌에서 출처하는 미간행의 논고 「인간」(Hommes)에서 몇 개의 전거발췌가 보고되어 있다. St. Bauer, "Zur Entstehung der Physiokratie in Frankreich," in: *Jahrb. f. Nat. u. Stat.*, XXI, 1890, pp.116f. 다른 곳에서 케네는 더 조심스럽게 프랑스에서 경작에 적합한 토지의 약 1/4 이상이 황폐되어 있다고 한다. F. Quesnay, "Art. Fermiers 1756," *op. cit.*, pp.171f. 또한 중농주의 운동과 당시의 심각한 농업위기의 관계를 더 깊이 있게 다룬 몇 개의 문헌을 지적할 수 있다. O. Thiele, "François Quesnay und die Agrarkrisis im Ancien Régime," in: *Viertelj. f. Sozial- und Wirtschaftsgesch.*, IV,

수확주기

케네와 그의 친구들은 그들의 관찰을 주로 장기간의 사태에 연관지었다. 그들이 제시하는 가격이나 수확은 (추정된) 평균치였다. 그러나 통계학자의 평균치라는 것은 하나의 허구다. 현실에서 존재했던 수확은 일부는 평균치에 못 미치고, 일부는 이를 능가한다. 그리고 이 두 가지 경우는 편차가 엄청날 때, 농민들에게 더욱 큰 고통을 야기했다. 근소한 수확이 이루어지면 농민들은 판매할 것이 매우 적거나 아주 없어, 그들의 가족과 함께 굶주리는 수밖에 없었다. 수확이 좋으면 가격이 너무 떨어져서, 국가와 영주에 대한 그들의 의무를 다할 수가 없었다. 이러한 문제는 이미 마르크 블로크가 지적한 바 있다. 그는 17세기 후반의 가격 하락을 "프랑스에서 전개된 사회발전에서 지배적인 특징"의 하나로 묘사했다. 흉작기에서든 풍작기에서든 프랑스의 농민들에게는 불평의 요인이 늘 있었다. 흉작기에는 농민들이 판매할 것이 없어 굶주려야 했기 때문이며, 풍작기에는 가격이 너무나 낮았기 때문이다.

가격하락의 위기는 잉글랜드의 사례에 의거하여 더 정확하게 서술될 것이다(이 책, 368쪽 이하). 그러나 프랑스의 경우에 대해서도 수확주기에 따른 사태와 분위기를 그려내는 것이 나름대로 적절할 것이다. 이를 위해서는 1685년부터 1694년까지가 선정되었다. 왜냐하면 이 시기에 대해서는 재무총감(Generalkontroleure des Finanzen)과 속주장관(Intendants) 사이에 오고 간 편지가 몇 가지 좋은 단서를 제공하기 때문이다.[26] 그러나 이에 앞서 장기간의 변동 속에 전개되는 이 수확주기의 '위치'를 제시하여야 할 것이다. 이 목적에는 1520년부터 1788년까지 파리, 로주아 및 두에의 연간 밀가격에 대해서 어셔가 그려낸 도표가 요긴할 것이다(《도표 41》).[27]

1906, pp.515f.; G. Weulersse, "Le mouvement préphysiocratique en France," in: *Revue d'Histoire Écon. et Soc.*, XIX, 1931, pp.244f.

26) Correspondance des Contrôleurs Généraux des Finances avec les Intendants des Provinces, par. A. M. de Boislisle, I, Paris 1874.

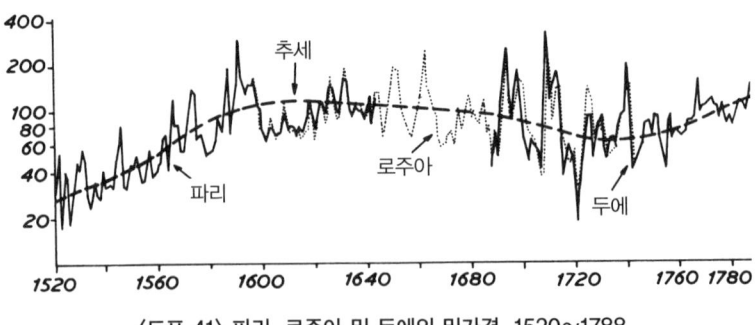

〈도표 41〉 파리, 로주아 및 두에의 밀가격, 1520~1788
(주화액에 함유된 은의 중량. 추세가 중첩된 상대가치. 로그 척도 1596~1643=100)

나중에 더 상세히 기술하겠지만, 수확주기는 1685년경의 높은 가격부터 시작해서(〈도표 41〉에서는 오직 로주아에 대해서만 입증되고 있는데), 1694년경의 높은 가격으로 끝나고 있다. 도표 안에 손으로 자유롭게 그려 넣어 표시한 장기간의 추세를 보여주는 곡선을 보면, 언급한 수확주기는 하락하는 부분에 놓여 있다. 매년마다의 개별 가격은 다음의 〈표 14〉에 별도로 제시한다.

파리의 밀가격과 런던 및 베를린의 가격을 비교할 때 드러나듯이(다음의 〈도표 42〉 참조), 가격의 동요가 그 시간적 경과에 따른 변동양상에서는 대체로 일치하지만, 오르내리는 강도에서는 일치하지 않는다. 그러나 이 문제에 대해서는 더 적절한 위치에서 다시 보고할 것이다.

그러면 이제 재무총감과 지방장관 사이에 오고 간 편지의 발췌문 몇 가지를 예로 들어보자. 1685년 3월 15일 로주아의 밀값이 아직 세티에(Setier)당 135g의 은에 해당하는 수준에 있었을 때, 루앙에 위치한 지

---

27) A. P. Usher, "The general course of wheat prices in France, 1350~1788," in: *The Rev. of Econ. Statistics*, 1930, p.162.

⟨표 14⟩ 로주아 앙 브리에서의 밀 가격, 1685~94

(세티에당 은의 g 중량)

연도	가격
1685	135
1686	85
1687	90
1688	59
1689	66
1690	71
1691	75
1692	96
1693	186
1694	275

방장관은 재무총감에게 다음과 같이 썼다. "곤경이 격심하여, 모직 의복한 벌을 구입한 농민은 마직 옷은 포기하고 있습니다. 한때 붉은색이나 푸른색 치마를 매우 좋아하던 농촌의 여성들은 이제 그러한 것들을 거의 입지 못하고 있습니다. 이들이 걸친 옷은 매우 보잘것없고, 거의 모두가 그저 흰색의 마직 옷으로 만족하고 지내는 실정입니다." 이러한 사태의 원인을 지방장관은 특히 직물공업의 판로가 쇠퇴한 데서 찾고 있었다.

그다음 해에 로주아에서는 밀값이 약 1/3이 떨어지는 사태가 닥쳐왔다. 루앙의 장관은 이렇게 보고했다(1686년 5월 9일, I, 70). "곡가가 너무 떨어져 놀라울 지경입니다. 작년에 10리브르 하던 것을 이제는 50수(Sous)로 팔아치워야 하는데, 그나마도 판로가 없습니다." 플랑드르의 장관은 정규적인 것이든 비정규적인 것이든 조세에 관한 합의를 이루지 못하고 있었음을 보고했는데(1686년 7월 11일, I, 77), 그 원인은 "곡가가 너무 낮은 탓으로 돌릴 수 있습니다"라고 진단했다. 그다음 해에도 가격은 대략 동일하게 낮은 수준에 머물러 있었다. 1687년 1월 31일(I, 95)에 플랑드르의 지방장관은 식량의 수입에 더 높은 관세를 부과할 것을 요청했다. 왜냐하면 이것이 당해 주를 유지하고, 국왕의 수입을 증대시키고, 상업을 진흥하고, 농업을 장려하기 위한 유일한 수단이기 때문이라는 것이었다. 이와 동일한 요구는 다른 주에서도 쇄도하고 있었다. 고액의 수입관세 또는 수입차단, 또한 수출장려는 무엇보다 남부의 항구도시 보르도를 비롯한 여러 도시에서도 희망했다. 보르도에서는 포도주의 판로가 막혔고(1687년 3월, I, 97), 베리에서는 독일에서 다수의 양떼가 수입됨을 불평했으며(1687년 5, 6월, I, 103), 리모주에서는 소의 교역이 정지되었고(1687년 6, 7월, I, 106), 투르에서는 "포도주 교역이 거의 파탄났다"(1687년 6, 7월, I, 106).

1688년은 10년을 단위로 하는 전체 수확주기에서 최하의 가격을 기록했다. 구베르가 취합한 자료에 따르면 보베 지역에서는 18개의 농민 경영단위가 평균해서 4.5년 전부터 지대를 체납하고 있었다. 구베르가 지적했듯이 이러한 체납기간은 이 지역에서 매우 오랜 것이었다. 왜냐하면 비교연도인 1646년에 동일한 농지는 지대납부에 있어서 평균적으로 12개월 정도만이 연체하고 있었기 때문이다.[28] 아마도 더욱 흥미로운 것은 플랑드르의 지방장관이 관찰한 바일 것이다. 즉 곡물이 헐가로 떨어진 사태는 농민들에게 유채를 예전보다 더 많이 재배하도록 강요했다는 것이다. 이는 플랑드르 농민들이 행한 재배기획의 가격반응성을 시사하는 것인데, 이 현상은 이 시기, 이런 방향으로는 지금까지 거의 추측조차 이루어진 바가 없었다. 결국 농민들은 유채와 곡물의 상대적인 가격에 적응하고 있었던 것인데, 이로부터 정부도 이익을 보려고 했다. 정부는 유채에 대한 수출관세의 부과를 계획했다. 지방장관은 이러한 계획에 반대했는데, 그 근거는 물론 농민들의 처지가 아니라——이 또한 이 시기로서는 아주 당연한 사고방식이었다——무역수지를 고려

---

28) Goubert, *op. cit.*, p.529.

한 것이었다. 그의 의견은 다음과 같았다. 유채의 수출에 관세가 부과되면, 토착의 비누공장은 이로 인하여 이익을 보겠지만, 지금까지 플랑드르에서 유채를 풍부하게 수입해갔던 네덜란드인들은 수입을 자체의 재배로 대체할 것인데, "이보다 더 우리나라에 손해를 끼치는 것은 없다"는 것이다.

그다음 해에도 가격이 여전히 낮았는데, 엑스의 대주교는 이렇게 보고했다(1689년 1월 10일, I, 170). "국왕의 조세를 감당하기에는 속주에 돈이 하나도 없다. 왜냐하면 곡물과 기름이 이 지역의 유일한 상품작물인데, 이들의 판로가 완전히 막혀버렸기 때문이다. 농민들은 자신들의 토지를 떠나고, 차지인(借地人)들은 도대체 지불능력이 없다. 만약 버려진 토지가 다시 영주에게 귀속되면, 이 토지는 이 지방의 관습에 따라 타이유를 더 이상 지불하지 않는다." 대주교는 계속 다음과 같이 말했다. "또 곡물이 적절한 가격(honneste prix)을 유지하고 있는 것이 인민에게 유리하다는 사실에 유의해야 한다. 왜냐하면 곡가가 너무 싸면, 토지소유자는 농경을 영위하고, 전지를 경작하고, 빈민들에게 일거리를 제공할 수단을 상실하기 때문이다." 이런 소리는 중농주의자의 주장과 비슷했다. 거의 동일한 언사와 논변으로 부아기유베르, 케네 및 다수의 다른 작가들은 너무나 낮은 곡가를 비난했다.

다음해(1690)에 곡가는 오르기 시작했다. 그리고 이 상승세는 지속되었다. 1691년 리모주 지방에서는 7,000명의 빈민에게 적선이 베풀어졌다. 부르군트에서는 곤경이 극심해서, 여러 가족들이 6개월 전부터 소금을 더 이상 구하지 못할 지경이었다. 그다음 해(1692)에는 리모주의 지방장관은 "정확한 조사에 따르면" 7만 명 이상이 빵을 구걸하지 않으면 안 되었다고 보고했다. 사람들은 양치류 식물을 가마에서 말리고 잘게 빻아서 먹기까지 했다. 빵은 너무나 부족할 뿐만 아니라 질마저 형편없어, "사람들이 쇠약해지고 그로 인하여 사망하기도 했다." 프랑스 전역에서 비슷한 종류의 나쁜 소식이 파리로 전해졌다. 파리에서도 빵값이 너무 올라서, 사람들이 집단으로 소동을 벌였다. 관리들은 이러한

III. 경기하강과 불황 367

소요사태를 진압할 수 없었다(I, 301). 곡물재고를 조사한다는 명령이 발해졌고, 이에 대하여 허위보고를 하는 사람을 엄벌에 처한다는 명령도 내려졌다. 시민들은 숨겨둔 곡물을 내놓아야 했다. 노동능력이 없는 자들은 각자의 고향으로 돌아가야 했고, 농민들은 경작을 하라는 명령을 받았다. 그러나 이러한 조치는 별로 효과가 없었다. 로주아에서는 밀 값이 1692년에서 1694년 사이에 거의 3배로, 파리에서는 약 2배로 올랐다.

이로써 이 보고는 종결할 것이다.[29] 지금부터는 잉글랜드에서 출처한 당대인의 보고 몇 가지를 더 제시할 것이다.

3. 잉글랜드의 위기

문헌증거

이 시기 잉글랜드인의 저작은 경기의 부침을 추적하려는 경제사가에게 프랑스인의 저작보다 더 풍부한 자료를 제공하고 있다. 여러 가지를 알고 있었고 또 많은 것을 기록한 부아기유베르는 그의 후기 저작들을 외국에서 출판해야 했다. 왜냐하면 그의 저작이 프랑스에서는 금서가 되었기 때문이다. 잉글랜드인들은 더 자유롭게 저술했는데, 자유가 있었음에도 일방적으로 정부를 비판하는 논조는 아니었다. 이들은 정부의 조치와 부주의 가운데 잉글랜드에 닥쳐온 위기의 원인을 탐구했는데, 이는 시대의 특징이었다. 그러면서도 이들은 또한 다른 사정과 조건을 두루 찾아보았으며, 이러한 가운데 오늘날 역사가의 관점에서도 더욱 흥미로운 여러 가지를 관찰했다.

그러나 당대인들의 말을 들어보기 전에, 우선 두 가지 사항이 언급되

---

29) 산업화 이전 시대의 기근에 대해서는 다른 시기와 다른 여러 나라의 경우에서 수집한 더욱 광범한 증거에 의거하고, 또한 더욱 심층적이며 포괄적인 분석을 시도한 필자의 다른 저작에서 다루겠다. *Massenarmut und Hungerkrisen* ……, 1974.

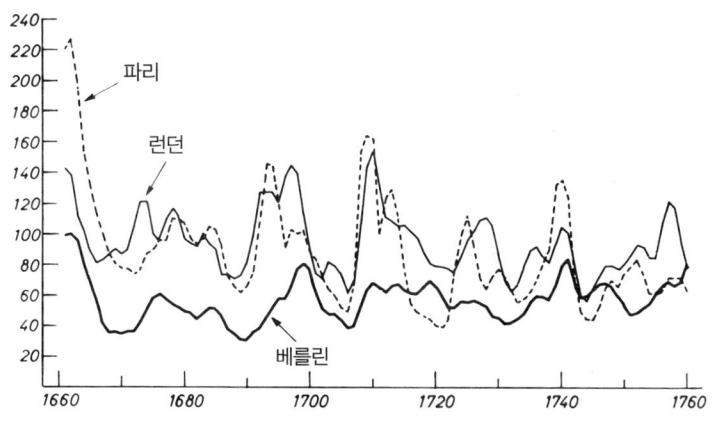

〈도표 42〉 런던, 파리 및 베를린에서의 밀값, 1660~1760
(100kg당 은의 g 중량, 3개항 이동평균법으로 산출한 연평균치)

어야 할 것이다. 첫째 사항은 가격의 동요와 관련된다. 프랑스와 사정이 다르지 않게 곡가는 잉글랜드에서도 단기적으로 등락을 거듭하면서 움직이고 있었다. 풍작에는 낮은 가격이 흉작에는 높은 가격이 동반하고 있었는데, 더구나 이러한 교체양상은 시간적으로도 아주 정확히 대륙의 수확주기에 부합하고 있었다. 1660년부터 1760년까지 런던, 파리, 베를린에서 전개된 밀값의 변동을 나타낸 도표는 이러한 사정을 입증하고 있다(〈도표 42〉).

〈도표 42〉에서 알 수 있듯이 잉글랜드의 밀가격은 특히 심하게 떨어지고 있었다.

1. 17세기의 60년대, 최저점은 1666년경에 도달,
2. 80년대, 최저점은 1688년경에 도달,
3. 18세기 초, 최저점은 1706년경에 도달.

이에 이어져 더욱 장기간이면서, 내부적으로 세 부분으로 나뉘는 하강국면이 전개되었는데, 각각의 최저점은 1723년, 1732년 및 1743년에 도달했다. 마지막으로 언급된 해는 동시에 80년대 전 시기에서 최저의 밀값을 기록했다.[30]

〈도표 42〉에서 인식할 수 있듯이, 애초에 베를린의 가격에 대하여 엄청나게 벌어져 있던 잉글랜드의 가격은 한 세기가 흘러가면서 더욱 더 근소해졌는데, 마침내 18세기의 40년대 중반에는 완전히 사라졌다. 18세기 독일의 곡가가 보이는 장기적인 특수운동은 이미 위에서 중부 유럽의 곡가변동을 논의하는 데서 지적되었다. 독일의 농업발전을 서술하는 문맥에서 이 문제는 다시 취급할 것이다.

당대인들의 비탄은 잉글랜드에 널리 확산된 차지농가의 지출구조를 유의하면, 더 잘 이해할 수 있다. 로저스는 17세기 후반에 대해서 이러한 농가의 소출-비용 계산을 오래된 결산장부에 의거하여 재구성하는 시도를 했다.[31] 통상적인 삼포제로 경영될 때, 당시 200에이커 크기의 차경지는 매년 대략 225파운드 스털링의 총소출을 냈던 것으로 평가된다. 이 총소출은 다음과 같이 배분되었다.

〈표 15〉 17세기 후반 어느 잉글랜드 차경농장의 지출

지출	파운드 스털링	총지출에 대한 백분율
임금	78	35
조세	20	9
차지농과 그 가족의 생계	30	13
차지농의 자본 상각 및 이자지불	37	17
차지료	60	26
총계	225	100

---

30) 파리의 가격은 Hauser, *op. cit.*, pp.110f.; 베를린의 가격은 Naudé and Skalweit, *Getreidehandelspolitik*……, II, p.568, III, pp. 625f., IV, p. 647f.; 런던의 가격은 Rogers, *op. cit.*, V, pp.272f., Tooke and Newmarch, II, pp. 512f.

31) Th. Rogers, *A history*……, V, p.816.

지대는 이 결산에서 26%, 조세는 9%, 그리하여 지대와 조세는 전체 지출에서 총 35%를 차지하고 있다. 전체 지출에서 임금은 35%, 차지농이 확보한 자본의 상각과 이자지불이 17%에 이르고, 따라서 차지농과 그 가족을 위해서는 13%만이 남아 있게 된다.

이러한 농장은 위태로운 처지에 있었다. 만약 가격이 떨어지고 임금이나 차지농의 자본에서 일부를 절약할 수 없었다면, 차지농의 생계를 더욱 긴축하거나 영주에 대한 지대지불을 절감해야만 했다. 그러나 이 두 가지는 쉽사리 이해할 수 있듯이, 영주의 반대와 임금노동자들의 분노를 야기할 바였다.

1660년대의 판로위기

수십 년간이나 잉글랜드의 지대는 인상되었다. 60년대에 이 움직임은 갑자기 중단되었다. 머콜리는 이 과정을 관찰하고(그리고 그의 『영국사』에서 일정한 지면을 차지할 정도로 과소평가하지 않았다) 다음과 같이 서술했다.[32] "모든 토지소유자의 수입은 1파운드당 5실링씩 감소했다. 그리고 농촌의 곤경을 알리는 아우성이 왕국의 모든 백령에서 메아리쳤다. 늘 그렇듯이 이 곤경은 정부의 탓으로 돌려졌다. 토지귀족은 지출을 줄여야 하는 압박을 받고 있었는데, 화이트 홀*에서 벌어지는 호사와 증대하는 낭비를 기분 나쁘게 쳐다보았고, 원래 그들의 것이 되어야 하는 돈이 알 수 없는 경로로 국왕의 총신들에게 귀속되기에 이르렀다고 믿었다."

이 시기의 경제학자들과 정치가들은 그러나 이미 '알 수 없는 바'를 설명하려고 했다. 이들은 이러한 노력에서 지난 여러 해 동안 매우 증가했던 살아 있는 가축의 수입이라는 문제에 봉착했다. 가축무역업자와 비육업자들의 저항이 있었지만 아일랜드에서 살아 있는 가축을 수입하

---

32) Th. B. Macauly, *The history of England*, I, Leipzig(Tauchnitz), 1849, p. 187.

*White Hall: 런던에 소재하는 왕궁의 하나.

는 것이 금지되었다(1666). 그러나 희망했던 사태의 호전은 오지 않았다. 코크는 1671년에 발간된 논고에서 이렇게 썼다.[33] "아일랜드산 가축의 수입을 금지하는 법률은 잉글랜드의 지대를 끌어올리려는 의도였으나, 그 목표를 달성하지 못했다. 오히려 그 반대의 사태가 벌어졌다. 그 법안이 통과된 이래 얼마나 많은 농지가 포기되었으며, 얼마나 많은 액수의 지대가 인하되었는지, 일부는 1/6 이상이, 다른 일부는 1/5 이상이 또 다른 일부는 1/3 이상이 인하되었는데, 이 모든 것에 대한 조사가 이루어지기를 바랐다. 나는 일부 차경농장의 사례를 알고 있다. 이들은 2년 동안이나 버려진 다음에, 예전에 받던 지대의 반으로 다시 대여된 것이었다."

조시아 차일드는 17세기의 60년대에 저술했으나, 30년 뒤에야 비로소 출간된 논고에서 지대의 하락에 대해 장문의 논의를 가했다.[34] 그는 다수의 원인을 들었다. 이들이 이 자리에서 모두가 흥미로운 것은 아니지만, 몇 가지는 주목할 만하다. 그리하여 그는 "최근의 고액 토지세", 잉글랜드 농업에서 지난 호경기 시절의 최후 몇 년 동안 지나치게 인상된 지대, "아일랜드와 아메리카 농업이 이룩한 최근의 거대한 진보"를 들었는데, 그가 말하기를 이러한 외국의 농업진보로 인하여 잉글랜드의 영농가들은 구래의 판매구역에서 밀려나버렸다는 것이다. 나아가 그는 잉글랜드의 인구를 격감시킨 1665년의 대역병도 들고 있으며, 끝으로 "최근 3, 4년간 기독교권 대부분의 나라에서 지금까지 거의 알지 못했

---

33) R. Coke, *That the Church and State are in equal danger with the trade*, 1671, p.64. 이 문헌은 구할 수가 없어서, 이 발언은 익명의 문헌에 의해 인용되었다. *An essay on the causes of the decline of the foreign trade*, 2nd ed., London 1750, p.50. 이는 동일한 문장으로 동일한 사료의 보고와 함께 다음의 문헌에 수록되었다. *Report from the Select Committee······ June 18th, 1821*, p.230.

34) J. Child, *A new treatise 1694*, pp.45f., 49. 차일드의 논고가 60년대에 성립되었음은 「서문」과 pp.45 이하의 서술로 밝혀진다. 차일드는 이곳에서 최근의 사태로서 런던의 대화재(1666)와 역병(1665)을 언급하고 있다.

던 정도로 나타난 곡물의 과잉"을 언급했다.

1680년대의 농업위기

판로경색은 극복되었다. 가격은 다시 올랐고, 투크는 심지어 1670년대의 유리한 가격이 잉글랜드에서 다시 농경의 확대를 가져왔다는 말까지 했다.[35] 이는 물론 확실하지가 않다. 왜냐하면 이 문제에 대해서도 그렇고, 70년대의 지대동향에 대한 증거도 제시된 바 없기 때문이다.

80년대 중엽에는 잉글랜드에서도 (프랑스에서와 마찬가지로) 상대적으로 유리한 곡가의 행렬이 끝장났다. 존 로크는 다음과 같은 제목의 논고를 저술했다. 「이자하락과 화폐가치 인상의 귀결에 대한 약간의 고찰」(Some considerations of the consequences of lowering of interest and raising the value of money, 1691). 이 논고에서 그는 "지대의 하락은 우리의 복지가 쇠퇴하고 있음에 대한 속일 수 없는 지표다"라고 설파했다. 그는 지대를 다시 부양할 것을 요구했는데, 이는 "국가가 노력을 기울일 값어치가 있는 일"이기 때문이라는 것이었다.[36] 물론 지난 여러 해 동안 잉글랜드 국민들이 토지소유자들의 처지를 개선하기 위해 애쓰지 않았던 바가 아니라는 점을 로크 자신도 잘 알고 있었다. 이미 십여 년 전, 농산물의 과잉공급에 대한 최초의 징후가 가시화되었을 때, 크롬웰 치하에서 1656년 11월 27일에 "이 공화국*에서 재배되고, 성장하고, 생산되는 여러 가지 품목의 수출을 위한 법"(An Act for the Exportation of several Commodities of the breed, growth and manufacture of this Commonwealth)이 발포되었다. 이 법안의 근거를 설명하는 문맥에는 "늪지대, 삼림, 수렵구역 및 기타의 토지를 개량하는 국민의 노고와 분발은 〔……〕 신(神)에게서 곡물, 가축, 버터,

---

35) Th. Tooke and W. Newmarch, op. cit., I, p.14.
36) J. Locke, Works, II, 3rd ed., 1727, p.34.
* 잉글랜드 혁명 이후 크롬웰이 집정할 때의 정치체제는 잉글랜드 역사상 유일한 공화정이었다.

치즈 및 여러 가지 산물이 넘쳐나는 축복을 받았다"라는 말이 삽입되어 있다. 여러 가지 수출 장려책이 도입되었으나, 그다지 효과를 거두지 못하였기 때문에 4년 후에는 수입관세가 도입되었다. 이 농산물 교역정책의 쐐기돌을 이루는 것은 로크의 논고가 출간되기 2년 전에 발표된 1689년의 수출장려법이었다. 이 법에서는 국내가격이 일정한 수준 이하로 떨어지면, 1쿼터의 곡물수출에 대하여 5실링——대략 100kg당 2.30RM——의 수출장려금이 지불될 것이 규정되었다.

가격은 규정된 수준 이하로 떨어졌다. 그리고 수출장려금이 지불되었다. 그런데도 곡가, 지대 및 토지가격은 떨어졌다. 로크는 이 시기에 진행된 토지가격의 폭락에 대해서 장문의 논고를 작성한 바 있는데, 이에서는 다음과 같은 견해가 간취된다.[37] 다른 물건의 가격과 같이, 토지의 가격도 공급과 수요로 결정된다는 것이었다. 토지의 공급이 지나치게 거대했다. 지난 여러 해 동안에는 지주들의 불량한 경영, 사치 그리고 자기 땅을 떠나 돌보지 않음으로써, 여러 영지들이 과도한 부채를 지는 사태를 초래했는데, 이제는 이자 부담을 더 이상 감당할 수 없는 지경에까지 이르게 되었다는 것이다. 이러한 사태는 토지소유자들에게 토지를 방매하도록 강요했다. 이러한 사정은 엘리자베스 여왕 시대와 얼마나 다르냐고 로크는 묻고 있었다. 그때는 나라의 부가 끊임없이 성장하고 있었고, 토지는 높은 가격을 유지했다. 이제 토지에 대한 수요는 아주 미미해졌다. 교역활동에서 돈을 많이 번 상인들은 토지에 투자하기를 꺼려했다. 토지에서 거두는 지대수입은 떨어졌고, 아마도 더욱더 떨어질 것이다. "한 나라의 국민이 몰락하게 되면, 어떤 사태가 발생하든간에 상인과 금융가들이 가장 마지막에 쓰러질 것이다. 그대가 원하는 대로 돌아보아라. 늘 쇠퇴와 빈곤이 제일 먼저 나라에 닥쳐온다. 농촌의 신사들이 통상적으로 자신의 땅을 〔……〕 (지속적인) 수입이 발생하는 부동의 원천으로 간주한다 해도, 그는 더욱 상업에 종속되어 있고, 상인

---

37) Locke, *op. cit.*, pp.26f.

들 자신보다 더욱더 상업에 신경을 써야 할 것이다. 상업의 위축이 왕국의 돈 일부를 털어가고, 다른 일부가 상인들의 수중에 남아 있게 되면, 어떠한 법률도 〔……〕 농촌 신사들이 다시 돈을 벌게 해줄 수는 없다. 노고와 절약, 그리고 질서정연한 상업이 왕국이 한때 보유하던 부를 다시 돌려줄 때까지, 그들의 지대는 떨어질 것이며, 그들의 수입도 줄어들 것이다." 로크가 쓴 이 논설에서 그 시대 특유의 이론적 내용과 표현을 제거하면, 그 시기에 전개된 농업위기의 양상에 대하여 아주 분명한 표상을 그려낼 수 있다. "상업이 돈을 끌어모은다"라는 말은 즉 이 자리에서 더 추구할 수 없는 모종의 이유에서 농산물가격이 너무도 낮았다는 말이 된다. 이와 같이 너무도 낮은 농산물가격은 토지에 대한 차지료를 압박했고, 자영농민으로 하여금 경영을 계속하는 데 어려움을 겪게 했다. 토지가 부채마저 지고 있었으면, 아마 부채의 이자도 더 이상 지불할 수 없었을 것이다. 이는 결국 가옥과 농지의 상실로 귀착되었다.

1690년대 초의 신용위기

로크의 논고가 이미 암시했던 농업신용의 위기는 그다음의 몇 해 동안에 더욱 심각해졌다. 프랑스와 치른 전쟁으로 잉글랜드에서는 농촌에 부과된 조세와 대여자본에 대한 이자율이 증가했다. 이미 예전부터 수입감소로 약화된 농업경영체의 대부분은 이 새로운 부담을 더 이상 감당할 수 없었다. 이자지불과 조세납부의 연체가 누적되었고 농지의 강제처분, 파산, 헐가방매도 증가일로에 있었다. 이 무렵에 잉글랜드 농업의 절망적인 처지를 서술한 브리스코의 논고가 출간되었다.[38] 브리스코는 그의 소책자에서 자신의 토지를 보유하고 있는 '자유농민'(free-holder)이 의회에 등장하여 연설을 하게 했다. 이 가공의 연설에서 농민은 다음과 같이 말했다.

---

38) J. Briscoe, *A discourse on the late funds of the Million-Acts*, Lottery-Act and the Bank of England, 1696, pp.132f.

"물론 저당의 부담에서 완전히 벗어나 있는 대토지도 꽤 있을 것입니다. 그러나 매우 많은 농지가 형제 자매를 위한 거액의 재정보증금에 짓눌려 있습니다. 오늘날과 같은 수준의 이자와 조세액에서 우리들 다수는, 심지어 어지간한 규모의 토지를 소유하고 있어도, 극도의 곤경에 빠져 있습니다. 우리들의 불행을 더욱 완벽하게 하기 위해, 채권자들은 이제 더 이상 기다리려고 하지 않습니다. 그들은 자기들의 돈을 다른 곳에 대여하면 더 큰 이익을 볼 수 있다고 생각하기 때문입니다. 이렇게 해서 토지소유자들은 그들의 땅을 말도 안 되는 헐가로라도 팔지 않을 수 없는 처지에 몰려 있습니다. 우리들은 토지를 팔기 위해 무슨 짓이든 다 해보았습니다. 그러나 우리가 땅을 사겠느냐고 물어보는 사람마다 오히려 땅을 사기보다 팔고 싶다고 합니다. 왜냐하면 너무나 많은 조세액이 토지소유에 부과되어 있기 때문이라서 그렇다고 합니다. 오늘날 말고 달리 어떤 시절에도 채무변제 때문에 그렇게 많은 토지가 팔려야 했던 적이 없었습니다. 토지소유자는 자신의 땅을 떠나고 싶어하지 않지만, 그 땅이 저당 잡혀 있는 한 달리 어쩔 도리가 없습니다. 이들은 자기 땅을 받고 싶은 가격에 팔 수 없는데도, 그저 매입자가 주는 대로 받아야 합니다. 그렇지 않으면 그저 쫓겨나는 길밖에 없습니다."

 같은 해에 출간된 다른 저술에서는 아버지가 매입할 때는 600기니(Guineas)가 들었던 토지가 이제는 아들이 450기니로 팔아야 한다고 했다.[39] 아마도 반년 뒤에는 300기니로 내놓야 했을지도 몰랐다. 또 다른 어떤 필자가 1695년에 보고하기를 여러 에이커의 토지가 단지 5실링이나 10실링으로 대여되었는데 그런데도 차지인은 차지료를 낼 수 없는 처지였다고 한다.[40]

---

39) (Anonym), *The regulating of silver coin*, 1696, p.25.
40) F. Brewster, *Essays on trade and navigation*, I, 1695, p.122.

18세기 초 수십 년간의 위기

17세기의 90년대 초에는 잉글랜드에서도 곡가가 다시 오르기 시작했다. 그러나 바로 곡가가 오르기 시작했던 이 무렵 잉글랜드 농업의 곤경에 대한 원성이 가장 소리 높았다. 조세와 이자의 증가가 가격상승의 효과를 다시 상쇄해버렸음에 틀림없다. 특히 화폐약주도 가격의 변동에 더불어 영향을 미쳤다. 그러나 대개 90년대의 중반부터 상황은 달라졌다. 17세기의 마지막 5년간에는 잉글랜드에서 진정으로 곡물이 부족한 현상이 나타났다. 곡가는 "인간이 기억할 수 있는 때"부터 더 이상 있을 수 없는 높은 액수에 달했다. 다수의 지주와 차지인들은 이제 판로위기가 극복되었기를 희망했다.

그러나 이 희망은 빗나갔다. 재발한 프랑스와의 전쟁도, 곡물수출의 보조금 지원도 다시 닥쳐온 곡가의 폭락을 멈출 수 없었다. 1703년에 어느 재지귀족은 자신의 일기에 다음과 같이 기록했다.[41] "곡물과 다른 식료품이 헐값으로 팔려, 차지인들은 지대를 지불할 수 없었다."

1720년부터 1750년까지의 위기

1708년부터 1710년까지의 수확은 불량이었다. 유럽의 일부에서는 심각한 기근이 발생했다. 도처에서 곡가는 올랐는데, 또한 올랐던 양상만큼이나 급격하게 다시 떨어지기도 했다. 몇 차례의 풍년 뒤에 1726년 가을은 '엄청난 수확'을 거두었다고, 후대에 남긴 결산장부로 유명해진 버크셔의 영농가 로버트 로더는 기록했다. 그는 매 쿼터당의 종자에 대하여 밀은 14.55쿼터, 보리는 8.43쿼터를 거두었다. 밀의 가격은 1612/17년 수준의 반으로 폭락했다. 노포크에서는 다시 영농가들이 그들의 임차지를 소유자에게 반환했다는 사태가 보고되고 있다.[42]

---

41) Tooke, op. cit., I, p.19에서 재인용.
42) 여기서는 다음의 문헌에서 재인용했다. P. Bowden, "Agricultural prices……," in: The agrarian hist. of England and Wales, IV, 1500~1640, 1967, pp.631f.

이러한 가격폭락과 함께 잉글랜드에서는 오랜 침체기가 시작되었는데, 이 시기에는 당대인들이 보기에 차지인들이 차지료를 지불하는 것이 가능한 정도로 농산물가격이 오르는 경우가 매우 드물었다. 이에 대해서는 또 몇 가지 증거가 더 있다. 1734년에 출간된 어떤 저작에서는 이렇게 말하고 있다.[43] "여러 해 전부터 우리 잉글랜드의 영농가들이 거두는 이익은 항상 떨어지고 있다. 지대가 떨어지고 차지인들이 예전과 같은 수준의 지불을 이행할 수 없는 사태는 일반적으로 관찰된다. 〔……〕 왕국의 일부 외진 지역에서 밀값은 올해와 작년에 윈체스터 부셸당 3실링 8펜스(100kg당 13.50RM) 이상으로 오른 적이 없었다. 〔……〕 차지인들이 지대를 지불할 수 있기 전에 밀의 가격은 왕국 전역에서 대략 4실링 3펜스(100kg당 15.70RM) 정도는 되어야 한다. 예전에는 다소 미미한 가격으로도 충분했음을 나도 알고 있다. 그러나 이제 사정이 달라졌다. 철재와 목재의 가격 및 수확노동자와 하인들의 임금은 이전보다 훨씬 더 높이 올랐다. 그런데 곡가가 앞에 말한 바와 같은 수준으로 유지되지 못하면, 토지는 그 소유자들에게 결코 이익을 보장하지 못한다. 특히 소, 돼지, 양, 버터 그리고 치즈 등은 이제 예전보다 1/3이나 더 싸졌다." 3년 뒤(1737)에 어떤 익명의 저자는 차지인들이 당시와 같은 정도로 심각한 지대체납 상태에 빠진 적은 다시 없다고 썼다. 다수의 지주들은 이미 이러한 체납지대의 대부분을 감면해주었는데, 이는 그들의 차지인들을 예전과 같은 수준의 지대를 계속 지불하도록 농지에 묶어두거나, 다소나마 더 오래 붙들어놓으려고 하는 의도에서였다는 것이다.[44] 당시에는 매우 많은 수의 영농가들이 몰락하여 이

---

43) W. Allen, *The landholder's companion, or ways and means to raise the value of land*, 1734. 다음의 문헌에 의거하여 재인용. "Report from the Select Committee to whom the several petitions complaining of the depressed state of the agriculture of the United Kingdom were referred," June 18th 1821, p.230.

44) 다음의 문헌에서 재인용. G. E. Mingay, "The agricultural depression, 1730~50," in: *The Econ. Hist. Rev.*, 8, 1955/56, pp.323f. 다음에 이어지는

들이 평년도에서조차도 자기 가족을 부양할 수 없는 지경이었다고 언명하는 작가도 있었다(S. Trowell, 1739). 어떤 익명의 작가(1739)는 "매우 많은 농장이 점유되지 않은 상태로 비어 있기 때문에" 의회가 모종의 특별한 조치를 취할 것을 요구하기도 했다. 또 다른 익명의 작가(1737)는 다음과 같이 부르짖기도 했다.

"우리의 불행한 농부들에 대해서 올라오는 나날의 보고는 얼마나 끔찍한가! 이들의 지주들이 겪는 손해는 얼마나 막대할 것인가!" 이 작가는 곤경의 타개책으로 자신이 스스로 개발한 시비법(施肥法)을 제안하기도 했다. 왜냐하면 일반적으로 다음과 같은 사태가 알려져 있기 때문이다. "우리의 시대에는 그 이전의 어느 때보다 많은 수의 농장이 지주들의 수중에 장악되어 있다. 그리고 토질은 나날이 척박해지고 있는데, 바로 토질을 개량하는 데 적합한 비료가 없기 때문이다."

〈도표 43〉 킹스턴 공작령에서의 지대체납 추세, 1730~65

바로 앞에 제시한 당대인의 견해는 G. E. 밍게이의 저작에서 재인용한 것인데, 그는 이 수난의 시기에 킹스턴 공작의 영지에서 발생한 지대체납의 증가를 연구했다. 그는 1730년경에 이 지대체납이 급증하는 경

두 인용문도 이 논고에서 취했다.

향을 발견했다. 그리고 두 번째의 증가는 1740년경에 있었다. 1740년경부터 지대체납은 서서히 줄어들었으나, 주의해야 할 점은 〈도표 43〉(그리고 이 도표가 제시하는 결산보고)은 단지 매년마다 발생하는 지대체납 상황만이 고려되어 있다는 것이다. 지대체납액과 빈도 자체는 실제로는 훨씬 더 높았고, 추측건대 더욱 완만하게 감소했을 것이다. 1750년경에만 해도 어떤 당대인은 잉글랜드 도처에서 체불된 지대가 엄청난 액수로 쌓여 있다고 주장했다. 매우 많은 수의 차경지(借耕地)가 소유자에게 다시 귀속되었다고 한다. 왜냐하면 지주들이 차지료 인하를 거부했기 때문이다. 지주들은 토지를 자기들이 직접 경영하는 시도를 했다. 그러나 이런 시도에서는 아주 드물게만이 과거의 지대수입에 맞먹는 이익이 거두어졌다. 그리하여 토지소유는 과중한 부채를 지게 되었고, 적지 않은 경우 매각되어야 했다.[45]

18세기의 50년대 말에 곡가가 오르기 시작했다. 60년대와 70년대에 다소 역행하는 경향이 따르기는 했으나, 최악의 곤경은 극복되었다. 차지인과 지주들의 수입은 다시 더 규칙적이고 풍부하게 들어오기 시작했다. 새로이 번영하는 기운이 나라 전체에 퍼졌다. 새 땅이 경작을 위한 목적으로 개간되었고, 경작과 축산에서 새로운 방법이 도입되었다. 새로운 삶의 기운이 농업활동의 모든 분야에서 용솟음쳤다. 중부 유럽의 농업에서 새롭고 지금까지 있었던 바에서 최후의 장기적인 호황기가 시작되었다.

가격 및 판로위기의 원인

그러나 바로 앞부분에서 되돌아보았던 17세기 중엽에서 18세기 중엽에 이르는 100년간에는 곡가의 상향운동이 막혀 있었다. 토마스 투크는 이 사태의 원인을 설명하려고 시도했던 최초의 작가들 중의 한 사람으

---

45) (Anonym), "An essay on the causes of the decline of the foreign trade," consequently of the value of the lands of Britain, and on the means to restore both, London 1750, pp.4, 70.

로서 당시의 농업이 봉착한 곤경을 풍작의 탓으로 돌렸다.[46] 이것은 옳은 말이다. 그리고 가격의 동요가 작황과 관계를 맺고 있었다는 점은 증거가 거의 필요 없는 일이다. 그러나 수확주기는 가격붕괴의 강도와 그 장기적 귀결을 설명하지 못한다. 이 두 가지는 장기적인 가격의 침체경향과 관련되어 있다. 이는 물론 단기적인 가격동요로 구성되어 있으나, 별도의 설명이 필요한 현상이다.

잉글랜드 영농가들이 행한 특수한 활동이 장기적인 가격폭락을 초래했다고 볼 수도 없다. 여기저기에 비용절감과 생산증대를 통해서 시장폐색으로부터의 탈출을 모색했던 일부의 영농가들이 이미 존재했다 해도, 이는 결국 개별적 현상으로 남아 있었다. '농업혁명'이라는 이름으로 지적되곤 했던 진보는 1760년경에나 비로소, 심지어는 1780년경에나 시작되었다.[47]

타운젠드 경(Lord Townshend)은 노포크에 있는 자신의 영지에서 1730년경에 개량된 윤작법을 도입했다. 이미 이보다 앞서 제스로 털(Jethro Tull)은 콩과의 사료작물 잠두의 효용을 선전했고, 유명한 천공기(穿孔機)를 개발했다. 그러나 그도 18세기 후반에서야 비로소 그의 추종자들을 더 자주 볼 수 있었다. 그밖에 더 나중에 이루어진 여러 가지 진보상도 과대평가해서는 안 된다. 이 점은 밍게이도 강조했는데, 그는 '농업혁명'이라는 개념을 사용하는 데 주의할 것을 경고했다.[48]

---

46) Th. Tooke and W. Newmarch, *Geschichte und Bestimmungen der Preise*, I, pp.14ff.
47) 잉글랜드 농업사의 고전을 저술한 어늘 경(Lord Ernle)도 이렇게 평가했다. *Englisch Farming, Past and Present*, 6th ed., London 1961.
48) G. E. Mingay, "'Agricultural Revolution' in English History: A reconsideration," in: *Agricultural History*, 37, 1963, pp.123f. 물론 그는 체임버(J. D. Chamber)와 공저한 대학교재용의 저작, *The agricultural revolution, 1750~1880*에서 한 번 도입된 '농업혁명'이라는 개념을 다시 사

18세기 중엽부터 광작(廣作)은 종종 더욱 큰 이익을 제공했다. 데이브넌트는 1699년에 출간된 당대인의 저작을 인용했는데, 이 저작에는 다음과 같은 견해가 피력되어 있다.[49] "1에이커의 방목지에서 소 한 마리에서 얻는 고기, 가죽 및 수지(獸脂) 또는 양 한 마리에서 얻는 고기, 양모 및 수지 또는 말 등으로 표현되는 이익은 동일한 면적에서 이루어지는 곡물재배에서 얻는 이익보다 훨씬 더 크다." 그다음의 몇 해에 걸쳐 다음과 같은 소식이 전해진다. "주민들이 그들의 경작지 모두를 목초지(방목지)로 만들고 있다. 왜냐하면 가축이나 양을 치는 것이 경작하는 것보다 그들에게 더 많은 이익을 가져오기 때문이다."[50] 곡물재배의 쇠퇴를 막기 위해서 의회는 경작지의 규모가 방목지의 규모에 대하여 일정한 비율을 유지해야 함을 규정하는 법령을 발포했다.

잉글랜드의 상업정책도 잉글랜드 농업의 곤경을 초래한 것으로 볼 수 없다. 잉글랜드의 농산물 교역정책은 이 무렵에 수입의 억제와 수출의 보조금 지원에서 절정에 이르렀다. 실제로 수출장려금의 지원으로 또한 1711년부터 1740년까지 연평균 약 45만 윈체스터 쿼터 또는 10만 톤의 농산물이 수출되었다.[51] 그러나 이로써 잉글랜드의 농업이 도움을 받은 것은 별로 없었다. 그리고 대륙의 사정도 이 덤핑 수출로 더욱 악화되었다.

이렇게 해서 근대 초기에 진행된 장기적 농업불황의 원인을 설명하기 위해서는 다시 농업시장의 수요 측면이 고려되어야 한다. 그러나 이에 앞서서, 다른 나라의 사정에 대한 몇 가지 보고와 함께 애시턴의 위기이론에 대해 약간의 언급을 해야겠다.

용했으나, 이를 더 타당한 것으로 생각되는 더욱 장기간의 시기와 연관지었다.
49) Ch. Davenant, *Works*, II, 1771, p.228.
50) 다음에서 재인용. W. Fr. v. Schröder, *Fürstliche Schatz- und Rentkammer*, Leipzig 1713, p.204.
51) W. Naudé, "Die Getreidehandelspolitik der europäischen Staaten vom 13. bis 18. Jahrhundert," in: *Acta Borussica, Getreidehandelspolitik*, I, 1896, pp.97f., 112.

애시턴은 라브루스의 연구에 접속하여 잉글랜드의 경제변동을 설명하는 이론을 개발했다. 그의 이론은 다음과 같은 진술에서 그 정점에 이르는데, 말하자면 산업화 이전 시대의 경제위기는 높은 곡가가, 그리고 경제적 호황은 낮은 곡가가 동반했다는 것이다.[52]

곡가와 경제활동이 보이는 대립적인 운동의 이유를 라브루스와 애시턴은 곡물에 대한 양적 수요의 근소한 탄력성에서 보았다. 곡물은 없어서는 안 되기 때문에 높은 곡가는 소비자에게 수요탄력적인 공산품, 예를 들면 직물·건축·가재도구·맥주 등의 구입을 줄이도록 강요했다. 반면에 낮은 곡가는 이러한 공산품에 대하여 더욱 많은 수요를, 그리고 이에 따라 노동과 자본에 대해서도 더 많은 수요를 초래하게 마련이었다.

실제로 이와 같은 연관관계는 확인할 수 있다. 그리하여 1731년, 킹스턴 공작의 영지에서 지대체납이 누적되었을 때(이 책의 〈도표 43〉과 이어지는 서술 참조), 잉글랜드의 한 연대기 작가는 방적업이 매우 활황이라고 보고했다. 그 이듬해(1732)에 대해서는 노동하는 사람들이 잘 살고 있다는 이야기가 나오고, 또 그다음 해(1733)에 대해서는 다수의 영농가들이 낮은 곡가 때문에 파산했지만, 각지의 공업은 번영하고 있었으며 방적공을 비롯하여 다른 노동자들에게 높은 임금을 지급했다고 한다. 그러나 이미 40년대 초에 시작된 그다음의 가격폭락에 대해서는 애시턴이 제시한 증거가 그다지 분명하지 않다. 잉글랜드의 수출은 1743년에 최고수준에 도달했지만 이 수출의 내부 구성을 보면 최대의 증가치——1741년 4만 5,000쿼터에서 1743년 37만 쿼터로 증가——를 기록한 것은 장려금의 지원으로 수출되었던 밀이었음이 드러나고 있다. 모직공업과 병기공업은 아직도 양호하게 가동되고 있었으나, 이는 일부는 프랑스의 수요(군복류), 또 일부는 잉글랜드의 전쟁 준비 덕분

---

52) T. S. Ashton, *Economic fluctuations in England, 1700~1800*, 1959, 특히 pp.146f.

이었다. 공공재정에서 지출은 이 무렵 더욱 증액되면서 수입을 초과하고 있었다. 그리하여 공공부문의 개입이 곡가의 하락과 농업수입의 하락으로 초래된 수요의 감소를 어느 정도 상쇄하고 있었다는 결론도 그다지 빗나가지는 않고 있다.

이러한 연관관계는 이 자리에서 더 이상 깊이 추구할 수 없다. 이 문제는 더욱 정확한 검토가 필요한데, 그러한 검토에서는 이미 도입부에서 언급한 바와 같이(이 책, 62쪽 이하), 작황변동의 강도, 지배적인 농업경영규모 그리고 농산물가격 수준, 즉 농산물 (실제) 가격의 장기적인 평균치가 고려되어야 한다. 이 자리에서는 단지 작황변동이 농업소득에 미치는 영향을 추구할 터인데, 이 또한 특정한 장소와 시기에 대해서 이루어질 것이다.

4. 북서부, 북부 및 동부 유럽의 정체

네덜란드와 벨기에

대륙의 북서부는 오래전부터 세계시장에 깊숙이 연결되어 있었는데, 역시 일반적이며, 또한 잉글랜드의 수출정책으로 더욱 격화된 농업위기로 아주 심각한 타격을 받았다. 플랑드르와 브라방의 영농가들은 한때 농업진보의 개척자들이었으나, 이 위기의 100년간에는 유럽의 농업발달에 거의 기여한 바가 없었다. 판 후트의 평가에 따르면[53] 1650년부터 아헨의 강화(1748)에 이르는 한 세기는 네덜란드와 벨기에에서 진보가 아니라 오히려 퇴보를 가져왔다. 이는 특히 농업지대에 부합되는데, 내륙지대보다 해안지대에 더 잘 부합한다. 해안지대에서는 간척사업을 통한 토지획득이 멈추었다. 폭풍으로 인한 해수의 범람으로 제방이 거듭

---

53) H. van Houtte, *Histoire Économiques de la Belgiques à la fin de l'Ancien Régime 1920*, pp.403f.; 또한 다음의 문헌을 참조. B. H. Slicher van Bath, *De agrarische geschiedenis van West-Europa(500~1850)*, 1960. 이 책에서는 이 시기를 다루는 장(章)에 "불황"(De depressie)이라는 표제를 붙였다.

해서 파괴되었다(1655, 1686, 1701/1703, 1714/16, 1717). 이는 제방과 경지가 입은 손실을 제거하는 데 있어서 농민들에게 높은 비용부담을 안겨주었다. 이러한 상황에 가축의 역병이 닥쳐왔다(특히 1714/21, 1745/46). 프리슬란트의 일부 지방에서는 가축 보유량이 매우 심하게 감소해서, 돌보지 않는 방목지조차 도시주민들에게 팔기 위한 건초를 산출할 정도였다. 내륙지방 깊숙이는 쇠퇴의 징후가 비교적 드물었다. 인구가 증가했는데, 부분적으로는 아주 두드러질 정도였다. 집약적 재배, 특히 담배와 같은 작물, 그리고 직물공업의 원료와 노동력에 대한 수요는 일정한 정도에서 경제적 번영의 징후를 보이고 있었다.[54]

또한 기술적 진보의 문제에 대해서도 한마디 보충이 필요할 것으로 보인다. 판 후트의 평가("진보라기보다는 오히려 퇴보")는 물론 단위면적에 투여되었던 비용적인 측면에 더 주목하고 있지, 그 비용의 형태, 즉 기술과 조직적인 면에는 상대적으로 소홀하다. 그러나 이 불황기에

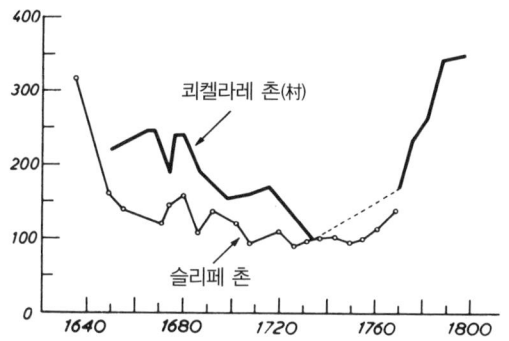

〈도표 44〉 서부 플랑드르 지방의 차지가격, 1635~1797
(100루테당 차지료를 플레밍 호로테화로 표시, 1730~40=100)

---

54) B. H. Slicher van Bath and others, *A. A. G. Bijdragen*, 12, 1965, p.110. 프리슬란트에 대해서는 다음과 같은 노작이 제출되어 있다. J. A. Faber, "Drie Eeuwen Friesland," 2 Teile, in: *A. A. G. Bijdragen*, 17, 1972. 이 작업은 지금까지 알려진 사실을 훨씬 넘어서 있고, 또한 사회적 현상에까지 미치고 있다. 그러면서도 이 자리에서 간단히 암시만 되어 있는 1650~1750년간 프리슬란트의 불황현상을 입증하고 있다.

도 '혁신'의 요소가 완전히 결여되어 있었던 것 같지는 않은 것으로 보인다. 개량된 도구와 윤작법은 수확을 증대시켰을지도 모른다. 그러나 이러한 종류의 혁신은 이로써 농민대중에게 농경의 가격/비용조건의 불리한 관계를 보상해주었던 정도로는 일어나지 않았다. 이에 대해서는 차지료가 확실한 증거의 하나로 꼽힌다. 페얼린덴이 플랑드르의 서부지방에서 취합한 차지료는 약간의 중단이 있었지만, 18세기의 40년대까지 떨어지고 있었다(〈도표 44〉 참조).[55]

덴마크와 스칸디나비아 제국

독일의 프리슬란트 지방에서도 바다의 간척을 통한 토지획득이 멈추었다. 품삯이 거듭해서 인하되었지만, 농민의 차지료 체납도 거액으로 누적되고 있었다.[56] 유사한 현상이 슐레스비히-홀슈타인과 덴마크의 서부 해안지방에서도 발견된다. 덴마크에서는 차지료와 조세의 체납에 대한 보고가 이미 17세기의 40년대부터 증가하고 있다. 스웨덴에 대한 전쟁(1657~60)은 추가적인 부담을 가져왔다. 그러나 그 영향을 과대평가해서는 안 된다. 중요한 것은 이 전쟁의 영향을 극복하는 데 얼마나 걸렸는가라는 문제다. 낮은 가격은 흉작, 가축의 사멸과 조세부담을 대처할 수 있게 하는 재산형성을 저해했다.

여기에 덴마크의 소 수출이 쇠퇴하는 사태가 닥쳐왔다. 판로가 막히고, 가격이 폭락했다. 1612년 초에는 덴마크의 거대한 소떼가 지나가던 렌츠부르크의 세관을 통해서 총 4만 3,724마리의 소가 165개의 무리로 나뉘어 몰이되었다. 1659년에는 무리의 수가 다섯으로, 세관을 통과한 소의 마리 수가 634마리로 줄어들었다. 이때는 전시였기 때문에 따라서

---

55) C. Verlinden, *Dokumenten voor de geschiedenis van prijzen en lonen in Vlaanderen en Brabant*, 1959, pp.229 및 237f. 〈도표 44〉에는 페얼린덴이 보고한 쾨켈라레(Koekelare), 슬리페(Slijpe), 자틀란트(Saatland)의 차지가격이 제시되어 있다.

56) F. Swart, *Zur friesischen Agrargeschichte*, 1910, p.209.

예외적인 시기였다. 그러나 다음에 제시되는 〈도표 45〉가 보여주듯이, 전쟁 이전의 정점에는 다시 이르지 못했다. 10년 단위의 평균치로 계산하면, 17세기 초에 매년 고토르푸아 렌츠부르크의 세관을 통과하던 4만 마리 이상의 소가 18세기 중엽에는 단지 1만 마리로 줄어들었다.[57]

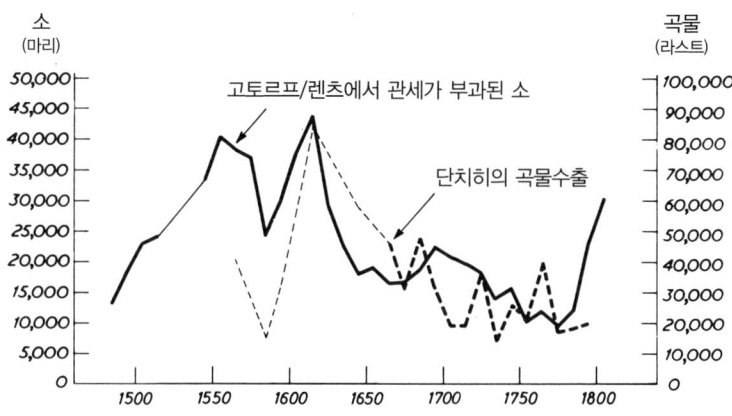

〈도표 45〉 유틀란트의 소 수출과 단치히의 곡물수출, 16~18세기
(10년 단위 평균치)

장기적인 쇠퇴의 흔적은 1690년경에 이루어진 사제들의 보고에 나타난 표현에서도 발견된다.[58] "오로지 경작지의 반 정도가 겨우 파종되었다" 〔……〕 "수많은 농장이 텅 비었다" 〔……〕 "다수의 농민이 자기 농지를 버리고 도망갔다" 〔……〕 "폐촌과 빈곤상태에 처한 농지" 등. 1692년 덴마크를 방문했던 어떤 잉글랜드인은 아직도 '좋은 시절'의 기억을

---

57) H. Wiese, "Der Rinderhandel im nordwesteuropäischen Küstengebiet vom 15. Jahrhundert bis zum Beginn des 19. Jahrhunderts," in: H. Wiese and J. Bölts, *Rinderhandel und Rinderhaltung im nordwesteuropäischen Küstengebiet, vom 15. bis zum 19. Jahrh.*, erster Teil, in: *Quellen u. Forsch. z. Agrargesch.*, hg. v. F. Lütge, G. Below, G. Franz u. W. Abel, Bd. IV, 1966, pp.92ff.

58) V. Hansen, "Landskab og bebyggelse i Vendsyssel," in: *Kulturgeografiske Skriften*, 7, 1964, p.67.

발견했다. 그는 이렇게 썼다. "사람들이 기억하는 한, 농민들은 예전에 아주 유복하게 살고 있었다. 그 시절에는 거의 모든 집집마다 은수저는 말할 것도 없고, 한두 개의 은식기를 갖고 있었으며, 금반지와 기타 오래된 장신구도 갖고 있었다. 〔……〕 그러나 오늘날에는 사정이 아주 달라졌다. 농가에서 무언가 은붙이 따위를 발견하는 것은 아주 드문 일이 되었다."[59]

스웨덴, 노르웨이 그리고 핀란드에서는 쇠퇴의 징후가 다소 미약하다. 아마도 이는 이들 나라에서는 농민과 영주의 농장경영이 아직도 더 자연경제적인 지향성을 보이던 사정과 관련이 있을 것이다. 핀란드는 1696/97년에 심각한 기근의 피해를 입었다. 이 해의 흉작은 서유럽이나 중부 유럽에서도 감지되었으나, 이 지역에서는 농산물가격이 하강하던 추세를 오직 단기적으로만 막아냈을 뿐이다. 핀란드에서는 기근현상이 아직도 후진적이었던 나라에 인구과잉 사태가 닥쳐왔음을 드러내는 징후로 일컬어졌다.[60]

동부 독일과 폴란드

동부 독일과 폴란드에서도 곡물의 수출길이 막혔다. 1622/24년의 흉작과 1627/30년에 스웨덴이 행한 비스툴라 강 하구의 봉쇄가 최초의 후퇴를 가져왔다. 그다음의 수십 년 동안에는 경기의 후퇴가 요동을 치면서 지속되었다. 발트 해 연안의 곡물수출항으로 가장 중요했던 단치히에서도 곡물수출은 10년 단위의 평균으로 보아 2만 라스트 이하로 떨어졌다. 발트 해 연안 지방의 곡물과 덴마크의 소는 같은 운명을 나누었

---

59) R. Molesworth, *An account of Denmark as it was in the year 1692*, Köln 1697. 여기에서는 다음의 문헌에 따라 재인용했다. H. Lohse, *Die Wechsellagen der skandinavischen Landwirtschaft in vorindustrieller Zeit (16.-18. Jahrhundert)*, Diss., Göttingen 1957(타자원고).

60) E. Jutikkala, "The great finnish famine in 1696~97," in: *The Skandinavian Econ. Hist. Rev.*, III, 1955, p.63.

다. 이 두 상품의 거래(그리고 이는 당시의 국제 농산물 교역에서 가장 중요한 거래였다)는 18세기의 전반기와 후반기에 최저 수준으로 떨어졌다(〈도표 45〉 참조).[61]

폴란드의 역사가들은 새로이 거듭해서 중부 유럽의 장기적인 농업불황기에 폴란드가 겪은 경제발전을 검토했다. 토폴스키는 폴란드의 군주령과 기사령(이른바 유보지라고도 하는데, 즉 농민에 속하지 않는 토지를 말한다)에서 이루어진 1685년의 곡물생산량이 16세기 중엽의 생산량에 비하여 65%밖에 이르지 못했으며, 1620/40년에 비해서는 60%에 달했음을 보여주었다.[62] 호스초프스키는 폴란드의 농업사에서 두 시기를 구분했다. 최초의 시기는 그가 호황기로 특징지은 17세기 중엽까지의 시기였다. 두 번째 시기는 그도 "장기간의 경제적 불황기"로 서술한 18세기 중엽까지의 시기였다. 이 불황의 원인을 호스초프스키는 코사크족에 대한 장기간의 전쟁(1648~76)과 스웨덴에 의한 국토의 점령(1655~60), 그리고 "폴란드에 지배적이었던 봉건적 농업체제와 정치사회체제의 부정적 성격"에서 보았다. 매우 강화된 인신예속의 조건 하에 있던 농민은 더 생산적으로 노동하려는 하등의 동기를 갖지 못했다. 그리고 도시는 "재지귀족들의 이기적인 계급적 이익에 완벽하게 종속되어 상공업을 확장할 수 있는 기회를 전혀 가지지 못했다. 도시는 반대로

---

61) 단치히로부터의 곡물수출에 관한 수치는 다음의 저작에 의거했다. S. Hoszowski, "The polish baltic trade in the 15th~18th centuries," in: *Poland at the 11th international Congress of Historical Sciences in Stockholm*, Warszawa 1960, pp.117f. 발트 지역으로부터의 수출에 대한 가장 중요한 사료인 준트세관기록(Sundzollregister)은 새로이 정밀하게 검토, 간행되었다. P. Jeannin, "Les comptes du Sund comme source pour la construction d'indices généraux de l'activité économique en Europe (XVIe~XVIIIe siècle)," in: *Revue Historique*, 470, 1964, pp.55ff., 307ff.

62) J. Topolski, *Gospodarstwo Wiejskie W Dobrach Arcybiskupstwa Gnieznienskiego Od XVIII Wieku*, Poznan 1958, 프랑스어 요약 첨부, p. 409; Ibid., "La regression économique en Pologne du XVIe au XVIIIe siècle," in: *Acta Poloniae Historica*, VII, 1962, pp.28ff.

농업화 과정에 포섭되었다."

토폴스키도 비슷한 논변을 폈다. 그러나 강조점이 올바로 설정되었는지는 의심할 여지가 있다. 이 책에서는 강조점이 다소 다르게 놓여 있다. 그러나 폴란드의 연구자들이 기록보관소 소장자료를 매우 치열하고 생산적으로 작업하여 밝혀낸 사실들은 기꺼이 받아들였다. 이에는 또한 인구동태에 대한 보고도 포함되는데, 이 문제에 대해서 호스초프스키는 다음과 같이 말하고 있다. "최근의 연구는 (폴란드의) 생산력과 인구가 절반에서 1/3 정도로까지 감소했음을 보여주고 있다. 〔……〕 인구, 농민 보유지의 수, 경작되는 면적과 도시의 가옥에 관해서, 폴란드가 17세기 전반기에 차지하고 있던 상태로 복귀한 것은 18세기 후반에 이르러서야 겨우 이루어졌다."

5. 30년전쟁부터 18세기 중엽까지의 독일 농업

전쟁 이후의 장기불황(1650~90)

서유럽의 여러 나라와 폴란드에서와는 달리, 30년전쟁의 종식부터 18세기 중엽까지 이르는 100년간이 독일에서는 몇 개의 작은 시기로 더욱 세부적으로 구분되어야 한다. 이 점에 대해서는 이미 랑에탈이 주의를 환기시킨 바가 있었다. 그는 전쟁 직후의 몇십 년간의 심각한 농업불황을 1650년부터 1690년까지와 1690년부터 1740년까지의 기간으로 구분했는데, 이 후자의 시기에는 "새로운 진보의 시작이 처음으로 나타났다."[63] 불가능하지는 않다 해도, 아주 완만하게 그리고 시간과 공간에서 다양하고 서로 중첩해서 교체되는 발전 국면 사이에 일정한 경계를 그어내는 것은 물론 어려운 일이다. 그러나 전쟁이 끝난 직후 17세기의 수

---

63) Chr. E. Langethal, *Geschichte der teutschen Landwirtschaft, 1854~56*, 각 장의 표제를 참조하라.

십 년간 독일 농업이 처해 있던 최악의 상태와 18세기 전반기의 상태와 발전 국면이 서로 구분된다는 것은 의심할 여지가 없다. 대략 17세기와 18세기의 전환기에 여기서는 다소 이르게, 저기서는 다소 늦게 상태가 서서히 호전되기 시작했다. 아마도 이러한 조짐은 나중에 나타난 호황기의 징후에 비하면 매우 퇴색되어 보일지도 모른다. 그런데도 이 조짐은 독일의 농업이 30년전쟁 직후의 수십 년 동안에 처해 있던 어두운 배경에 견주어보면 힘차게 빛나는 것이었다.

17세기의 농업불황은 그토록 길고 힘겨운 것이었다. 전화가 휩쓸고 간 곳에서는 촌락이 불태워졌고, 가축은 무자비하게 도살되었으며, 농경지는 황폐되었다. 평화가 다시 회복되자 농민과 영주의 복지상태는 소멸되었으며 재건을 위한 기력마저도 수십 년 동안 고갈되어 있었다. 여기저기에서 농장이 다시 세워지고 한 필지의 황무지가 다시 경작되는 복구의 과정이 얼마나 미미했던지는 다음과 같은 사정을 고려하면 잘 알 수 있다. 즉 17세기의 90년대만 하더라도 독일의 북부에서는 30년전쟁 이전에 경작되던 토지의 1/3이 여전히 완전한 황무지 상태로 남아 있었던 것이다.[64]

이 수치적 추정을 제공한 이나마-슈테르네크가 30년전쟁의 경제적 귀결을 너무나 어둡게 그려냈다는 주장이 자주 제기되어왔다. 아마도 그의 서술의 다른 일부분에 대해서는 이러한 주장이 들어맞을지도 모른다. 그러나 바로 앞에 언급한 세기 전환기 무렵 독일에서 황폐된 토지의 규모에 대한 추정은 결코 과장된 수치가 아니다. 루벤 폰 불펜(Luben von Wulffen)의 각서[65]에 의하면 1700년경 마르크 브란덴

---

64) K. Th. v. Inama-Sternegg, "Die volkswirtschaftlichen Folgen des Dreißigjährigen Krieges für Deutschland," in: *Raumers Historisches Tagebuch*, 4, 1864, p.38.

65) 다음의 문헌에 의거하여 재인용했다. G. Stenzel, Geschichte des preußischen Staates, III, 1841, pp.175, 411.

부르크에서는 여전히 1/3가량의 토지가 경작되지 않고 있었다. 프로이센에서 프리드리히 빌헬름 1세는 1718년의 순행(巡行)을 계기로 "아직도 무수한 경작지와 농장, 촌락이 황폐되어 있었음"을 확인할 수 있었다. 슐레스비히-홀슈타인의 여러 공령에서도 교회의 총감독(Generalsuperintendent)이 1710년에 작성한 보고에 따르면 과거에 경작되던 후페의 1/3에서 절반까지가 아직도 다시 경작되지 않고 있었다고 한다.[66]

새로운 전란, 역병 그리고 다른 불행한 사태와 함께 전후의 이 수십년간에 농업에서 시도된 모든 종류의 확장과 개량을 저해한 것은 가격과 임금의 변동이었다. 외국에서와 같이 독일의 여러 영방에서도 17세기 후반기에는 토지생산물 가격, 임금 그리고 농민의 경영장비 및 생활용품 가격 사이에 협상가격차가 벌어지게 되었다. 바이에른에서는 성직자들이 이렇게 탄원했다.[67] "소중한 곡물이 헐값으로 팔리기 때문에 가난한 농민들에게는 돈이 거의 없다. 그래서 농민들은 매년의 조세, 임금 그리고 손수 해결할 수 없어 장인에게 의존하느라 드는 돈을 마련하기 위해 힘겹게 일해야 한다." 동부 독일에서는 농민들의 처지가 30년전쟁 이후에는 세습예민제(Erbuntertänigkeit)가 승리함으로써 더욱 악화되었다. 그러나 게오르크 프리드리히 크나푸아 마르크스주의적 관점에서 크나프의 평가를 추종한 연구자들에 대하여 강조해야 할 사항이 있다. 즉 농장영주제적 구속이 강화된 것은 농민이 곤경에 빠지게 된 사태에서 단지 하나의 뿌리가 되었을 뿐이라는 것이다.[68] 동부 독일의 농민들,

---

66) v. Hedemann-Heespen, *Zeitschr. d. Ges. f. Schlesw.-Holst. Gesch.*, 44, 1914, p.334.
67) Der Landtag im Kurfürstentum Bayern vom Jahre 1669, aus authentischen Handschriften gesammelt, 1812, p.375.
68) G. F. Knapp(*Die Bauernbefreiung und der Ursprung der Landarbeiter in den älteren Teilen Preußens*, I, 1887, pp.67f.)는 동부 독일 농민들의 불리한 처지를 오로지 농업체제의 변동으로만 설명하려고 했다. 농업사를 농업

특히 다소나마 대규모의 농지를 보유하고 있으며 화폐납부의 부담을 지고 있던 농민들의 숨막히는 처지는 적지 않은 부분에서 농산물의 가격형성에 의해 규정되어 있었다. 훨씬 나중에 나온 연구자들과 달리 이러한 요소에 대해 합당한 위치를 부여한 랑에탈은 다음과 같은 견해를 피력했다.[69] 즉 낮은 농산물가격 때문에 독일에서 한 농가의 수익은 17세기 후반에 조세, 지대 및 부역을 제하고 나면 통상 한 가족을 근근이 부양할 수 있을 정도밖에 안 되었다는 것이다. 농민의 보유지가 순수익을 내는 법은 결코 없었다. 이러한 사태는 토지의 가격을 매우 떨어지게 하고, "자본주들로 하여금 그들의 돈을 농업에서 배제하도록 했다. 사적인 납부로 과중한 부담을 지고 있던 농민의 보유지는 당시에 더 이상 하등의 가치가 없었다. 30년전쟁 이후에는 다수의 농지가 보유자도 없이 버려져, 이 토지에 부과되어 있던 모든 부담을 감당하려고 했던 사람들에게 농지를 무상으로 분배하는 사태도 발생했다."

농민과 마찬가지로 그들의 영주들도 전쟁 직후 수십 년간의 불리한 사정에서 고통을 겪어야 했다. 바이에른 영방법의 주석자였던 카스파르 슈미트는 1690년대에도 바이에른에서 가장 부유한 가문 중에서조차 그 토지가 저당으로 인해서 수천 굴덴의 부담을 지고 있지 않은 경우가 거의 하나도 없었음을 확인할 수 있었다.[70] 같은 시기에 힌터포머른에서는 막대한 부채를 진 영지가 채무를 변제하지 못해서 채권자——상인과 다른 성분의 도시주민——의 수중으로 넘어가는 경우가 자주 있었다는 소리가 들려온다.[71] 농민들에게는 지대지불의 감면조치가 취해져야 한

제도와 체제의 역사로 제한하는 크나프의 방식은 이미 도입부에서 서술한 바와 같이, 수십 년 동안 독일의 농업사 연구에서 주조를 이루는 문제제기 방식을 규정했을 뿐만 아니라, '봉건제'에서 모든 고난의 뿌리를 보는 경향이 있는 역사가들에게 환영받는 자료를 제공했다.

69) Langethal, *op. cit.*, IV, pp.69f.
70) C. Schmid, *Commentarius in ius provinciale Bavaricum*, I, 1695, Anhang Comm. zum Dekret vom 20. 6. 1650, 2. Blatt, Vorderseite.
71) v. Malotki, *Hinterpommersche Landwirtschaft*, 1932, p.34.

다고 1667년에 마르크의 기사 대표들은 주장했다. 그렇지 않으면 농민들이 농지에 머물러 있지 않는다는 것이었다. "농민들에게서 나온 수입은 대개의 경우 집을 수리하거나 긴급하게 필요한 가축을 마련하는 데 쓰인다. [……] 우리는 스스로의 현상유지도 거의 할 수 없을 지경이고, 우리들의 아이들에게 귀족의 미덕과 기예를 가르치면서 기를 수도 없다."[72] '소중한 곡물'은 가격이 너무 떨어졌다고 마르크의 기사들은 1683년 3월과 4월에 그들의 선제후에게 호소했다. 철, 철제품, 담배와 설탕, 심지어 석회와 방앗돌마저 비싸게 지불해야 하기 때문에 이런 사태는 특히 견디기 어려운 것이었다. 그리하여 수천의 백성들이 먹을 것조차 구하지 못한 상태에서 그들의 손실과 좌절을 비통하게 탄원하면서 "그들의 집과 농지를 떠나서 걸인의 지팡이를 잡아야 하는"[73] 사태가

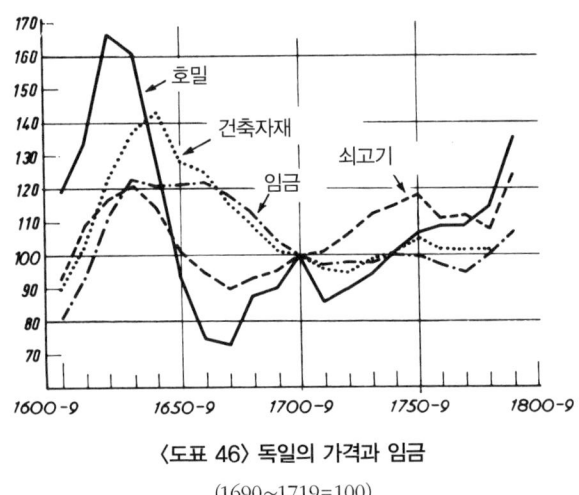

〈도표 46〉 독일의 가격과 임금
(1690~1719=100)

---

72) 다음의 문헌에서 재인용했다. L. v. Ranke, *Zwölf Bücher Preußischer Geschichte*, IV, 1930, p.319.
73) *Urkunden und Aktenstücke zur Geschichte des Kurfürsten Friedrich Wilhelm v. Brandenburg*, 10, 1880, *Voten der Ritterschaft vom 23. März 1683*(pp.602f.) *und vom 13. April 1683*(p.610).

발생했다.

프랑스, 벨기에, 네덜란드, 잉글랜드, 덴마크 및 폴란드에서는 17세기 말의 심각한 농업불황이 18세기 전반기에도 지속되거나 더욱 격화되고 있었던 반면, 독일의 일부 지방에서는 전쟁 직후 수십 년간의 경색된 상황이 풀리기 시작했다. 이는 가격형성과 연관되어 있었다. 이미 앞에서 (353쪽) 언급한 바와 같이, 그리고 〈도표 46〉이 더욱 분명하게 보여주듯이, 호밀과 쇠고기 값은 18세기 전반기에 17세기 후반기의 수준 이상이었다. 이에 반하여 임금과 건축자재 가격은 더욱 내려가고 있었고 계속해서——지난 시기의 가격과 관련지어볼 때——아주 낮은 수준에 머물러 있었다.[74]

회복의 시작

농산물 가격이 오르고 경작지가 다시 미미한 정도나마 일정한 이익을 산출해내자, 오랫동안 버려졌던 땅을 이용하려는 욕구와 관심이 일어나기 시작했다. 다시 개간이 이루어지고, 황무지와 사냥터가 경작에 이용되며, 늪지대의 배수작업, 그리고 경작지가 더욱 집약적으로 이용되기 시작했다. 프리드리히 빌헬름 1세가 1740년에 사망했을 때, 그의 영토는 40년 전과는 전혀 다른 모습을 보여주었다. 예나 출신의 농업경제학자인 에크하르트는 1753년에 다음과 같이 썼다.[75] "그저 50~60년만이라도 제대로 되돌아볼 줄 아는 사람이라면 얼마나 황폐했던 지역에서 경작이 이루어지고 유용하게 변모했는지를 알 것이다. 노이마르크, 쿠

---

[74] 〈도표 46〉은 다음의 저작에서 취했다. W. Abel, *Geschichte der deutschen Landwirtschaft*……, 1967, p.271. 호밀의 가격으로는 내륙지방의 가격이 선정되었다(뮌헨, 아우크스부르크, 뷔르츠부르크, 슈파이어 및 슐레지엔의 가격). 항구도시에서 곡가는 더욱 현저하게 잉글랜드의 가격에 적응하고 있었다. 이 문제에 대한 추가적인 논구로는 다음이 참조된다. F.-K. Riemann, "Ackerbau und Viehhaltung im vorindustriellen Deutschland," in: *Beihefte z. Jahrb. d. Albertus-Univ. zu Königsberg/Pr.*, 3, Würzburg 1953.

[75] 여기에서는 다음의 문헌에서 재인용했다. Langethal, *op. cit.*, IV, p.108.

어마르크, 포머른, 프로이센 그리고 특히 리투아니아에는 50개 이상의 영지관구(領地管區, Amt)가 설치되었다. 이들은 지난 30여 년 전부터 개간되었는데, 종종 하나의 관구가 매년 2만~3만 탈러의 차지료를 산출하는 수준으로까지 발전했다. 실로 내게는 이렇게 성공적인 지역이 여럿 알려지고 있다. 예를 들어 오더 강변의 레부스 관구만 하더라도 1709년에는 1만 2,000탈러 정도의 수입만 겨우 올렸는데, 그때부터 수천 모르겐의 새로운 토지가 내부에서 개간되어 그로부터 3개의 관구가 새로이 설정되었고, 매년 9만 탈러 이상의 차지료 수입을 가져온다."

에크하르트가 염두에 두고 있는 영지관구라는 것은 브란덴부르크-프로이센의 왕실 직할 영지를 말하는 것이었다. 실로 독일의 동부와 북부에서 농업의 호황을 잘 반영해주기로는 이 왕령지의 급속한 수익증대만큼이나 분명한 것이 달리 없다. 이들 왕령지는 대선제후의 시대만 하더라도 아주 빈약한 잉여밖에 산출하지 못했기 때문이다.

슈타델만은 이미 대선제후의 시대에 매우 광대했던 왕령지가 근소한 수입밖에 산출하지 못했던 것은 부분적으로 당시만 해도 왕령지의 관리행정이 아직 형편없었던 탓으로 보고 있는데,[76] 그러나 적지 않은 부분에서는 전반적으로 당시의 농업이 산출했던 불량한 소출의 탓이기도 했다. 17세기의 90년대 말에는 토지의 대여방식이 새로이 규정되면서 눈에 띄게 양호한 잉여수익이 발생했다. 그리고 18세기 초에는 왕령지에서 나오는 수입이 더욱 증가했다. 이는 또한 1701년부터 왕령지가 다소 소규모인 단위로 분할되어 농민에게 세습차지로 분

---

76) R. Stadelmann, *Friedrich Wilhelm I. in seiner Tätigkeit für die Landeskultur Preußens*, I, 1878, pp.7f.; 또한 다음의 문헌도 참조. G. Schmoller, "Studien über die wirtschaftliche Politik Friedrich des Großen," in: *Schmollers Jahrb.*, X, 1886, pp.341f.; K. Breysig, "Der brandenburgische Staatshaushalts in der zweiten Hälfte des 17. Jahrhunderts," in: *Schmollers Jahrb.*, XVI, pp.1f.

급되었던 사정과도 관련되어 있다. 보유권이 더 확고하고 여러 가지로 성가신 구속에서 해방된 토지를 획득한 새로운 세습 차지농민들은 기쁨에 들떠 더 높은 지대를 납부하겠다고 선언했다. 그러나 이 개혁안의 아버지인 루벤 폰 불펜의 예상과 달리,[77] 곡가는 다시금 떨어졌다. 매우 많은 세습 차지농민들은 지불불능상태에 빠져들었고 강제적인 조치로 지불의무를 이행하도록 경고를 받아야 했다. 이미 10년이 경과하자 국고에 더 높은 수익을 가져올 것으로 약속되었던 전체적인 계획이 실패했음이 분명해졌다. 1710년 말에는 기한부차지(Zeitpacht)의 재도입이 결의되었다.

1710년부터 프리드리히 빌헬름 1세의 사망까지 브란덴부르크-프로이센의 왕령지의 대여에서 나오는 수입은 엄청나게 증가했다. 한편으로는 왕령지의 규모 자체가 증가했고, 다른 한편으로는 인상된 차지료율에 의거하여 차지계약이 체결되기도 했기 때문이다. 1720년대에 포머른의 관부는 이러한 사태의 귀결을 아주 올바르게 보고하고 있다. 즉 차지농민들은 "높이 불어난 차지료율 때문에" 고통을 겪고 있었는데, 심지어는 처지가 나은 농민들도 차지료를 지불할 능력이 없었고 강제집행도 적지 않은 경우 별로 소용이 없었다.[78] 그러나 전반적으로 차지농민이 곤경에 처한 것만도 아니었다. 특히 슈몰러가 수치적으로 입증한 바대로 이 무렵에는 차지료가 급격히 인상되었는데,[79] 그 이면에는 왕령

---

77) 불펜은 더 이상 가격이 폭락할 우려가 없기 때문에 농민들이 지대를 감당할 수 있다는 견해를 갖고 있었다. 동서 인도를 향한 항로가 열리고 전 세계가 연결되었던 때부터, 물품의 가격은 이미 불변상태로 확정되었다는 것이다. 루벤 폰 불펜은 수많은 예언자와 운명을 같이했다. 그는 근본적으로 오류를 범했던 것이다(프로이센 왕령지의 세습대여문제를 둘러싼 논의에 대해서는 다음의 저작이 상세하게 보고하고 있다. L. v. Ranke, *Zwölf Bücher preußischer Geschichte*, IV, 1930, pp.527f.).

78) Stadelmann, *op. cit.*, I, p.109; 또한 Naudé, *op. cit.*, II, p.235.

79) Schmoller, *op. cit.*, p.343.

지 차지농민의 경제적 상태가 적잖이 개선되었음이 틀림없다.

역전과 난관

장원영주나 농장영주에 예속된 농민들이 이렇게 증대한 농업노동의 수익분배에 어느 정도로 참여했는지는 말하기가 어렵다. 농민의 처지는 처처마다 다양했던 부담과 납부의무의 정도에 의해 본질적으로 규정되었기 때문이다. 일부 지역에서는 농산물가격의 완만한 상승이 농민복지의 증가로 이어졌다. 그리하여 당대의 어떤 농학저술에서는 이런 소리도 들린다.[80] 작센 지방의 슈트렐라 시 근교에는 "보리를 재배하는 부유한 농민들"이 살고 있는데, 이들의 딸 여럿은 "수천 탈러의 결혼 지참금을 받고 있었다"는 것이다. 이 지방의 농민보유지는 분할되지 않고 남계 후손에게 양도되는 관습이 있었는데, 이 보고는 농민들이 딸을 출가시키기 위해서 그렇게 많은 현금을 저축할 수 있었던 것으로 이해해야 할 것이다. 이에 반하여 쿠어마르크 지방 농민들의 처지를 다음과 같이 묘사하는 다른 당대인도 있었다.[81]

"농민들이 손에서 입으로 먹고살고 있으며, 영주와 국가가 과하는 부담을 용케 이행할 수만 있어도 행운을 말할 수 있다는 사실은 잘 알려져 있다. 이듬해를 위해서 무언가를 축적할 수 있다는 것은 그로서는 비정상적인 일이다. 아주 사소한 사고라도 생기면, 즉 수확이 부족하거나 아예 흉작이 들든지, 가축 한 마리를 잃거나 떼죽음 사태가 생기든지, 화재·우박 등의 피해가 발생하면, 농민에게는 감면조치가 취해져야 한다. 그것도 영주에게서만이 아니라 국가에게서도 취해져야 한다. 국가는 공납을, 영주는 지대·부역 등을 포기해야 한다."

여기에서는 아주 극단적인 사례가 제시된 것일지도 모른다. 이런 사

---

80) I. B. v. Rohr, *Hauswirthschaftsbuch*, 1722. 다음의 문헌에서 재인용했다. Langethal, *op. cit.*, IV, p.248.
81) v. Thiele, *Churmärkische Contributions- und Schoßeinrichtung*, 1768, p.416. 다음의 문헌에서 재인용했다. Knapp, *op. cit.*, I, p.72.

례는 어느 정도는 진실이다. 그러나 곤궁과 유복한 상태 사이의 정도 차이는 매우 불균등하게 분포되어 있었다. 작센의 '보리재배 농민'은 양호한 토질, 대규모의 보유지 그리고 근소한 부담으로서 독일의 다른 지역에서도 거듭 발견되지만 결코 상례가 아닌 경우였다. 독일 농민의 대다수에 대해서도 마르크 블로크가 프랑스 농민을 특징지었던 언표가 해당된다. 즉 풍작이든 흉작이든 농민들에게는 항상 불평할 계기가 주어졌다. 풍작이 오면 가격이 땅에 떨어져 농민들은 그들의 납부의무를 이행할 수 없었고, 흉작이 오면 가계에 최소의 필수품조차 댈 수가 없었다.

이는 17/18세기의 매우 많은 수확주기 중에서 한 가지 경우에 대해서만, 그리고 독일 영방의 다양한 부분에서 출처하는 몇 가지 증거로 입증할 수 있다. 선정된 것은 17/18세기의 전환기 직후에 전개된 수확주기다. 이 주기는 최하의 가격을 초래한 풍작과 함께 시작되었는데, 1709년 경의 흉작을 포함하면서 일부의 급격한 가격폭락(잉글랜드, 프랑스)과 일부에서 더 완만하게 진행된 가격하락(베를린)을 수반하면서 1720년대에 종료되었다(〈도표 42〉 참조). 이에 대해서는 다음의 간략한 보고가 다른 나라에서 취한 몇 가지 증거와 함께 제시된다.

잉글랜드에서는 1704년에 차지농이 지대를 지불할 수 없었고, 안트베르펜의 성문 앞에서는 차지료가 떨어졌다. 발트 해의 항구에서는 곡물수출이 멈추었고, 항구의 배후지대, **동프로이센과 리투아니아**에서는 농촌주민들이 1706/1707년에는 아주 형편없는 가격 때문에 곡물을 아예 가축에게 먹였다.[82] 1708년 가을에는 손실이 있었으며, 그 이듬해에는 흉작이 있었다. 기근과 질병이 브란덴부르크-프로이센 왕국의 동부에 확산되어 수천 명이 사망했다. 전염병(아마도 재발한 페스트이거나 아니면 다른 종류의 역병)이 포머른까지 침투해 들어왔다. 슐레스비히-홀슈타인은 역병의 피해를 받지 않았으나, 수확 면에서는 형편없었다. 보

---

82) Grähmer, 다음의 문헌에서 재인용했다. W. Naudé, *Acta Borussica, Getreidehandelspolitik*, II, p.158.

르데스홀름(홀슈타인) 관구의 몇몇 촌락 농민들은 주곡과 종자를 비싼 값으로 사들일 수밖에 없었다. "작황이 좋은 풍년일 때조차 부역과 공납을 제대로 감당할 수 없었는데, 이제 무슨 수로 공조를 지불할 수 있겠는가?"라고 이들은 원성을 터뜨렸다. 나중의 계산에 의하면 농민의 부담은 평년에 농민보유지의 전체 조수입의 약 25% 정도에 이르고 있었다.[83] 바이에른에서도 농업의 대표자들에게서 비슷한 소리가 들려온다. 나라는 오로지 전쟁과 조세만이 아니라, 폭우, 생육부진 및 가축의 사멸로도 피폐해질 수 있다. 그런데도 새로운 조세가 부과되자마자, 다시금 다음과 같은 원성이 제기되었다(1713년 2월 16일). 백만금이나 되는 거액을 거두기에는 거의 불가능하다. 생육부진과 가축의 역병으로 백성들은 완전히 도탄에 빠졌다. "필스호펜 재판구역에서 사람들은 짚으로 만든 여물로 허기를 달래고 있다. 몇 안 되는 재산가들도 아주 곤궁한 사람들을 위해 무언가를 지불할 수 있는 처지가 아니었다."[84]

이는 수확이 실패한 해의 일이었다. 그러나 1713년 가을에 곡물의 수익이 더 나아졌어도, 바이에른의 신분제 의회는 다시금 항의를 제기해야 하는 처지였다. 그리하여 신분대표들은 1714년 1월 2일에 이렇게 항의했다. 지난해에는 모든 사람이 충분하게 빵을 얻을 수 있을 정도로 수확이 좋았다. 그러나 공납이 아주 많이 올라갔다. 왜냐하면 정상적인 조세 말고도 병영의 신축을 위해 7굴덴이, 개간기금을 위해 7굴덴이, 전염병 방제를 위한 비용으로 1굴덴이 추가로 징수되었기 때문이다. 이와 같이 해서 결국 모든 백성과 그 아이들은 집과 농지에서 몰려나 도탄에 빠지게 되었다. 다시 한 번 동부지방으로도 눈을 돌려보면, 다음과 같이 간략한 보고를 접하게 된다. 1720년대 베를린에서 곡가가 최저수준에 달했을 때, 브란덴부르크-프로이센 왕국의 동부지방에서는 곡가가 더

---

83) H.-Chr. Steinborn, *Abgaben und Dienste holsteinischer Bauern im 18. Jahrhundert*, Diss., Göttingen 1973, Manuskript.

84) *Pragmatische Geschichte der baverischen Gesetzgebung und Staatsverwaltung seit den Zeiten Maximilians I*, 1, 1836, pp.123ff.

욱 내려가, 수확하는 수고를 하지 않는 편이 더 나을 정도라서 열매가 밭에서 그대로 썩어버렸다. 프로이센 관방장이 여러 가지 성격의 농민 보유지에서 거둔 수확을 평가한 보고서가 이 무렵에 국왕 프리드리히 빌헬름 1세에게 제출되었는데, 각종의 평가는 다음과 같은 점에서 일치하고 있었다. 즉 농민경영의 수입은 공납과 필수적인 생계 및 경영비용에 훨씬 미치지 못하고 있었다는 것이다.[85]

공조와 부역, 조세는 농민이 감당할 수 있는 능력, 또한 순전히 물리적인 종류의 능력 한계에 접해 있었기 때문에, 중간급의 봉건국가에서도 부를 축적할 여유가 전혀 없었다. 농지의 가격은 더욱 떨어져 있었다. 바이어만은 18세기와 19세기에 마르크 지방의 기사령이 겪은 가격변동을 연구했다.[86] 이에 폰 아르님은 슐레스비히-홀슈타인 지방에서 검출한 몇 개의 가격자료를 추가했다.[87] 이러한 증거는 이렇게 아주 희박할지는 몰라도, 다음과 같은 결론의 도출을 가능하게 한다. 즉 다소 큰 폭의 가격상승은 18세기 후반에 비로소 등장했다.

그러나 세기 전반기에는 17세기 말의 가격에 비하면 이미 회복될 징후가 나타나고 있었던 것이다. 프랑스와 벨기에에서도 관찰될 수 있었던 토지가격 및 차지료의 동시적인 하락에 비하면, 이 가격동태는 회복의 징후를 충분히 드러낸다.

바이어만과 폰 아르님이 수집한 자료에서 다음과 같은 토지가격이

---

85) A. Skalweit, "Die ostpreußische Domänenverwaltung unter Friedrich Wilhelm I. und das Retablissement Litauens," in: *Staats- und sozialwissenschaftliche Forschungen*, ed. by Schmoller, 25, 3, 1906, p. 212; 또한 다음을 참조하라. W. Naudé, *op. cit.*, pp. 209f.
86) M. Weyermann, *Zur Geschichte des Immobiliarkreditwesens in Preußen*, 1910, pp.60f.
87) V. v. Arnim, "Krisen und Konjunkturen der Landwirtschaft in Schleswig-Holstein vom 16. bis zum 18. Jahrhundert," in: *Quellen und Forschungen zur Geschichte Schleswig-Holsteins*, 35, 1957, p.66.

이 자리에 제시될 만하다. 마르크 브란덴부르크에 소재하는 바르텐베르크 기사령의 가격은 1726년에 7,000탈러였으나, 1750년에는 1만 50탈러에 달했다. 마르크에 소재한 영지 디더스도르프의 가격은 1714년에는 1만 6,000탈러였던 것이 1727년에는 2만 탈러로 올랐다. 기사령 브리츠의 가격은 1719년 3만 6,000탈러에서 1753년에는 4만 2,000탈러로 올랐다. 슐레스비히-홀슈타인에서는 다음과 같은 판매양상이 밝혀졌다. 엘슈페니스 영지는 1672년에 3,200탈러, 1721년에는 5,000탈러; 칼스부르크 영지는 1671년에 3만 6,400탈러, 1720년에는 6만 1,000탈러 그리고 1727년에는 7만 1,000탈러. 코젤라우 영지의 차지료는 1667/99년에 1,900탈러, 1700/1706년에는 2,600탈러, 1731/37년에는 3,700탈러, 1738/48년에는 3,000탈러였다.

6. 농업불황의 성격과 원인

화폐 및 실물경제 이론

다브넬[88]은 당시의 가격동태를 통화(通貨)적 요인에서 추적하려고 했다. 그는 세비뉴 부인(Madame de Sévigné)의 서간집에서 1683년 12월 18일의 편지를 인용했는데, 이 편지에는 다음과 같은 진술이 담겨 있다. "20만 프랑은 늘 괜찮은 결혼지참금이었다. 그러나 지금은 이 액수가 20년 전보다 훨씬 더 막대한 것도 사실이다." 그러나 이런 보고에서 얻을 수 있는 것은 그다지 많지 않다. 세비뉴 부인의 진술이 알려주는 것은 이 20년간에 화폐가치가 상승했거나 그녀가 개관해볼 수 있었던 일련의 가격이 하락했다는 사실이다. 그 여자의 눈에 덜 중요하게 보였던 다른 가격은 안정되어 있었거나 심지어 올랐을 수도 있다. 가격동태의 통화적 요인을 설명하려고 한다면, 물론 귀금속 생산과 추정되는 화폐유통량의 문제를 다시 검토해야 한다. 실로 여기에서 고찰대상이

---

88) G. d'Avenel, *Histoire des prix*, I, p.29.

되는 시기에는 귀금속 생산이 거의 증대되지 않았거나 심지어 감소하였던 것처럼 보인다.[89] 포토시 은광은 17세기 후반에 생산이 더욱 감소했고, 다른 광산들의 생산도 역시 후퇴했다. 이에 반하여 18세기 초부터 브라질의 금광지대에서 나오는 산출은 증가했다. 그러나 증가된 금의 채굴은 중부 유럽의 귀금속 보유량과 화폐유통에서 은광의 쇠퇴를 거의 대체하지 못했던 것으로 보인다. 따라서 아주 많은 증거가 중부 유럽의 화폐유통이 감소하고, 이로 인하여 가격수준에 압박이 가해졌음을 말해 주고 있다. 그러나 또한 거래가 떨어졌음도 지적될 수 있는데, 이는 몇 가지 종류의 거래고에서 잘 드러나고 있다(〈도표 45〉 참조). 곡물과 가축이 거래된 동-서 무역에서 17세기 초부터 18세기 중엽까지 거래량은 1/4로, 그리고 거래액은 더욱 심하게 떨어졌다. 적어도 국제무역에서 꽤 비중이 컸던 이 분야에서 화폐가 예전보다 훨씬 더 적게 소용되었던 것이다.

그러나 이미 중세 말의 불황기에서와 마찬가지로 경제의 화폐 측면으로부터는 가격(그리고 임금)의 분포를 설명할 수 없다. 이에는 경제의 재화 측면에 존재하는 역량이 작용하고 있었음이 틀림없다. 즉 여기에는 특정한 상품과 상품군의 수요와 공급이라는 문제가 개재되어 있는 것이다. 우선 공급에서부터 고찰이 시작될 터인데, 실제로 헝가리산의 곡물과 가축이 보헤미아, 메렌, 오스트리아 및 슈타이어마르크의 가격을 짓눌렀다.[90] 작센과 브란덴부르크는 토착산물보다 훨씬 더 싸게 공급되는 폴란드산의 곡물에 대하여 국경을 폐쇄했다.[91] 증대하는 아일랜드의 가축수출은 잉글랜드의 영농가들을 압박했다.[92] 또한 수요 측면에

---

89) 다음을 참조하라. W. Sombart, *Der moderne Kapitalismus*, I, 2, 3rd ed., 1919, p.532.
90) Langethal, *op. cit.*, IV, pp.125f.
91) Naudé, *op. cit.*, II, pp.107, 206f.; 또한 다음을 참조하라. Langethal, *op. cit.*, IV, p.68.
92) F. Quesnay, "Art. Fermiers," *op. cit.*, p.183; J. Child, *A new treatise*, 1694, pp.45f.; 또한 이 책, 371쪽 참조.

서도 고찰을 시작할 수 있을 터인데, 여기서는 우선 인구와 소득의 변동이 두드러질 수 있다. 그러나 여기에서도 다시 가격부터 시작하는 것이 더 합당해 보인다. 그 점에서부터 농업생산의 변동을 해명하는 길이 열리고, 필자가 보기에 또한 17/18세기에 전개된 농업불황의 결정적인 원인을 해명하는 데에 도달할 것이다.

협상가격차(鋏狀價格差)와 농업생산

17세기와 18세기 전반기가 경과하면서 호밀값과 소값 사이에 협상차이가 형성되었음은 이미 앞에서 지적된 바 있다(353쪽). 〈도표 38〉에 제시된 빈의 가격동태는 결코 특수한 경우가 아니었다. 곡물과 축산물의 가격자료가 제시된 독일의 모든 도시에서 축산물의 가격은 곡가의 하락보다 완만하게 변동하고 있었다. 이는 곡물, 고기 및 양모의 가격을 포함하고 있는 〈표 16〉에 의거해서 더 분명히 제시될 수 있다. 곡물과 고기의 가격은 독일의 6개 도시와 슐레지엔에서, 양모는 3곳과 지역(그 중에는 암스테르담도 포함)에서 유래한다. 아주 초보적인 산술평균법을 통해서 표의 수치를 획득하여 이 방법이 약간의 의심을 제기할지도 모르지만, 제시된 수치는 여기서 오로지 문제삼고 있는 전체적인 움직임의 특징을 충분히 드러내고 있다.[93]

양모가격지표에서 이미 암스테르담의 것으로 대표되었던 외국에서도 비슷한 가격변동이 입증된다. 그러나 더 추가적인 수치의 제시는 일단 포기한다. 또한 예외도 있는데, 가장 중요한 예외 사례는 중부 및 서부 유럽의 곡물재배지대의 외곽에 소재하며, 슐레스비히-홀슈타인에서 그 존재가 입증되고 있다. 이곳에서는 육우(肉牛)의 값이 1640년부터 18세기 중엽 사이에 호밀값보다 더 심하게 떨어졌다.[94] 소의 원거리 무역

---

93) 표의 수치들은 다음의 문헌에서 취했다. F. K. Riemann, "Ackerbau und Viehhaltung im vorindustriellen Deutschland," in: *Beihefte zum Jahrbuch der Albertus-Univ. zu Königsberg*, III, 1953, pp.136, 139, 또한 이곳에 제시된 사료.

에 대해서는 경쟁이 심해졌다. 많은 지역과 나라에서 가축이 사육되었거나 심지어 더욱 확대되었다.

〈표 16〉 독일의 농산물가격, 1590/1640~1690/1740

시기	곡물	고기	양모
1590/1640	100	100	100
1640/1690	56	89	101
1690/1740	70	99	102

잉글랜드에서는 이미 어늘 경이 확인한 바 있듯이, 17세기와 18세기 1/4분기를 통해서 농경지가 목초지로 변경되었던 곳에서 인클로저가 가장 많은 이익을 가져왔다. 미들랜드의 방목지 대부분은 그러한 실제적인 계산의 결과로서 적지 않은 이익이 또한 지주와 기업적 영농가의 대차대조표에 계상되었다. 어늘 경의 보고에 의하면 레스터 주는 이에 대하여 특징적인 본보기로 꼽힌다. 이미 다니엘 디포는 1730년경에 한때 잉글랜드에서 가장 풍요한 곡물지대에 속했던 땅의 대부분이 방목지로 변모했음을 목도했던 것이다. "대개의 신사들조차도 목축업자다. 그리고 몇 곳에서는 목축업자가 아주 부유해져서 신사가 되었다."[95] 네덜란드의 여러 지역에서도 슬리허 판 바트가 제시한 증거에 따르면 경작대 축산의 비율이 축산의 비중이 증대하는 방향으로 기울어졌다.[96] 네

---

94) H. Wiese, "Der Rinderhandel im nordwestdeutschen Küstengebiet vom 15. bis zum Beginn des 19. Jahrhunderts," in: *Quellen und Forsch. z. Agrargesch.*, ed. by Lütge, Franz, Abel, XIV, Teil 1, 1966, pp.104f.
95) Lord Ernle, *English farming*, 여기에서는 1961년의 제6판, p.168에 의거했다. 이 문제에 대한 매우 많은 최근의 연구 중에는 다음의 논집을 들 수 있다. E. L. Jones, *Agriculture and economic growth in England, 1650~1815*, London 1967. 특히 152쪽 이하에 수록된 같은 제목을 단 편자의 기고와 문헌목록.

덜란드에서는 독일의 여러 영방에서와 마찬가지로 상업작물의 재배로 막대한 이득을 보았다. 포도재배는 16세기의 퇴보를 극복했으며, 특히 양모는 양호한 판로를 갖고 있었다. 목양(牧羊)은 또한 척박한 토양의 시비에도 유용했는데, 높은 수준에서 유지되고 있었다.

이 자리에서는 바로 토지이용에서의 변환이 암시되고 있는 것이다.[97] 이는 수요의 변동을 나타내고 있다. 소득에 따라 탄력적으로 수요되는 농산물에는 고기 이외에 농업에서 획득하는 대개의 공업원료가 꼽히는데, 이들은 더욱 유리한 가격으로 팔렸다. 곡물은 불가결하지만, 소득보다는 소비자의 수에 영향을 받는 관계로 가격의 압력을 강하게 받고 있었다. 17/18세기의 농업불황은 특히 곡물재배에서 먼저 두드러지게 나타났는데, 결국 관찰자의 시각을 인구변동으로 돌리도록 강요한다.

인구동태

인구동태의 급격한 전환은 특히 독일에서 두드러지게 나타난다. 그리고 당대인들은 모든 해악(그리고 다시 높은 임금)의 뿌리를 30년전쟁이 초래한 인명의 손실에서 찾을 수 있다는 점에 대해서 의심하지 않았다. 이러한 입장에 역사가들과 경제학자들도 가담했다.[98] 그러나 다른 나라

---

96) Slicher van Bath, *Een samenleving onder spanning*, 1957, p.439. 그러나 여기에서 특히 트벤테(Twente)에 대해서 제시한 증거는 간단히 일반화해서는 안 되는데, 이 문제에 대해서는 다음의 문헌이 주의를 환기시킨 바가 있다. J. A. Faber, "Drie eeuwen Friesland," in: *A. A. G. Bijdragen*, 17, Teil I, 1972, pp.206ff.
97) 이 테마를 더 상세히 다루고 있는 것은 슬리허 판 바트의 『서유럽 농업사』(네덜란드어판, 1960, pp.233ff.)인데, 1963년에 영어 번역이 나오고(*The agrarian history of Western Europe, 500~1850*), 최근에 한국어 번역이 출간되었다 (이기영 옮김, 『서유럽 농업사, 500~1850』, 까치, 1999, 273쪽 이하).
98) 대체로 다음의 문헌이 참조된다. F. Hermann, *Staatswirtschaftliche Untersuchungen*, 1832, p.127; J. Helperich, *Von den Schwankungen im Werte der edelen Metalle*, 1843, p.102; Chr. Langethal, *op. cit.*, 4, 1856, p.66; W. Roscher, "Ein Beitrag zur Geschichte der Kornpreise und

에서도 16세기와 17세기 초에 관찰될 수 있었던 급격한 인구증가가 17세기 말과 18세기에는 지속되지 않았다.

프랑스에서는 이미 17세기 말에 부아기유베르가 다음과 같은 테제를 역설한 바 있었다. 즉 낮은 곡가는 화폐보유량의 감소가 아니라, 소비의 감퇴에서 야기되었는데, 이는 1640년대부터 약 절반으로 줄었다는 것이다.[99] 케네는 1760년경에 그 대강만 알려진 「인간」이라는 논고에서 프랑스에는 100년 전에 2,400만의 인구가 있었다고 썼다.[100] 1700년까지 이 수치는 1,950만으로 줄어들었고, 케네의 시절에는 심지어 1,600만 정도의 주민수를 가늠할 수 있을 정도였다는 것이다. 1700년경에는 오를레앙의 지방장관(Intendant)이 이렇게 보고했다. "주민의 수와 생산은 30년 전부터 대략 1/5이 감소했다." 다른 사람도 "인구가 엄청나게 줄어들었다"고 보고했다.[101]

이와 같은 관찰은 약간의 과장이 없지 않겠으나 인구동태를 기본적으로는 아주 올바르게 전하고 있는데,[102] 이어서 도시와 농촌에서 진

Bäckertaxen," in: *Zeitsch. f. d. ges. Staatswiss.*, XIII, 1857, p.469.

99) P. de Boisguillbert, *Détail de la France*, 1697, pp.209f.
100) Veröff. von St. Bauer, *Jahrb. f. Nat. und Stat.*, XXI, 1890, pp.116f.
101) 여기에서는 다음의 문헌에서 재인용했다. D. Zolla, "Les variations du revenu," in: *Annales de l'École Libre des Sciences Politiques*, 1894, pp. 417f.
102) 이미 만년의 미라보는 인구감소의 결과로 프랑스의 인구를 단지 1,800만 명으로만 계상했다(이에 반하여 케네는 1,600만으로 상정). 이에 대해서는 다음에 게시하는 다소 낡은 문헌이 비교된다. E. Levasseur, *La population française*, I, 1889, pp.215f. 필자 르바쇠르는 부당하게도 프랑스의 인구가 이미 18세기의 20년대나 30년대부터 다시 증가했음을 가정했다. 이로써 그는 다수의 당대인이 제시한 견해와 어긋났다. 최근의 연구도 18세기에서 인구의 감소 또는 정체를 입증하고 있다. 예컨대 다음과 같은 연구다. Le Roy Ladurie, *op. cit.*, pp.544ff. 필자 라뒤리는 1677년에서 1741년 사이 랑그도크 지방의 인구감소율을 18% 정도로 산출하고 있는데, 몇 개의 촌락에서는 그 이상으로 보기도 했다. 또 구베르(P. Goubert)도 보베 지방을 연구한 자

행된 인구감소의 원인에 대한 방대한 논의를 유발했다. 미라보에 의하면 "인구감소의 진정한 원인은 한편으로는 농업의 쇠퇴이고, 다른 한편으로는 사치다."[103] 조세의 압박과 판로의 경색이 프랑스의 농민들을 짓누르고 있었다. "결혼을 해서 아이를 낳는 것은 더 이상 할 일이 아니다. 아이들은 그 부모가 그러하듯이 그저 불행해질 따름이다." 당시 프랑스의 농촌에 거주하던 미혼의 청년 남녀들에게 왜 혼인을 해서 자식을 낳지 않고 있느냐는 물음에 이렇게 답했다.[104] 농민들은 더 나은 생계책을 구할 수 있다는 희망에서 도시로 이주했다. 그러나 이로써 인구감소의 재난은 더욱 심해졌다. 왜냐하면 그 시대의 도시들은 몇몇의 예외는 있었지만 끊임없이, 그리고 부분적으로는 막대한 출생률의 저하를 기록하고 있었기 때문이다. 이러한 사태는 많은 작가들이 늘 새롭게 도시주민들의 사치와 이기심, 부도덕성을 질타하는 동기가 되었다. "도덕이 땅에 떨어지고, 인간이 타락하는 곳이 바로 도시, 특히 수도다. 도시는 각 지방에서 끊임없는 인구의 유입을 요구하는 식민지와 같은 작용을 했다. 로마가 노예 공급을 항상 새로 받아야 했듯이, 파리와 런던을 비롯한 대도시들은 막대한 수의 인구공급을 소모했다."[105] 몽테스키외는 다른 말을 하는데, 인구감소는 "마치 내부의 재난, 비밀스럽고 은폐된 독, 오랜 세월을 끄는 질병"처럼 프랑스인에게 스며들어왔다는 것이다. "만약 이 인구감퇴현상이 멈추지 않으면, 1천 년 이내에 세계는 사막이 될 것이다."[106]

  신의 저서에서 하나의 긴 장(章)을 할애하여 구시대 유형의 '인구위기'(crises démographiques)를 논한 바 있다.
103) *L'ami des hommes*, I, Avignon 1756, p.39.
104) 다르장송(D'Argenson)의 저술에서 전해지는데, 여기에서는 다음의 문헌에서 재인용했다. H. Taine, *Die Entstehung des modernen Frankreichs*, I, 1908, p.375.
105) 디드로와 달랑베르가 편찬한 프랑스의 백과전서는 '인구' 항목에서 이렇게 기술하고 있다. *Encyclopaedie*, Nouv. éd. 1778, 27. Bd., pp.815f.
106) M. de Montesqieu, *Lettres Persanes*, Nouv. éd., 6. vol., 1784, p.247.

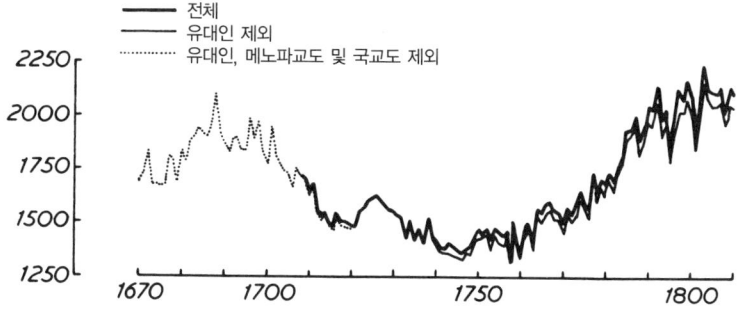

〈도표 47〉 로테르담에서 세례를 받은 아동의 수, 1670~1810
(멘팅크G. J. Mentink와 판 데어 우드A. M. van der Woude에 의함)

프랑스와 마찬가지로 다른 나라에서도 17세기에는 자연적으로 인구 증가가 감퇴했다. 벨기에의 일부 지방에 대해서는 인구가 17세기 후반과 18세기 전반에 줄어들었다는 것을 매우 확실하게 받아들여도 좋다. 다른 지역에서는 인구가 과거의 수준으로 유지되었거나 심지어 약간 증가했을지도 모른다. 그러나 몰의 추정에 따르면 벨기에에서는 전체적으로 (오늘날의 영토범위를 전제하고) 인구는 17세기의 최고수준에서 1714/15년까지 약 200만에서 175만으로 감소했다.[107]

로테르담에서 세례를 받은 아동의 수가 이렇게 감소하는 추세는 놀라운 일이다(〈도표 47〉). 이 수치는 인구사에서 매우 소중한 기여로 환영할 만한 것인데, 홀란드 주의 북부에서 입증되고 있다. 이 지역에서는 1650년에서 1750년 사이에 인구가 40~45% 정도 감소했는데, 이 감소는 "전화(戰禍)를 비롯한 특별한 곤경과 전혀 무관한 것이었다."[108] 그

---

107) R. Mols, "Die Bevölkerungsgeschichte Belgiens im Lichte der heutigen Forschung," in: *Vierteljahresschrift für Sozial- und Wirtschafts- geschichte*, 46, 1959, pp.491f.; 또한 다음의 사전에 수록된 인구항목에 관한 논고는 아직도 여전히 가치가 있다. Inama-Sternegg and Häpke, "Bevölkerung," in: *Handw. d. Staatswiss.*, II, 4th ed., 1924, p.681.
108) A. M. van der Woude, "Het Noorderkwartier," in: *A. A. G. Bijdragen*, XVI, Teil II, 1972, p.613.

러나 이 수치 역시 일반화해서는 안 된다. 네덜란드에서도 개별 도시와 주마다 인구변동의 양상은 다양했다. 서부와 북부에서는 인구가 감소하고 있었음에 비하여, 동부에서는 증가하고 있었다. 각 주의 평균을 내면, 인구는 17세기의 수준에서 유지되고 있었거나 그보다 더 증가했을지도 모른다. 그러나 인구증가는 확실히 드물었다. 최근의 추정은 아주 광범한 자료에 기초를 두고 있다. 이에 따르면 네덜란드의 인구는 1500년경의 90만 내지 100만 정도에서 1650년경에는 약 2배(185만 내지 190만)로 증가했다가, 1750년경에는 약 195만 정도였고, 1850년경에나 비로소 300만으로, 1950년경에 1,000만 정도로 증가했다.[109]

18세기 중엽에서 유래한 것으로 진지하게 고려되는 어느 저작의 주장에 의하면 스웨덴에서는 인구가 수세대 전부터 감퇴했다고 한다.[110] 같은 시기에 덴마크에서도 인구의 부족에 대한 원성이 자자했다. 어떤 덴마크인은 이렇게 썼다. "지난 시대에는 형언할 수 없을 정도로 방대한 우리 백성의 수로 전 유럽을 석권할 수 있었던 우리가 이제는 우리의 국경조차도 방어할 수 없다. 한때 무리를 지어 잉글랜드, 스위스, 독일, 이탈리아 그리고 프랑스로 밀려들어가 정착했던 우리는 사멸해가는 우리 백성에 새로운 생명과 힘을 주기 위해 다른 민족을 우리 땅에 들여놓아야 할 지경에 처했다." 스위스에서도 무레(Muret)라는 목사가 입증한 바에 따르면, 평균 17개나 되는 바틀란트의 촌락에서 17세기 말부터 18세기 전반까지 신생아의 출생은 절대적으로 감소했다.[111] 이탈리아의 인구증가는 이미 1600년경부터 정체했는데, 이는 오래전부터 벨로흐(Beloch)에 의해 알려진 바 있었고, 최근의 연구에서도 입증되었다. 약

---

109) B. H. Slicher van Bath und Mitarbeiter, *A. A. G. Bijdragen*, XII, 1965, p.110.

110) 이에 대한 참조로는, P. Mombert, "Die Anschauungen des 17. und 18. Jahrhunderts über die Abnahme der Bevölkerung," in: *Jahrb. f. Nat.-Ökon. und Statistik*, 135, 1931, pp.488f.

111) *Mémoire über den Stand der Bevölkerung des Waadtlandes*, Bern, 1766, Auszug in der Zeitschr. f. Schweiz. Statistik, 1888, 24, pp.33f.

간의 실마리를 제공하는 기대수명치는 파비아에서 1600/10년경의 30년에서 1620/30년경에는 26년으로 떨어졌고 1675년경에는 23년으로 떨어졌다.[112] 폴란드에 대해서는 새로이 받아들여지기를, 17세기 중엽부터 18세기 후반까지 인구가 1/3에서 절반가량이나 감소했다는 것이다.[113]

인구와 농업의 관계는 케네가 이미 분명하게 인식하고 있었다. 그가 추정하기에 프랑스에는 경작지로 적합한 토지가 약 5,000만 아르팡이나 있었지만, 그중 1/4 이상이 이용되지 않고 있었다는 것이다.[114] 경작되는 토지는 이미 4,200만 세티에의 곡물을 산출하고 있는데, 1,600만 프랑스 인구의 수요는 단지 3,600만 세티에로 평가될 수 있었다. 만약 전적으로 경작할 가치가 있는 나머지의 황무지에 곡물을 재배한다면, 거기에서 생기는 잉여곡물로 무엇을 해야 했던가? "그렇게도 많은 양을 외국에 적절한 가격으로 처분하기는 거의 불가능할 것이다." 케네는 사태를 아주 올바르게 보고 있었다. 잉글랜드는 국가가 보조금을 지불하는 곡물수출정책으로 이미 위축되던 세계시장을 봉쇄하고 있었다. 프랑스의 대량의 곡물수출을 받아줄 만한 여지가 당시의 세계에는 전혀 없었다.

그리하여 잉글랜드도 역시 난처한 상황이었다. 잉글랜드에서도 토착시장의 수용능력은 토착농업의 역량에 부합하게 성장하지 못했다. 그레고리 킹은 1688년에 조세대장과 교구등록부에 의거하여 잉글랜드의 인구를 550만으로 평가했다.[115] 같은 시기에 대한 다른 추정치는 520만에서 580만 사이의 편차를 보이고 있기 때문에,[116] 킹의 보고는 대략 맞는

---

112) 펠로니(Felloni)와 알레아티(Aleati)의 조사에 의거했는데, 여기서는 다음의 문헌에서 재인용했다. Le Roy Ladurie, *op. cit.*, p.555.
113) 이 책, 389쪽 참조.
114) F. Quesnay, "Art. Fermiers 1756," Ausg. Oncken 1888, pp.171f.
115) 여기에서는 다음의 문헌에서 재인용했다. Ch. Davenant, *The political and commercial works*, II, 1771, p.182.
116) 이러한 추정치는 다음의 문헌에 보고되어 있다. R. Faber, *Die Entstehung*

것으로 보아도 좋을 것이다. 그러나 양호하게 입증된 증거에 의하면 잉글랜드(웨일스까지 포함해서)의 인구는 1740년경에 600만을 거의 넘지 못했던 바, 즉 50년 안에 그다지 증가하지 못했던 것이다(다음에 제시되는 〈도표 48〉 참조).

케임브리지 인구 및 사회구조사 연구단(Cambridge Group for the History of Population and Social Structure)이 수집한 자료에 의거하여 잠정적으로 계산한 바에 따르면 잉글랜드에 대해서 다음과 같은 결과가 나왔다. 절대 다수의 교구에서 사망률에 대한 출생률의 초과분은 17세기 후반과 18세기 초의 수십 년간에서 그 이전이나 이후보다 훨씬 더 낮았다. 반면에 아주 소수인 교구에서는 사태가 전혀 뒤바뀌어, 이 시기의 전부 또는 대부분의 기간에 사망률이 출생률을 압도하고 있었다. 더욱 정확하게 평가된 사례에서 이러한 변동은 시각적으로 이하의 〈도표 48〉로 제시될 수 있다.[117] 콜리턴(Colyton)에서 출생률이 쇠퇴한 원인을 저자는 오히려 출생률의 증가를 초래했을지도

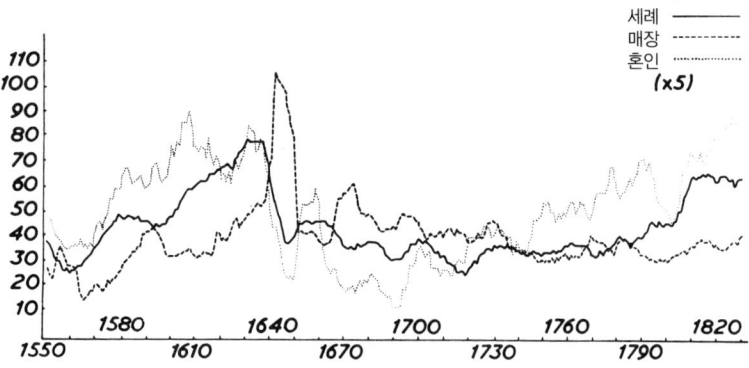

〈도표 48〉 콜리턴에서의 세례, 매장 및 혼인(9개 항에 의한 이동평균치)

---

des Agrarschutzes in England, 1888, p.5.
117) E. A. Wrigley, "Family Limitation in Pre-Industrial England," in: *The Econ. Hist. Rev.*, 19, 1966, pp.82f.

모르는 경제적 연관이 아니라, 그가 가족제한(Family Limitation)이라고 표현한 과정 속에서 보았다. 이 현상에 대하여 합리적인 설명은 물론 그도 제시할 수 없었다. 이미 중세 말기의 인구감소에서 나타났듯이, 장기적인 인구동태는 아직도 해결되지 않고 있는 수수께끼를 포함하고 있다.[118]

그리하여 잉글랜드에서도 수요가 비탄력적인 곡물에 대한 요구는 정체되었다. 수출은 항존하는 과잉압력에 대하여 단지 불충분한 배출구였을 뿐이다. 이 과잉압력은 다른 모든 경제활동에서처럼, 농업에도 항상 내재한 성장경향에 의해 촉발된 것이었다. 빈약한 곡물수출량 —— 1711/40년간에 거의 10만 톤에도 이르지 못한 ——은, 그러나 프랑스에 대해서만이 아니라, 독일에 대해서도 세계시장으로 가는 접근로를 폐쇄하기에는 충분했다. 또한 라인 강 하류 지방에서 클레베의 재무국(Clevische Kammer)은 이렇게 보고했다.[119] "네덜란드에는 잉글랜드의 물산이 너무나 헐값으로 쏟아져 들어와, 여기로부터는 판매될 만한 것이 거의 또는 아예 없었다." 엘베 강에서의 선적에 대해서는 곡물이 18세기의 30년대까지는 본질적으로 오직 함부르크의 시장에 공급하기 위한 것이었다는 소리가 들린다.[120] 포머른의 재무국은 1720년대에 해로를 통한 곡물무역이 거의 정지되었다고 보고한다.[121] 단치히로부터는 이미 수출고가 보고된 바 있다(이 책, 388쪽). 쾨니히스베르크의 상인

---

118) 이 시기 유럽의 인구동태에 대한 서술로 현재까지 가장 상세하고, 잘 입증된 것으로는 다음의 문헌을 들 수 있다. K. F. Helleiner, "The Population of Europe from the Black Death to the Eve of the Vital Revolution," in: *The Cambridge Econ. Hist. of Europe*, IV, 1967.
119) 다음에서 재인용. A. Heuser, "Getreidehandelspolitik des ehem. Herzogtums Cleve, vorwiegend im 17. und 18. Jahrhundert," in: *Düsseldorfer Jahrb*. 1916, p.11.
120) W. Naudé, *Acta Borussica, Getreidehandelspolitik*, II, p.255.
121) R. Stadelmann, *Friedrich Wilhelm I. in seiner Tätigkeit für die Landeskultur Preußens*, I, 1878, p.109.

들은 (1703년과 1705년에) 이렇게 불평을 터뜨렸다. 즉 예전에 이다지도 교통이 없이 조용했던 시기를 겪은 적이 있었는지 기억할 수 없을 지경이며, 호밀과 밀이 네덜란드에서는 너무나 헐값으로 거래되어 모든 물량을 목까지 가득 찰 정도로 끌어안고 있어야 했다는 것이다. 레발에서는 1700~11년간에 단 1세펠의 곡물도 수출하지 못했다.[122]

독일 농업이 새로운 호황을 맞이하게 된 동력은 세계시장이 아니라 내부에서, 즉 인구증가에 따른 수요의 증대에서 온 것이었다. 왜냐하면 독일, 특히 브란덴부르크-프로이센에서는 인구가 증가했던 반면, 다른 나라에서는 과거의 수준에 머물러 있거나 줄어들었기 때문이다. 30년전쟁의 참담한 손실 이후에 전개된 자연적인 인구회복은 인구정책상의 여러 조치로 지원되었다. 특히 브란덴부르크-프로이센에서 더욱 그러했다. 대선제후가 사망할 당시 브란덴부르크-프로이센의 인구는 110~166만 정도로 추산된다. 프리드리히 대왕의 즉위 무렵에 왕국 전체는 최소 240만의 인구를 헤아렸고, 1688년의 영토수준에 속한 옛 주는 최소 210만을 헤아렸다.

수도 베를린은 1688년에 2만의 주민에서 1740년에는 9만의 주민으로 성장했다.[123] 노데가 베를린 시장의 곡가가 상승한 본질적인 이유를 이렇게 증가한 수도의 인구에서 보았던 것은 부당한 것이 아니다. 그러나 또 유의할 점은, 예를 들어 같은 시기에 런던의 인구도 크게 늘었지만 잉글랜드의 곡가는 떨어졌다는 사실이다. 왕국의 더 큰 부분에 대해서는 수도의 시장이 갖고 있던 수요보다 나라 전역에 분포되어 있던 중소도시의 수와 의미가 증가한 것이 더 중요했다. 그리고 이 중소도시의 발달과 번영에 대해서 프리드리히 빌헬름 1세는 각별한 관심을 갖고 있었다.

---

122) Naudé, *op. cit.*, p.164.
123) O. Behre, *Geschichte der Statistik in Brandenburg-Preußen*, 1905, pp. 197f. 옛 주의 인구수는 이 책의 보고를 해석해서 산출했다.

이렇게 증대한 내부의 수요는 국내산 곡물의 수출정책이라는 수단을 통해서 더 유용하게 되었다. 값싼 보헤미아의 곡물을 운송해오는 데 유리했던 작센은 이미 1656년에 최초의 수입관세를 도입했다. 브란덴부르크-프로이센도 특히 값싼 폴란드산의 곡물을 멀리하기 위해서 1721년에는 이를 따랐다. 올바른 것으로 곧 인식된 이 방도를 프리드리히 빌헬름 1세는 대신들이 격렬하게 반대했는데도 여러 해 동안 계속 추구했다. 외부의 경쟁을 물리치는 것과 토착산물을 위해 내부시장을 개방하는 것은 브란덴부르크-프로이센의 농산물 교역정책이 항상 추구했던 분명한 목표였다. 이렇게 해서 독일의 여러 영방에서는 농업이 새롭게 호황기로 접어들었다. 반면에 프랑스, 잉글랜드, 북부 및 동부 유럽의 농업불황은 지속되었다.

제3부 유럽의 농업 및 식량공급 변동상태
18세기 중엽부터 19세기 중엽까지

"마리 앙투아네트는 감자꽃으로 장식을 하고,
트리아농 궁전에서 몸소 젖을 짜고, 가축에게 먹이를 주었다.
요제프 2세는 손수 밭을 갈았다. 프리드리히 폰 바덴은
중농주의자로 역사에 기록되었고, 잉글랜드 왕 조지 3세는
'농부 조지'로 불리는 것을 자랑스럽게 생각했다.
군주에서부터 더 활동적인 농민에 이르기까지
온 세상이 이제 농업의 진보와 헌정개혁을
추진하는 일에 활발하게 참여했다."

I. 18세기 후반의 농업호황

1. 가격과 임금

농산물 판매가와 생산비의 협상차(鋏狀差)

18세기의 30년대나 40년대부터 중부 유럽에서 곡가는 다시 전반적으로 오르기 시작했다. 이는 〈도표 49〉가 보여주고 있다.[1]

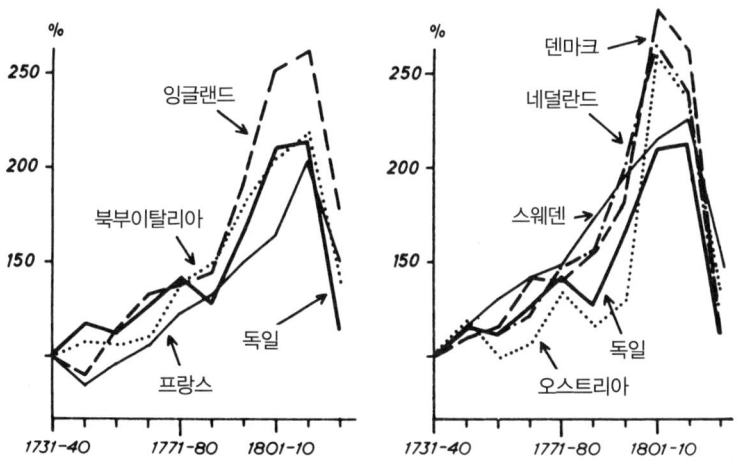

〈도표 49〉 중부 유럽의 곡가, 1731~1830
(10년 단위의 평균치, 100kg당 은의 g 중량), 1731~40=100

---

1) 〈도표 49〉는 잉글랜드(밀), 프랑스(밀), 북부 이탈리아(밀), 독일(호밀), 네덜란드(호밀), 오스트리아(호밀)에 대해서 부록(635쪽 이하)에 보고되고 부록의

18세기 40년대부터 19세기 초의 10년대까지 지도적인 주곡(主穀)의 가격은 10년 단위의 평균치로 볼 때, 잉글랜드에서는 대략 250%, 북부 이탈리아에서는 205%, 독일에서는 210%, 프랑스 163%, 덴마크 283%(불확실한 자료), 네덜란드 265%, 오스트리아 259%, 스웨덴 215%로 올랐다. 몇몇 나라에서는 이로써 장기적인 가격상승의 정점에 도달했는데(덴마크, 네덜란드, 오스트리아), 다른 나라에서는 가격상승이 다음의 10년대에서 계속되었다(잉글랜드 262%, 북부 이탈리아 217%, 독일 212%, 프랑스 202%, 스웨덴 218%). 이 무렵이나 이에 앞서는 10년대까지 중부 유럽 전역에서 곡가는 주화액에 함유된 은의 중량으로 환산해서 2배 또는 그 이상으로 올랐다.

〈도표 49〉에서 더 알 수 있듯이, 가격상승은 18세기의 80년대까지 그저 평범하기만 했다. 가격상승이 출발수준의 50%를 넘은 것은 오직 네덜란드(157%)와 덴마크(157%)에서만이었다. 그리고 가격의 상향운동이 가속화되었는데, 이는 당시의 전쟁과 연관이 있음이 분명했다. 그러나 전쟁은 이미 여기에서 드러나듯이, 장기적인 가격동태에서 단지 추가적인 요인으로서의 의미만을 갖는다.

〈도표 49〉가 제시하는 중부 유럽의 가격동태는 단지 대략적인 윤곽으로만 유효할 수 있다. 왜냐하면 10년 단위로 평균치가 계산되어 단기적인 가격변동은 고려되지 않았고, 또한 가능한 한 광대한 지역에 대한 지표가 계산되었기 때문이다. 이 수치는 페얼린덴이 이미 주의를 환기시킨 바 있는 사례와 같이,[2] 지역적이며 시간적인 특수성에

주석에 설명된 가격을 포함하고 있다. 덴마크(호밀)에 대해서는 다음의 문헌에서 자료를 취했다. H. Pedersen, "Die Kapiteltaxen in Dänemark," in: *Jahrb. f. Nat. und Stat.*, III, 29, 1905, p.788. 스웨덴(호밀)에 대해서는 다음을 참조하라. K. Amark, "En svensk prishistorisk studie," in: *Ekonomisk Tidskrift*, 23, 1921, p.154.

2) C. Verlinden, *Dokumenten voor de Geschiedenis van Prijzen en Lonen in Vlaanderen en Brabant*, 1959.

대해서는 달리 생각할 수 있는 여지가 많다. 즉 네덜란드의 가격상승은 1780년대까지는 벨기에의 경우보다 근소했다. 왜냐하면 페얼린덴이 말했던 바와 같이, 벨기에는 네덜란드보다 훨씬 더 심하게 곡물수입에 의존하고 있었기 때문이다. 또한 프랑스에서의 가격상승도 처음에는 네덜란드에서보다 더 격심했던 것으로 보인다. 그러나 네덜란드의 가격은 세기 전환기 후에는 프랑스의 가격을 능가했을 것이다.

곡가를 더 장기간의 평균치로 통산해보면, 그 동태를 공산품 가격 및 임금과 비교할 수 있다. 물론 우연히 발견되었다는 사정이 자료의 선택을 규정하고 있다. 이러한 우연성을 가능한 대로 배제하기 위해서 매우 특수하고 공간적 출처가 확인된 자료, 또는 여기에서 행해지듯이 가급적 넓게 산포된 증거가 선정되어야 한다. 중부 유럽에 대해서는 전체로서 〈도표 50〉이 보여주듯이, 논란의 여지가 거의 없고 광범하게 일치하는 진술을 몇 가지 할 수 있다.3)

---

3) 각각의 나라에 대해서는 더 많은 수의 가격 및 임금계열이 검토되었다. 이러한 계열자료의 각각은 기본시기와 관련 있다. 그러고 나서 이 상대치는 각 나라의 평균치로 통합되었다. 개별적으로 검토된 것은 다음과 같다(더 정확한 저자 및 논저목록은 부록 641쪽 이하에 수록).
잉글랜드: (A. Young, *An enquiry*……, London 1812, 부록)
  곡물: 밀, 다양한 사료에서 취한 보리와 귀리의 가격.
  공산품: 신발, 의복, 모자, 그리니치 구호원의 결산장부에서 출처한 청소용 걸레.
  임금: 다양한 자료에서 취한 다양한 종류의 임금.
프랑스: (H. Hauser, *Recherches*……, Paris 1936)
  곡물: 밀, 호밀, 파리와 샤토-구티에의 보리와 귀리.
  공산품: 양초, 비누, 화목(火木), 파리의 목탄과 석회응고제, 비누, 석회, 널빤지, 샤토-구티에의 화목(火木).
  임금: 생-안토니에의 미장이, 벽돌공, 소목장, 대목장의 하루 품삯.
독일: (M. J. Elsas, *Umriß einer Geschichte*……, I, II A, 1936 and 1940)
  곡물: 아우크스부르크, 프랑크푸르트 암 마인, 슈파이어 및 뷔르츠부르크(보리 제외)의 밀, 호밀, 보리, 귀리.

중부 유럽의 모든 나라에서 곡가는 공산품이나 임금보다 더 심하게 올랐다. 의심할 나위 없이 잉글랜드, 그리고 약간의 거리를 두고 프랑스에서는 공산품의 가격이 곡물과 임금에 비하여 가장 낮은 가격대를 형성했다. 독일, 오스트리아, 폴란드 및 덴마크에서는 임금이 가장 낮은 위치에 있었다. 이러한 차이는 각 나라가 도달한 공업화의 수준이 서로 달랐다는 사정에 의해서 그 조건이 마련되었겠지만, 임금의 구매력이 중부 유럽 전역에서 떨어지고 있었음에는 변함이 없다.

18세기 말 동부 독일에서 "하나의 국민을 구성하는 모든 계급 중에서 최대다수인 계급, 즉 모든 종류의 노동계급"이 겪고 있던 곤경에 대해서 쾨니히스베르크의 교수 크라우스가 여러 가지 충격적인 증거를 제시한 바 있었다.[4] 농장의 머슴과 하인들은 엄격한 근무규정에 매여 있었고,

---

  공산품: 아우크스부르크의 석회; 프랑크푸르트 암 마인의 석회, 기와, 벽돌 및 목탄; 슈파이어의 석회, 기와 및 벽돌; 뷔르츠부르크의 석회, 벽돌 및 화목(火木).
  임금: 아우크스부르크의 벽돌공 및 대목공 직인 및 비숙련노동자의 하루 품삯; 프랑크푸르트 암 마인의 도서관 사서 및 도서기(書記)의 연봉; 슈파이어의 건초채취 노동자, 타작꾼, 젖 짜는 하녀의 하루 품삯; 뷔르츠부르크의 비숙련노동자의 하루 품삯.
 오스트리아: (A. F. Pribram, *Materialien zur Geschichte*……, I, 1938)
  곡물: 밀, 호밀, 빈의 보리(1800년까지).
  공산품: 석회, 벽돌, 기와, 빈의 양초(1800년까지).
  임금: 벽돌공, 대목장, 빈의 기와장(1780년까지).
 폴란드: (E. Tomaszewski, *Ceny*……, Lwow 1934).
  곡물: 크라카우의 밀, 호밀, 보리 및 귀리.
  공산품: 크라카우의 마직포, 장화, 양초, 화목, 벽돌, 기와, 석회, 철.
  임금: 크라카우의 벽돌공, 대목장 및 비숙련노동자.
 덴마크: (다양한 자료에 의거, 특히 Falbe-Hansen, *Kapitelstakster*……, Kopenhagen 1904, pp.60f.; A. Friis, *A History of prices*……, 1958, pp. 297f.; A. Nielsen, *Dänischer Wirtschaftsgeschichte*, Jena 1933, pp.164f.)
  곡물: 호밀, 보리, 귀리.
  공산품: 소금, 화목, 목탄, 철, 타르.
  임금: 농업노동자의 하루 품삯.

4) Chr. J. Kraus, *Vermischte Schriften*, I, 1808, pp.164f.

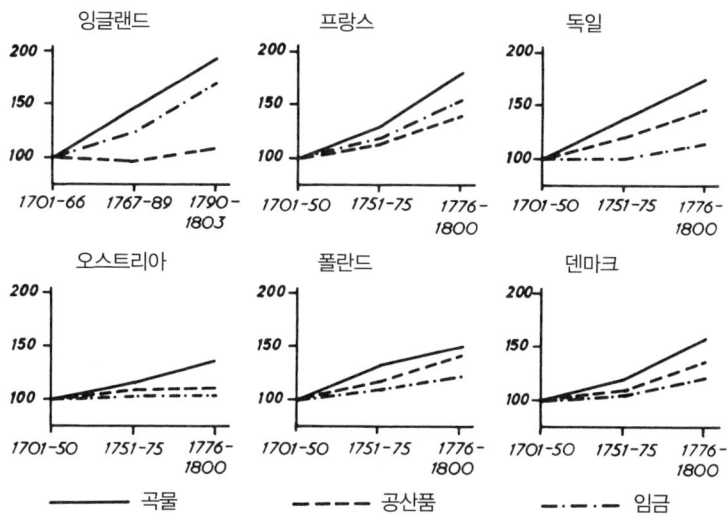

〈도표 50〉 중부 유럽에서의 가격과 임금 변동, 18세기 후반
(당대의 화폐와 도량형, 1701~50 = 100)

강제노역과 임금에 부과하는 세금이 농촌에서의 노동조건을 규율하고 있었다. 당대인들은 자주 영국의 사정에 눈을 돌렸는데, 이곳의 노동자의 처지가 더 나아 보였던 것이다. 그리하여 18세기 말 동부 독일의 어떤 사람은 "세상 어느 곳에서도 노동계급이 잉글랜드에서만큼 잘살지는 못하고 있다"[5]고 말했다. 그러나 이미 슈테펜이 보고한 바와 같이,[6] 그리고 이 책에서 훨씬 뒤에 다시 상세히 언급하겠지만(520~522쪽), 잉글랜드에서도 임금은 종종 불충분했다. 프랑스에 대해서는 〈도표 50〉에 이용된 오제의 연구가 곡가와 임금의 간격을 알려주고 있다. 라브루스의 보고는 이미 1789년으로 끝이 나 있다.[7] 라브루스에 따르면 프랑스

---

5) Kraus, op. cit., II, 1808, p.177.
6) G. F. Steffen, Studien zur Geschichte der englischen Lohnarbeiter, II, 1904, pp.31f.
7) C. E. Labrousse, Esquisse du mouvement des prix et des revenus en France au XVIIIe siècle, II, 1933, pp.599f.

에서 화폐임금의 구매력은 소비재 품목에 비해서 1726~41년 사이와 1771~89년 사이에 감소하고 있었다.

독일에 대해서도 〈도표 50〉에는 도시에서 출처한 임금만이 반영되었다. 당대인의 보고와 농업경영체의 장부에서 알 수 있듯이, 농촌에서도 강제노역자나 자유로운 농업노동자의 화폐임금 모두가 곡가의 상승에 미치지 못하고 있었다. 물론 베스트팔렌 출신의 슈베르츠가 1816년에 보고한 바와 같이[8] 수확기에 받는 날의 품삯이 '15~20년 전부터' 그리고 경우에 따라서는 '25년 전부터' 올랐지만, 곡가는 그보다 오래전부터 올라가고 있었다. 귈리히와 테어는 세기의 전환기 무렵에 니더작센에서 임금이 오르고 있었음을 보고했다.[9] 이에 반해 하노버 주에 소재하는 괴르츠-브리스베르크의 영지[10]와 마리엔로데 수도원[11]에서 18세기에 자유노동자의 임금은 동일한 수준에 머물러 있었고, 세기말경에 괴르츠의 영지에서는 오히려 떨어지고 있었다. 1799년에 니더작센 전 지역, 특히 하노버 지역에서 전개된 '현저하고 염려스러운' 임금상승에 대해 언급한 바 있는 테어[12]도 몇 년 뒤에는 자신이 표명한 견해를 대거 수정

---

8) 여기서는 다음과 같은 문헌에서 재인용했다. A. Neumann, *Die Bewegung der Löhne der ländlichen "freien Arbeiter" …… im Königreich Preußen gegenwärtigen Umfangs vom Ausgang des 18. Jahrhunderts bis 1850*, 1911, p.87.

9) G. v. Gülich, *Geschichte des Handels*, II, 1830, p.327 ; 테어(A. Thaer)의 진술은 다음의 문헌에서 재인용했다. Neumann, *op. cit.*, p.86.

10) W. Graf v. Goertz-Wrisberg, *Die Entwicklung der Landwirtschaft auf den G.-W.-Gütern*, 1880, pp.70~73 및 *Lohntabellen*, pp.137ff.

11) *Landwirtschaftlich-historische Blätter*, VI, 1907, p.99.

12) Anna Neumann, *op. cit.*, pp.86f. 여기에 인용한 저작의 필자인 노이만은 18세기의 마지막 20년간 북서부 독일에 나타났던 "비정상적인 임금상승"에 대해서 귈리히(Gülich) 및 비아르다(Wiarda)와 함께 특히 테어를 가장 중요한 증인으로 들고 있다. 그러나 귈리히의 소략한 보고와 비아르다가 제시한 시기적으로 부정확한 임금자료(Wiarda, *Die geschichtliche Entwicklung der wirtschaftlichen Verhältnisse Ostfrieslands*, 1880, p.65f.)는 노이만의 견해를 충분히 뒷받침하지 못한다. 게다가 테어는 1799년의 급격한 임금상승에 대

했다. 그는 1809년에 최초로 출판된 『합리적 농업의 제원칙』(*Grundsätze der rationellen Landwirtschaft*)에서 이렇게 쓰고 있었다.[13] 즉 몇 해 전부터 영농가들 사이에서는 일반적으로 임금의 상승에 대한 불평이 자자했지만, 그러나 "대개의 경우 이 불평은 전혀 근거가 없으며, 노임이 비싸진 것은 단지 명목적인 것이지 결코 실질적인 것이 아니다. 말하자면 화폐가치는 다른 모든 물품의 가치에 비하여 감소했는데, 다른 물품, 특히 곡물의 가격은 예전과 같이 노임에 비하여 더 유리한 입장에 있다."

북부와 동부 독일에서도 화폐임금은 곡가에 비해 뒤처져 있었다. 슐레스비히-홀슈타인에서는 한센의 조사에 따르면[14] 식량가격이 엄청나게 뛰어올랐던 1790년대에조차 농촌의 임금은 옛날의 수준에 묶여 있었다. 메클렌부르크-슈베린, 브란덴부르크, 작센과 슐레지엔에서도 농업노동자의 명목임금은 세기가 바뀔 때까지 거의 예외없이 불변상태로 있었다.[15] 슈톨베르크 백의 직영농장에서 타작꾼의 임금은 1790년대에 인상된 반면에 브란덴부르크의 일부 지방에서 보리를 베는 일꾼의 품삯은 오히려 인하되었다.[16] 동프로이센에서 크라우스는 1799년에 다음과 같이 썼다. "곡물가격은 약 15년 전부터 평균임금보다 비할 바 없이 더 높이 올라갔다."[17] 보헤미아의 어떤 영지에서도 1810년까지 가장 중요한 농산물가격이 오르고 있었지만 날품삯은 제자리에 머물고 있었다.[18]

한 자신의 의견을 위의 본문에 서술한 바와 같이 나중에는 근본적으로 한정하고 있었다.
13) A. Thaer, *op. cit.*, pp.106f.
14) G. Hanssen, *Agrarhistorische Abhandlungen*······, pp.25f.
15) A. Neumann, *op. cit.*, pp. 84f.; H. Westphal, *Die Agrarkrisis in Mecklenburg in den zwanziger Jahren des 19. Jahrhunderts*, 1925, p.86.
16) Neumann, *op. cit.*, pp.84f.
17) Ch. J. Kraus, *Vermischte Schriften*, II, 1808, p.177; 또한 Ibid., I, pp. 164f.를 참조.
18) A. Neumann, *op. cit.*, pp.64f.

총괄해서 확인할 수 있는바, 중부 유럽에서 임금동태는 약간의 예외도 있었지만 1740년부터 1800년까지의 기간에 곡가의 상승 폭에 뒤쳐져 있었다는 것이다. 또한 주요한 공산품의 가격에 대해서도 동일한 사정이 적용되어, 농산물의 판매가격과 비용가격 사이의 협상차는 농업에 유리하게, 나중에 또 설명하겠지만, 특히 곡물재배에 더 유리하게 벌어지고 있었다.

가격상승의 원인

곡가상승의 원인에 대해서는 이미 당대인들 사이에도 여러 가지로 무성한 논의가 있었다. 우선 일부의 프랑스인들은 정부가 수출을 허용한 것이 국내의 가격을 더욱더 오르게 했다고 생각했던 반면에, 일부의 잉글랜드인들은 일시적으로 잉글랜드에 과해진 수출금지령에 그 탓을 돌리려고 했다.[19] 그러나 각국의 무역정책적 조치가 서로 상충하는 조건에서도 가격상승이 전 대륙에 관철되고 있음이 그사이에 확인되자,[20] 사람들의 생각은 바로 오래된 대립론으로 다시 돌아갔다. 일부의 인사들은 '은가치의 하락'에서, 다른 일부는 인구증가에서 전반적인 가격상승의 근거를 보았다. 양측은 그들의 해명에 대하여 방대한 사실을 증거로 제시할 수 있었다.

귀금속 생산은 18세기 후반에 급속히 증가했던 것으로 추정된다. 세기 중반에 브라질의 여러 금광이 폐쇄되었으나 새로이 개발된 멕시코의 은광에 의해 공급은 넘쳐나고 있었는데, 이 멕시코 광산의 생산은 18세기가 경과하면서 대략 두 배로 증가했다.[21] 남아메리카에 있는 에스파

---

19) Tooke, *op. cit.*, I, p.34.
20) 이러한 확인은 특히 잉글랜드인 아서 영(Arthur Young)의 공로였는데, 그는 당대에 가장 중요한 농학자이며 농업실천가의 한 사람으로 꼽히고 있었다. 이 문제에 대해서는 특히 다음과 같은 그의 저작을 참조하라. *An enquiry into the progressive value of money in England*, London 1812.
21) W. Sombart, *Der moderne Kapitalismus*, 3rd ed., I, 2, 1919, pp.533f.

냐와 포르투갈의 광산도, 헝가리, 러시아, 작센 및 중부 독일의 광산도 이 시기에 의미 있는 양의 귀금속을 공급하고 있었다. 새로이 획득된 귀금속의 적지 않은 분량이 화폐주조에 이용되어, 부허의 계산에 따르면[22] 중부 유럽에서 유통되는 화폐량은 18세기 말에 매년 약 1.5%가 증가하고 있었다. 화폐량은 또한 여러 나라가 발행하는 지폐와 국채로 인하여 막대하게 증가했다. 사람들은 이 시기를 바로 '종이의 세기'라고 일컬었다.[23] 이러한 여러 사실에서 가격인상의 경향은 아주 자연스럽게 도출될 수 있었다. 그사이에 반대편의 입장에서도 적잖이 타당하게 다음과 같은 점을 지적할 수 있었다. 즉 1740년에서 1800년까지의 60년 동안에 중부 유럽 인민들의 식량공급은 여러 가지 변동을 겪었는데, 이 변동이 가격상승에 기여했음이 틀림없다는 것이다.

그리하여 에드워드 웨스트 경(卿)은 이렇게 말했다.[24] "가격상승의

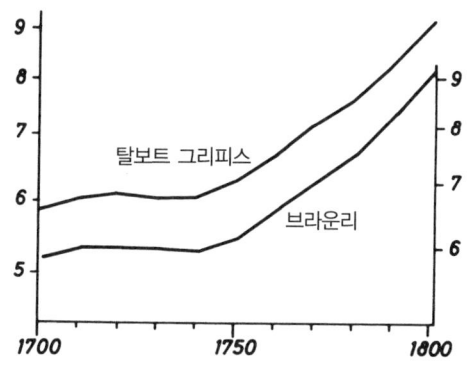

〈도표 51〉 잉글랜드와 웨일스의 인구, 1700~1800(백만 단위)

---

22) W. Bucher, *Über die jetzige Theuerung des Getraides mit besonderer Anwendung auf die preußischen und sächsischen Staaten*, Gotha 1805, p.9.
23) 뷔시(J. G. Büsch)는 1795년에 「종이의 세기」(Das papierene Jahrhundert)라는 논고를 썼는데, 이는 그의 저작, *Sämtliche Schriften über Bank und Münzwesen*(Hamburg 1802)에 열 번째 부록으로 수록되어 출판되었다.
24) 여기에서는 다음의 문헌에서 재인용했다. Tooke, *op. cit.*, I, p.35.

진정한 원인은 거의 확실하게 인구의 증가와 비용의 증대에 있었는데, 이로 인하여 더욱 증가한 이 인구를 부양하는 문제가 초래되었던 것이다." 실로 중부 유럽의 인구는 18세기 후반이 시작하는 무렵부터 세기 말까지 아주 급격하게 증가했다. 출생, 혼인, 사망의 통계에 의거해 잉글랜드와 웨일스의 인구를 탈보트 그리피스(Talbot Griffith)는 1740년의 시점에 대하여 대략 600만으로, 브라운리(Brownlee)는 심지어 약 500만 남짓으로 추산했는데, 이에 반하여 1800년의 시점에 대해서는 이 두 연구자가 모두 900만으로 추산했다(〈도표 51〉[25] 참조).

물론 이 산정은 다소의 이의제기도 받을 수 있겠으나, 잉글랜드의 역사가들 사이에서 광범한 지지를 받았다. 이는 18세기 전반기에는 매우 저조한 증가율을, 그리고 다시 급격한 상향운동을 보여주고 있는데, 이러한 경향은 19세기에도 지속되고 있었다. 프랑스의 인구는 1740년경에 2,000만에 조금 미치지 못했던 것으로 추정되는데, 1811년에는 거의 3,000만으로, 말하자면 1.5배의 증가를 보인 것이다.[26] 프로이센 옛 속주의 인구는 헤르츠베르크의 산정에 따르면[27] 1740년경 약 220만이었는데, 1786년경에는 이미 400만에 달했다. 더욱더 믿을 만한 베레의 통계표에 따르면[28] 프로이센의 인구는 프로이센령 리투아니아까지 포함하여 1748년부터 1805년까지 350만에서 570만으로, 즉 대략 2/3가 증가했는데, 1740~1811년의 시기에 근거하여 계산하면 바로 두 배로 증가했다.

---

25) 〈도표 51〉은 다음에서 채집했다. G. S. L. Tucker, "English pre-industrial population trends," in: *The Econ. Hist. Rev.*, XVI, 1963, p.207.
26) *Statistique de la France*, I, Ser., 3, 1837, p.10; 자료와 공식적인 통계추정에 대해서는 다음을 참조하라. E. Levasseur, *La population française*, I, p. 215.
27) 여기서는 다음의 문헌에서 재인용했다. J. Preuss, *Friedrich der Große*, IV, 1834, p.291.
28) O. Behre, *Geschichte der Statistik in Brandenburg-Preußen*, 1905, Tabellenanhang.

급속한 인구증가와 곡가상승의 일치는 너무도 두드러져서, 양자의 현상에 연관성이 있다는 생각도 자연스럽게 등장했다. 잉글랜드에서만이 사람들이 증대하는 식량수요가 물가앙등을 초래했다는 생각을 자주 했던 것이 아니라, 프랑스에서도 혁명 직전에 다양한 인구층에서 같은 설명이 유포되고 있었다.[29] 심지어 멀리 떨어진 러시아에서도 당시 모스크바 대학교의 국가학 교수로 재직하던 슐뢰처도 이렇게 보고하고 있다.[30]

"이곳에서는 거의 모든 사람이 턱없이 오른 식료품 가격에 대해 불평하고 있다. 이러한 물가앙등의 원인에 대하여 정치가들은 거의 모두가 귀금속의 양이 증대한 탓으로 보고 있다. 그러나 이것은 여러 가지 원인 중에서 아주 작은 부분일 뿐이다. 식료품 가격의 앙등에 기여한 더 중요한 요인은 인구가 증가한 것이다."

왜 농업은 증대된 식량수요를 오직 인상된 가격으로 대처할 수밖에 없었는가라는 의문에 대하여 이미 튀르고와 앤더슨(1777)이 해명을 시도한 바 있었다. 그러나 이 시도는 당시에 특별한 주목을 끌지 못했다. 물가상승의 절정기에서야 비로소 잉글랜드에서는 거의 동시에 토렌스, 웨스트, 맬서스 및 리카도의 책과 논고가 출간되었는데, 이들 저작에서는 당시까지 세간에 가장 강력한 충격을 가한 문제의 해결책이 개진되었다. 그 의견은 다음과 같다. 농업은 '수확체감의 법칙'에 종속되어 있다. 농업이 어떤 특정한 발달단계에 이르면 토지의 수확은 더 이상 투하비용의 상승 정도에 비례해서 증가하지 않는다. 기왕에 이용되지 않던 토지로까지 재배가 확대되든, 이미 개척된 경작지에 자본과 노동투하를 더 높여서 더 많은 수확을 거두려고 시도하든 결과는 마찬가지라는 것이다. 상승하는 농산물의 구매력은 증대하는 농업생산비에 의해 초래된다는 것이다.

---

29) A. Young, *Reisen durch Frankreich⋯⋯ in den Jahren 1787~90*, II, Berlin 1793, pp.270f.
30) Chr. v. Schlözer, *Anfangsgründe der Staatswirthschaft*, II, Riga 1807, p. 17.

소득영역에서의 반작용

식료품 가격은 18세기 후반에 감소하거나 동일한 수준에 머물러 있는 비용조건에서 생신될 수 있었던 재화에 비해서만 올랐던 것이 아니다. 이는 또한 임금이나 임금에 유사한 소득에 비해서도 올랐다. 이로부터 소득의 차원에서 여러 가지 긴장이 발생했는데, 이는 당시의 저작가들 다수가 심각한 사회적 부정의로 보고 있었다. 1805년에 독일의 경제학자 부허는 이렇게 쓰고 있었다.[31] "재화의 분배에서 나타나는 불균형은 우리 시대에 나날이 커지고 있다. 지주와 대차지농이 부유해지는 모습이 눈에 더 잘 띨수록, 빈곤한 계급의 절망감은 더욱 깊어지고 있다.

지주와 대차지농의 부는 다양한 기호, 교양, 생활원칙 및 개별적인 편의에 따라 이루어지는 재부와 자본의 수집과 축적에 의해서 또는 음식과 여흥, 의복, 값비싼 가재집기와 탈것, 도박 등과 같은 과도한 사치에서 표출되고 있다. 이러한 불균형에서 결국 어떤 무시무시한 폭발이 발생할지는 오래된 고사(古事)만이 아니라, 가장 최근의 사태가 너무나 생생하게 가르쳐주고 있다." 부허는 여기서 1802년 로스토크에서 발생하고 독일 여러 영방국가에서 그 이듬해에 반복되었던 물가앙등 소동을 넌지시 빗대고 있었다.[32] 어떤 익명의 당대인은 1797년에 슐레스비히-홀슈타인의 지역 잡지에 이런 발언을 했다.[33] "단순한 노동자의 벌이는 식량의 가격에 비례하여 오르지 않고 있다. 〔……〕 이에 반하여 영농가들은 그 수입이 식량과 적정관계를 유지하고 있는데, 어떤 상황에서도 늘 이익을 보고 있다." 이는 마치 몇 년 뒤에 리카도가 주장한 바를 듣는 것과 같다. "노동자의 상태는 전반적으로 더욱 악화되고 있으나, 지주의 상태는 늘 좋아지고 있다."

---

31) W. Bucher, *Über die jetzige Theuerung des Getraides mit besonderer Anwendung auf die preußischen und sächsischen Staaten*, 1805, p.34.
32) F. B. Weber, *Staatswirthschaftlicher Versuch über die Theuerung und Theuerungspolizey*, Göttingen 1807, p.31.
33) *Schleswig-Holsteinische Provinzialberichte*, 1797, II, pp.64f.

18세기 말과 19세기 초에 가격과 소득의 영역에서 나타난 격차가 그렇게도 거대해서, 마침내 이 사태가 눈을 뜨고 주위를 돌아보는 모든 이에게 주목을 끌었음에 틀림없다면, 이 사태의 내적 연관관계를 인식하게 됨도 그다지 멀지 않은 일이었다. 아서 영은 이미 대혁명 전의 프랑스를 돌아보고 쓴 여행기에서 다음과 같이 지적하고 있었다. 즉 아마도 곡가인상과 "빈곤한 노동계급이 지속적으로 겪는 곤경"의 원인은 "이 나라에서 이루어진 너무나 급격한 인구증가에서 찾을 수 있었다"는 것이다.[34] 인구동태와 가격, 임금 및 지대의 움직임이 서로 영향을 주고 있었음을 맬서스와 리카도는 더욱 선명하게 밝혀냈다. 증가하는 인구의 욕구는 가장 중요한 식량자원의 비용과 가격이 상승하는 조건에서만이 충족할 수 있기 때문에, 교통이 유리한 곳에 소재하고 비옥한 토지의 소유자는 지대를 거둘 수 있었다. 노동자의 임금은 이에 반하여 가격상승과 보조를 맞출 수 없다. 왜냐하면 임금은 수요충족을 위해 최후로 이용되는 토지의 수확체감에 제약되기 때문이다.[35]

위의 서술에서 밝혀지고 있듯이, 자주 인용되는 맬서스와 리카도의 발전이론은 당대의 사정에 영향을 받고 있었다. 18세기와 19세기의 전환기에 다수의 무명 저작가들은 당시의 가격과 임금동태에 나타났던 불균형에 대해서 여러 가지 설명을 시도한 바 있다. 이들의 이론은 잉글랜드 고전 경제학자들의 이론과는 단지 다음과 같은 점에서 구분된다. 즉 대다수의 당대인들은 그들 시대의 특수한 사태에 대해서만 관심을 기울이고 있었던 반면, 리카도와 맬서스는 일정한, 이른바 '영원히 타당한' 이론적 가설을 첨가하여 특수한 현상에서 더 일반적으

---

34) A. Young, *Reisen durch Frankreich*, II, 1793, pp.270f.
35) 리카도는 잘 알려진 바와 같이 다양한 임금이론을 개진하고 있다. 여기에 소개된 "임금과 지대의 상충하는 운동에 대한 이론"은 그에게서 단지 초보적인 단계에 머물고 있다. 그 가장 선명한 정식화는 다음에서 유래한다. H. Dietzel, *Kornzoll und Sozialreform*, 1901.

로 타당한 이론을 도출했던 것이다. 그러나 인구증가와 수확체감에 대한 그들의 가정이 얼마나 자의적이었는지는 바로 이 연구가 분명하게 보여주고 있다. 그런데도 '수확체감' '농산물의 상승하는 구매력' '임금과 지대의 상충하는 운동'에 관한 이론은 한때 현실에 근접해 있었기 때문에, 내가 보기에 이 이론을 포기한다면 경제사가는 본질적인 인식수단을 박탈당하는 것이다.

2. 농업의 성장

새로운 호황의 조건

농산물가격과 공산품 가격 및 임금 사이의 협상차(鋏狀差)는 경제 전반에서 인구와 토지 사이의 긴장과 불균형이 증대한 것으로 해석할 수 있는데, 농업경영체의 관점에서 볼 때는 새로운 토지를 개척하고 이미 경작되고 있는 토지에서 자본과 노동의 투하를 증대하도록 하는 요구다. 생산의 기초자본, 원금의 할부상환, 이자지불 및 임금지불 등에 소요되는 농업경영비용이 수입에 미치지 못하면 지주, 차지농, 농민들로서는 마지막 한푼의 탈러와 실링이 하등의 순수익을 내지 못할 때까지 비용지출을 인상하는 방편을 쓰게 마련이었다. 간단히 말하자면 이것은 시장조건에서 작용하는 여러 가지 힘으로서, 18세기 후반에 농업이 비상하게 강력히 확대되고 집약화되는 데 기여했다.

그러나 이 농업의 성장은 다시금 농업제도와 농업기술의 변동과 더불어 전개되었던 바와 같이, 경제적 요인 외에 또한 정신적·정치적 운동도 18세기 말 중부 유럽 농업의 발달에 작용을 했다. 경제적 조건은 방향만 제시했을 따름이다. 여러 개인들, 특정한 시대조류와 농업정책적 조치가 특수한 발전 양상을 자아냈다. 모든 나라에서 일련의 선진적 역농가가 등장했다. 잉글랜드에서는 털, 타운젠드, 베이크웰, 영, 코크, 독일에서는 에카르트, 레오폴트, 하게도른, 슈바르트 폰 클레펠트, 프랑스에서는 파툴로와 뒤아멜 뒤 몽소 같은 이들이 농경의 문제에서 새로운 길을 제시했다. 농업제도의 문제에서는 중농주의자들과 관방학자들이 진보를 저해하는 구속의 폐지를 옹호했다. 농업협회와 경제협회 등이 이 50년 동안에 매우 많이 생겨났다. 그리고 농학 관련 잡지들이 온 나라에 홍수같이 넘쳐났다. 이렇게 갑자기, 그래서 당대인들조차 기이하게 보았을 정도로 당시에 농업은 식자들 사이에 관심의 중점으로 떠올랐다. 볼테르는 희가극(喜歌劇, Opéra Comique)을 관람하고 난 뒤에 곡물에 관해서 떠드는 프랑스인을 조소했다. 그는 이렇게 썼다.[36]

"1750년경에는 시, 비극, 희극, 오페라, 소설, 은총과 환희에 대한 신학적 논쟁으로 한껏 만족했던 국민들이 곡물문제에 대해서 숙고하고 말하기 시작했다." 슐레스비히-홀슈타인의 어떤 잡지는 회고적으로 이렇게 보고했다. "농업은 심지어 높은 신분층에서도 대화와 담소거리였다."[37]

이 '농업' 운동이 얼마나 강력했던지는 이것이 유럽의 궁정에 미쳤던 효과에서도 드러난다. 베르사유 궁전에서는 마담 퐁파두르의 영향으로 종곡을 마련하기 위한 실험도 행했다. 마리 앙투아네트는 감자꽃으로 장식을 하고, 트리아농 궁전에서 몸소 젖을 짜고, 가축에게 먹이를 주었다. 요제프 2세는 손수 밭을 갈았다. 프리드리히 폰 바덴은 중농주의자로 역사에 기록되었고, 잉글랜드 왕 조지 3세는 '농부 조지'로 불리는 것을 자랑스럽게 생각했다. 군주에서부터 더 활동적인 농민에 이르기까지 온 세상이 이제 농업의 진보와 헌정개혁을 추진하는 일에 활발하게 참여했다.

정치권력의 담당자들이 농업의 발달에 대해서 갖고 있는 관심은 광범하고, 긍정적인 농업정책에 반영되었다. 18세기 전반기에는 농업정책상의 조치가 아직도 주로 군주들의 재정적 이해관계에 지향되어 있었다

---

36) 여기서는 다음의 문헌을 재인용했다. W. Petzet, *Der Physiokratismus und die Entdeckung des wirtschaftlichen Kreislaufes*, 1929, p.44; 또한 다음을 참조하라. F. Wolters, *Studien über Agrarzustände……*, 1905, p. 148.

37) *Schleswig-Holsteinische Provinzialberichte*, 1811, p.255.

면, 이제는 농업을 진흥하려는 목표가 더욱 강력하게 부각되었다. 브란덴부르크-프로이센에서는 프리드리히 빌헬름 1세가 본질적으로는 아직 왕령지 정책을 추진하는 단계에 있었는데, 프리드리히 대왕의 조치는 비로소 귀족에 속한 농민들, 기사령 및 농업의 다른 대상에까지 뻗치게 되었던 바와 같이,[38] 다른 나라에서도 농업정책의 목표설정에서 변동이 나타났다. 이는 농업의 발달에 영향을 미치지 않은 바가 아니었다.

긍정적 농업정책의 이러한 제반조치를 개별적으로 상술하는 것은 이 연구의 범위를 훨씬 넘어설 것이다. 18세기 후반의 농업발달에 대해서 이것이 갖는 의미를 지적하고 **농업개혁**의 의미를 간략하게 정리하는 정도면 충분할 것이다. 왜냐하면 농업개혁은 모든 정치적 조치들 가운데 농업생산의 집약화와 확산에서 가장 강력한 몫을 차지하고 있었기 때문이다.

농장영주와 장원영주에 대한 농민의 인신적 구속과 혼재지제, 공유지 및 농장영주가 과하는 부담에 의한 경지의 구속은 수세기 동안 기술적 진보를 완전히 속박한 것은 아니라 해도 현저히 저해했다. 봉건법적 족쇄에서 농민과 토지를 해방한 것은 중농주의자와 관방학자들이 예언했던 결과를 초래해서, 농민들의 자기 경영에 대한 관심과 농민경제의 수익이 같은 정도로 증대했다. 이는 **프랑스**에서 분명하게 드러나고 있는데, 여기에서는 혁명이 영주제적 제도를 단숨에 폐지했다. 1819년경 샤프탈은 이에 대해서 다음과 같은 의견을 표명했다.[39] "30년 전부터 토

---

38) 다음의 문헌을 참조하라. A. Skalweit, "Die Getreidehandelspolitik und Kriegsmagazinverwaltung Preußens 1740~56," in: *Acta Borussica, Getreidehandelspolitik*, III, 1910, p.6.

39) Chaptal, *De l'industrie française*. 테시에(Tessier)가 다음에 게재한 발췌에서 재인용했다. "Annales de l'Agriculture Française," II. Serie, VI, 1819, p. 210. 추가적인 전거는 다음을 참조하라. H. See, "L'économie rurale," in: *Revue d'Histoire Économiques et Sociale*, 1927, p.106 및 G. Bourgin, "L'agriculture et la révolution," in: *Revue d'Histoire des Doctrines Économiques*, 1911, pp.157f.

지소유형태에서 일어났던 변동과 소규모 토지소유자의 수가 더욱 늘어난 것은 농경의 개선에 기여했다. 새로운 토지소유자는 옛날의 소유자보다 토지를 더 주의 깊게 경작했다. 그는 수확을 늘리려 했고 이러한 목적을 달성하도록 애쓰는 것을 두려워하지 않았다. 그는 재배할 수 있는 것으로 보이는 모든 땅을 남김없이 경작한다. 그는 수확을 가져올 것으로 보이는 모든 땅뙈기를 경작한다. 그는 도대체 가능한 모든 개량책을 수행하기 전까지는 쉬려고 하지를 않는다."

중부 유럽의 농업에서 새로운 호황을 가져오기에는 이렇게 많은 요인들이 더불어 작용했다. 그러나 이러한 호황을 가져왔던 여러 힘들 가운데서 최우선으로 꼽는 것은 인구압과 그로부터 야기된 가격 및 임금변동이었다. 이는 잉글랜드에서 특히 분명하게 드러난다.

경작면적의 증대

잉글랜드에서 이 시기의 농업활동에 대한 증거를 제공하는 것으로는 울타리치기(인클로저)에 관한 통계수치다. 이 운동으로 공유지의 법률적인 분리와 산포된 토지편의 집중이 이루어졌고, 경제적으로 토지를 더 잘 이용할 수 있는 기회가 제공되었다. 특히 조방적으로 이용되던 방목지와 황무지가 경작지로 변모했다. 1702년부터 1714년까지의 기간에 잉글랜드에서는 평균적으로 매년 110에이커의 경지가 울타리로 둘러막혔다. 또한 1724년부터 1727년 사이에도 인클로저는 잉글랜드 전역에서 매년 1,260에이커만 이루어졌다. 그다음의 시기, 1727년부터 1760년에 이르는 시기에 인클로저는 서서히 매년 9,780에이커로 늘어났고, 1760년에서 1800년 사이에 걸친 그다음 시기에는 매년 약 7만 에이커로 증가했다.[40]

---

40) 이 수치는 다음에서 취했다. G. v. Gülich, *Geschichte des Handels*, I, 1830, p.109. G. R. Porter, *The progress of the nation*, New Ed., 1912, p.188에 의하면 1760년에서 1799년까지의 시기에는 연평균 약 8만 에이커나 "경작지로 변모했다." 귈리히와 포터가 보고한 수치(그리고 최근의 산정 몇 가지) 사

인클로저를 시행하기 위해서는 토지소유자, 십일조 수취권자 그리고 공유지 이용권자 4/5의 동의가 필요했는데, 이의 증가는 가격-비용 관세가 농업에 어떻게 작용했는지를 분명하게 보여준다. 곡가의 상승—이에 대해서는 당대인들의 견해가 일치했는데—은 특히 인클로저가 유례없이 급격하게 증대한 사태의 직접적인 원인이었다.

아마도 마스 강, 셸데 강 및 라인 강 하류 유역 지방에서도 농업은 동일한 규모로 확대되었을지도 모른다. 오늘날의 벨기에 지방에 대해서 이 운동을 조사했던 판 후테는 농업활동이 호황기로 접어든 해를 1748년 아헨의 강화조약으로 설정했다.[41] 많은 황무지가 캄펀과 아르덴의 빈궁한 지구에서, 광대한 습지와 늪지대가 플랑드르, 브라방, 에노같이 비교적 부유한 지역에서 그다음에 이어지는 오랫동안의 평화기에 경작되었다. 아렘베르크 공(公)은 예컨대 1785년과 1786년 사이에 플랑드르에서 600보니에(Bonniers) 이상의 진창과 습지에서 배수작업을 완료하도록 했다. 수도원장 티스(Abbé J. Thijs)는 1809년경에 확증하기를 통

이의 차이는 다음과 같은 사실보다는 덜 중요하다. 즉 포터—그리고 그의 뒤를 이은 일련의 다른 연구자—는 울타리가 쳐진 면적에서는 오로지 기왕에 경작되지 않던 토지, 말하자면 황무지와 공동방목지만이 포함된 것으로 가정하고 있었는데, 다른 연구자—예컨대 스칼바이트(B. Skalweit, *Die englische Landwirtschaft*, 1915, p.17)—는 울타리가 쳐진 면적의 1/3 정도만이 황무지와 공동방목지로 이루어졌으며, 면적이 더 큰 나머지 부분은 혼재지제로 산포되어 있던 경지의 집중이었다고 주장했다. 유감스럽게도 스칼바이트는 자신의 서술이 근거를 두고 있는 사료를 보고하지 않고 있다. 1797년의 어떤 의회 보고서는 이 의문에 대한 답변을 제공할 수 있을지도 모르는데, 구할 수가 없었다. 인클로저의 장단점을 균형 있게 서술한 것으로는 다음을 참조하라. J. D. Chambers & G. E. Mingay, *The agricultural revolution, 1750~1880*, 1970, pp.77ff.; 울타리가 쳐진 경지의 엄청난 가치상승에 대해서는 다음의 문헌이 다루고 있다. J. M. Martin, "The parliamentary enclosure movement and rural society in Warwickshire," in: *The Agricultural Hist. Rev.*, XV, 1967, pp.19ff.

41) H. van Houtte, *Histoire économique de la Belgique à la fin de l'Ancien Régime*, 1920, pp.402f.

걸루 수도원은 35년 전부터 단독으로 적어도 300보니에의 황무지를 농업용지로 변모시켰다고 했다.

동일한 모습을 프랑스도 제공한다![42] 이미 1677년과 1713년에 왕령지의 휴경토지를 경작하는 사람들에게는 소유권과 조세감면의 혜택이 부여되고 있었다. 그러나 그 성과는 아주 미미해서 케네는 18세기 중엽에도 다음과 같이 쓸 수 있었다. 즉 경작이 가능한 프랑스의 토지에서 반은 전혀 경작이 이루어지지 않고 있으며 나머지 반은 매우 불충분하게 경작되고 있다는 것이다. 1766~76년의 선언이 미친 영향은 전혀 달랐다. 이 선언에서 정부는 새로이 획득한 토지의 경작을 위해서 예전의 조세특권을 갱신하고 보충했다.

텐의 보고에 따르면 1766년의 칙령으로 인하여 그다음의 3년 동안에 28개의 속주에서 약 4만 모르겐이 다시 경작되기에 이르렀다는 것이다. 또 황무지를 경작하기 위해서 자본력이 튼튼한 회사가 설립되었다. 보르도 지방에서 이와 같은 종류의 어떤 회사는 2만 4,000모르겐의 지구를 획득했는데, 이를 다시 분할하여 개간하도록 분여했다. 당대인들이 제출한 믿을 만한 증거에 따라 투탱(Toutain)은 프랑스의 경작면적(terres labourables)은 1751/60년에 1,900만ha였던 것이 1781/90년에는 2,390만ha로 증가했다.[43]

이렇게 해서 중부 유럽의 모든 나라에서는 이 반세기 동안에 농업이

---

42) 오래된 저작들 가운데 다음과 같은 것들을 들 수 있다. Wolters, *op. cit.*, pp. 196f.; H. Taine, *Die Entstehung des modernen Frankreichs*, I, 3rd ed., 1908, p.387; D'Avenel, *op. cit.*, III, p.80; Kulischer, *op. cit.*, II, pp.54f. 최근의 문헌에서는 다음을 지적할 수 있는데, 이는 손에 미치는 모든 증거를 집약하고 비판적으로 음미했다. J. C. Toutain, *Cahiers de l'Institut de Science Économique Appliquée, Histoire quantitative de l'économie française* (2): Le produit de l'agriculture française de 1700 à 1958: I, Estimation du produit au XVIIIe siècle, Paris 1961, pp.37f.

43) 이와 관련하여 지적할 만한 것으로는 3권으로 나온 다음의 박사학위 논문이 있다. André Bourde, *Agronomie et agronomes en France au XVIIIe siècle*, 1967. 이 논문은 다행스럽게도 투탱의 수량적 보고를 보충하고 있다.

엄청나게 성장하였다. 때로는 영농가들이 주도했던 바가 더 강력하고, 때로는 정부의 장려책이 더 많이 작용하기도 하고, 어떤 곳에서는 농업제도의 구속으로 시체되기도 하고, 또 다른 곳에서는 농업개혁을 통해 촉진되기도 하면서, 도처에서 대대적인 규모로 황무지가 경작되고, 습지의 배수작업이 전개되었으며, 삼림이 개간되고 방목지가 경작지로 변모했다. 어떤 당대인의 말에 의하면 일종의 '농업열광'(fanatisme de l'agriculture)이 프랑스 사회 전반을 사로잡았다. 독일의 문헌에서도 "경작지에 대한 탐욕"(Ackergier)과 "경작지 중독"(Ackersucht)이라는 말이 언급되고 있었다. 1811년에 나온 『슐레스비히-홀슈타인의 농업에서 수년 전부터 이루어진 개량의 서술』이라는 책에서는 다음과 같은 기술이 보인다.[44] "황폐된 경지가 경작되었다. 임야가 벌채되고, 지금까지는 처량한 모습의 갈대밖에는 달리 아무것도 자라지 않던 습지대 같은 들판에 배수로가 만들어져 토양의 산성분이 빠지고 호밀이 재배되었다. […] 이 행복한 시기의 시작부터 지금까지 예전에 공국에서 경작되고 이용되던 토지가 약 1/5이 증가한 것으로 생각할 수 있다." 슐레지엔에서는 경작지 면적이 1721년부터 1798년 사이에 약 15%가 증가했다.[45] 힌터포머른에서는 60년대와 70년대만 해도 토지개량을 위한 싼 이자의 신용대부를 통해서 약 48만 모르겐의 토지가 새로이 경작되었는데, 이 면적은 1930년대에 동일한 지역에 소재한 농업용지 면적의 약 10%에 달하는 것이다.[46] 게다가 이 수치에는 영농가들이 스스로의 수단으로 개량한 토지의 면적이 산입되어 있지 않다. 또한 국가의 지원 없이 수행된 그러한 경작활동도 막대한 규모에 이르고 있었다. 레겐발데 구역에 소재하는 슈타고르트 농장의 소유자는 80년대에 다음과 같이

---

44) *Schleswig-Holsteinische Provinzialberichte*, 1811, pp.233f.
45) M. Müller, *Getreidepolitik, Getreideverkehr und die Getreidepreise in Schlesien während des 18. Jahrhunderts*, 1897, pp.86f.
46) M. v. Malotki, *Die Entwicklung der Landwirtschaft Hinterpommerns bis zum Ende des 18. Jahrhunderts*, 1932, p.117.

보고했다.[47] 즉 그는 황무지를 개간하고, 클로버 밭을 설치하고, 사육하는 소의 마리 수를 늘리고, 기타 유사한 경영확대와 개선을 통하여 1770년에는 700탈러였던 순이익을 그다음의 14년이 경과하는 동안에 3,000탈러로 올릴 수 있었다는 것이다. 바로 앞에 인용한 슐레스비히-홀슈타인의 농업에 관한 논설에서 언급된 바와 같이, 경작지를 늘 새로이 확대하도록 박차를 가한 것은 특히 상승하는 곡가였다.

경작지를 확장하는 데 배수작업이 적지 않은 기여를 했는데, 이는 독일의 여러 제후들이 도입했고, 이를 위해 재정지원도 해주었다. 그리하여 바이에른에서는 국고지원으로 도나우 강변의 습지대가 배수되었고, 프로이센에서는 특히 오데르 강변과 바르테 강변의 습지가 개간되었다. 이것이나 유사한 작업이 일반적인 국가정책적 계산에서 착수되었다면, 대개의 경우 이런 작업은 동시에 아주 '수익성' 좋은 작업이었다. 프리드리히 2세는 자신이 개간사업을 할 때는 또한 수익성이 보장되어야 한다는 점을 늘 거듭해서 요구했다. "여기에서 나는 그 일을 하는 데 드는 비용이 얼마이며, 다시 이익을 얼마나 가져올 것인지 알려줄 것을 요구한다"라는 소견은 대왕이 개간사업계획서의 외곽에 늘 거듭해서 기록했던 내용이다. 슈테틴의 재무청은 포머른 지방에서 2만 5,000모르겐에 달했던 거대한 카민 습지를 개간했을 때, 투자한 자본의 14%에 이르는 수익이 나올 것으로 평가했는데, 물론 이러한 경우는 거의 예외적이었을 것이다.[48]

농업 집약도의 증가

의미심장한 진보가 이 시기에는 농업 경작체제에서도 이루어졌다. 이미 16세기에서와 같이 18세기 후반에도 플랑드르의 농업이 주도했다.

---

47) V. Malotki, *op. cit.*, p.127.
48) V. Malotki, *op. cit.*, p.127 및 추가적인 증거에 대해서는 W. Abel, *Geschichte der deutschen Landwirtschaft*……, 2nd ed., 1967, pp.294ff. 참조.

유럽의 여행자들이 1800년경에 한결같이 보고하기를 플랑드르의 농업은 유럽에서 다시 가장 선진적이었다고 한다.[49]

인구밀도가 높은 이 지역에 근대 초에 이미 윤작제의 실마리가 보이고 있었다 해도, 이는 윤작이 더욱 다양해지는 과정에서 단지 맹아적인 형태에 불과했다. 그러나 1800년경에 플랑드르를 방문한 사람들은 예컨대 12년 주기의 윤작형태를 발견했는데, 여기에서는 클로버, 아마, 감자, 대마, 유채, 사탕무가 교대로 재배되고 있었다. 잉글랜드에서는 노포크식의 윤작제가 관철되었는데, 이는 순무, 귀리, 클로버 그리고 밀을 교대로 재배하는 것이었다. 중부 유럽의 다른 지역에서 플랑드르 및 잉글랜드식의 윤작제는 다수의 군주들이 그 도입을 장려했는데도 기후와 판로 조건이 유리한 일부 지역에 한정되어 있었다. 이곳에서는 오래된 경작체제가 다른 방식으로 발달했다. 프랑스, 중부 독일, 오스트리아 그리고 덴마크의 일부 지역에서는 구래의 삼포제가 **개량식 삼포제**로 확장되었다. 3년 주기의 윤작제가 고수되었으나, 휴경지의 일부가 재배되었다. 사탕무, 완두콩, 살갈퀴,* 메밀, 클로버, 루핀** 및 잠두가 18세기의 마지막 10년간에 더욱 광범하게 휴경지 작물로서 이용되었다. 잉글랜드와 스위스에서부터 프랑스, 독일 및 덴마크로 **감자재배**가 들어왔다. 애초에는 독성이 함유된 것으로 여겨 이 작물을 거부했던 인민의 저항이 1770/72년의 기근으로 한풀 꺾이자, 감자는 동부 독일 같은 곳에서는 엄청나게 널리 전파되어 이미 짧은 기간에 두 군데의 속주, 동프로이센과 리투아니아에서는 약 21만 비스펠의 호밀 이외에도 약 17만 5,000비스펠의 감자를 수확할 수 있었다.[50]

---

49) 이 자리에서는 단지 아서 영과 슈베르츠(Schwerz)의 여행기만을 지적하겠는데, 이는 이미 다음의 문헌이 부분적으로 인용한 바 있다. Kulischer, *op. cit.*, II, pp.44f.
* 야생 완두콩의 일종.
** 콩과 식물의 일종.
50) A. Skalweit, *op. cit.*, p.55.

서북부 독일에서는 유채재배가 번성했다. 곡물과 교대로 재배되던 유채는 규제된 곡초식 농법 또는 코펠 농법이 관행되던 이 지역에서 한때 목초지를 몰아냈던 것 같이도 보인다. 이 점에서 과거에는 곡물을 수입하던 이 지역에서 곡물잉여가 증가하고 있었음이 엿보인다. 이에 대하여 믿을 만한 증거는 유감스럽게도 확보하지 못했다. 그러나 규제된 곡초식 농법이 18세기 후반에 북해 연안에서 북부와 동부지방으로 멀리 확산되었음은 확실하게 입증된다. 1800년경에는 덴마크의 영지 대부분에서 이 농법은 확고하게 자리를 잡았으나, 농민보유지는 대개가 아직 구래의 경영체제에서 전환하는 과정에 있었다. 메클렌부르크와 브란덴부르크-프로이센 왕국의 일부 접경지대도 방목지와 농경지 사이의 규칙적인 교대방식을 도입했다. 물론 이 지역에서는 곡물재배가 조금은 더 강조되었다. 더욱 멀리 동부지방과 다소 척박한 토양에서는 구식의 삼포제가 계속하여 유지되고 있었다. 아주 외곽 지역에서는 이 방식이 단 한 번도 제대로 관철될 수 없었다. 그러나 베네켄도르프는 80년대에 이렇게 보고했다. "여러 곳에서 하곡전(夏穀田)의 많은 부분이 불량하고 척박하여 여름작물의 재배를 감당할 수 없기 때문에 아예 경작과 파종이 이루어지지 않은 상태로 버려지고 있었다."[51] 다른 나라에서도 농업환경이 덜 유리한 지역, 예컨대 프랑스의 중부와 남부의 몇몇 속주에서 나온 보고도 이와 비슷하게 들린다.[52] 열광적인 농업개량가의 모든 노력은 농민의 저항과 사회적·자연적·경제적 사정의 불리한 여건으로 좌절하기도 했다. 19세기에 들어서야 비로소 그러한 지역에서는 더욱 집

---

51) 여기서는 다음의 문헌에서 재인용했다. A. Skalweit, *op. cit.*, p.37; 또한 다음을 참조하라. Thaer, *Annalen der Landwirtschaft*, IX, 1809, p.138 및 XII, 1810, p.318; 그리고 총괄적으로 W. Abel, *Geschichte der deutschen Landwirtschaft* ……, 2nd ed., 1967, pp.306ff.
52) 잘 알려진 프랑스 경제사의 통사 외에 다음과 같은 문헌을 참조할 수 있다. 특히 H. See, "L'économie rurale," in: *Revue d'Histoire Écon. et Sociale*, 1927, p.107; D. Zolla, *Annales de l'École Libre*, 1894, pp.200f.; V. Yvarts, *Annales de l'Agriculture Française*, XXIX, 1807, pp.32f.

약적인 경작방식이 파고들어왔다. 18세기 말에는 그럴 수 있는 여건이 아직 구비되지 않았다.

경작체제의 개량은 가축사육에도 유익했다. 특히 윤작지대와 개량된 삼포제가 관철된 지역에서 축적된 사료의 잉여는 가축의 보유 수를 증가시켰다. 브란덴부르크-프로이센 왕국의 가축보유량 통계표에는 가축 보유량의 동태를 추적하기 위한 자료가 포함되어 있다.[53] 소의 보유량은 왕국의 서부 및 중부 속주에서 1756년부터 세기말까지 1.5배 이상(153%)으로 증가했다. 동부의 속주에서는 동일한 시기에 대한 비교수치가 유감스럽게도 결여되어 있지만, 소의 보유량이 1776년부터 1800년에 이르는 더 짧은 기간에 약 10% 정도가 증가했다. 이에 반하여 양은 북서부에서 동부로 진행되는 집약화과정에서 동부의 속주로 동부로 이동해갔다. 동프로이센과 리투아니아에서는 양의 보유량이 1756년에서 1790년 사이에 약 70%가 증가했다. 이에 반하여 양의 총보유량은 포머른, 쿠어마르크, 노이마르크, 마그데부르크, 할버슈타트 같은 속주에서 동일한 시기에 약 4%가 감소하고, 서부의 테클렌부르크-링엔에서는 심지어 18%나 감소했다. 1800년경 서부 독일을 방문했던 여행자들은 이 지역에서 목양(牧羊)의 기초를 이루었던 광대하고 조방적인 방목지가 소멸했음을 확인했다.[54]

---

53) 이 가축보유량 통계표는 다음의 문헌에 간행되었다. O. Behre, *Geschichte der Statistik in Brandenburg-Prueßen*, 1905, pp.463f. 여기에 제시된 계산에는 서부 및 중부의 속주에 대해서는 민덴-라벤스베르크, 테클렌부르크-링겐, 클레베-겔더른, 마르크 백령, 뫼르스, 할버슈타트-호엔슈타인, 포머른, 쿠어마르크의 소보유량이 전제되었는데, 이는 1756년에 총 73만 6,000마리, 18세기 말에는 112만 3,000마리였다. 동부의 속주에 대해서는 동프로이센, 리투아니아, 네체 구역 및 슐레지엔의 수치가 이용되었는데, 1776년에는 총 136만 7,000마리, 1800년에는 총 150만 마리였다. 양의 보유량은 대신이었던 폰 호임(v. Hoym) 및 폰 슈트륀제(v. Struense) 백이 작성한 표(von Behre, *op. cit.*, p.258)에 따라 산정되었다. 이 통계표는 이른바 가축보유량 통계표보다 더 완벽하다.

54) Ph. Nemnich, *Tagebuch einer der Kultur und Industrie gewidmeten*

증가한 가축사육의 결과로 비료의 양이 증대했는데, 이는 경작지에 이롭게 되었다. 천연비료 이외에 인공비료도 중요해졌다. 석고와 석회분이 함유된 토양, 이회토 등을 경지에 뿌려주는 식의 이용은 여러 곳에서 흔한 일이 되었다. 배수기술에서도 많은 진보가 이루어졌다. 개량된 배수방식이 잉글랜드, 덴마크 그리고 북서 독일에서 보고되었다. 적지 않은 의미를 갖는 것은 다수의 농기구가 개량된 것이었다. 공업이 가장 발달한 잉글랜드에서는 이러한 방향에서도 개척적인 역할을 담당했던 것으로 보인다. 여기에서는 1770년대부터 파종기와 천공기(穿孔機) 그리고 말이 끄는 쟁기가 발견되는데 이는 매우 유명해졌다.[55] 그러나 북서 독일에서도 당대인들이 보고한 바와 같이, '모든 종류의 개량된 농기구'가 사용되었다.[56] 그리고 비슷한 경향은 프랑스에도 적용된다.

세기 전환기에 프랑스의 농업에 가장 정통한 사람 중의 하나인 데비는 수십 년 뒤에 프랑스의 농업에서 새로 고안되거나 개량되어 농업의 호황기에 도입된 쟁기, 써레, 괭이, 수레 및 기타 농기구의 방대한 목록을 출판했다.[57] 데비는 1820년대에 중부 유럽의 농업에 만연했던 심각한 농업위기의 충격 속에서 자신의 논문을 작성했다. 그는 당시에 드러난 농산물 과잉생산의 이유를 탐구했는데, 그 가장 본질적인 원인을 농업기술의 진보에서 발견한 것으로 믿었다. 이미 그가 주장한 바에 따르면 농업기술의 진보로 같은 노력을 해도 더욱 많은 소출을 얻었기 때문이라는 것이다.

그러나 이는 위기의 고찰일 뿐이다. 18세기 후반에는 과잉생산의 위협을 믿는 사람이 아직 없었다. 농산물 판매는 아무 어려움을 느끼지 못했다.

Reise, I, 1809, p.68 참조.
55) 특히 다음을 참조하라. A. Thaer, *Einleitung zur Kenntnis der englischen Landwirtschaft*, I, 1798, p.485.
56) *Schleswig-Holsteinische Provinzialberichte*, 1811, p.255.
57) P. Deby, *De l'agriculture en Europe et en Amérique*, 1825, pp.236f.

판로

증가한 경작면적과 더욱 집약적인 농업 경영으로 생산된 엄청난 양의 수확은 중부 유럽의 모든 나라에서 토착주민의 수요로 소비되었다. 인구가 증가했고, 도시주민의 인구 증가는 더욱 뚜렷했다. 런던은 세기 전환기에 80만 명의 주민을 헤아리고 있었고, 파리는 40만 명 이상, 암스테르담과 빈은 20만 명 이상의 주민을 헤아렸다. 베를린은 1740년경 약 90만 명의 주민에서 1800년경에는 14만 명으로 증가했다. 독일의 4개 도시(브레슬라우, 쾨니히스베르크, 뮌헨, 드레스덴)도 5만 명의 한계를 초과했다. 약 18개의 도시가 2만 명에서 5만 명의 주민수(아헨, 알토나, 아우크스부르크, 브라운슈바이크, 브레멘, 단치히, 프랑크푸르트 암 마인, 함부르크, 쾰른, 라이프치히, 뤼베크, 마그데부르크, 마인츠, 뮌스터, 뉘른베르크, 포츠담, 레겐스부르크, 뷔르츠부르크)를 헤아리고 있었다. 여기에 덧붙여 많은 작은 도시적 취락도 있었다. 이들 취락지대는 그 방어벽 앞과 내부에 약간의 농업을 영위하고 있었으나, 농촌지역의 식량과 원료 공급이 없이는 버틸 수가 없었다.

그러나 농업 잉여생산물의 적지 않은 부분이 당시의 세계시장에서 판매되고 있었다. 잉글랜드는 자체의 곡물생산은 증가했지만 1760년대부터 곡물수출국에서 곡물수입국으로 변모했다. 연간 100만 쿼터 이상의 밀을 초과수입함으로써 잉글랜드는 세기 전환기에 모든 곡물수입국 중에서 수위를 차지했다. 1801~1805년 동안의 수입 중에서 약 50%가 프로이센과 독일의 항구를 통해 들어왔고, 19%가 아일랜드에서, 각기 11%가 네덜란드와 북아메리카에서, 6%가 러시아에서 들어왔는데, 미미한 나머지는 다른 나라에 분포되어 있었다.[58] 기타의 수입지역은 오

---

58) 수입통계는 다음을 참조하라. I. R. McCulloch, *A Dictionary, practical, theoretical and historical of commerce*, 2nd ed., 1834, p.425; 수출통계는 *Report from the Select Committee on the Depressed State of the Agriculture of the United Kingdom*, June 18th 1821, pp.391f. 참조(유감스럽게도 나라별로 구분되어 있지 않으나, 다음의 문헌이 수입 및 수출통계치를

래전처럼, 대륙의 북서부에서 인구밀도가 높은 지역, 스칸디나비아 제국, 더욱이 지중해와 서인도제도의 일부 해안지대였는데, 특히 이들 지역으로는 아메리카 합중국이 1800~1805년 사이에 연간 평균 31만 4,000쿼터로 증가한 밀과 밀가루의 수출량에서 최대분을 보냈다.[59]

곡물의 주요 수출지역은 발트 해 연안 독일과 폴란드의 해안지역이었다. 물론 오데사와 흑해 연안의 다른 항구도 점점 더 중요해졌고, 아메리카 합중국과 캐나다는 이미 잉글랜드에 밀가루를 공급하고 있었지만 말이다. 곡물의 최대 거래처는 예전과 다름없이 암스테르담이었다. 암스테르담 곡물상의 품목명세서는 1800년경에 산지와 품질에 따라 28종 이상의 밀과 24종 이상의 호밀을 열거하고 있었다.[60]

가축과 축산물의 주요 수출지대는 이미 1600년경과 마찬가지로, 1800년경에는 덴마크의 도서지방과 북해의 연안지방이었다. 그러나 여기에서도 17/18세기에 수출량과 위치에서 일부 변동이 이루어졌다. 한때 번성했던 덴마크의 소 수출은 17세기 말과 18세기 초의 심각한 불황을 겪으면서 심각하게 위축되었다(1600/20년경의 평균 5만 5,000~6만 마리에서 2만~3만 마리로). 이 수치는 18세기 후반에 다시 상승했다. 그러나 이는 세기 전환기까지 17세기 최초의 수십 년간에 세관에 등재되었던 최고수치의 반을 약간 넘는 수준에 겨우 도달했을 뿐이다.[61] 이에 반하여 18세기의 마지막 10년 동안에 퇴닝의 관세대장은 슐레스비히-홀슈타인 지방의 더욱 거대한 소 수출을 보여주고 있었다. 반면에 이 지역

제시하고 있다. B. R. Mitchell et al., *Abstract of British Historical Statistics*, Cambridge 1962, pp.94f.).
59) 이 문제에 대한 전문가의 진술을 토대로 했다. W. Jacob im Report vom 18. Juni 1821, p.370.
60) 이 명세서는 이미 다음에서 보고되어 있다. Ph. Nemnich, *Tagebuch einer der Kultur und Industrie gewidmeten Reise*, III, 1809, pp.166f.
61) H. Wiese, "Der Rinderhandel im nordwesteuropäischen Küstengebiet vom 15. Jahrhundert bis zum Beginn des 19. Jahrhunderts," *op. cit.*, p.93.

의 치즈 수출은 1600년경에 매년 100~150만kg에 이르렀는데, 1800년경에는 거의 완전히 사라졌다.⁶²⁾ 치즈의 주요 수출지역은 서방으로 더욱 멀리 옮겨졌다. 네덜란드와 프리슬란트는 세기의 전환기에 막대한 양을 수출했다. 1800년경에 작황이 좋을 때는 1,500만kg 이상의 치즈가 이 지역에서 수출되었다고 한다. 프리슬란트산의 버터도 거대한 수출품이었다. 버터는 원래 그 목적에 맞게 생산된 통에 담아 아메리카와 인도까지 송출되었으나,⁶³⁾ 그 양은 아주 적었다. 가장 거대한 부분은 함부르크, 브레멘, 독일의 내륙지방 및 영국에 보내졌다. 런던은 1800년경에 아우리히의 자료가 밝혀주듯이, "버터의 판매를 위해서는 가장 거대하고 훌륭한 시장"이었다. 런던의 시장과의 긴밀한 연결은 함부르크와 런던의 버터 가격 상관관계를 계산한 표를 통해서도 알 수 있다. 연간 가격의 일치 정도(상관계수=r)는 1736/57년과 1780/1801년 사이에 거의 두 배로 증가했다.⁶⁴⁾

거대한 규모의 동서 가축무역은 북서부 유럽의 그것보다 더 급격하게

〈표 17〉 함부르크와 런던의 버터 가격(연간 가격)

1736~1757	r = 0.458
1758~1779	r = 0.766
1780~1801	r = 0.866

---

62) 퇴닝의 관세대장에서 1785~94년의 부분은 다음에 수록되었다. W. Volkmar, *Versuch einer Beschreibung von Eiderstadt in Briefen an einen Freund im Holsteinischen*, Garding 1795, Anhang. 1795년과 1796년은 다음의 문헌이 더욱 상세하게 전하고 있다. *Schleswig-Holsteinische Provinzialberichte*, 1797, II, pp.128f.
63) Nemnich, *op. cit.*, III, pp.13f., 17.
64) J. Bölts, "Die Rindviehhaltung im oldenburgisch-ostfriesischen Raum ……," in: *Quellen und Forsch. z. Agrargeschichte*, ed. by F. Lütge, G. Franz, W. Abel, XIV, 1966, pp.246f. 상관계수의 산출은 사회경제사 연구소에서 이루어졌다.

쇠퇴했다. 물론 오데르, 바르테, 네체 강 유역의 목초지대에서는 폴란드에서 기른 소떼의 비육이 이루어지고 있었으나, 이것은 근소한 양이었다. 동-서 간에 가축을 대대적으로 몰이하던 전성기는 지나갔다. 헝가리, 폴란드, 러시아에서 독일에 도달한 소떼는 두 세기 반 전에 국경을 건넌 엄청난 소떼에 비하면 미미한 것이었다. 브란덴부르크-프로이센 왕국, 작센 그리고 서부 독일의 다소 큰 영방국가도 1800년경에는 본질적으로 '고기를 자급자족'했다. 일부 지역은 심지어 가축을 판매할 수도 있었다. 호엔로에 고원지대가 그러했는데, 이 지역은 1800년경에 거대한 규모의 소떼를 프랑스, 그리고 파리에까지 수출했다. 이 소의 교역이 아직 최절정에 오르지 못했던 1865년에도 고급행정구역이었던 외링겐의 지지(地誌)에는 이렇게 기술되어 있었다. "호엔로에산의 쇠고기(bœuf d'Hohenlohe)는 파리에서 우리 시대까지 양질의 쇠고기를 일컫는 말이다. 한 주일은커녕 수삼 일 정도면 살찐 소가 외링겐을 거쳐 프랑크푸르트, 슈트라스부르크 그리고 파리에 도착한다."[65]

3. 지대와 농민의 임금

지대, 차지료 및 토지가격

18세기 후반의 농업적·상업적 진보가 그렇게도 막대했건만, 증대한 식량 수요를 예전의 가격 수준으로 충족시키기에는 충분하지 못했다. 경제의 전반적인 관점에서 볼 때, 농산물의 공급은 수확체감의 영향을 받고 있었다. 그러나 이런 사정이 있었지만 중부 유럽에서 많은 농장은 다양하게 이루어진 경영방식의 개량 덕분에 한때 형성된 가격과 임금관계의 윤곽 안에서 여전히 이윤을 남기고 있었다. 실로 농업의 순수익은 종종 농산물가격보다 더 많이 증가했다. 그리고 아서 영은 잉글랜드의

---

65) 다음에서 재인용했다. W. Abel, *Geschichte der deutschen Landwirtschaft* ……, 2nd ed., 1967, p.316.

'지대'(rents)가 비례적 관계 이상으로 오르는 것에 놀랐지만, 다음과 같은 사정을 확인하면서 그 원인을 올바르게 지적해냈다. "농기구는 완벽하게 다듬어졌고, 농경을 위한 지출은 두드러지게 감소했다. 동일한 목표에 도달하는 데 더 짧은 길이 발견되었다. 배수와 용수공급이 개량되었고, 비료가 증가되었다. 한마디로 말하자면, 새로운 에너지가 활발하게 작동하게 되었다. 그리고 예전에는 알려지지 않은 정신이 영농가들의 움직임에 활기를 불어넣었다. 이 모든 것이 지주들에게 원래 그들에게 귀속되어야 할 몫——농산물의 가격 상승에 견주어볼 때——보다 더 많은 이익을 거둘 수 있게 했다."[66]

농업불황은 잉글랜드에서 18세기의 40년대까지 계속되었다. 이것은 앞의 소절에서 다룬 사태의 결과였다. 근거가 아주 빈약했지만 동일한 확인에 도달했던 영은 이 '정체기'(stagnant period)에 지대를 올린다는 생각은 결코 나타나지 않았다고 보았다. 할아버지, 아버지 그리고 아들이 대를 이어 차지계약을 이어갔는데, 여기서 지대의 인상이라는 말은 언급된 적도 없었다. 오히려 지주들은 더 높은 지대로 새로운 차지인을 얻을 수 있으리라는 희망을 가지기보다는 옛날 수준의 지대로 차지인을 잃을까 두려워했다. 영이 덧붙이기를 이미 7년전쟁 동안에 잉글랜드 일부 지역에서는 차지료가 '엄청나게' 올랐는데, 더 보편적으로 상승운동은 이 전쟁이 종결된 뒤에나 비로소 관철되었다고 한다.[67] 세기 전환기 뒤에 찾아온 농업위기 동안에 하원의 여러 위원회가 발간한 방대한 자료에서 우리는 다음과 같은 인상을 받는다. 즉 지대의 상승운동은 18세기의 마지막 10년이 시작할 무렵까지는 비교적 완만하게 전개되다가, 1790년대에 들어서야 비로소 급격히 가속화되었다는 것이다. 농촌의 조사관 웨이크필드는 1821년의 위원회에서 수백 가지의 사례를 제시했는데, 1790년대부터 1813년 사이에 지대는 세 배나 올랐다고 진술했다.

---

66) A. Young, *An enquiry*……, 1812, p.104.
67) A. Young, *op. cit.*, pp.60, 104.

지대인상의 강도를 보여주기 위해서 몇 가지 사례를 제시하고자 한다.[68] 33년의 차지기한 중, 즉 1772/73년부터 1805년까지 노섬벌랜드의 몇 군데 영지에서 차지료는 다음과 같이 올랐다.

이스트 릴번　360파운드에서 1,600파운드로
우퍼턴　　　240파운드에서 1,200파운드로
윌필드　　　250파운드에서 900파운드로

말하자면 총 850파운드에서 3,700파운드로, 또는 약 4배로 뛰었다. 에식스의 홀리웰 농장은 1790년 전에는 90파운드로, 1790년에는 240파운드로, 그리고 1811년에는 689파운드로 대여되었는데, 말하자면 이 시기의 지대는 1780년대의 그것에 비하면 8배 이상에 달했다.

프랑스에서도 차지료는 장기간의 정체 뒤 세기 중엽 무렵에 다시 오르기 시작했다. 다브넬에 따르면[69] 헥타르당 경작지의 차지료는 프랑스 전역에서 18세기 2/4분기의 평균으로는 62g의 은, 1751/75년의 평균으로는 81g, 그리고 18세기의 마지막 4/4분기에는 117g의 은에 상당했다. 다브넬의 평균치는 차지료 동태의 전환점과 겹쳐지고 또한 다른 이유에서 보충이 필요하기 때문에 다시 졸라의 증거를 참조했다.[70] 번거롭고

---

68) Report from the Select Committee on the Depressed State of the Agriculture of the United Kingdom, June 18th 1821, pp.207, 212; H. Levy, "Die Not der englischen Landwirte zur Zeit der hohen Getreidezölle," in: *Münchener Volkswirtschaftliche Studien*, LVI, 1902, p.7. 그리고 이제 또 다음의 문헌. Chambers and Mingay, *The agricultural revolution, 1750~1880*, 1970, pp.106ff.
69) D'Avenel, *op. cit.*, II, p.508.
70) D. Zolla, *Les variations*……, 1893, pp.691f. 여기에서는 다음과 같은 차지료의 계열이 열거되었다. 즉 앙제의 병원, 르 망의 병원, 몽펠리에 소재 생피에르 자선원 등의 소유지. 벨기에에 대해서는 다음에서 전거를 채택했다. C. Verlinden, *Dokumenten*……, 1959, pp.229f. 및 pp.213f. 디트마르셴의 차지료는 북부 디트마르셴(홀슈타인)의 장크트 아넨(St. Annen)에 소재하는 주막의 차지료로서 다음의 문헌으로 간행되었다. C. Rolfs, *Geschichte der Gemeinde St. Annen*, 1891, pp.86f. 롤프는 차지료의 지불을 원래 형태의

알아보기 어려운 표를 회피하기 위해 이 자료들은 하나의 도표로 변용되어 다른 나라에서 나온 자료와 더불어 제시되었다(〈도표 52〉).

졸라가 수집한 세 농지군(農地群)의 차지료를 평균해서 보면, 그 인상률은 18세기의 40년대부터 80년대(1731/40~1771/80)까지 208%에 달했다. 도표에서 알 수 있듯이 1780년대에는 또 올랐다. 그러고 나서 상승운동은 수그러들었다(이 부분은 도표에 포함되지 않았다). 라베르뉴는 "당시의 모든 문서적 증거가 토지가격이 1795년부터 1796년까지 약 50%가 떨어졌다는 점에서 일치하고 있다"고 단언했다.71) 이와 같은 가격하락의 이유는 대혁명이 초래했던 거대한 격변에서 발견할 수 있다. 교회와 귀족의 영

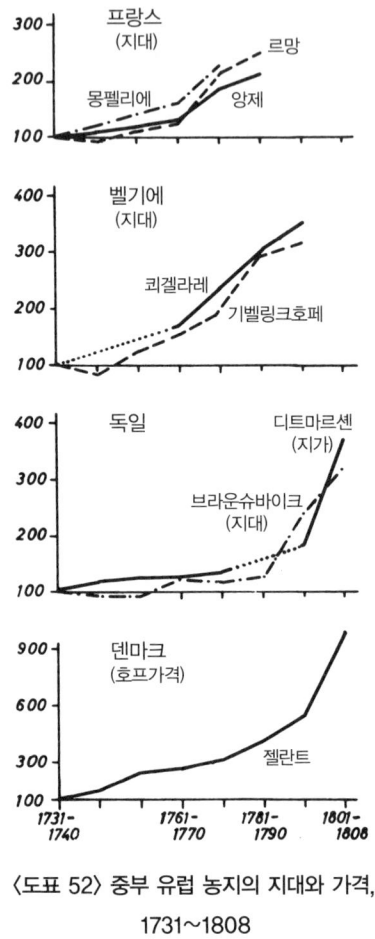

〈도표 52〉 중부 유럽 농지의 지대와 가격, 1731~1808

(주화의 은 함유량, 1731/40=100)

실링과 셰펠로 보고했다. 롤프의 추가적인 보고에 따르면 1셰펠=848qm, 1실링(뤼베크의 화폐)=0.429g의 은에 상당했다. 수치는 주화액에 함유된 은의 중량으로 환산되었다. 브라운슈바이크의 농지가격은 다음의 총서에 편입된 아킬레스의 연구에서 취했다. W. Achilles, *Quellen und Forschungen zur Agrargeschichte*, ed. by F. Lütge, G. Franz and W. Abel, vol. XIII, 1965, p.11.

71) M. L. de Lavergne, *Économie rurale de la France dequis 1789*, 8th ed., 1877, pp.38f.

지들은 몰수되어 매각되었다. 프랑스의 토지에서 전체의 1/4에서 1/5이 이 시기에 소유자를 바꾸었다고 한다. 막대한 토지공급은 지가(地價)와 지대를 눌러놓았다.

인접한 **벨기에**에 대해서는 판 후트가 수집한 근소한 계열자료에서 상승운동이 90년대에도 지속되었다는 결론을 내릴 수 있다.[72] 〈도표〉에 포섭된 페어린덴의 자료는 이를 입증하고 있다. 18세기에 최후로 체결된 차지계약(1794년 기베링크호페, 1797년 쾨켈라레)에 등재된 차지료액은 1731/40년간의 차지료를 세 배나 초과하고 있었다.

독일에서 기록된 차지료와 지가상승은 18세기의 80년대와 90년대까지는 완만했으나, 갈수록 더욱 급격해졌다. 이 또한 19세기 초에는 출발수준의 약 세 배에 달했다. 덴마크에 대해서는 팔베-한젠(Falbe-Hansen)이 조사한 덴마크 농민보유지의 가격이 제시되어 있다. 이는 동일한 75년간에 거의 10배(!)로 올랐다. 이 가격계열의 산출에 따른 책임은 저자에게 맡겨야 한다. 그는 원래의 기록을 이미 평균치로 가공해서, 오늘날의 덴마크 크로네화로 환산했다. 그러나 팔베-한젠이라는 필자의 이름은 이 가격계열이 충분한 자료에 근거를 두고 있으며, 면밀하게 계산되었음을 보증하고도 남음이 있다.

동부 독일의 **대영지** 구역에서는 더욱 풍부한 가격통계자료가 제시되고 있다. 이 자료는 이미 다른 저작에 종합되었다.[73] 몇 가지 사례만 이 자리에서 들어보는데, 가격의 선택을 위한 기준으로는 가급적 비교 가능하고 전형적인 가격인상의 사례를 제시하는 것이다. 영지의 규모변동이나 매매계약에서의 특수한 합의로 명백히 영향을 받았던 판매가격은 〈도표 53〉에 포함되지 않았다.[74]

---

72) H. van Houtte, *Histoire écon. de la Belgique à la fin de l'Ancien Régime*, 1920, pp.576f., 407f.

73) W. Abel, *Geschichte der deutschen Landwirtschaft*……, 2nd ed., 1967, pp.330ff.

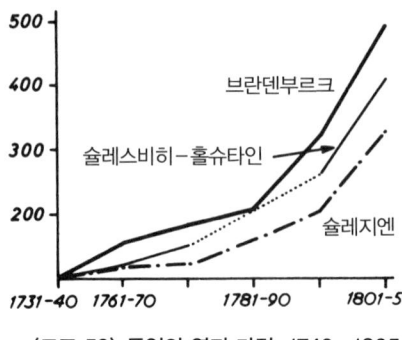

〈도표 53〉 독일의 영지 가격, 1740~1805
(주화의 은 함유량, 1740~60=100)

중부 및 동부 독일의 세 속주에서 수집한 이 영지들의 가격은 디트마르셴의 차지료와 브라운슈바이크의 지가(地價)와 같이 동일한 운동방향과 가격상승의 템포에서 유사한 변동을 보여주고 있다. 18세기의 80년대와 90년대까지 이 가격들은 서서히 올랐는데, 1740/60년을 기준으로

---

74) 슐레지엔의 영지에 대한 가격자료는 다음에서 취했다. J. Ziekursch, "Hundert Jahre schlesischer Agrargeschichte," in: *Darst. u. Quell. z. schles. Gesch.*, XX, Breslau 1915, pp.402f. 이 자료는 님치(Nimptsch) 지구에 소재한 17개의 영지에 관련되어 있는데, 이 영지들에서는 1740/60년과 그다음의 연간에 주인이 바뀌었다. 가격들은 도표의 출발점 선에서 계산되어서 평균치로 환산했다. 슐레스비히-홀슈타인의 영지에 대한 가격자료는 출처가 다음의 문헌이다. H. Oldekop, *Topographie der Herzogtümer Schleswig und Holstein*, II, 1906~1908. 다양한 종류의 주화로 표시된 가격들은 다음과 같은 기준에 따라 환산되었다. 1Rthl. Species=4.55RM, 1Rthl. Kurant=3.64 RM, 1Krone(덴마크, 1726년 이전)=2.69RM, 1뤼베크 마르크(1725년 이래)=1.21Rm(다음의 문헌에 제시된 환산법 참조. Noback, *op. cit.*, pp.13f. 및 Fr. A. Niemann, *Vollständiges Handbuch der Münzen, Maße und Gewichte aller Länder der Erde*, 1830, p.143). 마르크 브란덴부르크(텔토 및 저지 바르님 지구)에 대한 가격자료는 이미 다음의 문헌에서 수집했다. M. Weyermann, *Zur Geschichte des Immobiliarkreditwesens in Preußen*, 1910, pp.60f. 브란덴부르크-프로이센의 탈러는 1690~1749년간에 대해서는 3.50RM로 1750년부터는 3RM로 환산되었다(이 책의 부록에 수록된 표의 각주 참조).

한 평균가격의 2배에서 2.5배까지 꾸준히 올랐다. 그러고 나서 가격인상은 급속화되었다. 1781/90년부터 1801/1805년까지 슐레지엔의 영지가격은 다시금 2배로, 그리고 브란덴부르크의 가격은 약 2.5배로 올랐다.

농민의 소득

오늘날에도 농민의 소득은 파악하기가 어렵다. 이는 경영규모, 그 조직체제, 유형 및 경영분야에 종속되어 있고, 게다가 아직도 많은 부분이 농장에서 직접 거두는 현물소득에 은폐되어 있다. 이런 사정은 1800년경에도 다르지 않았다. 게다가 앙시앵레짐 말기에는 여전히 매우 광범한 가짓수의 농민공납과 부역의 문제가 추가된다. 프로이센의 통계학자 크루크(Krug)가 확증한 바와 같이, 브란덴부르크-프로이센에는 1800년경에 2만 탈러 및 그 이상의 가치가 있는 농민 보유 농장이 있었으며, 또 (농민에게는!) 하등의 구매가격이 없는 토지도 있었다. 이는 농민 부담, 즉 공납과 부역의 상대적인 액수에 의해 조건지어진 것이었다. 그리하여 1811년 9월 14일에 발포된 세습예민에 관련된 조치에 대한 브란덴부르크-프로이센의 조정칙령(Regulierungsedikt)에서 언급하기를, 이 칙령은 "통상적인 상태를 전제하는데, 그에 따르면 농민의 납부의무는 그들의 역량이 허용하는 한도까지 수행되었던 것으로 간주된다"는 것이었다. 포머른의 귀족농민에 대해서 1809년 포머른의 행정부는 내무부에 이렇게 보고했다. "영주가 농민보유지에서 거두는 각종의 수입, 즉 부역·현물·화폐공납 그리고 특히 영주들이 농민에게 전가하는 비용부담 등을 평가해서, 농민이 거두는 수입과 비교해보면, 대개 다음과 같은 결론만큼 확실한 것은 달리 없다. 즉 영주들은 농지의 생산물에서 최대의 몫을 차지하는 반면에, 동일한 농지의 소지자는 궁색한 급여로 연명하는 머슴으로 간주될 수 있다."[75]

---

75) 여기에서는 다음에서 재인용했다. G. F. Knapp, *Die Bauernbefreiung und der Ursprung der Landarbeiter in den älteren Teilen Preußens*, I, 1887, pp.75f.

농민의 소득을 산출하는 데 따르는 난관은 특히 부역에서 제기되는데, 이는 동부 독일과 나아가 동부 유럽 전역의 농민들이 막대한 정도로 이행할 의무를 지고 있었다. 부역은 농민의 소득에 간접적인 부담만을 주기 때문에, 이를 농민의 수익계산에 포함시키려 하지 않는다는 생각이 들지도 모른다. 그러나 그렇게 되면 매우 기이한 결론이 나올 수 있다. 즉 공납을 납부하는 농민들이 부역노동을 이행하는 농민들보다 훨씬 더 많은 부담을 지고 있었다는 식으로 말이다. 이 문제를 꽤 길게 상론한 로스돌스키의 의견에 따르면,[76] 부역을 화폐로 평가하고 농민경영의 총생산이나 순생산에서 공제하는 방법도 그다지 만족스럽지는 않다. 왜냐하면 그렇게 하면 농민경영의 수익에서 농민이 차지하는 몫은 바로 제로(零)나 그 이하로 떨어질 수 있기 때문이다.

이에 대한 사례로 로스돌스키는 갈리치엔의 지사(知事)였고 나중에 오스트리아의 재무대신이 된 필리프 크라우스가 갈리치엔의 농민들을 위해 1820년에 발부했던 영수증을 제시했다. 크라우스는 갈리치엔의 농민경영이 산출하는 농업 순생산을 936만 9,101굴덴으로 산정했다 (추측건대 이미 요제프 2세의 치세기, 1785~89년 사이에 작성된 토지대장에 근거해서). 크라우스에 따르면 이 액수에서 부역과 십일조로 영주에게 귀속되는 부분은 최저가격으로 변환해서 580만 6,226굴덴 그리고 도로사용료, 조세 및 기타 잡부금으로 290만 9,817굴덴 등 총 871만 6,043굴덴을 공제하면, 단지 65만 3,058굴덴만이 남았다. 이 액수가 약 300만인 또는 33만 6,888 농민가족에게 분배되어야 했다. 이로써 개별 가족에게는 "1굴덴 57크로이처의 연간 소득"이 남게 되는데, 여기에서는 교회에 바치는 십일조와 기타 잡부금, 운송을 위한 강제부역 그리고 기타 몇 가지는 아직 공제되지도 않았다. 이 수치를 지역별로 분포시켜보면, 다음과 같은 현상이 드러난다. 즉 농민경영의

---

76) R. Rosdolsky, "The distribution of the agrarian product in Feudalism," in: *The Journal of Econ. Hist.*, XI, 1951, pp.247f.

순수확(총수확에서 종곡과 사료를 제한 것)에서 차지하는 각종 부담의 비중을 보면, 타르노 지구에서는 농민의 부역과 공납이 총 101%, 슈트리 지구에서는 107%, 자노크 지구에서는 111%나 되었다.

로스돌스키는 농민의 부역을 농민경영의 생산물에 산입할 것을 제안했다. 왜냐하면 부역을 대가로 농민들은 토지를 획득했기에 부역은 '농민의 주된 수입원'이었기 때문이다. 그러나 이 계산의 문제점이 많은 근거설정에도 불구하고, 이 논법으로 적어도 '부정적 소득'이라는 오류는 제거될 수 있었다. 그리고 사태 자체에서는 달라질 것이 거의 없을 것이다. 갈리치엔——그리고 동부의 기타 다른 지방——의 농민들은 실로, 이미 포머른 행정부가 1809년에 선언한 바와 같이, "단지 궁색한 급여로 연명하는 머슴"으로나 간주될 수 있었다.

자유농민이 자신의 소유지를 경영하고 있던 그러한 지역에서 나온 당대인의 보고는 동엘베 지방의 대영지구역에 거주하는 농민의 처지에 대한 보고와 전혀 다르게 들린다. 북서 독일의 저습지대에서는 다음과 같은 사정이 기술되고 있다. "당시에 풍성한 수확과 높은 곡물가격과 함께 주민들의 삶에 새로운 전환기가 마련되었다. 가옥은 더 아름다워지고, 가구는 더 섬세해지고, 마차는 더 화려해지고, 의복은 더 도시적이되고, 가내의 생활양식도 더 단아해지고, 표현도 더 다듬어지고, 가슴도 더 높아지고, 손은 더 부드러워지고 늘 탈러 은화가 가득했다. 이렇게 해서 예전에는 그 아비만큼이나 별 볼일 없던 사람들이 나으리가 되었다. 그러나 누가 처음으로 평범한 농부가 그렇게도 변모했음을 알아채고 이들을 나으리라고 부르게 되었을까? 이렇게 한 사람들은 우선 그들의 손에서 탈러 은화를 발견했던 주막집 주인, 장인 그리고 향신료와 포목을 거래하는 행상인, 그리고 어쨌든 '나으리'라는 호칭으로 아첨하면서 이 농부에게서 무언가를 얻어내고자 했던 사람들이었다." 18세기의 90년대에 함스라는 목사는 이렇게 쓰고 있는데, 그는 같은 디트마르셴의 촌락에서 재직하고 있었으며, 바로 이 촌락에서 위에 보고된 차지료의 계열자료가 나왔다.[77] 『홀슈타인과 사치』라는 눈에 두드러지는 제목을 달고 1789년에 발간된 어떤 논문에서는 이렇게 언급되고 있다. "우리의 미인들은 아주 꽃다운 구름과 같이 옷을 입고 있다. [……] 그릇은 한때는 아연으로 만들어졌고, 부유한 사람들은 은으로 된 것을 사용했는데, 가격이 대략 비슷한데도 이제 프랑스산의 채색 도자기나 자기가 아니면 안 된다. 그리고 금속기들은 휘거나 구부러지면 녹일 수가 있는데, 자기류는 조각조각으로 깨지면 한푼어치의 가치도 없다."[78] 뷔줌(슐레스비히) 근처의 왕세자 간척지(Kronprinzenkoog)에서는 어떤 농민이 지체 높은 손님을 맞기 위해 개당 8탈러나 되는 마호가니 나무 의자 두 다스를 주문했다는 이야기도 보고되었다.[79] 하델른 구역(행정관구 슈타데의 하부구역)을 방문한 어떤 사람은 브라방산의 레이스, 향신료, 포도주 그리고 프랑스산의 포도 증류주, 설탕, 차, 커피 등이 농촌주민 사이에서 대량으로 소비되고 있다고 말했다. "하델른 구역의 사치로 말하자면, 이는 거의 정점에 올랐다. 내가 보기에 이것은 더 이상 오를 수 없는 최고점이다."[80]

알프레히트 테어가 1798년 북서부 독일의 저습지대를 방문했을 때, 그는 이 지역 주민들이 누리고 있는 엄청난 사치는 "커다란 불행이며, 바로 이 저습지대를 망치는 길"이라는 소리를 들었다. 테어는 이러한 경고를 거부했다. 그는 저습지대 농장들이 거두는 높은 순수익이 또한 그 보유자들에게 높은 수준의 지출을 허용한다고 보았던 것이다.[81] 그러나 지출은 순수익을 잡아먹었다. 이 농장들에는 저축이 별로 없었다. 다른 여러 농장지대에서도 사정은 다르지 않았다.

"이른바 영주와 같이 부유한 농민가계의 대농장에는 대개 마차를 몇

---

77) C. Rolfs, *Geschichte der Gemeinde St. Annen*, Lunden 1891, pp.84f.
78) *Schleswig-Holsteinische Provinzialberichte*, 1789, I, pp.218f.
79) *Schleswig-Holsteinische Provinzialberichte*, 1796, I, p.184.
80) J. Beckmann, *Beyträge zur Ökonomie*, XI, 1788, p.126.
81) A. Thaer, *Vermischte Schriften*, I, p.433.

대 둔 마구간과 호사스러운 정원이 설치되어 있고, 사냥놀이 등을 했는데, 이는 원래의 진정한 농장경영과는 아주 엄청난 모순을 보여주는 것이다. 농장경영이 이루어놓은 것을 종종 이러한 호사가 갉아먹고 있는 것이다."

『니더작센 농업연보』에 게재된 어떤 논문에서 테어는 이렇게 말했다 (*Annalen der Niedersächsischen Landwirtschaft*, VI, 1804, I, pp.280f.). 이 보고에서 18세기의 마지막 수년 동안에 여러 농장의 수익에서 드물지 않게 과도한 지출을 했었음을 추측해도 좋을 것이다. 생활수준의 상승, 국가의 인상된 조세부담 그리고 또한 농업의 집약화에 따른 경영비용의 증가는 농업호황의 과실로 지탱되고 있었다. 경제적 상황의 악화는 나쁜 결과를 초래함이 틀림없었다. 더욱이 18세기에서 19세기로 전환하는 시기에는 농업용지가 더욱 널리 동원되고 과도한 투기성 부채를 지고 있었다.

토지거래와 토지저당

"우리 국민들 모두가"라고 농업사가 한센은 1832년에 썼다.[82] "3, 40년 전에는 마치 오늘날의 국채거래에서나 발견되는 바와 같은, 토지거래 열풍에 사로잡혀 있었다." 한센은 북부와 동부의 독일에서 전개되었던 상태를 염두에 두고 있었는데, 이 지역에서는 토지투기가 최악의 결과를 초래했다. 그러나 토지거래와 투기적인 토지가치의 과대평가 조짐은 다른 나라에서도 있었다.

가장 해가 없이 토지에 대한 허기가 널리 표출되었던 곳은 물론 프랑스였다. 여기서는 토지의 가격이 낮았다. 혁명 뒤에 귀족과 교회의 광대한 토지소유를 다시 분배했기 때문이다. 토지를 획득한 농민과 부르주아들은 그래서 아주 드문 경우에만 과도한 채무를 지고 있었다. 네덜란

---

82) G. Hanssen, *Historisch-statistische Darstellung der Insel Fehmarn*, 1832, p.240.

드와 벨기에에서 나온 보고는 이미 아주 다른 인상을 주고 있다. 1780년경에 어떤 목격자는 이렇게 썼다. 즉 팔려고 내놓은 한 필지의 땅에 4~5명의 원매자가 몰려와 서로 경쟁적으로 값을 올리고 있었다는 것이다. 한 필지의 토지가 매물로 나오면, 농민들이 매입하고 통상적인 가치 이상으로 값을 지불했다.[83] 잉글랜드에서도 토지임차료는 18세기의 마지막 10년경부터 임차를 원하는 무리들에 의해 비정상적으로 높이 올라갔다. 여러 세대 전부터 자주 동일한 가족에 속해 있던 농민의 소유지에서도 더 빨리 그 소유자가 바뀌었다. 드물지 않게 농민의 소유지도 투기대상이 되었다. 세기 전환기 이후에 농업의 난국을 검토하기 위해 설치된 잉글랜드의 조사위원회는 여러 가지 증언을 출판했는데, 이로부터 다음과 같은 사실을 밝혀냈다. 농업호황의 마지막 국면에서는 차지료와 지가(地價)는 더 이상 지난 연간의 장기적인 수익계산에 의하지 않고, 희망하는 그리고 비정상적으로 높이 평가된 미래의 수익에 의해 결정되었다는 것이다. 이러한 사태를 1833년의 보고서는 '투기'로 기술했다.[84]

토지거래를 쾨니히스베르크의 경제학자 크라우스는 1805년에 당시의 사정으로는 아주 특징적으로 '재판매를 위한 토지매입'으로 규정했는데,[85] 덴마크와 슐레스비히-홀슈타인에서 슐레지엔과 동프로이센까지 이르는 대영지 지대에서만큼 이 토지거래가 참담한 귀결을 가져왔던 곳은 달리 없었다. 당대의 어떤 사람은 1807년에 이렇게 썼다.[86] "영지

---

83) 여기에서는 다음에서 재인용했다. H. van Houtte, *Hist. Écon. de la Belgique*, 1920, p.405.
84) "Report from the Select Committee on Agriculure," *House of Commons*, August 2nd 1833, pp.ixf.
85) Chr. J. Kraus, *Vermischte Schriften*……, II, 1808, pp.41f.
86) F. B. Weber, *Staatswirtschaftlicher Versuch*, Göttingen 1807, pp.57f. 토지거래와 토지저당에 대한 추가적인 증거는 다음의 문헌에서 수집했다. Seetzen, "Über den Handel mit Landgütern," in: *Annalen der Niedersächsischen Landwirtschaft*, ed. by Thaer, III, 1801, I, p.89; *Schleswig-*

들 가운데는 별 탈 없이 200~300년 동안이나 한 가문의 소유지로 남아 있던 것이 있다. 〔……〕 그러나 지난 10년이나 15년 사이에 그 소유주가 3번, 4번 심지어 6번이나 바뀌고, 바뀔 때마다 매매가격이 늘 올랐던 것도 있다." 이러한 진술이 얼마나 잘 들어맞는지는 무엇보다도 포머른의 라우엔부르크 구역에 소재하는 고덴토라는 귀족령이 잘 보여주고 있다. 이 영지는 4년 동안에 5번이나 주인이 바뀌었는데, 이때마다 영지의 매매가는 물론 엄청나게 뛰면서 2만 4,000라이히스탈러에서 7만 탈러로 올랐다. 메클렌부르크-슈베린 대공령에서는 1770/79년간에 단지 49개의 봉토가, 반면 1790/99년에는 327개의 봉토가 매각되었다. "슐레지엔에서는 영지와 함께 거의 말이 함께 거래되었다"고 브레슬라우의 군사 및 왕령지총감(Kriegs- und Domänenrat) 클뢰버는 이미 1788년에 기술했다. 동프로이센에서는 토지거래가 한때 세계를 흥분 속에 몰아넣었던 네덜란드의 튤립 투기와 비교되었다. 네체 지구에서는 90년대에 어떤 영농가(제첸)가 이렇게 보고하고 있다.

"귀족령은 끊임없이 매매되고 있다. 이들은 마치 사람들이 거래하는 하나의 상품같이 간주되고 있다. 왜냐하면 많은 사람은 보유하기 위해서가 아니라, 이익을 보고 다시 판매하기 위해 토지를 매입한다. 그래서 하나의 영지는 1년 안에 수없이 주인을 바꾼다. 모든 영지는 비싸게 지불되기만 하면, 바로 팔 수 있다."

이 필자가 무언가 해로운 사태를 밝히기 위해 과장하고 있는 것으로 보이지는 않는다. 그는 토지투기의 반대자가 아니라 오히려 그 지지자였다. 그는 스스로가 말한 바와 같이, 농업의 구습을 제거하고, 농업문

Holsteinische Blätter für Polizei und Kultur, 1800, I, pp.148, 151; *Schleswig-Holsteinische Provinzialberichte*, 1811, p.81; J. Ziekursch, *Hundert Jahre schlesischer Agrargeschichte*, 1915, pp.402f.; H. Paasche, *Jahrb. f. Nationalökonomie u. Stat.*, N. F., II, 1881, p.316; M. Weyermann, *Zur Geschichte des Immobiliarkreditwesens in Preußen*, 1910, pp.94f.

제에 대한 관심을 일깨우며 새로운 경영방식을 장려한다고 했다. 그러나 당대의 많은 사람과 같이, 그도 토지의 이동성이 국가와 사회에 해가 될 뿐만 아니라 영농가 자신에게도 불이익을 가져온다는 점을 간과했다. 왜냐하면 토지의 이동성이 제고되면서 토지매입을 위한 차입금도 증가했다. 왜냐하면 토지거래는 아주 근소한 부분만이 자신의 자금으로 재원이 조달되고, 대부분은 채무를 통해서 재원이 마련되었기 때문이다. 그 시기에는 신용대부가 풍부했다. 특히 브란덴부르크-프로이센에서는 7년전쟁 이후에 창설된 농업 신용기구가 대영지에 그 수확가를 초과할 수 있었던 정도의 부채도 허용해주었다.

『니더작센 농업연보』(III, 1801, p.89)에서는 다음과 같은 기사도 읽을 수 있다. "별로 재산이 많지 않은 가문도 다수의 대농장을 순전히 투기로 사모은다. 왜냐하면 이 가문은 우선 농장 하나를 구입하거나 이미 소유한다. 그리고 평가하게 하고, 그로부터 가능한 한 최대의 돈을 받아낸다. 그리고 두 번째의 농장을 매입하고, 이를 다시 평가하게 하고 그로부터 다시 돈을 받아낸다. 그러면 다시 세 번째의 농장을 사들일 수가 있다."

이러한 방식의 거래가 필자가 말한 바와 같이 "이미 체계적으로" 되어버린 사정을 프로이센의 부동산 신용제도사에 관한 바이어만의 연구가 가장 명백하게 입증하고 있다. 노이마르크의 기사령은, 그 신용부담을 바이어만이 확인했는데, 평균적으로 1806년 초에는 최후로 매입한 가격의 72%, 그리고 지역에서 평가한 가치의 106%에 이르는 부채를 지고 있었다.

이러한 부채부담은 이미 농업호황의 마지막 시기에서도 종종 감당하기가 매우 어려운 것이었다. 그런데도 투기는 토지가격을 더욱 높이 올려놓았다. 1800년경에는 예컨대 슐레스비히-홀슈타인에서는 영지들이 최종 매입가격의 2%에 달하는 이자도 내기 어려웠다. 당시에 위틀란트의 어떤 농장주는 젤란트에 살고 있는 같은 신분층의 동료에게 이렇게 썼다.

"도대체 그 이유가 무엇인가? 나는 그것을 이미 뻔뻔스러움이라고 달리 말할 재간이 없다네. 최근에 사람들이 하는 꼴을 보게. 이들은 토지를 살 때, 직접 농장을 경영하거나 토지시세에 정통한 사람들이 평가하는 것보다 무려 두 배 이상이나 지불하고 있다네. 이것은 해도 너무한 대담한 짓이 아닌가? 특히 매입비용의 최대부분을 어디서 빌리던가 신용대부로 충당하고 있는 다음에야? 제정신을 차리고 있다면 이 사람들은 도대체 무슨 전망을 하고 있는 것이지?"

젤란트의 농장주가 보낸 답신은 유감스럽게도 전해지지 않는다. 그러나 1811년에 발간된 슐레스비히-홀슈타인의 지방연보에 게재된 한 논문의 필자가 이 문제에 대해서 올바른 답을 주었다고 하겠다. 그는 토지의 가격이 수확가치 이상으로 올라갔던 사실의 이유를 "미래에 더 큰 것을 기대했던 원매자의 투기욕구"에서 보았다.

토지소유가 완전히 과도한 부채를 지고 있던 이 지역은 아주 경미한 경제적 혼란에도 바로 터져나올 것이 틀림없는 위기의 초점이 되었다. 이미 18세기의 70년대에도 곡물가격이 약간 내려가자 다수의 농장에서 부채의 이자조차 더 벌어들일 수가 없을 정도였다. 80년대에 들어서서는 신용위기의 증후가 확연히 드러났고, 90년대 말에는 프로이센 왕국의 연보가 농업경기의 과대평가를 경고했다. 왜냐하면 곡가가 내려가고 이자율이 오르면 차지농은 고액의 차지료를 지불할 수 없게 되고, 농장은 "인위적인 가격의 절정"에서 추락하게 마련이었기 때문이다.

그러나 그 당시까지의 혼란은 거의 주목되지 않았다. 그것은 거대한 농업위기의 전조에 불과했는데, 이 농업위기는 세기의 전환기 뒤에 과도한 부채를 짊어진 영농가들에게 파탄을 가져왔다.

II. 세기 전환기 이후의 농업위기

1. 위기의 세 국면

제1차 국면(1801~1805)

거의 중단 없이 약 반세기에 걸친 상승 끝에 1801년에는 밀값이 잉글랜드와 독일의 항구도시에서 최고수준에 도달했다. 그러고 나서 밀값은 잉글랜드에서 갑자기 폭락했다.[1] 모든 백령(county)에서 급격한 가격

---

1) 1801~30년의 곡가는 라이히스마르크(1RM=5.56g 은)로 부록의 〈표 3〉에 보고되어 있다. 이 가격자료에 의거하여 본문에 제시한 〈도표 54〉가 그려졌다. 19세기 초의 농업위기에 대한 문헌 중에서는 독일에 관한 것이 강조된다. A. Ucke, *Die Agrarkrisis in Preußen während der zwanziger Jahre dieses Jahrhunderts*, 1887; H. Westphal, "Die Agrarkrisis der zwanziger Jahre des vorigen Jahrhunderts in Mecklenburg," in: *Mecklenb. Landwirtschaftl. Mitt.*, 6, 1925; 더욱이 다음의 문헌에서 이에 상응하는 소절이 참조된다. S. v. Ciriacy-Wantrup, "Agrarkrisen und Stockungsspannen," in: *Ber. üb. Landw.*, Sonderheft 122, 1936; M. Weyermann, "Zur Geschichte des Immobilarkreditwesens in Preußen," in: *Freiburger Volkswirtsch. Abhandl.*, I, 1, 1910; A. Neumann, *Die Bewegung der Löhne ländlicher "freier" Arbeiter…… in Preußen*, 1911. 프랑스에 대해서는 우선 아직 공개되지 않은 다음 학위논문. L. Romeufs, *La crise agricole sous la Restauration*, Thèse de Doctorat, Paris 1902 이외에 더 광범한 다음의 서술이 참조된다. J. Sirol, *Le rôle de l'agriculture dans les fluctuations économiques*, Paris 1942. 잉글랜드의 사정을 서술한 것으로 최량의 것은 1804, 1821, 1833년 및 1836년에 작성된 의회보고서 그리고 이 책의 서술 중에 몇 가지 열거한 바 있는 당대의 문헌이 있다. 최근의 문헌 중에서 참조할 만한 것으로는 H.

폭락에 대한 원성이 울려 퍼졌다. 청원서의 홍수가 의회에 쇄도했고, 이에 따라 위원회가 설치되었는데, 여기서 제출한 보고서에는 다음과 같은 진술이 보인다. "일시적으로 높은 가격은 농업에서 더욱 제고된 활동을 초래했다. 광대한 황무지가 경작되었고, 지난 두 해에 걸친 풍작기에 나온 소출이 저러한 곡가하락을 야기하여 국가가 모종의 조치를 취하지 않으면 농업은 엄청난 곤경에 처하게 된다." 의회는 수입하는 밀에 부과하는 관세를 올리기로 결의했다. 그러나 이 결의는 서류상으로만 머물러 있었다. 왜냐하면 시장가격이 일정한 최소액으로 떨어져야만 관세인상이 효력을 발하도록 되어 있었기 때문이다. 이 최저가격은 도달

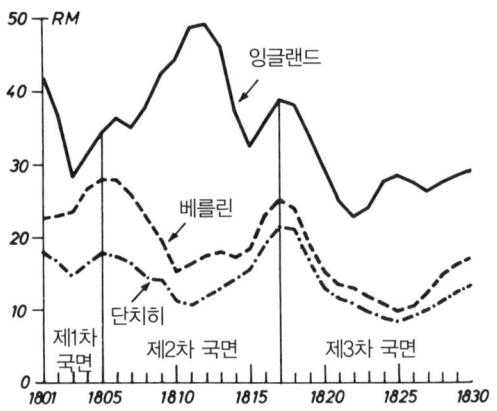

〈도표 54〉 잉글랜드, 베를린 및 단치히의 밀값, 1801~30
(RM 및 100kg, 3개항 이동평균법에 의한 연평균치)

Levy, "Die Not der englischen Landwirte zur Zeit der hohen Getreidezölle," in: *Münchener Volkswirtsch. Studien*, 56, 1902. John D. Post, "A study in meteorological and trade cycle history: The econ. crisis following the Napoleonic wars," in: *The Journ. of Econ. Hist.*, XXXIV, 1974, pp.315~349; G. Hueckel, "Relative prices and supply response in England Agriculture during the Napoleonic wars," in: *Econ. Hist. Rev.*, 29, 1976, pp.401~414. 또 캐나다에 대해서도 최근에 한 연구가 제출되었다. F. Ouellet et J. Hamelin, "La crise agricole dans le Bas-Canada(1802~37)," in: *Études Rurales*, 1962, pp.36f.

하지 못했다. 그다음 해의 다소 불량한 수확과 바로 이어진 잉글랜드의 대륙으로부터의 고립은 그다음 연간에 곡가를 다시 오르게 했다(〈도표 54〉 참조).

프랑스에서는 1804년까지 곡가상승이 지속되었다. 1804년 가을의 풍요한 수확은 여기에서도 판로의 경색과 미흡한 가격에 대한 불만을 자아내기에 충분했다. 영농가들은 경영비용이 너무 높다고 주장했다. 또한 조세부담도 몇십 년 전부터 거의 곱으로 올랐다고 했다. 이들 연간의 낮은 가격 수준에서는 영농비용을 다시 거두어들일 수 없었다.[2]

발트 해 연안의 외곽지대에서는 곡가가 잉글랜드의 가격폭락을 뒤따랐다. 그러나 동부 독일에서의 가격하락은 독일의 내륙지방에 동시에 흉작이 닥쳐옴으로써 저지되었다. 그런데도 독일의 동부지방에서도 적지 않은 수의 영농가들이 곤경에 빠지게 되었다면, 이는 곡가하락이라기보다는 과거의 좋았던 시절에 여러 영지들이 짊어진 과도한 부채에 그 원인이 있었다. 지역의 신용대부가 가장 풍부하게 넘쳐났던 슐레지엔에서는 이미 1801년의 곡가가 더욱 상승했는데도 "막대한 수의 파산사례"가 발생했다는데, 그 원인으로는 지나치게 높은 토지담보 대부가 보고되었다(Weyermann). 몇 년 뒤에 출간된 어느 논문의 필자가 보고하기를[3] 메클렌부르크에서는 이미 1804년에는 신용대부체제의 몰락을 각오해야 했다고 한다. 왜냐하면 높은 곡가에도 불구하고 과도하게 부채를 진 영지가 순수익으로 거액의 이자를 갚아내기가 어려워졌기 때문이다. 슐레스비히-홀슈타인 공령에서 파산한 귀족령의 수는 1802년의 12개에서 1804년의 20개로 증가했다.[4]

---

2) 다음을 참조하라. Harouard, *Annales de l'agriculture française*, XXIV, 1805, pp.28f.
3) Anonym, "Mutmaßungen über die Produktenpreise in der Zukunft für Mecklenburg," in: *Neue Annalen der Mecklenburger Landwirtschafts-Gesellschaft vom 4. Januar 1813*, p.3.
4) 슐레스비히-홀슈타인 공령에서 파산한 영지의 수는 다음에 간행되었다. *Das Staatsbürgerlichen Magazin mit besonderer Rücksicht auf die Herzog-*

농장주들의 지불이행난관은 토지가 감당해야 했던 채무부담이 지나치게 과도했던 탓으로 그 조건이 마련되었음은 의심할 여지가 없다. 이 시기에 독일의 모든 지방에서 곡가는 여전히 높았고 수입도 풍부했다. 또한 신용시장도 아직 상대적으로 여유가 있었다. 경제문제에 정통한 당대 최고의 전문가 중 한 사람인 쾨니히스베르크의 교수 크라우스는 1805년 10월 말에, 과도한 부채를 진 농장주의 불평에도 불구하고, 견실한 영농가들에게 적절한 이자로 기꺼이 대부할 수 있는 자본이 결코 부족한 것은 아니라고 했다.[5]

1805년 8월 9일에 최초로 발간된 베를린의 공식적인 주식거래 목록에는 저당증권이 큰 지면을 차지하고 있었는데, 아직도 일괄해서 4%의 이자가 표기된 포머른, 슐레지엔, 서프로이센 및 동프로이센 지방의 저당증권에 대해서 103.5%에서 107.25% 사이의 시세로 등재되어 있음을 발견할 수 있다.[6] 또한 크라우스가 보장한 바와 같이, 양호한 담보에 대해서는 4.5% 및 5%의 이율로 토지소유주가 원하는 만큼 돈을 빌릴 수 있었다.

독일의 서부 및 남부는 이러한 혼란에서 벗어나 있었다. 테어가 규칙적으로 『니더작센 농업연보』에 출간했던 4분기 보고서는 이에 대해서 확실한 증거가 된다. 이 시기에 저작된 대다수의 계간정황은 테어 자신의 말에 따라 다음과 같이 특징지을 수 있다. 즉 보고자료는 몇 장의 인쇄면을 채우기 위해 거품으로 부풀려져야 했다는 것이다. "농업분야에서는 주목할 만하거나 변동된 것이 별로 없었다." 몇 년이 지나지 않아서 테어는 자신의 연보를 채우기에 아주 풍부한 자료를 갖게 되었다.

---

thümer Schleswig, Holstein und Lauenburg, ed. by Falck, Schleswig, IV, pp.824f.
5) Chr. J. Kraus, *Vermischte Schriften*……, II, 1808, pp.33f.
6) 시세표의 발췌는 다음을 참조했다. H. Mauer, aus dem Nachlaß, ed. v. F. Wegener, 1921, p.44.

제2차 국면(1806~17)

세기 전환기 이후의 농업위기에서 제2차 국면은 1806년과 1807년의 풍작으로 인해 야기되었다. 나폴레옹이 1806년 11월에 발포하고 1807년 밀라노에서 추가적인 칙령으로 강화한 대륙봉쇄령에 의해 잉글랜드에서의 가격폭락은 멈추어졌다. 잉글랜드는 1801/1805년간에 수입하는 모든 곡물의 절반 정도를 차지하는 독일로부터의 곡물수입을 아일랜드와 다른 나라에서 대체하는 방안을 강구해야만 했다.

〈표 18〉 잉글랜드의 곡물수입, 1801/1805년 및 1806/12년의 평균, 1,000쿼터 단위[7]

수입선	1801~1805		1806~12	
	1,000쿼터	백분율	1,000쿼터	백분율
프로이센	489	50	77	15
독일의 기타 영방	255		101	
아일랜드	287	19	598	49
북아메리카	158	11	111	9
네덜란드	156	11	150	12
러시아	83	6	47	4
기타	44	3	131	11
총계	1,472	100	1,215	100

독일의 곡물이 잉글랜드에 판매되는 길이 막혔기 때문에, 독일의 항구와 배후지에서는 곡가가 떨어졌다. 독일인 영농가들의 수입은 감소했는데, 반면 지출은 고액의 조세를 요구하는 전쟁과 연관되어 늘어났다. 또한 자금공여자들도 불안한 시기에는 대출의 위험을 더 높이 평가했기

---

[7] 다음의 보고서에서 산출했다. I. R. McCulloch, *A Dictionary, practical, theoretical and historical of commerce*, 2nd ed., 1834, p.425.

때문에 영농가들의 대부요청에 대해 더욱 자주 냉담해졌다. 게다가 독일의 일부 지방에서는 싸우고 행군을 하는 군대가 온 나라를 황폐시키거나 징발을 했기 때문에 전쟁의 결과가 또한 직접적으로 감지되었다. 그러나 이러한 피해는 단지 독일의 일부 지방에만 국한되었다. 더 광범한 경제적 재난은 떨어지는 곡가였다. 이 점을 테어도 강조하여 1809년에 이렇게 썼다(*Annalen der Landwirtschaft*, X, p.404). "곡가의 급격한 하락과 이로 인하여 영농가들의 수입과 지출의 균형이 완전히 교란된 것은 그가 여러 해 전부터 겪어왔던 재난 가운데 논란의 여지가 없이 가장 큰 것이다. […] 그렇게도 불리한 사태로 인하여 농업이 거의 피어나지도 못할 지경으로 몰락한 것은 기대 밖의 일이 전혀 아니다." 슐레스비히-홀슈타인 공령의 파산 통계는 1806년부터 완만한, 그리고 1809년부터는 급속한 수치의 증가를 보여주고 있다. 1812년에 113개의 귀족령이 파산했는데, 이로써 1805년의 파산 사례를 5배나 초과했던 것이다. 그다음 해인 1813년에는 슐레스비히-홀슈타인의 토지 및 저당권 거래는 거의 완벽하게 휴지상태에 빠져들었다. 영지의 매입자가 나서기만 하면, 같은 토지가 몇 년 전보다 75%나 떨어진 가격으로 제공되었다.[8]

메클렌부르크에서는 영지가격이 1813년까지 반으로 떨어졌다. 농업은 어떤 당대인이 불평했듯이 "빵을 얻을 수 없는 업종"이었다.[9] 슐레지엔에서는 1810년 1월에 이렇게 보고되고 있다. "농촌사람은 극도로 압박을 받는 처지에 놓여 있다. 그리고 이를 견뎌내기에는 엄청난 용기가 필요하다. 전쟁으로 인하여 불가결한 영농자본이 강탈당했고 부채마

---

8) *Konkursstatistik im Staatsbürgerlichen Magazin*, IV, p.1824f.: 슐레스비히-홀슈타인 지역에서 나오는 추가적인 증거는 다음을 참조하라. "Chronik des Jahrs 1807," in: *Staatsbürgerliches Magazin*, III, 1823, p.395; *Schleswig-Holsteinische Provinzialberichte*, 1814, p.147.

9) Anonym, "Mutmaßungen über die Produktenpreise," in: *Neue Annalen der Mecklenburg. Landwirtschafts-Gesellschaft vom 4. Januar 1813*, pp.1f.

저 지게 되어 그의 농장은 현물 및 화폐수익이 감소한 상태에서 이 서글픈 사태로 말미암은 지출을 감당할 수 없다. 현금이 심각할 정도로 부족하고, 신용대부를 얻는 것도 어렵거나, 있어도 감당하기 어려운 희생이 요구되었다. 〔……〕 모든 종류의 개량은 중단해야 하고, 필수적인 것마저 늘 행할 수 없는 지경이다. 농촌사람이나 애국자들에게나 암담한 전망밖에 보이지 않는다."[10]

독일의 **임대차농경지구**에서도 농업경기의 급격한 선회가 적지 않게 감지되었다. 1808년에 간행된 어떤 논문에서는 이렇게 언급되고 있다.[11] "오로지 조금 전까지만 사람들은 차지농을 질시 어린 눈으로 보았고 또 여러 사람이 스스로가 그들의 위치에 놓이기를 바랐다. 그리고 지금——지금은 많은 수의 차지농들에겐 충심에서 우러나는 다른 사람들의 동정이 필요하다. 〔……〕 토지를 임대 받아 부자가 되려고 그렇게도 많은 사람이 몰려와서, 토지가 더 이상 충분하지 않을 정도였다. 그래서 사람들이 어서 빨리 행운을 잡기 위해서 미친 듯이 고액의 차지료를 제공하려고 했던 것은 너무도 자연스러운 일이었다." 또한 농업의 수익성 계산도 할 줄 모르는 다수의 문외한마저도 임대농지를 넘겨 받았다. 차지료율이 매우 높다는 것을 알고 있는 자들도 여전히 곡가가 지나치게 떨어지지 않을 것이라는 막연한 희망을 걸고 있었다. 그러나 이러한 차지인들 중 다수는 "이제 곧 지팡이 하나만 짚고 떠나갈 것이다."

대륙에서의 가격폭락과 급격한 대조를 이루면서 대륙봉쇄령이 발효되자마자 잉글랜드에서는 곡가가 오르기 시작했다. 1812년에 잉글랜드에서는 100kg의 밀에 대해서 56.30RM를 지불해야 했다. 이것은 주화

---

10) *Annalen der Landwirtschaft*, XII, p.352.
11) Fr. Schmalz, "Über Pachtungen," in: *Thaers Annalen der Landwirtschaft*, VII, 1808, p.452.

액의 은 함유량으로 계산해볼 때, 13세기부터 시작하는 잉글랜드의 가격통계표에서 나타난 가격 중 최고의 것이다. 물론 잉글랜드의 가격을 주화액(또는 라이히스마르크)의 은 함유량으로 환산하는 데 잉글랜드 통화의 가치절하는 완벽하게 고려될 수 없었다. 1812~16년에 있었던 지폐의 태환정지와 지폐유통의 확대는 잉글랜드의 환율이 25%나 악화되는 사태를 초래했다. 대륙봉쇄령이 발효하는 기간에조차도 잉글랜드는 외국과 연계되어 있었기 때문에, 잉글랜드 화폐의 평가절하는 동시에 잉글랜드에서의 물가상승에 기여했을 것이다. 그러나 확실한 것은 이 시기 잉글랜드의 농산물가격이 역시 오르고 있던 농장의 임금지출과 다른 경영비용을 훨씬 더 초과하여 올랐기 때문에 다시 한 번 농업생산의 양과 집약도가 증가했고 토지의 차지료는 눈이 어지러울 정도로 높이 뛰어올랐다는 점이다. 몇 년 뒤에 잉글랜드의 어떤 저작가는 다음과 같이 쓰고 있었다.[12] "당시에 쟁기날을 피할 수 있는 것은 아무것도 없었다. 가는 모래땅이나 돌밭, 저항력이 없는 모래밭과 질퍽한 진창에도 쟁기날이 지나갔다. 자본은 무더기로 토지에 묻혔다. 비용이 엄청나게 드는 배수관개 작업이 감행되었고, 가장 값비싼 비료가 매입되었으며, 노동력이 낭비되었다. 터무니없이 높은 지대가 지불되었고 지가(地價)는 너무나 높이 올라, 있을 수 없는 일이지만, 우리들의 조상도 당시라면 놀라서 그들의 무덤을 박차고 뛰어나왔을 법했다."

선박운항의 재개와 1813년의 풍작으로 잉글랜드의 곡가는 곤두박질쳤다. 1813년 3월부터 12월까지 잉글랜드의 밀값은 1/3 이상이 떨어졌다. 잉글랜드의 차지농 사이에는 일종의 '공황'이 터져나왔다. 지난 연간의 가격 수준을 믿고 그들은 더 이상 감당할 수 없는 수준의 지대지불

---

12) Whitmore, *A letter on the present state and future prospects of agriculture*, London 1822, p.23. 여기에서는 다음의 문헌에서 재인용했다. H. Levy, *Die Not der englischen Landwirte zur Zeit der hohen Getreidezölle*, 1902, pp.7f.

을 수락했던 것이다. 양질의 토지는 아주 적은 수익만을 냈고, 최근에 개간된 모래 땅과 습지대는 조금의 순수익도 내지 못했다. 토지에 이해관계를 갖고 있던 층이 의회에 행사하는 압력은 1815년 새로운 관세규정을 발포하도록 했다. 밀의 수입은 국내 가격이 쿼터당 80실링(100kg당 36.75RM)에 달하지 않는 한 금지되었다. 식민지로부터의 수입에 대해서는 쿼터당 67실링(100kg당 30.80RM)의 한도가 확정되었다.

그러나 이러한 규제가 효력을 발생하기 전에, 이미 대륙의 농업은 잉글랜드 시장에 공급함으로써 이익을 보고 있었다. 프로이센의 항구에서 잉글랜드로 향하는 수출은 선박운항이 재개된 이래 여러 배나 증가했고, 다른 항구의 수출도 아주 미미한 정도이긴 했으나 역시 증가하고 있었다. 그래서 잉글랜드의 곡가는 계속 떨어졌으나 대륙의 곡가는 회복하는 사태가 일어날 수 있었다. 1811년부터 1815년까지, 즉 대륙봉쇄가 최악에 달했던 해부터 잉글랜드의 곡물수입이 새로 조정될 때까지 함부르크의 밀값은 100kg당 15.95RM에서 20.75RM로, 로스토크에서는 14.40RM에서 19RM로, 그리고 단치히에서는 8.80RM에서 16.20RM로 올라갔다.

동부 독일 농업의 지속적인 전망은 좋지가 않았다. 잉글랜드에서 허용한 최소한도의 수입가격은 대륙의 항구에서 거래되는 곡가의 배 이상을 넘었다. 잉글랜드를 향한 수출이 정체되고 수출항에서의 가격폭락이 재발할 우려가 있었다. 그러나 이 사태는 일어나지 않았다. 흉작이 가격을 치솟게 했다. 1815년의 수확은 보통수준이었으나, 그 이듬해에는 중부 유럽 전역에 흉작이 몰아닥쳤고, 1817년의 작황은 다시 그저 중간에서 적절한 수준에까지 이르렀다.[13] 이 흉작은 곡물수요의 비탄력성 덕

---

13) 이 기간의 작황에 대해서는 다음을 참조하라. J. Hanssen and H. Wolff, *Chronik des Landes Dithmarschen*, 1832, pp.431f.; Heunisch and Bader, *Das Großherzogtum Baden*, 1857, pp.127f.; L. Torfs, *Fastes des calamités*, 1859, p.220; Th. Tooke, *Geschichte der Preise*……, I, p.178. 1816/17년의 기근은 필자가 상세히 다룬 바 있다. W. Abel, *Massenarmut und*

분에 가격상승을 야기했는데, 이는 중간급 및 대규모 농장의 수지타산에서 수확의 양적 감소를 상쇄하는 이상의 효과를 가져왔다. 다수의 당대인들은 임금 및 봉급수령자들이 고통을 겪고 있던 이 시기에 영농가들은 높은 이익을 거두었다고 보고했다.

예컨대 왕립농업위원회(Conseil Royal d'Agriculture)는 강화조약이 체결된 시점부터 1817년까지가 프랑스의 영농가들에게는 유리한 시절이라고 보고했다.14) 생산자들은 흉작으로 인하여 과도하게 오른 가격 덕에 부유해졌다. 그리고 토지소유자들은 농업의 새로운 번영에 고무되어 지대율을 인상했다. 잉글랜드에서는 사람들이 임대농지를 다시 열렬하게 구하게 되었고, 방목지가 경작지로 변모했다. 프로이센 동부에서는 심지어 토지투기의 새로운 물결까지 생겨났는데, 이에는 이제 1807년 10월의 "부담이 완화된 토지보유와 토지소유권의 자유로운 사용에 관한" 칙령으로 기사령의 획득이 허용된 부르주아층도 참여했다.

모든 나라의 영농가들은 다시 희망을 품게 되었다. 심지어 1815년에 가결된 잉글랜드의 곡물법마저도 찬양되었다. 이는 자명하게도 잉글랜드에서만이 아니라, 대륙에서도 그러했다. 잉글랜드가 시행한 조건부 곡물수입금지는 곡가를 높이 유지한 것으로 여겨졌다. 1818년 메클렌부르크에서 나온 보고는 이 시기의 영농가들이 갖고 있던 기분을 잘 반영한 것이다.15) "그렇게도 암담한 여러 해가 지난 후에 지난 두 해는 메클렌부르크에도 아주 양호했다. 그래서 모든 것이 다시 살아나고, 밝은 표정을 되찾아 기쁜 희망으로 미래를 쳐다보게 되었다. 〔……〕 농업이 아직 보조를 맞추지 못하고 있는 유럽의 인구증가를 맞이하여, 우리는 이제 판로를 걱정하지 않아도 된다." 그러나 당대인들의 판단은 틀렸다. 18세기 말부터의 호경기에 형성되었던 위기의 잠재력은 아직도 제거되지 않았다. 영농가들은 가장 힘겨운 시기를 여전히 목전에 두고 있었다.

Hungerkrisen im vorindustriellen Europa, 1974, pp.314ff.
14) 여기서는 다음에서 재인용했다. L. Romeuf, *La crise agricole*, 1902, p.24.
15) *Möglinsche Annalen der Landwirtschaft*, II, 1818, p.546.

제3차 국면(1818~30)

1819년, 1820년 및 1821년의 수확은 드물게 경험한 풍작이었다. 창고는 들에서 거둔 수확을 거의 끌어안을 수 없을 지경이었다. 1820년 가을 슐레스비히-홀슈타인에서는 "헤아릴 수 없이 많은 곡물 더미가 이집트의 피라미드와 같이 높게" 농장을 둘러싸고 있는 모습이 보였다.[16] 그 결과는 곡가의 급격한 폭락이었다(〈도표 55〉).[17]

급격하고 지속적인 곡가의 하락은 영농가들이나 전문가들을 완전히 놀라게 했다. 합리적인 농업의 개척자인 독일의 알프레히트 테어도 1807년 5월에 이렇게 주장했다.[18] "사태 전체를 개관할 수 있는 사람들 중 그 누구도 여러 해 동안의 평균치로 계산했을 때 1셰펠의 호밀가격이 22그로셴(100kg당 6.90RM)으로까지 떨어질 것이라고는 믿지 않았다." 100kg의 호밀이 1824년과 1825년의 평균치로 베를린과 같이 큰 시장에서조차도 단지 6마르크(RM), 그리고 협소한 테어의 고향, 하노버 지역에서는 1825년에 5마르크(RM)밖에 값이 나가지 않았다. 조세,

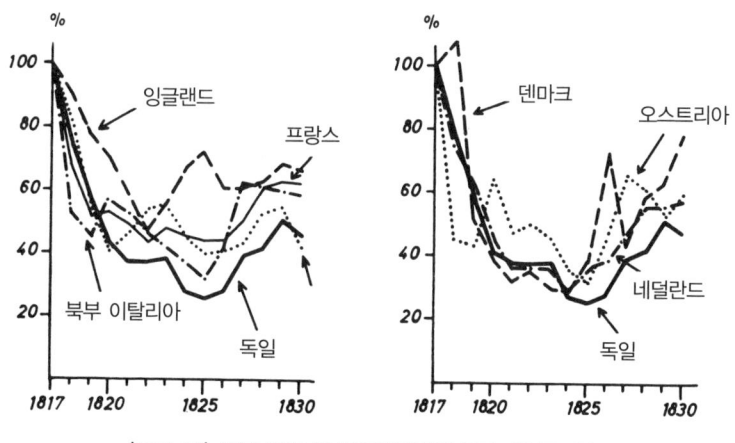

〈도표 55〉 중부 유럽 및 북아메리카의 곡가, 1817~30
(연간 가격, 100kg당 은의 중량으로 표시, 1817=100)

---

16) *Schleswig-Holsteinische Provinzialberichte*, 1821, I, pp.1f.
17) 〈도표 55〉의 가격은 이 책의 부록 〈표 3〉에 제시된 곡가에 의거한 것이다.
18) *Thaers Annalen der Landwirtschaft*, V, 1807, p.680.

차지료, 생계비와 영농비용은 더욱 높은 가격 수준에서 형성되어 있었다. 더욱 파멸적으로 작용한 것은 1818년부터 1821년까지의 가격하락과 그에 이어진 장기간의 침체였다. 이 시기 독일의 곡가를 사람들은 "가격이 떨어지다 못해 생산자가 절망할 정도"라고 묘사했다.[19] 덴마크에서도 농산물가격은 1824년 7월 9일 함부르크 증권거래소의 시세표가 보고한 바와 같이 "겁이 날 지경으로" 떨어졌다. 잉글랜드에서도 곤경에 빠진 차지인들이 의회에 여러 차례 진정서를 올렸고, 의회는 이에 다시금 '농업의 곤경'을 조사하기 위한 위원회를 설치했다.[20] 프랑스에서 농민들은 판매할 수가 없었기 때문에 주곡(主穀)을 돼지에게 먹였다. 헝가리는 "무가치한 지경으로 쌓인 자연의 축복으로 질식했다"고 함부르크 증권거래소의 통신원이 보고했다(1824년 1월 19일). 저 멀리 북아메리카에서도 영농가들은 "풍요의 한가운데에서 빈곤해졌다. 왜냐하면 이들은 농산물을 판매해서는 농기구와 직물류같이 가장 절실한 필수품을 구입할 수 있는 방법이 없었기 때문이다."[21]

캐나다에서 이 위기가 미친 영향에 대해서는 이미 인용한 바 있는 논문이 잘 알려주고 있다(F. Ouellet and J. Hamelin, *Etudes Rurales*, 1962, pp.36f.). 유감스럽게도 이 논문의 필자들은 캐나다에서 발생한 이 위기가 같은 시기 유럽의 농업에서 발생한 위기와 연관되어 있던 그 긴밀한 관계를 파고들어가지 못한 한계가 있다.

부록에 제시한 표에서는 잉글랜드와 프랑스의 밀값이 1817년부터

---

19) *Quartalsbericht der Möglinschen Annalen der Landwirtschaft vom Juni 1821*.
20) 이 위원회는 매우 계발적인 보고서를 제출했다. "Report from the Select Committe⋯⋯ on the depressed state of the agriculture of the United Kingdom," 18 June 1821.
21) P. Deby, *De l'agriculture en Europe et en Amérique*, 1825, p.202.

1822년까지 절반 이하로 떨어졌고, 북부 이탈리아에서는 1825년까지 1/3 이하로 그리고 덴마크에서는 1/4 이하로 떨어졌음이 단순한 수치로 나타나고 있다. 독일에서는 1825년에 주곡의 가격이 1817년의 평균가격을 기준으로 할 때, 항구에서는 28%로, 내륙지방에서는 23%로까지 떨어졌다. 미국의 버지니아에서도 같은 기간에 곡가가 절반 이하로 떨어졌다. 여기에서 1825년에 최하가격은 지난 시기의 최고가격의 약 40% 정도에 달했다.

덧붙일 것은 북아메리카도 지난 수십 년 동안 중부 유럽과 형태상으로는 비슷하고, 광범한 농업지대에 미친 영향으로는 더욱 강력한 농업경기의 호황을 겪었다는 점이다. 인구는 18세기 중엽에서 1820년까지 약 10배로 증가했다. 또 이를 넘어서 농업생산도 확대되었다. 왜냐하면 1816년의 평화 이후에 수출도 급속히 증가했기 때문이다. 당대의 보고에 따르면 이 시기에는 토지투기가 전례가 없을 정도로 폭발했다. 오하이오와 아메리카의 다른 주에서는 지가(地價)가 19세기 초부터 1818년까지 10배로 뛰어올랐다. 1820년대의 농산물가격 폭락이 판매에 의존하고 있던 농업경영체에 미친 영향은 중부 유럽에서보다 결코 적지 않았다.

1826년 4월 22일자 함부르크의 증권거래 시세표는 전 세계의 밀값을 종합하여 게시하고 있는데, 이는 영국의 해외 영사관이 제출한 보고에 근거하고 있다. 보고자는 원래의 가격을 이미 윈체스터 쿼터와 잉글랜드의 화폐로 환산했다. 100kg당 마르크화(1RM=은 5.56g)로 표시하면, 다음과 같은 표로 나타낼 수 있다.

〈표 19〉 1825년의 밀값(100kg 기준, 마르크화로 표시)

장소(나라)	RM/100kg	장소(나라)	RM/100kg
잉글랜드	30.50	리보르노	15.45
		키비타베키아	10.70
마르세유	22.80	트리에스테	10.35
보르도	17.60	베네치아	10.10
르 아브르	17.00	안코나	9.10
샤랑트	15.25	피우메	8.60
프랑스의 항구	18.20	이탈리아 및 오스트리아의 항구	10.70
워싱턴	15.30	단치히	9.40
필라델피아	14.60	엠덴	9.10
노포크	14.50	쾨니히스베르크	8.25
로드 아일랜드	13.65	메멜	8.20
뉴욕	11.30	함부르크	7.80
북아메리카의 항구	13.85	북부 독일의 항구	8.55
안트베르펜	13.50	리바우	9.40
암스테르담	10.75	오데사	7.60
로테르담	10.15	러시아의 항구	8.50
네덜란드의 항구	11.45		
		코펜하겐	7.50

위의 〈표 19〉는 1825년, 즉 농업위기의 정점에서 여러 나라의 곡가가 매우 다양한 가격대에 있었음을 보여주고 있다. 잉글랜드에서 밀값은 코펜하겐에서 통용되던 가격의 4배에 상당했고, 러시아와 북부 독일의

항구에서 지불되던 가격의 4배 값보다 현저히 떨어지지 않았다. 이 가격차가 운송비용과 교역비용으로 발생한 것은 아주 미미한 정도였다. 이 시기에 단치히에서 런던까지의 운송비용, 교역세 및 각종 부과금──그러나 잉글랜드의 수입관세는 제외하고──의 총액이 100kg의 밀을 기준으로 볼 때 4.70마르크(RM)에 불과했는데,[22] 말하자면 이는 단치히와 런던의 가격 차이에서 극히 일부를 차지할 따름이었다. 잉글랜드의 곡가 수준에서 결정적인 것은 잉글랜드의 곡물무역정책이었다.

잉글랜드는 이미 1815년에 조건부 곡물수입금지정책을 이행했다. 물론 곡물수입의 허가를 위한 국내의 최소가격 한도는 1822년에 밀 100kg당 약 36.75마르크(RM)에서 32마르크로 인하했으나, 동시에 도입된 곡물의 연동관세는 낮은 가격의 범주에서는 거의 수입을 금지하는 작용을 했다.

1822년의 관세법은 국내 가격이 쿼터당 70실링 이하에 머물러 있는 한에서는 밀의 수입을 금지한다고 규정했다. 70~80실링의 가격에서는 쿼터당 12실링의 관세를, 80~85실링의 가격에서는 5실링의 관세를 그리고 85실링 이상에는 1실링의 관세를 수취하도록 되어 있다. 1828년에는 관세의 등급이 더욱더 엄격하게 규정되었다. 그러나 관세율은 높았는데, 예컨대 쿼터당 51~52실링의 가격(100kg당 23~24RM)에서는 35실링 8펜스(100kg당 약 16RM)를 수취하도록 규정되어 있다.

---

22) 런던의 곡물상 솔리(Solly)가 1821년 잉글랜드의 의회위원회에서 행한 진술(Report 1821, p.316)에 따르면 단치히에서 밀 1윈체스터 쿼터의 선적비용과 수수료는 3실링, 단치히에서 런던까지의 운송비가 4실링에서 4실링 6펜스, 그리고 런던에서 발생하는 교역 및 운반비가 3실링, 그래서 총액이 10실링에서 10실링 6펜스에 달했다. 환산에 대해서는 부록(이 책, 613쪽)의 주석을 참조하라.

프랑스와 네덜란드의 밀값이 상대적으로 높았던 것도 수입관세 때문이었다. 이 수입관세는 프랑스에서는 1819년에, 네덜란드에서는 1824년에 국내의 농업을 보호하기 위해 도입되었다. 북아메리카의 밀값이 동부 유럽 항구도시의 가격 수준보다 높았던 것은 밀과 밀가루의 주된 수출방향이 영국이 아니라, 서인도제도였던 사정에 그 요인이 있었던 것으로 보인다.

중부 및 동부 유럽의 나라들은 가장 심각한 가격압박을 견뎌야 했는데, 이들 나라들로서는 서유럽 특히 잉글랜드로 수출한다는 데 결정적인 의미가 있었다. 곡물수출에 의존하던 이들 나라의 수입관세도 가격하락을 멈추게 하지 못했다. 가격폭락에 대처하는 다른 조치는 아주 경미한 효과밖에 없었다. 나사우의 지방 대의원들은 1824년 3월에 작성한 건의서에 "실로 무가치한 지경으로까지 떨어진 농산물가격이 초래한 막대한 손실에서 벗어나는 것은 지상 최고의 권력이 가진 힘의 범위에서 벗어나는 일이었다"라는 체념을 토로했다.

1824년 3월 20일자 함부르크 증권거래소의 시세표에 따라 인용한다. 곡물수출에 의존하던 국가에서의 일반적인 정황은 또한 메클렌부르크 의회가 적확하게 표출하고 있었다. 국내산의 농산물은 오로지 아주 근소한 부분에서만 내부에서 소비되고 있다. 그리하여 복지를 달성하기 위한 최초의 조건은 생산물을 자유롭게 그리고 아무런 제지 없이 세계시장에 처분하는 것이다.(*Hamburger Börsenliste vom 29. März 1826*)

슐레스비히-홀슈타인의 저습지대 농장에서는 봄에 말라빠진 가축을 사들여 살찐 가축으로 만들어 가을에 다시 파는 것이 오래전부터의 관습이었는데, 1821년 봄에는 사람들이 바짝 마른 '유틀란트산의 소'를 사들이는 데 지난가을에 살을 찌워 판매한 가축의 대금보다 더 많이 지불해야 했다. 아이더슈테트의 어떤 농장주는 소 두 마리를 팔아 50라이

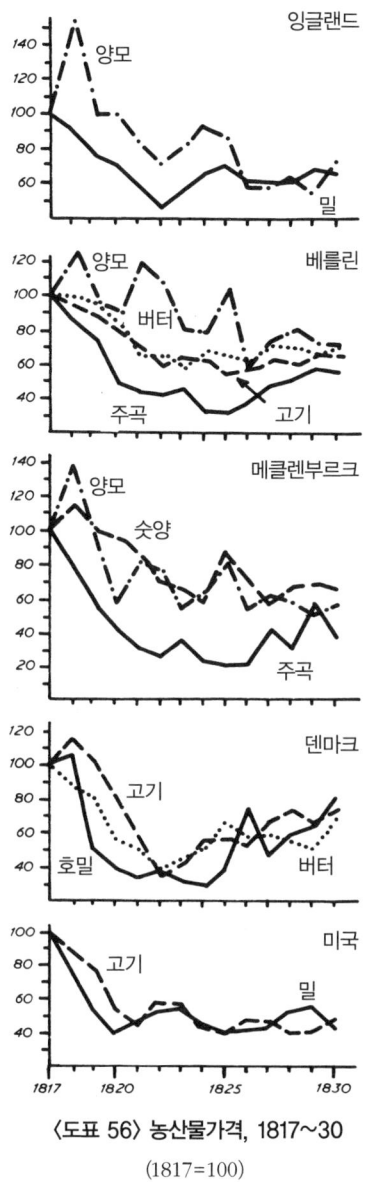

〈도표 56〉 농산물가격, 1817~30
(1817=100)

히스탈러의 손해를 보았다고 한다.[23] 그 이듬해, 1822년에는 고기와 축산품의 가격이 이 지역에서는 "아마도 지난 1세기 동안에 본 적이 없을 정도로" 낮게 떨어졌다. 사람들은 가장 좋은 쇠고기 한 푼트를 도살장에서 1.5실링(0.12~0.17RM)으로 구입했다. 농민들은 소도시의 시장에서 1푼트의 버터를 2실링(0.17RM)으로 구입했다.[24] 그러나 슐레스비히-홀슈타인에서는 물론 특수한 사정도 있었다. 가축과 축산물의 수출에 의존하는 바가 덜 일방적이었던 다른 지역에서는 가축과 축산품의 가격이 더 양호하게 유지되고 있었다. 〈도표 56〉이 보여주듯이,[25] 양모, 버터, 고기의 가격은 곡가보다 덜 급격하게 떨어지고 있었다. 양모가격은 잉글랜드, 베를린, 메클렌부르크에서는 오르는 경우도 있었다. 버터와 고기의 가격은 베를린에서는 유감스럽게도 소매가격만을 획득할 수

---

23) *Schleswig-Holsteinische Provinzialberichte*, 1822, IV, p.126. 이미 이 자리에서 언급한 바와 동일한 사태는 110년 뒤인 1931년에도 반복되었다.
24) *Schleswig-Holsteinische Provinzialberichte*, 1823, I, p.141.
25) 잉글랜드의 밀값은 이 책의 부록에 수록된 〈표 3〉의 수치(603쪽)에 의거했다.

있었는데, 이는 생산자 가격 외에 아직도 유통 및 가공비용을 포함하고 있어서 단지 조건부로만 〈도표〉에 제시된 곡가와 비교할 수 있다. 그러나 이는 외관상으로만 드러나는 통계적 오류로서, 〈도표〉가 전하는 일반적인 인상에 거의 손상을 가하지 않는다. 당대인들도 가격 간의 상호관계를 대개 아주 비슷하게 보고 있었다. 그리하여 위기의 정점에서 요한 하인리히 폰 튀넨은 북부 독일의 농장주들에게 경작지의 재배를 희생하여 가축사육을 확대할 것을 권고했다. 왜냐하면 축산물 가격, 특히 양모 · 고기 · 버터의 가격이 상대적으로 높았기 때문이다.[26]

잉글랜드에서는 1833년에 구성된 의회의 조사위원회에서 증인들이 가축과 축산물의 가격이 곡가와 긴밀한 관계에 있었다고 진술했다. 곡가가 높으면, 영농가들은 방목지와 초지를 경작지로 바꾸었고, 그 반대로 곡가가 낮으면 경작지가 방목지로 바뀌었다. 그리하여 증

잉글랜드의 양모가격은 '파운드당 직물'(clothing per pound) 및 '파운드당 원사'(combing per pound)에 대한 노포크와 서포크에서의 평균치로 환산되었는데, 이는 다음의 문헌에 수록되어 있다. *Third report from the Select Committee appointed to inquire into the state of agriculture of 21. July 1836*, p.543. 베를린의 주곡가격은 밀값과 호밀값의 평균이고, 고기값은 쇠고기 및 돼지고기값의 평균이다. 양모가격은 '중급의 질'에 대한 것이다. 이 가격들은 다음의 문헌에서 수집했다. *Jahrbuch für die amtliche Statistik des Preußischen Staates*, II, 1867. 유감스럽게도 이들 가격은 동일한 수준에서 지불되었던 것이 아니다. 이들 가격 중에는 테테로우에 있는 클라인-로게 농장의 목양장에서 획득된 것도 있고, 1804년부터 1832년까지에 대해서는 다음의 자료에 간행되기도 했다. *Neue Annalen der Mecklenburger Landwirtschafts-Gesellschaft*, Rostock 1834, p.287. 덴마크의 가격은 다음의 문헌에서 수집했다. A. Nielsen, *Dänische Wirtschaftsgeschichte*, 1933, p. 384(고기=돼지고기). 미합중국(버지니아)의 가격은 다음의 문헌에 간행되었다. A. G. Peterson, "Historical study of prices received by producers of farm products in Virginia, 1801~1927," in: *Virginia Polytechnic Institute*, Technical Bulletin, März 1929(고기=베이컨).

26) 여기서는 다음에서 재인용했다. J. H. v. Thünen, *Der isolierte Staat*, 3rd ed., 1875, II, 1, pp.22f.

인들의 언명에 따르면 곡가와 축산물의 가격은 다시금 늘 상쇄하게 마련이었다.[27] 그러나 이는 매우 제한적으로만 들어맞으며 현실적인 관계와는 일정한 거리가 있다. 증인들은 경영방식의 변경에 따르는 난관을 과소평가했으며 개별 농산물에 대한 수요의 소득탄력성에서 나타나는 차이를 완전히 무시했다.

1833년에 소집된 잉글랜드 의회의 조사위원회가 작성한 보고서에서는 농업노동자들의 임금이 이제는 더 큰 구매력을 가지고 있기 때문에, 이들의 처지가 예전의 어떤 시기보다 더 나아진 것을 발견하게 됨은 전반적인 불행 속에서도 하나의 위안이라고 하는 소견이 보인다(p.vii). 이와 유사하게 프랑스에서도 왕립농업위원회가 1825년에 다음과 같이 보고했다.[28] 즉 농업에 고용된 사람들은 위기에서 이익을 거두었는데, 그 이유는 생계유지를 위한 가격이 임금보다 더 현저하게 떨어졌기 때문이라는 것이다. 독일에서는 같은 해에 어떤 영농가가 화폐임금이 안정되어 있거나 곡가에 상응해서 떨어지지 않았음을 확인했다.

이러한 주장은 테어의 연보에서 볼 수 있다(*Möglinsche Annalen der Landwirtschaft*, XVI, 1825, p.411). 반면에 슐레스비히-홀슈타인에서는 이미 1823년에 삯일꾼의 임금이 예전 수준의 절반 이하로 떨어졌음이 보고되었다(*Schleswig-Holsteinische Provinzialblätter*, 1824, I, p.159). 이와 비슷하게 동프로이센에 대해서도 판단이 여러 가지로 엇갈리고 있다. 그리하여 정부의 추밀원(樞密員)이었던 호프만은 동프로이센에서 하루 품삯은 "곡가에 비해서 결코 떨어지지 않았다"(*Möglinsche Annalen der Landwirtschaft*, XXIII, 1829, p. 302)고 했던 반면에, 노이만은 당대의 기록에 의거하여 동프로이센

---

27) *Report from the Select Committee on Agriculture*, 2. August 1833, pp. 68, 129.
28) 여기서는 다음에서 재인용했다. Romeuf, *op. cit.*, pp.24f.

에서 자유 농업노동자들의 임금이 1820년대에는 호밀가격보다 더 심하게 떨어졌음을 확인할 수 있다고 믿었다(A. Neumann, op. cit., p. 176). 그러나 임금이 곡가보다 더 양호하게 유지되었던 것이 더 일반적인 인상이다. 왜냐하면 순수한 농업지대에서도 농업 이외의 영역에서 고용기회가 제공되었기 때문이다. 그리하여 프로이센에서는 특히 도로공사에서 비교적 높은 임금을 받는 일거리를 얻을 가능성이 있었고, 잉글랜드에서도 아직 다른 기회가 있었다. 어쨌든 간에 1836년에 소집된 잉글랜드 의회의 조사위원회에서 제이콥이라는 증인은 농업노동자들이 비공업지대에서조차도 "적절한 임금으로"(at fair wages) 일거리를 구하는 것은 아주 어려운 일이 아니라고 주장했다(I, p.18).

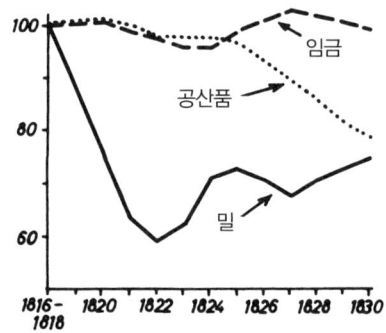

〈도표 57〉 잉글랜드의 가격 및 임금동태, 1816~30
(3개항 이동평균법에 의한 연평균치, 1816~18=100)

필수 농산물의 가격에 대한 이 시기의 보고도 이와 비슷하다. 잉글랜드, 덴마크, 프랑스, 독일에서는 농업경영수단의 가격과 농민의 생계비가 곡가와 가축가격에 비례해서 떨어진 것이 결코 아니라는 영농가들의 불평이 늘 거듭해서 울려퍼졌다.

농민의 필수품 가격과 농업노동자들의 임금을 유루 없는 계열로 제시하는 것은 유감스럽게도 불가능하다. 런던의 그리니치 구호원에서 수집한 몇 개의 자료만을 제시할 수 있는데, 이는 비농업적 노동자(특히 대목, 벽돌공 등)의 임금과 일부의 공산품에 한정되어 있다(〈도표 57〉 참조).[29] 그러나 가격과 임금의 일반적인 운동방향은 대체로 올바르게 제시된 것으로 보인다. 중부 유럽의 농업이 처해 있던 이 위기에서도——이미 앞선 시기에 있었던 매우 많은 위기에서와 같이——생산비와 판매가 사이의 협상차는 농업에 훨씬 불리한 방향으로 벌어져 있었다.

2. 위기의 영향

위기에 대처하는 북서 독일 농민경제의 사례: 희생과 극복

이제 농업위기의 영향을 지금까지 논의해왔던 것보다 더 상세하게 구분해보아야 할 시점에 도달했다. 사료가 이 작업을 가능하게 하고, 사태가 이를 요구한다. 경영규모, 경영체제, 조세와 비용, 농민 및 영농가의 생활양식과 경제감각은 중부 유럽의 개별 지역과 나라에 따라 아주 다양했다. 가격하락의 영향도 역시 다양했다. 이러한 차이를 드러내기 위해서, 경제평의원(Ökonomierat) 슈텔츠너는 1826년에 발간된 한 논문에서 북서 독일의 습지대와 인근의 게에스트 지역을 비교했다.[30] 우리는 이 문제에서 그의 의견을 따르고자 한다. 왜냐하면 이 지역이 위기에 영향을 받는 방식과 정도는 그 지역을 넘어서는 주목을 받을 만하기 때문이다.

---

29) 〈도표 57〉의 밑값은 부록의 〈표 3〉에서 취했다. 임금과 공산품의 가격은 잉글랜드 의회의 조사위원회가 작성한 보고서(1833년 및 1836년)에 수록된 것이다. 개별 상품의 가격 차이와 개별 노동자집단의 임금 수준의 차이를 상쇄하기 위해, 각각의 개별 가격 및 임금계열은 우선 1816/18년의 출발연도를 기준으로 하는 백분율로 환산되었다. 그리고 백분율 수치는 단순한 평균치로 산출되었다. 가격지표에는 다음과 같은 사항이 포함되었다. **공산품**: 신발, 양말, 모자, 이불, 외투; **임금**: 대목, 벽돌공(석공 및 벽돌제조공), 납땜공.

30) Stelzner, "Aufruf an Deutschlands Landwirthe," in: *Möglinsche Annalen der Landwirtschaft*, XVIII, 1826, pp.50f.

동프리슬란트에서 슐레스비히에 이르는 비옥한 저습지대에서는 위기가 나폴레옹 전쟁 이후에 효과를 발휘했는데, 이는 다른 시대(와 장소)에 있었던 가장 격심한 곤경에 결코 뒤지지 않는 것이었다. 이 위기를 체험한 귈리히의 평가에 따르면, 동프리슬란트의 일부 지방에서는 1824년 말까지 농장주의 절반 이상이 파산했다.[31] 슐레스비히–홀슈타인 지방에서의 보고(*Schleswig-Holsteinische Provinzialberichte*, 1821, I, p.3; 1823, I, pp.136f.)에 따르면 하락하는 농산물가격은 높은 임금과 공납의 조건에서 "모든 종류의 빈곤과 절망, 파산과 혼란을 야기했다"는 것이다. 1825년의 보고(I, p.78)에서도 "파산, 방화 및 일반적인 무기력 〔……〕 이 더욱더 증가하고 있다"는 구절을 읽을 수 있다. 누적된 경매는 토지가격을 20년 전의 가치를 기준으로 할 때, 이미 1822년까지 슐레스비히 공령에서는 1/4로까지, 홀슈타인에서는 1/3로까지 내리눌렀다(*Schleswig-Holsteinische Provinzialberichte*, 1823, I, p.136). 몇 년이 지나지 않아서는 더욱더 인하되고 있는 공공의 납부금이라도 감당하려는 원매자조차 나타나지 않았다. 재정부서는 대대적으로 경매 처리된 농민 보유 농장을 떠맡아야 했다. 토지가격이 보고되어 있는 경우를 보면, 이는 상상을 못할 정도로 낮았다. 리펜 관구의 말타르데에서는 1829년에 어떤 농장이 112마르크 8실링(뤼베크 화폐)에 처분되었는데, 1802년의 이 농장의 가치는 그보다 20배 이상이나 되었다. 슐레스비히의 슈타펠홀름 지역에서는 회복의 조짐이 최초로 나타났던 1834년만 해도, 1807년에 456라이히스탈러가 지불되었던 2데마트의 토지가 34라이히스탈러에 원매자를 찾고 있었다.[32]

물론 저습지대의 농업이 겪은 완전한 붕괴는 내륙 방향으로 인접한 게에스트 지방의 농민경영에 아무런 흔적을 남기지 않고 지나가지 않았

---

31) G. v. Gülich, *Geschichte der Handels*……, II, 1830, p.403, Note 1.
32) 위의 보고는 달리 기재되지 않는 한, 다음의 자료에서 취했다. *Das Neue Staatsbürgerliche Magazin*, Schleswig, II, 1834, p.390 및 G. Hanssen, *Agrarhistorische Abhandlungen*, II, 1884, p.481.

다. 교통이 더 유리한 지역에 소재했던 게에스트의 농장에서도 슈텔츠너에 따르면 자주 급격한 영락과 토지소유의 변동이라는 동일한 모습이 나타났다. 그러나 내륙지방으로 더 들어갈수록 위기의 흔적은 더 약해졌다. "이 궁벽하게 보이는 동네의 주민들은 적어도 지대와 조세의 잔액을 납부하는 반면에, 비옥한 지구의 주민들은 지불할 능력이 없다. 20건의 파산 가운데 19건이 저습지 주민들의 재산에서 발생했다. 저습지와 게에스트에 뻗쳐 있는 재판구역이 있는데, 저습지대에 소재하는 농장의 1/3은 파산상태에 있지만, 게에스트에서는 모든 지불의무가 이행되고 있다." 슈텔츠너는 이렇게 판단하고 있는데, 그는 실로 그러한 판단을 내릴 수 있는 처지에 있었다.

그러한 차이를 어떻게 설명할 수 있는가라는 문제가 남는다. 그 근거를 완벽하게 추구할 수는 없지만, 슈텔츠너의 관찰에 연계해서 다음과 같은 이유를 열거할 수 있을 것이다. 즉 토질, 기후 및 판매지역에 대한 입지로 저습지 농장의 노동 및 자본집약도가 게에스트 소재의 농장보다 더 컸던 사정이 초래되었던 것이다. 저습지에서는 더 많은 노동과 경영비용이 투입되었는데, 이런 사정에서 또한 임금, 지대 및 가격에 대한 종속성이 더 컸던 것이다. 아마도 내부경제적으로 합당한 경영의 집중도가 농업의 호황기에는 도처에서 더욱 과잉으로 제고되었을 것이다. 어쨌든 저습지의 농장에서는 화폐자본의 투하가 소규모이고 가족원의 노동력으로 경영되어 가격과 임금에 영향을 덜 받았던 게에스트의 농장에서보다도 훨씬 더 높았다.

지난 연간의 호황기에 저습지대에서는 개인적인 생활수준이 더욱 제고되었다. 앞에서 저습지대 주민들의 증가하는 '사치'에 대하여 제시한 증거를 회상할 수 있을 것이다. 알프레히트 테어는 1798년에 이렇게 썼다.[33] "사람들이 말하기를 많은 사람이 사치에 탐닉했다. 순전히 잘 먹고 마시는 것만이 아니라, 가구, 은장식 그리고 다른 것들에도 낭비를

---

33) *Vermischte Schriften*, I, p.433.

했다. 〔……〕 나는 이에 대해서 매우 많은 풍문을 들었는데, 즉 이러한 사치는 커다란 불행이고 바로 인류의 타락에 이르는 길이라는 따위의 말이다." 테어는 당시에는 아직 이런 견해에 동조하지는 않고 있었다. 왜냐하면 그의 말마따나, 저습지대 농장의 높은 순이익은 이 지역 주민들의 높은 개인적 소비 수준을 허용하고 있었기 때문이다. 그러나 농민들의 요구는 순수익을 갉아먹고 있었으며, 수입이 줄어들어도 중단하기 어려운 과소비의 습관을 초래했다. 이에 반하여 슈텔츠너에 따르면 게에스트의 주민들은 조상들의 관습을 충실하게 지키고 있었다. 이들의 농장에서는 스스로의 경작지와 가축이 의복의 옷감을 제공하고 있었다. 비단과 면화는 여성의 의복에서 단지 일부의 장식조각으로나 찾아볼 수 있었다. 식료품도 자신의 농장에서 나오는 산물로 이루어졌다.

순수익이 늘어나면서 저습지대의 농장이 지고 있던 채무도 증가했다. 토지의 교환가치가 늘어나면서 소유관계에서의 수많은 변동과 함께 잔여지 매입과 상속보상에 따른 저당도 늘었는데, 그 이자는 농장에 심각한 부담을 주었다. 게에스트에서는 지난해의 수입 대부분이 절약되고 예비비로 축적되었는데, 이는 위기의 해에 불가결한 조세 및 경영상의 의무이행을 가능하게 했다.

경제적인 조건, 그러나 또한 생활양식과 농민들의 경제감각이 농업위기가 저습지대와 게에스트의 농장에 미친 영향의 차이를 설명해준다. 1800년경에 저습지대에서는 진보적이며, 경기변동의 자극을 기꺼이 따르는 영농가를, 반면 게에스트에서는 보수적이며, 아버지 때와 같은 방식으로 살아가며 경작하는 농민을 만날 수 있었다.

유럽의 사태 개관

중부 유럽을 돌아보면 어디에서나 빈곤과 불평, 절망과 마주치게 된다. 그러나 한편 북서부 독일의 게에스트와 비슷하게 급격한 가격폭락의 파장을 견뎌내는 곳도 있었다. 잉글랜드에서는 물론 이미 소수로 줄어들었지만, 자신의 농장을 소유하는 자유농민층이 아직도 존재하고 있었다. 이들은 지난 시기의 호황기에 생활양식이나 농업경영에서 과도한 지출의 유혹에 빠지지 않았던 한에서는, 위기를 거뜬히 넘길 수 있었다. 이들은 절제했고, 스스로 힘차게 노동했다. 그리고 채무가 없는 농지를 보유한 경우에는 잉여를 거두기까지 했다. "자유농민이 지대나 이자를 지불하지 않아도 되면, 그들은 틀림없이 돈을 모은다"고 1833년에 소집된 의회의 조사위원회의 어떤 한 전문가는 말했다(Report……, pp. 431, 467).

그러나 이러한 농민은 그다지 많지 않았다. 1833년의 보고에서는 다음과 같은 진술이 보인다(pp.ixf.). "자기 토지를 소유하는 농민(Yeomen)이 기왕에 월등했던 그러한 지역에서는 대대적인 소유권의 변동이 발생했다. 최근의 전쟁으로 인한 높은 가격은 토지매입, 토지개량과 인클로저에서 투기를 초래했다. 아버지 때부터 물려받은 토지를 저당잡히고 돈을 빌렸는데, 이는 그 당시에는 비정상적으로 보이지 않았다. 이제 가격이 폭락했지만, 채무는 그대로 남아 있거나 아니면 농장이 그 소유자를 바꾸었다."

잉글랜드에서 임대차경영이 왕성하게 일어난 지역에서는 나폴레옹의 대륙봉쇄가 행해졌던 동안에 차지료가 다시 한 번 힘차게 인상되었다. 이제는 차지농이 농장에 머물러 있도록 지대가 인하되고, 유예되고, 부분적으로는 탕감되어야 했다. 그래서 이제는 지주들이 원성을 터뜨리게 되었다. 그러나 차지농들도 드물지 않게 복지와 재산을 상실했다. 1833년에 설치된 의회의 조사위원회에서 진술된 사례를 예시할 수 있다(Report……, pp.399f.): 증인으로 출두한 차지농은 1815년에 에이커당 30실링의 차지료율로 합의를 보았다. 위기가 진행되면서 차지료는 24실링으로 인하되었다. 증인은 차지료를 지불할 때 여전히 돈을 추가로 지출해야 했기 때문에, 농지를 포기했다. 에이커당 24실링의 차지료 지불을 승인했던 후속 차지농은 차지계약으로 말미암아 그의 재산을 상실했다. 증인이 보기에 당시에 감당할 수 있었던 수준은 에이커당 단지 15실링 정도의 차지료였겠는데, 지주는 이 금액으로 합의하지 않았다는 것이다.

잉글랜드에서는 오래된 농민신분층 외에 다수의 새로운 영농가층이 등장했는데, 이들은 호황기에 적은 자기자본을 가지고 높은 가격의 농장을 획득했다. 이 경우 매입금액의 잔금은 저당으로서 농지에 얹혀졌다. 조사위원회에서 보고된 바에 따르면, 세기 전환기와 그다음의 여러 해 동안에 4,000~5,000파운드의 자기재산을 갖고 있던 사람들은 1만~1만 5,000파운드의 가치가 있는 토지를 매입했다고 한다. 왜냐하면 이들은 매입잔금의 높은 이자를 쉽사리 벌어들일 수 있을 것이라고 희망했기 때문이다. 핸콕이라는 증인은 다음과 같이 진술했다(*Report* ······, 1833, p.431). "당시에 수많은 사람이 그들의 토지를 믿고 있었으나 최근 몇 년 동안에 있었던 수익의 감소를 생각하지 못하고 있었다. 이 사태는 그들에게 심각한 타격을 가했다." 팔려고 내놓은 토지는 낮은 가격밖에 받지 못했다. 어떤 증인은 1811년에 4만 2,000파운드로 매입되었던 농장에 대해 말했다. 매입자는 3만 파운드의 가치가 있는 농장의 개량을 실시했는데, 이제 개량된 농장은 3만 7,000파운드로 내놓았다 (*Report of 4. March 1836*, p.199). 잉글랜드의 일부 지방에서 토지가격이 더 양호하게 유지되었다면, 이는 다수의 전문가들이 강조한 바와 같이, 상인이나 공업경영자들이 제공된 토지를 매입했다는 사정에 그 요인이 있었을 것이다.

덴마크에서는 코펜하겐의 잡지 『국가의 친구』(*Staatsfreund*)가 1821년에 이렇게 보고했다.[34] "최대의 농장주에서 미미한 농민에까지 이르

---

34) 여기에서는 다음에서 재인용했다. *Staatsbürgerl. Magazin*, I, 1821, pp. 414f. 새로운 가격자료로 시도된 포괄적인 위기의 서술로는 다음의 문헌이 있다. E. H. Pedersen, "Landbrugskrisen, 1818~28. Et forsog på en nuancering," in: *Landbohistorike Studier tilegnede F. Skrubbeltrang*, København 1970, pp.174ff.

는 농촌주민의 처지는 1813년부터 아주 악화되어 이들은 재산도 복지도 상실했다. 이에 대해서는 유감스럽게도 증거가 필요 없을 정도다." 덴마크는 방금 심각한 통화위기를 넘긴 처지였다. 나폴레옹 전쟁 동안에 국립은행권의 가치는 액면가에 훨씬 못 미치는 수준으로 떨어졌다. 이로부터 영농가들은 처음에는 이익을 보았다. 왜냐하면 예전의 저당을 가치가 떨어진 통화로 해소할 수 있었기 때문이다. 그러나 1814년부터 통화환율이 정상화되자, 다시 새로운 채무가 증가했다. 부분적으로는 조세부담이 증대했기 때문이기도 했고, 또 부분적으로는 수없이 시행된 농업개량과 급격히 증가한 개인적 소비 때문이기도 했다.[35]

1820년경 농업위기의 제3차 국면이 전개되었을 때, 영농가들의 위축된 수입과 정부 및 국립은행의 엄격한 디플레이션 정책이 맞물리게 되었다. 영농가들의 신용대부 원천이 폐쇄되고, 이자율이 오르고, 파산의 물결이 몰아 닥쳤는데, 이 사태는 농지의 가격을 건물과 시설의 가치로까지, 심지어 부분적으로는 더 낮게 짓눌렀다. 함부르크 증권거래소의 시세표는 1824년 1월 3일에 덴마크의 신문에 나온 매물광고를 다음과 같이 전재(轉載)하기도 했다. "작은 규모의 농장, 히르시홀름 구역의 링에베크에 소재, 230토네(126.5ha)의 면적을 구비한 토지, 정원은 6토네(3.3ha)의 면적에 500~600그루의 과수나무, 거의 새로운 건물로 은화로 1만 6,000탈러(3만 8,500RM)의 보험에 들어 있음. 이 농장은 전체 설비 및 도구와 함께 1월 5일에 다섯 번째 경매에 부쳐질 예정. 더 높은 액수의 매입 희망이 없으면, 최후에 제공된 4,000탈러에 무조건 방매될 것임." 탈러화를 액면가대로 계산하면, 4,000탈러는 약 9,000마르크(RM)에 상당했을 것이다. 그러나 실제로 그해에 탈러의 환율은 액면가에서 최소 10%가 떨어져 있었다. 그래서 126ha를 포괄하는 전체 농장은 정원의 새 건물이 들어 있는 보험금의 약 1/5에 해당하는 가치로 양도될 처지였다.

---

35) 이러한 판단은 이미 다음에서 개진된 바 있다. Nielsen, *op. cit.*, p.386.

이에 따라 코펜하겐의 신문에 게재된 어느 무명인사의 발언을 이해할 것이다.36) "여러 숙녀들이 걸친 옷이 이제는 일부 농민의 농장 전체보다 2배 이상의 값어치가 나간다. 질이 좋은 진짜 숄 하나로 이제는 경작지, 이탄소(泥炭沼) 및 각종 부속물이 딸린 농장 하나를 통째로 살 수 있다. 축복은 이다지도 크고, 풍요는 형언할 수 없을 지경이다. 여기에서 우리는 유럽인이 도착하자 금으로 치장을 하고 나타난 아메리카 원주민이 칼 한 자루나 작은 거울 하나에 여러 파운드의 귀금속을 바쳤던 형국을 연상하게 된다. 곡물, 즉 우리의 황금은 이제 가격이 그렇게도 떨어져서 종종 극장의 상등석 하나가 한 톤의 호밀보다 더 비싸다. [……] 미래의 세대들이 1824년에는 숄 하나가 농장 하나와 대략 비슷한 가치였다는 말을 들으면, 무어라고 말하겠는가."

그러나 덴마크에도 전반적인 파탄의 소용돌이에 휘말리지 않은 한 떼의 농민이 있었다. 이들은 다른 곳에서와 마찬가지로, 과거의 좋았던 시절에 신용대부 얻기를 조심했던 그러한 농민들이었다. 닐센은 위기를 견디는 힘이 있는 농민경영의 부류에 영세소농민과 소차지농을 산입했다. 왜냐하면 이들의 농지는 경기가 상승일로에 있었을 때, '진보적인' 경영을 위한 토대를 결코 제공할 수 없었기 때문이다. 토지와 영주에 대한 긴박성, 부분적으로는 아직도 가부장적·봉건적인 성격의 긴박이 농업경기의 호황기에 부채에 빠지는 것을 막아주었고, 경기의 쇠퇴기에는 이 농민들이 집과 농토를 상실하는 사태를 방지했다.

이제 눈을 돌려 **독일**의 사정을 보면, 여기에서도 매우 다양한 상태와 접하게 되는데, 이는 이미 또한 아주 다양한 평가를 받고 있었다. 프로이센의 농업위기에 대해서 아주 탁월한 논문을 집필한 우케는 "농민들은 의심할 나위 없이 단지 소수만이 악화된 경기에 영향을 받고 있었

---

36) 여기서는 다음에서 재인용했다. *Liste der Hamburger Börsenhalle vom 3. Mai 1824*.

다"37)고 주장했던 반면, 노이만은 "프로이센, 포머른 및 슐레지엔의 여러 속주에서 농민들의 [⋯⋯] 대부분이 몰락하고 있었음은 기왕의 확증에서도 분명하게 드러나고 있다"38)고 했다. 프로이센의 동부 속주에서는 1807년과 1811년의 조정칙령이 농장영주-농민의 구속관계를 해체하는 길을 열어놓았다. 토지를 양도하거나 과거에 농민이 지고 있던 부담과 납부의무가 지대로 전환됨으로써 농장영주에 대한 보상이 이루어졌고, 농민들은 농지의 자유로운 소유자가 되었다. 그러나 이제부터는 다수의 농민보유지에 새로운 부담, 즉 지대가 부과되었다. 수집된 증거에 의거하여 판단하자면, 바로 이러한 농민보유지의 대부분이 20년대의 위기 속에서 소유자를 변경했다. 유사한 견해를 이미 크나프가 제기한 바 있다.

"특히 지대로 조정이 이루어졌을 때, 농민들은 1819년부터 1826년까지 곡가가 낮았던 시기에는 지대를 납부할 수 없었고 몰락해갔다"라고 당시 동부 독일 농업 사정에 가장 정통했던 게오르크 프리드리히 크나프는 말했다.39) 지대지불 이외에 조세부담도 치명적인 영향을 미쳤다. 그리하여 리투아니아의 행정구역(Department) 굼비넨에서는 1822년 총 1,500~1,600개의 농민 보유 농장 가운데 이미 약 1,000개가 조세를 납부하지 못해서 유례없는 헐값으로 공매처분되었다는 사실이 보고되고 있다.40)

따라서 프로이센의 농민들의 처지가 우케가 서술한 바와 같이 그렇게 유리한 형편이 아니었다면, 프로이센 동부에서 그 위기의 원인은 북서

---

37) A. Ucke, *Die Agrarkrisis in Preußen*, 1887, p.64.
38) A. Neumann, *Die Bewegung der Löhne*⋯⋯, 1911, p.146.
39) G. F. Knapp, *Die Bauernbefreiung*⋯⋯, I, p.236.
40) Fr. Schmalz, *Jahrbücher der preußischen Landwirtschaft*, III, 1827. 여기에서는 다음에서 재인용했다. Neumann, *op. cit.*, p.146.

부 독일 지역에서와는 다른 것이었다. 북해 연안의 저습지대에서 집과 농장을 상실한 사태는 지난 호황기 동안에 농민들이 취한 태도에서도 야기되었다. 이에 반하여 프로이센 농민농장이 겪은 혼란의 이유는 농민들이 미칠 수 있는 영향권 밖에 있었다. 동부 독일 농민들의 욕구는 아직도 미미한 것이었다. 그것은 본질적으로 그들의 농장이 생산하는 산물로 충족되었다. 신용은 지난 연간에 거의 취해진 적이 없었다. 위기가 닥쳐왔을 때, 동프로이센, 서프로이센 및 포젠의 농민농장은 사적인 부채를 지고 있는 경우가 거의 없었다. 아마도 이는 농민들이라기보다는 입법자들의 공로였다. 즉 1811년의 칙령으로 프로이센에서는 토지가치의 1/4에 달하는 액수가 농민보유지의 채무한도로 규정되어 있었기 때문이다. 그러나 이 칙령의 효과는 농업개혁입법의 실패로 희석이 되었는데, 이 법안은 농민들에게 감당할 수 없는 부담을 과했던 것이다. 위기가 독일의 동부지방에서 농민농장이 지고 있던 경미한 채무에 의해 예상할 수 있었던 것보다 더 큰 영향을 미쳤던 것은 이와 같은 개혁입법의 실패와 아마도 더욱이는 높은 조세부담에 그 요인이 있었음이 틀림없다.

  서부 독일에서는 농업위기의 모습이 지역마다 상이했다. 안나 노이만은 이미 라인란트와 베스트팔렌에서 나온 당대인의 보고를 두루 검토한 바 있는데, 그 가운데서 파산에 대한 보고는 거의 발견하지 못했다. 이 지역의 농민들은 여러 세대 전부터 그들의 농장에 뿌리박고 있었다. 투기적이며, 채무부담을 초래할 만한 보유자 교체는 여기서 일어나지 않았다. 위기의 영향이 악성으로 발휘되었던 곳은 남서부 독일의 소농민 지역이었다. 이 지역에서는 오랜 세대 전부터 이미 토지의 이동성이 활발했고, 생존자들 사이에 또 상속 과정에서 세분화되었다. 게오르크 한센은 쿠어팔츠-바이에른 영방을 돌아보는 여행에서 관찰한 바를 보고했는데,[41] 단 하나의 촌락에서 단기간에 300명의 소토지 보유자 가운데

---

41) G. Hanssen, *Historisch-statistische Darstellung der Insel Fehmarn*, 1832,

100명이 파산하고, 다른 100명도 비슷한 운명을 맞이할 형편이었다고 한다. 토지의 세분화는 이 촌락에서 눈에 띄게 진척되어, "주민들은 쟁기와 역축을 폐기하고, 수천 년 전 쟁기가 발명되지 않았던 시기에서처럼 다시 삽을 잡았다." 자본가들은 눈앞에 들어온 소토지를 우스꽝스런 가격으로 매입했다. 그리고 왕년의 소토지 보유자는 "부채와 근심에서 해방되어 삯일꾼의 위치로 돌아왔다." 물론 이 소농민의 농장에는 영농수단과 임금을 위한 지출의 부담이 거의 걸려 있지 않았으나, 여기에서도 공납과 보유지의 부채는 지난 시기의 가격에 맞추어져 있었다. 그래서 가격이 폭락하면 이에 따라 경매사태가 발생하게 마련이었다. 뷔르템베르크에서는 1820년대에 최량의 경작지 1모르겐을 1.5~2탈러로 구득할 수 있었고, 여러 지역에서 미미한 규모의 경지는 거의 무상으로 얻을 수 있었다고 한다.[42]

프랑스에서도 낮은 가격과 높은 경영비용에 대한 불평이 그치지 않았다. 1825년 4월 10일 왕립농업협회가 개최한 모임에서 정부대표는 이렇게 연설했다.[43] "지난 6년 전부터 경지는 그 경영자에게 최소한의 생계도 보장해주지 못하고 있으며, 농촌에는 절망이 넘치고, 영농가들은 조세마저 힘겹게 납부하고 있다는 사실을 모르는 사람은 이 자리에 모인 우리들 가운데 아무도 없습니다. 물속 한가운데에 서 있는 탄탈로스와 같이 영농가는 그가 축적한 부에서 전혀 이익을 볼 수 없습니다. 그는 가격이 너무도 낮아서 자신이 거둔 곡물을 팔 수가 없습니다. 또 경영비용을 감당해야 하기 때문에 곡물을 보관할 수도 없습니다." 그러나 농업위기의 영향이 프랑스에서는 다른 나라에서처럼 그다지 쓰라린 것은 아니었다.[44] 프랑스의 농민들은 심한 부담을 지고 있거나, 과도한 부

---

 p.200.
42) 기타 추가적인 증거는 다음을 참조했다. W. Abel, *Geschichte der deutschen Landwirtschaft*……, 2nd ed., 1967, p.341.
43) Romeuf, *op. cit.*, p.19.
44) 인상적으로 앙리 제는 경제사 통사(*La vie économique de la France*,

채를 지고 있는 경우가 드물었다. 왜냐하면 수십 년 전에 봉건적 부담과 납부의무가 일시에 삭감되었기 때문이다. 로피프가 설파한 바와 같이, 프랑스에서는 1820년대의 위기가 가격과 임금동향에 더욱 강하게 종속되어 있던 '대규모 경영'(grande culture)의 위기였다는 점이 틀림없는 것으로 보인다.

동부 독일의 대농장 경영

'대규모 경영'은 동부 독일에서 오래전부터 널리 행해지고 있었다. 실로 동프로이센, 포머른, 슐레지엔에서 메클렌부르크와 슐레스비히-홀슈타인에 이르는 대농장지대에서는 농업위기가 다른 어떤 곳에서보다 더 끔찍한 영향을 미쳤던 것으로 보인다. 프로이센 국가는 동부 독일의 대농장에 직간접으로 수백만 금의 보조금을 지원하고, 그밖에 조세인하와 지불유예, 대부금 상환유예와 이자인하의 혜택을 제공했는데도, 동부 독일 기사령 소유주 가운데 적어도 80%가 농업위기 동안에 그들의 농장을 상실했다. 이는 대의원 라베르뉴-페길랭(Lavergne-Peguilhen)이 1851년에 제출한 보고서에 의한 것인데, 다소 과장되어 있기도 하지만 종종 인용되는 바다. 부정할 수 없는 사실은 토지의 과잉공급으로 인하여 동부 독일의 일부 지방에서 토지시장이 완전히 붕괴되었다는 것이다.[45] 예컨대 동프로이센에서 쾨니히스베르크와 6마일가량 떨어져 있

1815~48, 1927)에서도 특히 농업을 다룬 논문("L'économie rurale de l'Anjou," in: *Revue d'Histoire Economique et Sociale*, 1927)에서도 이 시기의 농업위기에 대해서는 전혀 언급하지 않았다. 하나의 '위기'라는 것이 그에게는 단지 1816/17년의 기근과 물가앙등 정도였다.

45) 다음에 제시하는 동부 독일 농장의 가격은 이 책의 앞에서(463쪽) 이미 인용한 우케(Ucke), 베스트팔(Westphal), 바이어만(Weyermann)의 저작과 다음의 저작에서 취했다. v. d. Marwitz, "Von dem Zustande des Vermögens der Grundbesitzer 1820," in: *Forsch. zur brandenb.-preuß. Geschichte*, XXII, 1909, pp.196f.; H. Oldekop, *Topographie der Herzogtümer Schleswig und Holstein*, II, 1906~1908; Veröffentlichungen des großherzoglich-statistischen Büros (Mecklenburg) "Über den Werth der

는 페르퀴켄 농장은 1805년에 17만 1,200마르크(RM)로 평가되었는데, 1820년대에는 3만 3,000마르크로 원매자를 구하는 실정이었다. 베르겐탈 농장은 1798년에 11만 8,500마르크로 평가되었으나 1825년부터는 5만 2,000마르크의 판매가로 내놓았다. 포머른에서는 호경기에 농장이 당해지역의 평가액을 50%까지 상회하는 가격으로 거래되었으나, 1824년에는 거래가격이 평가가치의 2/3에 불과했다. 마르크 브란덴부르크에서는 1804/1806년에 도달한 기사령의 가격이 1820년까지 대략 절반 수준으로 떨어졌다. 메클렌부르크-슈베린에서는 봉토(Lehengut)의 평균가격이 1800/1804년에서 1825/29년 사이에 61%로 떨어졌고, 같은 기간에 세습사유지의 평균가격은 67%로 떨어졌다. 슐레스비히-홀슈타인에서 대농장의 가격은 1803/1806년에서 1820/30년 사이에 절반 이하로 떨어졌다.

이러한 사태가 발생하는 데는 수많은 요인이 맞물려 작용했다. 전쟁으로 인하여 다수의 대농장이 매우 허약해졌다. 조세부담도 인상되었다. 특히 간접세가 토지에까지 확대되고, 1810/20년에 브란덴부르크-프로이센에서 농장주가 부수적으로 운영하던 영업체에 대해서 영업세를 부과하게 된 것은 일부의 농장주에게 큰 타격을 가했던 것으로 보인다. 나아가 농장영주-농민의 관계가 조정됨으로써——즉 농민의 신분이 해방됨으로써——소멸된 맨손 및 역축부역을 대체하고, 농민에게 보상으로 할당해준 농지에 가축과 농기구를 갖추어주어야 했기 때문에 추가적인 경영비용이 막대하게 증가하는 사태가 초래했다. 그러나 이를 과대평가해서는 안 된다. 브란덴부르크-프로이센의 경계를 넘어서 인근의 여러 지역으로 눈을 돌리면, 북부와 동부 유럽의 대농장 경영이 파탄에 이른 사태에는 다른 이유가 더 본질적이었음이 분명해진다. 경영구조에서 유래하는 시장종속성과 이미 지나간 호경기의 마지막 무렵에

---

ritterschaftlichen Güter in Mecklenburg-Schwerin," in: *Beiträge zur Statistik Mecklenburg*, Schwerin 1858.

분명히 드러났던 과도한 채무는 대농장주에게 재앙이 되었다. 폰 데어 마르비츠가 1820년에 보고하기를, 브란덴부르크 주에서 모든 대농장은 평균해서 토지가치의 절반 이상에 달하는 채무를 지고 있었다는 것이다. 이 어림짐작은 아마도 너무 낮게 잡은 것으로 보인다. 왜냐하면 바이어만의 확인에 따르면 노이마르크의 기사령은 이미 1806년 초에 평균적으로 평가가치 이상과 최종 구입가격의 3/4까지에 달하는 채무부담을 지고 있었기 때문이다. 1820년대에는 그렇게 높은 부채액에 대해서 경영수익으로 이자를 지불하기는 불가능했다.

3. 위기의 종말

가격하락의 원인

농업위기의 현상은 어느 것이나 다양하다. 관찰자의 시각에 따라 바로 어느 한 특징이, 또 다른 특징이 더욱 강하게 두드러진다. 여기에서는 연대기적인 서술과 체계적인 서술을 번갈아가면서 19세기가 겪은 최초의 농업위기의 전체상에서 더 큰 단면을 제시하고, 위기의 각별한 특징을 또한 바로 구분해서 설명하는 시도가 이루어졌다. 지금까지는 전쟁과 대륙봉쇄, 농업입법과 조세정책, 과도한 채무, 경영구조, 임금과 가격의 동태가 개별 국면에서, 개별 지역에서 그리고 개별 농장 및 경영 단위 집단에서 어떻게 다양하게 작용했는지를 대략적인 윤곽만 제시하려는 시도가 이루어졌다. 위기현상의 다양성에 이러한 방식으로 적어도 대략적으로나마[46] 접근이 이루어졌다면, 이제는 이 위기의 기본특징을 다시금 더 선명하게 드러내는 것이 마땅할 것이다. 그것은 바로 곡가변

---

[46] 당대인들은 부분적으로 농업의 파탄을 야기했다고 생각했던 원인의 총 목록을 제시하기도 했다. 한동안 잊혀졌던 다음의 저작이 이 시기의 농업위기에 대한 포괄적인 서술로는 최량의 것에 속한다. A. Lips, *Deutschlands Nationalökonomie*, Gießen 1830. 특히 pp.12f.에는 오늘날에도 여러 면에서 여전히 유효한 위기의 서술이 보인다.

동이었다. 곡가의 상승은 그 이전에 전개된 중부 유럽 농업의 호황을 지탱했는데, 이 호황은 차지료, 토지가격, 조세, 생활수준과 경영비용의 과도한 인상에서 그 정점에 도달했다. 곡가의 후퇴는 지대——리카도가 의미하는 바의 지대——를 소멸시켰고 과도한 부담을 지고 있던 농장을 파탄으로 몰고갔다. 그러면 다음과 같은 의문이 남는다. 곡가가 중부 유럽 전역에서, 또 그밖에도 이전에 도달했던 최고수준의 반 또는 그 이하로 떨어지고 거의 10여 년 동안이나 이 최저수준에 머물러 있었던 것은 어째서 가능했던가?

어떤 당대인은 해외에서 유입되는 귀금속의 부족에서 가격폭락이 야기되었다는 점을 지적했다.[47] 1810년에 아메리카 대륙의 광산에서 폭동이 발발했다. 아메리카산의 은을 수송하던 선단은 그다음의 몇 해 동안 유럽에 오지 못했다. 동시에 아메리카 대륙의 여러 나라는 차관으로 유럽에서 귀금속을 뽑아가기 시작했다. 이와 같은 교란상태는 1825년에 최정점에 도달했다고 하는데, 이는 말하자면 곡가가 독일과 다른 나라에서 최저수준에 도달했던 때와 같은 해였다. 이러한 설명이——다소의 보충과 함께——영미권의 문헌에 수용되었고 또 1925년에 발간된 잉글랜드 농수산부(Ministry of Agriculture and Fisheries)의 보고서에도 나타났지만,[48] 이른바 화폐 부족은 이미 1801년의 가격하락과 그 이후에 나타난 가격의 변동을 설명할 수 없다. 그래서 가격변동의 상품 측면에서 농산물가격 파탄의 결정적인 근거를 찾을 수 있다는 것이 더 그럴듯해 보인다. 그런데 여기에서는 다시금 다음과 같은 문제가 제기된다. 즉 가격하락을 야기한 것은 시장의 수요 측면인가 아니면 공급 측면인가, 말하자면 위기는 '저소비 위기'로서인가 아니면 '과잉생산 위기'로서 말할 수 있는가?

실제로 이 의문은 양차 세계대전 사이에 발생했던 농업위기의 원인에

---

47) Müller, *Möglinsche Annalen*, XXX, 1833, pp.18f.
48) *Report of the Comm. on Stabilization of Agric. Prices, Min. of Agr. and Fisheries*, London 1925, p.21 ; 이 책, 584쪽 참조.

대한 논쟁에서 중요한 역할을 했는데, 이미 나폴레옹 전쟁 이후의 위기에 대해서도 제기된 바 있었다. 저소비이론에는 슈몰러의 제자인 안나 노이만과 키리아키-반트루프가 편을 들었다. 이들의 주장에 따르면 소비자의 구매력이 떨어져서 가격의 파탄이 왔다는 것이다. 이러한 설명에 대해서는 이미 튀넨이 반대했는데, (독일에서) 소비자는 전적으로 1820년 이전에 존속했던 곡물의 평균가격을 지불할 능력이 있었다는 것이다.[49] 이는 이미 다음과 같은 사정에서 드러나는데, 즉 고기와 버터 같은 축산물은 위기 동안에도 비교적 높은 가격을 유지하고 있었다는 것이다. 저소비이론에 대한 또 하나의 반대는 위기의 최초 수년간에는 노동자의 임금이 높았고, 나중에야 비로소 곡가의 하강운동을 뒤따랐다는 사실에서 나온다. 잉글랜드, 프랑스, 독일에서 출처하는 임금의 계열자료와 당대의 보고는 근로소득의 구매력이 위기의 시작부터 정점까지 오르고 있었다는 점에 대해 거의 의심의 여지를 허용하지 않고 있다. 이로써 '저소비이론'은 완벽하게 그 근거를 상실했다.

농산물가격이 하락한 원인을 이미 튀넨은 곡물의 과잉생산에서 간파했는데, 이는 1820년부터 1824년까지 몇 차례에 걸친 대대적인 풍작과 "그 이전 시기의 비정상적으로 높은 가격으로 인하여 유럽의 거의 모든 나라에서 농업을 확대한 것"이 맞물려서 발생했다는 것이다.[50] 광대한 토지개간과 기술의 진보는 농산물의 시장공급을 수요의 한계까지 몰고 갔다. 몇 차례의 특별한 풍작만으로도 수요와 생산의 불균형을 해소하고 가격하락을 야기하기에 충분했다. 이 가격하락은 새로운 상승동력이 발휘될 때까지 오래 지속되었던 것이다.

---

49) J. H. v. Thünen, *Der isolierte Staat*, 3rd ed., 1875, II, p.22; 또한 다음을 참조하라. Thünen, "Reflexionen über die gegenwärtige Zeit in Beziehung auf die Wohlfeilheit des Getreides," in: *Isolierter Staat*, 3rd ed., 1875, II, 2, pp.224f., 233.

50) Thünen, *op. cit.*, II, 2, pp.224f.

새로운 상승동력

과잉생산을 농업위기의 근원으로 인식했던 매우 많은 저작가와 농학자들은 영농가들의 곡물재배를 제한할 것을 요구했다. 튀넨도 생산의 제한만이 독일의 농업을 살릴 수 있다고 선언했다. 프랑스에서는 데비가 시장에 곡물이 넘쳐나는 반면에 나라에는 아직도 기름, 비단, 마직물, 목재 및 가축에 대한 수요가 충족되지 못하고 있음을 지적했다.[51] 이러한 물산의 생산을 확대한다면, 더 높은 서열에 위치하는 작물(곡물)의 수요와 생산에 다시 균형을 잡아줄 수 있다는 것이다.

실제로 일정한 규모에서 생산제한과 생산종목의 변환이 이루어졌던 것으로 보인다. 잉글랜드에서는 1833년의 조사위원회가 기억할 수 없을 정도로 오래전부터 밀이 재배되었던 농지가 많은 경우 경작에서 제외되었다고 보고했다(*Report*……, p.iv). 프랑스에서는 어떤 당대인이 보고에 의하면 뽕나무의 식수와 감자, 담배 및 유채류의 재배가 증가했다.[52] 북부 독일에서는 곡물재배가 상품작물, 즉 유채, 아마와 대마, 사료작물, 클로버 및 감자에 밀려났다고 한다. 북부 독일의 어느 영농가는 1826년에 발표한 논문에서 서술하기를,[53] 예전에는 4,000셰펠의 밀을 세계시장에 내놓았는데, 잉글랜드의 곡물법이 공포된(1822) 뒤에는 곡물의 판매를 모두 중단하려고 애썼다고 했다. 5년 뒤에 그는 더 이상 단 1셰펠의 곡물도 팔지 않았다. 그는 물론 적지 않은 지출 끝에 자신의 농업경영을 말과 양의 사육으로 전환했고, 자신의 산물을 유리한 가격으로 처분했고, "재정적으로 더욱더 부유해졌다." 그러나 이런 개별적인 증거를 과대평가해서는 안 된다. 최악의 위기 때 튀넨은 "우리(독일의 영농가들)는 약간의 예외를 제외하고는 익숙한 방식의 경영을 지속하고 있다"고 말했다.[54]

---

51) Deby, *op. cit.*, p.227.
52) *Mémoires de l'Agriculture*, 1825, pp.14f.
53) *Hamburger Börsenliste vom 10. Januar 1826*.
54) Thünen, *op. cit.*, III, p.236.

가격상승의 새로운 동력은 생산 측면에서라기보다는 수요 측면에서 왔다. 중부 유럽의 인구는 지속적으로 증가했다. 이에 상응해 해마다 생활필수 농산물에 대한 수요도 증가했다. 1820년대 말에 수요와 생산은 충분히 상쇄되어 12년이나 앞서 발설되었던 말이 이제부터는 현실이 될 수 있었다. "유럽의 인구증가와 함께 농경이 발맞추어 따라가지 못하지만, 우리는 어찌 됐든 판매는 염려하지 않아도 된다"(이 책, 473쪽 참조).

위기가 진행되는 동안 임금, 경영비용과 공법적인 납부금이 떨어지고, 지가(地價)가 인하되고 부채가 감당할 수 있을 정도로 줄어들었을 때, 새로운 상승동력은 대륙에서 더 잘 작동할 수 있었다. 무수한 파산사태는, 그 관련 당사자에게는 쓰라린 일이었겠으나, 새로운 소유주들이 이자와 상환금의 부담을 경미하게 지도록 하는 성과가 있었다. 잉글랜드에서도 사태는 비슷하게 전개되었다. 그러나 여기에서는 호황의 기세가 이 시기의 곡물무역정책에서 야기된 장애에 부딪혔다.

잉글랜드에서의 회복장애

1822년과 1828년에 가결된 잉글랜드의 곡물수입법*은 잉글랜드와 대륙 시장의 가격이 서로 상쇄되어 균형을 이루는 길을 차단했다. 잉글랜드의 수입관세는 국내가격 수준에 연동하여 등급이 지어졌는데, 국내가격이 높아지면 낮은 관세율이 가격이 낮아지면 높은 관세율이 적용되었다. 그러나 높은 가격 수준에서 발효되는 낮은 관세조차도 대륙의 관점에서 보면 매우 높은 것이었다. 예를 들면 1828년 이래 쿼터당 51~52실링(100kg당 약 23~24RM)의 밀값에서 쿼터당 35실링 8펜스(100kg당 16RM)의 수입관세가 지불되어야 했다. 그 결과 1821~30년 사이의 평균치로 잉글랜드의 밀값은 동부 유럽의 가격 수준에 비하여 두 배에서 세 배까지나 되었다.

잉글랜드의 곡물무역정책에는 1830년경에 두 가지를 선택할 여지가

---

* 곡물법(Corn Law)으로 알려진 법.

있었다. 관세장벽을 서서히 허물어뜨려 잉글랜드의 곡가를 대륙의 가격 수준으로 낮추는 것을 시도해볼 수 있었다. 이 방도를 취할 때 잉글랜드 경제의 농업부문에서 혼란이 지속되는 것은 불가피했다. 다른 가능성은 관세장벽을 유지함으로써 잉글랜드의 곡가를 지나치게 높은 수준에서 안정시키는 것이었다. 식량가격의 앙등은 세계시장에서 잉글랜드 산업의 경쟁력을 침해할 수 있었다. 잘 알려진 바와 같이 오랜 투쟁 끝에 자유무역을 지지하는 당파가 승리했다. 영농가들은 그 귀결을 감당해야 했다. 그러나 이 문제에 대한 보고에 앞서 우선 소비자를 관찰 시야에 넣고 보자.

III. 대중빈곤

1. 유럽의 임금과 생활수준: 1790년부터 1850년까지

독일의 곤경

1845년에 카를 마르크스의 동료인 프리드리히 엥겔스는 잉글랜드 노동계급의 처지에 대한 저서를 출간했다. 이 책은 자신의 시대를 훨씬 넘어서는 주목을 끌었다. 엥겔스는 잉글랜드 노동자들의 곤경을 많은 개별 및 집단 사례에 의거하여 서술하는 것으로만 만족하지 않고——이와 같은 서술은 다른 많은 사람들이 그에 앞서 행한 바 있다——그 곤경을 지배적인 상황과 조건에 비추어 해석하려는 시도를 하여, 자본의 수탈체제, 즉 자본주의 또는 간단히 말해서 산업체제를 공격하는 출발점을 삼았다. 잘 알려진 바와 같이 이는 향후에 엄청난 영향력을 발휘했다. 엥겔스의 테제는 마르크스주의의 문헌만이 아니라, 비마르크스주의적 문헌의 광범한 부분에도 거의 이의 없이 수용되었다.

그러나 이미 엥겔스의 저작이 출간된 직후에 독일에서 이른바 역사학파 국민경제학의 구파(舊派)를 수립한 브루노 힐데브란트는 엥겔스의 이론을 반박했다.[1] 산업체제가 노동자의 곤경에 책임이 있는 것이 아님을 입증하기 위해서, 힐데브란트는 독자들에게 헤센 선제후국의 속주

---

[1] B. Hildebrand, *Die Nationalökonomie der Gegenwart und Zukunft*……, 여기서는 다음의 전집에 의거하여 재인용했다. *Sammlung Waentig*, vol. 22, 1922.

오버헤센 지방에서 발견되는 사례를 제시했다. 그가 서술하기를 이 속주는 "그 산업체제의 양상에서 여전히 지난 세기와 완전히 다름없는 처지에 놓여 있었다. 이 속주는 과거의 역사적 기념물처럼 우리에게 과거의 경제적 상태를 생생하게 보여주고 있다. 〔……〕 여기에서는 통상적으로 집단적인 빈곤과 무산계급이 발생하는 원인으로 꼽고 있는 모든 요소가 전혀 존재하지 않는다. 이곳에서는 공장과 공장노동자, 방직기, 증기기관과 다른 종류의 기계, 영업의 자유도 개인의 무제한적 경쟁 등이 하나도 없으며, 여전히 오래된 가부장제적 형태의 농경과 함께 구식의 수공업만이 지배하고 있다."

1840년경에는 과거의 문화적 유산과 같았던 이 지역이 지금은 어떻게 보이는가? 약 11평방마일을 포괄하는 마르부르크 군(郡, Kreis)은 2개의 도시, 88개의 농촌공동체 그리고 약 4,000명의 주민과 함께 단지 4개의 영업체만이 존재하고 있었는데, 이 영업체에서 직인들의 수는 조세납부의 의무를 지고 있던 장인의 수를 능가하고 있었다. 다수의 장인들은 보조인력이 전혀 없이 일하고 있었다. 힐데브란트가 보기에 이들 장인은 원래 어떤 특수한 종류의 일용(日傭)노동자를 형성하고 있었을 따름이다. 보통의 일용노동자들이 농촌에서는 연평균 60~70탈러(Reichstaler)를, 도시에서는 그의 부인과 함께 약 90탈러를 벌고 있었는데, 제화장인이나 의복제조장인들은 약 100탈러 남짓을 벌고 있었다.

그와 같은 수공업노동으로 벌어들인 소득 중에서, 힐데브란트가 계속하여 진술하는 바에 의하면, 평균 12탈러가 주거비로, 10탈러가 광열비로, 13탈러가 의복과 내복 및 기타의 필요충족에 사용되어, 가족이 영위하는 식생활을 위해서는 $5\frac{1}{3}$ 그로셴(은전)도 채 남지 않았다. 즉 처지가 좀 나은 경우, 말하자면 부양해야 할 아이들이 없을 때는 1인당 2그로셴 8페니히 정도가 돌아갈 정도였다. 이 2그로셴 8페니히로는 당시의 오버헤센 경찰이 확정한 빵값과 고기값을 기준으로 다음과 같은 정도를 구매할 수 있었다. 즉 보통의 호밀빵 1.7kg, 또는 0.4kg의 고기(쇠고기, 돼지고기 또는 양고기). 이것은 빵의 경우 3,800칼로리, 고기의 경우는

1,500칼로리로 환산되는데, 따라서 수공업장인 1인이 그저 순전히 배만 채우려고 한다면, 식탁에서 고기를 볼 수 있는 일은 매우 드물었다.

이것은 보통의 해였다. 계속해서, 1846/47년과 같이 물가가 비싼 해에는 "곤경이 아일랜드의 빈곤을 서술하는 데서 하나의 획기를 이룬 바와 같은 수준에 도달했다. 이 겨울에 마르부르크에서는 영상 10도의 추운 날에 두 명의 어린아이가 노상에서 태어났다. 휜펠트에서는 관청이 빈민들을 걸식행렬로 조직해서, 매일 확정된 순서대로 시내의 개별구역과 인접한 촌락을 규칙적으로 돌아다니면서 구걸을 하도록 했다.

힐데브란트는 이렇게 서술했다. 엥겔스와 정반대로 힐데브란트는 노동계급의 곤경이 산업의 결여에 그 원인이 있는 것으로 보았다.

힐데브란트가 제시했던 사실은 방대하고 다양한 문헌에서 확인할 수 있었다. 이는 관청, 전문가, 지식인 및 작가 등이 작성한 통문(通文)과 단행본, 간단한 보고와 문학적으로 수준이 높은 서술, 발표문을 포함하는 다수의 문헌들이다. 이들은 각기 특수한 경로로 또한 특수한 목표를 지향하고 있는데, 일부 예외가 있긴 했지만 상태를 서술하는 데서는 일치했다. 세기 전환기 무렵과 1840년대까지 시기의 '집단빈곤'에 대한 이 잡다한 문헌들은 유감스럽게도 아직도 체계적으로 정리되지 못했지만, 이들 자료에서 알아챌 수 있는 곤경은 엄청난 것이었다.

몸버트(P. Mombert, "Aus der Literatur über die soziale Frage und über die Arbeiterbewegung in Deutschland in der ersten Hälfte des 19. Jahrhunderts," in: *Archiv f. d. Gesch. d. Sozialismus u. d. Arbeiterbewegung*, 9, 1921, pp.169f.)와 쿠친스키(J. Kuczynski, *Die Geschichte der Lage der Arbeiter unter dem Kapitalismus*, vols. 8, 10, 11, 18, 1960~63)의 종합적인 서술은 각종의 문헌에서 취한 요긴한 전거를 제시했다. 쿠친스키는 여러 권으로 이를 제시했으나, 유감스럽게도 오직 노동자들의 처지에만 국한되어

있다. 문헌을 한 번 훑어보기만 해도 곤경은 인적으로나 지역적으로나 아주 넓은 범위에 미쳐 있었음이 드러난다. 릴(W. H. Riehl)[2]은 "정신노동의 프롤레타리아"까지도 언급했는데, 다음과 같은 사람들이 이 부류에 들었다. "하급관리 프롤레타리아, 교사 프롤레타리아, 작센의 만년 목사후보생, 굶주리고 있는 대학의 사강사(Privatdozent), 문인, 언론인, 모든 종류의 예술가, 즉 순회연주를 하는 거장부터 아래로는 떠돌이 희극배우, 손풍금 연주자, 유랑가수에 이르기까지." 쾨니히스베르크의 슈버트(F. W. Schubert) 교수는 아직 산업시설이 없었던 프로이센 속주의 곤경을 묘사했다.[3] 그는 이렇게 말했다. "과장 없이 농촌주민 전체의 1/3이 일용할 양식으로서 빵을 포기해야 했다. 사람들은 오로지 감자에만 의존하고 있다."

이러한 사례는 이 자리에서 더 열거할 여지가 없다. 따라서 단지 두 사례만 더 제시하겠는데, 이는 아마도 곤경의 심각한 정도를 더욱 잘 알려줄 것이다. 빌레펠트 부근의 브라크베데에서는 방직 및 방적을 하는 사람들의 자식을 가르칠 목적으로 학교가 세워졌다. 이 학교의 출석률은 매우 저조했는데, 학교의 감독관청은 이렇게 보고했다 (1849).[4] "우리는 학교에 등교하고 싶어하지 않는 태도의 원인을 조사하면서, 이를 오로지 주민들의 믿을 수 없는 빈곤과 이에서 파생하는 무력감에서 발견했다. 〔……〕 직조를 하는 여학생들(대개 16세에서 18세에 이르는 처녀들)은 대부분이 집에서 학교까지 먼 길, 한두 시간이나 걸리는 거리를 걸어야 한다. 이 학생들은 따라서 점심을 먹

---

[2] "Der vierte Stand," in: *Deutsche Vierteljahrschrift*, 4, 1850, p.211.
[3] "Statistische Beurteilung und Vergleichung einiger früherer Zustände und der Gegenwart für die Provinz Preußen, mit besonderer Berücksichtigung des jetzigen Notstandes dieser Provinz," in: *Ztschr. d. Ver. f. deutsche Statistik*, I, 1847, p.30.
[4] 여기에서는 다음에 의거하여 재인용했다. J. Blotenberg, "Der Gnadenfonds zur Beförderung der Leinen-Manufactur in Bielefeld," in: *62. Jahresbericht des Historischen Vereins für die Grafschaft Ravensberg*, 1960, p.61.

기 위해서, 집에 갈 수가 없었기에, 학교에 도시락을 가져와서 먹을 수밖에 없었다. 이 점심은 우리가 최근에야 비로소 알게 된 바와 같이 작은 검은 빵 조각에 불과했는데, 버터마저도 없었다. 그리고 이 아이들은 한창 먹을 나이에 이 유일한 먹을 것으로 12시간을 견디며 노동해야 한다. 이러한 사정만으로도 학교에 오고 싶어하지 않는 성향은 이미 충분히 설명된다."

빈민들 스스로가 발언하는 경우는 매우 드물게만 나타나는데, 그 이유는 충분히 이해할 수 있는 바다. 그러나 예외도 있다. 하나의 본질적인 사례로 울리히 브레커(Ulrich Bräker)의 저작, 『토켄부르크의 가난한 사람』(*Der arme Mann in Tockenburg*)을 들 수 있는데, 이는 여러 번 반복해서 출판되었으며 1948년에 마지막으로 튀빙겐에서 출판되었다. 소규모의 방사(紡絲)장수였던 울리히 브레커는 18세기 70년대 초의 곤경을 서술했다. 물론 이 곤경은 예외적인 것이었으나, 또한 더 일반적인 사정에 대해서도 시사하는 바가 있다. "나는 다섯 아이를 두고 있으나 몇 개의 실타래 말고는 달리 벌어놓은 것이 아무것도 없었다. 내 신통치 않은 영업은 날이 갈수록 그나마 더 손해만 보고 있었다. 〔……〕 내 뜰에서 캔 감자와 다른 채소를 조금 모아둔 것은 모조리 먹어치웠는데, 이나마도 도둑이 다 털어가고 남겨둔 것이었다. 나는 매일 물방앗간에서 먹을 것을 구해와야 했다. 주말이면 이것도 동전 한 줌이나 되는 만만찮은 액수인데, 얻는 것은 약간의 호밀가루와 호밀빵 몇 조각뿐이었다. 〔……〕 이 시절(1770년 겨울)에는 곤궁이 너무도 심각해서, 원래부터 너무도 가난했던 사람들 다수는 하다못해 나무뿌리와 풀이라도 구할 수 있는 봄이 올 때까지도 버틸 수 없는 지경이었다. 나도 내 눈으로 직접 본 대로 불쌍한 내 이웃사람 하나가 하는 것을 모방하기보다는, 그러한 것들을 있는 대로 끓여가지고는 차라리 나뭇가지에 앉아 있는 새들을 먹이겠다. 그는 자기 아이들과 함께 죽어 있는 말에서 자루 하나로 가득히 고깃덩이를 떼어왔는데, 죽어 있는 이 말은 이미 여러 날 동안 개와 새들이 뜯어먹고 있던 것이다."

개별사례를 넘어서 집단적인 현상에 관심을 갖고 있는 역사가는 다음과 같은 질문을 제기할 것이다. 즉 일시적으로(실업상태나 아니면 식량가격이 앙등한 시기에) 또는 지속적으로 그러한 상태에서 살 수밖에 없었던 인구집단이 얼마나 거대했던가라는 문제다. 당대인의 보고에 약간의 단서가 보인다. 예컨대 헤센 선제후국에 대해서 힐데브란트는 "인구의 1/3이 완전히 절대빈곤 상태에 빠졌다"고 보고했으며, 프로이센에 대해서 디터리치는[5] 19세기의 40년대에 "(프로이센) 인구의 적어도 50%에서 60%가 궁핍했으며 위기의 시기에는 곤궁하다 못해 생명이 위협받을 정도의 처지에서 살고 있었다"고 했다. 특별한 계기에서 그러한 인구층은 또한 더 정확하게 헤아려지고 분류되었다. 1800년 11월에 프리드리히 빌헬름 3세는 군용빵을 염가로 구입할 수 있는 카드를 베를린의 '빈민들'에게 발부하도록 명했다.[6] 가격의 할인폭은 시장가격의 약 절반에 달했다. 수혜자의 범위를 정하는 작업에서 약간의 시행착오를 거친 후에 스스로의 힘으로 먹고 살아갈 수 없었던 빈민은 다음과 같이 확인되었다.

1. 대략 1,000명의 세궁민, 이들은 또한 이미 관에 의해 무상으로 구빈원의 구호를 받고 있었다.
2. "빈곤한 의자노동자", 즉 직물업에 종사하는 노동자들인데, 이들은 주무장관에 의해 1만 2,000명으로 보고되었으나, 국왕에 의해 단지 5,000명에서 6,000명으로 파악되었다.
3. "빈곤한 전문직 종사자", 즉 수공업 공장(工匠), 소매상인과 기타

---

[5] 다음의 문헌을 참조하라. W. Conze, "Vom 'Pöbel' zum 'Proletariat'," in: *Viert. f. Soz.- u. Wirtschaftsgesch.*, 41, 1954, pp.349f.
[6] *Acta Borussica, Getreidehandelspolitik*, 4 Bd., Darstellung mit Aktenbeilagen und Preisstatistik von August Skalweit, Berlin 1931, pp.605f.

의 사람들로서, 그 수입이 절박한 필요를 충족시키기에 부족했던 부류의 사람들인데, 대략 2,000명.
4. 왕궁 및 기타의 공공기관에서 가장 낮은 봉급을 받던 하급관리들, 특히 전령이나 필사서기(Kopist)들로서 약 1,500명.

이들 모두를 합치면 1만 명이 되었다. 여기에 딸린 가족의 수까지 산입하면, 모두 3만 명에서 4만 명에 이른다. 베를린은 당시에 군대를 제외하면 약 15만 명의 주민수를 헤아리고 있었다. 이로써 1800년경 베를린의 주민 다섯 중의 하나 또는 넷 중의 하나는 국왕이 설정한 엄격한 기준에 의하면 자신이나 가족의 소득으로는 가장 절박한 생계의 필요조차 충족할 수 없었던 것이다.

위에 열거한 부류에는 국왕관청의 하급관리들도 포함되었다. 프로이센의 군사 및 왕령지 관리청(Kriegs- und Domänenkammer)의 급여목록에 의하면 이 기관의 장(長)은 1800년경에 3,000탈러의 연봉을 받았다. 위원(Rat)은 평균 700탈러를, 수석서기(Kanzlist)는 280탈러 그리고 보좌서기(Aktenhelfer)나 필사서기는 50탈러를 받았다.[7] 따라서 이 관청에서 지급되는 최고의 봉급은 최하의 봉급을 약 60배나 초과했다. 이 간격은 엄청나게 컸고, 최하의 봉급은 상상할 수 없을 정도로 낮았다. 왜냐하면 50탈러의 봉급으로 보좌서기는 왕국에서 가장 저렴한 구역에서 매년 기껏해야 2,000kg의 호밀을 구입할 수 있었는데, 이는 매일 5.5kg에 해당했다. 이 사람은 대개의 경우 가족을 부양했을 터인데, 빵과 물로 만든 수프, 그리고 감자만으로 연명했다 해도, 자신과 가족의 의식주 생활을 어떻게 해결했는지는 알아낼 재간이 없다.

군사관리청의 위원(Kriegsrat)의 형편도 좋은 것이 아니었다. 700

---

[7] 이 급여목록은 다음에서 취했다. L. Krug, *Betrachtungen über den National-Reichtum des preußischen Staates*……, 2. Teil, Berlin 1805, pp.400f.

탈러의 봉급은 비교적 물가가 비싼 베를린에서는 약 1만 4,000kg의 호밀에 상당했다. 당시와 오늘날의 호밀값을 고려하여 환산하면, 이 봉급은 독일연방공화국*에서 매월 약 600마르크의 소득을 의미하는 것이었는데, 즉 오늘날 법원시보(Gerichtsassessor)가 받는 봉급의 반에도 훨씬 미치지 못하는 것이었다. 고위관리에 속했던 저러한 위원이 어떻게 살았는지를 우리는 요한 고틀리프 피히테가 1799년 9월 17일에 그의 부인에게 쓴 편지에서 알 수 있다.[8] "지난 토요일에는 위원의 가족을 위한 점심식사로 반 푼트의 쇠고기와 6푼트의 감자와 당근을 넣어 끓인 스튜가 준비되었다. 그러나 고기가 연해지도록 끓여지지 않아, 사람들은 채소만 먹고 반 푼트의 고기는 다음 날 일요일의 식사 때에 다시 끓이기로 했다. 〔……〕 그의 부인은 일요일에 입을 상의(上衣)를 토요일에 침실에서 몸소 빨았다. 그리고 마를 때까지 옷 없이 지냈다." 하르덴베르크가 1792년 1월 10일 프랑켄 제후국의 행정에 대해 작성한 각서에서 알 수 있듯이, "관청에서 일하는 계급의 최대다수가 형편없는 급료를 받고 있어, 이들은 어쩔 수 없이 불법적인 수수료와 뇌물받기, 용인되지 않은 이권개입 등을 하지 않을 수 없었다. 이는 철저히 근절되어야 할 암과 같은 해악이다. 일부의 진짜 위원들은 예컨대 500굴덴, 즉 100두카트의 급료나 겨우 받고 있는데, 이것으로는 도저히 살아갈 수가 없다."[9]

통상적인 노동자들의 생활수준을 조명하기 위해서는 다시 벽돌공 및 대목직인의 임금을 언급할 수밖에 없다. 이는 꽤 광범한 집단의 노동자 소득을 대변하고, 자료가 잘 갖추어져 있어 여기에서 추구하는 시간적·공간적 비교에도 가장 적합하다. 벽돌공 및 대목직인 한 사람은 일을 계속하고 있는 한, 그리고 고용주에게서 숙식을 제공받지 않는 한,

---

* 이 책의 증보판이 서술될 1960, 70년대의 서독.
8) J. G. Fichte, *Briefwechsel*, ed. by H. Schulz, 2, Leipzig 1925, p.143.
9) H. Hausherr, *Hardenberg, Eine politische Biographie*, I, 1963, p.236.

지역과 시기에 따라 매일 다음과 같은 수입을 올리고 있었다.

슈트라스부르크	1790~1850년간의 평균으로 9.9g의 은 또는 9kg의 밀
엠덴	1790~1850년간의 평균으로 8.6g의 은 또는 10.9kg의 호밀
라이프치히	1790~1810년간의 평균으로 7.1g의 은 또는 9.3kg의 호밀
베를린	1800년경 5.6g의 은 또는 6.7kg의 호밀[10]

가장 낮은 위치에 있었던 베를린의 임금을 들어보면, 그러한 노동자 소득이라는 것이 가장 긴급한 필수품에 배분되어 있음이 대략적으로 드러날 수 있다. 한 해 내내 일을 할 수 있고 따라서 1,737g의 은 또는 104탈러를 벌었다고 가정하자. 나아가 이 수입으로 5인으로 구성된 가족이 살아가야 했다고 가정하자. 그러면 그 지출의 양상은 대략 다음과 같이 나타난다(〈도표 58〉 참조).

집세로 적어도 15탈러, 광열비로 7탈러가 공제되어야 했다. 의복과 기타의 필요를 위해서는 6탈러가 들었을 것으로 평가된다. 이는 매우 소액이지만, 그 이상의 지출 여지는 없었다. 왜냐하면 그 잔여분이 모두 식량을 구입하는 데 필요했기 때문이다. 전체지출의 약 73% 정도가 식

---

10) 슈트라스부르크의 임금과 밀값은 Hanauer, *op. cit.*, pp.99, 101, 421; 엠덴의 경우는 O. Aden, *Entwicklung und Wechsellagen ausgewählter Gewerbe in Ostfriesland von der Mitte des 18. bis zum Ausgang des 19. Jahrhunderts*, Diss. Göttingen 1963, Anhang; 라이프치히는 Elsas, *op. cit.*, II, pp. 519f., 593; 베를린은 H. Krüger, "Zur Geschichte der Manufakturen und der Manufakturarbeiter in Preußen," in: Schriftenreihe des Instituts für allgemeine Geschichte an der Humboldt-Universität Berlin, 3, 1958, p. 324. 베를린의 곡가는 *Acta Borussica, Getreidehandelspolitik*, III.

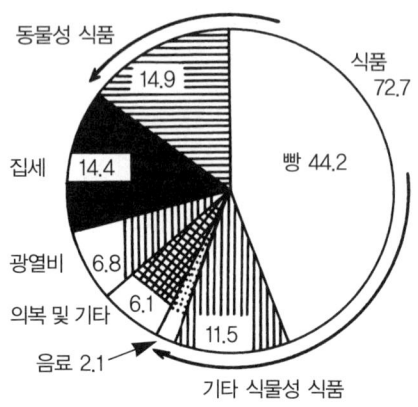

〈도표 58〉 5인으로 구성된 벽돌공 가족의 생계비, 1800년경 베를린
(소득의 백분율)

량을 구입하는 데 들었는데, 그중에서 빵값이 월등하게 두드러졌다. 고기와 다른 축산물을 구입하는 데는 빵값으로 지출되는 비용의 약 1/3만을 사용할 수 있었다. 그리하여 가족 1인당 연간소비는 약 1.5kg의 버터, 4kg의 청어, 8kg의 응유(凝乳)치즈 그리고 8.5kg의 고기로 제한될 수밖에 없었다.[11]

프랑스의 임금과 생계비

1789년 파리에서 공장노동자 한 사람은 매일 3.8kg의 빵을 구입할 수 있는 정도의 소득을 올렸다. 일요일과 각종 축일(祝日) 및 기타의 휴일을 제외하면 하루의 근로소득은 2.3kg의 빵으로 환산된다. 네 명으로 구성된 한 가족에게 4,800칼로리를 공급할 수 있으려면 매일 2kg의 빵이 필요한데, 이를 구입하기 위해서는 하루의 실질소득에서 이미 87%가 지출되어야 했다. 그러나 이는 불가능했다. 왜냐하면 주거, 의복, 음

---

11) D. Saalfeld, "Die Bedeutung des Getreides für die Haushaltsausgaben städtischer Verbraucher in der zweiten Hälfte des 18. Jahrhunderts," in: *Landwirtschaft und ländliche Gesellschaft*, Festschrift Wilhelm Abel (Schriftenreihe für ländliche Sozialfragen, 44, Hannover 1964).

료를 위한 지출도 있어야 했기 때문이다. 주거만을 위해서도 매일 약 3수(Sous)가 들었는데, 이는 실질소득의 20%에 해당하는 것이었다.

이 수치는 1789년으로 고찰시기가 종료된 라브루스의 연구를 속행한 뤼데가 보고했다.[12] 뤼데는 추가자료를 더 내놓았는데, 이로부터는 다음과 같은 소득분포를 파악할 수 있다. 즉 1789년 파리의 벽돌공은 6.2kg의 빵을 구입할 수 있는 수입을, 그리고 임금 스케일의 정점에 있었던 석공이나 금세공장은 약 15.4kg의 빵값에 해당하는 수입을 매일 벌어들이고 있었다.

〈표 20〉 1789년 파리의 임금과 빵값

노동자집단	하루 임금(수)	1kg의 빵 값(수)	하루 임금으로 구입 가능한 빵(kg)	하루 실질소득 화폐액(수)	빵(kg)
공장노동자	25	6.5	3.8	15	2.3
건축노동자	30		4.6	18	2.8
벽돌공	40		6.2	24	3.7
목수, 대장장이	50		7.7	30	4.6
석공, 금세공장	100		15.4	60	9.2

프랑스에서 공식적인 임금집계가 개시되었던 1806년에 파리의 벽돌공이 받는 여름철의 시간급은 0.325프랑, 1828년부터는 0.35프랑에 달했는데, 하루의 임금은 10시간의 노동을 전제할 때, 각기 3.25프랑 및 3.50프랑이었다.[13] 이 수치는 1789년보다 약 75%가 더 많은 것이었지만 동시에 빵값도 올랐다. 빵값은 1830년 같은 최악의 해에는 임금인상이 거의 따라가지 못할 지경으로까지 높이 올랐다. 파리의 벽돌공 1인

---

12) G. E. Rudé, "Prices, wages and popular movements in Paris during the French Revolution," in: *The Econ. Hist., Rev.*, 6, 1953/54, pp.247f.
13) *Annuaire Statistique de la France*, Paris 1905, pp.86f.

이 받는 여름철의 하루 임금은 이 1830년에──3.50프랑의 임금과 킬로그램당 0.55프랑의 빵값──밀로 만든 빵 6.4kg으로 환산되는데, 이는 기근과 혁명의 해인 1789년의 수준보다 그다지 높은 것은 아니었다.

장기적인 평균치로 보면 임금소득자의 처지는 다소 나았던 것으로 나타난다. 파리에 소재한 구호원들의 가격 및 임금기록에 의하면 1824/55년 파리의 벽돌공 임금은 대략 매일 11.7kg의 빵에 해당했다. 지방에서는 이러한 수준에 도달하지 못했던 것으로 보인다. 가격 및 임금자료가 파악되는 86개 도(道)의 평균치로 보면 벽돌공 1인은 1824/50년의 평균치로 약 8.3kg의 빵, 또는 약 9.3g의 은(銀)에 해당하는 임금을 받았다.[14]

더욱 어려운 일은 1790년부터 1850년에 이르는 시기의 **임금동태**에 대한 큰 그림을 그려내는 것이다. 왜냐하면 이 시기 전체에 대해서는 유루없는 임금의 계열자료가 제출된 바도 없으며, 또 이 기간은 단기적인 파동을 완전히 무시해도 좋을 정도로 충분히 길지도 않기 때문이다. 1815년부터 1850년까지로 한정해서 보면, 자료는 매우 풍부하지만 전체적인 동향을 산정하기 위한 기초는 매우 빈약하다. 그럼에도 불구하고 우리는 던햄의 연구결과에 동의해도 좋다. 그는 현존하는 자료를 주의 깊게 검토한 끝에 1815년부터 1850년까지 프랑스에서 임금은 "눈에 띌 정도로 오르지 않고 오히려 약간 떨어지는 경향을 수반하면서 정체하고 있었다"는 결론에 도달했다.[15]

사태를 아주 풍부하게 알려주는 것은 당대의 문학작품이다. 발자크의 작품『인간희극』(*Comédie Humaine*)은 이미 프리드리히 엥겔스도 호평한 바 있는데,[16] 그밖에도 외젠 쉬(Eugène Sue, 1804~57) 같은 작

---

14) *Statistique de la France*, XII, 1863, pp.162, 192.

15) A. L. Dunham, "Industrial life and labor in France, 1815~48," in: *The Journal of Econ. Hist.*, III, 1943, pp.117f.

16) 하크니스 양(Miss Harknes)에게 보내는 편지에서 엥겔스는 그 자신이 발자크에게서 얻은 것이 "경제적 상황에 관한 세부사실(예컨대 혁명 이후에 전개된

가도 들 수 있다. 그는 단순한 노동자의 생활상과 곤궁을 매우 생생하게 묘사했다. 또한 다소 덜 알려진 다른 많은 작가들도 참고할 수 있다. 물론 이들의 보고에 대해서는 적절한 주의가 필요하다. 이는 이미 하인리히 하이네도 강조한 바 있다. 그는 1830년대에 파리에 살면서 "진실을 추적하는 것"이 매우 어려움을 알고 있었다. "왜냐하면 모든 당파가 기만하려고 하고, 심지어는 스스로의 눈조차 믿어서는 안 되는 지경이었기 때문이다."

하이네의 보고(1832년 3월 25일)에 의하면, 그의 한 부유한 친구가 그를 파리의 구석구석을 끌고 다니면서 인민들이 얼마나 행복하고 즐겁게 사는지를 직접 목격하도록 했다는 것이다. "즐겁게 그(친구)는 내 손을 잡고 함께 거리를 돌아다녔다. 〔……〕 생마르탱의 문(門) 근처, 습기 찬 길바닥에 창백한 사람이 목청을 그르렁거리면서 누워 있었다. 주변의 행인들은 그가 아사(餓死)하고 있다고 주장했다. 그러나 내 동반자는 확언하기를, 이 사람은 매일 다른 길거리에서 아사하고 있는데, 그러한 행위가 생계의 방편이라고 했다. 왜냐하면 이 사람은 그러한 연기를 통해서 인민들이 정부에 대해서 격분을 느끼도록 하는 일로 반정부파에게서 보수를 받기 때문이라는 것이다." 그러나 하이네의 생각은 달랐다. "이 영업은 보수가 시원찮은 것이 틀림없다. 왜냐하면 많은 사람이 실제로 굶어죽기 때문이다. 이것은 진정한 기근 현상이다. 여기에서는 누구나 수천의 사람들이 이러한 처지에 있는 것을 매일매일 볼 수 있을 것이다. 만약 그들이 이 고통을 조금만 더 오래 버틸 수 있다면, 그러나 대개 아무것도 먹지 않고 3일 정도만 지나면, 기아의 고통을 겪는 이 불쌍한 사람들은 차례차례 죽고 어딘가

토지 및 개인재산의 재분배와 같은 것) 면에서도 이 시기의 직업적인 역사가, 경제학자 및 통계학자에게서 얻은 것보다 더 많은 것을 배웠다"고 했다. 여기에서는 다음의 문헌에서 재인용했다. J. Kuczynski, "Thomas Mann," in: *Jahrb. f. Wirtschaftsgesch.*, 1963, IV, Berlin 1964, p.11.

에 매장되는데, 아무도 이를 눈여겨보지 않는다."17)

파리의 빈곤에 대한 하이네의 관찰은 공식적인 보고로 입증되었다. 이로부터는 슈발리에가 인용한 바에 따라 몇 가지 사례만 간단히 소개한다. 자르댕 뒤 루아 관구(Quartier Jardin du Roi)의 위원이 1831년에 보고한 바에 의하면 노동자들의 처지 특히 그가 월말에 실직을 하면, 절망적이었다. "나는 어제 내 관구에 주거하는 일꾼 몇 사람을 돌아보았다. 나는 빵도 없이 4, 5명의 아이를 데리고 있는 불쌍한 가족을 보았는데, 이들은 당장 내일부터 무엇을 먹고 살아야 할지도 모르는 처지였다." 인구의 4/5가 노동자 가족으로 이루어진 포팽쿠르 관구(Quartier Popincourt)의 위원은 이렇게 보고했다. "이 불행한 사람들의 고통은 상상도 할 수 없을 지경이다. 이들은 그들이 가진 것 모두, 심지어 그들의 직업활동에 필요한 연장마저도 팔아치웠거나 저당을 잡혔다. 가구도 없이, 있었다면 아주 싼 가격으로라도 팔아치웠겠지만, 이들은 열악하고 불결한 거처에서 살고 있다." 루브르 관구(Louvre-Quartier)의 위원은 이렇게 썼다. "노동자는 더 이상 아무것도 갖고 있지 않다. 그는 침대도, 의복도, 집도, 겨울을 나기 위한 땔감도 없다. 〔……〕 그가 이 겨울을 어떻게 나야 할지 아무도 모른다."

영국의 임금과 임금의 국제비교 시도

외젠 뷔레(Eugène Buret)는 프랑스와 영국의 노동자들이 처한 상태를 비교한 최초의 프랑스인 저작가의 한 사람으로서 자신의 평가를 다

---

17) 여기서는 다음의 문헌에 의거하여 인용했다. Heinrich Heine, *Sämtliche Werke*, 8, *Französische Zustände*, I, Hamburg 1862, p.135. 이 인용문은 프랑스어판에도 보인다. *De la France*, Paris 1833, p.117. 이 인용문의 교시에 대해서 다음의 연구에 감사드린다. L. Chevalier, *Classes laborieuses et classes dangereuses à Paris pendant la première moitié du XIXe siècle*, Paris 1959, p.317. 슈발리에는 또한 비슷한 사정을 보고하고 있는 당대의 다른 소리를 더욱 많이 소개하고 있다.

음의 두 마디로 요약했다. "빈곤한 프랑스, 비참한 영국"(La France est pauvre, l'Angleterre est misérable).[18] 그는 영국의 경제학 고전에 의거할 수 있었는데, 이들은 그의 판단을 입증할 수 있는 증거를 충분히 제공했다. 나중에 영국의 사정에 대한 견해는 다소 호전되는 경향이 강했으나, 이에 대한 논란이 없는 것은 아니었다. 홉스봄이 지적했듯이, 수년 전부터 클래펌, 애시턴, 하이에크가 제시한 다소 낙관적인 해석에 대한 공격이 다시 증가했다.[19] '신염세주의 학파'(Neo-Pessimist)로 분류될 수 있는 홉스봄 자신도 우선 영국에서 19세기의 40년대까지 아주 줄어들지는 않았다 해도, 정체되어 있던 육류 소비를 지적한 바 있다. 브래드포드 온 에이븐(Bradford-on-Avon, 서부지방에 소재)에서는 1841년에 대해서 8,309명의 주민이 매주 9,497파운드(1인당 약 400g)의 고기를 소비했다는 계산결과가 나왔으나 이 소비량의 거의 2/3는 소수의 사람들, 그러니까 약 2,400명에만 속했다. 공장노동자들에게는 빵, 감자와 차(茶), 소량의 우유와 고기, 계란 몇 개, 생선, 특히 청어 몇 마리 등이 통상적인 식품이었다는 점에서 여러 가지 정보들이 일치하고 있다. 연구가 이루어진 46개 중 10개 장소에서 빈한한 계급은 신선한 고기를 전혀, 심지어는 아주 소량으로조차도 소비한 적이 없었다. 불충분한 급양은 당대에 유행했던 많은 결핍증을 설명해준다. 특히 구루병 같은 것이 대표적인 예로, 이는 독일에서 '영국병'(Englische Krankheit)이라는 서글픈 이름으로 알려져 있었다.

  가구, 주거, 의복에 관해서 홉스봄이 보고한 바에 따르면, 1850년경 셰필드에서 일정한 자격을 갖추고, 처지가 다소 나은 노동자들은 침대

---

18) E. Buret, *De la misère des classes laborieuses en Angleterre et en France*, II, 1841, p.237.
19) E. J. Hobsbawm, "En Angleterre: Révolution industrielle et vie matérielle des classes populaires," in: *Annales*, XVII, 1962, pp.1047f.; Ibid., "The British standard of living, 1790~1850," in: *The Econ. Hist. Rev.*, X, 1957, pp.46f.(이에 수록된 추가적인 문헌 참조); 보충적이며 총괄적인 것으로는 G. D. H. Cole and R. Postgate, *The common people, 1746~1946*, 1964.

를 비롯하여(그러나 아이들 모두까지는 아니고), 더욱이 식탁, 의자 및 장롱, 식기와 접시 등을 가지고 있었지만, 양탄자나 커튼, 이불 같은 것은 없었고, 아주 적은 양의 마직물을 갖고 있었을 뿐이다. 남편은 겨우 두 벌의 옷을 가지고 있었는데, 그는 매년마다 한 벌 또는 두 벌 모두를 교체할 수 있었을 뿐이다. 그렇게 되면 일요일마다 입는 옷은 다시 작업복으로 사용했다. 이 노동귀족은 또한 이미 시계나 회중시계를 갖고 있었는데, 우리가 듣기에 위기가 닥쳐오면 이는 전당포에 맡겨지곤 했다는 것이다. 빈곤한 노동자들은 더욱 서글픈 처지에 처했는데, 실직이라는 파국이 닥쳐오면 처지가 좀 나은 노동자들도 이런 상태에 빠졌다.

홉스봄은 또 말하기를 영국에서 물질적 생활수준은 확실히 1840년 이후에는 향상되었다는 것이다. 설탕의 소비는 1831/50년경 연평균 20파운드에서 1851/70년경에는 35파운드로 증가했고, 차(茶)소비는 23온스에서 24온스로, 담배소비는 1841년의 13온스에서 1851년의 18온스로 증가했다.

실질임금의 계산에 대해서 홉스봄은 그다지 신빙성이 없는 것으로 여겼다. 실로 그가 관심을 갖는 60년간의 시기에 대해서는 전체적인 추세를 선명하게 계산하는 것조차 거의 불가능한 지경이다. 그러나 다소 대략적인 방법으로나마 적어도 18세기 말과 19세기 전반기 영국 노동자의 처지에 대한 평가를 규정할 만한 기본적인 인상을 추출해낼 수 있다. 런던의 수공업장인에 대하여 종종 인용되는 터커의 임금지표는 1793년부터 1847년까지 매년 약 0.2% 정도가 상승했다. 이 지표는 단지 아주 자의적으로 선택된 두 시점 사이의 변동만을 보여주고 있지만,[20] 연속적으로 파악된 몇 개의 계열자료도 유사한 경향을 보여주고 있다. 예를 들면, 슈테펜이 파악한 목수의 임금도 곡물가치로 환산하면 동일한 양

---

[20] 이 점에 대해서는 이미 다음의 논저들이 주의를 환기시킨 바 있다. Gayer, Rostow and Schwartz, *The growth and fluctuation of the British Economy, 1790~1850*, II, 1953, p.626.

상을 보이고 있으며,[21] 브라운과 홉킨스가 아주 광범한 자료적 기반에 의거하여 파악한 남부 잉글랜드 지방 건축노동자의 임금등가지표가 또한 그러하다.[22] 이 등가지표는 이미 실질임금에 아주 근접해 있는데, 100으로 설정한 1740/49년의 평균치에 이어 그다음의 10년 단위로 파악한 수치가 계속 떨어지다가(96, 87, 84, 88, 82), 1800/1809년의 평균치로는 66%로까지 떨어졌다. 그리고 다시 오르면서(77, 99, 105), 1840/49년의 평균치로 107%까지 올랐다. 이러한 연구 결과로 인하여 영국의 임금이 19세기 전반기에는 1800년경에 도달했던 "아시아적 최저수준"(콜린 클라크의 표현)에서 벗어나 더 향상되었다는 결론을 피할 수 없게 되었다.

그러나 1790년부터 1850년까지 전개된 영국의 임금변동에 대한 질문은 잠시 제쳐두어야 한다. 이 문제는 다음에서 시도할 임금의 국제적 비교에서는 이 임금들의 평균수준보다 덜 중요하다. 이들 임금의 평균수준은 전적으로는 아니었을지라도, 도처에서 선호되었던 보편적인 가치척도, 즉 이미 고전경제학파가 임금의 구매력을 측정하는 기준으로 선택했던 곡물가치로 환산되어야 할 것이다. 그러나 우선 화폐로 표시된 임금자료가 제시될 것이다. 1790~1850년에 이르는 전 시기의 평균치로 보아, 슈테펜[23]에 따르면 목수의 하루 임금은 영국에서 46펜스, 브라운-홉킨스[24]에 따르면 건축노동자는 44.5펜스, 볼리[25]에 의하면 맨체

---

21) 이 자료는 이 책의 초판, 부록의 도표, 176쪽에 보고되어 있는데, 이는 나중에 나온 조사, 특히 바로 이어서 인용되는 브라운과 홉킨스의 계산에 의해 낡은 것이 되었기 때문에, 반복해서 제시할 필요가 없다고 본다.
22) 이는 식료품 이외에 의복, 광열비 등의 지출을 포함하는 '품목'과 관련 있다 (E. H. P. Brown and S. V. Hopkins, "Seven centuries of the prices of consumables, compared with builders' wage-rates," in: *Economica*, XXIII, 1956, pp.296f.).
23) G. F. Steffen, *Studien zur Geschichte der englischen Lohnarbeiter*, I, 1901, p.471; II, 1904, pp.13, 30; III, 1905, pp.19, 25.
24) E. H. P. Brown and S. V. Hopkins, "Seven centuries of building wages," in: *Economica*, XXII, 1955, pp.195f.

스터에서 벽돌공의 임금은 45.8펜스, 목수의 임금은 48펜스였다.

그러면 1790년부터 1850년에 이르는 시기에서 영국의 건축노동자들이 받는 임금의 평균수준을 46펜스로 상정하면, 이는 아주 틀린 것으로 볼 수는 없다. 이 책의 부록에 보고된 영국의 밀가격으로 환산하면, 이는 밀 13.3kg에 상당한다.

대중빈곤을 다루는 이 제3장(章)은 브루노 힐데브란트가 엥겔스의 저서에 가한 논평으로 시작되었는데, 그는 이미 영국과 독일의 임금을 비교하는 시도를 했다. 출발근거를 획득하기 위해서 그는 영국과 독일에서 가장 중요한 식료품 가격을 검토했는데, 이 작업에서 그는 영국의 가격이 독일의 가격에 비하여 약 반 이상이 높았다는 결론에 도달했다. 따라서 그가 보기에 영국에서는 임금이 전국적으로 훨씬 더 통일적이지만, 독일에서보다는 더 심하게 동요하고 있었고, 독일에서는 임금이 영국에서보다 지역별로 더 다양하지만, 더 안정적이었다는 것이다. 힐데브란트로서는 양자의 비교에서 가장 확고한 출발점은 다음과 같은 조건을 충족시키는 부류의 노동자가 받는 임금으로 보였다. 즉 그 처지와 임금이 독일에서는 가능한 한 편차가 없이 균등하고, 영국에서는 그 동요가 가능한 한 적어야 했다. 힐데브란트가 이에 합당한 부류로 꼽은 것은 "철도 감시원으로서, 그 수는 양국에서 이미 적지 않은 수에 달했고, 아직도 나날이 늘어가는 추세에 있었다." 독일에서 철도 감시원은 120~144탈러의 임금과 함께 부분적으로는 관사(官舍)를 제공받고 있었지만, 많은 경우 이 연간 임금에서 약 22탈러가 철도소유주가 제공하는 제복값으로 공제되었다. 영국에서는 철도 감시원의 연간 임금이 "내가 직접 현지에서 수행한 조사에 의하면 제복과 부분적으로 관사 제공까지 포함해서 52파운드 또는 $346\frac{2}{3}$ 탈러에 달했는데, 말하자면 독일에 비해

---

25) A. C. Bowley, *Wages in the United Kingdom in the nineteenth century*, 1900.

거의 3배에 이르렀다."

　이 관찰은 아마도 흥미가 없지는 않은 현상일 것이다. 그러나 힐데브란트 자신도 자신의 의문이 완전히 해결된 것으로 생각하지는 않았다. 그는 나아가 다른 종류의 노동자 다수, 예컨대, 수공업 직인, 공장 노동자, 가내하인과 '통상적인 노동자' 등의 임금을 조사했다. 세부적인 사항을 모두 인용하는 것은 별로 쓸모가 없다. 아마도 그의 결론 마지막 문장을 인용하는 것으로 충분할 것이다. "아주 다수의 그리고 포괄적인 조사의 일반적인 결과로 내가 확신할 수 있기로는, 영국에서는 지난 3년간(1844~46) 통상적인 하루 노동의 평균적인 대가가 하루에 3실링 또는 연간 300탈러를 상정할 수 있는데, 반면 독일에서는 기껏해야 100탈러에 달했다. 그리하여 영국의 노동자는 양국에서 보고된 환율에 의하면, 독일의 노동자보다 바로 두 배의 필요를 충족시킬 수 있다. 또한 평균적인 임금률을 2.5실링이나 심지어 2실링으로 가정해도, 영국의 노동자들은 독일의 노동자보다 더 나은 처지였던 것이다."

　힐데브란트의 관찰은 오늘날에도 가치가 있다. 그러나 이것으로 임금 수준을 국제적으로 한 번 더 비교해야 하는 과업이 완전히 해소된 것은 아니다. 물론 이러한 시도는 오늘날에도 하나의 모험이다. 왜냐하면 힐데브란트의 저작이 출간된 이래 가격 및 임금사 연구를 통해 풍부한 자료가 축적되었음에도 불구하고 여전히 엄청난 결락 부분이 남아 있기 때문이다. 특히 프랑스에서는 1824년 이전이 그러하고, 독일에서는 엘자스의 자료집성이 종료된 1810년 이후가 그러하다. 그렇기 때문에 다음의 자료(《도표 59》)[26]는 부분적으로 이미 언급된 보고에 근거를 두고

---

26) 잉글랜드에 대해서는 슈테펜의 자료가 선택되었는데, 각 대상의 자료원은 다음과 같다. 프랑스: *Statistique de la France*, 1863, p.211. 슈트라스부르크: Hanauer, *op. cit.*, II, pp.99f., 417f. 엠덴: O. Aden, *op. cit.*, Diss.,

있는 것으로 대략적인 수준의 차이만을 암시할 수 있을 따름이고 조만간에 더욱 완전한 자료로 대체되어야 할 것이다. 그러나 자주 추측되었던 바와 같이 임금이 잉글랜드에서 특히 낮지 않았다는 점은 꽤 정확한 근거를 가지고 말할 수 있다. 잉글랜드의 임금은 공업화의 정도가 뒤떨어졌던 대륙의 임금 수준을 능가하고 있었다.

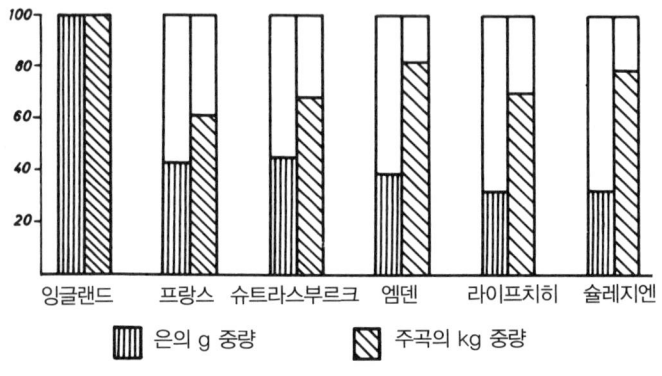

〈도표 59〉 벽돌공(=목수) 도제의 하루 임금, 1790~1850
(잉글랜드=100)

2. 대중빈곤의 역사적 위치

중세 이래에 등장한 실질임금 하락의 여러 단계

당대인들이 실질임금 하락의 역사를 제시하려 한다면, 이들은 단지 수십 년, 기껏해야 몇 세대 이전으로나 소급되는 자료에만 의존했을 것이

Göttingen 1963(Manuskript). 라이프치히: Elsas, *op. cit.*, II A, pp.520f., 593. 슐레지엔: J. Heisig, "Die historische Entwicklung der landwirtschaftlichen Verhältnisse auf den reichsgräflich-freistandesherrlich-Schaffgotschischen Güterkomplexen in Preußisch-Schlesien," in: *Sammlung nationalökonomischer u. Stat. Abhandl. d. Staatswiss. Seminars zu Halle a. d. S.*, III, 3, Jena 1884, pp.140, 188.

다. 이는 충분히 이해가 가는 일이다. 이들에게 수치자료는 쉽사리 획득할 수 있었을 것이고, 또한 이미 풍부했기 때문에 추가적인 탐구가 무용해보였을 것이다. 또한 이 자리에서는 가격과 임금의 변동을 상기할 수 있을 것이다. 이는 18세기 중엽부터는 이미 〈도표 50〉(이 책, 423쪽)으로, 아니면 30년전쟁부터는 독일의 '곡물임금' 사례에 의거하여 상세히 제시된 바 있다(이 책, 354쪽). 또한 뷔르츠부르크에서는 1660/69년과 18세기 말 사이에 채석장에서 일하는 노동자가 받는 주간 임금의 구매력이 호밀에 비해서는 거의 1/3로, 쇠고기, 말린 대구 그리고 버터에 비해서는 약 반으로 떨어졌다는 점이 이에 추가되어야 한다(〈도표 60〉).[27]

그러나 실질임금의 하락은 훨씬 더 일찍 시작했다. 과거를 되돌아보면 급격한 경사를 이루는 골짜기 앞에 서 있는 하나의 정점이 포착된다. 이 뒤에는 또 하나의 정점이 숨어 있는데, 이는 우리의 눈에 더 가까이 보이는 17세기나 18세기의 인상폭보다 훨씬 더 큰 것이다. 그것은 중세

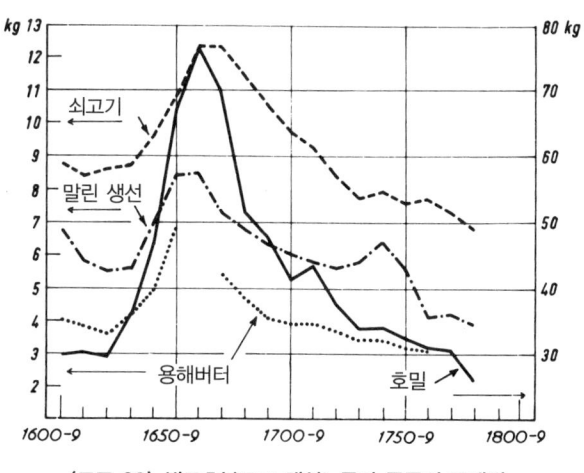

〈도표 60〉 뷔르츠부르크 채석노동자 주급의 구매력

---

27) 다음의 자료에 의거해서 계산했다. Elsas, *op. cit.*; F. K. Riemann, "Ackerbau und Viehhaltung im vorindustriellen Deutschland," in: *Beihefte zum Jahrb. d. Albertus-Universität zu Königsberg/Pr.*, III, 1953, Anhang. 〈도표 60〉은 3항을 연동하여 산출한 10년 단위 평균치.

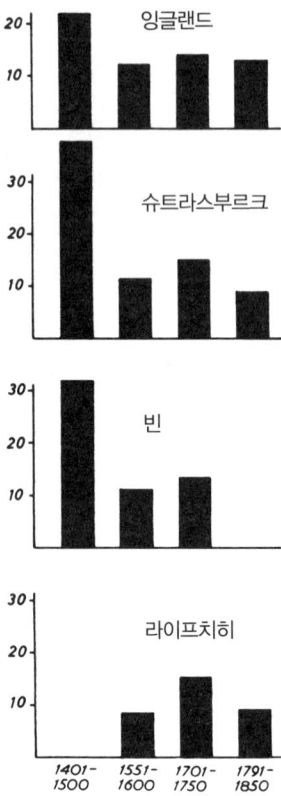

〈도표 61〉 실질임금 하락의 단계

벽돌공(목수) 직인의 하루 임금
(주곡의 kg 중량으로 환산)

말의 임금으로서 '산업시대'라고 하는 전혀 달라진 상황에서나 비로소 회복되었던 것이다.

중세 후기 이래 전개된 임금의 하락은 또한 일련의 단계로 포착될 수 있는데, 이는 오르내리기도 했지만 길게 보면 하락하고 있었다.[28] 가장 두드러진 후퇴는 16세기에 나타나는데, 이는 중부 유럽의 세 나라에서 모두 공통이었다(〈도표 61〉에는 잉글랜드 이외에는 지명 한 곳씩만 제시되고 있는데, 이곳들에 대해서는 지속적인 임금과 가격의 계열자료가 존재하고 있다). 그다음에 이어지는 상승이 독일에서는 30년전쟁 직후에, 다른 나라에서는 18세기에 비로소 중단되었다. 도표를 단순화하기 위해서 독일(라이프치히)에 대해서는 18세기 전반기의 임금이 선택되었다. 이것도 16세기 후반의 임금보다 훨씬 더 높았지만, 15세기의 임금 ——이는 유감스럽게도 라이프치히에 대해서는 제시할 수 없다——보다는 엄청나게 낮은 것이었다.

---

28) 잉글랜드의 임금과 가격에 대해서는 Rogers, *op. cit.*, IV, pp.524f.; V., pp. 664f. 및 Steffen, *op. cit.*, I, p.471; II, pp.13, 30; III, pp.14, 25; 슈트라스부르크의 임금과 가격에 대해서는 Hanauer, *op. cit.*, II, pp.417f.; 빈의 자료에 대해서는 Pribram, *op. cit.*, pp.601, 641f.; 라이프치히의 자료에 대해서는 Elsas, *op. cit.*, II, A, pp.592f.

식품 소비와 생산의 변동

실질임금의 후퇴와 관련하여 식품의 구성과 농업생산의 경향도 바뀌었다. 이에 대해서는 거듭해서 이미 보고된 바 있었지만 그것은 분절적으로 이루어졌고, 이제야 비로소, 즉 18세기 말과 19세기 초의 시점에서 개관해볼 때, 여러 가지 특수성에도 불구하고 하나의 단위로 파악할 수 있는 그 이전의 시기 전체에 대해서는 아직 이루어지지 못했다.

식품 소비의 변동은 다음과 같은 간단한 공식으로 환원할 수 있다. 즉 양이 많고, 탄수화물이 풍부하며, 또 그 가격이 올라간다 해도 영양가의 단위로 볼 때 '저렴한' 식품이 단백질이 풍부하며, 농축되어 있고, 맛이 좋으나 영양가의 단위로 보면 비싼 식품을 대체해왔던 것이다. 이러한 현상은 특히 고기의 경우에 그러했다. 중세 말기 독일의 일부 지방에서 고기소비량은 거의 틀림없이 1인당 100kg 이상으로 평가된다(이 책, 181쪽). 그러나 19세기 초 프로이센, 작센 그리고 독일 전역에서는 매년의 고기소비량이 1인당 20kg 이하였던 것으로 추정된다.[29]

네덜란드에서는 더 유리한 소득기회와 생산조건으로 인하여 고기소비의 형편이 더 나았는데, 여기에서도 1801/1804년의 평균을 보면 1인당 겨우 27kg의 고기(소, 송아지 및 돼지고기를 모두 합쳐서)가 소비되었을 뿐이다.[30]

계란, 버터, 가금류(家禽類), 사냥한 짐승고기 및 포도주(이것은 값이 더 싼 맥주, 그리고 음주 수단으로서는 값이 더 싼 화주로 대체되었다)

---

29) W. Abel, "Wandlungen des Fleischverbrauchs und der Fleischversorgung in Deutschland seit dem ausgehenden Mittelalter," in: *Berichte über Landwirtschaft*, XXII, 1937, pp.144f.
30) A. M. van de Woude, "De consumptie van graan, flees en buter in Holland op het einde van de achttiende eeuw," in: *A. A. G. Bijdragen*, 9, Wageningen 1963, p.149.

의 소비도 또한 18세기 말과 19세기 초에는 중세 말기의 수준에 훨씬 미치지 못했다. 15세기에 작성된 독일의 어느 도시 연대기는 도시가 포위되어 농성(籠城)에 들어가자 부유한 사람들은 여전히 잘 먹고 살았지만, "가난한 인민은 여러 가지 결핍, 특히 버터의 결핍으로 고통을 받고 있었다"[31]고 보고했다. 18세기 말, 19세기 초의 전환기에서 '가난한 인민'에게 특히 부족했던 물품 가운데 버터가 두드러진다고는 어떤 작가도 착안할 수 없었을 것이다. 결핍의 개념도 변하고 있었다. 이 개념은 곡물, 조야한 채소, 두류(豆類) 그리고 19세기가 더 경과하면서 모든 식품 중에서 가장 값이 쌌던 감자에도 적용되었다.

물론 이와 같이 일반적인 경향에서 벗어날 것을 허용하거나 심지어 요구하기도 하는 상황도 존재했다. 이 자리에서는 완벽한 파악을 추구할 수는 없고, 다음과 같은 경우를 지적해두는 정도로 하자.

1. 농촌과 도시에서 자신이 소비할 식품자원을 스스로 공급했던 사람들의 가계. 하일브론에서 괴테가 보고한 바에 의하면, 도시의 주요 간선도로에서 벗어나 시벽(市壁)에 인접해서 난 도로와 골목길은 "소규모의 가옥주 모두에게 가축을 치는 터로 쓰이고 있었다." 이미 당시에 규모가 꽤 큰 도시였던 하노버는 1786년에 약 2만 명의 주민과 함께 365마리의 소를 헤아리고 있었다.

농촌에서는 자기의 땅이나 납부의무를 지고 있는 농장에서 생산한 것을 소비하는 것이 일반적인 관행이었다. 사정이 허락하는 곳에서는 바로 그렇기 때문에 식탁이 더욱 풍성했다. 북해 연안의 저습지에 주거하는 농민의 식품은 1800년경에 지난 수세기 동안에 그러했던 바와 별로 다를 바가 없었는데 커피, 차, 설탕 및 포도주가 더해져 오히려 더 낫고 풍부했다. 머슴들조차도 여기저기에서 그러한 혜택을 누릴 수 있었다. 중부 독일에서 폰 유스티가 보고한 바에 의하면 머슴들의 식품은 주로

---

31) 여기에서는 다음의 문헌에서 재인용했다. M. Heyne, *Das deutsche Nahrungswesen von den ältesten geschichtlichen Zeiten bis zum 16. Jahrhundert*, 1901, p.310.

빵, 그리고 이에 덧붙여 버터와 치즈, 수푸아 채소로 이루어졌으나, 일주일에 이틀은 고기가 제공되었으며, 그것도 1인당 반 파운드나 되었던 것이다.32)

그러나 더욱 빈약한 식품으로 만족할 수밖에 없었던 농민들도 있었다. 이들 중에는 변경지대의 농민들이 있었다. 예컨대 슈타이거발트의 고원지대 같은 곳에서 "가난한 사람들은 한나절이나마 가축을 몰아넣을 수 있는 목초지 한 조각을 찾느라 적지 않은 수고를 해야만 했다." 또는 슈페사르트의 고원지대에서는 1800년경 다른 당대인의 보고에 의하면 "빵과 물로 끓인 죽에 우유를 약간 섞은 것이 아침식사, 신 우유를 넣고 삶은 감자가 점심식사, 빵과 물로 끓인 죽이 저녁식사"였다.33) 또한 더 부유한 촌락에 거주하고 있던 소농민들도 같은 처지였다. 그리고 유럽 전역, 부유한 지역에서나 가난한 지역에서나 공납과 부역이 생활필수품의 여지도 남겨놓지 않을 정도로 과중했던 농민들도 이러한 처지를 면할 길이 없었다.

이에 대한 사례를 드는 것은 어려운 일이 아니다. 많은 자료에서 산발적으로 골라내기만 해도 여러 면을 채울 것이다. 그와 같은 노고는 이 자리에서 할 일이 아니지만, 지금까지 이 책에서 그다지 주목하지 않았던 지역에 잠깐 눈을 돌리는 것은 허용될 것이다. 스위스에서는, 알려진 바에 의하면 1820년경 농촌주민은 주로 빵, 전분질의 식품, 귀리죽, 콩류, 과실, 우유 및 유가공품을 먹고 있었다.34) 고기는 부유

---

32) J. H. G. v. Justi, *Staatswirtschaft*……, I, 1755, p.481.
33) 다음의 문헌에서 재인용했다. W. Abel, "Die Lage in der deutschen Land- und Ernährungswirtschaft um 1800," in: *Die wirtschaftliche Situation in Deutschland und Österreich um die Wende vom 18. zum 19. Jahrhundert*(Forsch. z. Soz.- u. Wirtschaftsgesch., hsg. v. F. Lütge, 6), 1964, p.245. 또한 다음의 정기간행물에 수록. *Jahrb. f. Nationalökon. u. Stat.*, 175, 1963, pp.319f.
34) H. Brugger, *Die schweizerische Landwirtschaft in der ersten Hälfte des*

한 사람들에게만 한 주일에 몇 번 식탁에 오를 정도였는데, 신선한 것은 주로 일요일에만 먹을 수 있었고, 그나마 가난한 집에서는 일 년에 몇 번 정도에 그쳤다. 고지오스트리아 지방에서는 몬트제의 주교 마우루스가 "신민들에게는 과중한 노동 이외에 불쌍한 아내와 자식들과 함께 먹을 거친 빵조차도 충분하지 않다"고 보고했다(1652).[35] 테른베르크의 목사는 1655년에 이렇게 썼다. "농민 한 사람은 머슴과 함께 석 달에 고기 한 파운드도 채 먹지 못했다." 제국기사 호에네크가 1742년에 보고한 바에 의하면, 오스트리아 엔스 강변에 거주하는 그의 영민들 대부분은 일부의 풍요한 지역을 제외하면 "거의가 거친 귀리 기울로 만든 빵으로 연명했는데, 그나마도 흉작이나 물가가 등귀하는 시절에는 곳에 따라서 짚과 도토리, 풀씨, 콩깍지 심지어는 짐승의 털을 섞어서 만든 빵으로 허기를 달래야만 했다." 더욱 열악한 상황에 처해 있던 것은 폴란드의 농민들이었는데, 이들은 또한 봉건시대에 존재했던 사회적 종속의 긴 사다리에서 최하층을 차지하고 있었던 것이다. 철학자 쇼펜하우어의 모친인 요한나가 그녀의 회상기에서 말한 바에 의하면, 그녀는 거대한 배가 비스툴라 강을 따라 내려와 도시에 곡물을 운반할 때면 단치히에서 저 불쌍한 사람들을 종종 만났다고 한다.[36] 이들이 고향에서 겨울을 어떻게 나는지를 그녀는 알 길이 없었다고 썼다. 그러나 이들이 여름에 처한 사정에 대해서 요한나는 몇 가지를 보고할 수 있어, 스스로 다음과 같이 보고하고 있다(물론 그녀의 진술은 다소 장황하기도 하지만). "완두콩이나 메밀로 쑨 아주 걸쭉한 죽이 거의 매일 일용할 양식이었는데, 이 죽을 그들은 십자형으로 가로질러 있는 막대기에 걸린 엄청나게 큰 냄비로 끓이고 있

---

19. *Jahrhunderts*, 1956, p.13.
35) 고지오스트리아 지방에 대한 이 보고와 기타의 보고는 다음의 문헌에서 취했다. G. Grüll, "Bauer, Herr und Landesfürst……," in: *Forsch. z. Gesch. Oberösterreich*, 8, 1963, pp.53f.
36) J. Schopenhauer, *Jugendleben und Wanderbilder*(1958년도판), pp.37f.

었다. 이들이 어쩌다가 동물기름 양초라도 몇 자루 얻어 그 메마른 죽에 보태면, 그 거친 먹을거리는 진수성찬이 된다. 점심시간이 되면 이들은 김을 내면서 끓고 있는 냄비 주변에 참으로 그림 같은 모습으로 떼를 지어 빼곡히 둘러앉아, 그들이 아끼는 살림도구의 하나인 커다란 나무숟가락으로 주저하는 법이 없이 웃고 떠들면서 퍼먹고 있었다." 쇼펜하우어 여사는 이 자리에서 빠뜨릴 수 없는 작은 경험담도 덧붙여놓았다. "어느 날 아침 잡화상가를 통과하는 길을 가다가, 약간 떨어진 거리에서 갖가지 식료품을 진열해놓은 점포 앞에 폴란드 사람 한 명이 서 있는 것을 보았다. 그는 점포 앞을 어슬렁거리면서 진열된 물품에 타는 듯한 눈초리를 보내고 있었다. 내 동반자 제임슨과 나는 잠깐 정지해서 그 사람이 무슨 짓을 하려는지를 지켜보았다. 갑자기 그는 문간에 세워둔 청어를 담은 통으로 쏜살같이 달려들었다. 그러나 거기서 청어 한 마리라도 훔쳐내는 것이 아니라, 가지고 있던 커다란 검은 빵 덩어리를 청어통 속에 깊이 찔러넣었다가 뒤도 돌아보지 않고 달아났다. 그는 마치 아주 맛있는 사냥감이라도 포획한 듯한 꼴이었다."

2. 근대에 이르러 아주 늦은 시기까지도 수도원, 구호원, 병원 또는 더 일반적으로 각종의 자선기관에서 이루어진 고기의 소비는 아주 풍부했던 것으로 보인다. 그리하여 이러한 기관 일부에서는 1800년경 빠듯한 식단규정을 유지하면서도 1인당 일주일에 0.5kg 이하의 고기를 제공하는 경우는 오히려 드물었고, 대개는 그 이상에 달했다. 계란도 자주 공급되었는데, 게다가 생선, 치즈, 버터, 빵도 따랐다.[37]

그러나 이런 기관의 지출은 그 수입에 달려 있었고, 모든 기관이 그 식단이 전해지고 있는 곳과 같이 풍부한 기금으로 설치되었던 것은 아

---

[37] J. Ilzhöfer, "Die Deckung des Vitaminbedarfs in früheren Jahrhunderten," in: *Archiv für Hygiene und Bakteriologie*, 127, 1942, pp.150f.

니다. 또한 공공기관의 빈약한 재정지원을 지속적으로 받거나, 심지어 수용자의 노역봉사에 대한 보상으로만 유지되어야 했던 구빈원, 노동자 숙소 및 비슷한 기관도 있었다.

아마도 좀 우스꽝스러운 경우이겠지만, 하나의 사례가 그러한 기관의 사정을 조명해줄 것이다. 여기서 생각되는 것은 독일에서 꽤나 유명했던 럼포드 수프의 일화다. 이것은 그 고안자인 럼포드 백작의 이름을 따서 불린 것인데, 그는 뮌헨에 잉글랜드 정원(der englische Garten)을 조영하고, 바이에른의 군대를 재조직하고, 뮌헨의 걸인들을 수용하는 노동자 숙소를 건립한 사람이었다. 급식으로 그는 자신의 제조법에 따라 다음과 같은 재료로 만든 수프를 권고했다.[38] "곱게 찧은 보리 2피어텔, 완두콩 2피어텔, 감자 8피어텔, 고운 흰 빵을 잘게 썬 조각, 소금, 맥주 및 포도주로 만든 약한 식초 24마스 또는 시어버린 맥주, 물 약 560마스." 바로 드러나듯이 이 수프에는 고기는커녕 지방 덩어리조차도 들어 있지 않았다. 이런 수프는 오늘날 환영할 사람들이 별로 없을 것이다. 오늘날의 럼포드 수프에는 『브로크하우스 백과사전』(1956년판)이 보고하듯이, 이미 그 발명자가 사용했던 보리가루, 완두콩과 감자 외에도 뼈를 고은 진한 국물과 돼지고기가 들어간다. 수프 하나의 변동에도 한 민족의 경제사가 반영되고 있는 것이다!

3. 지금까지 언급한 부류와 약간 다른 것은 특별한 계기에서 이루어지는 소비다. 즉 결혼식, 유아세례, 길드 가입 등과 같은 계기에서 이루어지는 소비행위다. 이러한 행사에서 제공되는 음식물은 18세기에도 드물지 않게 풍요했으나, 일상적인 소비패턴은 이런 계기에서의 음식소비

---

38) 여기서는 다음의 문헌에서 재인용했다. E. Larsen, *Graf Rumford, ein Amerikaner in München*, 1961, pp.91f.

에서 유추할 수는 없다. 더욱이 이 '계기'는 종종 또한 축하의 동기에 아주 냉철한 물질적 고려가 결부되어 있는 그러한 경우였다.

이와 같은 축일의 소비는 '투자적 소비'로 불릴 수도 있을 것이다. 왜냐하면 이런 경우 손님을 초청하는 자는 일정한 반대급부를 기대하기 때문이다. 우리는 다음과 같은 사례를 비교해도 좋다. 쾰른의 상인 헤르만 폰 바인스베르크는 1571년에 자신이 쾰른의 군기영주단에 가입된 것을 계기로 도시의 유력자와 친구들 몇 명을 호사스러운 만찬으로 접대했는데——이에 대해서는 이 책의 324, 325쪽에 보고된 바 있다——, 이 연회와 관련지어 그의 회고록에서 언급한 바에 의하면,[39] 물론 그 연회는 64굴덴의 비용이 들었으나, 그에게는 아주 기쁜 일이었다. 즉 "일어나야 할 것이 일어났다. 그래서 나는 이제부터 자유롭게 되었고, 내가 살아 있는 한 매년 물품세 납부의무에서 12번이나 면제되고, 매년 두 번이나 무료의 저녁 만찬을 즐길 수 있게 되며, 또한 번을 서야 하는 근무에서 면제되었고 다른 여러 가지 유리한 혜택과 특권을 누리게 되었다"는 것이다.

4. 그리고 끝으로 몇 가지 특수한 소득의 경우도 생각해야 한다. 이 경우에는 소득이 너무도 높아서, 식품구입을 위한 지출은 특별히 장부에 기록하지 않는 것이다. 즉 식품에 대한 수요의 소득탄력성이 제로(零) 수준에 근접하는 경우다. 이와 같은 수준의 소득을 누리는 사람들은 식품의 소비에 한계를 두지 않았다. 그러나 이들이 습관이 된 '육류 소비수준'을 유지하면, 더욱 광범한 빈민집단에게 이미 다른 이유에서 매우 제한되어 있던 동물성 산물의 시장을 추가적으로 협소하게 만드는 것이 되었다.

---

39) "Das Buch Weinsberg," in: *Publ. d. Ges. f. rheinische Geschichtskunde*, IV, 1887, II, p.223.

이 점은 이미 이 시기에 튀넨이 '고립국'(孤立國)이라는 자신의 모델에 의거하여 설명한 바가 있다. 이때 그는 예외적으로 단 한 번, 이 모델을 시간적 흐름 속에 위치시켰다. 그는 말했다.[40] 우리가 잠깐 동안만 한 고립국의 농업이 지속적인 상태에 머물러 있을 것이라는 가정을 떠나면, 그리고 지금까지 순전히 목축을 영위하던 영역이 서서히 곡물경작에 동원된다는 사정을 생각한다면, 이로써 한편 도시로 공급되는 축산물의 양은 감소할 것이다. 그리고 다른 한편 양적으로 더욱 근소해진 이 축산물이 지금에도 존재하는 더 많은 수의 소비자에게 어떻게 분배될 것인가라는 의문이 제기된다. 튀넨은 이렇게 대답했다. "빈자들은 고기를 구입할 때, 다른 식료품과 비교해서 그럴 만한 가치가 있다고 여기는 한도의 가격만을 지불할 수 있다. 가격이 더 올라가면, 빈자들은 결국 고기의 소비를 포기하거나 적어도 제한할 것이 틀림없다. 부자들은 반면에 더 맛있는 고기소비의 향락을 위해 곡물에 대한 가치대비가 표시하는 것 이상의 높은 가격을 지불할 것이다. 이제 부자들은 이렇게 더 높아진 가격을 수단으로 하여 빈자들을 고기의 구매로부터 떼어놓게 되어, 그들의 식탁은 예전만큼이나 풍성하게 고기로 채워질 수 있다. 반면에 노동계급은 가격이 더 저렴하고, 영양가가 더 떨어지는 채식으로 만족할 수밖에 없다." 튀넨은 이로부터 다음과 같은 결론을 도출했다. "그래서 높은 수준의 문명으로 발전하는 이러한 전환은 노동자들에게는 익숙한 욕구마저 제한해야 하는 매우 반갑지 않은 사태를 야기한다."

애덤 스미스부터는 경제학이, 알프레히트 테어부터는 농업경제학도 목축과 고기공급의 여러 단계를 구분하고 있다. 근소한 인구가 조방적인 토지이용을 할 수 있었던 최초의 단계에서 목축은 농업활동의 전면

---

40) 여기에서는 다음의 판본에 의해서 인용한다. *Ausgabe Waentig*, 3rd ed., Jena 1930, p.256.

에 가장 두드러져 나타난다. 독일과 중부 유럽에서 이러한 단계는 우리 역사의 아주 초기에 시작해서 중세 말기까지 걸쳐 있었다. 소, 양, 돼지는 당시에 아직도 많았던 방목지와 목장, 삼림, 외양간과 우리에서 충분한 먹이를 발견했다. 농촌에서나 도시에서나 고기는 식량의 본질적인 구성요소였다. 매일 두 차례나 ("접시가 넘칠 정도로") 풍부한 양의 고기가 식사로 제공되었는데, 도처에서 심지어 부역노동을 하는 예속민에게까지 그 혜택을 줄 정도였다.

목축의 두 번째 단계에서는 가축이 경작의 배경으로 후퇴했다. 스미스는 이렇게 언명했다. "적당한 수준으로 비옥한 곡물경작지는 같은 면적으로 이루어진 최상의 목장보다 인간에게 훨씬 더 많은 식량을 산출한다. 그 경작에는 또한 훨씬 더 많은 노동을 요구하지만, 종자와 그 노동력을 유지하는 데 드는 비용을 제하고 남는 잉여는 역시 훨씬 더 크다." 고기는 가격 면에서 아마도 곡물보다 더 처진다 해도, 광범한 소비자 대중의 손에는 미칠 수 없는 것이었다. 그래서 영농자들은 곡물재배에서 더욱 큰 기회를 보았다. 목축경제의 단계에서 영농자들은 가축을 노동절약적으로 원초적인 지력(地力)을 이용하는 수단으로 보았으나, 이제는 토지의 비옥도에 대한 기여(비료제공)와 농업경영 내부의 능률제고(축력제공)라는 관점에서 가축의 가치를 평가하게 되었다. 이때는 목축이 후퇴하는 단계였다. 서구에서는 이 단계가 제3의 단계로 교체되었는데, 이러한 교체는 티그리스, 유프라테스 및 나일 강변의 고대문명, 또한 그리스와 로마에서도 일어나지 않았다. 이 세 번째 단계에서는 경작활동의 산물이 가축사육에도 쓰이고 있다. 이 제3의 그리고 마지막 단계는 서구세계의 산업화와 일치한다.

독일에서 최초로 발간된 『대규모 가축사육을 위한 이론적·실제적 교본』(*Theoretisch-praktische Handbuch der größeren Viehzucht*)은 진정으로 이름값을 하는 저작인데,[41] 제2단계 국면, 즉 경작이 아직도

---

41) F. B. Weber, Leipzig 1810.

우세했던 그러한 시기에 나왔다. 이 책에서는 다음과 같은 구절을 읽을 수 있다. "오로지 경작에 전혀 쓸모가 없는 순전한 방목지대에 설정된 목축업에서만이 가축은 늘 진정한 순수익을 제공한다. 그러나 대개 통상적인 경작농장에서 가축은 그런 이익을 낼 수 없으며, 그저 없어서는 안 되는 필요성 때문에 일반적으로 사육되며 또 되어야 한다." 당대의 통계는 이러한 견해를 확인하고 있다. 이 통계에 다소의 결락은 있으나, 아마도 프로이센에 대해서는 큰 윤곽으로는 확실히 들어맞는 상(像)을 제공한다. 곡물은 1800년경에 프로이센-독일의 농업에서 아주 지배적인 주산물이었다. 프로이센 국가에서는 레오폴트 크룩스의 집계에 의하면 [42] 화폐가치로 환산한 전체 식량생산의 약 53%가 곡물 하나에만 배분되어 있었고, 다른 식물성 생산물에는 약 23%, 축산물에는 단지 24%만이 배분되어 있었다. 독일연방공화국에서는 20세기의 60년대 초에 이 비율은 정확히 반대로 되어 있다. 축산물은 1959/60년에 농업생산의 72%를 차지했다.

한 시대의 종말

역사적 현상은 리카도와 맬서스, 보충적으로 요한 하인리히 폰 튀넨이 아직 본질적으로 농업적인 조건에서 성장하고 있는 인구에 대해서 구성한 모델에 전적으로 부합한다. 실질임금은 떨어지거나 정체하는데, 그러면 (임금이 이미 최저생계 수준에 도달했다면) 소비는 토지를 절약하는 식물성 식료품에 집중하고, 고기소비가 감소하며 가축사육은 이익이 없게 된다. 영농자의 활동은 식물성 식량자원을 얻는 것으로 옮겨간다. 우선 곡물과 콩과류 작물, 그리고 단위면적당의 토지에서 더 많은 칼로리를 얻을 수 있는 감자 재배로 기울어진다. 식량여지는 축소된다. 왜냐하면 기술과 과학이 자연이 인간에게 가한 한계를 아직 극복하지

---

42) 여기서는 다음의 문헌에서 재인용했다. W. Abel, *Geschichte der deu-tschen Landwirtschaft* ······, 1967, p.325.

못했기 때문이다.

또한 덧붙일 것은 앙시앵 레짐기의 사회를 설명하기 위해 구상되었던 라브루스 사이클은 그러한 상황에서 1789년이 넘어서도 관철되었다는 점이다. 프로이센에서는 19세기의 60년대에 이르기까지도 호밀가격과 혼인 사이에 서로 대척적으로 전개되는 운동을 인식할 수 있다.[43] 바이에른에서는 구호를 받는 빈민의 수와 호밀가격 사이의 상관관계를 보여주는 평행운동은 1858/59년 이후에나 사라졌다.[44] 이 문제에 대해서는 1974년에 출간된 나의 저서 『대중빈곤과 기근』(Massenarmut und Hungerkrisen)에서 더 상세히 다루었다.

그렇기 때문에 영국에서 관찰했던 대중의 참상을 공업 탓으로 돌렸던 프리드리히 엥겔스의 견해는 반박될 수밖에 없다. 도시와 공장지대를 넘어서 농촌으로 그리고 19세기를 넘어서 그 이전의 시기로 눈을 돌리면, 수공업장인과 노동자들의 곤궁은 산업화 이전 단계의 사정에서 유래했고 핵심적으로——물론 그 현상의 모든 형태는 아니지만——이러한 처지에서 그 근거를 찾을 수 있었음이 명백해진다. 산업화 이전의 단계는 그 기원과 발전에 따라 서구 역사에서 저물어가는 국면에 속했던 것이다.

또 다른 의문은 영국에서 아주 일찍부터 시작한 공업화는 서구의 인민들을 협착한 식량여지에서 구출하는 데 왜 그다지도 오래 걸렸는가라는 문제다. 통상적인 대답에 의하면, 모든 공업화는 국민소득을 소비에서 투자로 재배치하는 과정을 포함하게 마련인데, 그렇기 때문에 시간

---

[43] E. Wagemann, *Konjunkturlehre*, 1928, pp.146f.; Ibid., *Einführung in die Konjunkturlehre*, 1929, pp.56f.

[44] Th. Laves, "Die bayerische Armenpflege von 1847 bis 1880," in: *Jahrb. f. Gesetzg., Verwalt. u. Volkswirtsch. im Deutschen Reich*, ed. by G. Schmoller, 8, 1884, p.208.

이 걸린다는 것이다. 그러나 이런 설명은 '기근과 갈증'의 도정을 당연한 것으로 전제하고 있으며, 게다가 다음과 같은 요소를 거의 인식하지 않고 있다. 즉 공업화의 도약을 가능하게 했던 재정조달에는 임금과 이익 외에 지대도 있었는데, 이는 19세기 초 영국에서 국민소득의 대략 1/6을 차지하고 있었다고 한다.[45] 또한 지대도 고려한 다른 대답은 독일의 경우에 대해서 이미 다른 곳에서 지적되었다.[46]

영국에 대해서는 홉스봄이 그 대답을 시도했다.[47] 홉스봄은 강조하기를, 영국에서도 지대는 아주 우세하게 지대수입자들, 특히 약 4,000명에 달하는 대토지소유자들의 소비를 재정적으로 지탱하는 데 쓰여졌다는 것이다. 그러한 부가 재투자되었던 한에서는, 그것이 농업, 상업 그리고 일정한 식민지 사업과 재정조작에 흘러들어갔다. 공업은 등한시되었다. "나라의 공업화에 쓰였던 한 파운드를 위해서 더 많은 돈이 축적되어야 했다."

홉스봄은 강조했다. 즉 18세기와 19세기 초에 영국이 장악하고 있던 "비교적 엄청난 양의 자본"은 광범한 대중의 생계에 압박을 가하지 않고도 이 시기의 공업이 필요로 했던 미미한 정도의 투자를 행하기에 충분했다는 것이다. 그러나 실제로는 투자과정의 비효율성으로 인하여 기업가들이 자본이 부족한 조건에 처하는 결과가 초래되었을 것이다. 이러한 분위기는 청교도적인 저축의 이상화, 비생산적인 지출에 대한 증오, 돈을 산출하지 않는 거의 모든 것에 대한 냉담, 결국 또한 더욱 강해

---

45) A. Marshall, "Theories and facts about wages," in: *Annals of the Co-operative Wholesale Society*, 1885, VII. 여기에서는 다음의 문헌에서 재인용했다. Hamilton, *Rapports I, XIe Congrès International des Sciences Historiques*, Stockholm, 1960, p.160. 마샬의 저작은 구할 수가 없었다.

46) W. Abel, "Die Lage in der deutschen Land- und Ernährungswirtschaft um 1800," in: *Die wirtschaftliche Situation in Deutschland und Österreich um die Wende vom 18. zum 19. Jahrhundert*, ed. F. Lütge, 1964, pp. 252f.

47) E. J. Hobsbawm, "En Angleterre: Révolution industrielle et vie matérielle des classes populaire," in: *Annales*, 17, 1962, pp.1047f.

지는 노동자 집단에 대한 무관심으로 치환되었다. 결과적으로 국내시장, 특히 노동계급을 위한 시장은 아주 제한되었을 것이다. 최초 시기(1780~1850)의 주산업이었던 면화는 전체 생산의 60%가 수출되었을 것이다(이는 또한 덧붙여도 된다면, 대륙에서는 국내산업을 위한 시장을 망쳤던 것이다). 소비재 산업, 예컨대 의복, 신발, 가구 등은 1850년 이전에는 단지 예외적으로만 기계 및 대량생산으로 이행했다. 게다가 공공재정은 부자들에게 유리하고, 빈자들에게 불리하도록 조직되어 있었다. "간단히 말해서 경제의 조직은 노동계급의 생활수준을 낮은 수준으로 고착시키기 위한 지속적인 음모였다."[48]

이러한 견해는 잉글랜드에 대해서, 그리고 약간의 변이를 고려하면 대륙에 대해서도 공업화가 원래 그러하도록 소명받은 과업을 지체했던 이유를 설명할 수 있을 것이다. 그 과업은 노동계급의 생활수준을 끌어올리는 일이었다.

---

[48] 이 마지막 문장은 다음의 문헌에서 따왔다. P. K. O'Brien, "British incomes and property in the early nineteenth century," in: *Econ. Hist. Rev.*, XII, 1959, p.267.

제4부 산업시대와 유럽의 농업 및 식량공급

"19세기와 20세기에 나타났던 농업위기의
내재적 근거를 탐색하는 것은 궤도를 이탈한 것이 아니다.
공업부문의 '장기파동'과 '농업경기변동'을 연결짓는
더욱 견고한 고리를 구명하는 연구가 더 이상
나오지 않았던 한에서, 과잉생산이론은 농업위기와
이에 연결되는 농업호황의 원인에 대한 질문에 대해서
아직도 최량의 대답으로 제공될 것이다."

종결부의 서론

 서술이 오늘날에 더 가까워질수록 중부 유럽의 농업과 식량공급의 역사에 관한 자료와 문헌은 더욱 풍부해진다. 그래서 앞의 여러 장에서 진행해왔던 바와 같이 통계와 관계문헌을 포괄적으로 검토하는 것은 이제 더 이상 생각할 수가 없다.
 일정한 한정이 불가피하다. 여러 대상들 사이에 적절한 선택을 하는 것은 비슷한 경우에 처한 역사가에게 그다지도 엄청난 어려움을 주는데, 이번 경우는 다음과 같은 사정으로 인하여 다소 용이하다. 즉 이 책의 시초에서 명확한 질문과 특정한 자료군이 제기되었기 때문이다. 주안점은 가격과 그것이 경제체제 내의 화폐 및 재화량과 맺고 있는 관계였다. 여기에서 강조된 것은 도시가 형성되었을 당시부터 유럽의 토양에는 경제체제 내에서 가격, 물량, 비용과 소득 사이에 일정한 상호종속성이 존재하였다는 점이다. 그러나 이 연계가 얼마나 강력하고 어떤 성질의 것이었는지는 아직도 대답할 수 없는 문제로 남아 있었다. 이 문제를 검토하고, 필요할 때 그 기초를 다소 조정하는 것은 구체적인 서술에 맡겨왔다.
 이 책의 서술이 이제 성숙한 시장경제의 시대로 진입했다는 이유로 우리의 문제제기를 바꿀 이유는 전혀 없다. 여전히 관심의 초점이 되는 것은 농업의 판로위기로 파악되는 농업위기, 그리고 농업경기의 문제다. 농업위기는 지금까지 그렇게 엄격하게 정의되지는 않았다 해도, 농업의 시장상황으로 파악되고 있다. 이에는 또 하나의 부수적인 의미가 첨가된다. 즉 상황은 마치 천체의 위치와 같이 늘 변한다는 것인데, 바로 이 천체 위치의 변화에 대해서 천문학자들은 최초로 이 '주기적 변동'(Konjunktur)이라는 말을 사용했던 것이다.

그래서 또한 계속해서 가격과 소득이, 그리고 시장에 도달하는 물량 중에서 농업과 식량공급의 영역에서 생산되고, 판매 및 소비되었던 그러한 것들만이 최우선으로 고려된다. 이러한 작업에서 질과 물품의 구성에서 나타나는 변동이 고려되어야 함은 자명한 일이다. 그러나 여기에서도 경제구조의 변동이 필연적으로 경제의 흐름에 대한 새로운 관념(또는 이론)을 강요하는가라는 질문은 우선 열린 상태로 남겨두어야 할 것이다. 이 질문에 대한 답변을 미리, 그리고 순전히 사변적으로 제시하는 것은 이 책의 취지에 부합하지 않을 것이다. 따라서 이 질문은 잊어버리는 것은 아니지만 잠깐 미루어두어야 할 것이다.

I. 식량공급의 난관 극복

1. 19세기 중엽 이래의 가격, 임금 및 생활수준

실질임금의 상승

19세기 전반기부터 진행된 가격과 임금의 변동은 〈도표 62〉에 제시되어 있다. 이 도표는 이전의 여러 세기에 대해서 제시했던 각종의 도표와 계산에 연결되어 있는데, 19세기의 통화로 환산하는 것은 가능한 한 배제되어 있다(부록 604쪽 이하 참조). 각 도표는 다시 4개의 군(群)으로 구성되어 있다. 즉 임금, 곡가, 축산물과 공산품의 가격이 그것이다. 각 군의 자료는 아주 풍부하지만, 가중 평가되지 않은 개별가격과 임금의 계열에서 취합했다.[1]

---

[1] 잉글랜드에 대해서는 이 자리에서 관심을 갖고 있는 계열자료가 이제 취합되고 있음을 다음의 문헌에서 발견할 수 있다. B. R. Mitchel and Phyllis Deane, *Abstract of British historical statistics*, 1962, pp.348ff., 411f. 및 488ff. 임금의 계열자료는 다음의 문헌으로 보충되었다. G. F. Steffen, *Studien zur Geschichte der englischen Lohnarbeiter*, I, 1901, p.371; II, 1904, pp.13, 30; III, 1905, pp.19, 25 및 다음의 문헌에서 나오는 논평, W. Abel, *Agrarkrisen……*, 1st ed., pp.172, 176. 개별적으로 이 자료군은 다음과 같이 취합되어 있다.

　곡물: 밀, 보리, 귀리, 잉글랜드의 평균가격은 런던의 관보(*London Gazette*)에 의함.

　축산물: 쇠고기, 거세된 숫양고기, 돼지고기, 버터, 수지(獸脂), 어유(魚油), 전 시기 동안의 치즈; 1850년까지는 우유, 1850년부터는 베이컨 및 간유(肝油).

공산품: 석탄, 선철(銑鐵), 주석, 납, 동(銅), 마(麻), 면직물, 아마, 타르, 담배, 가죽, 모피, 수지, 비단, 목재; 1850년까지는 수은 및 털 그리고 1850년 이후에는 마유(麻油), 올리브유. 완제품은 이 목록에 거의 포함되어 있지 않으나, 부언할 것은 1860년부터 1910년까지 공업원료제품과 완제품의 가격변동은 영국에서 거의 완전하게 동일했다는 점이다(G. Maynard, *Economic Development and the Price Level*, 1962, p.171).

임금: 농업노동자, 식자공(植字工), 건축노동자, 공장노동자(면직공장)=주급; 대목=일급.

프랑스 : *Annuaire Statistique*, vol. 44, 1928, pp.103ff., 132.

곡물: 밀, 호밀.

축산물: 쇠고기.

공산품: 주철, 철, 동, 면직물.

임금: 위 연보의 지수.

독일: 가격계열의 출처는 A. Jacobs and H. Richter, *Die Großhandelspreise in Deutschland von 1792 bis 1934*(Sonderhefte des Inst. f. Konjunkturforsch., 37, 1935). 야콥스(Jacobs)가 공산품의 지수계산에서 시행했던 종류의 사정(査定)은 포기했다. 왜냐하면 개별 생산품의 상이한 의미를 상호비교하여 시간의 흐름 속에서 확인하는 것이 불가능하기 때문이다. 게다가 그러한 수고가 마땅한 성과를 낼지도 거의 의심스럽다(적어도 이 책이 제기한 문제제기의 범위에서는 그러할 것 같지가 않다). 거대한 섬유류군(群) 공산품의 지표라는 틀 안에서 중복하여 평가하는 시도는 백분율로 볼 때 매우 근소한 차이(3%까지)만을 가져왔다. 이러한 평가를 통해서도 가격변동의 경향은 전혀 변동이 없었다. 임금계열은 다음의 문헌에 제시된 보고에 의거한다. J. Kuczynski, *Die Geschichte der Lage der Arbeiter in Deutschland von 1779 bis 1849*, 1961, pp.245f. 및 Ibid., *Die Geschichte der Lage der Arbeiter in Deutschland von 1800 bis in die Gegenwart*, I, 3rd ed., 1947, pp.39f., 101f., 178f. 보충적으로 농업노동자의 임금은 다음의 문헌에서 취했다. A. Neumann, *Die Bewegung der Löhne der ländlichen "freien" Arbeiter……*, 1911, pp.330ff. 및 A. Buchenberger, *Agrarwesen und Agrarpolitik*, I, 2nd ed., 1914, p.478.

곡물: 베를린, 함부르크, 쾨니히스베르크와 뮌헨의 밀, 호밀, 귀리, 보리.

축산물: 쇠고기, 돼지고기, 버터.

공산품: 석탄, 철, 비철금속(동, 납, 아연, 주석), 섬유(모직물, 면직물, 생사, 아마, 마사, 마).

임금: 탄광(자르, 아헨 구역, 루르), 철광(라인 강 좌우안), 동광(할레-만스펠트), 인쇄업(8개 도시의 평균치), 농업 및 임업(30개 프로이센 지방행정구역의 평균치) 노동자의 임금. 쿠친스키가 수집하고 계산해낸 임금은 노이만

임금은 모든 나라에서 상승하고 있었다. 상승의 정도는 상이했다. 이는 (이 자리에서 더 분명히 규정할 수는 없지만) 부분적으로 출발상황이 서로 다른 때문으로 보인다. 다시 한 번 상기하겠지만, 잉글랜드에서는 임금이 19세기 전반기에는 대륙의 임금 수준 이상이었다(이 책, 522쪽의 〈도표 59〉). 축산물의 가격은 약간의 간격을 두고 임금을 따라가고 있었다. 곡가는 현저하게 떨어져 있었고, 더욱 큰 간격을 유지하고 있던 것은 —— 잉글랜드는 예외이지만—— 공산품 가격이다.

이것이 산업시대에 전개된 가격과 임금변동의 기본동향이다. 이 변동들은 세부적으로 구분되고, 또한 선형추세의 형태로 눈에 훨씬 더 잘 띄게 제시할 수도 있다. 그러나 이럴 경우에는 중간에 나타나는 미세한 동요가 배제되는 것을 각오해야 한다. 독일의 가격사례 몇 가지를 이렇게 해서 〈도표 63〉으로 제시할 수 있다.[2]

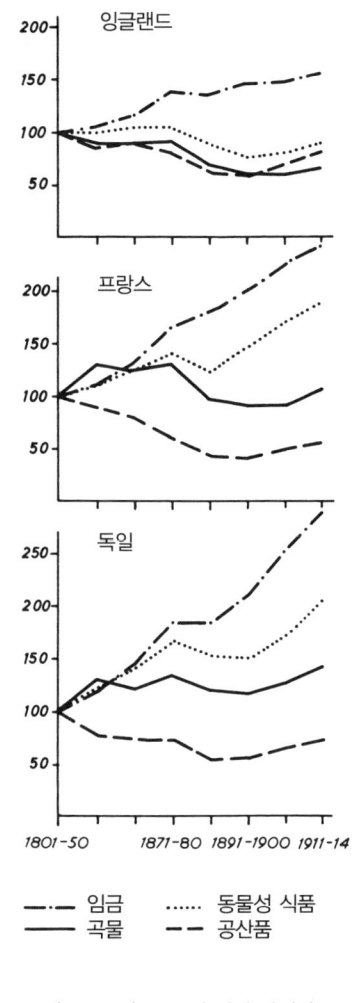

〈도표 62〉 중부 유럽의 가격과 임금변동, 1801~1914
(10년 단위의 평균치, 주화의 은 함유량, 1801~50=100)

(A. Neumann)과 부헨베르거(A. Buchenberger)의 보고로 보충되었다.
2) 이 도표는 다음의 문헌에서 취했다. J. Feilen, "Preisstruktur und Preisbewegung," in: *Vierteljahreshefte z. Konjunkturforsch.*, 10, N. F. 1935/36, p. 33. 파일렌은 이미 위에 인용한 다음의 문헌에 제시된 보고를 이용

I. 식량공급의 난관 극복 545

임금군(群)도 또한 세부적으로 구분될 수 있다. 일부 업종은 앞서 가고, 다른 업종은 쫓아가고, 결국에는 농업도 더불어 따라가는 모습을 제시할 수 있었다. 물론 농업은 장기간에 걸쳐 결코 미미하지 않은 가격압박에 처해 있었지만 말이다. 그러나 이러한 것들은 포기해도 될 것이다. 왜냐하면 기본적인 것은 그와 같이 섬세한 처리가 없어도 논란의 여지가 있을 수 없기 때문이다. 기술과 공업의 진보는 임금을 상승시켰다. 다른 요인들도 같이 작용했다. 그러나 어떻게 측정하든지 간에, 인간노동의 생산성 증가가 결국 결정적인 변수였다.

　　임금은 따라서 가격에 비해서 올랐다. 이는 임금의 구매력이 성장했음을 말하려고 하지만, 수치와 도표는 유감스럽게도 **실질임금**이 어느 정도로 올랐는지를 알려주지 못하고 있다. 18세기와 19세기의 전환기에 실질임금의 변동을 탐구했던 고전경제학자들은 명목임금과 곡가를 대조하는 것으로 만족했다. 그들의 시대(그리고 그보다 더 이전의 몇 세기)에 대해서는 그것으로 충분했을 것이다. 왜냐하면 곡물은 그 파생물과 대체물과 함께 공업화 이전의 시대에 노동대중의 가계에서 최대의 지출을 차지하는 부분이었기 때문이다.

　　이런 경향은 변했다. 가계의 지출에서 식료품이 차지하는 비중은 줄어들었다. 다른 종류의 재화와 용역이 두드러졌다. 우리는 이런 것들을 가정주부의 장바구니에 더불어 담아서 측정하고 검토해야 하는데, 더욱이 이런 작업을 시간의 흐름 속에서 끊임없이 반복해야 한다. 그러한 노고에도 불구하고 임금인상의 '진정한' 의미는 아주 막연한 윤곽으로만 파악할 수 있다. 왜냐하면 재화의 객관적 가치를 그 주관적 가치로 환산할 수 있게 하는 척도가 없기 때문이다. 구체적으로 말하자면, 1970년대의 노동자 가계가 갖고 있는 자동차는 100년 전에는 그러한 재화가 아직 존재조차 하지 않았다는 사실에 비할 때, 무엇을 의미하는가? 효용의 증대

했다. Jacobs, *Die Großhandelspreise in Deutschland von 1792 bis 1934*. 양모의 가격은 단지 1810년부터 1913년까지의 시기에 대해서만 증거가 제시되고 있다.

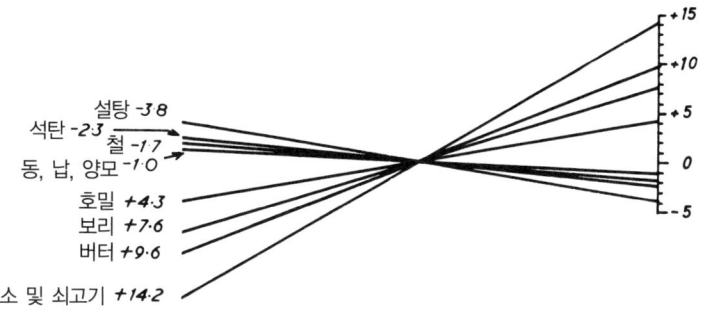

〈도표 63〉 독일의 가격변동 추세, 1792~1913
(선형線形추세의 매년 증감률을 평균가격의 백분율로 표시)

는 측정할 수가 없다. 왜냐하면 이에 대응하는 효용의 감퇴라는 것이 존재하지 않기 때문이다. 오늘날에 자동차를 소유한 사람의 조상들에게는 말이 끄는 마차가 상상이 가능한 희망의 최종 목표였을 것이다.

그래서 유럽의 공업국에서 실질임금이 어느 정도로 상승했는지는 대답할 수 없는 의문으로 남게 될 것이다. 몇 가지 계산 결과가 제시되어 있어,[3] 다른 이들은 이를 따를지도 모른다. 이 자리에서는 사실 자체, 그리고 비록 윤곽에 불과하지만, 그 상황과 조건을 지적하는 것으로 충분할 것이다.

그러나 아마도 메마른 수치와 표에 약간의 생기를 불어넣어줄 당대의 기록을 덧붙여도 좋을 것이다. 빌레펠트의 상업사무소(Handels-kammer)가 호경기를 기록한 1872년에 대해서 제출한 보고서에는 다음과 같은 언급이 보인다. "20년 전에만 해도 마직물 공업에서는

---

[3] 특히 잉글랜드에 대해서는 다음의 문헌이 제시된다. G. D. H. Cole and R. Postgate, *The common people 1746~1946*. 또한 바다 건너의 신대륙에 대해서도 그러한 산출이 시도된 바 있다. G. F., Warren and F. A. Paerson, *Prices*, New York, 1933, p.197에 의하면 미합중국에서 임금의 구매력은 1840년부터 1914년까지 대략 3배 또는 매년 1.71%나 증가했다.

직조노동자의 곤경이 공공의 생활에서 늘 제기되는 문제로 지적되고 있었다. 그리고 1849년만 해도 국가는 국민의회의 요청으로 방적 및 방직노동자들의 위급한 곤경을 구제하기 위해 민덴 구역에 3만 5,000탈러를 지원해야 했다. 오늘날 (적어도 우리 지역에서) 마직물 공업은 두 배가 되는 수의 노동자를 고용하고 있다. 직조노동자들의 벌이가 나쁘다거나 부족하다는 소리는 언급도 되지 않고 있으며, 여기서 늘 터져나오는 불만은 다른 모든 곳에서와 마찬가지로 노동자가 부족하다는 소리밖에 없다. 이런 상황에서 매우 특이한 것은, 이곳의 기계제 방직은 직조노동자에게 그가 15년 전에 벌어들일 수 있었던 것보다 거의 3배나 되는 임금을 지불하면서도 여전히 노동자를 구할 수가 없다는 점이다. 그래서 생산품의 판로는 충분한데도 불구하고, 설비된 520대의 직조기 중에서 사람을 채우지 못해 200대의 직조기를 놀려두고 있는 처지다." 그리고 또, "50년대 이전의 시기는 독일의 마직물 공업이 최대의 침체상태에 빠졌던 시기였다. 그리고 기업가들이 방적과 방직 모든 부문에서 맨손 작업을 기계로 가차없이 대치하기 시작할 때부터 부흥의 전환점이 닥쳐왔다."[4]

식료품 소비의 변동

독일과 중부 유럽에서 식량공급의 장기적 추세변동이 언제 최저점에 도달했는지를 정확하게 규정하기가 어렵다. 왜냐하면 장기적인 동태는 단기적인 파장에 가려지는데, 이 단기적 파장을 가려내는 일은 거의 불가능하기 때문이다. 심지어 단일종목의 가격계열, 예컨대 고기소비와 같은 것이나, 또 단일한 나라에 한정한다 해도 사정은 마찬가지다. 19세기의 최초 및 두 번째 10년대에 몇 차례의 심각한 흉작이 있었는데 (1805/1806 및 1816/17), 이에는 나폴레옹 전쟁의 영향과 그 후유증이

---

4) 여기서는 다음의 문헌에 따라 재인용했다. J. Blotenberg, "Der Gnadenfonds zur Beförderung der Leinen-Manufaktur in Bielefeld," in: *62. Jahresber. d. Histor. Ver. f. d. Grafschaft Ravensberg*, 1960, p.68.

작용하고 있었다. 1816년의 프로이센에 대해서 에슬렌은 1인당 14kg의 고기소비를, 그리고 같은 해 독일 전역에 대해서는 13.6kg의 고기소비를 계산해냈다.[5] 1820년대는 과중한 농업위기로 점철되었는데, 도시에서는 이 농업위기에 공산품의 판로경색이 동반하고 있었다. 키리아키-반트루프의 견해대로 고기소비가 더욱 하락했는지,[6] 아니면 함부르크에 대한 조에트베어의 통계수치에서 추론할 수 있듯이 오히려 더 증가했는지[7]는 아직 확실하지 않다. 1830년대부터 세기의 중엽까지 프로이센/독일에서의 상대적인 고기소비는 약간 증가했을지도 모른다. 프로이센에 대한 디터리치와 엥겔스의 통계수치는 약간의 동요가 있었지만, 1831년에는 16kg이었던 것이 1863년에는 18kg으로 상승했으며, 독일 전역에 대한 에슬렌의 소비지표는 1840년의 21.6kg에서 1861년의 23.3kg으로 상승했다.[8] 아마도 1850년대는 일대의 전환기였던 것 같다. 이미 1873년에 독일에서는 에슬렌의 통계치에 의하면 1인당 소비량이 29.5kg에 달했는데, 이는 단지 국내 생산분의 소비만을 고려한 것이었다. 1892년까지 이 소비량은 32.5kg으로, 1904/1905년까지는 다시 46.8kg으로 증가했다.

---

5) J. B. Esslen, *Die Fleischversorgung des Deutschen Reiches*, 1912, p.247.
6) S. v. Ciriacy-Wantrup, "Agrarkrisen und Stockungsspannen," in: *Ber. üb. Landw.*, Sonderh. 122, 1936, p.72.
7) G. Schmoller, "Über Fleischconsumtion," in: *Zeitsch. d. landw. Central-Vereins für die Provinz Sachsen*, 27, 1870, pp.206, 234.
8) C. F. W. Dieterici, *Der Volkswohlstand im Preußischen Staate*, 1846, pp. 13f. 추가적인 전거는 다음에서 발견된다. W. Abel, "Wandlungen des Fleischverbrauches und der Fleischversorgung in Deutschland seit dem ausgehenden Mittelalter," in: *Ber. üb. Landw.*, XXII, 1937, p.445; G. Schmoller, "Die historische Entwicklung des Fleischkonsums sowie der Vieh- und Fleischpreise in Deutschland," in: *Zeitschr. f. d. ges. Staatswiss.*, 27, 1871, pp.284f. 기왕에 활용 가능한 모든 자료를 비판적으로 검토한 새로운 서술로는 D. Saalfeld, "Steigerung und Wandlung des Fleischverbrauchs in Deutschland, 1800~1913," in: *Zeitschr. f. Agrargesch. u. Agrarsoziologie*, 25, 1977, pp.244~253이 있다.

이것은 식품소비의 변동에서 단지 한 종목의 계열에 관련한 것이다. 이와 함께 다른 종목도 긍정적이거나 부정적인 상관관계로 결부되어 있었다. 독일연방공화국에서는 1950년대 말까지 구제국 시절(1909/13)과 비교해서 1인당 동물성 지방의 소비가 대략 50%, 계란의 소비는 92%, 과실과 남방 및 열대산 과실의 소비는 156%가 증가했던 반면, 감자의 소비는 29% 그리고 곡물의 소비는 30%가량이 감소했다.[9]

시간은 공간에서 재발견된다. 발전과 변동에서 벗어나 **상태**, 즉 20세기 중엽 여러 나라들의 급양 수준이 제시되고 있는 상태로 눈을 돌려보면, 서구 역사의 여러 시기에 상응하는 차이가 나타나고 있으며, 또 그 차이의 배경에는 동일한 여러 동력의 조합이 드러나고 있다. 급양의 질에서 나타나는 차이에 결정적인 것은 1인당 실질소득의 수준이다. 1인당 국민소득이 300마르크(DM) 이하였던 인도와 파키스탄에서 동물성 단백질의 소비는 최소의 수준이었고(매일 1인당 6~7g), 약 825마르크의 소득에 달한 터키에서는 약간 많았으며(15g), 약 1,300마르크의 소득에 달한 에스파냐와 그리스에서는 다시 좀더 높았다(약 22g).[10] 단지 1인당 고기소비량과 국민소득을 대조해보기만 해도 비슷한 경향이 드러난다(〈도표 64〉).

수평선에는 1인당 연간소득이 마르크화(DM)로, 수직선에는 1인당 연간 고기소비량이 킬로그램(kg) 단위로 표시되어 있다. 영기점에서

---

9) G. Thiede, "Verzehrsgewohnheiten wandeln Absatzchancen," in: *Die Ernährungwirtschaft*, 1955, ergänzt nach Stat. Jahrb. f. d. Bundesrepubl.
10) 위에 제시한 수치와 〈도표 64〉에 대한 자극은 다음의 문헌에서 나왔다. A. Hanau, "Entwicklungstendenzen der Ernährung in marktwirtschaftlicher Sicht," in: *Entwicklungstendenzen der Ernährung*, ed. by Forschungsrat f. Ernähr., Landw. u. Forsten, 1962, pp.44f. 〈도표 64〉에 제시된 수치는 다음의 통계연감에서 취했다. *FAO Production Yearbook*, 1962, pp.246ff. 및 *Yearbook of National Accounts Statistics*(UN Statistical Office), New York 1960.

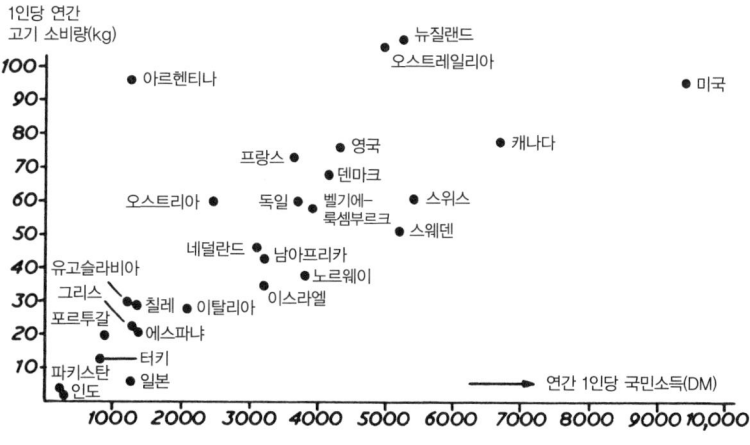

〈도표 64〉 1960년경 일부 국가의 국민소득과 고기소비

멀지 않은 곳에서 시작하는 하나의 선(線)이 도표를 가로질러 미합중국의 소비와 소득점까지 사선(斜線)으로 달리고 있다. 이 선에서 비켜나 아르헨티나, 뉴질랜드 및 오스트레일리아 세 나라는 단위 면적당 상대적으로 근소한 인구로서 이미 아주 높은 수준으로 발달한 기술과 조직을 갖춘 위치에 놓여 있다.

사람의 수가 급속히 증가하는 상황에서 영양부족에 시달리는 인구에 식량을 공급하고 동시에 개인당 소비 수준을 양적으로(칼로리 면에서) 또 질적으로 향상시키는 것이 얼마나 어려운 일인지를 하나우는 다음과 같은 계산사례에 의거하여 설명한 바 있다. 축산물의 생산은 평균적으로 1차 칼로리의 최소 80%가 손실되는 사태와 결부되어 있기 때문에, 이는 식물성 작물에 의한 직접적인 급양에 비해서 5배 이상이 되는 면적이나 소출을 요구한다. 만약 2,000칼로리에 달하는 매일의 급양에서 축산물 소비 칼로리가 총 10%의 비중을 차지하도록, 또는 축산물 소비 칼로리가 전체에서 20%의 비중을 차지하면서 2,400칼로리(1차 칼로리로 환산하면 4,320칼로리)에 달하도록 매일의 급양이 개량되어야 한다면, 이에 따라 생산해야 하는 1차 칼로리의 수량은 1인당 약 54%가

상승하게 된다.

이 계산은 이른바 개발도상국가들이 봉착하고 있는 오늘날의 문제에 관련되는 것이지만, 서구사회가 경험한 급양의 역사를 연구하는 역사가에게도 무언가를 말해주는 바가 있다.

2. 농업생산

경영의 기초

중부 유럽에서는 이미 150년 전부터 농업용지의 확장을 위한 공간이 더 이상 존재하지 않았다. 잉글랜드에서는 나폴레옹의 대륙봉쇄가 가장 척박한 토지("돌산과 허물어지는 모래밭"—이 책, 468~471쪽 참조)마저 경작하도록 하는 결과를 초래했다. 대륙에서는 전통적인 경영체제가 광대한 영구녹지와 빈번한 휴경을 강요했다.

증가하는 인구는 그래서 극히 일부만이 지금까지 이용되지 않던 토지로 부양될 수 있었다. 토지의 개간에서 오는 진보보다 더 중요한 것은 경지면적의 절약에서 온 것이다. 즉 기왕에 재배가 이루어지고 있던 토지의 소출을 늘리는 것이었다. 이것은 말하기는 쉬운 일이나, 그러한 진보는 다양한 조건을 전제하고 있었다. 새로운 기술, 도구 그리고 경영의 조직형태가 발달해야 했고, 인간의 에너지를 성가신 구속에서 해방하며, 토지가 농민에게, 자본이 토지에 유입되면, 이러한 여러 가지 혁신이 적절한 법률형식으로 고착되어야 했다. 이는 결국 경제적 가능성의 지속적이며 향상된 이용을 보장했다. 이것이 대륙에서는 농민 및 토지 해방의 과제였는데, 잉글랜드에서는 인클로저 법(Enclosure Acts), 상업 및 각종 영업 법률, 그리고 조세 및 화폐제도에서의 새로운 정리, 간단히 말하자면 18세기에서 19세기의 전환기와 그 이후에 중부 유럽에서까지 추진된 대개혁이 달성하고자 했던 과업이었다.

이 일련의 개혁은 농업활동의 가장 중요한 기초에 속하는 **경영규모**의 구조에도 개입했다. 그러나 역사는 여러 가지 다양한 양상을 빚어냈다.

유럽에 펼쳐진 농업 경영규모의 분포를 몇 마디의 말과 이에 부가하여 몇 개의 도표로 다루어보는 것도 쓸모 없는 일이 아닐 것이다. 그러나 국제적인 통계는 단지 오늘날의 상태에 가까운 종합만을 허용하기 때문에, 이 작업은 물론 일정한 상태를 그려내는 정도로 제한해야 한다. 여기에서는 우선 20세기 중엽의 상태가 제시된다(〈도표 65〉). 이 상(像)은 경영규모의 분포에 있어서 최근의 변동도 그리고 150년 전의 상태도 정확하게 반영하지 못하기 때문에, 다음과 같은 사실보다 덜 중요하다. 즉 이 자리에서 선정되고 광범하게 걸쳐 있는 집단구성에서 그 분포의 기본성격은 이 기간에 단지 근소하게만 변모했다는 점이다. 동부 유럽 권역은 제외되었다. 왜냐하면 양차 세계대전 이래로 진행된 농업개혁과 농업혁명은 전통적인 구조를 완벽하게 변모시켰기 때문이다.

〈도표 65〉는 약간의 설명이 필요하다. 농업경영체(농장)는 그 경영면적의 규모에 따라 개개의 경영규모등급으로 분류되었다. 노르웨이와 덴마크에 대해서만은 이 등급분류가 경작지와 방목지의 규모에 따르거나(노르웨이), 아니면 오직 경작지에 따라서만(스웨덴) 이루어졌다. 왜냐하면 황무지와 방목장의 비중이 북부 유럽의 여러 나라에서는 비할 바 없이 높기 때문이다. 전체적으로 6개의 규모등급이 구성되었다(5ha까지, 5~10ha, 10~20ha, 20~50ha, 50~100ha). 잉글랜드, 덴마크 및 이탈리아의 통계는 다른 방식의 분류체계를 취하고 있는데, 이들은 위에 제시한 틀에 가능한 한 부합시켰다.

일반적으로는, 독일의 통계에서 그러하듯이, 0.5ha 이상의 경영면적을 갖춘 경영체만이 고려되었다. 이 한도를 준수할 수 없었던 경우에는, 각국에서 제시된 통계에서 인접한 규모의 수치를 선정했다. 이것이 특히 다음과 같은 나라에 대해서 요구되었다. 잉글랜드와 아일랜드(0.4ha의 농업용지부터), 노르웨이(0.5ha의 경작지와 방목지부터), 스웨덴(0.25ha의 경작지부터), 덴마크(0.55ha의 경영면적부터), 네덜란드(0.5ha의 농업용지 또는 0.2ha의 경작지와 상업적 원예

농업을 영위하거나 양 1마리, 말 1마리 또는 소 1마리를 사육하는 소경영체부터), 벨기에와 프랑스(1ha의 경영면적부터, 1ha 미만인 경우에는 주업적인 경영체) 그리고 에스파냐(모든 경영체).

지배적인 경영규모의 등급을 드러내기 위해 개별 등급에 속하는 농업용지의 비중을 확인했다. 프랑스와 에스파냐에 대해서는 규모등급에 따라 분류된 각 도(道)의 농업용지가 제시되어 있지 않았다. 이러한 이유에서, 또 경영면적과 농업용지 사이의 비율이 이곳에서는 약 200ha의 경영규모까지는 아주 안정되어 있기 때문에, 이 두 나라에 대해서는 경영면적이 취해졌다. 일부의 나라에서는 농업용지가 독일에서 통상적인 방식과 달리 구성되어 있다. 그리하여 비교 가능한 수치를 획득하기 위해서 잉글랜드에서는 방목지(Rough-Grazing), 스위스에서는 산악 방목지가 농업용지의 산출에서 제외되었다. 오스트리아에 대해서는 동일한 처리를 시행할 수 없었다. 그리하여 〈도표 65〉에서는 오스트리아의 경영체가 다른 나라의 그것에 비해 지나치게 크게 평가되어 나타나고 있다.[11]

〈도표 65〉에서는 경영규모로 볼 때, 대체로 4개의 큰 지대가 구분되어 있음을 알 수 있다.

지대 I. 지도의 우측 변경지대에 나타나는 분포를 보면, 20~50ha의 경영면적을 갖춘 경영체(농장)가 농업용지에서 제1위의 비중을 차지하고 있다. 이 지대는 남부 스웨덴으로부터 덴마크, 슐레스비히-홀슈타인, 니더작센, 네덜란드의 일부를 거쳐서, 독일연방공화국의 중부 지역

---

11) 도표와 수치는 원고 상태로 다량 복제된 다음의 논고에서 취했다. *Schrift der Agrarsozialen Gesellschaft, Daten zur europäischen Agrarverfassung*, 3rd ed., 1954, by W. Abel, F. Riemann, F. Welling. 이 도표는 또한 농업정책에 대한 필자의 다른 교과서에도 수록되어 있다. W. Abel, *Lehrbuch der Agrarpolitik*, 3rd ed., 1967, p.244. 사료로서는 각국의 공식 통계에 약간의 보충을 가한 것을 활용했다.

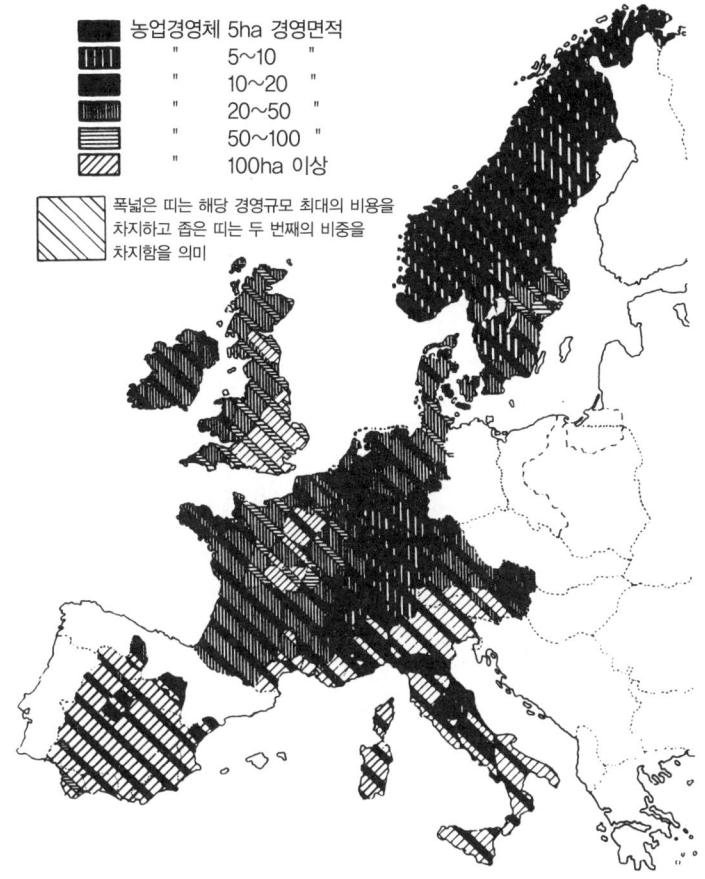

〈도표 65〉 농업 경영규모의 분포

으로 중단되었다가, 다시 바이에른 남동부 및 그 너머로까지 뻗쳐 있다. 지도의 윗부분, 남부 스웨덴에서 이러한 규모등급의 경영체는 일부의 행정구역에서는 농업용지의 40% 이상을 차지하고 있다(즉 예테보르히, 말뫼후스, 외스터괴틀란트, 고틀란트, 페스트만란트, 웁살라 구역과 같은 곳). 외스터괴틀란트에서 50~100ha의 경영체가 두 번째의 지위로 뒤따르고, 인접한 행정구역에서는 더 작은 경영체가 분포한다. 덴마크에서는 경영규모가 이 20~50ha 집단의 하한으로 더욱 기울어지는 경향을 보였다. 네덜란드의 일부 지방(호로닝언, 프리슬란트, 드렌테,

남북 네덜란드, 젤란트), 또 북서부 독일과 바이에른 남동부에서는 중간급 또는 상한집단으로 기울어지는 경향이 눈에 띈다. 그러나 여기에서도 이 집단이 최선두의 지위를 차지했다. 이 경영체들은 소유형태의 변동을 견뎌냈다(1700년경 스웨덴과 덴마크에서는 차지형태가 지배적이었다). 이들은 또한 경기변동의 파동도 견뎌냈다. 이 와중에 이 집단 내부에서 경영규모의 전위가 진행되었으나, 이러한 경향은 최근에야 비로소 증가했으며 최상위 집단의 경영체는 여기에 편입된 등급의 한계를 넘어서까지 성장했다.

서쪽으로 인접한 지대 II에서는 보고 연도에 5ha 이하의 경영체가 농업용지에서 제1위의 비중을 차지하고 있었고, 그 뒤를 5~10ha의 경영체가 따르고 있었다. 이 지대는 노르웨이에서부터 벨기에의 일부 지역, 서부 독일의 포도재배기후 지대를 거쳐, 이를 넘어서 프랑스와 이탈리아까지 미치고 있다. 이 지대는 아주 다양한 기후 및 사회경제적 조건에 처한 경영체를 포함하고 있다. 북부 유럽과 알프스의 일부 지방에서는 기후와 지형이 경영체의 규모에 한계를 설정하고 있다. 도시가 많은 플랑드르/브라방 지방 그리고 라인란트 지방에는 오래전부터 소규모의 면적에서도 더욱 괜찮은 수익을 내는 집약농법의 기회가 존재하고 있었다. 그리고 도처에서 소농민들은 공업활동에 종사할 가능성을 발견했다. 독일의 역사가들이 서부 독일 지방의 농지가 영세화된 결정적인 근거로 자주 드는 분할상속관행은 이 지역의 핵심부에서는(물론 그 주변까지 일괄적인 것은 아니지만) 단지 부차적인 의미만 가지고 있었다. 이 점은 다시 20~50ha의 규모등급이 우세한 지대 III으로 눈길을 돌리면 또 분명하게 드러난다. 이 지대에는 프랑스의 대부분 지역이 속해 있는데, 여기에서는 토지를 생존자 사이에, 그리고 사망으로 인하여 분배하는 것을 합법화한 『나폴레옹 법전』이 시행되기 오래전부터 분할상속이 통상적이었다. 그러나 분할상속은 중규모의 농민경영 형태가 오늘날에도 프랑스의 농업에서 우세하게 된 것을 저해하지는 않았다. 잉글랜드의 중부 및 북부지방과 아일랜드에서도 농업용지의 큰 비중은 이러한 집단이 차지하고 있다.

잉글랜드의 남동부 지방에서는 규모가 더 큰 경영체가 우세하다. 지도에는 단지 추정치만이 기입될 수 있었다. 왜냐하면 잉글랜드의 통계는 규모를 다른 방식으로 분류하기 때문이다. 그러나 이 자리에서 구분된 경영규모 분류법에 따르더라도 농업용지의 최대 비중을 차지하고 있는 것은 100ha 이상의 경영체임이 틀림없다. 개별적인 경우는 수천 헥타르의 규모에 이르는 경영체도 있다. 이러한 농장의 형성은 황무지와 공유지에까지도 미쳤던 인클로저 및 잉글랜드의 차지제도와 결부되어 있었다. 이 차지제도는 사실상, 법적인 것은 늘 아니라 해도, 농지와 함께 드물지 않게 추가적인 토지를 대여받는 차지인에게 장기간에 걸친 보유를 보장해주었다.

프랑스에서는 100ha 이상의 경영면적을 경작하는 경영체가 일 드 프랑스(세트에마르느 도의 농업용지에서는 비중이 52.4%, 에느에서는 48%, 오와느에서는 43.1%)에, 중부 프랑스에서는 약 30%의 비중(셰르 36.7%, 엥드르 27%)으로, 또한 남프랑스에서는 9개 도를 포괄하는 긴 띠 모양으로 전체 농업용지에서 25.3%(오드)에서 54.8%까지(부쉬 뒤로느)의 비중으로 분포하고 있는 모습이 발견된다. 이 거대한 경영체의 성립은 프랑스의 일부 지방에서는(잉글랜드와 여기에서 고려되지 않은 엘베 강과 잘레 강 이동의 대농지구역에서와 마찬가지로) 중세 말기의 황폐시기로까지 추적할 수 있다. 당시에는 광대한 토지가 소수의 수중에 집적되었으나, 곧 그 실마리는 헝클어진다. 자본과 봉건적 권력은 상이한 형태와 다양한 비중으로 그 형성에 기여했다.

파리 주변에서는 중규모의 농민경영이 이미 16, 17세기에 감소하고 있었다. 급속히 증가하는 인구의 압력으로 그 보유지는 세분화되었다. 이미 17세기 초에는 그러한 농업경영단위 1,133개가 1,433ha의 토지를 나누어 갖고 있었다고 한다.[12] 다소 규모가 큰 농지는 아직도 많은 경우

---

12) 이에 대해서는 르 루아 라뒤리가 J. Jacquart, *La crise rurale en Ile-de-*

에서 약 40ha의 규모를 유지하고 있었으나,[13] 이 또한 오래가지는 않았다. 대농지는 계속해서 성장했는데, 이는 특히 19, 20세기에야 비로소 이루어진 것이었다. 1830년과 1943년 사이에 오와느 도(道)에서 150ha 이상의 경영체는 55개에서 124개로 증가했다. 에느 셰장 오르크와 도(道)의 어느 구역(Canton)에서는 19, 20세기의 전환기에 25개의 농업 경영체를 헤아리고 있었는데, 50년 뒤에는 단지 15개만을 헤아리게 되었다. 현대식 농기구 기술과 결합된 사탕무 재배가 농가를 텅 비워놓았다. 1,000ha까지 이르거나 그 이상, 개별적인 경우에는 심지어 2,500ha 이상의 규모를 가진 대경영체들은 자주 공장과 결합하여 농민의 경작지를 휩쓸었다.

원심력적 성격을 갖는 이러한 발달은 중규모 농민경영의 경향에서 벗어났는데, 르 루아 라뒤리는 남프랑스의 대농지구역에서도 이를 발견했다.[14] 여기에서도 이미 15/16세기에 대영지가 성립했다. 중규모의 소유지는 세분화되었고, 이는 그것의 소유자의 생계도 보장할 수 없었던 '미세 소유지'(micro-propriétés)로 변모했다. '대중의 빈곤화'(Paupérisations des masses)가 진행되었다.

아마도 남프랑스의 이 현상은 이미 지대 IV의 성격을 예고했던 터인데, 이 지대는 에스파냐에서 시작해서 남부 이탈리아에서 끝난다. 프랑스에서보다 훨씬 더 큰 규모인 라티푼디움은 여기에서 확산되었다. 그

France, 1550~1670, Paris 1974의 테제에 연결하여 주의를 환기시킨 바 있다(Annales, 30, 1975, pp.1397ff.). 대도시 파리의 근교에서는 동부 유럽의 독일과 폴란드 지역에서 원거리 판매한 영향의 결과처럼 이와 비슷한 보유지 및 보유지 구조의 집중이 이루어졌다. 이 두 가지 경우에서 일어난 변동은 경제적 사실에 따라 조건이 마련되었다. 물론 파리 주변에서는 더 많은 부분이 자본에 의해서, 동부 유럽에서는 봉건적 권력에 의해서 더 많은 부분이 조종되었다.

13) R. Dion, La part de la géographie et celle de l'histoire dans l'explication de l'habitat rural du Bassin parisien, Lille 1946. 여기에서는 다음에서 재인용했다. J. Meuvret, Études d'histoire écon., 1971, p.177.

14) Le Roy Ladurie, Les paysans de Languedoc, I, 1966, pp.150ff.

리고 농촌주민 대중은 농촌 프롤레타리아의 등급으로 떨어졌다.

그러나 이는 지리적으로나 사회경제적으로나 중서부 유럽에서는 주변적인 현상이다. 또한 다시 한 번 지적되어야 할 것으로, 농업경영규모의 분포는 그렇게도 다양한 내용과 함께 통계상으로나 도표상으로나 아주 힘겹게 겨우 파악될 수 있다. 물론 그 비교는 광대한 지역에 걸쳐 확대되어야 하겠지만. 방목지, 삼림, 황무지의 다양한 비중이 그 제시를 곤란하게 한다. 즉 노르웨이, 스웨덴 및 스위스에 대해서 그러했듯이 더 집약적으로 경영되는 면적만 고려한다면, 농업경영체들은 소경영체로 나타난다. 또 달리 가능한 방법이 없어서 오스트리아에서와 같이 전체의 농업용지를 계산에 넣으면, 농장은 대경영체가 된다. 물론 이 두 가지 경우도 경제적이며 사회학적인 기준에 따라 측정하면, 결국 농민(또는 이 말이 더 적합하다고 생각되면 영농자)의 경영체인 것이다.

이렇게 보면 이 자리에서 파악한 유럽의 농업지대에서는 중규모 경영체의 지배적인 위치가 더욱 의미심장해진다. 잉글랜드에서는 보고연도에서 전체 농업용지의 약 60%가 20ha에서 120ha 사이의 경영체에 속하고, 프랑스에서는 약 45%가 20~100ha의 경영체에, 또 다른 45%가 20ha까지의 경영체에 그리고 단지 10%만이 100ha 이상의 경영체에 속한다. 네덜란드, 벨기에의 일부 지방, 북서부 및 남동부 독일, 덴마크 그리고 남부 스웨덴은 비슷한 경영구조를 보이고 있다. 독일연방공화국에서는 보고연도에 전체 농업용지의 각기 25%가 다음 네 집단, 즉 7.5ha까지, 7.5~15ha, 15~30ha, 30ha 이상의 부류에 속한다. 그 이후로 각각의 집단 내부와 각 집단 사이에 상향으로 이동하는 약소한 전위현상이 추진되었다. 그러나 이러한 전위현상이 〈도표 65〉가 전하는 전체적인 인상을 퇴색하게 할 수는 없다. 즉 농민적 농업경제는 지역적 소여조건에 적응하여, 중서부 유럽에서 압도적으로 지배적인 것이다.

이제 우리의 시각을 경영규모, 즉 농업체제에서 단지 하나의 소절에 불과한 측면에서 벗어나 그 진보와 변동이 이 자리에서는 더욱 흥미로운 부분이 되는 농업생산으로 돌리려고 한다면, 이와 같은 구조적 특징을 우선 유의해두어야 할 것이다. 또 지금까지는 제외해놓았던 동부 독일 지방도 이제는 다시 고려해야 한다. 그러나 이 책이 설정한 범위로 인하여 다음의 소절에서도 우리의 고찰은 가장 중요한 현상에 한정됨은 불가피한 일이다.

생산방향의 집약화와 변동

잉글랜드의 농업사가들은 빅토리아 여왕의 치세 개시(1837)부터 1870년대의 대불황기까지의 시기에 대해서 즐겨 '농업호황'(High Farming)이라는 표제를 붙인다.[15] 이 시기에는 잉글랜드 왕립농업협회(Royal Agricultural Society of England)가 창립되었고(1838), 농화학 및 식물생리학에 대한 유기화학의 응용법을 다룬 리비히의 저작이 영어로 출간되었으며(1840), 새로운 개량 농기구가 등장했고, 관(管)을 이용하는 배수방식이 낡은 형태의 배수방식을 대체했다. 경지의 시비, 종자 및 가축의 품종도 개량되었다. 간단히 말해서 일련의 거대한 혁신이 농업에서 일어났다.

이는 토지이용방식과 그 범위에도 영향을 미쳤다. 공동용익지는 줄어들었다. 사료작물과 상업적 작물이 경작지에 들어왔다. 이미 애덤 스미스 같은 사람들이 찬양해 마지않던 감자의 재배면적이 여러 배로 증가했다. 이는 다소의 정도 차이와 다양성이 있었지만, 이 시기 다른 나라에서도 관찰되는 현상이다. 19세기의 70년대까지 여러 나라에서 농업은 더 높은 집약도에 도달할 정도로 발달했다. 이는 말하자면 주어진 면적에 더 높은 수준의 자본과 노동의 투하가 이루어졌음을 의미한다. 그 후로 여러 나라와 지역 간의 차별화도 두드러지기 시작했다. 잉글랜드에서는 곡물재배가 급격히 줄어들었고, 덴마크와 네덜란드에서는 집약

---

15) 이미 잉글랜드 농업사 서술의 고전인 어늘 경의 저작과 이를 모범으로 취한 다음의 저작, J. D. Chambers and G. E. Mingay, *The agricultural revolution 1750~1880*, 1970(이 책은 제7장에 대해서 이러한 표제를 붙였다)이 본문에 제시된 다소의 언급을 보충하는 데 참조가 될 것이다.

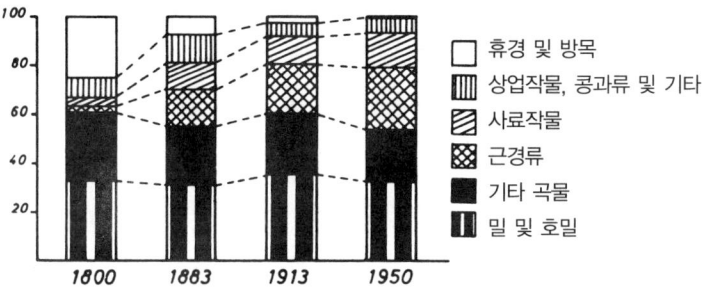

〈도표 66〉 독일의 경지이용, 1800~1950
(각종의 재배면적은 총 경작지의 %로 표시)

적 농경과 축산물의 생산이 가속화되었다. 곡물수입을 수입관세로 보호하던 독일, 프랑스, 이탈리아에서도 비슷한 방향의 변동이 진행되었으나, 그 강도는 다소 경미했다.

독일에 대해서는 〈도표 66〉이 해명의 단서를 제공한다.[16] 도표가 보여주는 바에 의하면, 1880년대에 농경지에서 곡물재배가 차지하는 비중은 19세기 초에 비해서 약간 감소했다가, 제1차 세계대전까지는 다시 증가하고, 또다시 감소했다(물론 이는 영토변경과 관련이 있을 수도 있다). 근경채소(根莖菜蔬)의 재배는 농경지에서 차지하는 비중이 2.3%에서 25.5%로, 사료작물은 3.9%에서 13.5%로 확대되었다. 이는 휴경지와 수확 후에 방목이 이루어지는 경작지를 압도적으로 축소함으로써 이루어진 발전이었는데, 이러한 토지의 비중은 25.0%에서 0.9%로 감소했다.

이와 관련해 가축사육도 증가했다. 그러나 가축의 종류 사이에 매우 특징적인 변동의 추이도 일어났다. 소는 독일에서 1800년에서 1935/38년 사이에 대략 1,000만 마리에서 2,000만 마리로, 돼지는 380만 마리에서 2,400만 마리로 증가했다. 염소사육도 더욱 성장했던 반면, 양은

---

16) 통계수치는 다음에 의거했다. E. Bittermann, "Die landwirtschaftliche Produktion in Deutschland 1800~1950," in: *Kühn-Archiv*, 70, 1956.

집약적인 농경에 자리를 내어주어야 했다. 그리고 이는 전체의 가축사육에서 그다지 큰 비중을 차지하지 않게 되었다. 가축의 보유량을 전체적으로 계산하면, 이는 1800년부터 1935/38년 사이에 세 배로 증가했다(〈도표 67〉).

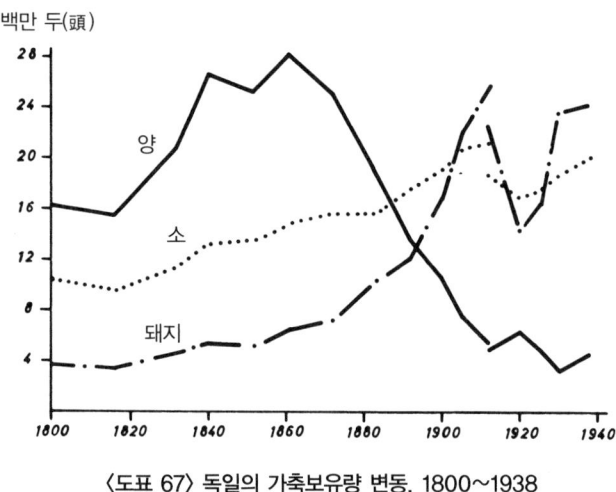

〈도표 67〉 독일의 가축보유량 변동, 1800~1938

소출의 증대

이 자리에서는 독일에 대하여 약간의 통계수치를 제시하는 것만으로도 충분하다. 18세기와 19세기의 전환기에 밀은 1헥타르당 약 10.3dz(도펠첸트너), 호밀은 9.0dz, 귀리는 6.8dz의 소출을 가져왔다. 1950년경에 이 수치는 각기 27dz(밀), 22dz(호밀), 23dz(귀리)로 늘었다. 젖소 한 마리당 우유산출량은 약 860kg에서 2,400kg으로, 소를 잡았을 때의 무게는 약 160kg에서 300kg 이상으로 증가했던 반면에, 동시에 가축의 생육기간, 즉 가축 한 마리가 도살해도 될 정도의 크기로 성장하는 기간은 엄청나게 줄어들었다. 소의 경우는 대략 1/5이, 돼지는 약 반으로 줄었다.

이는 농업생산 수준의 변모를 알려주는 몇 개의 수치다. 뵈르만과 그의 동료들이 개발한 곡물가치를 보조수단으로 동원하면, 이 수치들을 하나의 합산치로 환산할 수 있다. 곡물가치(Getreidewert)는 때로는 영양소(대개의 식물작물)에 대하여, 때로는 상대적인 소출(포도주, 호프, 담배)에 대하여, 또는 사료기준(축산물)에 대하여 적용하는 곡물로 환산한 수치적 표현이다.[17] 이미 앞에 제시한 통계수치를 제공한 바 있는 비터만은 이 곡물가치라는 열쇠로 20세기 중반까지 이르는 지난 150년간에 독일의 농업생산이 단위 면적당 5.5배로 상승했음을 계산해냈다. 이 수치에 인구통계를 대비하면, 농업생산 자체가 질풍과 같은 인구증가와 보조를 맞추어왔고, 일시적으로는 인구증가를 능가하기도 했음이 드러난다.

그러나 인구수와 함께 이들의 요구도 증가했다. 19세기 초 1인당 1년의 고기소비량이 약 15kg에 달했던 상황에서 독일의 인구는 아직도 약 5.6dz의 곡물가치(GW)로 부양할 수 있었다. 공업화 시대에 관철된 바와 같이 고기소비가 40kg이나 그 이상에 달하면, 이와 결부하여 10dz 이상의 곡물가치가 투여되어야 했다. 가치가 더 높은 식품에 대한 이러

〈표 21〉 독일의 농업생산 발달

생산	1800	1900	1950
토지 순생산 (농업용지 1ha당 GW)	4.5	13.1	23.5
토지 순생산 (인구 1인당 GW)	5.6	8.1	6.9

* 토지 순생산 = 종자, 역축의 사료 및 수입을 제외한 작물 및 축산물 생산

---

17) 일반적으로 적용하는 곡물가치척도는 우선 다음과 같은 비율로 되어 있다. 1dz 곡물=1dz 곡물가치(GW), 1dz 유채씨=2GW, 1dz 담배=2.5GW, 1dz 돼지=5GW, 1dz 버터=10.5GW(이 산출의 근거에 대해서는 다음을 참조하라. E. Woermann, "Ernährungswirtschaftliche Leistungsmaßstäbe," in: Mitt. f. d. Landw., 59, 1944).

한 수요는 자체의 토지만으로는 더 이상 충족될 수 없었다. 이는 수입으로 상쇄해야 했다.

세계경제 차원에서의 분업

운송이 저렴해지고 무역정책적 장애가 폐지되면서 이미 16세기에서도 관찰될 수 있었던 유럽 내부의 지역적 분화가 세계적인 차원에서의 농업적 분업으로 확장되었다. 런던, 파리, 루르 지역을 연결하는 삼각지대로 둘러싸여, 정착밀도가 높고 고도로 공업화된 유럽 대륙의 북서쪽 귀퉁이는 이제 '세계의 도시'가 되어버렸다. 이 '도시권역'의 주위에 실러가 설명한 바와 같이, "가장 집약적으로 경영되는 가공 및 원예농업지대의 띠가 둘러쳐졌고, 이에 인접해서 조방적인 동부 유럽의 농업 권역이, 끝으로 더욱 조방적으로 경영되는 해외 농업지대의 띠가 둘러쳐지게 되었다."[18] 마지막 두 지대 사이에 유럽의 주변적 농업지역이 놓여 있었다. 이 지역은 특히 지중해 연안지역으로서, 몇 종의 특수작물(아열대 과실 등)만으로도 세계적 농업교역에 참여하고 있었다.

집약적 농업지대는 공업중심지에 축산물과 원예작물을 공급했고, 조방적 농업지대는 공업지역에 대해서 곡물, 농업에서 산출되는 공업원료, 그리고 스텝농업의 생산물을 공급하게 되었다. 19세기가 경과하면서 또 다른 '고리'가 특히 아메리카와 머나먼 아시아 지역에 형성되었다. 중부 유럽의 핵심공업지대에서 토지의 일부는 덜 집약적인 형태의 농업에 넘겨졌다. 해외의 농업지대 일부에서는 그 농업의 조방적인 성격에도 불구하고, 낙농제품을 개발하여 유럽의 전통적인 낙농업국가(덴마크, 네덜란드, 스웨덴, 스위스 및 아일랜드)의 생산품과 경쟁에 돌입했다. 그러나 이 '공간의 경제'는 거대한 규모로 관철되었다. 이것은 또한 유럽의 여러 국민들이 더 낫고 풍부한 영양을 공급받을 수 있도록

---

18) K. Schiller, "Marktregulierung und Marktordnung in der Weltagrarwirtschaft," in: *Probleme der Weltwirtschaft*, 67, 1940, pp.11f.

하는 데 기여했다.

아주 대체적으로 볼 때, 중부 유럽에서 18세기 말과 19세기 초에 등장했던 식량공급의 난관이 어떻게 극복되었던가라는 질문에 대한 대답은 바로 이것이다. 그러나 단지 소비와 공급만 고려한다면 이 대답은 불완전한 상태로 남아 있다. 이제 식량공급의 다른 측면을 시야에 끌어넣어야 할 것이다. 그것은 판로와 가격형성, 농업의 매상과 그 동요현상이다.

II. 공업시대의 농업위기

1. 유럽 내부의 상쇄국면(1830~70)

잉글랜드의 곡물수입관세 폐지

이 시기가 시작할 무렵에 유럽 여러 나라의 곡물가격 사이에는 차이가 엄청나게 벌어지고 있었다. 가장 낮은 수준은 덴마크의 가격이었고, 가장 높은 것은 잉글랜드의 것이었다. 그사이에 독일과 프랑스의 곡가가 있었다. 약 50년이 경과하면서 곡가의 상쇄가 진행되어, 덴마크, 독일 및 프랑스의 가격은 오른 반면, 잉글랜드의 곡가는 떨어졌다. 잉글랜드의 지주와 차지농이 제기한 탄원을 이해하기 위해서는 이 변동을 염두에 두

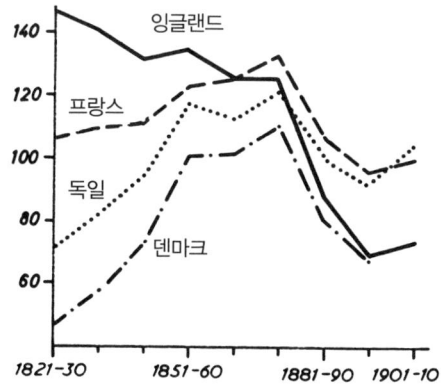

〈도표 68〉 중부 유럽의 밀값, 1821~1910

(10년 단위의 평균치, 100kg당 은의 g 중량)

어야 한다. 대륙에서는 1820년대의 농업위기가 극복된 뒤에는 18세기의 농업호황이 지속되었던 반면, 잉글랜드에서는 농업의 곤경을 조사하기 위한 의회의 위원회가 거듭해서 열리고 있었다(〈도표 68〉).

1830년경 곡가가 오르기 시작했을 때, 잉글랜드에서도 위기가 극복된 것으로 믿었다. 차지농과 지주들은 밀 1쿼터당 56에서 64실링(100kg당 25.7에서 29.40RM)의 가격을 토대로 새로운 차지계약을 체결했다. 비록 미미한 정도이긴 해도, 황무지마저도 다시 경작되기에 이르렀다.[1] 그러나 몇 년 동안의 수확만이 괜찮은 가격으로 처분되고 나서는, 위기가 새로이 닥쳐왔다. 1833년 5월 다시 의회의 조사위원회가 소집되었고, 이 위원회는 여러 카운티에서 불러온 많은 사람의 증언을 청취했다. 거듭해서 제기된 탄원에 따르면, 가격이 너무 낮고, 생산비는 너무 높아서 차지료를 감당할 수 없다는 것이었다. 차지농은 빈곤의 늪에 빠지고 곡물재배를 제한해야만 했다.

이 보고서가 공표되자마자, 상·하원은 '농업의 상태'를 검토하기 위해 새로운 위원회를 바로 투입했다. 그러나 1836년에 개최된 이 위원회가 수집한 방대한 자료도 하등의 새로운 결과를 가져오지는 못했다. 증인에게서 수집한 수천의 답변은 각종의 자료와 장부기록으로 풍부하게 보강되었으나, 이로부터 나온 것이라고는 차지농이 여러 가지 불만을 제기할 만한 이유가 있다는 사실뿐이었다. 영농비용과 영농수입 사이의 근소한 차액은 국가와 지주를 만족시키고, 필수품으로 가족을 부양하기에 충분하지 않았다.

---

1) 본문에 제시한 간략한 서술은 본질적으로 의회 위원회의 보고에 따른 것이다. *Report from the Select Committee on Agriculture*, House of Commons, August 2, 1833; *First, Second and Third Report from the Select Committee appointed to inquire into the State of Agriculture*, March 4, 1836, April 15, 1836, July 21, 1836. 독일어로 이미 다음과 같은 철저한 연구가 출간되었다. H. Levy, "Die Not der englischen Landwirte zur Zeit der hohen Getreidezölle," in: *Münchn. Volksw. Stud.*, ed. Brentano und Lotz, 56, 1902. 〈도표 68〉의 가격은 이 책의 부록에 수집한 자료에서 취했다.

그다음의 4년 동안, 1837년부터 1842년까지 잉글랜드 영농가들의 처지는 상대적으로 호전되었다. 이에 반하여 상공업에서 심각한 위기가 잉글랜드에 닥쳐와 공업부문 종사자들이 불만을 가지게 되었다. 곡물수입관세를 낮추는 데서 탈출구를 찾을 수 있을 것이라는 발상이 제기되었다. 로버트 필 경(Sir Robert Peel)의 제안에 따라 1828년에 제정되었던 관세법이 1842년에 개정되고 관세율이 인하되었다. 그러나 새로이 인하된 관세율도 쿼터당 56실링(100kg당 25.70RM)의 밀가격을 지탱할 것이라고 기대했다(또는 우려했다).

이로써 잉글랜드의 높은 관세장벽에 최초의 균열이 가해졌다. 몇 년 뒤, 특히 1845년 3월에 지주, 차지농 및 상인들이 그들이 봉착한 거대한 곤경과 의미심장한 재산손실에 대한 불만을 담은 많은 진정서를 의회에 제출했지만, 의회는 이듬해에 곡물관세의 완전한 폐지를 결의했다. 자유무역으로의 전환을 준비하기 위해서는 1849년까지 대대적으로 인하된 관세요율 규정이 발효되고 있어야 했다. 1849년 2월 1일부터는 수입한 밀에 대해 거두는 관세는 쿼터당 1실링(100kg당 약 0.46RM)에 불과했다. 이는 매우 근소한 액수로, 잉글랜드의 밀가격은 바로 프랑스의 밀가격에 적응했고, 독일과 덴마크에 비해서는 상인들이 요구하는 운송비, 경비 및 이윤만큼의 차이만을 유지하게 되었다.

대륙농업의 '황금기'

독일에서는 이미 1830년경에 경제적 처지가 약간 개선되었음을 느낄 수 있었다. 1832년에 출간된 『메클렌부르크 농업협회 신연보』(*Neue Annalen der mecklenburgischen Landwirtschaft-Gesellschaft*)에 어떤 영농가는 다음과 같이 쓰고 있었다. 즉 차지농은 "수년 전부터 진행된 곡가의 인상으로 인하여 이제 다시 더 나은 처지가 되었다. 반면에 토지의 대여자는 불리한 시세의 압박으로 그들의 토지를 예전에는 적합했지만, 이제는 너무나 적은 액수로 임대하는 손실을 보아야 했다"는 것이다. 메클렌부르크의 영농가가 거두는 차지료는 그다음의 수십 년간에는 가격변동을 따라가고 있었다. 그러나 임대자가 최대의 지대수익에 관심을 기울이지 않는 곳에서는, 차지농에게도 재산형성의 여지를 허용하고 있었다. 그리하여 프로이센 왕령지의 헥타르당 평균 차지료가 1849년에는 13.90RM이었던 것이 1869년에는 31.18RM로 올랐다. 그럼에도 불구하고 아우구스트 마이첸은 1870년대 초 프로이센 왕령지의 차지경영에 대해서 다음과 같이 논할 수 있었다. 즉 이 왕령지는 "최근까지 특별히 잘 경영되고 있었고, 비상하게 높은 비용과 개량을 위한 투자상황에서도 그 대부분의 차지 경영자들에게 대개 막대한 부를 가져다 주었다."[2]

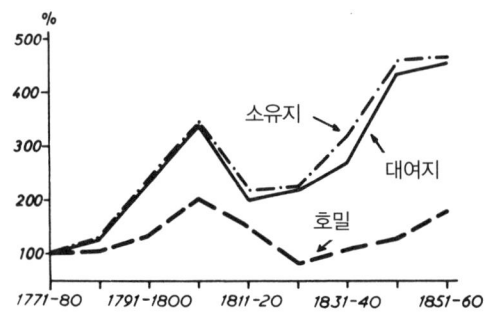

메클렌부르크-슈베린의 토지 및 호밀가격, 1771~1860 (1771~80=100)

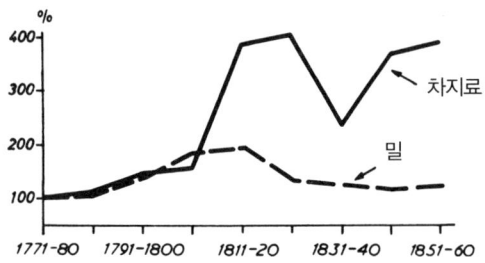

노포크에 소재한 어느 농장(225에이커)의 차지료와 잉글랜드의 밀가격, 1771~1860

〈도표 69〉

---

2) A. Meitzen, *Der Boden und die landwirtschaftlichen Verhältnisse des Preußischen Staates*, III, 1871, p.419; 왕령지의 차지료에 대해서는, J. Conrad, "Art. Domänen," in: *Handw. d. Staatswiss.*, III, 2nd ed., 1900, p. 225.

윤작제도와 개량식 삼포제는 독일에서도 단순한 형태의 삼포제와 곡초식 농법을 몰아냈다. 토지를 더욱 철저하고 깊숙이 갈아엎는 것은 도처에서 일반화되었다. 가축사육방식의 광범한 개조와 농기구의 개량도 이루어졌다. 19세기 중엽부터 급속히 증가한 자연 및 인공시비는 농업경영의 총 소출, 그리고 이와 함께 늘어나는 임금에도 불구하고 순소출이 증대하는 바에 더욱 크게 기여했다.

순소출이 이렇게 증대함에 따라 농업에 이용되는 토지의 가격도 영향을 받았다. 마이첸의 견해에 따르면, 1870년경에는 "일반적으로 [······] 대규모의 농지는 오늘날 20년 전에 지불되었던 가격의 3배, 심지어는 4배로까지 팔리고 있다." 마이첸은 농민보유지가 상대적으로 더욱 비싸졌다는 말도 덧붙였다. 이 평가가 맞는지 여부는 재검토할 길이 없다. 단지 남아 있는 것은 개개의 토지, 기껏해야 몇 개의 대규모 농장에 대한 자료밖에 없고 그나마도 몇 년간에 대한 것뿐이다. 그리하여 1851년 프로이센 의회가 설치한 한 위원회의 보고서에는 다음과 같은 사실이 기록되어 있다. 1830년부터 1840년까지 농민보유지는 그 가격이 25～50% 정도 또는 그 이상으로 오른 반면에, 기사령은 그 과세가치의 50%, 80% 및 100% 이상으로 올랐다는 것이다. 그러나 이와 같은 차이는 단 10년 동안만 들어맞는다.[3]

개별 농장의 가격에 대해서는 다음과 같이 보고되고 있다. 포머른의 퓌리츠 군(郡, Kreis)에 소재한 나울린 기사령의 가격은 1838년에 27만

---

3) 이것과 후속하는 자료는 다음의 문헌에 의거했다. M. Weyermann, *Zur Geschichte des Immobiliarkreditwesens in Preußen*, 1910, pp.182f.; Th. v. d. Goltz, *Geschichte der deutschen Landwirtschaft*, II, 1903, p.273; A. Buchenberger, *Grundzüge der deutschen Agrarpolitik*, 1897, p.60; "Über den Wert der ritterschaftlichen Güter in Mecklenburg-Schwerin," in: *Beitr. z.- Statistik Mecklenb.*, 1858; C. Steinbruck, "Die Entwicklung der Preise des städtischen und ländlichen Immobilbesitzes von Halle (Saale) und im Saalkreise," in: *Samml. nat. u. statist. Abhandl. d. Staatswiss. Sem. zu Halle a. d. Saale*, 10, 1900, pp.29f.

8,100RM에 팔렸는데, 1871년에 이루어진 상속에서 73만 8,000RM로 인수되었고, 1894년에는 96만RM로 평가되었다. 부헨베르거가 예시한 홀슈타인에 소재한 어느 농장의 가격을 보면, 1819년에는 8만 4,000RM 였던 것이 26만RM(1852), 51만RM(1862)를 지나서 1871년에는 85만 5,000RM로 올랐다. 메클렌부르크-슈베린에 대해서는 규모가 다소 큰 농장군 몇 개의 가격이 전해지고 있다. 이미 메클렌부르크 통계국이 1858년에 이를 정리한 바 있다. 18세기의 70년대까지 소급되는 이 통계국의 계산에 의하면 농장의 가격은 1811/20년과 1851/60년 사이에 약 2배 반이나 올랐다. 이 가격상승은 18세기 말과 19세기 초의 대호황과 닮아 있다. 이 사이에는 나폴레옹 전쟁 직후의 가격폭락이 있었다(《도표 69》). 메클렌부르크의 농지가격 동태에는 기본적으로 네덜란드와 프랑스에서 진행된 토지가격 및 차지료의 변동이 상응하고 있다.[4] 잉글랜드에서는 이러한 변동기가 뒤에 찾아왔다. 이는 관세정책의 영향을 받았는데, 이는 위기의 폭발을 지연시켰고 곡가와 차지료가 다시 상승하기 시작하는 것을 미루었다. 이 점은 메클렌부르크에서의 가격변동을 표시한 도표 아래에 놓인 도표, 즉 노포크에 소재한 어느 농장의 차지료에 대한 도표에서 아주 잘 알아볼 수 있다.[5]

그리하여 잉글랜드의 농업도 늦어지기는 했으나, 유럽 대륙의 농업이

---

[4] 여기에서는 브루크만스가 1820년부터 1870년까지의 시기에 대해서 출간한 네덜란드의 차지료를 지적할 수 있다. 1820년의 차지료를 100으로 한다면, 이 차지료는 1870년까지 약 270%로 올랐다(J. J. Brugmans, *De arbeidende Classe in Nederland in de 19^e eeuw, 1813~1870*, Antwerpen 1963, p.137).

[5] 농장의 차지료는 대개 7년의 간격을 두고 변동했다. 두 경우에서는 더 장기간의 간격도 있었다. 전체적으로 열 번에 걸쳐서 새로운 차지료율에 따른 차지료의 변경이 기록되었다. 10년 단위의 평균치를 계산하는 데는 해당하는 10년에 대해서 지불된 차지료가 대상으로 이끌어졌다. 차지료는 다음의 문헌에서 취했다. R. J. Thompson, "An inquiry into the rent of agricultural land in England and Wales during the nineteenth century," in: *Journal of the Royal Statist. Society*, 1907, pp.587f. 밀가격은 다음에 의해 추가되었다. Tooke, *op. cit.*, pp.514f.

경험한 '황금기'에 동참할 수 있었다. 지주들과 차지농들의 불만은 줄어들었다. 자본과 에너지는 다시 농업에 기울어졌다. 그리고 이는 19세기의 60년대에서 가장 중요한 토지이용지표 자체가 위기 이전의 시기를 훨씬 능가한 정도로 이루어졌다. 1808년과 1866년 사이에 잉글랜드와 웨일스의 농업용지에서 경작지의 비중은 40%에서 58%로 증가했다. 영구목초지의 비중은 60%에서 42%로 줄어들었다. 경작지에서 밀을 재배하는 비중은 농업용지의 10.9%에서 13.2%로, 근경류재배의 비중은 4.0%에서 10.1%로 증가했다. 이는 대륙에서 이루어진 상응하는 발전에 뒤떨어지지 않는 것이었다. 아마도 1850년대와 1860년대 초에 잉글랜드의 발전은 대륙의 그것을 능가하기도 했다.[6]

토지투기, 과도채무 및 신용위기

19세기의 장기적인 농업호황은 당대의 경제적 조건에 적응하는 과정만을 포함하는 것은 아니었다. 이 호황은 지나간 18세기의 호황이 이미 그러했듯이, 특히 농지가격의 과도한 상승에서 절정에 달했다. 독일의 어느 당대인은 아직도 비교적 보수적인 바이에른의 상태를 다음과 같이 서술하고 있었다.[7] "1854년을 중심으로 하는 수년간의 높은 농산물가격은 지대를 더욱더 높이 솟구치게 했다. 사람들은 당시에 이 현상을 지속적인 성취로 간주했다. 높은 가격은 영구적인 것으로 여겨졌고, 지속적인 일취월장의 진보는 도그마가 되었다. 1848년 이후의 진보는 경제력의 해방으로 인하여 엄청난 것이었기에, 사람들은 이 진보가 영구할 것으로 믿었다. 왜냐하면 사람들은 경제력의 발달이 그 가능한 상한에

---

6) 위에 제시한 시기에 이루어진 잉글랜드의 농업발달에 대해서는 특히 다음의 문헌을 참조하라. R. E. Prothero, *English Farming Past and Present*, 1912, pp.456, 466f.; H. T. Williams, *Principles for British Agricultural Policy*, 1960, pp.121f. 및 부분적으로 이미 인용된 연구(Chambers, Mingay 등).

7) H. Ditz, "Die landwirtschaftliche Krise in Bayern," in: *Jahrb. f. Nat. u. Statist.*, X, 1868, p.142.

도달하기 훨씬 전에 곧 그 실제적 한계에 봉착한다는 것을 생각하지 못했기 때문이다. 이러한 진보로부터 적시에 이득을 보려고 하는 자는 가격이 더욱 높게 올라가기 전에 바로 사들여야만 했다. 이 매입열은 전염병이 되었다. 농지의 가격은 괴물처럼 올라갔다. 운수가 좋은 것으로 찬양받는 사람은 매각을 통해서 양호한 이득을 본 사람이 아니라, 매입을 통해서 그의 농장을 금광으로 바꿀 가능성을 획득한 사람이었다. 그리고 금광은 미래에 언제든지 농장이 될 것이었다. 농지의 지대가 올랐기 때문에 농지의 가격이 올랐다. 그러나 사태는 곧 뒤바뀌었다. 가격이 더욱더 높이 올라갔기 때문에 사람들은 지대가 더욱더 올라갈 것으로 기대했다. 농업에는 증권시장의 강세 분위기가 지배하고 있었다. 사람들은 당시의 농업수익을 정상적이며 영속적인 것으로 보았고, 그에 따라 가격을 산정한 것만이 아니었다. 이는 단지 미래에 더욱 높아질 지대수입의 전단계로 여겨졌고, 이를 위하여 사람들은 고액을 지불했다. 〔……〕 분명히 그리고 한마디로 말해서, 지나간 십년대와 지금 십년대의 최초 몇 년 동안에 이루어진 경제적 운동은 그 본질 면에서 볼 때 과도한 투기에 불과한 것이었다."

1860년대에 **프로이센** 정부는 1835년부터 1864년까지 이루어진 기사령의 소유자 교체 빈도에 대한 조사를 실시했다.[8] 조사된 동부 속주의 전체 1만 1,771개 기사령 각각이 이 30년간에 평균 2회 이상(2.14회) 소유자를 바꾸었다. 이 가운데 60.2%는 자발적인 매각으로, 34.7%는 상속으로, 그리고 5.1%는 강매(强賣)로 소유자가 변경되었다.

지가(地價)의 과대평가는 **부채의 증가**를 야기했다. 1857년 10월 14일자 프로이센 법무성의 조사를 보면 알 수 있듯이, 동부 독일 6개 군(郡)에서 농지의 '가시적 평가치'는 1837년에서 1857년에 걸치는 20년 동안에 두 배로 올랐다. 그러나 이 농지들의 부채는 가격상승을 능가하기

---

8) 이 조사는 다음 저작의 부록에 보고되어 있다. C. Rodbertus-Jagetzow, *Zur Erklärung und Abhülfe der heutigen Creditnoth des Gutsbesitzes*, I, 1868, 또는 *op. cit.*, I, p.50 참조.

까지 했다.

〈표 22〉 1837년에서 1857년 사이 프로이센 6개 군에서의 농지가격과 부채

가격과 부채	1837 탈러	%	1847 탈러	%	1857 탈러	%
가시적 평가치	6,895,772	100	10,144,654	148	13,737,029	200
채무부담	5,498,284	100	8,787,280	160	11,076,974	202

출전: Weyermann, *op. cit.*, pp. 178f. 이 자료는 다음에 열거한 행정구역에 속한 각기 하나의 군에 소재한 농지들의 가격 및 부채액수로 구성되고 있다. (조사한 행정구역: 쾨니히스베르크, 마리엔베르더, 브롬베르크, 쾨슬린, 프랑크푸르크 안 데어 오더, 오펠른)

대농지(기사령)의 채무가 작센-안할트의 메르제부르크/할레 구역에서는 더욱 급격하게 올라갔다. 여기에 1781년부터 1890년대까지의 농지가격과 부채액을 제시한다. 이 수치는 〈도표 70〉에서 동일한 지역의 호밀가격으로 보충되었다. 우리는 여기에서 호밀가격과 농지가격 사이, 그리고 농지가격과 부채액 사이의 협상차가 벌어지고 있던 양상과 함께, 협상차를 표시하는 선에서 채무곡선이 가장 높은 위치에 있었음을 볼 수 있다.[9]

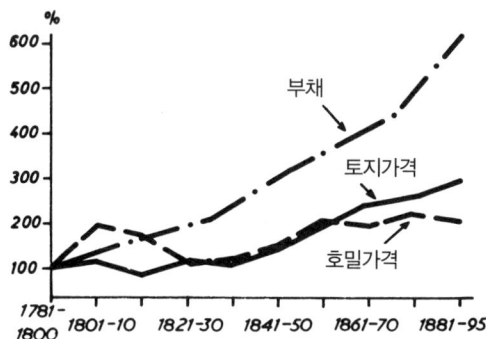

〈도표 70〉 작센-안할트에서의 농지가격, 농지부채 및 호밀가격, 1781~1895
(1781~1800=100)

이와 같이 독일 그리고 아마도 다른 여러 나라의 일부 지방에서도 마찬가지로 상승한 지가는 부채의 원천으로 변모했다. 로드베르투스-야게초는 1860년대에 신용제도의 개혁을 옹호했는데, 이 과정을 다음과 같은 말로 표현했다. "상승한 지가의 최대부분은 자본으로서 토지에서 떨어져나왔고, 그 가치를 부양했던 대신에 이제는 토지에 부담이 되었다." 이 부담은 인상이 거듭되면서, 이미 과도한 부담이 되었다. 신용교란의 사슬이 독일에서는 19세기의 30년대부터 60년대까지 이어졌다. 이 혼란의 대부분은 아직도 국지적으로 한정되었으나, 1860년대 말에는 하나의 신용위기로 확대되었는데, 이는 북부 및 동부 독일의 대농지만이 아니라 서부 및 남부 독일의 중소농민지대에까지 타격을 가했다. 농산물가격은 아직도 높은 수준이었고 계속 오르고 있었다. 그러나 이자율도 오르고 있었다. 사채 이자율은 4%에서 5%로 올랐다. 이 근소한 인상만으로도 경매의 파도를 몰아오고, 과도한 채무를 진 지역에서 토지가격을 내리누르기에 충분했다.

　그러나 이 위기는 곧 지나갔다. 이것은 훨씬 더 오래 지속되고 더욱 악성인 가격위기의 전주곡에 불과했는데, 이 가격위기는 1870년대에 유럽과 세계의 농업에 닥쳐왔다.

2. 범세계적인 교란국면

19세기 마지막 4분기의 농업위기

　잉글랜드에서 시행된 곡물수입관세의 철폐(1846/49)는 대륙에서 자유무역을 지향하는 노력에 자극을 가했다. 프랑스에서 나폴레옹 3세는 자유주의적 사고방식을 옹호했다. 1856년에 그는 의회에 자유무역법안

---

9) C. Steinbruck, *op. cit.*, pp.29f.; 호밀가격은 다음의 문헌에서 취했다. J. Conrad, "Die Preisentwicklung der gewöhnlichsten Nahrungsmittel in Halle a. d. S. von 1731 bis 1878," in: *Jahrb. f. Nat. u. Statist.*, 34, 1879, p.83.

을 제출했다. 그의 제안은 바로 관철되지는 않았지만, 수입 밀에 대한 관세는 그때부터 단지 흉작일 때에만 부과되었다. 그리고 프랑스 황제는 약간 뒤에 의회를 거치지 않고 그 유명한 코브던 조약(1860)이라는 무역조약을 통해서 거의 모든 식량자원과 원료에 대한 관세를 인하하거나 전부 폐지하는 데 성공했다. 이탈리아에서는 카부르가 동일한 목표를 추구했다. 남부의 일부 지방을 제외하고 밀수입관세는 1854년부터 완전히 사라졌다. 독일에서는 1834년의 관세동맹 규약에 아직도 포함되어 있던 곡물수입관세가 1853년에 폐지되었다. 1850년대 그리고 완전하게는 1860년대에 들어서 유럽 여러 국가 사이와 이를 넘어서 이루어지는 곡물무역은 관세에서 벗어났다.

이는 여러 나라 사이에 존재하는 곡가의 차이가 비상하게 줄어드는 결과를 초래했다. 유감스럽게도 이 시기에 대해서는 일관되게 비교할 수 있는 곡가 자료가 아직 나오지 않고 있다. 우리는 그저 부분적으로 '국가별 평균치' 정도로 만족할 수밖에 없다. 이 자료는 아주 대략적으로 수습되었지만, 전체적인 추세에 대한 하나의 인상은 얻을 수 있다.

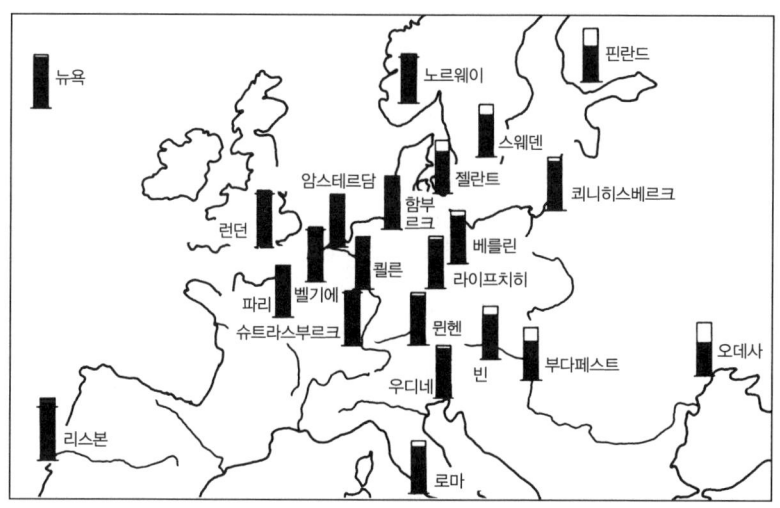

〈도표 71〉 유럽과 미합중국에서의 밀가격, 1851~60
(암스테르담의 가격=100)

암스테르담의 밀가격을 100으로 전제하면, 다음과 같은 경향의 가격편차가 드러난다. 발트 해 연안 지역(덴마크 77, 스웨덴 80, 핀란드 69), 남동부 유럽(빈 82, 부다페스트 68, 오데사 61), 이탈리아(우디네 93, 로마 89), 뉴욕(96)[10](《도표 71》).

뉴욕의 가격에 대한 편차는 매우 근소했다. 미합중국은 19세기 중엽에도 유럽에 주곡을 공급하는 일에는 단지 근소한 양으로만 가담하고 있었다. 미합중국에서 수입하는 밀의 총량은 1851/60년의 평균이 500만 부셸로서 같은 시기 러시아에서 수입하는 4,100만 부셸에 비해 현저히 떨어지는 것이었다(그러나 1875/79년의 평균으로 미합중국에서 수입한 것은 1억 700만 부셸에 달했다). 아직도 미시시피 강 서부의 프레이리 지역은 거주인구가 매우 적었고, 운송비가 높았다.

남북전쟁의 종료(1865) 후에 서부지역으로의 이주가 강화되었다. 미합중국의 밀 재배면적은 15년 내에(1880년까지) 두 배로 늘었다. 도시에 철도망이 확충되었고 선박운항도 완벽하게 되었다. 뉴욕에서 리버풀

---

10) 독일 도시(쾨니히스베르크, 베를린, 함부르크, 라이프치히, 쾰른, 뮌헨)의 가격 출전: *Viertelj. z. Stat. d. Deutschen Reiches*, 44, 1935, pp. 296f., 런던의 가격 출전: *ibid*., 부다페스트, 로마, 벨기에(전국 평균치), 오데사, 스웨덴(전국 평균치), 뉴욕의 가격 출전: *Handw. d. Staatswiss.*, 4th ed., vol. 4, pp.899f.

핀란드: B. Földes, "Die Getreidepreise im 19. Jahrhunderts," in: *Jahrb. f. Nat. u. Statist.*, III. Folge, 29, pp.467f.

리스본: V. M. Godinho, *Prix et Monnaies au Portugal, 1750~1850*, 1955, p.78.

우디네: *Movimento dei Prezzi di Alcuni Generi Alimentari dal 1862 al 1865……*, 1886, pp.xxxvf.

파리: *Annuaire Statistique de la France*, 1905, p.31.

덴마크(젤란트): H. Pedersen, "Die Kapiteltaxen in Dänemark," in: *Jahrb. f. Nat. u. Statist.*, III. Folge, vol. 29, p.788.

암스테르담, 빈 및 슈트라스부르크의 곡가는 이미 여러 번 인용되었는데, 이 책의 부록에 상세하게 수록된 Posthumus, Pribram 및 Hanauer의 가격자료에서 취했다.

로 가는 밀의 운송비용은 금본위로 계산해서 1873년에는 부셸당 21센트였는데, 1901년에는 부셸당 3센트 이하로 떨어졌다.

운송비용의 하락은 이미 범선(帆船)의 시대부터 시작되었다. 1873년 이후에도 대량물품의 장거리 운송은 범선이 지배하고 있었다. 그러나 범선의 성능은 매우 좋아졌고, 게다가 증기선의 등장은 선주와 선장의 요구에 큰 영향을 미쳤다. 운송비의 하락은 곡가의 하락을 능가했다. 그리고 곡물이 운반되는 거리가 길면 길수록 운송비 하락의 효과는 더욱 컸다.[11]

저렴한 해외산 곡물의 압력으로 유럽에서의 가격은 떨어졌다. 가격하락은 독불전쟁의 종료 후에 시작했는데, 1870년대 말 및 1880년대 초의 흉작으로(대륙에서는 또한 관세정책적 조치로 인하여) 잠시 멈췄으나,

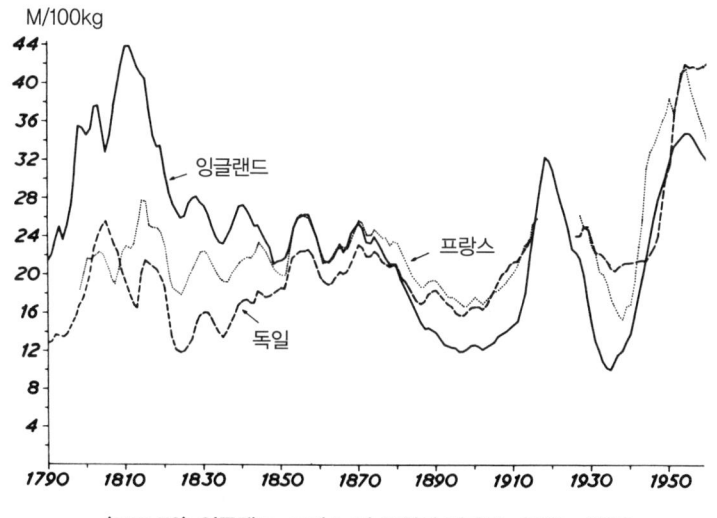

〈도표 72〉 잉글랜드, 프랑스 및 독일의 밀가격, 1790~1960
(7개항 이동평균법에 의한 연평균치, 100kg당 가격을 마르크로 표시)

---

11) D. North, "Ocean Freight Rates and Economic Development, 1750~1913," in: *The Journal of Economic History*, 18, 1958, pp.537f.

1880년대가 경과하면서 그리고 1890년대 초에 다시금 격화되었다. 자유무역을 고집하던 잉글랜드에서는 1894년에 최하의 가격이 기록되었다. 1쿼터의 밀이 22실링 10펜스였다. 이는 잉글랜드에서 1867/68년에 도달한 밀값의 1/3 정도밖에 되지 않는 것이었다. 독일과 프랑스에서는 이미 수입관세가 영향을 미치고 있었다. 독일에서는 1879년부터 밀 100kg당 1마르크, 1880년대부터는 5마르크가, 프랑스에서는 1885년부터 100kg당 3프랑이 수취되었다. 독일과 프랑스의 가격이 잉글랜드의 가격에 비해 더 올랐던 것은 아마도 이러한 관세수취에 상응했던 것이다. 가격의 하락폭은 이로 인해서 다소 밋밋해졌으나, 결코 채워지지는 못했다(《도표 72》).[12]

이 위기의 영향에 대해서는 특별히 보고할 것이 거의 없다. 현상은 이미 종종 진술된 것과 유사했다. 잉글랜드에서는 차지료가 떨어졌고, 대륙에서는 과도한 채무를 진 영농가들이 집과 농지를 잃어버렸다. H. A. 리가 산출한 지표에 의하면 잉글랜드와 웨일스에서 차지료는 1874/77년의 평균치 106.5에서 곡가가 최하수준이었던 1894년에는 76으로 떨어지고, 다시 더욱 떨어져 1899년에는 71로, 1904년에도 다시 71로 떨어졌다. 곡가의 하락에 비해서 연장되고 있는 차지료의 하락은 아마도 곡가와 토지이용의 양도에 대한 가격형성이 다양하다는 점으로 어렵지 않게 설명될 수 있다(《도표 73》).[13]

---

12) 잉글랜드의 밀가격(1770~1855): Th. Tooke and W. Newmarch, *Die Geschichte und Bestimmung der Preise während der Jahre 1793 bis 1857*, II, 1862, p.514. 1856년 이후: *Statistical Abstract for the United Kingdom*.

프랑스의 가격(1797~1814): *Archives Statistiques*……, 1837, pp.14f. 1815년 이후: *Annuaire Statistique de la France*, 1938, pp.62f.

독일의 가격(1934년까지): *Viertelj. z. Stat. d. Deutschen Reiches*, 44, 1935, pp.273f.

모든 나라(1934년부터): *F. A. O. Production Yearbook*, 1951, pp.199f., 1962, pp.292f.

13) 《도표 73》의 자료는 친절하게도 필자에게 활용하도록 양도된 다음의 원고에서

〈도표 73〉 잉글랜드와 웨일스의 차지료, 1870~1935

(농업용지 1에이커당 실링으로 표시, 28실링=100)

대륙에서는 대개의 소유자가 스스로 토지를 경영하고 있었다. 아마도 그러한 사정을 막스 제링은 염두에 두었던 모양인데, 그는 농업위기 현상을 더욱 철저히 연구한 역사가 및 농업경제학자로서는 최초의 한 사람이었다. 그가 정의한 바에 따르면, 농업위기는 "하나의 가격구조이며 이로부터 귀결하는 비용과 부담에 대한 관계인데, 이는 다수의 영농가들을 가옥과 농지의 상실로, 또는 심지어 전 지역을 황폐화시키는 위협이다." 실제로 일부의 자가소유 영농가들은 그들의 소유지를 상실했다. 그러나 그 '위협'은 실제의 손실보다 더욱 컸다. 알려지고 있는 한에서는,[14] 농지에 대한 투기가 가장 악성의 영향을 드러냈던 독일에서조차 경매가 매우 제한된 한계 안에서 유지되고 있었다. 바덴에서는 1883~

취했다. Institute for Research in Agricultural Economics University of Oxford, *The rent of agricultural land in England and Wales, 1870~1939*, Introduction by A. W. Ashby, Memorandum by H. A. Rhee.

14) 가장 중요한 사실적 자료는 이미 다음의 문헌에 수집되어 있다. J. Conrad, "Art. Agrarkrisis," in: *Handw. d. Staatswiss.*, 3rd(!) ed., I, 1909, pp. 206f. 그밖에 거의 개관조차 불가능할 정도로 많은 문헌 중에서는 다음의 것 정도만 언급한다. M. Sering, *Die landwirtschaftliche Konkurrenz Nordamerikas in Gegenwart und Zukunft*, 1887; Ibid., *Agrarkrisen und Agrarzölle*, 1925.

1900년간에 전체적으로 7,000ha의 경영면적을 포괄하는 대략 1,600개의 경영체가, 그리고 바이에른에서는 1880~1900년간에 8만 9,000ha의 면적을 포괄하는 1만 1,400개의 경영체가 경매처분되었다. 프로이센에서는 약 20만ha의 경영면적을 포괄하는 5,650개의 경영체가 파산했다. 이는 전체 경영체의 0.2%이며, 전체 이용면적의 0.7%였다. 당시 프로이센에 존재했던 농업경영체의 총수는 330만 개였으며, 이들이 이용하는 면적은 모두 2,850만ha에 달했다.

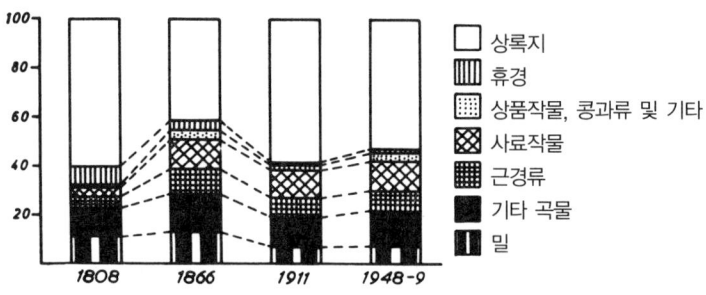

〈도표 74〉 잉글랜드와 웨일스에서의 토지이용, 1808~1950
(농업용지에서 점하는 재배경종의 %)

또한 "경영포기로 인한 황폐화"는 대륙에서 거의 감지할 수 없다. 프랑스에서의 밀 재배면적은 거의 불변상태였다. 독일에서는 목초지:경작지의 비율이 경작지가 증가하는 방향으로 변모했다(1870년의 1:2.44에서 1893년의 1:2.93, 1900년의 1:2.98로). 벨기에, 네덜란드 및 덴마크에서는 집약적 농경과 집약적인 형태의 가축사육이 우세해졌다. 오직 잉글랜드에서만이 규모가 더욱 커진 조방화 현상이 관찰될 수 있었다. 밀을 재배하는 면적은 1866년과 1911년 사이에 전체 농업용지의 13.2%에서 6.8%로 줄어들었다. 또 근경류의 재배면적도 10.1%에서 7.9%로, 사료작물의 재배도 12.2%에서 10.6%로, 두류작물과 상업용 작물도 3.5%에서 2.1%로, 경작지 전체는 58%에서 42%로 줄어들었다. 더 이상 경작지로 이용하지 않는 토지는 목초지로 편입되었는데, 그

비중은 전체 농업용지의 42%에서 58%로 증가했다(〈도표 74〉).[15]

전간기(戰間期)의 농업위기

세기의 전환기에 대륙에서는 다시 지대와 토지가격이 상승했다. 프로이센/독일에서 농림장관 폰 아르님은 1907년 2월 7일에 개최된 프로이센 의회의 회의에서 "바로 염려스러운 정도에 도달한 전반적인 토지가격의 상승"(콘라트)에 대해서 언급했다. 제1차 세계대전은 토지와 그 생산물의 가격을 그 여지가 주어졌던 곳에서는 더욱 높이 밀어올렸다. 밀은 미합중국, 잉글랜드, 프랑스 및 다른 여러 나라에서——독일은 이 자리에서 제외하고——1920년 6월에 그 최고가격에 도달했다. 1920년의 수확 후에 가격하락이 시작되었는데, 이는 1921년 12월까지 지속되었고, 1922년에는 전후 최초의 수년 동안에 도달했던 최고가격에서 반감되는 수준까지 떨어졌다.

그다음에 몇 년의 회복기(1924/25)와 근소한 가격하락(1926/29)을 포함하는 하나의 막간극 같은 사태가 이어졌다. 전체적으로 보아 가격동태는 고르게 유지되고 있었다. 가격동태는 전반적인 (공업)경기의 호황과 광범한 국제신용으로 지탱되고 있었다. 독일만 1924년부터 1928년까지 외국에서 약 60억 마르크를 장기로, 약 40억 마르크를 단기로 차입받았다. 이는 독일의 경제가 전쟁배상금을 지불하고, 동시에 적지 않은 액수를 투자할 수 있게 했다.

1929년 말에 상대적으로 유리한 이 변동은 중단되었다. 밀가격은 1929년 11월부터 1931년 12월까지 약 반으로, 그때부터 1934년까지는 금본위로 계산해서 다시 몇 퍼센트 더 떨어졌다. 1933년 4월 금본위제

---

15) 〈도표 74〉에 도시된 수치는 다음에서 취했다. R. E. Prothero, *English Farming Past and Present*, 1912, pp.456, 466f.; H. T. Williams, *Principles for British Agricultural Policy*, 1960, pp.121f.; *Ministry of Agriculture and Fisheries: Agricultural Statistics, 1945~49, England and Wales*, I, 1952.

를 포기한 미합중국은 국내통화로 최하의 가격을 기록해서, 1932년 서부의 곡물시장에서 부셸당 1/2달러가 되었다. 다른 나라들, 아르헨티나 같은 곳에서는 1934년에 최하의 가격을 기록했다.

 이러한 위기의 영향에 대해서는 더 이상 언급할 필요가 없을 것이다. 왜냐하면 시대적 특수성을 제외하면, 아주 새로운 성질의 현상으로 보고할 만한 것은 거의 없기 때문이다. 그 원인은 가급적 간단하게 말하자면 다음에 열거한 사태와 사건에 입각해서 파악될 수 있다.

 1. 새로운 토지면적이 경작되었다. 특히 미합중국에서 밀의 재배가 확대되었다. 기술혁신, 예컨대 자체의 동력기관이나 연동기관으로 운전되는 수확기(콤바인), 트랙터, 건조농법, 밀의 신품종이 밀 재배면적의 확대를 용이하게 하거나 서부의 반건조지대에서 비로소 가능하게 했다.

 2. 농업의 기계화는 대규모의 토지면적을 인간의 급양이라는 목적에 동원할 수 있도록 했다. 미합중국에서는 사료작물의 재배를 절약함으로써, 새로운 경작을 통한 것이나 거의 같은 정도의 토지가 획득되었던 것으로 평가되고 있다.

 3. 부채가 요구로 변모했다는 사정을 무역정책에 이용하는 대신에, 미합중국은 관세율을 인상했다. 미합중국은 이로써 대부된 현금의 지불이 상품의 형태로 이루어지는 것을 방지했다.

 4. 미합중국의 영농가들은 예전과 같이 세계시장을 더 이상 지배하지 않았다. 이들에 대한 경쟁자로서 캐나다, 남아메리카 및 오스트레일리아의 영농가들이 등장했다. 이들은 미합중국의 영농가보다 더 저렴하게 생산했는데, 아마도 두 세대 이전 미국의 영농가들이 유럽의 영농가들에 비해서 그러했던 것처럼, 이에 결코 못지않게 저렴한 가격으로 생산했을 것이다.

 5. 레닌이 도입한 '신경제정책'의 시기에 러시아는 다시 곡물을 수출하기 시작했다. 또한 유럽의 자체생산도 성장했다. 소비에트를 제외한 유럽의 밀 생산은 1909/13년의 평균으로 3,700만 톤에 달했는데, 1920/23년에는 3,000만 톤으로 떨어졌다. 1933년에는 4,750만 톤에 도

달했는데, 이는 즉 제1차 세계대전 이전 시기보다 약 1,000만 톤이 더 많은 것이다.

여전히 이 목록은 더 보충될 수 있다. 이 통계치는 완전하다는 주장을 제기하지 않는다. 그러나 더 많은 요점이 추가된다면, 우리는 여기에서 해석하고자 하는 현상을 전체로서 끝까지 생각해볼 수 있는 기회를 완전히 상실할 것이다.

위기의 원인

그러한 가능성은 존재할 것으로 보인다. 두 번 혹은 세 번의 농업위기를 통일적으로 체계화된 이론으로 포착하려는 시도는 이미 거듭해서 이루어졌다. 그러나 이러한 이론들은 서로 확연하게 어긋날 뿐이다. 또한 이미 이전의 시기에 대해서와 같이 통화이론과 두 가지의 실물경제 이론이 개발되었다. 실물경제 이론의 하나는 과소소비 이론으로, 또 다른 하나는 과잉생산 이론으로 불릴 수 있다.

특히 앵글로색슨 제국에서 광범하고 결정적으로 수용되고 있는 화폐경제적 설명은[16] 농업위기와 통화조작의 시간적 일치가 지적되고 있음에 주목하고 있는데, 이것이 화폐유통의 위축을 초래했음이 틀림없다는 식으로 이야기되고 있다. 1819년에 잉글랜드는 금본위제로 이행하고, 1870년대 초에 수많은 나라들이 이를 따랐는데, 특히 독일, 이탈리아, 미합중국, 오스트리아-헝가리, 러시아 및 일본이 그러했다. 이와 결부

---

16) 예를 들어 잉글랜드 농업성이 1920년대에 설치한 연구위원회는 잉글랜드 경제학의 탁월한 대표자였다. 그런데 이 위원회는 다음과 같이 보고하고 있었다. "이 세 시기(이것이 의미하는 바는 나폴레옹 전쟁 이후에 닥쳐온 세 번의 농업위기) 각각에서 농업의 쇠퇴는 가격폭락으로 말미암았다. 그리고 가격폭락은 그 기원을 주로 통화적 원인에 두고 있었다"(*Report of the Comm. on Stabilization of Agric. Prices, Ministry of Agric. and Fisheries*, London 1925, p.21). 그러나 또한 다른 여러 나라에서도 이러한 의견이 개진되었다. 구스타프 카셀은 심지어 제1차 세계대전 이후의 가격폭락을 통화가 아닌 다른 요인으로 설명하려는 시도를 '어리석은 것'으로까지 지적했다.

하여 증가한 금의 수요는 금값을 오르게 하거나 아니면 (결국 다른 말로 하는 동일한 현상이 되겠지만) 상품의 가격을 떨어지게 했다. 제1차 세계대전 이후에도 비슷한 일이 반복되었다. 전쟁 동안에 유보된 금본위제는 다시 회복되었는데, 이는 금값 및 화폐가치의 인상이나 상품가격의 인하를 초래했다.

그러나 통화조작(1925년과 1819년 이전)에 앞서 이미 가격하락이 발생했다는 사실에 견주어보면 통화이론은 실패한 것이다. 또 이 이론은 가격폭락이 진행되고 있는 과정에 끼어든 가격의 분산을 설명할 능력이 없다. 소득과 수요의 소득탄력성이 보조수단으로 동원된다 해도, 왜 화폐유통의 위축(그리고 이에 따른 소득의 감소)이 최근의 농업위기에서도 무엇보다도 곡가에 타격을 가해, 그것이 우선 그리고 가장 낮은 수준으로 떨어졌는지는 여전히 해명되지 않고 있다. 가격을 내리누르는 충격이 소득감소에서 나왔다면, 추측하건대 소득에 탄력적으로 수요되는 농산물, 즉 고기, 버터 등과 같은 물품의 가격이 떨어져야 마땅할 것이다. 그러나 바로 이러한 물품들의 가격은 최근의 농업위기에서도 더욱 안정적인 것으로 입증되었다.

비슷한 현상은 공산품의 가격에도 해당한다. 이런 이유에서 콘드라티에프(Kondratieff)는 이미 "경제부문의 상대적 경기변동"을 말한 바 있다. 그가 확인한 바에 의하면, 농산물가격이 오르면서 농산물의 구매력도 오르고, 농업불황이 닥쳐오면 그 구매력도 떨어졌다.[17] 이것은 18세기 말부터 20세기 초까지 세 번의 호황과 두 번의 불황으로 전개된 장기파동의 형태로 나타났다. 콘드라티에프가 말한 이 '장기파동'은 앞의 〈도표 72〉에 제시한 곡가변동에서 알 수 있다.

콘드라티에프가 제공한 장기파동의 서술과 해석에는 광범한 논의가 이어졌다.[18] 이 논의는 아주 전적으로 다음과 같은 의문에 지향되었다.

---

17) N. D. Kondratieff, "Die Preisdynamik der industriellen und landwirtschaftlichen Waren. Zum Problem der relativen Dynamik und Konjunktur," in: *Archiv f. Sozialwiss. u. Sozialpol.*, 60, 1928, pp.56f.

즉 장기파동과 산업시대의 단기적인 파동(사이클), 이른바 주글라 파동(Juglar-Zyklus) 사이에는 어떤 관계가 있었고, 또 있을 수 있었던가라는 의문이다. 역사연구가 밝히도록 애썼던 한에서는(슈피트호프, 슘페터 및 기타 등) 장기파동의 주기가 단기적인 호불황의 지속기간과 강도에 영향을 미쳤고(또는 그 반대로도), 이는 특히 가치영역에서, 그러나 부분적으로는 양적인 영역에서도 그러했다는 점을 확인할 수 있었다. 슘페터는 한 발짝 더 나아갔다. 그의 의견에 따르면, 그렇게도 다양한 기한으로 전개된 운동의 여러 원인은 서로 접촉하고 있었고, 본질적으로는 동일한 것이었다. 그것은 바로 '혁신'(innovation)이었다. 이것은 산업혁명의 시대(18세기 말부터 19세기 전반기까지)에 섬유공업의 확장에서, 두 번째의 장기 호황기(대략 1840년부터 19세기의 70년대까지)에 철도망의 확장에서, 세 번째의 호황기(1870년대부터 제1차 세계대전까지)에 전기산업, 광업, 제철공업 및 교통망의 확충에서 그 절정에 이르렀다. 이 호황기 사이에는 몇 차례의 경색 국면이 있었는데, 이때에 새로이 창출된 것이 흡수되고, 낡은 것이 퇴출되고 새로운 호황이 준비되었다.

이러한 시각에서 보면 농업주기(Agrarzyklus)라는 현상은 배경으로 사라지거나, 연구자의 시야에서 완전히 소멸했다. 대개의 연구자들은 더 이상 이 문제와 씨름해야 할 절박성(콘드라티에프는 아직도 이를 느끼고 있었지만)을 느끼지 않고 있었다. 진정으로 이 문제를 더욱 깊이 추구했던 연구자는 연구의 광범한 주류에서 비켜나와, 따라서 유리하지 않은 환경에서 작업을 했다. 키리아키-반트루프 같은 이들이 그런 사람인데, 그는 이미 폐기된 과소소비 이론을 다시 받아들여, 축산물 가격에 비하여 더 일찍 그리고 더 급격히 진행된 곡가의 폭락을 상업활동에 의한 것으로 설명하려고 시도했다.[19] 그리고 장 시롤은 이미 "18세기 말

---

18) 이 문제에 대한 요약(무려 532쪽!)은 다음의 논저에 수록되어 있다. G. Imbert, *Des mouvements de longue durée Kondratieff*, 1959.
19) S. v. Ciriacy-Wantrup, "Agrarkrisen und Stockungsspannen," in: *Berichte*

부터 유럽과 아메리카의 경제에서 나타나는 장기파동적 호황과 불황"에서 농업이 수행한 결정적인 역할을 지적한 바 있다.[20]

물론 각 경제부문 사이에 얽혀 있는 관계도 있었다. 그러나 그 해명은 아직도 추측 이상을 넘어서지 못하고 있다. 그래서 영농가들의 소득과 그 소득이 지출되는 양상을 소비영역("농민이 돈을 가지고 있으면, 그는 온 세상을 다 가진 것이다")과 자본투자의 영역에서 생각해봄직하다. 실제로 1830~40년대의 철도부설은 많은 부분에서 지대수입으로 재정조달이 이루어졌다. 그러나 국민소득에서 농업소득이 차지하는 비중이 줄어들자 이로부터 나오는 영향도 약화되었다. 반대로 소비자의 소득도 영농가들에게는 중요한 문제가 되었다. 농업의 판매수익에서 60% 또는 그 이상이 소득에 탄력적인 수요품인 축산물의 판매에서 유래하면 이는 명백한 것이다. 그러나 생산과 소비가 그러한 지향성을 보이는 것은 20세기에 비로소 도달한 것이다. 곡물(그리고 감자)이 식량의 기본을 구성했던 한에서는, 소비자의 구매력 감소가 '더욱 저렴한' 식품으로의 이동을 야기할 수 없었다. 식량소비는 유지되어야 하며 그 요구는 수요가 소득에 탄력적으로 반응하는 공산품의 소비를 희생함으로써 충족되어야 했다. 이러한 현상은 또한 아주 유사하게 전개되었던 흉작의 경우에서 거듭해서 볼 수 있었던 바다.

그리하여 19세기와 20세기에 나타났던 농업위기의 내재적 근거를 탐색하는 것은 궤도를 이탈한 것이 아니다. 공업부문의 '장기파동'과 '농업경기변동'을 연결짓는 더욱 견고한 고리를 구명하는 연구가 더 이상 나오지 않았던 한에서, **과잉생산이론**은 농업위기와 이에 연결되는 농업호황의 원인에 대한 질문에 대해서 아직도 최량의 대답으로서 제공될 것이다.

나폴레옹 전쟁 이후의 가격폭락은 이미 요한 하인리히 폰 튀넨이 몇

über Landw., 122. Sonderheft, 1936.
20) J. Sirol, *Le rôle de l'agriculture dans les fluctuations économiques*, 1942.

차례에 걸친 풍작과 위기 이전의 몇 년 동안에 나타난 "비정상적으로 높은 가격으로 인하여" 농업활동이 제고된 탓으로 돌렸다. 당시에 잉글랜드의 차지농을 필두로 플레밍 지방의 농민과 동부 독일의 대농장주 같은 유럽의 영농가들은 생산을 역동적으로 진전시켰다.

19세기 중엽부터는 해외 영농가들의 더욱 막대한 에너지가 발휘되었다. 생산요소를 따져보면 1800년경에는 인간의 노동력에 농업생산력 제고의 주된 부담이 과해졌다. 인간의 노동력은 각종의 구속에서 해방되어 다량으로 투입되었고 더욱 많은 산출을 가져왔다. 1850년경에는 중점이 토지로, 20세기에는 자본으로 이동했다. 다시 말하자면 선행된 노동, 즉 개량된 기계, 작물, 가축품종 및 기술이 본래적인 생산과정이 개시되기 전에 영농가에게 제공되었던 것이다. 그러한 전환과 연관되어 미구에 닥쳐오는 위기는 지속기간도 연장되었고, 비중도 커졌고, 위험도 확대되었다. 왜냐하면 기술적·과학적 연구의 작용잠재력은 거의 한계가 없기 때문이다.

그러나 이로써 그 불황의 본질적 성격이 변하지는 않았다. 이 모든 현상을 아우르는 핵심은 과잉생산이었거나 아니면 더 정확하게 말해서 주기적으로 변동하는 농업경기의 과잉등고와 재적응 국면이었는데, 이 농업경기는 18세기 말부터 유럽과 해외(주로 아메리카 대륙) 농업의 막강한 확장을 동반했으며 또 그것에 이바지했다.

요약과 결론

1. 중세 성기 이래 유럽의 농업 및 식량공급의 장기변동추세

우리는 먼 길을 지나왔다. 이 길은 지금까지 아주 드물게만 주목되어 왔던 시기와 연관관계를 탐색하는 것이었다. 적어도 독일에서는 경제사가들이 경제의 체제와 법제를 더 열심히 탐구했다. 이 체제론자들은 19세기 이전으로는 거의 거슬러 올라가지 않던 구조와 데이터로만 만족했다. 훨씬 더 이전의 과거는 미지의 영역으로 남아 있었다.

이 문제에 대해서는 오래전부터 자료와 의문이 없었던 것은 아니다. 고전경제학의 시대부터 수확체감과 식량여지의 위축, 농산물의 구매력 증대와 임금과 지대의 반발운동에 대한 이론이 존재하고 있다. 오래전부터 또한 연구자들은 가격, 임금 인구 및 생산의 역사를 탐구하려고 노력했다. 기본적으로 요구되는 것은 자료와 의문을 서로 연관짓고, 목표를 분명히 설정한 연구를 통해서 이곳저곳을 조금씩 보충하는 일이었다.

이 연구의 첫머리에 곡가의 장기변동추세가 제시된 바 있다. 이 추세는 장 보댕 이래 거듭해서 시도되었던 바와 같이, 화폐유통량의 동요로서는 충분히 설명될 수 없었다. 소박한 화폐수량설 대신에 개량된 여러 형태가 구제책으로 동원된다 해도, 가격변동이 진행되는 과정에 등장하는 시차(時差)현상은 해명되지 못한 채로 남는다. 14, 15세기에 임금은 곡가의 하락운동을 단지 완만하게만 좇아가고 있었다. 16세기에는 임금이 곡가의 상승에 미치지 못한 채였고, 그다음의 가격하락 국면에서 임금의 구매력이 다시 상승했다.

축산품과 공산품의 가격도 이와 비슷하게 변동했다. 이 두 가지 가격은 곡가와 임금의 변동을 나타내는 선의 교차점으로 생각할 수 있다. 산업화 이전 시대에 모든 재화의 기본가격이었던 곡물가격에는 가계 소비재의 호환성(고기 대신에 빵)과 생산의 방향이 바뀔 수 있는 가능성(가축 대신에 곡물 그리고 그 반대의 경우)이 결부되어 있었다. 임금은 수요의 소득탄력성, 그리고――공산품의 경우에는――공급의 비용구조와 연관되어 있었다. 그리하여 임금이 곡가와 더욱 뚜렷하게 차이가 나면, 곡물, 축산품 및 공산품 가격들 사이에 바로 협상차가 발생하는데, 이러한 경우 곡가는 호황기에 더 높이 올라가고, 불황기에는 더 낮게 떨어지는 사태가 전개될 수 있다.

이러한 사태는 가격과 임금곡선의 배후에 수요·공급구조의 변동이 있었음을 암시한다. 예시할 수 있었던 바에 의하면 인구는 19세기까지 크게 보아 곡가와 비슷한 방향으로 변동하고 있었으나, 임금――물론 임금을 상품단위로 환산해볼 수 있었던 한에서――에 대해서는 반대방향으로 움직이고 있었다[1](〈도표 75〉).

가격과 임금의 변동, 그리고 인구동태가 농업생산과 농업소득에 미치

---

[1] 건축노동자의 임금은 브라운(Brown)과 홉킨스(Hopkins)가 수집한 자료(부록의 자료 참조)에서 취했다. 인구추정은 다음의 문헌에 입증되어 있다. W. Abel, "Wachstumsschwankungen mitteleuropäischer Völker seit dem Mittelalter," in: *Jahrb. f. Nat. u. Stat.*, 142, 1935, pp.674f. 그리고 이는 다음의 문헌에 따라 보강되었다. W. Abel, *Wüstungen des ausgehenden Mittelalters*……, 3rd ed., 1976, pp.37ff. 및 G. Franz, *Der Dreißigjährige Krieg und das deutsche Volk*, 2nd ed., 1943, p.53. 프랑스, 잉글랜드 및 독일에 대해서 대략적으로 파악된 수치는 다음과 같다. 1200년경: 2,200만(프랑스 1,200만, 잉글랜드 220만, 독일 800만), 1430년경: 3,950만(프랑스 2,100만, 잉글랜드 450만, 독일 1,400만), 1470년경: 2,700만(프랑스 1,400만, 잉글랜드 300만, 독일 1,800만), 1800년경: 6,000만(프랑스 2,700만, 잉글랜드 900만, 독일 2,400만), 1900년경: 1억 2,800만(프랑스 3,900만, 잉글랜드 3,300만, 독일 5,600만).

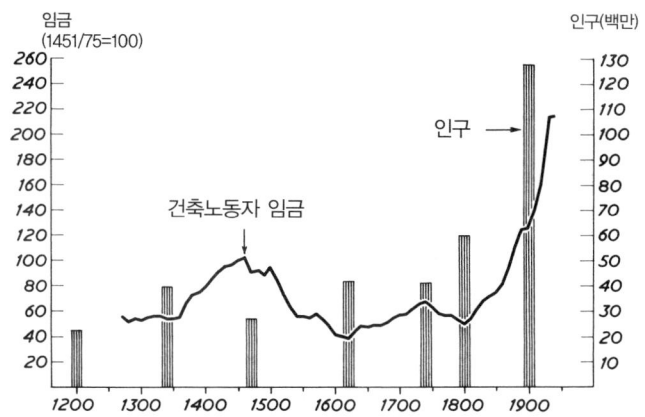

〈도표 75〉 중부 유럽의 인구와 남부 잉글랜드 건축노동자들의 임금, 13~20세기
(임금은 상품단위, 3개항 이동평균법에 의한 10년 단위 평균치)

는 영향은 거의가 서로 구별되지 않으며, 또한 당대에 발생한 사태(전쟁, 사투, 내부 소요 등)의 직접적인 귀결과 구분해보는 것도 결코 쉬운 일이 아니다. 이러한 여러 영향은 또한 경제이론의 데이터로 거의 수습되지 못하는 조건변수(농민경제의 근소한 시장점유율 및 사회적 결속 따위와 같은 요소들)에 의해서도 가려질 수 있었다. 그래서 가격을 농업활동 및 그로부터 유래하는 소득과 연결짓는 고리의 강도가 어느 정도인지는 불확실한 상태로 남아 있다. 단지 틀림없는 것은 이 요소들이 여러 종류의 가격과 같은 방식으로 변동하고 있었다는 점이다.

이는 무엇보다도 경작활동의 면적(범위와 확장)에서 잘 드러난다. 이미 오래전에 어떤 지리학자는 이렇게 확인했다.[2] "마치 거대한 호흡과 같이, 중부 유럽의 인구사에서는 서로 상반되는 시대가 교대로 나타나고 있는 것처럼 보인다. 어떤 시기에는 인구가 가능한 최대로 전토에 확산되고 이 토지를 경작하고, 또 다른 시기에는 인구가 사멸의 물결에 휩쓸려 소수의 지점에 집중하는 경향이 있었다. 반면에 토지는 인구규모에 따라서 감소하거나 비교적 서서히 증대하고 있다." 12, 13세기의 개

---

[2] O. Schlüter, *Die Siedlungen im nördlichen Thüringen*, 1903, p.209.

간기에 이어 중세 말기에는 황폐의 시기가 전개되었다. 토지개간의 두 번째 파도는 중부 유럽의 북부와 동부까지 미치는 16세기의 가격상승을 수반했다. 줄기찬 개간운동의 세 번째 파도가 독일에서는 30년전쟁이 종료된 직후에, 그리고 다른 나라에서는 몇십 년 뒤에 개시되었다.

둘째로 곡가변동의 장기적 추세는 농업집약도의 변동을 수반하고 있었다. 경작기술, 수확, 비용 또는 경영체제의 발달이 주목된다 해도, 결정적인 진보는 장기적인 가격상승의 시기에 이루어졌다. 농산물가격이 하락하는 시기, 즉 중세 말과 30년전쟁 직후의 수십 년은 농업의 발달에서 쇠퇴와 정체, 아니면 단지 미미한 정도의 진보를 보았을 따름이다.

셋째로 장기적인 가격변동은 농업소득의 변동과 결부되었다. 이는 우선, 더구나 개념규정상 농업수익의 일정한 부분, 즉 시장가치로 측정해서, 고유한 수익원천으로의 토지에 귀속될 수 있는 몫으로, 말하자면 리카도적인 의미에서의 지대에서 잘 드러난다. 그러나 이는 약화된 형태이기는 하지만, 하나의 경제체제가 감당하는 약정된 공납과 부역에도 적용된다. 이 체제에서는 시장 이외에도 권력이 소득의 분배에 엄청난 영향력을 행사하는데, 그 결과는 말하자면 유통경제 초기단계의 '봉건지대'(Feudalrente)인 것이다. 끝으로 가격과 소득의 상관관계는 농민의 임금에도 적용된다. 농민의 임금은 노동임금과 지대의 합으로 구성될 수 있겠지만, 그러나 실제로 임금과 지대가 서로 엇갈려 나가면, 중간 정도의 경영 규모에서는 지대를 따르는 경향이 있었다.

2. 19세기 중엽의 발전중단

'발전'이라는 말은 장기적인 동태에 적용되는 경향이 있다. 수세기에 걸쳐 진행되는 주기적 추세변동은 장기적이었다. 그러나 이 추세변동은 또한 그 자체를 넘어서까지 지속되었던 더 큰 움직임에 포섭되었던 것 같기도 하다. 그것은 리카도와 맬서스가 증가하는 인구에 식량을 공급하는 어려움을 언급하면서 지적한 바 있는 그러한 발전이다. 이들의 견해에 따르면, 농산물가격은 공산품의 가격에 비해서 상승할 것이 틀림없다. 노동임금도 물론 오르겠지만, 그것은 단지 화폐임금에 한정될 것이었다. 곡물가치로 측정하는 실질임금은 오히려 떨어지게 마련이었다. 왜냐하면 이것은 노동의 한계수익에 종속되며, 또 농업에서 이 한계수익은 경작이 확대될수록 하락하기 때문이다. 이에 반하여 지대는 화폐가치로나 곡물가치로나 증가할 것이기 때문에, 농업의 확장은 다음과 같은 사태를 동반할 것이다.

1. 지대의 급격한 상승
2. 지대보다 떨어지는 곡가
3. 곡가보다 떨어지는 공산품 가격
4. 소비재 가격보다 떨어지는 노동임금

여기에 수집한 증거가 제시하는 바에 의하면, 19세기 전반까지 가격과 소득의 발전은 리카도와 맬서스가 지시한 방향과 아주 정확하게 부합했다. 지대(Grundrente)는 저당이나 부채의 부담이 없는 토지의 차지료(Pachtzinsen), 또는——이자율을 고려하면서——토지가격에 견주어보면 급격하게 올랐다. 임금은 뒤처져 있었고, 곡가는 공산품의 가격에 비해서 절대적으로 올랐다. 그러나 산업시대로 넘어가는 문지방에서 각종의 가격계열이 변동하는 양상은 서로 엇갈리며 그 방향도 바뀌고 있었다. 가격계열에서 하나의 단절이 드러나고 있다.

이 현상은 하나의 도표로 제시할 수 있다. 이 도표는 물론 다소 의심스럽게 보일 수 있다. 왜냐하면 이 도표는 시간의 흐름을 따르지 않고, 분절되는 두 개의 큰 시기를 연결하는 다리를 놓는 정도에 불과하기 때문이다. 그러나 이는 본질적인 것을 다시 한 번 보여줄 수 있다는 점에서 받아들일 만하다. 농업이 지배적인 시대에서 잉글랜드의 밀가격은 5배 이상으로, 임금은 3배로, 철(鐵)은 4% 정도가 올랐다. 독일에서는 호밀가격이 약 4배로, 임금은 50%가, 철은 약 70%가 올랐다. 농업시대의 마지막 가격을 산업시대의 출발가격으로 치환하면, 그 협상차이는 뒤집어진다. 이제 임금이 다른 모든 종류의 가격을 앞질러 나갔던 것이

다(〈도표 76〉).³⁾

가격과 임금선의 단절 이유는 한 번 더 상기하는 것으로 족하다. 왜냐하면 이 문제는 이 자리에서 관심거리가 되는 한에서는 상세히 설명되었기 때문이다. 산업시대의 농업은 고전경제학자들이 비정한 기능, 즉 국민경제 내부에서 담당했던 임금지표와 가격조절자로서의 기능을 상실했다. 공업이 그 역할을 주도하게 되었다. 공업은 임금을 '토지수확의 체감'이라는 족쇄로부터 풀어헤치고 강조점의 변동을 가능하게 하거나 강제했는데, 이는 농업활동의 비상한 제고와 결부되었다. 산업화 이전 시기에는 생산의 증대를 위한 모든 조치는 노동과 토지에 지향되어 있었다. 이는 상대적으로 저렴하지만 그 효과는 매우 미미했다. 이제 투하

---

3) 도표를 작성하는 데 가격구조의 추이변화를 더욱 분명하게 표현하기 위해 다양한 척도가 선정되었다. 세로좌표의 높이는 각기 선정된 시기와 관련된 나라에서 최고로 상승한 가격군의 지표와 대응한다. 또한 거듭 강조할 것으로, 위에 제시한 도표의 선은 추세변동을 내포하지 않고 있다는 점이다. 도표의 선은 단지 두 시기를 연결할 따름인데, '농업시대'에 대해서 주목할 것은 도표의 선이 최저점의 가격(15세기)에서 시작해서 최고점의 가격(1801/50)으로 이어진다는 점이다. 곡가변동의 '추세'는 그것이 어떻게 산출되었든지 간에, 그렇게 가파르게 오르지 않았다. 도표를 작성하기 위한 자료는 다음의 문헌에서 취했다.
잉글랜드: 철가격, 1401/50, Rogers, IV, p.400(다양한 철의 종류에 대한 5가지 가격), 1801/50, Mitchell/Deane, *Abstract*……, pp.492f., 1951/60년, *Statist. Jahrbüchern*;

　임금과 밀가격, Rogers, Brown/Hopkins, Mitchell/Dean 및 *Statist. Jahrbüchern*.

독일: 철가격, 1401/50, Elsas II, A, p.257(프랑크푸르트 암 마인, 28종의 순철 가격기록), 1801/50, Jacobs/Richter(함부르크, 다양한 철의 종류), 1951/60, *Statist. Jahrbuch f. d. Bundesrepublik Deutschland*;

　임금, 1401/50, Hanauer, pp.417f.(스트라스부르크, 대목도제, 벽돌공, 모르타르 일꾼), Elsas I, II, A(프랑크푸르트 암 마인, 뷔르츠부르크, 뮌헨, 다양한 직종), 1801/50, Kuczynski I, 1, 1961, p.375(뷔르템베르크, 대목장), A. Neumann, p.258(Preußen, Landarbeiter), Aden, Anhang(엠덴, 비숙련노동자), 1951/60, Statist. *Jahrbuch f. d. Bundesrepublik*(건축노동의 중급소득, 남성);

　호밀가격: 이 책의 부록, 635쪽 이하.

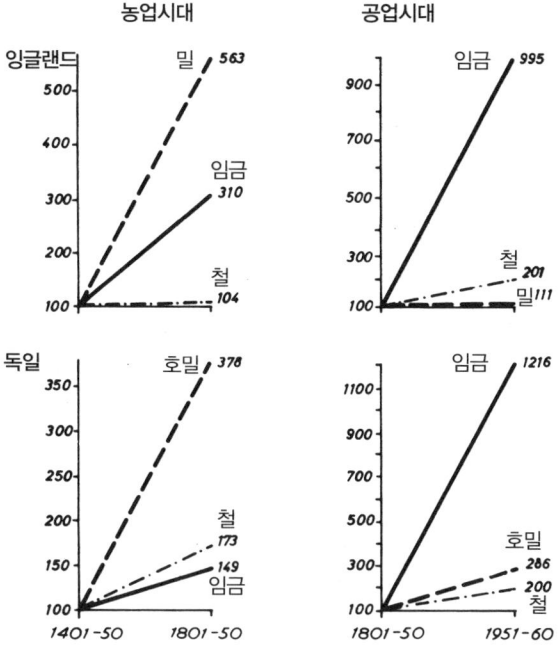

〈도표 76〉 잉글랜드와 독일의 가격 및 임금변동

비용의 중점은 생산된 생산수단으로 이전되었다. 즉 그것은 바로 자본인데, 이는 급속히 변동하고 더욱 생산적인 형태로 영농가들이 이용할 수 있게 되었다.

3. 농업위기

농업위기도 이러한 배경에 견주어서 파악되어야 한다. 근래의 경제학자들은 농업위기를 다음과 같이 규정했다. 즉 "토지소유자의 입지를 악화시키고, 토지를 경작하는 계급 대다수를 곤경에 빠뜨리는 농업수익의 지속적인 감퇴로 특징지어지는 상태"[4] 또는 "하나의 가격구조이며 이로부터 유래하는 비용과 부담에 대한 수입의 관계인데, 이 관계는 다수의

---

4) A. Buchenberger, *Grundzüge der deutschen Agrarpolitik*, 1897, p.201.

영농가들을 가옥과 농지의 상실로, 전체 구역을 황폐화로 위협한다"[5]는 것이다. 이렇게 규정하면, 이러한 위기의 역사는 아주 멀리까지 소급된다. 이는 농산물의 수요를 더 이상 자체의 경작지로 충족시킬 수 없는 도시의 발달과 함께 시작된다. 이미 당시부터 농업경제는 초기의 자급자족적 자립성을 상실했다. 영주와 농민들은 다양한 정도와 형태로이겠지만, 시장에 종속되기에 이르렀다.

그러나 오랜 시기에 걸쳐 별 다름없이 지속되었던 위기의 외관현상에만 집착하지 않는다면, 초기의 농업위기와 최근의 위기 사이에 일정한 차이가 관찰된다. 14/15세기 및 17/18세기의 가격하락은 인구감소와 결부되어 있었는데, 이는 역병과 전쟁, 말하자면 맬서스가 의미하는 '내부적인 것'이 아니라, '외부적' 요인에 의해 야기되었다. 그러나 이 외부요인은 맬서스가 제시한 방식으로 작용했다. 이는 인구와 식량여지 사이의 긴장을 완화시켰다(물론 물가앙등과 기근이 결코 완전히 사라진 것은 아니었지만). 상승하는 임금, 하락하는 곡가, 수요탄력적인 생산물(고기, 양모, 호프, 염료 등)의 완만한 가격하락은 고전경제학자들이 보았던 바와 같은 수확체감의 법칙으로 용이하게 해석된다. 즉 그것은 본질적으로 아직 정태적인 경제체제에 가해지는 자연의 장애로서, 수요의 변화와 감축을 통해서만이 비로소 완화될 수 있는 것이었다.

19세기의 농업위기는 아주 급격한 인구증가의 시기에서 발생했다. 궁극적인 요인을 말해도 된다면, 이 위기는 18세기 말의 기술적·사회적 혁명 이래 농업분야에도 침투해 들어온 강력한 팽창욕구와 충동에서 파악되어야 한다. 그것은 한 사이클의 여러 국면이었다. 이 사이클은 전쟁이나 무역정책상의 조치 따위에 의해서도 형성되었으나, 궁극적으로는 농업 자체, 특히 그 생산력에 의한 것으로, 이 힘은 농업생산물의 수요를 넘어섰던 것이다.

---

5) M. Sering, *Agrarkrisen und Agrarzölle*, 1925, p.1.

부록

I. 화폐 및 도량형 환산

1. 서론

유럽의 모든 도시, 영방 및 국가에서는 화폐와 도량형이 중세부터 근대에 이르기까지 자주 변경되었다. 원래의 가격이나 가격계열은 전혀 이해할 수가 없다. 기껏해야 이러한 자료는 "오래전에 흘러가고 극복된 상태의 상징"[1])으로서 골동학적 취미에나 쓰임새가 있을 것이다. 가격의 변동을 추적하고 가격비교를 실시하려고 하면, 원래의 계열자료가 환산되어야 하는데, 이는 하나의 통일적인 화폐 및 도량형으로 이루어지는 것이 바람직하다. 그러나 문제는 이러한 역사가의 희망이 극복할 수 없는 장애에 부딪히지 않겠는가라는 것이다.

가격은 상품이나 용역의 거래에서 지불되는 화폐액이기 때문에, 가격환산의 문제는 화폐문제의 핵심에 닿아 있다. 어느 특정한 시기의 화폐가치를 결정하는 것은 중금주의적 세계관인가 아니면 명목가치론적 세계관인가라는 선행문제가 해결되고 나서야 비로소 그 시기의 가격계열을 음미하는 단계로 넘어갈 수 있다.

중세 성기부터 저 멀리 근대에 이르기까지의 여러 세기에 대해서는 의심의 여지가 거의 없이 주화(鑄貨)의 귀금속 함유량이 그 교환가치를

---

1) E. L. Heitz, *Übersicht der Literatur der Preise in Deutschland und in der Schweiz aus den letzten 60 Jahren*, 1876, p.3.

결정했다. "상인은 그의 상품에 대해서 얼마나 많이 또는 적은 수의 주화를 받게 되는지를 쳐다보지 않는다. 그가 유의하는 것은 얼마나 많은 양의 은(銀)이 주화에 함유되어 있는가이며, 그의 회계에 은의 가치를 기초로 하는 일이다. 주화가 합당한 내용의 은을 함유하고 있으며 양질의 것이라면, 상인은 그의 상품에 비해서 더 적게 받는다. 그러나 주화에 함유된 은이 적고 그 품질이 열등하면, 그는 완전한 은가치를 획득하기 위해 상품에 대해서 더 많이 지불할 것을 요구한다."[2] 16세기 전반기에 작성된 이 문장에는 화폐의 본질에 대한 당대인의 관점이 선명하게 드러나 있다. 주화의 '명목가치'가 아니라 그 귀금속 함유량이 주화의 교환가치를 결정했다. 주화의 품질이 악화되면, 이는 사용자 대중에게서 불신을 받았다. 이런 주화는 낮게 평가되었고, 양질의 주화는 유통에서 퇴장하여 용해되었다. 대규모 거래는 지금(地金)으로 결제되었고, 소규모 거래는 특수한 약정으로 이루어졌다. 자주 반복되는 인민대중의 '악의'와 '우둔함'에 대한 불평은 자의적인 화폐악주가 대중의 환영을 받지 못했음을 말해주는 증거다. 주화의 개당 시세가 꼼꼼하게 기록된 다수의 주화환산표(Münztabellen)는 이러한 "화폐의 칭량가치 유효원칙"(좀바르트)에 대한 또 다른 증거다.

그리하여 가격사를 연구하는 역사가가 상품과 용역에 대해서 지불되는 주화액을 그에 내재된 귀금속 함유량으로 환산하는 것은 단지 당대인의 관습을 따르는 것이다. 그럼에도 불구하고 주화의 '내재가치'(valor intrinsecus)가 감소하는 화폐악주의 시기에 가격은 이에 비례하여 오른다고 하는 본(Vaughan)의 주장(1675)은 유보 없이 동의할 수 없다.[3] 이러한 테제와 모순되는 사실이 존재하고, 사실의 이의제기

---

[2] Apologia, *Sächsisch-Albertinische Münzstreitschrift aus dem Jahre 1531*, ed. by Lotz, 1893, p.108; 비슷한 진술은 다음의 문헌에서도 보인다. William Stafford, *Drei Gespräche über die in der Bevölkerung verbreiteten Klagen (um 1550)*, ed. by Leser, 1895, p.71; Vaughan, *A Discourse of Coin and Coinage*, London 1675, p.147 그리고 다른 당대적 증인 다수.

를 지탱하는 사고도 존재한다. 화폐악주와 정확한 정도로 이루어지는 가격상승은 다음과 같은 사태를 전제한다.

1. 화폐악주가 즉시에 인식될 수 있다.
2. 이에 상응하여 더 높은 가격이 요구될 수 있다.
3. 더 높은 가격의 요구가 또한 관철될 수 있다.

약소한 정도의 화폐악주에서는 이미 첫째와 둘째의 전제가 늘 주어질 수 없었을 것이다. 더 큰 정도의 가치하락은 물론 쉽사리 인식되었겠지만, 이때는 또한 드물지 않게 세 번째 전제가 결여되어 있었다. 더 높은 가격의 요구가 관철되는 것은,――동일한 상품량과 동일한 화폐유통 속도에서――화폐수량이 이에 상응하여 더 많아질 때만이 가능했다. 주화 성분의 악화에 상응하여 더 많은 주화가 유통되지 않았다면, 귀금속으로 측정되는 가격은 더 낮을 것이 틀림없었다.

이로부터――그리고 다소 덜 중요한 다른 논거에서――일부의 가격사 연구자들은 다음과 같은 결론을 도출했다. 즉 과거의 가격계열을 그 주화액의 귀금속 함유량으로 환산하는 것은 허용될 수 없을 것이라고. 그런 방식으로 작업하여 얻어진 계열자료는 가격변동에 대하여 잘못된 그림을 제시한다는 것이다.[4] 우선 사태와 질문이 구별되어야 한다. 단기적으로 보면 주화의 명목가치를 보존하는 것이 권장될 수 있다. 왜냐

---

3) Vaughan, *op. cit.*, p.147. 비슷한 판단이 다음에 보인다. H. A. Miskimin, *Money, prices and foreign exchange in fourteenth-century France*, 1963. 주화는 그 중량에 따라 가치가 평가되었다는 미스키민의 견해는 전적으로 옳다. 그러나 주화의 가치하락에 상응하여 가격―물론 고정된 지대와 계약금은 제외하고―이 올랐다는 그의 추가적인 진술이 이렇게 일반적인 형태로는 지탱될 수 없다.

4) 열거할 만한 것으로는 Th. Rogers, *History of prices*, I, pp.173f. 및 Ibid., *The economic interpretation of history*, I, 3rd ed., pp.192f. 로저스의 주장은 그가 수집한 방대한 가격자료로 인하여 각별한 비중을 누릴 수 있겠지만, 이 문제에 대해서는 나중에 〈표 1〉에 대한 주해(611쪽 이하)에서 상세히 다루겠다. 더욱 이론적으로 지향된 논의를 최근에 아날 학파가 개시했다(*Baebrel and Faber in Annales*, 1961 and 1962).

하면 화폐악주는 인식될 수 없거나 이에 상응하는 가격의 요구는 관철될 수 없기 때문이다. 장기적으로 보면, 그리고 추가적으로 본문에서 거듭해서 나타났듯이, 귀금속의 구매력에 대한 질문이 제기된다면, 화폐액의 환산은 (가격비교를 위해서) 불가결하며 논란의 여지가 없다.

그러나 연속적이며 상호간에 비교 가능한 가격의 계열자료를 산출하는 길을 열어준 그러한 확인으로도 다음과 같은 질문은 아직 답변이 이루어지지 않았다. 즉 가격을 금 또는 은으로 환산해야 할지, 그리고 귀금속의 그램 중량 또는 현대의 화폐단위로 표시해야 할지 말이다. 주저 없이 말할 수 있는데, 지금까지 가격사의 연구자들이 적용한 가격환산방법은 생각할 수 있는 거의 모든 방법이 이미 실현되었을 정도로 다양하다는 것이다. 다브넬은 13세기부터 19세기까지에 이르는 가격계열 전체를 프랑스에서 제1차 세계대전 이전에 통용된 프랑화의 법정 은가치로 환산했다. 람프레히트는 8세기부터 14세기까지의 가격을 은의 그램 중량으로.[5] 헤겔은 14, 15세기 뉘른베르크의 가격을 19세기 전반기에 통용된 바이에른 굴덴화(貨)의 법정 금가치로 환산했다.[6] 비베는 뮌스터의 가격을,[7] 어떤 익명의 필자는 쾨니히스베르크의 가격을[8] 금의 그램 중량으로 표시했다. 드 바이이는 일단 금과 은으로 환산하고, 또 이 두 귀금속의 법정 가치비율 평균치로도 환산했다.[9]

과거의 가격계열을 그 주화액의 귀금속 함유량으로 환산하는 것은 우선 어떤 귀금속으로, 즉 금 또는 은 중에서, 해당 시기의 통화가 구성되었는가라는 질문의 답변에 달려 있다. 이 질문은 주로 다음과 같이 답변할 수 있다. 즉 중세부터 시작하여 근대에 이르러서도 은화가 지배적이

---

5) K. Lamprecht, *Deutsches Wirtschaftsleben im Mittelalter*, II, 1886.
6) K. Hegel, *Chroniken der deutschen Städte*, Nürnberg, I, 1862, p.256.
7) G. Wiebe, *Zur Geschichte der Preisrevolution des 16. und 17. Jahrhunderts*, 1895.
8) *Deutsche Vierteljahresschrift*, 1850, pp.159f.
9) N. de Wailly, *Sur les variations de la Livre Tournois*, 1857, Tab. V, pp. 221f.

었다는 것이다. 물론 중세 말에는 예외적으로 금화가 은화와 더불어 계산 및 지불화폐로 등장했다. 이 특이한 화폐제도는 '사실상의 이중통화' '보조적 금화', 또는 '순수금화'로 불리기도 했지만, 일체의 명명시도가 포기되기도 했다. 왜냐하면 나중 시기의 사정에서 도출한 개념들 중 어느 것도 이 금화와 은화의 병렬상태에 들어맞지 않기 때문이다.[10] 거액의 지불은 대개 금화로, 소액은 은화로 이루어졌는데, 금화에 대한 은화의 관계가 관찰되고 기록되어 있었다. 계산단위와 재화축적은 주로 금화였고, 지불화폐로는 금화 이외에 은화도 사용되었다.

　금과 은의 관계가 불변상태로 유지되고 있는 한에서는, 주화액이 금이나 은의 중량으로 환산되는 문제는 가격변동의 연구를 위해서는 아무래도 상관이 없다. 그러나 이 관계가 변동하는 순간에는 이 두 종류의 귀금속 중 어느 것으로 가격을 환산할 수 있는가라는 질문이 비로소 중요해진다. 16세기에 대량의 은이 신대륙에서 유럽으로 흘러들어왔을 때, 그러한 변동이 금화의 가치가 높아지는 방향으로 전개되었다. 당시의 '화폐가치 하락'으로 인하여 금화라기보다는 은화로 표시된 가격이 급등했다. 가격사를 연구한 다른 사람들의 방법에 동조하여 이 '사실상의 이중통화' 시대에 대해서도 은으로 환산하는 방도가 선택되었기에, 우리의 가격계열 자료에 의해 16세기의 화폐가치 하락을 측정하는 것은 다소의 유보조건이 수반할 수 있다. 그러나 화폐가치의 동요가 아니라, 개별가격과 가격군의 계열을 비교하는 것이 연구의 목표인 관계로 은으로 환산하는 것은 별다른 주저 없이 시행될 수 있었다.

　근대에 이르러서는 화폐의 본질이 바뀌었다. 주화의 '내재가치'는 의미를 상실했고, 주화 및 주화대용물의 '명목가치'가 가치를 형성하는 힘을 획득했다. 화폐의 칭량가치 원칙 대신에 국가가 보증하는 명목가치 원칙이 등장했는데, 이 원칙은 사실상 지폐의 발행이 어떻게 안정된 통

---

10) 다음의 문헌을 참조하라. Wiebe, *op. cit.*, p.23 및 B. Harms, "Die Münz- und Geldpolitik der Stadt Basel im Mittelalter," in: *Zeitschr. für die ges. Staatswissenschaften*, Ergänzungsh. 23, 1907, p.239.

화가치의 목표에 부합했던가라는 한에서만 통화가치를 안정시켰다. 과도한 지폐발행(인플레이션)은 거듭해서, 그리고 중부 유럽의 모든 나라에서 단기적인 통화폭락을 야기했다. 인플레이션에 의한 가격의 음미도 대개 포기했다. 그러나 하락한 통화가치로 파악된 가격이 〈표〉에 수습되면——19세기 초 잉글랜드의 곡가와 같이——이에는 별도로 상응한 주석이 가해졌다. 그러나 인플레이션은 제1차 세계대전까지는 예외적 현상이었다. 일반적으로 통화는 안정되어 있었다. 순수한 또는 혼합된 금화체제로 전환함으로써 중부 유럽의 거의 모든 국가에 덮어 씌웠던 '황금의 족쇄'는 화폐가치가 동요하는 데 아주 근소한 여지만 제공했을 뿐이다.

여러 국가들이 금본위체제로 전환하자 가격사의 연구자들은 다음과 같은 문제에 봉착했다. 즉 은의 중량으로 측정한 과거의 가격과 최근 시대의 가격을 어떻게 연결지을 수 있는가라는 문제다. 중부 유럽의 각국이 금본위제로 이행하던 시기에 유지되었던 바와 같은 금과 은의 가치 비율에서 출발하여 가격환산이 이루어진다면, 가격계열의 연속성은 그대로 확보된다. 이 비율은 거의 일반적으로 1:15.5에 이른다. 이 비율관계의 척도에 따라 최근 시대의 가격은 은의 그램 중량으로 또는——그러나 훨씬 더 드물게——예전의 가격이 라이히스마르크(RM)로 환산되었다. 이 화폐단위는 1871년, 1873년 및 1924년에 발포된 독일 주화법에 의해 0.3583그램의 순금에 상응하며, 따라서 1:15.5의 금과 은의 비율로 따져보면 5.56g의 은과 동일한 가치를 지니고 있다.

따라서 오래전의 가격이 때때로 RM로 제시되면, 이는 RM 통화로 표시된 가격이 5.56으로 곱해지면 원래의 주화에 포함된 은의 중량을 그램으로 표시함을 의미한다. 이 책의 초판에서는 예전의 가격 전체가 RM로 환산되었다. 비슷하게 다브넬도 프랑스의 옛 가격을 전쟁 전의 프랑화로 표시했다. 예전의 가격을 마르크와 페니히로 환산하여 이질적인 요소를 먼 과거의 시기에 주입했다는 비난[11]은 다음과 같은 이유로 거부되었다. 즉 연구하고자 하는 것은 멀고 한정된 어느 시기, 예컨대 중세의 가격상황이 아니라 수세기에 걸쳐 전개되는 가격동태이기 때문이다. 이러한 작업에서는 가격에 어떤 형식이 부여되고 있는지는 별로 중요하지 않다. 그러나 국제적인 이해를 용이하게 할 이유에서, "은의 그램 단위 중량"이라는 중립적인 형식이 더 나을 수 있다는 점이 드러났다.

과거의 여러 시기에는 **도량형도** 아주 다양했다. 도량형은 나라마다 심지어 장소마다, 그뿐만 아니라, 상품, 가치관 그리고 재정적인 의도에 따라서도 바뀌었다. 그리하여 예를 들면, 동프로이센의 왕령지 관리청이 정한 '공식적'인 곡물계량단위인 셰펠은 1600년경부터 40슈토프 (Stof)였으나, 쾨니히스베르크의 상용 셰펠은 38슈토프였고, 또 기타 일련의 셰펠 단위가 있었다. 이들 여러 종의 셰펠 단위는 매우 정확한 검토에 의하면 쾨니히스베르크에서 멀어질수록 더 커졌다. 이 현상의 배경에는 전국에 대해서 가능한 한 통일적인 곡가(셰펠당)를 규정하고자 하는 왕령지 관리청의 희망이 있었다. 즉 초과하는 용량은 쾨니히스베르크에 이르는 운송비로 간주되었던 것이다.[12]

이러한 문제는 지금까지 아주 드물게만 주의해왔기 때문에, 1795년용으로 발간된 뮌헨의 수첩달력에 수록된 사항을 덧붙이고자 한다.[13] 여기서는 "중량에 대해서"라는 표제 아래 다음과 같이 언급되어 있다. "중량은 오직 민족과 나라의 차이에 따라서만이 아니라, 또

---

11) 이러한 비난은 다음의 문헌이 제기했다. K. Lamprecht, *Deutsches Wirtschaftsleben im Mittelalter*, II, 1885, p.603.
12) H.-H. Wächter, "Ostpreußische Domänenvorwerke im 16. und 17. Jahrhundert," in: *Beihefte z. Jahrb. d. Albertus-Universität Königsberg*, XIX, 1958, p.iii.
13) 원본의 사진 복제본이 뮌헨의 박물관에 전시되었다. Deutsches Museum, München, Sammlungen zum Gewichtswesen.

한 상품이나 물건의 차이에 따라서도, 그리고 사람들이 더 낫거나 못하다고 부여하는 가치에 따라서 매우 다양하다. 즉 약제사, 금, 은, 진주, 다이아몬드, 두캇, 잡화상, 푸주업자, 버터의 중량이 있다. 잡화상의 중량은 잡화상이 그의 물건을 달고 판매하는 데 사용하는 중량의 단위다. 이것은 약제사의 중량보다 더 무겁다. 약제사의 중량 1푼트는 24로트인데, 잡화상의 중량 1푼트는 32로트가 된다. 이에 반하여 잡화상의 중량은 푸주업자의 중량보다 더 가볍다. 〔……〕 왜냐하면 푸주업자는 고기 속에 고객이 사용할 수 없는 다량의 뼈, 수분 등을 더불어 제공할 수밖에 없기 때문이다." 전시기획 측은 이 자료에 다음과 같은 주석을 덧붙였다. 즉 그와 같은 차이의 잔재는 영국과 미합중국의 파운드 단위에 최근까지 남아 있었다는 것이다. 일반적인 용도로서 1파운드는 452.492그램에 상당하고, 귀금속과 약품에 대해서는 1파운드가 373.242그램이 된다.

가격을 서로 비교할 수 있으려면, 도량형도 통일된 체계로 정리해야 한다. 오래된 시기의 **곡물**에 대해서는 일관해서 용적단위가 사용되었다. 독일과 다른 나라에서는 19세기의 마지막 4분기에 용적단위에서 중량단위로 이행했다. 중량단위는 이 책에서도 또한 사용되었다. 가격계열의 지속성을 유지하기 위해서는 과거 시대의 용적단위를 환산할 때, 오늘날에 특유한 곡물의 중량단위가 아니라, 그 용적 및 중량내용이 자료 추출의 이유로 잘 알려진 1800년경 베를린 셰펠의 곡물중량에서 출발하는 것이 적절해 보였다.[14]

---

14) 베를린 셰펠의 용적내역은 다음의 문헌에 보고되어 있다. W. Naudé, *Acta Borussica, Getreidehandelspolitik*, II, 1901, p.530. 중량내역은 Soetbeer, *Forschungen zur deutschen Geschichte*, VI, 1866, p.76. 본문에 제시된 〈표〉에 보고된 밀, 호밀, 귀리 1셰펠의 중량내역은 다음의 문헌이 제시하는 중량 보고와 아주 잘 들어맞는다. A. Meitzen, *Der Boden und die landwirtschaftlichen Verhältnisse des preußischen Staates*, III, 1871, p.369. 마이첸에 의하면 1860년대의 베를린, 브레슬라우 및 마그데부르크에서 1셰펠의 밀은

무게를 부피로 나눈 결과 '환산인수'(換算因數)가 산출되었는데, 요컨대 이 수치로 과거의 부피수치를 모두 곱하면 부피로 보고된 곡물의 무게를 대략적으로나마 측정할 수 있다.[15]

〈환산표 1〉 1800년경 베를린에서 통용되던 셰펠의 용적과 중량내역

곡물종류	용적(l)	중량(kg)	환산인수 (1l를 kg으로)
밀	54.96	42.5	0.7733
호밀	54.96	40.0	0.7278
보리	54.96	32.5	0.5913
귀리	54.96	24.0	0.4367

여기에 열거한 수치는 실제의 중량에 가까운 근사치에 불과하다. 왜냐하면 곡물의 품질이 각 지역마다 달랐고, 여러 세기가 경과하면서 변

42kg, 호밀은 40kg, 귀리는 24kg이 된다. 이에 반하여 1셰펠의 보리는 35kg이다. 보리는 그 질이 매우 다양해서, 하나의 통일적인 중량 및 가격규정이 불가능할 정도다. 그래서 18세기 베를린의 소식지에는 규칙적으로 두 종류의 보리, 즉 '대맥'과 '소맥'이 수록되었는데, 그 가격은 서로 현저하게 차이가 났다. 다음의 문헌 참조. A. Skalweit, *Acta Borussica, Getreidehandelspolitik*, IV, 1931, p.641. 이 책에 적용한 필자의 환산인수는 의심을 받았으나, 또한 입증되기도 했다. 그리하여 1763년에 대해서 추출한 헤센(카셀)의 중량표본은 환산해보면 저품질의 호밀에 대해서는 0.6627, 우량하거나 최상품의 호밀에 대해서는 0.7712, 평균치로는 0.7189의 환산인수가 나온다. 이 수치는 말하자면 본문의 〈환산표 1〉에서 필자가 제시하는 수치보다 근소하게 적은 것이다(K. Krüger, "Der Ökonomische Staat Landgraf Wilhelms, IV," vol. 3, p.30, *Veröff. d. Hist. Komm. f. Hessen*, 17, 1977).

15) '환산인수'는 계량된 곡물의 특유한 무게와는 일치하지 않는다. 왜냐하면 곡물은 대체로 고봉으로 쌓아서 거래되기 때문이다. 시기, 장소 및 곡물 종류에 따라 매우 다양하게 이루어지는 곡물의 적재방식은 불가피하게 일정 정도에서 계산상의 오류를 야기할 수밖에 없다.

동하였기 때문이다. 추측건대 곡물의 품질은 장기적으로는 개선되었을 것이다.

 호밀의 품질이 때로는 얼마나 조악했는지는 크리스티안 올루프센이라는 사람의 증언을 통해서 알 수 있다. 그는 1802년에 노르웨이로 수출하기로 되어 있던 덴마크산 호밀의 일부를 검사하여 다음과 같은 보고서를 작성했다.16) "그 기이한 외양으로 볼 때, 이것이 원래 어떤 종류의 곡물인지를 도대체 알 수가 없었다. 사람들은 내게 그것이 호밀이라고 알려주었다. 나는 그것을 분석하여 그 성분이 다음과 같은 것들로 이루어졌음을 알아냈다. 즉 참새귀리가 38단위, 보리가 1단위, 선웅초*가 4단위, 밀이 2단위, 회색 또는 흰색의 완두콩이 $2\frac{1}{2}$ 단위, 살갈퀴가 1단위, 호밀이 32단위, 그밖에 또 흙, 모래, 겨 및 여러 가지 잡초부스러기 같은 것들이 섞여 있었다." 그러나 이러한 또는 그 비슷한 보고를 과대평가해서도 안 된다. 더 중요한 것은 아마도 시간이 경과하면서 곡물의 품질과 중량이 개선되었다는 점이다. 따라서 위에 제시한 환산인수로 계산한 중량이 아주 오래전의 시기에 대해서는 수치가 아주 높을 것이다. 네덜란드에 대한 이러한 추측은 1590년 암스테르담에서 출간된 『도량형 총람』(*Tresoir van de Maten*)에서 입증해보였다. 질렘은 이 저작의 중량보고에서 밀 1무트(Mud)의 중량을 88.93kg으로, 호밀 1무트의 중량을 81.025kg으로 계산해냈다.17) 위에 제시한 〈표 1〉의 환산율에 의하면 꽤 높은 수치의 중량이 나오는데, 더욱이 이는 다음과 같이 계산될 수 있다. 즉 1유트레히트 무트는 질렘에 의하면 1.08암스테르담 무트와 같고, 1암스테르담 무트는 노

---

16) J. Holmgaard, *Bol og by*, 3, Köbenhavn, 1962, p.7에서 재인용.
 * 밀밭에서 자라는 독초.
17) J. A. Sillem, "Tabellen van Marktprijzen van Granen te Utrecht in de Jaren 1393 tot 1644," in: *Verh. de Koninklijke Akad. van Wetenschappen te Amsterdam*, Afd. Letterkunde, N. R., Deel III, 4, 1901, p.15.

박[18])에 의하면 111.256리터와 같다. 따라서 1유트레히트 무트는 120.156리터가 된다. 리터로 환산한 유트레히트 무트의 용적을 위의 〈표 1〉에 제시한 환산인수로 곱하면 1유트레히트 무트의 밀은 92.9kg, 1유트레히트 무트의 호밀은 87.4kg이 된다. 따라서 질렘이 산출한 중량과는 약 5~9%의 차이가 생긴다.

오래전의 시기에 대해서는 중량을 일정하게 삭감해서 보아야 한다는 점이 이 계산에서는 제외되었다. 곡물의 실제 중량은 아주 소수의 예외적인 경우를 제외하면 거의 알려진 바가 없었다. 그러나 예컨대 16세기에 대해서 1800년경 베를린에 통용된 곡물 중량에 비하여 약 5~10%의 질적 감소를 가정하는 것은 자의적일 것이다. 따라서 확정된 환산지표로 작업하고 또 모든 시기, 모든 나라에 대해서 곡물의 용적을 위에 보고한 경직된 환산치에 따라 중량으로 환산하는 것이 더 옳을 것으로 보인다(그러나 이런 원칙이 특정한 시기와 장소에서 수치가 알려진 한에서는 다소 낮은 중량수치로 환산함을 배제하는 것은 아니다).

2. 가격환산표에 대한 주해(註解)

부록과 본문에 포섭된 유럽 각국의 가격계열자료는 〈부록 III〉에 열거한 논저에서 취했는데, 이 논저들은 1960년대 중반까지 출간된 것들이다. 새로운 자료의 수집은 문헌보고에 기재되었으나, 표에는 포섭되지 않았다. 왜냐하면 이러한 작업에 들이는 노력에 비해서 성과가 결코 상응할 것 같지 않기 때문이다.

1911년부터 나오는 새로운 가격자료는 공공기록 자료에서 취했다. 1911년부터 1933년의 시기에 대해서는 국제적인 가격 총람이 참고되었는데, 이는 『독일제국 통계연감, 1915~39』(*Statistisches Jahrbuch*

---

18) C. Noback and F. Noback, *Münz-, Maß- und Gewichtsbuch*, 1858, p.31.

für das Deutsche Reich, 1915~39)에 수록되어 있다. 이것은 대규모의 거래가격인데, 이미 제국 통계청이 1,000kg당 라이히스마르크로 환산해놓았다. 가격비교에 부적절한 1915년부터 1923년까지의 해는 누락되었다. 20세기의 20년대와 30년대 평균치는 따라서 1911/14년과 1924/30년의 가격만으로 구성되었다. 1934년부터 1960년까지의 가격은 국제식량기구(FAO)의 『생산통계연감』(*Production Yearbook*, V, 1, 1951 및 15, 1961)에서 취했다. 가격수치는 통계연감에서 100kg을 단위로 각국의 통화와 함께 미국의 달러화로 보고되어 있다. 이 최근의 가격을 주화액의 은 함유량으로 오랜 시대의 가격계열과 비교하기 위해서 모든 가격은 서독의 마르크화 및 라이히스마르크에 대한 공인된 태환율에 따라 위에서 설명한 구라이히스마르크의 가상적 귀금속 함유량(은 5.56g)으로 환산했다.

〈환산표 2〉 미국 달러화와 라이히스마르크(RM) 및 서독 마르크(DM) 사이의 환율

시기	USA-Dollar : RM/DM
1934~1938	1 : 2.48~2.51
1939~1943	1 : 2.50
1944~1949. 10. 31.	1 : 3.33
1949. 11. 1~1961. 3. 1.	1 : 4.20

부록의 〈표 1〉에 대한 주해: 13세기에서 20세기까지에 걸친 중부 유럽의 밀과 호밀가격(10년 단위로 산출한 평균치, 100kg의 곡물에 상응하는 은의 g 중량).

1. **잉글랜드** 1259년부터 1702년까지에 걸친 잉글랜드의 밀가격은 로저스의 저작(*A History of Agriculture and Prices in England, 1864~87*)에서 취했다. 비버리지 경이 올바르게 지적한 바와 같이,[19]

로저스의 대저는 일부 결함이 보이나 잉글랜드의 가격사에 대해서는 여전히 표준적인 저작이다. 비버리지 자신은 거대한 저작을 계획했으나, 16세기부터 19세기까지의 곡가를 포함한 제1권만 출판할 수 있었다. 비교한 결과 비버리지가 제시한 가격계열은 이 자리에서 문제삼고 있는 대강의 윤곽에서 로저스의 가격자료와 거의 일치하는 것으로 나타났다. 그밖에 비버리지의 자료집성은 임금에 대한 자료를 전혀 포함하지 않아 가격-임금의 비교는 로저스의 저작에 의거해야 했기 때문에, 또한 로저스의 밀가격 자료가 채택되었다.

로저스는 잉글랜드의 옛 가격을 환산하는 것이 불필요하다고 주장한다.[20] 왜냐하면 잉글랜드에서는 1560년의 주화개혁까지는 지불이 "액수에 의해서"(by tale)가 아니라 "중량에 의해서"(by weight) 이루어졌기 때문이라는 것이다. 페니(penny), 파운드(pound) 등과 같은 표기가 이 시기에는 특정한 주화가 아니라, 특정하게 동일한 가치를 유지하고 있는 은(銀)의 중량을 대표한다는 것이었다. 로저스는 자신의 주장에 대해서 다양한 근거를 제시했다. 그러나 그가 보기에 결정적인 것은 13세기에서 16세기까지에 진행된 주화의 악화가 잉글랜드에서는 바로 물가인상으로 치환되지 않았다는 사실이다. 이미 언급한 바와 같이 그와 같은 가격인상은 주화가치의 하락과 동시에 그리고 그와 같은 폭만큼, 유통되는 화폐총량이 명목가치에 따라서 인상될 때와 같은 조건에서만 가능하다는 것이다(물론 동일한 화폐유통속도와 동일한 상품유통량이 전제되어야 한다). 만약 주화가치의 하락과 함께 유통되는 귀금속의 품귀현상이 나타났다면, 가격은 주화가치의 하락폭만큼 오를 수 없었다. 이와 같은 종류의 품귀현상은 물론 점차 다시 상쇄되었다 할지

---

19) W. Beveridge, *Prices and Wages in England from the twelfth to the nineteenth century*, I, 1939, p.xxi.
20) 로저스의 저작에서 다음을 참조하라. *A History of Agriculture*……, I, pp. 173f.; IV, p.187; *The Economic Interpretation of History*, I, 3rd ed., p. 192.

라도, 전혀 없을 수 있는 일은 아니다. 또한 이 자리에서 로저스의 테제를 반박하는 데 장편의 논고를 서술한 비베의 저작을 지적할 만하다.[21] 그는 중세 말기 잉글랜드의 가격변동도 그 주화액의 은 함유량에 환원시켜야 함을 설득력 있게 진술한 바 있다.

1066년부터 1816년까지 잉글랜드에서 유통되던 주화에 대한 표는 투크의 가격사에 포함되어 있다.[22] 비베(같은 책, 69쪽)는 이 표에서 여러 개의 오류를 입증하였기에, 루딩[23]의 주화표에 의거하는 것이 적합해 보였다. 루딩은 페니의 귀금속 함유량을 트르와 그레인(troy grain)으로 보고했다. 1트르와 그레인은 0.064179g의 은을 함유했다. 가격은 이 기준에 따라 환산되었다.

잉글랜드의 옛 곡가는 윈체스터 쿼터를 기준으로 했는데, 그 단위는 부셸이었다. 로저스(I, pp.167f.)는 헨리 7세가 2.134에서 2.157입방인치로 확정한 부셸 단위가 이미 13, 14세기에 적용되었을 확률이 높은 것으로 보았다. 과연 그러했는지는 의심의 여지가 있으나, 그 반대의 경우는 입증된 바가 없다. 그리하여 우리는 이 점에서 로저스의 진술에 의거했다. 그리고 나중의 시기에서도 윈체스터 부셸의 용적내용은 기본적으로 거의 변동이 없었던 것 같기에,[24] 윈체스터 부셸은 내내 2.150잉글랜드 입방인치(=35.2376리터)로, 윈체스터 쿼터는 281.9리터로 환산했다. 1리터의 밀은 0.7733kg과 동치되었다.

1259년부터 시작하는 로저스의 곡가자료 집성에 대해서는 그라스

---

21) Wiebe, *op. cit.*, Excurs, II, pp.60f.
22) Tooke, *Geschichte der Preise*, 아셔(Asher)가 제공한 독일어판, 1858, vol. 2, p.503.
23) R. Ruding, *Annals of the Coinage of Great Britain, 1817~18*, 여기에서는 다음에서 재인용. Wiebe, *op. cit.*, p.69.
24) C. Noback and F. Noback, *Münz-, Maß- und Gewichtsbuch 1858*, p. 408에 의하면 1윈체스터 부셸은 19세기 중엽에 2,150잉글랜드 입방인치였다. 동일한 사정은 다음에서도 보고되고 있다. A. Niemann, *Vollständiges Handbuch der Münzen, Maße und Gewichte aller Länder der Erde 1830*, p.30.

(Gras, 1915)가 윈체스터 주교구의 '재정기록'(pipe rolls)에서 출간해 낸 13세기의 밀가격 자료가 귀중한 보충을 제공하고 있다. 이 자료는 저 이른 시기에 대한 로저스의 곡가자료와 마찬가지로 영지에서 유래하는 밀의 판매가격이다. 그라스는 13세기에서 약 4,200건의 개별가격을 수집해서, 이를 다년간의 평균치로 종합해냈다. 이 평균치가 포괄하고 있는 시기는 착란되어 있기 때문에, 개별가격이 다시 한 번 연간 평균치 및 10년간의 평균치로 정리되어야 했다. 로저스의 가격계열 출발점까지 미치는 다년간의 평균치를 산출함에 있어서, 1258년까지는 그라스의 가격자료가, 1259년부터는 로저스의 가격자료가 이용되었다. 그라스의 가격자료를 은의 그램 및 킬로그램 중량으로 환산하는 것은 이미 보고된 방식으로 이루어졌다(이 책, 73쪽 이하의 본문 및 도표에는 또한 파머와 티토의 연구가 참고되었다).

  로저스의 가격계열이 끝나는 해인 1702년과 잉글랜드의 공식적인 곡가통계가 시작하는 첫해인 1770년 사이의 기간에 대해서는 투크(1858)의 저작에 수록된 이튼과 옥스퍼드의 표가 이용되었다. 이 표는 연간 평균가격을 집계하고 있는데, 이는 마리아 축일*과 미카엘 축일**을 기준으로 행해진 시장가격 기록의 평균치로서 윈체스터 쿼터와 실링으로 보고되었다. 두 가지의 가격계열은 단순평균으로 처리해서 단일한 가격계열로 통합되었다. 1771년부터는 공식적인 연간 평균치와 제국 쿼터 단위를 채택했는데, 이는 『영국의 통계연감』(*Statistical Abstract for the United Kingdom*)에 공간되었다. 이 수치는 가격기록의 평균치로서 잉글랜드, 웨일스 및 스코틀랜드에 대한 "곡물동향보고 감독관"이 런던의 신문에 공표한 것이다. 그래서 이 보고의 공식 명칭은 "평균 신문공시가격"(Average Gazette Prices)이다. 제국 쿼터는 그 양이 예전의 윈체스터 쿼터보다 조금밖에 크지 않아, 용적이 290.8리터였다. 이 점은 고

---

* 성모 마리아를 기념하는 교회의 축제일로서 탄생, 수태 등과 관련하여 한 해에 여러 날이 있다.
** 대천사장 미카엘 및 모든 천사들을 기념하는 축일, 9월 29일.

려되었다. 1911년부터는 앞에서 이미 언급한 바와 같이, 국제적인 연구 간행물이 참고되었다.

2. **벨기에** 벨기에의 밀가격은 페어린덴(C. Verlinden, 1959)이 편집한 플랑드르 지방의 가격 및 임금자료에서 취했다. 표에 수록된 가격계열은 6개 도시의 밀가격의 단순평균치로서 채택되었다. 평균치의 산출을 위해서 다음에 열거한 도시의 사례가 참고되었다.

브뤼헤, 1401~1500(G. Croisiau, *Prijzen in Vlaanderen in de 15ᵉ eeuw*에 의거함),

1564~1604(A. Wyffels, *Prijs van tarwe te Brugge*에 의거함),

1601~1705(J. Vermaut, *Prijzen uit Brugse instellingsrekeningen, 17ᵉ eeuw*에 의거함),

겐트, 1400~1500(G. Croisiau),

딕스뮈이데(Diksmuide), 1482~1615(A. Wyffels, *Prijs van tarwe te Diksmuide*),

뉴포르트(Nieuwpoort), 1591~1792(J. Vermaut, *Prijzen van tarwe en rogge te Nieuwpoort en gewicht van het brood*),

안트베르펜, 1429~1600(E. Scholliers, *Prijzen en lonen te Antwerpen*),

브뤼셀, 1568~1795(J. Craeybeckx, *De prijzen van graan en van brood te Brussel*).

플레밍 지방에 소재하는 몇 개 도시(브뤼헤, 겐트, 딕스뮈이데 및 뉴포르트)의 가격은 브뤼세 후트당의 플레밍 흐로텐*으로 보고되고, 안트베르펜의 가격은 안트베르펜 피어텔당의 브라방 흐로텐으로, 브뤼셀의 가격은 브뤼셀 지스터당의 브라방 스퇴이버**로 보고되었다. 곡물의 도

---

*deniers groten Vlaams per Brugse: 화폐단위.

**화폐단위.

량형의 내역은 다음과 같다.[25]

1브뤼세 후트(Brugse hoet)는 166.6리터(18세기에는 172리터; 이 대용량의 단위는 뉴포르트의 가격을 환산하는 데만 사용했다).

1안트베르펜 피어텔은 77리터,

1브뤼셀 지스터는 48.76리터.

주화의 종류와 액수는 얀센이 수집하여 종합한 것[26]으로 15세기부터 18세기까지 굴덴의 은 함유량에 대한 표에 따라서 환산했다. 소액의 주화와 굴덴의 관계는 다음과 같다.

1굴덴 = 20브라방 스튀이버
　　　　40플레밍 호로텐
　　　　60브라방 호로텐

페어린덴이 출간한 가격자료 집성에서 연간의 중앙값으로는 매년의 최고가격과 최저가격의 평균치가 채택되었다. 이 중앙값은 아마도 실제로 존재했던 연간의 중앙값보다 높았을 것인데, 이는 베를린의 가격집성에 의거한 개략적 계산에서 나타난 바와도 같다.

연평균가격으로는 페어린덴이 간행한 가격자료집성에서 한 해에 기록한 최고가격과 최저가격의 평균치가 선정되었다. 이 평균치는 베를린의 가격집성에 의거한 개략적 계산에서 밝혀진 바와 같이, 아마도 실제로 존재했던 연평균가격보다 조금 높은 수치였을 것이다.

일부의 다른 가격계열은 고려되지 않았다. 특히 루베의 저작으로 출간된 바 있는, 1500/1504년부터 1790/94년에 걸친 달하임-마스트리히트 및 림부르 지역의 가격계열이 바로 그런 경우에 해당한다(J.

---

25) A. Wyffels, "Maten en gewichten," in: *Verlinden, op. cit.*, pp.1f.; 또한 다음을 참조하라. E. Schollier, *Loonarbeid en honger. De levensstandaard in de XVe en XVIe eeuw te Antwerpen*, 1960, pp.212f.

26) V. Janssen, "De goud- en zilverwaarde der geldeenheid," in: *Verlinden, op. cit.*, pp.20f.; 또한 다음을 참조하라. Schollier, *op. cit.*, pp.220f.

Ruwet, "L'Agriculture et les Classes rurales au Pays de Herve sous l'Ancien Regime," in: *Bibliothèque de la Faculté de Philosophie et Lettres de l'Université de Liège—Fascicule C*, 1943). 이 자료는 고려되지 않았는데, 왜냐하면 달하임 백령의 밀가격은 앞에 인용한 6개 도시의 밀가격보다 단지 반밖에 이르지 못했기 때문이다. 다른 연구에서 발표된 가격자료도 곡물의 도량형이 언급되어 있지 않기 때문에, 참고할 수 없었다(H. van Houtte, "Cocuments pour servir à l'histoire des prix de 1381 à 1794," in: *Académie Royale de Belgique*, 1902).

3. **프랑스** 프랑스의 밀가격 계열은 1200년부터 1500년까지의 시기에 대해서는 다브넬이 수집한 연평균가격에 근거를 두고 있다(D'Avenel, II, 1914, pp.517f.). 다브넬은 가격의 평균치를 구성해내는 데 매우 많고 다양한 자료를 이용했다. 이 가격계열은 13, 14세기에 대해서는 결락 부분이 많으나, 15세기부터는 비교적 양호하게 입증되고 있다. 원자료의 기록은 다브넬이 이미 제1차 세계대전 이전의 프랑화와 헥토리터로 환산해놓아, 추가적인 환산작업은 전전(戰前)의 프랑화(은 4.5g 함유)를 은의 중량으로 바꾸고, 리터로 표시한 용량을 중량단위로 바꾸는 것으로 제한될 수 있었다(1리터=0.7733kg).

다브넬의 가격계열은 1800년까지에 이르고 있다. 1501년부터 1760년까지의 시기에 대해서는 오제(H. Hauser)가 파리와 그르노블에서 파악한 가격자료를 참고하여, 다브넬의 가격계열자료와 함께 평균치로 처리했다. 이 세 개의 가격계열은 동일한 장기적 변동을 보여주고 있었다. 그러나 다브넬이 계산한 전국 평균치에 비해서 파리의 가격은 약간 높았고, 그르노블의 가격은 약간 낮았다. 오제는 자신이 산출한 가격을 이미 주화액수에 함유된 은의 가치로 환산해놓았다. 그리하여 추가적인 환산작업은 오제가 적용했던 곡물 도량형(파리 세티에=156리터; 그르노블 카르탈=18.33리터)에만 한정되었다. 1756년부터 프랑스의 밀가격 평균치를 산출하는 데는 부록과 본문에 더 확실한 것으로 보이는 프랑스 농림부의 가격기록이 이용되었다(*Archives Statistiques du Ministère des Travaux Publics de l'Agriculture et du Commerce*, I, Série, I, 1837, pp.1f.; *Annuaire Statistique de la France*). 이런 자료들은 개인적인 가격집성자료 대신에 이용되었다. 아시냐 지폐가 사용되었던 기간(1791~96)은 제외되어야 했다. 왜냐하면 이 시기에 대해서는 가격이 기록되지 않았기 때문이다.

4. 북부 이탈리아 북부 이탈리아의 밀가격 계열을 구성하기 위한 기초자료는 여러 종류의 출판물에서 취했다. 제노아, 피에몬데, 포르토그루아로, 아레초, 피렌체, 브레시아 및 밀라노에서 출처한 가격은 연간평균치 또는 10년간의 평균치로 환산되었고, 약간의 조정을 거쳐 단일한 가격계열로 합체시켰다.

1190년부터 1330년까지의 기간에 걸친 제노아의 밀가격은 마갈디와 파브리스가 발표한 바 있었다(1878). 이 자료는 시장가격으로서, 제노아의 부피단위인 미나와 화폐단위인 리라로 기록되었다. 마갈디와 파브리스는 과거의 리라화(貨)를 이미 새로운 이탈리아 리라(제1차 세계대전 이전에 1리라=0.81라이히스마르크)로 환산해놓았다. 미나로 기록된 수치는 그대로 두었지만, 그 용적내용이 보고되었다. 즉 1미나(Mina di Genova)=1.16헥토리터. 그다음에 환산이 이루어졌다. 1213년의 밀가격은 모지오(아마도 밀라노의 모지오 용적단위)로 기록되었는데, 이 용적단위는 약 1.46헥토리터에 상당했다.

치브라리오는 그의 저작『중세경제사』(2. ed., 1842, III, p.241)에서 1289년부터 1379년에 걸친 밀가격을 보고했다. 이 수치는 피에몬테 지방의 여러 취락, 특히 토리노, 쿠비아나, 미라돌로 같은 곳에서 출처한 연간 평균가격인데, 이는 세스타리오 단위와 새로운 리라화(貨)로 보고되었다. 과거의 세스타리오는 41.235리터이고, 새로운 리라는 0.81라이히스마르크와 동치되었다. 1380년부터 1397년까지의 시기에 대해서

치브라리오는 유일한 평균치만 기록했는데, 그 환산방식이 보고되어 있지 않기 때문에, 이 수치는 고려되지 않았다.

1501년부터 1599년까지의 시기에 대해서는 바르톨리니(1878)가 포르토그루아로에서, 판파니(1940)가 아레초에서, 그리고 파렌티(1939)가 피렌체에서 파악한 자료로 발표한 가격들이 동원되었다. 바르톨리니가 산출한 가격은 어느 수도원의 회계장부에서 출처한 것인데, 1스타치오에 대한 가격이 리라(Lire Venete)와 솔디(1리라=20솔디)로 표시되어 있다. 바르톨리니(*op. cit.*, p.197)에 따르면 1스타치오는 78.548리터였다. 새로운 이탈리아 리라와 은의 중량에 대한 옛 베네치아 리라의 관계에 대해서는 마갈디와 파브리스(*op. cit.*, p.197)의 보고가 이용되었다. 판파니와 파렌티는 그들이 파악한 가격을 이미 은의 중량(g)으로 보고했다. 아레초와 피렌체의 가격은 1521년과 1600년 사이에 대략 같은 수준을 유지하고 있었고, 1601년부터 1620년까지, 그리고 1630년에는 다음에서 상론할 우디네의 밀가격에 상응했다. 그러나 이들 가격이 1520년부터 1600년 사이에는 포르토그루아로의 가격보다 1/4 이상(27~29%)이 떨어져 있었다. 1501년부터 1520년까지의 기간에 대해서는 오로지 이 도시에서 출처한 가격만이 이용될 수 있었기 때문에, 상대적으로 높았던 포르토그루아로의 가격은 다음의 시기에 대해서는 세 도시 모두에서 산출한 평균가격계열에 따라 조정되었다. 이 가격들은 약 17.8%가 삭감되었다. 이 수치는 포르토그루아로의 가격과 다른 세 도시에서 획득한 1521년에서 1600년까지의 평균치 사이의 차이에 상응하는 것이다.

1600년에서 1875년의 시기에 대해서는 이탈리아 왕국의 농림부가 우디네의 곡가를 출간한 바 있었는데, 이는 자코모 가브리치와 콜레타의 유작에서 유래하는 것이었다.[27] 농림부의 보고(*op. cit.*, p.xiv, fn. 1)

---

27) *Movimento dei Prezzi di Alcuni Generi Alimentari*……, 1886, pp.xxxvf.
브로델의 보고(*Annales*, 1963, 18. Jahrg., p.776)에 의하면, 그의 협력자들

에 의하면 원래 베네치아의 리라와 스타치오로 보고된 가격계열은 1헥토리터(1스타치오=0.7316리터)와 새로운 이탈리아 리라화로 환산되었다는 것이다. 그러나 유감스럽게도 이 환산은 1600년부터 1795년까지에 이르는 전 기간에 대해서 베네치아 리라=0.512의 새로운 이탈리아 리라로 동치되었기에 아주 부정확하다. 마갈디와 파브리스의 연구(op. cit., p.49)에 의하면 이 비율관계는 아마도 18세기의 리라가 함유하고 있던 중량내용에 대해서는 들어맞을지 몰라도, 17세기에 대해서는 합당하지 않다. 17세기 초에 베네치아 리라는 아직도 두 배 이상의 은 함유량을 내포하고 있었다. 따라서 새로운 환산이 요망된다. 새로운 환산에는 마갈디와 파브리스가 보고한 베네치아 리라의 은 함유량이 전제되었다.

1691년 및 1701년 이후에 우디네의 가격은 1886년에 출판된 농림부의 간행물에 포함된 브레시아와 밀라노에서 출처한 밀의 가격과 함께 하나의 단일한 가격계열로 통합되었다. 최신의 가격은 다시 국제적인 가격자료집성에서 취했다.

5. 네덜란드 네덜란드의 호밀가격은 다음 세 도시에서 출처한 가격의 평균치로 산출되었다. 즉 유트레히트 1461~1644(Sillem, 1901), 아른헴 1544~1901(*Overzicht van Marktprijzen*……, 1903) 그리고 암스테르담 1620~1904(Posthumus, 1946). 유트레히트의 가격은 질렘이 스튀버(Stüver)와 유트레히트 무트(Mud) 단위로 보고했다. 유트레히트 무트는 약 124리터에 해당한다. 20스튀버는 1굴덴이고, 그 은 함유량은 질렘이 보고했다(부록, 표 VIIa-e). 질렘의 보고는 굴덴에 함유된 은의 중량에 대한 포스트후무스의 보고와 단지 근소하게만 차이가 난다. 이 수치들은 변동 없이 수용되었다. 특히 이들 수치는 아른헴의 가격계

은 15~20미터 길이의 카드를 작성했는데, 이 카드에는 1400년부터 1800년까지의 기간에 우디네의 가격을 주별로 기록했다는 것이다. 이 카드와 그 근거가 되는 자료는 지금까지 출간되지 않았기에, 이 자료는 아직 이용할 수 없었다.

열을 수집한 익명의 편찬자가 이용한 바 있기 때문에 더욱 그러했다. 이 편찬자는 옛 주화액을 이미 9.45그램의 은이 함유된 굴덴으로 환산해냈다. 암스테르담의 곡가는 라스트당의 굴덴 액수로 표시되었다. 1624년과 1882년 사이에 이 굴덴화(貨)는 프로이센산(産)의 호밀에도 적용되었는데(Posthumus, pp.19f.), 그 후에는 정기적으로 거래되었던 호밀에도 적용되었다(Ibid., p.25). 환산을 위해서는 암스테르담 라스트의 용적이 3105.24리터로 간주되었고(노바크에 의함), 굴덴의 은 함유량은 포스트후무스의 표(Tab. IV~VI, pp.cviiif.)에서 취했다.

6. **독일** 독일에서 수집된 호밀가격의 계열자료는 총 13개 도시의 가격자료에서 종합한 것이다. 이 자료는 14세기 중엽 브라운슈바이크와 프랑크푸르트 암 마인의 호밀가격으로 시작한다. 1400년경에는 5개 도시의 가격이 평균치에 산입되었고, 1500년경에는 9개 도시의 가격이, 1630년부터는 13개 도시의 가격 모두가 산입되었다. 이 가격계열의 대부분은 19세기 초에 끝이 난다. 단지 5개의 도시(함부르크, 뮌헨, 쾨니히스베르크, 라이프치히, 베를린)에 대해서만이 가격계열자료는 1940년까지 지속될 수 있었다. 그러나 이 도시들은 가장 중요한 곡물거래소였다. 1934년부터는 국제적 통계자료(FAO 연감)의 보고가 이용되었다. 이들 자료는 1944년까지는 구제국 영토에, 1945년부터는 독일연방공화국(서독)에 해당한다. 가격계열에 대한 기타의 세부사항(출처, 길이, 환산방법)은 〈표 2〉에 대한 주석에서 알 수 있다.

7. **오스트리아** 오스트리아의 계열자료는 프리브람이 편집한 『가격과 임금집성』(*Preis- und Lohnsammlung*, 1938)에서 유래한다. 다음 5개 장소의 호밀가격에서 평균치가 산출되었다. 빈 1431~60 및 1521~1920, 클로스터노이부르크 1441~1650, 성 푈텐 1731~90, 벨스 1471~1760, 바이어 1621~1790. 가격은 이미 편집자가 가격을 표시하는 화폐액에 함유된 은의 가치와 통일적인 도량형으로 보고되었다.

사용된 도량형, 저지오스트리아 란트메체(Landmetze)는 61.5리터의 용적에 해당한다.

8. **폴란드** 폴란드에 대해서는 부야크가 1928년부터 1938년, 1949/50년까지 방대한 가격자료집성을 출간한 바 있다(Fr. Bujak, *Badania z dziejów społecznych i gospodarczych*, vols. 4, 13, 14, 15, 16, 17, 21, 22, 25, 33). 그러나 전승된 주곡의 가격은 대개 결락 부분이 아주 많다. 가장 멀리까지 소급되는 자료는 또한 비교적 완전하게 입증되고 있는 크라카우의 가격이다. 이 자료는 약간의 결락이 있지만 1360년부터 1795년까지의 기간을 포괄하고 있다. 이 책 635쪽의 표에 보고된 가격계열은 오직 이 가격자료를 전재한 것이다. 다른 도시의 가격이 포함되었다면, 특정한 기간에 대해서는 폴란드 전체에 대한 평균치가 산출될 수 있겠으나, 이렇게 되면 전체적인 시간계열이 매우 심각하게 왜곡되었을 것이다. 왜냐하면 폴란드의 다른 도시에 비하면 크라카우의 가격수준은 현저히 낮았기 때문이다. 폴란드(크라카우)의 가격을 유럽 다른 나라의 가격과 비교할 때는 이러한 사정이 고려되어야 한다.

크라카우에서는——또한 폴란드의 다른 도시에서도 그러하지만——호밀가격보다 더 빈번하게 귀리의 가격이 전해지고 있다. 이 두 가지의 가격계열자료가 서로 비교될 수 있는 한에서 보면, 가격의 변동은 평행선으로 진행되고 있었다. 그래서 크라카우의 호밀가격 계열에서 나타나는 결락 부분을 귀리가격에 의거해서 보간법으로 메우는 것도 적절해 보였다. 호밀가격은 없고, 귀리가격만이 전해지는 연간에 대해서는 선행하는 세 개와 후속하는 세 개의 호밀가격이 대응하는 귀리가격의 백분율로 표현되었다. 그러고 나서 다시 호밀가격의 보고가 결여되어 있는 해에 대해서는 대응되는 귀리가격이 앞에 말한 방법으로 획득한 지수로 곱해졌고, 이 수치가 호밀가격의 계열 속에 포섭되었다.

1, 2, 3, 4, 5, 6, 7, 8 등 연도의 호밀가격을 A, B, C, D, E, F, G, H

등으로 놓고, 동일하게 귀리의 가격을 a, b, c, d, e, f, g, h 등으로 놓으면, 결여되어 있는 제4차 연도의 호밀가격 E는 다음과 같은 수식에 의해 구했다.

$$\frac{B + C + D + F + G + H}{b + c + d + f + g + h} \cdot e = E.$$

이렇게 해서 구한 호밀가격은 〈표 1〉에서 괄호 속에 기입되었다. 원본의 가격표기는 크라카우 시의 곡가통계를 산출한 연구자들(J. Pelc: 1369~1600; E. Tomaszewski: 1601~1795)이 이미 은(銀)의 가치로 환산해놓았다. 보고된 곡물용적 단위(츠비에르트니아 ćwiertnia)는 360.3리터에 해당한다.

부록의 <표 2>에 대한 주석 14세기부터 20세기에 이르는 독일의 호밀가격(10년 단위의 이동평균, 100kg당의 은의 g 중량).

독일에서는 아주 많은 수의 호밀가격 계열자료가 보고되어, 일정한 선택을 해야 했다. 이 선택은 계열자료의 성격과 개개의 계열자료를 하나의 지표로 통합하는 의도로 이루어졌다. 그리하여 200년 이상 유루없이 지속되는 가격자료만이, 그리고 또한 10년마다 적어도 7년의 연간가격이 제시되어 있던 계열자료만이(브라운슈바이크의 자료는 예외이지만) 채택되었다. 다른 한편으로 자료출처의 분포가 '독일의' 호밀가격에 대해서 가급적 대표성 있는 상을 제시하도록 유의했다. 물론 오래전의 시기에 대해서는 이러한 의도가 제외될 수밖에 없었다. 왜냐하면 시기가 더욱 멀리 소급될수록 자료의 전승이 빈곤해지기 때문이다. 곡물 도량형의 환산에서, 특히 사료에 그 내용이 보고되지 않은 경우에는 노바크의 연구가 참조되었다.[28]

1. 브라운슈바이크: 브라운슈바이크의 계열자료는 브라운슈바이크 도

시기록보관소의 문서류에서 취했다.29) 이것은 성 블라지우스 수도원이 브라운슈바이크의 시장에서 곡물을 판매할 때 받았던 시장가격이다. 1374년부터 1445년까지는 가격보고가 없었다. 1330년부터 1374년까지의 시기에 대해서는 기록에 결락 부분이 있다. 1480년부터 1810년까지 계열자료는 완전하다. 1632년까지 가격은 셰펠과 힘텐 단위당 굴덴, 실링 및 페니히로, 1633년부터는 힘텐당 마리엔그로셴과 페니히로 기재되어 있다. 브라운슈바이크에서는 1셰펠이 10힘텐이었다. 힘텐은 31.14리터였다. 이 계열자료에 표시된 가격은 1692년부터 1730년까지 조사된 공인가격에서 단지 근소한 차이(약 3.7%)만을 보이고 있다. 이 공인조사는 브라운슈바이크 시 참사원의 위탁으로 "가장 연소한 참사원에 의해 〔……〕 성실하고 정직하게" 채록되었다고 하는데 또한 "곡물, 즉 밀, 호밀, 보리, 귀리 및 완두콩이 〔……〕 공개된 시장에서 거래되었던 가격"을 제시했다.30)

브라운슈바이크 주화의 은 함유량은 이미 부크31)와 예세32)가 연구한 바 있다. 이 두 연구자의 조사는 당대의 자료 『화폐계산』(*Calculator Monetarius*)에 따라 보완되었는데, 이 자료는 1550년부터 1629년까지

---

28) Chr. und Fr. Noback, *Maß-, Münz- und Gewichtsbuch*, Leipzig 1858.
29) H. V. Nr. 130 "Verzeichnis wie bei dem Stifte St. Blasii in Braunschweig der Kornpreis von intus aufgeführten Jahren nämlich von 1330~1503 von verschiedenen Jahren und von 1505 bis jetzt von Jahr zu Jahr in ununterbrochener Folge 〔……〕 gewesen." 작업은 괴팅겐대학 사회경제사 연구소의 잘펠트 박사(Dr. Saalfeld)가 수행했다. 수치자료의 환산도 또한 그가 수행했다. 이 계열자료는 이미 웅거에게 알려진 바 있었으나, 그는 단지 일부만을 발췌하여 출간했다(J. F. Unger, *Von der Ordnung der Fruchtpreise und deren Einflusse in die wichtigsten Angelegenheiten des menschlichen Lebens*, I, Göttingen 1752, pp.321f.).
30) Archiv der Stadt Braunschweig, Akte C I. 5, Nr. 18.
31) H. Buck, *Das Geld- und Münzwesen der Städte in den Landen Hannover und Braunschweig*, 1935.
32) W. Jesse, "Münz- und Geldgeschichte Niedersachsens," in: *Werkstücke aus Museum*, Archiv und Bibliothek der Stadt Braunschweig, 1952.

의 시기에 대한 브라운슈바이크의 가격과 주화기록을 포함하고 있다.[33] 이렇게 해서 보완된 주화 환산표는 "브라운슈바이크 주화 개관"(Übersicht der Braunschweiger Münzprägungen)이라는 제명(題名)으로 괴팅겐대학의 사회경제사 연구소 자료보관소에 보존되어 있다.

2. 프랑크푸르트 암 마인: 프랑크푸르트의 호밀가격은 엘자스가 정리한 『가격자료집성』(Elsas, vol. II, A, pp.461ff.)에서 취했다. 이 자료는 증거가 확실하다. 아하텔당의 가격이 페니히로 표시된 수치를 환산하기 위해서는 엘자스가 정리해놓은 "프랑크푸르트 주화의 은 함유량"에 대한 개관(p.9)을 사용했다. 그러나 이 환산작업에서 산출된 가격은 〈표 2〉가 보여주듯이 서부 독일의 다른 도시에 비해서 아주, 아마도 매우 높은 것으로 나타났다. 엘자스가 지나치게 소략하게 주석을 붙인 주화환산표는 실제로 사료를 기장하는 데 사용했던 주화가 아니었을지도 모른다. 그러나 사실이 그러한지는 더 정확한 검토만이 확인해줄 수 있을 터인데, 필자로서는 이 작업을 시행할 수 없었다.

3. 크산텐: 크산텐의 호밀가격은 바이셀(1885)이 집성했다. 이 자료에 기록된 도량형과 주화는 다음과 같은 변동이 보인다. 1350년부터 1550년까지는 크산텐 수도원의 말터(179리터)당 실링(12실링이 1크산텐 마르크)으로, 1551년부터 1585년까지는 크산텐 시의 말터(171.4리터)당 실링액으로, 1586년부터 1800년까지는 크산텐 시의 말터(171.4리터)당 클레베 탈러로, 1801년부터 1825년까지는 동일한 주화액이지만, 베를린 말터(219.8리터)를 기준으로, 1826년부터 1880년까지는 베를린 말터(218.9리터)당 프로이센 탈러로 기록되어 있었다.

바이셀은 이미 일부 기록을 크산텐 주화로 환산해놓았다. 그리고 이 자료는 크루제[34]와 슈뢰터[35]가 보충했다.

---

33) Marcus Pfeffer, *Manuale emporeticum. Das ist: Ein Newes sehr nützliches ausgerechnetes Hand- und Kauffmannsbüchlein*……, Wolfenbüttel 1640, pp.229~288.

34) E. Kruse, "Kölnische Geldgeschichte bis 1386 nebst Beiträgen zur

〈환산표 3〉 크산텐 화폐의 은 함유량

시기	은의 중량 (g)	시기	은의 중량 (g)
크산텐 마르크		클레베 마르크	
1372~1386	29.23	1582	11.25
1399	28.00	1609~1611	10.89
1406~1409	25.05	1650	10.89
1423~1425	19.49	1656	9.90
1444~1464	20.88	1680	8.01
1479~1481	19.40	1737	7.29
1492~1493	19.20	1764~1770	6.51
1502~1511	17.54	1771~1810	6.42
1522	15.16	1824~1827	6.42
1547	14.61		
1551~1567	13.49		
1570	11.81	프로이센 탈러	
1580~1610	6.74	1826~1880	16.704

4. 스트라스부르: 가격은 하나우어의 『알자스 지방 경제사 연구』 (1878, II, pp.91f.)에서 취했다. 19세기에 대해서는 스트라스부르 시의

---

kurrheinischen Geldgeschichte bis zum Ende des Mittelalters," in: *Westdeutsche Zeitschrift f. Geschichte u. Kunst, Ergänzungsheft*, IV, 1888, pp.120, 121.

35) Fr. Frhr. v. Schrötter, "Das preußische Münzwesen im 18. Jahrhundert," in: *Acta Borussica*, Münzgeschichtlicher Teil, 4 vols., 1904~13; Ibid., *Die Münzen Friedrich Wilhelms des Großen Kurfürsten und Friedrichs III. von Brandenburg, Münz- und Geldgeschichte 1640~1700*, 1922; Ibid., *Das preußische Münzwesen 1806~73*, Münzgeschichtlicher Teil, vol. 1, 1926.

공식적인 조사가 제출되어 있다. 1591년부터 1793년까지의 시기에 대해서 하나우어는 주로 스트라스부르 도시기록보관소의 자료에 의거했고, 스트라스부르에 소재하는 일부 종교단체가 작성한 장부를 보충적으로 참고했다. 그보다 이른 시기에 대해서 그는 여러 수도원의 장부에 기재된 판매량의 보고에 나타나는 가격을 채용했다. 판매액을 판매량으로 나눔으로써, 그는 이 가격을 양적 보고와 '견주었다'. 이렇게 획득한 개별가격은 가격계열로 집성되었는데, 이는 전쟁 전(1914년 이전)에 통용된 프랑스의 프랑화와 헥토리터로 보고되었다. 이 환산작업에서는 방대한 주화 및 도량형 연구가 기본지침을 제공했다.[36] 기타의 환산작업은 전쟁 전의 프랑화를 은의 중량으로 역산하고, 헥토리터를 중량단위로 바꾸는 것에 한정할 수밖에 없었다.

5. 슐레스비히-홀슈타인/함부르크: 슐레스비히-홀슈타인의 호밀가격은 바신스키(Waschinski, 1959)가 매우 많은 사료(공문서, 지대수취소의 장부, 귀족령의 경영장부, 교회의 장부, 여러 도시의 시장가격 기록 등)에서 수집, 정리했다. 14세기 말까지는 아주 적은 기록밖에 없으나, 1391년부터는 기록이 많아진다. 이 해부터 비로소 5년이나 10년을 단위로 바신스키가 산출한 평균치를 참고했다. 16세기 중엽부터는 렌츠부르크의 호밀가격이 1793년까지 유루 없는 계열자료로 산출되고 있다. 이 자료는 1550년부터 1790년까지의 시기만을 이용하고 있다. 1791년부터는 제국통계청이 보고한 함부르크의 가격이 참고되었다.[37] 이 자료

---

36) 람프레히트(K. Lamprecht, *Deutsches Wirtschaftsleben im Mittelalter*, II, p.603)에 의하면, 하나우어는 도량형의 환산을 매우 경솔하게 처리했다는 것이다. 이러한 비난은 정당하지 않다. 알자스 지방의 옛 도량형과 화폐체제에 대하여, 하나우어가 여러 해의 연구에서 획득한 것보다 더 정확한 지식을 구하기란 매우 어려운 일일 것이다. 하나우어의 철저한 작업은 다른 측면에서도 대체로 인정되고 있다. 이에 대해서는 다음의 문헌을 참조하라. A. Soetbeer in den Gött. Gel. Anz. 1879, 12, pp.382f.; Ibid., 39, pp.1217f. 및 G. Wiebe, *Preisrevolution*……, p.21.

37) *Vierteljahreshefte z. Statistik d. Deutschen Reiches*, 44 Jg., 1935, H. 1, p. 292; 또한 앞에 제시된 〈표 1〉에 대한 서술을 참조하라.

는 겹치는 연도에 대해서는 렌츠부르크의 자료와 단지 2.6%의 차이만 있었다. 그리하여 슐레스비히-홀슈타인의 가격계열을 함부르크의 계열자료로 지속하는 것은 문제가 없는 것으로 보였다.

바신스키는 수집한 가격을 톤당(100kg의 호밀) 마르크, 실링 및 페니히로 보고했다. 주화액의 은 함유량은 바신스키의 보고(vol. 1 및 vol. 2의 부록 I)에서 취했다.

6. 괴팅겐: 괴팅겐의 호밀가격은 쿨라크-우블리크(1953)가 집성했다. 이 자료는 이미 저자가 은의 중량과 오늘날의 중량단위로 환산해놓았다. 더 오랜 시기에 대해서는 전제한 힘텐의 용량(31.15리터)이 지나치게 높게 산정되었을 가능성도 있다. 이 도량형은 1713년 12월 12일의 선제후령(選帝侯令)으로 괴팅겐이 속해 있는 하노버 선제후령에 도입되었다. 이 규정 이전에 통용되던 하노버의 도량형은 새로운 힘텐 도량형에 비해 약 16.7%가 적었다. 괴팅겐에서 더 이전에 사용된 곡물 도량형은 유감스럽게도 해명할 수가 없었다.

7. 뮌헨, 8. 아우크스부르크, 9. 뷔르츠부르크, 10. 쉬파이어, 12. 라이프치히: 가격과 환산에 필요한 주화 및 도량형의 보고는 엘자스의 저작 (Elsas, *op. cit.*, I, II A)에서 취했다.

11. 단치히/쾨니히스베르크: 단치히의 가격은 1700년까지는 펠크(J. Pelc, 1937), 1701년부터 1815년까지는 푸르타크(T. Furtac, 1935)의 저작에서 유래한다. 저자들은 가격기록을 이미 5년 및 10년 단위의 평균으로 종합해놓았고, 주화액의 은 함유량으로 환산해놓았다. 따라서 단지 부피 단위를 중량단위로 환산해놓을 필요가 있을 뿐이었다(이 책, 609쪽에 보고한 비율에 따라서). 이 가격계열은 쾨니히스베르크의 가격자료로 연결지었는데, 이는 『독일 제국의 통계자료 계간지』(44 Jg., 1935, H. 1, p.292)에 수록되어 있다. 1801/10년의 10년간에 쾨니히스베르크의 가격은 단치히의 가격에서 단지 3.4%의 차이만 있었다.

13. 베를린: 베를린의 곡가는 1631년부터 1806년까지는 프로이센 학술원이 기획하고, 노데와 스칼바이트가 작업해낸 『프로이센 문서집』

(Acta Borussica)의 「곡물무역정책」편에서 유래한다. 이 편찬물의 가격표는 디터리치가 출간한 베를린의 곡가[38)]보다 더 완벽하고, 확실하게 입증되었으며, 더 면밀하게 작업되었다. 「곡물무역정책」의 제2권에서 노데는 "1624년부터 1740년까지 베를린의 최고 및 최저 시장가격"의 표를 출간했는데, 이 표에서 연간 가격기록의 단순평균으로 연평균치의 계열이 산출되었다. 그다음 권에서 스칼바이트는 1740~1806년의 베를린 곡가를 제시했는데, 이는 또한 필요한 한도에서 매년의 평균치로 종합되었다. 1806년부터는 『프로이센 공식 통계연감』(Jahrbuch für die amtliche Statistik des Preußischen Staates, 2. Jahrgang, 1867, pp. 112f.)의 공식 보고와 프로이센 통계국의 정기간행물이 이용되었다.

더 오래된 시기의 가격은 베를린 셰펠을 기준으로 할 때 서로 다른 주화로 출간되었다. 베를린의 셰펠은 17세기와 18세기에는 거의 변동이 없었던 것으로 보인다. 1816년에 새로운 프로이센 셰펠이 도입되었는데, 이것은 예전의 셰펠보다 1/256 정도가 더 컸다. 셰펠 양에 나타나는 이 미세한 변동은 거의 고려될 수 없는 채였다. 1셰펠의 밀은 늘 42.5kg, 1셰펠의 호밀은 40.0kg으로 동치되었다.

17, 18세기 베를린의 화폐제도에 대해서 노데는 다음과 같이 보고하고 있다.[39)] 1666년까지 베를린에 유통되는 탈러화는 9탈러 기준으로 주

---

38) 우선 디터리치가 편집해서 『왕립 통계국 보고서』 제6집(Mitteilung des Kgl. Statistischen Büros, Nr. 6)에 출간한 것이 다시 『프로이센 공식 통계연감』(Jahrb. f. d. amtl. Stat. d. preuß. Staates, 2 Jahrg., pp.101f.)에 간행되었다. 지면의 제약으로 디터리치의 가격계열에 비해 노데와 스칼바이트가 집성한 가격자료의 우수성이 상세히 다루어질 수 없어 유감이다. O. Behre, Geschichte der Statistik in Brandenburg-Preußen, 1905, p.267에 디터리치와 『프로이센 문서집』의 표에 대한 논평이 언급되어 있다. 『프로이센 문서집』, 「곡물무역정책」편을 이용하면, "장래에는 1624년부터 베를린의 시장에서 진행된 곡가변동에 대해서 더 정확하고 완벽한 실태를 파악할 수 있을 것이다. 이 문서집은 브란덴부르크-프로이센의 곡가 통계에 대해서 방대하고, 비판적으로 다루어진 자료를 포함하고 있는데, 이와 같이 빈틈없는 방식으로는 지금까지 알려진 바가 없었다."

조되었다(즉 233.8555g인 마르크 은에서 9탈러가 주조되었다). 1667년에는 10.5탈러 기준, 1690년에는 라이프치히식의 12탈러 기준, 1750년에는 14탈러 기준이 도입되었는데, 이 마지막 기준은 7년전쟁 동안만을 예외로 하고, 1821년까지 효력이 있었다. 1821년의 주화법은 예전의 탈러 기준을 존속시켰으나, 탈러의 분할을 변경했다. 즉 기왕에 1탈러는 양질의 주화 24그로셴을 헤아렸으나, 1821년부터는 은화 30그로셴으로 계산되었다.

〈환산표 4〉 베를린의 곡가 환산인수

연도	탈러 기준 (1마르크의 은에서 주조되는 탈러)	1탈러의 그로셴 환산치	셰펠과 그로셴으로 측정된 곡가를 100kg당 은의 중량으로 환산하는 인수	
			밀	호밀
~1666	9	24	2.54	2.70
1667~1689	10.5	24	2.19	2.32
1690~1749	12	24	1.94	2.06
1750~1821	14	24	1.64	1.75
1821~	14	30	1.31	1.39

부록의 〈표 3〉: 유럽과 아메리카 대륙의 밀가격 및 호밀가격, 1791~1830(100kg당 라이히스마르크).

잉글랜드, 프랑스 및 북부 이탈리아의 밀가격은 같은 사료에서 취했고, 부록의 〈표 1〉에서 취해진 10년간 평균치 산출에 상응하는 동일한 방식으로 처리되었다. 버지니아 주(미합중국)의 밀가격은 다음의 저작으로 출간되었다. 즉 A. G. Peterson, *Historical Study of Prices Received by Producers of Farm Products in Virginia, 1801~1927*(Virginia

---

39) Naudé, *op. cit.*, pp.506f.

Polytechnic Institute, Technical Bulletin, March 1929, p.175). 이 가격을 라이히스마르크와 도펠첸트너로 환산하는 데는 1부셸=35.24리터 및 1센트=4.2Rpf.가 대입되었다.

덴마크의 호밀가격은 A. Nielsen, *Dänische Wirtschaftsgeschichte*, 1933, p.384에서 취했다. 이 자료는 젤란트의 '참사회세'(Kapitelstaxen)인데, 여기에서 '세'(Taxe)라는 말은 단지 다음과 같은 사정을 의미한다. 즉 실제로 통용된 시장가격에서 파악된 평균가격이 농민의 공납을 정하는 기준으로 쓰였다는 것이다.

함부르크의 밀가격은 A. Ucke, *Die Agrarkrisis in Preußen während der zwanziger Jahre dieses Jahrhunderts*, 1887, p.73에 출간되었다. 가격계열은 쿠란트탈러와 함부르크 라스트로 보고되었다. 1함부르크 쿠란트탈러는 1830년까지 3.71라이히스마르크와 동일한 가치였으며(순은 1마르크에서 $11\frac{1}{3}$ 쿠란트탈러를 주조), 1함부르크 라스트는 3,298리터에 해당했다.

로스토크의 밀가격과 슈베린의 호밀가격은 H. Westphal, *Die Agrarkrisis in Mecklenburg in den zwanziger Jahren des vorigen Jahrhunderts*, 1925에서 취했다. 이 책의 저자는 이미 『메클렌부르크 지방의 통계 논고』(*Beiträgen zur Statistik Mecklenburgs*, VII, 3)에 출간한 가격계열을 원래의 형태인 로스토크 셰펠과 실링으로 제시했다. 노바크의 앞의 책(Noback, *op. cit.*, pp.635f.)에 따르면 메클렌부르크-슈베린 대공국에서는 대략 1829년까지 뤼베크 쿠란트탈러의 기준이 통용되었는데, 이 기준에 의하면 순은 1마르크에서 $11\frac{1}{3}$ 탈러가 주조되었다. 그리고 1탈러는 48실링이었다. 1829년부터는 라이프치히의 기준이 통용되었는데, 이 경우에서는 순은 1마르크에서 12탈러가 주조되었다. 그러므로 1탈러 또는 48실링이 1828년까지는 3.71라이히스마르크에 상당하는 은의 가치를 지녔고, 1829년부터는 3.50라이히스마르크에 상당했다. 로스토크의 셰펠은 38.8892리터의 용량이었다. 표는 그것이 원래『논고』와 베스트팔의 저서에 출간되었던 형태와 같이,

1813~15년에 결락 부분을 안고 있다. 보고가 결락된 이들 연간은 『메클렌부르크 농업협회 신통계연보』(*Neue Annalen der Mecklenburger Landwirtschaftsgesellschaft*, Rostock 1834, p.286)에 수록된 1805~30년에 대한 가격보고에서 보충했다. 이 가격은 로스토크 시장 가격기록의 평균치이며, 성 안토니우스 축일(6. 13) 및 성 삼위일체 축일(성령강림제 이후의 첫 일요일, 대개 6월 하순)경에 출하되는 물품의 평균가격이다.

단치히의 밀과 호밀가격으로서 1770~1821년간의 것은 『선별위원회의 보고』(*Report from the Select Committee*……, 1821. 6. 18, p. 365)에 수록되어 있다. 도량형은 1라스트가 56.5셰펠이며, 화폐단위는 1813년까지는 단치히 금(金)굴덴, 1814년부터는 단치히 쿠란트굴덴이다. 보고서에 언급된 바와 같이, 24금굴덴은 18쿠란트굴덴과 동일하다. 단치히 쿠란트굴덴은 노바크의 앞의 책(Noback, *op. cit.*, p.169)에 의하면 1821년까지는 함유 은의 가치가 프로이센 탈러의 1/4에 달했는데, 말하자면 0.75라이히스마르크에 상당했다. 금굴덴은 따라서 0.563라이히스마르크였다. 56.5셰펠인 1라스트는 3,150리터의 용량이었다.

베를린의 곡가는 부록의 〈표 1〉에 수록되어 10년 단위의 평균치로 가공된 동일한 가격기록이다. 브레슬라우의 곡가는 『프로이센 공식 통계연감』(p.114)에서 취했다. 이들 수치자료는 통계연감에서 베를린 셰펠과 은(銀)그로셴으로 기록되었다. 환산인수는 밀에 대해서는 0.235, 호밀에 대해서는 0.25이다. 뮌헨의 곡가는 G. Seuffert, *Statistik des Getreide- und Viktualienhandels im Königreiche Bayern*, 1857, pp.123f.에서 취했다. 이 수치자료는 조이퍼트가 굴덴과 바이에른 셰펠로 기재했다. 라이히스마르크와 100kg 단위로 환산하기 위해서 1굴덴=1.71라이히스마르크 및 1바이에른 셰펠=222.357리터로 동치되었다(Seuffert, *op. cit.*, p.351 및 Noback, *op. cit.* 참조).

II. 표

〈표 1〉 유럽의 밀과 호밀가격, 13~20세기
(10년 단위의 평균치, 곡물 100kg당 은의 g 중량)

연도	밀				호밀			
	잉글랜드	벨기에	프랑스	이탈리아	네덜란드	독일	오스트리아	폴란드
1201~1210			19.6	21.5				
11~ 20	26.2		21.8	23.0				
21~ 30	35.1		25.6					
31~ 40	28.6		28.5	18.5				
41~ 50	28.8		37.0	27.9				
51~ 60	38.0		23.7	33.9				
61~ 70	35.3		28.6	26.1				
71~ 80	42.0		27.1	45.7				
81~ 90	37.8		30.5	53.3				
91~1300	45.3		52.8	59.3				
1301~1310	41.1		41.9	49.8				
11~ 20	58.1		66.2	53.5				
21~ 30	50.5		43.3	80.4				
31~ 40	34.7		29.6	67.3				
41~ 50	35.7		59.0	69.1		16.9		
51~ 60	38.0		52.6	63.0		21.1		
61~ 70	46.4		54.9	66.2		28.7		(3.4)
71~ 80	36.3		45.7	72.8		21.6		6.5
81~ 90	30.8		22.7			20.7		3.5
91~1400	30.8		30.9			20.8		3.5
1401~1410	35.1	27.9	25.0			24.2		5.3
11~ 20	28.3	28.1	38.6			19.2		(5.0)
21~ 30	26.8	31.4	59.3			18.6		(3.7)
31~ 40	34.3	47.1	50.2			21.3	18.9	
41~ 50	25.4	34.4	21.7			16.9	13.4	
51~ 60	27.5	35.9	21.6			19.6	8.4	
61~ 70	21.0	23.1	16.2		15.8	14.6	19.4	
71~ 80	21.2	26.9	18.1		29.2	15.3	12.0	
81~ 90	25.0	36.2	26.6		31.0	21.1	13.9	(3.0)
91~1500	20.1	26.4	17.7		21.5	23.6	18.5	1.6
1501~1510	21.5	24.4	28.8	51.3	20.6	20.6	14.0	3.2
11~ 20	26.7	28.5	29.9	49.9	23.9	17.8	13.2	(3.2)
21~ 30	28.0	37.5	48.2	80.3	43.4	19.5	13.1	4.6
31~ 40	27.2	41.0	48.6	72.3	31.1	26.1	17.0	2.9
41~ 50	20.8	48.3	50.2	55.4	31.5	25.7	15.0	5.5

연도	밀				호밀			
	잉글랜드	벨기에	프랑스	이탈리아	네덜란드	독일	오스트리아	폴란드
1551~1560	35.9	52.9	54.2	90.2	42.0	31.2	17.5	9.3
61~ 70	33.9	60.6	81.7	90.5	43.5	39.9	34.6	8.6
71~ 80	47.5	79.1	98.1	102.7	70.2	51.5	44.5	12.3
81~ 90	63.3	123.3	141.2	110.4	52.1	48.6	35.3	8.9
91~1600	91.4	92.6	187.4	157.5	65.6	52.6	38.0	12.9
1601~1610	83.0	79.7	91.6	123.0	49.2	45.5	40.1	27.1
11~ 20	93.3	71.1	96.4	106.5	51.0	52.5	47.8	19.0
21~ 30	107.3	105.6	124.6	151.6	72.3	76.0	40.5	26.3
31~ 40	109.5	118.6	123.3	109.9	73.0	84.5	46.8	(17.6)
41~ 50	122.3	120.4	116.5	105.7	67.8	54.8	47.3	17.8
51~ 60	104.3	103.9	118.7	73.0	72.3	40.2	34.2	23.5
61~ 70	103.3	90.2	104.3	64.8	67.4	40.8	44.7	(17.0)
71~ 80	107.6	97.1	80.7	79.2	58.8	42.4	29.0	15.2
81~ 90	83.7	76.3	71.8	57.3	44.6	35.9	36.4	7.2
91~1700	124.0	115.2	102.0	63.7	75.2	66.7	50.4	14.7
1701~1710	91.3	91.7	85.4	67.7	58.2	44.0	38.8	9.3
11~ 20	98.8	73.2	72.5	59.9	51.6	51.0	46.1	10.6
21~ 30	91.5	58.9	66.6	46.9	45.2	42.4	35.1	4.8
31~ 40	82.8	62.2	70.8	63.9	44.3	45.2	36.5	11.9
41~ 50	74.6	66.4	60.2	69.1	50.6	52.7	43.5	11.8
51~ 60	95.6	60.6	68.8	67.5	49.7	51.1	36.2	9.3
61~ 70	109.2	69.4	74.7	70.2	54.4	58.1	39.1	12.2
71~ 80	113.1	72.8	86.9	87.6	65.9	62.5	48.6	13.3
81~ 90	118.8	82.7	93.1	93.7	69.6	57.5	43.2	13.8
91~1800	157.4		106.4	116.1	88.4	75.4	47.4	14.6
1801~1810	208.0		115.8	130.8	117.5	95.0	94.5	
11~ 20	216.8		143.9	138.6	103.9	96.1	84.9	
21~ 30	147.2		107.0	86.0	56.1	51.4	49.4	
31~ 40	141.1		110.2	93.2	71.6	62.7	49.2	
41~ 50	132.1		111.5	107.0	81.5	72.4	63.5	
51~ 60	135.3		123.5	123.0	98.0	84.4	80.0	
61~ 70	126.4		125.8	115.8	90.2	85.4	76.4	
71~ 80	126.5		133.0		91.1	95.9	101.7	
81~ 90	88.6		107.6		76.9	85.0	93.8	
91~1900	69.9		96.5		63.3	82.4	94.0	
1901~1910	74.1		100.4			87.8	104.2	
11~ 20	89.9		90.8			105.8	123.0	
21~ 30	119.2		138.2			112.9	101.7	
31~ 40	64.6		87.4			99.7	64.6	
41~ 50	135.1		159.4			116.8	112.7	
51~ 60	187.3		216.2			216.2	210.4	

〈표 2〉 독일의 호밀가격, 14~20세기

(10년 단위의 평균치, 곡물 100kg당 은의 g 중량)

연도	브라운슈바이크	프랑크푸르트	크산텐	슈트라스부르크	슐레스비히-홀슈타인/함부르크	괴팅겐	뮌헨	아우크스부르크	뷔르츠브루크	슈파이어	단치히/쾨니히스베르크	라이프치히	베를린	가격계열의 평균
1341~1350	16.9													16.9
51~ 60	13.0	29.2												21.1
61~ 70	15.0	41.4												28.7
71~ 80	14.3	28.6	21.9											21.6
81~ 90		21.7	21.1	19.4										20.7
91~1400		24.9	24.1	21.6	12.9									20.8
1401~1410		26.2	27.8	19.2	12.5	35.3								24.1
11~ 20		21.6	18.0	19.2	14.7	22.2								19.1
21~ 30		19.4	24.0	19.4	13.6	16.6								18.6
31~ 40		29.3	20.7	22.4	9.5	24.5								21.3
41~ 50	11.4	20.5	22.0	19.6	9.1	18.5								16.9
51~ 60	12.0	26.6	22.7	17.7	9.3	17.9	31.3							19.6
61~ 70	12.4	13.9	14.2	12.7	10.1	13.2	26.1							14.6
71~ 80	12.1	13.0	16.8	11.6	17.9	9.8	23.3	20.2	12.9					15.3
81~ 90	18.7	23.5	29.9	19.7	16.7	14.5	31.3	20.1	15.2					21.1
91~1500	20.2	19.6	25.9	16.2	29.6	15.0	40.1	26.9	18.7					23.6
1501~1510	10.1	20.3	19.4	13.6	20.6	9.0	43.4	25.2	24.0					20.6
11~ 20	8.8	14.6	15.5	14.8	23.5	11.5	31.8	21.5	18.2					17.8
21~ 30	13.0	17.5	15.5	14.9	23.6	13.6	36.4	25.7	15.2					19.5
31~ 40	13.2	24.7	17.4	22.2	21.7	16.8	56.3	31.7	33.4	23.9				26.1
41~ 50	14.9	36.4	24.1	25.9	17.9	18.7	42.8	32.0	26.2	25.7	17.7			25.7
51~ 60	19.5	40.9	33.8	29.8	27.0	22.4	45.3	33.8	33.4	35.9	21.7			31.2
61~ 70	22.4	45.5	36.0	41.1	26.5	26.4	76.9	50.3	45.7	42.9	25.5			39.9
71~ 80	30.6	53.7	53.2	54.2	34.0	34.4	95.8	63.7	70.7	57.4	28.9	40.9		51.5
81~ 90	29.1	68.3	41.7	60.2	27.9	34.0	74.5	53.9	62.9	51.7	31.2	47.6		48.6
91~1600	39.0	59.1	35.8	54.8	39.4	33.3	93.4	60.4	61.4	58.4	44.2	52.2		52.6
1601~1610	33.7	52.0	25.0	49.3	28.9	31.9	78.4	53.9	61.6	48.3	34.2	48.5		45.5
11~ 20	35.1	58.8	29.0	45.4	36.2	36.7	84.5	62.2	75.7	56.1	38.0	71.9		52.5
21~ 30	43.4	93.3	47.9	77.1	67.5	67.8	112.3	128.2	91.2	52.8	53.7	76.3		76.0
31~ 40	56.8	106.2	45.2	140.6	50.4	79.5	76.7	103.1	85.7	194.8	43.5	63.8	52.7	84.5
41~ 50	50.5	69.5	43.8	63.5	57.5	52.8	65.1	66.3	48.7	63.1	46.8	40.1	44.8	54.8
51~ 60	44.7	52.3	35.1	31.1	54.5	36.7	38.9	28.5	27.5	32.6	55.5	34.1	50.5	40.2
61~ 70	36.4	45.0	36.8	33.8	52.3	36.7	51.2	40.6	32.2	31.4	45.8	42.4	46.2	40.8

연도	브라운슈바이크	프랑크푸르트	크산텐	슈트라스부르크	슐레스비히-홀슈타인/함부르크	괴팅겐	뮌헨	아우크스부르크	뷔르츠브루크	슈파이어	단치히/쾨니히스베르크	라이프치히	베를린	가격계열의 평균
1671~1680	38.9	53.4	31.0	63.9	38.8	39.9	42.8	42.9	38.8	51.4	37.6	37.0	34.9	42.4
81~ 90	34.5	53.9	26.2	41.7	34.4	38.0	46.7	34.5	37.8	27.5	28.6	30.4	32.0	35.9
91~1700	89.4	106.2	48.3	70.8	58.3	54.6	83.4	65.6	75.9	66.2	47.3	49.8	51.8	66.7
1701~1710	36.8	62.8	36.1	55.7	45.8	38.4	46.7	58.4	43.9	41.7	35.0	35.0	35.8	44.0
11~ 20	48.9	67.8	34.3	45.3	53.8	54.5	52.8	69.5	59.5	44.5	36.7	43.9	51.2	51.0
21~ 30	41.1	68.4	31.3	30.1	46.0	44.9	41.7	52.8	50.0	35.0	29.5	40.0	40.1	42.4
31~ 40	44.0	59.5	27.4	39.1	45.2	42.9	50.0	69.5	51.2	40.0	33.9	38.4	46.3	45.2
41~ 50	43.0	82.3	29.9	45.3	40.9	46.1	63.9	91.0	63.9	55.0	36.1	38.9	48.3	52.7
51~ 60	46.2	88.4	34.3	39.3	43.2	55.3	48.9	79.9	54.5	50.0	36.1	40.0	47.9	51.1
61~ 70	62.4	95.6	42.5	44.4	63.2	58.1	53.9	78.5	57.3	53.9	37.8	56.7	50.2	58.1
71~ 80	56.7	120.7	34.1	46.8	58.5	59.8	70.6	79.9	65.1	61.7	45.0	56.7	57.2	62.5
81~ 90	58.9	92.9	35.9	53.2	66.5	54.8	60.6	69.5	51.7	51.2	51.7	45.6	55.6	57.5
91~1800	73.3	135.9	46.2		87.1	65.1	65.6	104.3	80.6	67.8	61.7	53.9	63.3	75.4
1801~1810	107.3	145.7	73.0	64.7	110.2	84.2	95.6	117.5		53.9	87.3	98.4	102.5	95.0
11~ 20		151.7	87.8	101.0	93.2		98.7			61.3		79.0	96.1
21~ 30			58.4	64.7	48.8		49.2			36.9		50.3	51.4
31~ 40			61.8	77.8	61.5		52.7			47.0		59.7	62.7
41~ 50			73.6	86.1	68.7		75.1			59.1	75.1	68.8	72.4
51~ 60			92.8	93.7	96.1		82.1			85.1	98.4	42.4	84.4
61~ 70			90.1	92.5	92.2		81.3			66.4	88.8	86.5	85.4
71~ 80			101.5		100.7		95.7			81.1	100.4	96.3	95.9
81~ 90					88.9		90.2			74.8	88.3	82.8	85.0
91~1900					85.2		87.9			74.6	84.0	80.2	82.4
1901~1910					89.4		90.0			82.9	89.4	87.5	87.8
11~ 18					98.2		124.1			92.5	96.5	117.5	105.8
24~ 30					115.6		114.6			107.5	115.8	110.7	112.8
31~ 40					100.9		101.5			96.5	98.3	98.0	99.7

⟨표 3⟩ 유럽과 아메리카의 밀과 호밀가격, 1791~1830

(100kg당 RM)

연도	잉글랜드 밀	프랑스 밀	이탈리아 밀	버지니아(미국) 밀	덴마크 호밀	함부르크 밀	함부르크 호밀	로스토크 밀	로스토크 호밀	슈베린 호밀	단치히 밀	단치히 호밀	베를린 밀	베를린 호밀	브레슬라우 밀	브레슬라우 호밀	뮌헨 밀	뮌헨 호밀
1971~1800	28.30	19.14	20.88	–	–	19.14	–	–	12.72	7.95	15.24	11.38	11.16	9.50	15.85	11.71		
1801	53.10	23.46	37.98	23.42	–	33.78	34.18	25.69	20.71	10.76	22.35	14.38	14.92	11.25	18.20	11.14		
1802	31.03	25.47	30.83	15.41	–	24.94	27.47	21.79	15.44	10.24	22.94	17.20	16.69	12.75	26.70	20.69		
1803	26.20	25.72	25.17	16.49	–	24.94	26.39	24.95	13.64	9.76	23.53	16.88	18.80	13.38	27.70	21.54		
1804	27.72	20.10	22.86	19.26	–	25.08	22.36	16.78	15.51	9.04	23.84	17.83	23.97	18.25	24.90	18.75		
1805	39.97	19.94	26.81	22.04	–	26.25	32.38	25.80	20.08	13.38	32.66	25.63	39.48	35.75	33.50	26.71		
1806	35.22	20.25	21.85	17.26	–	36.54	31.38	28.42	17.73	–	27.29	24.50	18.33	17.50	28.55	23.36		
1807	33.92	19.78	17.63	15.56	–	26.97	29.25	28.17	14.04	–	23.53	20.00	19.04	13.75	18.25	13.06		
1808	36.22	17.32	15.24	12.17	–	26.25	23.57	21.07	17.38	–	26.59	25.00	–	–	15.95	9.11		
1809	43.35	15.57	15.49	15.56	–	20.00	19.84	17.55	12.40	5.43	17.88	15.00	14.57	11.50	18.25	11.10		
1810	47.40	20.54	21.32	21.73	–	16.24	17.06	9.58	12.23	5.28	14.12	8.00	11.52	7.75	15.90	11.62		
1811	42.42	27.37	27.03	21.88	–	15.95	14.39	6.91	8.77	3.11	14.35	9.50	11.30	8.70	15.05	9.64		
1812	56.34	35.97	23.93	22.34	–	24.36	16.70	18.48	11.30	8.89	20.24	15.75	16.66	14.55	25.05	14.42		
1813	48.89	23.58	20.29	16.02	–	26.54	18.50	12.83	–	–	17.65	12.75	12.85	9.20	21.90	14.81		
1814	33.11	18.57	24.82	12.63	–	21.10	16.19	12.83	15.27	12.00	16.00	12.50	16.19	11.35	16.95	13.24		
1815	29.21	20.46	33.89	19.57	–	20.74	19.00	17.82	16.19	12.90	17.88	13.75	18.45	13.98	19.25	15.04		
1816	34.97	29.65	41.03	25.73	–	19.29	18.27	13.38	15.46	11.93	21.41	15.75	18.28	15.00	31.95	29.01		
1817	43.17	37.88	30.93	29.74	15.45	32.34	35.31	23.18	25.15	15.00	29.41	20.50	22.25	17.10	52.25	45.71		
1818	38.41	25.82	16.20	24.35	16.60	28.28	32.36	22.99	23.29	13.13	24.71	17.75	18.14	12.75	23.40	18.52		
1819	33.18	19.29	13.58	16.02	7.82	20.45	25.80	19.76	15.09	10.83	18.12	13.75	13.40	10.75	13.50	8.74		
1820	30.21	20.04	17.47	12.02	5.93	16.53	15.83	11.38	12.40	7.75	14.35	10.00	10.60	8.70	12.95	6.90		
1821	24.98	18.63	16.24	13.71	4.88	13.49	12.90	7.45	11.13	6.28	13.65	7.75	14.24	8.43	15.00	7.91		
1822	19.78	16.23	14.08	15.87	5.48	12.04	14.26	5.92	10.88	7.43	12.47	8.50	13.70	10.45	14.00	8.44		
1823	23.75	18.35	13.03	16.18	4.64	11.37	11.44	10.10	10.29	7.90	12.71	10.00	12.76	11.45	12.20	8.42		
1824	28.47	16.99	11.63	13.09	4.38	10.00	10.61	5.86	8.29	4.23	10.12	6.00	7.94	5.40	10.35	6.39		
1825	30.51	16.49	9.82	12.02	5.82	8.84	10.02	4.75	8.06	4.68	9.41	6.00	6.44	4.10	9.70	7.40		
1826	26.13	16.60	13.07	12.17	11.28	8.26	8.91	5.79	8.88	7.20	10.12	8.50	7.87	6.95	8.20	6.67		
1827	26.05	19.06	19.06	12.63	6.72	12.18	13.54	13.37	10.15	8.88	12.00	11.75	10.53	10.85	10.35	7.33		
1828	26.91	23.08	18.54	15.56	9.00	13.63	11.69	10.70	10.76	7.48	14.59	11.00	12.71	10.45	16.50	11.85		
1829	29.51	23.66	18.40	16.18	9.68	19.86	24.52	11.84	12.64	7.35	17.41	10.25	13.23	8.45	16.10	11.76		
1830	28.61	23.45	18.03	12.63	12.09	17.26	17.91	9.65	13.75	7.78	16.71	10.75	12.10	10.28	14.10	11.44		

III. 유럽의 가격 및 임금사 자료집 목록

다음에 열거하는 문헌은 우선 본문과 부록이 의존하고 있는 가격 및 임금자료집의 근거로 제시한다. 그러나 차후의 연구에 유용하게 쓰일 수 있는 다른 자료집도 포함했다. 그리하여 중부 유럽의 가격 및 임금사에 대한 최초의 문헌을 거의 완벽하게 파악한 목록이 완성되었다. 이 목록에는 몇 개의 후속 작업이 보충되었다.

제2부에는 오래된 독일의 가격자료집이, 제3부에는 중요한 문헌목록이 제시되었다.

1. 사료

Abel, W., *Massenarmut und Hungerkrisen im vorindustriellen Europa. Versuch einer Synopsis*, Hamburg und Berlin 1974.

Achilles, W., "Getreidepreise und Getreidehandelsbeziehungen europäischer Räume im 16. und 17. Jahrhundert," Diss. Göttingen 1957(Maschinenschrift), Teildruk in: *Zeitschr. f. Agrargesch. u. Agrarsoziologie*, 7, 1959, pp.32~55.

Acta Borussica, *Getreidehandelspolitik*, II, III u. IV, Berlin 1901, 1910 u. 1931(s. u. Naudé u. Skalweit).

Aden, O., "Entwicklung und Wechsellagen ausgewählter Gewerbe in Ostfriesland von der Mitte des 18. bis zum Ausgang des 19. Jahrhunderts," in: *Abhandl. u. Vorträge z. Gesch. Ostfrieslands*, 40, Aurich 1964.

Amark, K., "En svensk prishistorisk studie," in: *Ekonomisk Tidskrift*, 23, 1921, pp.1~24.

Annuaire Statistique de la France, 25, Paris 1905.

Archives Statistiques du Ministère des Travaux Publics de l'Agriculture et du Commerce, ser. I, Paris 1837.

Archivio Economico dell'Unificazione Italiana, vol. Vff., Rom 1957ff. (zahlreiche Beiträge zur Preis- und Münzgeschichte von 1800 bis 1890).

d'Avenel, Vicomte G., *Histoire économique de la propriété, des salaires des denrées et de tous les prix en général depuis l'an 1200 jusqu'en l'an 1800*, I~VII, Paris 1894~1926.

Bartolini, D., "Prezzi e salari nel commune di Portogruaro durante il secolo XVI," in: *Annali di Statistica*, ser. II a, I, 1878.

Basini, G. L., *L'uomo e il pane*, Milano 1970(Material aus Modena für das XVI. und XVII. Jahrhundert).

Baulant, M., "Le prix des grains à Paris de 1431 à 1788," in: *Annales*, 23, 1968, pp.520~540.

Baulant, M., und Meuvret, J., "Prix des céréales extraits de la mercuriale de Paris(1520 à 1698)," in: *École Pratique des Hautes Études*, VIe Sect., Monnaie, Prix, Conjoncture, V u. VI, 2 Bde., Paris 1960 u. 1962.

Beissel, S., "Geldwerth und Arbeitslohn im mittelalter," in: *Stimmen aus Maria Laach*, VII. Ergänzungsband, 27, Freiburg i. B. 1885.

Beiträge zur Statistik Mecklenburgs. Über den Werth der ritterschaftlichen Landgüter in Mecklenburg-Schwerin und die successiven Aenderungen derselben. Separatdruck, Schwerin 1858. *Die Getreidepreise im Großherzogtum Mecklenburg-Schwerin während des Zeitraumes 1771~1870*. VII, Schwerin 1872.

Beiträge zur historischen Statistik Schleswig-Holsteins, hg. v. Statist. Landesamt Schleswig-Holsteins, Kiel 1967.

Beveridge, Sir W., *Prices and wages in England from the twelfth to the nineteenth century*, London, New York, Toronto 1939.

Beveridge, Sir W., "Wages in Winchester manors," in: *The Econ. Hist. Rev.*, 7, 1936/37, pp.22~43.

Bois, G., "Le prix du froment à Rouen au XVe siècle," in: *Annales*, 23, 1968, pp.1262ff.

Bone, C., "Frucht-, Fleisch- und Brotpreise in der Stadt Kaiserswerth," in: *Beiträge z. Gesch. d. Niederrheins*, 5, 1890, pp.154~160.

Bowden, P., "Agricultural prices, farm profits, and rents," in: *The Agra-*

rian Hist. of England and Wales, IV, 1500~1640, Cambridge 1967.

Bowley, A. L., "The statistics of wages in the United Kingdom during the last hundred years," in: *Journal of the Royal Stat. Society*, 1898~1910.

Bowley, A. L., *Wages in the United Kingdom in the nineteenth century*, Cambridge 1900.

Braudel, F. P. and Spooner, F., "Prices in Europe from 1450 to 1750," in: *The Cambridge Economic History of Europe*, IV, 1967, pp. 374~486.

Brown, E. H. P., und Hopkins, S. V., "Seven centuries of building wages," in: *Economica*, XXII, 87, 1955, pp.195ff.

Brown, E. H. P., und Hopkins, S. V., "Seven centuries of the prices of consumables, compared with builders' wage-rates," in: *Economica*, XXIII, 92, 1956, pp.296~314.

Bujak, F., *Badania z dziejów spolecznych i gospodarczych* (*Recherches sur l'histoire sociale et économique*; Preissammlungen sind enthalten in den Bänden: 4, 13~17, 21, 22, 24, 25 u. 37, vgl. Furtac. Pelc u. Tomaszewski), Lwow u. Poznań 1928~49.

Cahiers d'Histoire des Prix(=Bijdragen tot de Prijzengeschiedenis), hrsg. vom Centre Interunivers. pour l'Histoire des Prix et Salaires en Belgique, 1ff., Löwen 1956ff.

Cibrario, L., *Della economia politica del medio evo*, III, 2. ed., 1842.

Cole, A., *Wholesale commodity prices in the United States, 1700~1861*, Cambridge(Mass.) 1938.

Coniglio, G., "La rivoluzione dei prezzi nella città di Napoli nei secoli XVI e XVII," in: *Atti della IX^a riunione scientifica a Roma 1950*, 1952.

Conrad, J., "Die Preisentwicklung der gewöhnlichsten Nahrungsmittel in Halle a./S. von 1731~1878," in: *Jahrb. f. Nationalök. u. Stat.*, 34, 1879, pp.83f.

Dittmann, O., "Die Getreidepreise in der Stadt Leipzig im 17., 18. und 19. Jahrhundert," in: *Mitt. d. Statist. Amtes d. Stadt Leipzig*, XXI, 1889, pp.33f.

Doughty, R. A., "Industrial prices and inflation in Southern England, 1401~1640," in: *Explorations in Econ. Hist.*, 12, 1975, pp.177ff.

Dreyfus, F. -G., "Beitrag zu den Preisbewegungen im Oberrheingebiet im 18. Jahrhundert," in: *Vjschr. f. Soz.- u. Wirtsch. gesch.*, 47, 1960, p.256.

Dupâquier, J., Lachiver, M., Meuvret, J., "Mercuriales du Pays de France et du Vexin français(1640~1792)," in: *École Pratique des Hautes Études, VIe Sect.: Monnaie, Prix, Conjoncture*, VII, Paris 1968.

Ebeling, D., und Irsigler, F., "Getreideumsatz, Getreide- und Brotpreise in Köln 1368~1797, 1. Teil, Getreideumsatz und Getreidepreise: Wochen-, Monats- und Jahrestabelle," in: *Mitt. aus dem Stadtarchiv von Köln*, 65, Köln/Wien 1976, 2. Teil, Brotgewichte und Brotpreise; Wochen-, Monats- und Jahrestabelle, Graphiken, *ibid.*, 66, 1977.

Eggert, U., "Die Bewegung der Holzpreise und Tagelohnsätze in den preußischen Staatsforsten von 1800~79," in: *Zeitschr. d. Königl. Preuss. Stat. Bureaus*, 23, 1883.

Ehrenberg, R., "Durchschnittsverdienste und Verdienstklassen der Arbeiterschaft von Friedr. Krupp in Essen 1845~1906," in: *Thünen-Archiv*, 2, 1909, pp.204ff.

Elsas, M. J., *Umriß einer Geschichte der Preise und Löhne in Deutschland*, I u. II A, Leiden 1936 u. 1940.

Falbe-Hansen, V., "Kapitelstakster i ældre og nyere tid," in: *Danmarks Stat. Meddelelser*, 4. R., 15, 1904.

Falke, J., "Geschichtliche Statistik der Preise im Königreich Sachsen," in: *Jahrb. f. Nationalök. u. Stat.*, 13 u. 16, 1869, pp.364~395 u. 1871, pp.1~71.

Fanfani, A., "La rivoluzione dei prezzi a Milano nel secoli XVI e XVII," in: *Giorn. degli Economisti*, 1932.

Fanfani, A., "Indagini sulla rivoluzione dei prezzi," in: *Pubbl. dell'Univ. catt. del S. Cuore di Milano* 3, 21, 1940.

Farmer, D. L., "Some grain price movements in thirteenth century England," in: *The Econ. Hist. Rev.*, 2. ser., 10, 1957/58, pp. 207~220.

Friis, A., und Glamann, K., *A history of prices and wages in Denmark 1660~1800*, London 1958.

Furtac, T., "Ceny w Gdansku w latach, 1701~1815," in: *Bujak, Badania* ······ 22, Lwow 1935.

Genicot, L., "und Mitarbeiter: La crise agricole du Bas Moyen Age dans le Namurois," in: *Univ. de Louvain, Rec. de Traveaux d'Histoire et de Philologie*, 4e Sér., Fasc. 44, Louvain 1970.

Gilboy, E. W., *Wages in eighteenth century England*, Cambridge (Mass.) 1934.

Godinho, V. M., "Prix et monnaies au Portugal, 1750~1850," in: *École Pratique des Hautes Études, VIe Sect., Monnaie, Prix, Conjoncture*, II, Paris 1955.

Goubert, P., "Beauvais et le Beauvaisis de 1600 à 1730," in: *Démographie et Sociétés* III, (Paris) 1960.

Goy, J. et Le Roy Ladurie, E. (ed.), *Les fluctuations du produit de la dîme. Conjoncture décimale et domaniale de la fin du Moyen Age du XVIIIe siècle*, Paris 1972.

Gras, N. S., *The evolution of the English corn market from the twelfth to the eighteenth century*, Cambridge (Mass.) 1915.

Hamilton, E. J., *American treasure and the price revolution in Spain, 1501~1650*, Cambridge (Mass.) 1934.

Hamilton, E. J., *War and prices in Spain, 1651~1800*, Cambridge (Mass.) 1947.

Hamilton, E. J., *Money, prices, and wages in Valencia, Aragon, and Navare (1351~1500)*, Cambridge (Mass.) 1947.

Hammarström, I., "The 'price revolution' of the sixteenth century, some Swedish evidence," in: *The Scand. Econ. Hist. Rev.*, 5, 1957, pp. 118~154, wieder abgedruckt, siehe RAMSAY.

Hanauer, A. C., *Études économiques sur l'Alsace ancienne et moderne*, I u. II, Paris 1876 u. 1878.

Hansen, J., *Beiträge zur Geschichte des Getreidehandels und der Getreidehandelspolitik Lübecks*, Lübeck 1912.

Harrison, C. J., "Grain price analysis and harvest qualities, 1465~1634," in: *Agr. Hist. Rev.*, 19, 1971, pp.135~155.

Hauschild, U., *Studien zu Löhnen und Preisen in Rostock im Spätmittelalter*, Köln und Wien 1973.

Hauser, H., *L'histoire des prix en France de 1500 à 1800*, Paris 1936.

Heckscher, E. F., *Sveriges ekonomiska historia från Gustav Vasa*, I. 1 u. 2, II, 1 u. 2, Stockholm 1935~49.

Hegardt, A., "Akademiens spannmål. Uppbörd, handel och priser vid Uppsala universitet, 1635~1719," in: *Acta Univ. Upsaliensis. Skrifter rörande Uppsala universitet*, Stockholm 1975.

Heisig, J., "Die historische Entwicklung der landwirtschaftlichen

Verhältnisse auf den reichsgräflichfreistandesherrlich-Schaffgotschischen Güterkomplexen in Preussisch-Schlesien," in: *Samml. nationalök. u. staat. Abhandl. d. staatsw. Seminars zu Halle/S.*, 3, 3, Jena 1884.

Historisk Statistik för Sverige. 1ff., Stockholm 1955ff.

Hitzbleck, H., *Die Bedeutung des Fisches für die Ernährungswirtschaft Mitteleuropas in vorindustrieller Zeit······*, Diss. Göttingen 1971 (enthält Fischpreise und umgesetzte Mengen).

Hofmann, E., "Die Milchpreise in Mannheim," in: *Jahrb. f. Nationalök. u. Stat.*, 108, 1917, pp.639~643.

"Die Eierpreise in Mannheim," *Ibid.*, 109, 1917, pp.69~76.

"Die Schweinefleischpreise in Mannheim," *Ibid.*, 111, 1918, pp. 212~218.

"Die Salzpreise in Mannheim vom Beginn des 19. Jahrhunderts an," *Ibid.*, 111, 1918, pp.591~605.

Hoskins, W. G., "Harvest fluctuations······," in: *The Agric. Hist. Rev.*, XII, 1964, XVI, 1968.

Hoszowski, S., "Les prix à Lwow(XVIe~XVIIe siècles)," in: *École Pratique des Hautes Études, VIe Sect., Œuvres Étrangères*, 1, 1954.

Houtte, H. van, *Documents pour servir à l'histoire des prix de 1381 à 1794*, Brüssel 1902.

Huntemann, H., *Bierproduktion und Bierverbrauch in Deutschland vom 15. bis zum Beginn des 19. Jahrhunderts*, Diss. Göttingen 1970(mit Preisen).

Irsigler, F., "Getreidepreise, Getreidehandel und städtische Versorgungspolitik in Köln vornehmlich im 15. und 16. Jahrhundert," in: *Die Stadt in der europ. Gesch., Festschr. f. E. Ennen*, hg. v. W. Besch u. a., Bonn 1972(siehe auch Ebeling und Irsigler).

Irsigler, F., "Kölner Wirtschaft im Spätmittelalter: Getreide- und Brotpreise, Brotgewicht und Getreideverbrauch in Köln vom Spätmittelalter bis zum Ende des Ancien Régime," in: *Zwei Jahrtausende Kölner Wirtschaft*, I, 1975.

Jacobs, A., und Richter, H., "Die Großhandelspreise in Deutschland von 1792~1934," in: *Sonderhefte d. Inst. f. Konjunkturforschung*, 37, Berlin 1935.

Jahrbuch für die Statistik des Preußischen Staates, II, Berlin 1867.

Jörberg, L., *A history of prices in Sweden, 1732~1914*, vol. I: Sources,

Methods, Tables; vol. II: Description, Analysis, Lund 1972.

Kazimir, S., *Agricultúra*, 1968, 1970, 1971(Preise und Ernten aus drei Orten der Slowakei im 16. bis 18. Jahrhundert).

Keller, "Zur Geschichte der Preisbewegung in Deutschland während der Jahre, 1466~1525," in: *Jahrb. f. Nationalök. u. Stat.*, 34, 1879, pp.181~207.

Kerridge, E., "The movement of rent, 1540~1640," in: *The Econ. Hist. Rev.*, 2. ser., 6, 1953/54, pp.16~34.

Kuczynski, J., *Die Geschichte der Lage der Arbeiter unter dem Kapitalismus, I. Die Geschichte der Lage der Arbeiter in Deutschland von 1789 bis zur Gegenwart*, Berlin 1961ff.

  1. "Darstellung der Lage der Arbeiter in Deutschland von 1789 bis 1849," 1961, pp.349~384.

  2. "Darstellung ⋯⋯ von 1849 bis 1870," 1962, pp.222~233.

  3. "Darstellung ⋯⋯ von 1871 bis 1900," 1962, pp.419~439.

Kullak-Ublick, H., *Die Wechsellagen und Entwicklung der Landwirtschaft im südlichen Niedersachsen vom 15. bis 18. Jahrhundert*, Diss. Göttingen 1953(Maschinenschr.).

Labrousse, C. E., *Esquisse du mouvement des prix et des revenus en France au XVIIIe siècle*, I u. II, Paris 1933.

Lamprecht, K., *Deutsches Wirtschaftsleben im Mittelalter*, I~III, Leipzig 1885/86.

Latouche, R., "Le prix de blé à Grenoble du XVe au XVIIIe siècle," in: *Rev. d'Hist. Écon. et Soc.*, 20, 1932, pp.337~351.

Le Roy Ladurie, E., *Les paysans de Languedoc*, 2 vols., Paris 1966.

Lombardini, G., *Pane e denaro a Bassano. Prezzi del grano e politica dell'approvvigionamento dei cereali tra il 1501 e il 1799*, Venedig 1963.

Maddalena, A. de, "Prezzi e aspetti di mercato in Milano durante il secolo XVII," in: *Università Commerciale "Luigi Bocconi", Istituto di Storia Economica*, I, Mailand 1949.

Maddalena, A. de, "Prezzi e mercedi a Milano dal 1701 al 1860," in: *Studi e Ricerche di Storia Economica Italiana nell'Età del Risorgimento*, Milano 1974.

Magaldi und Fabris, "Notizie storiche e statistiche sui prezzi e salari in alcune citta d'Italia," in: *Annali di Statist.*, 2 a, III, 1878.

Mankov, A. G., "Le mouvement des prix dans l'état Russe du XVIe

siècle," in: *École Prat. des Hautes Études, VIe Sect., Œuvres Étrangères,* III, Paris 1957.

Mauruschat, H. H., *Gewürze, Zucker und Salz im vorindustriellen Europa. Eine preisgeschichtliche Untersuchung,* Diss. Göttingen 1975.

Mira, G., "I prezzi dei cereale a Como dal 1512 al 1658," in: *Riv. Intern. di Scienze Sociali,* IV, 1940.

Mitchell, B. R., und Deane, P., *Abstract of British historical statistics,* Cambridge 1962.

Mitchell, B. R., *European historical statistics 1750~1970,* London 1975. (Prices pp.735ff., Wholesale Price Indices p.736, Cost of Living Indices p.742).

Morineau, M., "D'Amsterdam à Séville: De quelle réalité l'histoire des prix est-elle le miroir," in: *Annales,* 23. 1968, pp.178~205.

Movimento dei prezzi di alcuni generi alimentari······, 1886 (Veröff. d. Ackerbauministeriums des Königreiches Italien, Preise aus Udine).

Naudé, W., "Die Getreidehandelspolitik und die Kriegsmagazinverwaltung Brandenburg-Preußens bis 1740," in: *Acta Borussica, Getreidehandelspolitik,* II. Berlin 1901.

Naudé, W., und Skalweit, A., "Die Getreidehandelspolitik und die Kriegsmagazinverwaltung Preußens, 1740~1756," in: *Acta Borussica, Getreidehandelspolitik,* III, Berlin 1910.

Neumann, A., "Die Bewegung der Löhne der ländlichen 'freien' Arbeiter im Zusammenhang mit der gesamtwirtschaftlichen Entwicklung im Königreich Preußen gegenwärtigen Umfangs vom Ausgang des 18. Jahrhunderts bis 1850," in: *Landwirtsch. Jahrb.,* 40, Ergänzungsbd. 3, Berlin 1911.

Nielsen, A., "Dänische Preise, 1650~1750," in: *Jahrb. f. Nationalök. u. Stat.,* 86, 1906, p.289 bis 347(Vgl., Dänische Wirtschaftsgesch., in: Handb. der Wirtschaftsgeschichte, Jena 1933).

Ohlmer, A., *Die Preisrevolution des 16. Jahrhunderts in Hildesheim,* Diss. Würzburg 1921 (Manuskript).

"Overzicht van marktprijzen van granen te Arnhem in de jaren, 1544~1901," in: *Bijdr. t. d. Stat. v. Nederlande,* N. V. XXVI, s'Gravenhagen 1903.

Parenti, G., "Prime ricerche sulla rivoluzione dei prezzi a Firenze," in: *Pubbl. dell' Univ. degli Studi di Firenze, Facoltà di Econ. e Comm.,*

XVI, Florenz 1939.

Parenti, G., "Prezzi e mercato del grano a Siena," *Ibid.*, XIX, 1942.

Pedersen, H., "Die Kapitelstaxen in Dänemark," in: *Jahrb. f. Nationalök. u. Stat.*, 84, 1905, pp.784~792.

Peterson, A. G., "Historical study of prices received by producers of farm products in Virginia, 1801~1927," in: *Virginia Polytechnic Inst., Techn. Bull.*, 1929.

Pelc, J., "Ceny w Krakowie w latach, 1369~1600," in: *Bujak, Badania* ...... 14, Lwow 1935.

Pelc, J., "Ceny w Gdansku w XVI i XVII wieku," in: *Bujak, Badania* ...... 21, Lwow 1937.

Philippi, G., "Preise, Löhne und Produktivität von 1500 bis zur Gegenwart," in: *Konjunkturpolitik*, 12, 1966, pp.305ff.

Pietzsch, H. E., *Wechsellagen der Landwirtschaft im Amte Meißen während des 16. und 17. Jahrhunderts*, Diss. Göttingen 1950 (Maschinenschr.).

Popelka, F., "Die Lebensmittelpreise und Löhne in Graz vom 16. bis 18. Jahrhundert," in: *Vjschr. f. Soz.- u. Wirtschaftsgesch.*, 23, 1930, pp.157~218.

Postan, M., und Titow, J., "Heriots and prices on Winchester manors," in: *The Econ. Hist. Rev.*, 2. ser., 11, 1958/59, pp.392~411.

Posthumus, N. W., *Inquiry into the history of prices in Holland*, I u. II, Leiden 1946 u. 1964.

Pribram, A. F., *Materialien zur Geschichte der Preise und Löhne in Österreich*, Wien 1938.

Ramsey, P. H., *The price revolution in sixteenth-century England*, 1971 (Sammelband).

Raveau, P., "L'agriculture et les classes paysannes dans le Bas-Poitou au XVIe siècle," in: *Rev. d'Hist. Écon. et Soc.*, 1924.

Riemann, F. -K., "Ackerbau und Viehhaltung im vorindustriellen Deutschland," in: *Beih. z. Jahrb. d. Albertus-Univ. zu Königsberg*, III, Kitzingen 1953.

Rogers, J. E. Th., *A history of agriculture and prices in England*, I~VIII, Oxford 1866 bis 1902.

Romano, R., "Commerce et prix du blé à Marseille au XVIIIe siècle," in: *École Prat. des Hautes Études, VIe Sect., Monnaie, Prix, Conjoncture*,

III, Paris 1956.

Rudé, G. E., "Prices, wages, and popular movements in Paris during the French Revolution," in: *The Econ. Hist. Rev.*, 2. ser., 6, 1953/54, pp.246~267.

Ruwet, J., "L'agriculture et les classes rurales au pays de Herve sous l'ancien régime," in: *Bibl. de la Fac. de Phil. et Lettres de l'Univ. Liége, fasc. C*, Liége 1943.

Ruwet, J., und Mitarbeiter, "Marché des céréales à Ruremonde, Luxembourg, Namur et Diest aux XVIIe et XVIIIe siècles," in: *Univ. de Louvain, Rec. de Travaux d'Histoire et de Philologie, 4e Sèr. Fasc. 33*, Louvain 1966.

Schmitz, H. J., "Faktoren der Preisbildung für Getreide und Wein in der Zeit von 800 bis 1350," in: *Quellen u. Forsch. z. Agrargeschichte*, hg. v. W. Abel u. G. Franz, 20, 1968.

Schmoller, G., "Die Tatsachen der Lohnbewegung in Geschichte und Gegenwart," in: *Schmollers Jahrbuch*, 38, 1914, pp.525~556.

Scholliers, E., *De levensstandaard in de XVe en XVIe eeuw te Antwerpen*, Antwerpen 1960.

Sillem, J. A., "Tabellen van marktprijzen van granen te Utrecht in de jaren 1393 tot 1644," in: *Verhand. d. Koninkl. Akad. v. Wetensch. te Amsterdam, Afd. Letterk., N. R. III*, 4, Amsterdam 1901.

Simiand, F., *Recherches anciennes et nouvelles sur le mouvement des prix du XVe au XIXe siècle*, Paris 1932.

Skalweit, A., "Die Getreidehandelspolitik und Kriegsmagazinverwaltung Preußens 1756 bis 1806," in: *Acta Borussica, Getreidehan-delspolitik*, IV, Berlin 1931.

Statistique de la France, Prix et salaires à diverses époques, mouvement de la population, 2. ser., 12. Straßburg 1863.

Steffen, G. F., *Studien zur Geschichte der englischen Lohnarbeiter*, I~III, Stuttgart 1901 bis 1905.

Strasburger, K., "Statistischer Beitrag zur Lehre vom Arbeitslohn," in: *Jahrb. f. Nationalök. u. Stat.*, 34, 1872, pp.125~147.

Strauss, R., "Löhne und Preise in Deutschland, 1750 bis 1850," in: *Jahrb. f. Wirtschaftsgesch*, 1963, Teil Iff., Berlin 1963ff.

Tagliaferri, A., "Redditi e consumi degli Italiana nel sec. XVII," in: *Economia e Storia*, XVI, 1969.

Tijms, W., "Prijzen van granen en peulvruchten(in Arnhem und weiteren 4 Orten seit 1535 und später)," in: *Historia Agriculturae*, XI, 1, Groningen 1977.

Titow, J., "Evidence of weather in the accounts of the bishopric of Winchester, 1209~1350," in: *The Econ. Hist. Rev.*, 2. ser., 12, 1959/60, pp.360~407.

Titow, J., "Le climat à travers les rôles de comptabilité de l'évêché de Winchester(1350~1450)," in: *Annales* 25, 1970, pp.312~342.

Tits-Dieuaide, M. J., "La formation des prix céréaliers en Brabant et en Flandre au XVe siècle," in: *Centre D'Histoire Économique et Sociale*, Brüssel 1975.

Tomaszewski, E., "Ceny w Krakowie w latach, 1601~1795," in: *Bujak, Badania*······15, Lwow 1934.

Tooke, Th., und Newmarch, W., *Die Geschichte und Bestimmung der Preise*, I u. II, Dresden 1858 u. 1859.

Usher, A. P., "The general course of wheat prices in France, 1350~1788," in: *The Rev. of Econ. Stat.*, 1930.

Verlinden, Ch., Craeybeckx, J., Scholliers, E., "Mouvements des prix et des salaires en Belgique au XVIe siècle," in: *Annales*, 10, 1955, pp.173ff.

Verlinden, Ch.(ed.), *Dokumenten voor de geschiedenis van prijzen en lonen in Vlaanderen en Brabant*

Deel I.(XVe~XVIIIe eeuw) Brügge 1959, in: Rijksuniverziteit te Gent. Werken uitgeg. door de Fac. van de Lett. en Wijsbegeerte(125^e Afl.),

Deel II. A(XIVe~XIXe eeuw) Vlaanderen(136^e Afl.), 1965,
 II. B(XIVe~XIXe eeuw) Brabant(137^e Afl.), 1965,
 III.(XVIe~XIXe eeuw) (153^e Afl.), 1972,
 IV.(XIIIe~XIXe eeuw) (156^e Afl.), 1973.

Vierteljahreshefte zur Statistik des Deutschen Reiches, 44. Jg., Die Getreidepreise in Deutschland seit dem Ausgang des 18. Jahrhunderts, Berlin 1935.

Warren, G. F., Pearson, F. A., und Stoker, H. M., "Wholesale prices for 213 years, 1720 to 1932," in: *Cornell Univ. Agric. Exper. Station, Mem.* 142, New York 1932.

Waschinski, E., Währung, "Preisentwicklung und Kaufkraft des Geldes in Schleswig-Holstein von 1226~1864," in: *Quellen u. Forsch. z.*

Gesch. Schlesw. -Holst., 26, II, Neumünster 1959.

Wee, H. van der, "Typologie des crises et changements de structures aux Pays-Bas(XVe~XVIe siècles)," in: *Annales*, 18, 1943.

Wee, H. van der, *The growth of the Antwerp market and the european economy(fourteenth-sixteenth centuries)*, 3 vols., 1963.

Wiebe. G., *Zur Geschichte der Preisrevolution des 16. und 17. Jahrhunderts*, Leipzig 1895.

Wiese, H., "Der Rinderhandel im nordwestdeutschen Küstengebiet vom 15. Jahrhundert bis zum Beginn des 19. Jhs.," in: *Quellen u. Forsch. z. Agrargesch.*, hg. v. Lütge, Franz u. Abel, 14, 1966 (enthält Rinderpreise und -exporte aus Dänemark und Nordwestdeutschl. vom 15.~19. Jh.).

Zanetti, D., *Problemi alimentari di una economia preindustriale. Cereali a Pavia dal 1398 al 1700*, Turin 1964.

Zolla, D., "Les variations du revenu et du prix des terres en France au XVIIe et au XVIIIe siècle," in: *Annales de l'École Libre des Sciences Politiques*, 1893, pp.691f.

2. 독일의 가격자료집

Ginschopff, J., *Chronica oder eygentliche Beschreibung vieler denkwürdiger Geschichten, die sich im Fürstenthumb Württemberg sonderlich umb Stuttgart her zugetragen ⋯ ⋯* Durlach 1630(Getreidepreise seit d. 13. Jh., vollständig von 1456~1630, mit Angaben über den Ausfall der Ernten).

Pfeffer, M., *Manuale emporeticum. Das ist: Ein Newes sehr nützliches auhsgerechnetes Hand- und Kauffmannsbüchlein*, Wolfenbüttel 1630(Getreidepreise aus Braunschweig 1550~1629).

Dreyhaupt, J. C., *Ausführliche diplomatisch-historische Beschreibung des ⋯⋯ Saal-Kreyses*, I, Halle 1749(Getreidepreise 1600~1748).

Unger. J. F., *Von der Ordnung der Fruchtprise und deren Einflüsse in die wichtigsten Angelegenheiten des menschlichen Lebens*, Göttingen 1752.

Strodtmann, J. C., "Osnabrückische Fructpreise, wie sie jährlich vom Thumcapitel gesetzt worden, von 1624 bis 1751," in: *Hannov. Gelehrte Anzeigen*, 1752, und in: *Sammlung kleiner Ausführun-gen*, 2, Hannover 1753, pp.713~719.

Wüllem, W. A., "Nordhäusische monatliche Fruchtpreise von Monat May 1668 bis dahin 1771," in: *Hannov. Magazin*, 9. Jg., 42~46. Stück, Hannover 1772, pp.663~727.

Müller, H. W., "Nachrichten, den Preis des Rockens und Habers betreffend vom Jahre 1597 bis 1756," in: *Hannov. Magazin*, 15. Jg., 56. Stück, 1777, pp.881ff.(Getreidepreise aus Elliehausen bei Göttingen).

Klockenbring, F. A., "Über die Fleischpreise in der Stadt Hannover nebst einer Geschichte derselben," in: *Hannov. Magazin*, 19. Jg., 98. u. 99. Stück, 1781, pp.1553ff., Hannover 1782(Fleischpreise 1731~80).

Kohlbrenner, F. Edler von, *Beiträge zur Landwirtschaft und Statistik in Baiern*, München 1783(pp.34ff. Getreidepreise aus Landshut 1584~1700).

Rosenthal, G. E., *Geschichte des Getreyde-Preißes in der Kayserlich-Freyen Reichsstadt Nordhausen von 1676 bis 1775. Nebst einem Anhange, welcher den Preiß des Brandteweins von 1750 bis 1780 enthält*, Dessau 1783.

Rosenthal, G. E., *Geschichte des Erfurtischen Getraidepreises von 1651~1775*, Erfurt 1784.

Löwe, J. C. C., *Oekonomisch-kameralistische Schriften*, II, Breslau 1789 (pp.203f. Getreidepreise in Halle a. d. S. 1692~1781).

Der (Allgemeine oder Reichs-)Anzeiger, Ein Tagblatt zum Behuf der Justiz, der Polizey und aller bürgerlichen Gewerbe, wie auch zur freyen gegenseitigen Unterhaltung der Leser über gemeinnützige Gegenstände aller Art, 1ff., Gotha 1793ff.(Preislisten, regionale Preisvergleiche).

Frohn, C., *Über Kultur, Handel und Preise des Getreides in Bayern*, München 1798.

Zimmermann, F. A., *Über den Getreide- und Holzpreis von Schlesien*, Breslau 1803(Getreidepreise aus Breslau, Oppeln u. Schweidnitz im 18. Jh.).

Bucher, W. L., *Über die jetzige Theuerung des Getraides mit besonderer Anwendung auf die preußischen und sächsischen Staaten*, Gotha 1805(Getreidepreise aus Nordhausen, Quedlinburg und Magdeburg im 18. Jh.).

Kraus, C. J., *Vermischte Schriften über staatswirthschaftliche, philosophische und andere wissenschaftliche Gegenstände*, I,

Königsberg 1808(Getreidepreise aus verschied. Gebieten im 17. u. 18. Jh., monatl. Roggenpreise 1774~1804 und jährl. Kartoffelpreise 1783~1804 aus Königsberg).

Thümmel, H. von, *Tabellarische Übersicht der Getraidepreise im Herzogtum Altenburg vom Jahre 1650 bis 1817*, Altenburg 1818.

Mitteilungen des Statistischen Vereins in Sachsen. 1831. Mittelmarktpreise der hauptsächlichsten Getreidearten in der Stadt Zwickau 1600~1819, Zusammenstellung der Mittelmarktpreise genannter Getreidearten in der Stadt Dresden auf die Zeit vom Jahre 1602~1830, Dresden 1831.

Gülich, G. von, *Tabellarische Übersichten zu der geschichtlichen Darstellung des Handels, der Gewerbe und des Ackerbaues*, II. u. III., Jena 1830 u. 1845(Getreidepreise in zahlreichen Städten und Gebieten zu verschied. Zeiten, insbesondere im ausgehenden 18. und beginnenden 19. Jh.).

Titot, H., *Hundertjährige Uebersicht der Lebensmittelpreise zu Heilbronn von 1744 bis 1843 nebst Notizen derselben von 1456 bis 1735*, Heilbronn 1844.

Löbe, W., *Geschichte der Landwirtschaft im Altenburgischen Osterlande*, Leipzig 1845(Getreidepreise in Altenburg seit dem 14. Jh., vollständig von 1650~1843).

Schurich, H. A., *Übersicht über die wöchentlichen Getreidepreise auf dem Getreide-Markte der Stadt Altenburg ...... während eines hundertjährigen Zeitraums von 1746~1846*, Altenburg 1847.

Dieterici, C. F. W., "Übersicht der Getreidepreise in Berlin seit dem Jahre 1624," in: *Mitt. d. Stat. Bureaus in Berlin*, 6. Jg. Nr. 1~24, Berlin 1853.

Mone. F. J., "Zusammenstellungen von Preisen, Löhnen und Gehältern vom 13. bis zum 18. Jahrhundert," in: *Zeitschr. f. d. Geschichte d. Oberrheins*, 5, 1854; 6, 1855; 12, 1861; 16, 1864; 18, 1865; 19, 1866; 20, 1867.

Roscher, W., "Ein Beitrag zur Geschichte der Kornpreise und der Bäckertaxen," in: *Zeitschr. f. d. gesamte Staatswiss.*, 13, Tübingen 1857, pp.461~475(Getreide- und Brotpreise aus Leipzig 1593~1695).

Seuffert, G. C. L., *Statistik des Getreide- und Viktualienhandels im*

Königreiche Bayern mit Berücksichtigung des Auslandes, München 1857(Getreide- und Lebensmittelpreise zahlreicher Städte vom 17. Jh. bis Mitte des 19. Jhs.).

"Übersicht der Durchschnittspreise der Haupt-Getreidearten vom 1. Nov. bis 31. Dec. der 50 Jahre 1808 bis 1857 ······ des Königreichs Hannover und benachbarter Staaten," in: *Zur Statist. d. Kgr. Hannover*, 6. H. 1858, II.

"Durchschnittspreise des Getreides und einiger anderer Nahrungsmittel im Großherzogthum Oldenburg aus den Jahren, 1817~1858," in: *Statist. Nachrichten über das Großherzogthum Oldenburg*, H. 4, 1860.

Statistische Nachrichten über das Großherzogtum Oldenburg, Durchschnittspreise des Getreides und einiger anderer Nahrungsmittel im Großherzogtum Oldenburg aus den Jahren 1817 bis 1858, Oldenburg 1860.

Neugebauer, J., "Die Brot- und Getreidemärkte Breslaus," in: *Bericht des Kaufmänn. Ver. in Breslau für das Jahr 1862*(Getreidepreise Breslaus 1200~1858).

Carnap, V., "Die Teuerung und die Landwirtschaft," in: *Deutsche Vierteljahrsschrift*, 31. Jg., 2, Stuttgart 1868, pp.132ff. (Getreidepreise aus Roermond, Elberfeld u. Paderborn vom 17.~19. Jh.).

Boas, F., "Zur Geschichte der Preisbewegung," in: *Vjschr. f. Völker- u. Kulturgeschichte*, 39, 10, 1872, Berlin 1873, pp.140~159(Weizen, Roggen, Kartoffeln 1822~71 in Frankfurt/O.; Rindfleischpreise 1821/29~1861/69 in Berlin, Posen; Schweinepreise 1821/50 und 1861/69 in Breslau, Stettin, Danzig; Butterpreise 1821/50 und 1861/69 in denselben Städten; Löhne und Gehälter 1822/32/42/ 52/62 und 1871 in Arnswalde).

Lehr, J., *Beiträge zur Statistik der Preise, insbesondere des Geldes und des Holzes*, Frankfurt/M. 1885(Holzpreise in Preußen: 1830~80 u. a. dt. Staaten: 1850~80)

3. 문헌목록

Carosselli, M. R., "Contributo bibliografico alla storia dell' agricoltura Italiana(1946~64)," in: *Rivista di Storia dell' Agricoltura*, IV, 1964, pp.323~386.

Heitz, E. L., *Übersicht der Literatur der Preise in Deutschland und der*

Schweiz aus den letzten 60 Jahren, Jena 1876.
Högberg, S., "Prishistorisk dokumentation," in: *Historisk Tidskrift*(uitg.: Svenska Historiska Föreningen), 2, 1963, pp.197~207.
Inama-Sternegg, T. Von, "Die Quellen der historischen Preisstatistik," in: *Wiener Stat. Monatsschrift*, XII, 1886, pp.579~594.
Jacobs, A., "Art. Preis(I. Preisgeschichte)," in: *Handwörterb. d. Sozialwiss.*, VIII, Stuttgart, Tübingen, Göttingen 1964, pp.475, 476.
Ritter, K., "Art. Getreidepreise," in: *Handwörterb. d. Staatswiss.*, IV, 4. ed., Jena 1927, pp.907~909.
Romano, R., "I prezzi in Europa dal XIII secolo a oggi," in: *Biblioteca di cultura storica*, 93, Turin 1967.
Sagher. H. de, "Les sources statistiques de l'histoire du prix des céréales, spécialement dans les Pays-Bas," in: *Bulletin de la Commission Royale d'Histoire*, 88, Brüssel 1924, pp.259~290.
Sommerlad, T., "Art. Preis(III. Zur Geschichte der Preise)," in: *Handwörterb. d. Staatswiss.*, VI, 4. ed., Jena 1925, pp.1037~1055.
Wee, H. van der, "Prix et salaires. Introduction méthodologique," in: *Cahiers, d'Histoire des Prix*, I, Löwen 1956, pp.9~12.

찾아보기

ㄱ

가격 37, 39, 40
  ~계열 140, 142, 163, 272, 275, 307, 451, 548, 601, 604, 606, 615, 617, 618, 622, 623, 629, 632
  ~규제 346
  ~동태 271, 352, 401, 420
  ~상승 420, 421, 426, 427, 431, 472, 500, 594
  ~인상 354
  ~자료 77, 78, 404
  ~폭등 116, 270
  ~폭락 74, 111, 164, 166, 170, 173, 226, 227, 270, 378, 381, 399, 463, 465, 467, 469, 471, 478, 486, 497, 572, 586, 588
  ~하락 141, 331, 342, 450, 498, 579, 583, 586
  ~혁명 43, 270, 283, 301, 317, 318
가계장부 151
가내경제 50, 52
가축무역 256, 371
가축사육 178~181, 184, 263, 267, 442, 443, 561, 562
간작재배 250
강제노역 423
개간 90~93, 96, 331
  ~사업 243, 439
  ~십일조 207
개방경지 87
  ~제 221
걸인 304, 394
  ~영주 191
결산보고서 139, 149
경영규모 483, 552~554, 557, 559
경영체 554~559, 582
경작강제 87
경쟁지대 103
경제잉여 55
경제표 360
경제협회 433
경지황폐 200~202
계열자료 77, 108, 140, 193, 195, 275, 296, 308, 342, 451, 456, 514, 518, 524, 601, 603, 622, 624, 625, 628
고기소비 181

고립농가 94, 95
고원목장 218
고전경제학파 519
고타인, E. 167
곡가 42, 44, 48, 61, 68, 76
　～동태 129
　～변동 140, 496
　～상승 426, 429, 465
　～하락 464, 465
곡물 43, 46, 54, 64, 78
　～가격 222
　～가치 311, 518, 519, 562, 563
　～관세 569
　～무역 118, 149, 226, 252, 253, 352, 413, 577
　～무역정책 477
　～법 472, 499
　～수입관세 567, 576
　～수입법 500
　～수출 377, 388, 399, 411, 413, 478
　～임금 146, 523
　～재배 177, 178, 182, 183, 186, 248, 250, 263, 266, 267, 382, 404, 406, 426, 533, 560, 561, 568
　～지대 256
　～환산가치 310
곡초식 농법 254, 263, 266, 441, 571
공납 106, 199, 327, 398, 400, 454
　～의무 171, 298
공동용익지 254, 560
공유지 435
공의회 166, 167
과소소비 585, 587

과잉생산 225, 443, 497～499, 585, 589
　～이론 588
관개시스템 184
관방학자 433, 434
관세장벽 501
관습보유농 106
교구등록부 411
교역량 141
교환가치 601
구독일 80, 81, 96, 194
구베르, P. 337, 340, 341, 355, 356, 361, 366
국민경제 596
국제식량농업기구 107
귀금속 함유량 141, 148, 601～604
귀족령 459, 465
그룬트, A. 209, 220, 224, 225
금본위제 585, 586
급양규정 322, 323
기대수명 285
기사령 112, 302, 389, 401, 402, 495, 571
기한부차지 104, 397
기후요인설 177

ㄴ

나뮈르 백령 122, 144, 189, 206
『나폴레옹 법전』 556
낙농업 262, 263
납조촌락 171
내재가치 602, 605
노동 45, 51, 54, 57, 58, 61, 113, 130
　～계급 422, 423, 431, 537

~귀족 518
~규제법령 316
~수단 57
~시장 317
~제도 60
노르망디 191
농민 97, 104, 292, 447
　~경영 50, 54, 197, 221, 301, 401, 454, 455, 484, 490
　~경제 86
　~공납 195
　~보유지 166, 196, 211, 301, 302, 398, 400, 401, 441, 453, 491, 492, 571
　~전쟁 236
농산물가격 97
농업 224, 235, 356, 463, 552, 567
　~ 투자율 185
　~개혁 434, 438, 553
　~개혁입법 492
　~경기 116, 256
　~경기변동 328
　~경영자 266
　~경영체 146, 432, 553
　~교역 564
　~기술 85, 90, 443
　~노동자 424, 481, 482
　~불황 174, 185, 224, 359, 382, 390, 391, 395, 404, 406, 415, 448
　~소득 187, 340
　~신용 375
　~열풍 331
　~위기 45, 112, 116, 170, 196, 384, 461, 492, 493, 497, 541, 568, 581,

588, 597, 598
~입지론 251
~정책 433, 434
~주기 341, 587
~혁명 184, 381, 553
~협회 433
~호황 331, 339, 359, 458, 460, 560, 573, 588
농장경영 388, 457
농장영주 301, 398, 434, 491, 495
　~제 60, 86, 247, 255, 392
뉘른베르크 149, 150, 257, 322

ㄷ

다브넬, G. 77, 91, 98, 99, 104, 107, 118, 141, 142, 147, 208, 224, 225, 292, 294, 304, 309, 331, 340, 355, 357, 359, 402, 449, 604, 606
다포제 251, 254, 263
단치히 253, 254, 271, 315, 388, 413, 444, 633
대규모 경영 494
대륙봉쇄령 469, 470
대선제후 414
대차지농 430
대체지대 102
데이브넌트, Ch. 338, 339, 382
『데트마르 연대기』 118
도량형 607, 608, 618
『도량형 총람』 610
도적기사 192
도제 311
독일 기사단 139, 165, 168, 183, 193

독일분단장 194
『독일연대기』 236, 241
돕쉬, A. 52, 209
동방이주 96
『둠스데이 북』 82, 92
뒤비, G. 90, 92
디트마르셴 237, 243, 298, 452, 455

ㄹ

라브루스, E. 61, 62, 66, 68, 159, 161, 164, 174, 344, 383, 423, 513, 535
라티푼디움 558
란트슈트 187
람프레히트, K. 55, 58, 81, 98, 99, 104, 107, 109, 225, 604
랑그도크 126, 288, 309, 311, 338, 341
램지 수도원 92, 100, 113, 120~령 119
램지 주교령 103
러셀, B. 82, 127, 135, 216, 229
런던 364, 369, 444, 446, 482
레겐스부르크 198
로스킬데 주교령 134
로저스, Th. 56, 57, 73, 76, 107, 127, 130, 142, 146, 166, 238, 278, 283, 338, 370, 612~615
로크, J. 373~375
롬바르드 184~186, 190
루이 13세 341
루이 14세 359
루키다리우스 52, 53
루터, M. 305
르 루아 라뒤리, E. 177, 288, 309, 311, 338, 341, 342, 355, 558
르바쇠르, E. 82, 127, 227, 304
리셜리외 342
리카도, D. 44, 45, 48, 49, 56, 59, 97, 107, 113, 144, 269, 283, 287, 319, 328, 429~431, 497, 534, 594, 595
『림부르크 연대기』 137, 216

ㅁ

마그데부르크 대주교 173, 180
『마그데부르크의 도시연대기』 220
마르크스, K. 503
마르크스주의 경제사가 85
「마이어 헬름브레히트」 105
마자랭, J. 359
만드렝케 244
만스펠트 동광 320
『만스펠트 연대기』 67, 120, 159
맬서스, Th. B. 44, 46, 48, 49, 123, 124, 129, 131, 429, 431, 534, 594, 595, 598
머콜리 371
메노파 신교도 246
메이틀랜드 164
메클렌부르크 266, 289, 327, 334, 425, 441, 465, 468, 472, 478, 479, 494, 569, 572
『멜만 연대기』 165
『멩코의 연대기』 76
명목가치 141, 602, 603, 605, 613
명목임금 107, 147, 425, 546
모어, Th. 264
목양 133, 264, 266, 406, 442

~농장 178, 185
목초지 178, 186, 241, 358, 359, 382, 582
몽테스키외, M. de 408
무역정책 426, 584
물가등귀 273, 287
물가앙등 65, 158, 159, 161, 163, 429, 430
밀, J. S. 43

ㅂ

바이스툼 101, 102, 198
바이에른 영방법 393
바트스테나 수도원 188, 211
발전단계이론 49
『발타리우스의 노래』 89
방목 227
　~업 266
　~지 179, 180, 222, 263, 382, 385, 405, 435, 438, 442, 472, 554
배수작업 243, 395, 438, 439
백년전쟁 124, 138, 214, 239, 293, 304
벌채금지령 242
베네치아 140
베드로의 페니히 128, 218
베레스포드 175, 176, 205
베를린 364, 369, 370, 400, 414, 444, 466, 479, 509~511, 611, 633
베스트팔렌 192, 492
벨로브, G. v. 58, 104, 107
벨저 가 302
보댕, J. 43, 46, 273, 591
보르고 94
보르도 366
보베 337, 340, 342, 355, 362, 366
보유교체료 101, 290, 291
복식조례 198
봉건국가 401
봉건적 생산양식 115
『봉건제의 위기』 113
봉건지대 57, 59, 107, 114, 594
부아, G. 78, 113, 114, 226
부아기유베르, P. de 68, 69, 338, 356, 357, 367, 368, 407
부역 86, 99, 106, 199, 221, 327, 393, 398, 400, 401, 454, 455
분업적 유통경제 49
분할상속 556
불변지대 104, 289
뷔르템베르크의 조령 242
브란덴부르크, M. 133, 345, 391, 402, 403, 453, 495, 496
브란덴부르크-프로이센 305, 396, 397, 399, 400, 414, 415, 441, 442, 447, 453, 460, 495
브로드니츠, G. 82
블로크, M. 83, 90, 91, 363, 399
비버리지, W. 73, 74, 107, 108, 146, 278, 612, 613
비스툴라 강 246, 271, 319, 331, 388, 528
빌리카치온제 86

ㅅ

사망률 227, 412
사망세 120

사후심문서 229
삼부회 176
30년전쟁 124, 342, 345, 346, 390, 391, 393, 594
삼포제 86~88, 215, 251, 254, 255, 263, 362, 370, 440~442, 571
상대가격 283
상업작물 406
상업정책 382
생 드니 수도원령 103
샤를라우, K. 201
세계시장 384, 411, 413, 414, 478, 499, 501
세습예민 453
 ~제 392
세습차지 396
소득탄력성 280
속주장관 363
수공업장인 151, 157, 223, 302
수입관세 366, 415
수출금지령 426
수출장려금 382
수출정책 384
수확주기 162, 265, 363, 364, 366, 369, 381, 399
수확체감 44~46, 429, 431, 432, 447, 591, 598
 ~의 법칙 315
슈몰러, G. 236, 306, 397, 498
슈바벤 192, 237
슈트라스부르크 173, 249
슈팡겐베르크 67, 120, 159
『슈팡겐베르크의 연대기』 216

슐레스비히-홀슈타인 244, 259, 263, 282, 289, 386, 392, 399, 401, 433, 438, 439, 445, 458, 460, 461, 465, 468, 473, 478, 479, 484, 494
슐뢰처, Chr. v. 429
슐테 197
슘페터, J. 49
스미스, A. 43, 46, 47, 110, 532, 533
슬리허 판 바트 207, 239, 251, 405
시비법 379
시장경제 222, 289
식량여지 44, 46, 48, 124, 534, 535, 591, 598
식민 246
 ~운동 198, 247
신경제정책 584
신분제 의회 168, 172, 345, 347, 400
신성로마제국 214, 239
신용 335
 ~대부 460, 465, 489, 490
 ~대출 257
 ~시장 466
 ~제도 576
실물경제 224
실질소득 512, 513
실질임금 45, 107, 122, 304, 306, 308~310, 315~317, 328, 518, 519, 522, 523, 525, 534, 546, 547, 595

ㅇ

안트베르펜 148, 149, 153, 165, 260, 261, 289, 313~315, 321, 322, 340, 399

암스테르담 253, 262, 404, 444, 445
앙리 4세 341
애시턴, T. S. 382, 383, 517
애슐리, W. J. 266
양모 178, 180, 205, 264, 265, 268, 404, 479, 480
양어 181
에드워드 4세 283
엘리자베스 여왕 374
엘자스 142
『엘자스 연대기』 74, 138
엥겔스, F. 503, 514, 520, 535
역행적 경향 134
영, A. 43, 431, 447
영구차지 104
영구황폐 201, 207, 208, 213
영농가 65~67, 345, 372, 381, 383, 384, 403, 438, 465, 472, 488, 489, 493, 580, 581, 589, 598
영방군주 187, 199, 305
영방조령 169, 170
영주경영 112
영주재산 188
영주직할지 147
영지관구 396
영지제도 86
예속농민 300
오르테나우 지방 112
오제, H. 315, 423, 618
왕령지 396, 397, 434, 437, 570
왕립농업위원회 472, 481
요아힘스탈 광산 273
용역경제 224

용적단위 608
윈체스터 주교구 53, 64, 82
윈체스터 주교령 117, 118, 120, 133
월버튼 령 164
유인임금 145
육우교역 258
윤작법 381, 386
이나마-슈테르네크 55, 236, 391
이동평균 162
　~법 41
「이바인」 108
이주 허가장 169
이포제 86, 106
인공비료 443
인구감소 408, 413
인구과잉 122, 241, 388
인구동태 81, 230, 235, 406, 407, 413, 431, 592
인구사이클 124
인구압 264, 435
인구증가 320, 328, 339, 426, 429, 431, 432, 500, 598
인신영주 199
인신예속 389
인클로저 249, 267, 316, 405, 435, 436, 487, 552, 557
인플레이션 287, 317, 318, 606
일대한 보유 101
일시적 황폐 201, 206
일포제 86
임금 97, 107, 137, 175, 351, 419, 447, 503
　~계열 142, 146, 153, 159, 275, 311

~노동자 371

~동태 310, 426, 431, 514

~변동 277, 316, 435, 519, 545

~상승 145, 424

~제한규정 348

~하락 161, 313, 316, 318

ㅈ

자가경영 52, 86, 171, 197, 301

자본 383, 429, 432, 576

   ~가적 차지농 288

자영농민 375

자유농민 375, 455, 486, 487

작물재배 179, 180

작스, P. 334

장기적 변동 78

장기주기 79

장기파동 586~588

재무총감 363, 365

재판영주 133, 187, 199

저습지대 484~486

제, A. 315

제니코, L. 122, 144, 189

제2차 산업화 122

조세 56, 57, 106, 240, 249, 359, 360, 365, 367, 371, 375~377, 386, 392, 393, 400, 401, 408, 473, 485, 497

   ~대장 212, 312, 411

조정칙령 453, 491

좀바르트, W. 54, 86, 141, 304, 602

종교전쟁 239, 240, 248

종신대여지 290

주글라 파동 587

주화가치 613

주화악주 193

중농주의 338, 360, 433, 434

   ~자 352, 367

중량단위 608

지대 45, 46, 55~59, 97, 103~107, 113, 114, 121, 172, 186~191, 193, 196, 283~288, 292, 298, 299, 301, 303, 319, 326~328, 332, 338, 341, 358, 360, 366, 371, 372, 374, 375, 377, 378, 393, 397, 398, 431, 448, 470, 485, 487, 491, 497, 536, 574, 583, 594, 595

   ~납부 166

   ~이론 56

   ~체납 189, 378, 379, 380, 383

지출명세 327

직물공업 335, 365, 385

직영농장 171, 425

   ~체제 226

직할농장 323

집약농법 556

ㅊ

차경농장 372

차경지 380

   ~취득료 284, 285

차액지대 58

차지농 432, 469

차지료 102~104, 172, 188, 290, 339, 340, 357, 359, 375, 376, 378, 380, 386, 396, 397, 399, 401, 448, 449, 451, 455, 458, 461, 469, 474, 487,

497, 569, 572, 580, 595
차지인 285, 286, 367, 378, 380, 448, 474
축산물 177, 353
춘프트 305, 306, 324
출생률 231, 232, 412
취락밀도 203
취락황폐 200~202, 209
치머른, W. v. 180, 193
치머른 가 179, 180, 237, 241
『치머른 연대기』 269
치폴라, C. M. 83, 184, 185
7년전쟁 460

ㅋ

카르팡티에 125, 126
카를 4세 133
카를 5세 268
카스텔로 94
카스티야 268
케네, F. 327, 352, 360~363, 367, 407, 411, 437
케인스, J. M. 317~319
케임브리지 인구 및 사회구조사 연구단 412
켈터, E. 126, 127
코브던 조약 577
코펠 농법 254, 263, 266, 441
코플렌츠 168
콘드라티에프, N. P. 586, 587
콘스탄츠 166, 167, 175
콜럼버스, Ch. 241
콤투어 168

쾨니히스베르크 139, 140, 413
쾨치케, R. 58, 60
쾰른 대학교 324
쾰른의 봉공인법 57
쿠어슈만 76
쿠친스키, J. 115, 505
크나프, G. F. 52, 60, 392, 491
크롬웰, O. 373
크리스토퍼의 농지법 211
크산텐 150, 155, 157
클레르몽 교구 130
킹, G. 62, 411

ㅌ

타운젠드 경 381
테게른제 수도원 194
테어, A. 146, 424, 456, 457, 466, 468, 473, 481, 485, 486, 532
토스카나 83, 84, 190, 210, 228
토지 81, 175, 231
　~취득료 286
　~가격 97, 98, 188, 189, 292~294, 296, 339, 340, 348, 359, 374, 401, 460, 484, 497, 572, 583
　~개간 207, 594
　~개발 96, 111, 185, 190, 248
　~개척 246
　~거래 457~460
　~긴박의무 169
　~대장 133, 134, 175, 187, 211, 212, 237
　~수익 58
　~수확 269
　~시장 494

~영주 187, 199

~점유료 100

~제도사 59

~투기 459, 472, 475

토폴스키, J. 389, 390

통화가치 606

통화이론 224, 585, 586

퇴거 허가장 169

투자적 소비 531

튀넨, J. H. v. 146, 251, 252, 254, 263, 297, 334, 480, 498, 499, 532, 534, 588

튀르고, A. R. J. 429

『튀링겐 연대기』 159

『튀링겐-헤센 연대기』 120

티토, J. Z. 117, 120

ㅍ

파리 78, 240, 364, 367, 369, 444, 447, 512, 513, 516

파머, D. L. 73, 74, 76

파종량 123

파커 205

판 데어 베 153, 159, 161, 163, 174, 290, 313, 344

판로 354, 365, 408, 444

~경색 373

~위기 175, 336, 377, 541

페로이 147

페스트 120, 124, 125, 127, 128, 130~133, 135, 211, 216, 217, 242, 244, 345, 356, 399

페어홀스트, A. 113, 246

『페터 연대기』 334

평가절하 470

폐촌 115, 180, 387

포도재배 87, 182, 183, 406, 556

포머른 299, 439

포스탠, M. M. 82, 100, 106, 120~122, 164, 175, 176, 205, 225, 229

포크트권리 57

포크트세 56

포토시 은광 403

폴더 165, 172, 289, 340

푸거 가 302

푸스타 319

프랑크, S. 236, 241, 274

프랑크푸르트 암 마인 151, 162, 173

프롤레타리아 312, 506, 559

프롱드 난 341, 342

프리드리히 대왕 414, 434

프리드리히 빌헬름 1세 392, 395, 397, 401, 415, 434

프리드리히 빌헬름 3세 508

프리드리히 1세 93

프리드리히 2세 439

프리슬란트 262

플랑드르 78, 92, 120, 365, 366, 367, 384, 386, 436, 439, 440

피렌체 335

피콜로미니, A. S. 231

필, R. 569

ㅎ

하나우어, A. 118, 137

하이네, H. 515, 516

하이에크, F. 517
하이델하임 89
한센, G. 60, 266, 457, 492
한자도시 128
함부르크 174, 258, 260, 262, 279,
  280, 413, 444, 446, 474, 475, 478,
  489, 549, 628
해밀턴, E. J. 317
핼럼, H. E. 82
향신료 무역 335
헐리히, D. 84
헨리 6세 146
헨리 7세 175
헨리 8세 302
헬퍼리히, J. 47
협상 223
  ~가격차 132, 144, 354, 392, 404
호스킨스. W. 205
호프재배 183
홉스봄, E. J. 517, 518, 536
화폐 60, 224, 402
  ~가치 46, 315~317, 341, 373, 425,
    534, 586
  ~공납 54, 173, 345
  ~납부 393
  ~량 97, 141, 427
  ~설 43, 47, 591

~악주 112, 114, 141, 224, 316, 343,
  377, 602, 603
~유통 79, 273, 403
~유통량 402, 591
~임금 45, 306, 309, 311, 319, 355,
  356, 424, 425, 481, 595
~자본 485
~주조 79, 427
환산인수 609, 611
황폐 200, 201, 203, 215
  ~도식 201
  ~연구 202, 204, 206, 209
  ~율 204, 207
  ~지 보유권 194, 195
  ~촌락 219
  ~현상 177, 202, 203, 205, 206, 208,
    210, 213, 219, 220, 231
회계장부 117, 139, 145, 155, 157, 162,
  165, 196, 327
후스파 214
후페 99, 134, 193, 210
흑사병 81, 84, 108, 125~129, 135,
  136, 188, 211, 217, 218, 220, 229,
  239, 241
힐데브란트, B. 503~505, 508, 520,
  521
힐턴, R. 206

옮긴이 후기

이 책의 원전은 빌헬름 아벨(Wilhelm Abel)이 1935년에 프랑크푸르트 대학교에 교수자격청구논문(Habilitationsschrift)으로 제출하고 출간한 『농업위기와 농업경기』(*Agrarkrisen und Agrarkonjunktur in Mitteleuropa vom 13. bis zum 19. Jahrhundert*)다. 저자는 생애 내내 이를 개정, 증보하여 1966년에 제2판에서 『농업위기와 농업경기: 중세 성기 이래 중부 유럽의 농업과 식량공급의 역사』(*Agrarkrisen und Agrarkonjunktur. Eine Geschichte der Land- und Ernährungswirtschaft Mitteleuropas seit dem hohen Mittelalter*)로 제목을 변경해서 출간하고, 이어 생전에 최후로 증보하여 1978년 함부르크의 파울 파라이 출판사(Verlag Paul Parey)에서 제3판을 출간했다. 이 책은 제3판을 번역했다. 옮긴이는 유감스럽게도 초판을 확인해볼 수가 없었으나, 이 제3판은 초판에 비해 분량이 2배 넘게 증보된 것으로 알려지고 있다. 즉 이 책은 저자의 학문인생 전부를 따라다녔던 것이다.

옮긴이는 원서의 내용을 일단 빠짐없이 번역했다. 적지 않은 분량의 도표와 그래프, 원사료 인용이 수록되어 있고, 또 권말도 번거로운 통계표와 문헌 목록이 제시되어 있으나, 일단 전체 분량이 과도하지 않고, 자료에 대하여 관심 있는 연구자들에게 요긴한 정보를 제공할 것으로 보았기 때문이다. 실로 부록에 제시된 도량형 산출방법 및 본문 도표에 대한 보충 설명은 저자의 연구방법에 대해 중요한 시사를 줄 것으로 본다.

이 책은 농업사를 중심으로 전근대 유럽의 경제변동에 대한 거시적 설명을 시도했다. 저자는 '중부 유럽'이라는 한정적 제목을 썼지만, 실제로 다룬 공간적 범위는 아일랜드 및 잉글랜드에서 폴란드, 헝가리를 거쳐 노르웨이에서 이탈리아에 이르기까지 전 유럽을 대상으로 하고 있다. 그러한 의미에서 이 책은 원서의 부제에 붙어 있는 '중부 유럽'이라는 표현을 '유럽'으로 변경했다. 이러한 변경이 이 책의 내용을 더 잘 전달하리라고 믿는 바이다.

저자의 전 유럽에 걸친 방대한 작업을 옮기기 위해 많은 분들의 도움을 받았다. 저자는 자신의 힘이 용이하게 미치는 독일어권에 대해서는 자주 다량의 원사료를 이용하고, 기타 지역에 대해서는 해당 지역의 개별연구에 많이 의존했다. 이런 이유로 본문에서는 유럽의 여러 언어 자료, 문헌 제목이 자주 등장한다. 옮긴이로서는 이런 부분을 처리하는 데 적지 않은 애로를 겪었다.

이 작업을 하는 데 많은 조언과 도움, 특히 독일어 이외의 언어 자료 해독에 도움을 주신 여러분들께 감사드린다. 특히 프랑스사를 전공하시는 노서경 선생께서는 프랑스어 인용문에 대한 옮긴이의 귀찮은 질문에 세세히 성심 어린 조언을 해주셨고, 고려대학교 유희수 선생께서는 원저의 영어번역 *Agrucultural fluctuations in Europe. From the thirteenth to the twentieth centuries*를 구해주셔서 옮긴이의 작업에 요긴한 도움을 주셨다.

이렇게 주위에서 많이 도와주셨는데도 여전히 오역과 어색한 표현이 발견될 것이다. 이 모든 과오는 결국 옮긴이가 감당할 것이며, 형편 닿는 대로 지속적으로 보완하도록 노력할 것이다. 옮긴이로서는 현대적인 유럽 경제사 연구의 발생에서 성숙에 이르는 과정을 증언해주는 이 책이 세간에 알려지는 것만으로도 반가울 따름이다.

2011년 7월
김유경

지은이 빌헬름 아벨

빌헬름 아벨(Wilhelm Abel, 1904~85)은 독일 포머른 주의 뷔토에서 태어났다. 킬 대학교에서 경제학을 공부하고 1929년 박사학위를 받았다. 스칼바이트의 조수로 연구활동을 하다 스칼바이트와 함께 프랑크푸르트 암 마인 대학교로 옮겨 1935년에 교수가 되었다. 교수자격 청구 논문집인 『13세기부터 19세기에 이르는 중부 유럽의 농업위기와 농업경기』는 그가 평생을 걸쳐 연구한 농업사 연구의 기본구상을 담고 있다. 1941년 쾨니히스베르크 대학교에 초빙되었고 1946년에는 괴팅겐 대학교에서 농업정책 강의를 시작했다. 농업정책 담당 정교수와 농업제도및경제정책연구소의 소장을 겸임하며 활발한 연구활동을 펼쳤고 1965년에는 괴팅겐 대학교의 사회경제사 연구소장직을 맡아 1973년에 은퇴할 때까지 꾸준한 업적을 남겼다. 그는 경제학과 사회과학, 역사학에 두루 정통하여 이를 자신의 저작에 표현해낸 학자였다. 다방면에 걸친 그의 지식은 베버, 좀바르트와 같은 대학자 세대 최후의 일인이라는 평가를 받을 정도로 광범위했다. 독일어권에서 계량경제사의 창시자로 여겨지는 그는 경제사 중에서도 식량공급의 역사에서 수공업사를 포함하는 분야를 주로 연구했고 농업정책, 농촌 사회 정책, 수공업정책에 이르는 사회문제를 대상으로 많은 연구 성과를 낸 바 있다. 아벨은 프랑스의 라브루스, 영국의 포스탠, 소련의 코스민스키와 더불어 현대적 경제사 연구의 개척자로 일컬어진다. 특히 경제사 분야가 낙후되었던 독일에서 경제사학회 창립을 주도하는 등 경제사학의 발전에 큰 기여를 했다. 또한 프랑스의 브로델, 구베르 그리고 『랑그도크의 농민들』을 저술한 르 루아 라뒤리 등과 교유하며 문제의식을 공유하는 저작을 내놓았다. 농업에 대한 연구를 하며 아벨이 남긴 업적은 분업적 유통경제의 존재를 밝히고 농업과 분업적 유통경제의 연관관계가 농업 발달뿐만 아니라 전체 경제의 구축과 확장을 위한 전제로써 어떻게 작동했는지를 밝힌 것이다. 방대한 자료를 바탕으로 수량과 합리적인 연구방법을 통해 도출해낸 그의 연구성과는 중세의 어둠을 거두어내고 경제 속에서 경제에 의해 행동하고 고통을 겪은 인간의 모습을 구현하고 있다. 주요 저서로는 『농업위기와 농업경기: 유럽의 농업과 식량공급의 역사』를 비롯하여 『중세 말기의 황폐』 『중세 말기 경제의 구조와 위기』 『농업 정책』 『중세 초에서 19세기까지 독일 농업사』 『산업혁명 전야 독일의 빈곤』 『전(前) 산업시대 유럽에서 대량 빈곤과 기아의 위기』 『영양 수준. 역사적 스케치』 『중세 후기 경제의 구조와 위기』 등이 있다.

옮긴이 김유경

김유경(金裕慶)은 서울대학교 사범대학 역사교육과를 졸업한 후 같은 대학에서
서양사학과 석사과정을 마쳤다. 「1435년 쫄레른伯家의 領地經營과
農民支配―南西部獨逸 莊園制의 한 事例」로 석사학위를 받은 후
같은 대학원에서 박사과정을 수료한 후 괴팅겐 대학교에서
서양중세사와 서양고대사, 교육학을 공부하고 1997년부터
경북대학교 사학과에서 연구와 강의를 하고 있다.
서양 중세의 농촌사회사와 독일의 기록보존, 교육체제 등에
관심을 가지고 연구해왔다. 중세 서양사에 대한 옮긴이의 다양한 관심은
번역서와 논문에 드러나 있다.
역서로는 한길사에서 펴낸 빌헬름 아벨의 『농업위기와 농업경기』가 있고 박사학위 논문인
「Die spätmittelalterliche Grundherrschaft des Klosters Günterstal bei
Freiburg im Breisgau」를 비롯하여 「중세말 남서부 독일 귀족령의 구조와 경영―
1435년 쫄레른백가의 경우 ―」「중세후기 촌락의 형성과 그 사회구조:
남서부독일 브라이스가우 소재 귄터스탈촌락의 사례 ―1326년 작성
Dingrodel의 분석을 중심으로―」「중세유럽 필사본사료 연구의 과제와 방법 ―
중세말 남서부독일 귄터스탈 수녀원 출처 2개 토지대장의 검토를 중심으로―」
「중세유럽 대학의 자유 ― libertas scolastica의 내용과 한계―」
「Monumenta Germaniae Historica: 근대 독일의 전문역사학과
거대 프로젝트」 등 다수의 논문이 있다.

한국연구재단 학술명저번역총서
서양편 ● 71 ●

'한국연구재단 학술명저번역총서'는
우리 시대 기초학문의 부흥을 위해
한국연구재단과 한길사가 공동으로 펼치는
서양고전 번역간행사업입니다.

농업위기와 농업경기
유럽의 농업과 식량공급의 역사

지은이 · 빌헬름 아벨
옮긴이 · 김유경
펴낸이 · 김언호
펴낸곳 · (주)도서출판 한길사

등록 · 1976년 12월 24일 제74호
주소 · 413-756 경기도 파주시 교하읍 문발리 520-11
www.hangilsa.co.kr
E-mail: hangilsa@hangilsa.co.kr
전화 · 031-955-2000~3
팩스 · 031-955-2005

상무이사 · 박관순
영업이사 · 곽명호
편집 · 배경진 서상미 신민희 김지희 홍성광 강성한 백은숙
전산 · 한향림 노승우
마케팅 및 제작 · 이경호 박유진 | 경영기획 · 김관영
관리 · 이중환 문주상 장비연 김선희

CTP출력 및 인쇄 · 현문인쇄 | 제본 · 대원바인더리

제1판 제1쇄 2011년 8월 5일

ⓒ한국연구재단, 2011

값 30,000원
ISBN 978-89-356-6247-0 94920
ISBN 978-89-356-5291-4 (세트)

* 잘못 만들어진 책은 구입하신 서점에서 바꿔드립니다.

한국연구재단 학술명저번역총서
● 서양편 ●

1 **신기관**
프랜시스 베이컨 지음 | 진석용 옮김
2001 한국출판인회의 선정 이달의책
2005 서울대 권장도서 100선

2 **관용론**
볼테르 지음 | 송기형·임미경 옮김

3 **실증주의 서설**
오귀스트 콩트 지음 | 김점석 옮김

4 **데카르트적 성찰**
에드문트 후설·오이겐 핑크 지음 | 이종훈 옮김
2003 대한민국학술원 우수학술도서

5 **우리는 어디로 가는가**
정보사회와 인간의 조건
아담 샤프 지음 | 구승회 옮김

6 **정당사회학**
로베르트 미헬스 지음 | 김학이 옮김
2003 기담학술상, 2004 대한민국학술원 우수학술도서

7 **언어의 기원에 대하여**
요한 고트프리트 폰 헤르더 지음 | 조경식 옮김

8 **전형성, 파토스, 현실성**
벨린스키 문학비평선
비사리온 그리고리예비치 벨린스키 지음
심성보·이병훈·이항재 옮김
2005 대한민국학술원 우수학술도서

9 **로마사 논고**
니콜로 마키아벨리 지음 | 강정인·안선재 옮김
2005 대한민국학술원 우수학술도서

10 **마서즈 비니어드 섬 사람들은 수화로 말한다**
장애수용의 사회학
노라 엘렌 그로스 지음 | 박승희 옮김

11 **영웅숭배론**
토머스 칼라일 지음 | 박상익 옮김

12 **윤리학 서설**
토머스 힐 그린 지음 | 서병훈 옮김
2005 대한민국학술원 우수학술도서

13 **낭만파**
하인리히 하이네 지음 | 정용환 옮김

14 **자연법**
게오르크 빌헬름 프리드리히 헤겔 지음
김준수 옮김
2004 기담학술상 번역상

15 **건축구조물의 소성해석법**
B.G. 닐 지음 | 김성은 옮김

16 **신통기**
헤시오도스 지음 | 천병희 옮김

17 **현대예술의 혁명**
한스 제들마이어 지음 | 남상식 옮김

18 **에스파냐 이상**
앙헬 가니베트 이 가르시아 지음 | 장선영 옮김

19 **근대 정치사상의 토대 1**
틴 스키너 지음 | 박동천 옮김
2004 한국간행물윤리위원회 10월의 읽을 만한 책

20 **양자역학과 경험**
데이비드 Z. 앨버트 지음 | 차동우 옮김

21 **통계학의 역사**
스티븐 스티글러 지음 | 조재근 옮김
2006 대한민국학술원 우수학술도서

22 **키루스의 교육**
크세노폰 지음 | 이동수 옮김 | 정기문 감수

23 **부조리극**
마틴 에슬린 지음 | 김미혜 옮김
2006 대한민국학술원 우수학술도서

24 **로마의 축제일**
오비디우스 지음 | 천병희 옮김

25 **레싱 전설**
프란츠 메링 지음 | 윤도중 옮김

26 **파르치팔**
볼프람 폰 에셴바흐 지음 | 허창운 옮김

27 **플렉스너 보고서**
미국과 캐나다의 의학교육
에이브러햄 플렉스너 지음 | 김선 옮김

28 **의식의 기원**
줄리언 제인스 지음 | 김득룡·박주용 옮김
2006 대한민국학술원 우수학술도서

29·30 **인간의 유래**
찰스 다윈 지음 | 김관선 옮김
2007 대한민국학술원 우수학술도서

31 **러시아 경제사**
따찌야나 미하일로브나 찌모쉬나 지음 | 이재영 옮김
2006 한국간행물윤리위원회 6월의 읽을 만한 책
2008 대한민국학술원 우수학술도서

32·33 **팡타그뤼엘 제3서·제4서**
프랑수아 라블레 지음 | 유석호 옮김

34·35 **로마혁명사**
로널드 사임 지음 | 허승일·김덕수 옮김
2007 대한민국학술원 우수학술도서

36 교양과 무질서
  매슈 아널드 지음 | 윤지관 옮김

37 달랑베르의 꿈
  드니 디드로 지음 | 김계영 옮김

38 프롤레타리아 독재
  카를 카우츠키 지음 | 강신준 옮김

39 러시아 신분사
  바실리 오시포비치 클류쳅스키 지음
  조호연 · 오두영 옮김
  2008 대한민국학술원 우수학술도서

40 섹슈얼리티의 진화
  도널드 시먼스 지음 | 김성한 옮김

41 기본권이론
  로베르트 알렉시 지음 | 이준일 옮김
  2008 대한민국학술원 우수학술도서

42 국가론
  마르쿠스 툴리우스 키케로 지음 | 김창성 옮김

43 법률론
  마르쿠스 툴리우스 키케로 지음 | 성염 옮김
  2008 대한민국학술원 우수학술도서

44 잉글랜드 풍경의 형성
  윌리엄 조지 호스킨스 지음 | 이영석 옮김
  2008 대한민국학술원 우수학술도서

45·46 에밀 또는 교육론
  장 자크 루소 지음 | 이용철 · 문경자 옮김
  2008 한국간행물윤리위원회 대학신입생을 위한 추천도서
  2008 대한민국학술원 우수학술도서

47 의상철학
  토이펠스드뢰크 씨의 생애와 견해
  토머스 칼라일 지음 | 박상익 옮김

48·49 고대 러시아 문학사
  니꼴라이 깔리니꼬비치 구드지 지음 | 정막래 옮김

50·51 과정으로서의 과학
  과학 발전에 대한 진화론적 설명
  데이비드 L. 헐 지음 | 한상기 옮김

52 여권의 옹호
  메리 울스턴크래프트 지음 | 손영미 옮김
  2009 대한민국학술원 우수학술도서

53 여성 · 문화 · 사회
  미셸 짐발리스트 로잘도 · 루이스 램피어 엮음
  권숙인 · 김현미 옮김
  2009 대한민국학술원 우수학술도서

54 일탈의 미학
  오스카 와일드 문학예술 비평선
  오스카 와일드 지음 | 원유경 · 최경도 옮김

55 나의 도제시절
  비어트리스 웹 지음 | 조애리 · 윤교찬 옮김

56·57 신엘로이즈
  장 자크 루소 지음 | 서익원 옮김

58 프랑스혁명에 관한 성찰
  에드먼드 버크 지음 | 이태숙 옮김
  2009 한국연구재단 대표우수성과

59·60 초록의 하인리히
  고트프리트 켈러 지음 | 고규진 옮김

61 회상
  나데쥬다 만델슈탐 지음 | 홍지인 옮김

62·63 랑그도크의 농민들
  에마뉘엘 르 루아 라뒤리 지음 | 김응종 · 조한경 옮김

64 숭고와 미의 근원을 찾아서
  쾌와 고통에 대한 미학적 탐구
  에드먼드 버크 지음 | 김혜련 옮김
  2011 대한민국학술원 우수학술도서

65 정신 · 자아 · 사회
  사회적 행동주의자가 분석하는 개인과 사회
  조지 허버트 미드 지음 | 나은영 옮김
  2011 대한민국학술원 우수학술도서

66 중국사유
  마르셀 그라네 지음 | 유병태 옮김
  2011 대한민국학술원 우수학술도서

67·68 경제학원리
  앨프레드 마셜 지음 | 백영현 옮김

69·70 지식의 형태와 사회
  막스 셸러 지음 | 정영도 · 이을상 옮김

71 농업위기와 농업경기
  유럽의 농업과 식량공급의 역사
  빌헬름 아벨 지음 | 김유경 옮김

● 한국연구재단 학술명저번역총서 서양편은 계속 간행됩니다.